Le *Phenix Poëte* et les *Alouëtes*

Traduire les *Rerum vulgarium fragmenta* de Pétrarque en langue française (XVIe-XXIe siècle) : histoires, traditions et imaginaires

P.I.E. Peter Lang

Bruxelles · Bern · Berlin · Frankfurt am Main · New York · Oxford · Wien

Riccardo RAIMONDO

Le *Phenix Poëte* et les *Alouëtes*

Traduire les *Rerum vulgarium fragmenta* de Pétrarque en langue française (XVIe-XXIe siècle) : histoires, traditions et imaginaires

Destini incrociati

Vol. 17

Image de couverture : Virginie Maltais (virginemaltais.com), *Rimes éparses*, collage et médium mixte sur carton bleu, 9 ×12 pouces, Montréal (Canada), juin 2020.

L'étape de la prépresse de cette publication a été soutenue par le Fonds national suisse de la recherche scientifique

This project has received funding from the European Union's Horizon 2020 research and innovation programme under the Marie Skłodowska-Curie grant agreement No. 841844.

ISSN 2031-1311
ISBN 978-2-8076-1339-3
ePDF 978-2-8076-1340-9
ePub 978-2-8076-1341-6
DOI 10.3726/b17671
D/2021/5678/14

Information bibliographique publiée par « Die Deutsche Bibliothek »
« Die Deutsche Bibliothek » répertorie cette publication dans la « Deutsche National-bibliografie » ; les données bibliographiques détaillées sont disponibles sur le site <http://dnb.ddb.de>.

Virginie MALTAIS, *Vain espoir*, collage et médium mixte sur carton sable, 9 × 12 pouces, juin 2020.

Sommaire

DEUXIÈME PARTIE
LES ORIGINES
Les premiers traducteurs *françoys* (XVIᵉ–XVIIᵉ siècles)

Dat rosa mel apibus.

Avant-propos
Tour de guet

La conjecture – cette perle rare de l'intellect, qui aiguise l'esprit et stimule l'imagination – est peut-être l'opération intellectuelle la plus apte à introduire une étude sur François Pétrarque, sur les irradiations mythiques qui émanent de ses œuvres et sur les traductions françaises qui ont contribué à sa réception. L'une des conjectures les plus stimulantes à ce sujet est sûrement celle de Jean-Christophe Saladin, fin connaisseur de la Renaissance française et italienne. Dans la première partie de sa *Bibliothèque humaniste idéale* (2008), il imagine de faire commencer l'humanisme le 3 décembre 1315, avec le « couronnement » du notaire padouan Albertino Mussato (Saladin, 2008 ; Witt, 2010) qui reçoit la *lauream poeticam* (Terlizzi, 2010) grâce à sa tragédie en vers latins, intitulée *Ecerinis*, flèche littéraire dardée contre l'impérialisme de Cangrande della Scala, seigneur de Vérone. Mais si ce courageux notaire, poète et précurseur n'est que l'expression italienne d'un humanisme néo-latin, il existe une autre plume romane qui a su interpréter l'humanisme italien au sens large (Garin, 1993), c'est-à-dire au sens d'un humanisme « européen ».

La poésie de Pétrarque et le pétrarquisme qui en est dérivé constituent une matière inestimable et un champ fertile pour comprendre les sources de l'identité et de la culture européennes. Presque trente ans après le « couronnement » d'Albertino Mussato, une autre conjecture et un commencement imaginaire différent sont envisageables à la frontière de la France et de l'Italie. Symboliquement, on pourrait ainsi faire commencer l'humanisme européen le 1ᵉʳ septembre 1340. Selon un récit à la véridicité douteuse, ce jour-là, à quelques heures de distance, deux cavaliers se seraient fait annoncer dans la maison de Pétrarque, à Vaucluse (*Fam.* IV.7, 3 ; Marx, 2009, p. 162–168) au titre de messagers, chargés de deux lettres officielles portant une même invitation à recevoir la *lauream poeticam* dans la Ville éternelle et dans la plus puissante université de la chrétienté occidentale, l'université de Paris. Que ce soit une coïncidence, un prodige ou mieux un récit conçu et nourri par Pétrarque lui-même, on pourrait le considérer comme le début mythique de « l'ère pétrarquienne » : ce sont « les prémices du triomphe » de la littérature européenne, comme le décrit admirablement un autre maître de la conjecture, William Marx (2009, p. 168).

Le titre de ce livre souhaite mettre l'accent sur l'aura du mythe pétrarquien dans l'imaginaire de ses traducteurs·trices. Le titre est ainsi une allusion à la première version complète des *Rerum vulgarium fragmenta* en langue française : *Toutes les euvres vulgaires de François Pétrarque* (1555) dont l'auteur, Vasquin Philieul, se comparant à une « rurale alouete » entendait célébrer Pétrarque comme « Phenix Poëte ». L'histoire de la traduction et des traductions n'est pas seulement une histoire des textes, mais aussi un récit des imaginaires qui les ont traversés.

Dans une perspective heuristique, nous voulons rester fidèles à ces inspirations humanistes qui sont celles de l'interdisciplinarité et de la perméabilité des savoirs. Au-delà de l'ambition d'un travail d'érudition, ce livre est surtout le fruit d'une enquête intime sur des formes archétypales qui se réverbèrent et s'incarnent dans l'histoire des idées et des littératures. Tout en demeurant méfiants, tant vis-à-vis de la sécheresse didactique que du *vaneggiar* intellectuel, nous souhaitons nourrir l'idée d'une recherche au service de la formation et d'une formation au service de la recherche.

Riccardo RAIMONDO

Λεοντίνων Οὐτοπία

Saturnalia, 2015

Notes préalables
Onomastique, abréviations et typographie

Canzoniere, « titre humiliant »

Une étude sur les traductions des *Rerum vulgarium fragmenta* ne pouvait débuter que par une brève réflexion sur le titre du recueil. L'usage du titre en italique (*Canzoniere*) est une invention relativement récente (Feo, 1998 ; Galli, 2005). Si l'on méditait sur la distinction entre *titulus* et *nomen* proposée par Michele Feo (1989), on s'apercevrait vite que le *nom* (*canzoniere*) est devenu impunément un *titre* (le *Canzoniere*), qui n'est guère représentatif de la volonté de l'auteur ni de la première réception de l'œuvre, et ne devient courant qu'à partir de l'Ottocento. C'est pour cette raison que Feo parle de « titre humiliant » (Feo, 1998) dont le défaut majeur est d'avoir effacé de la mémoire des lecteurs·trices commun·e·s le titre originel des *Rerum vulgarium fragmenta*. C'est pour cette raison que nous avons parfois gardé le mot en majuscule tout en refusant l'usage de l'italique (le Canzoniere). Ce choix souhaite exprimer à la fois l'idée d'une forme archétypale (le chansonnier) et le caractère mouvant de ce recueil (de son titre comme de son macrotexte) qui s'est métamorphosé tout au long de l'histoire, en dépit de la volonté de l'auteur.

Abréviations pour les œuvres de Pétrarque

On signale ci-dessous les abréviations pour les œuvres de Pétrarque, conformément aux normes des principales éditions italiennes :

Afr.	Africa
Ar. Med.	Arringa facta Mediolani 1354
Ar. Nov.	Arenga facta in civitate Novarie
Ar. Ven.	Arenga facta Venetis 1353
BC	Bucolicum carmen
CLV	Carmina latina varia
Coll. Ioh.	Collatio coram illustri domino Iohanne Francorum rege
Coll. Laur.	Collatio laureationis
Coll. Scip.	Collatio inter Scipionem Alexandrum Hanibalem et Pyrrum
Disp.	Poesie disperse

Epistole disperse		
Var.	Epistole varie	
Misc.	Epistole miscellanee	
Epyst.	Epystole	
Fam.	Rerum familiarium libri	
Gest. Ces.	De gestis Cesaris	
Ign.	De sui ipsius et multorum ignorantia	
Inv. magn.	Invectiva contra quendam magni status hominem sed nullius scientie aut virtutis	
Inv. mal.	Contra eum qui maledixit Italie	
Inv. med.	Invective contra medicum	
It.	Itinerarium breve de Ianua usque ad Ierusalem et Terram Sanctam	
Ot.	De otio religioso	
Post.	Posteritati	
Priv.	Privilegium laureationis	
Ps. pen.	Psalmi penitentiales	
Rem.	De remediis utriusque fortune	
Rer. mem.	Rerum memorandarum libri	
Rvf	Rerum vulgarium fragmenta	
Secr.	Secretum meum	
Sen.	Rerum senilium libri	
SN	Liber sine nomine	
Test.	Testamentum	
Triumphi		
Tr. Cup.	Triumphus Cupidinis	
Tr. Pud.	Triumphus Pudicitie	
Tr. Mor.	Triumphus Mortis	
Tr. Fam.	Triumphus Fame	
Tr. Temp.	Triumphus Temporis	
Tr. Et.	Triumphus Eternitatis	
Vir. ill.	De viris illustribus	
Vit. sol.	De vita solitaria	
Vit. Terr.	Vita Terrentii	

Terminologie et solutions typographiques pour l'analyse des traductions

La terminologie utilisée dans les analyses des traductions suit les solutions proposées par Anthony Pym (*Method in Translation History*, 1998) : l'adjectif *traductif* (on le traduit de l'anglais « *translative* ») pour faire référence à la traduction considérée en tant que processus (ex. « geste traductif ») ; l'adjectif *traductionnel* (on le traduit de l'anglais « *translational* ») pour indiquer les aspects de la traduction en tant que texte ou en tant que corpus de textes (ex. « littérature traductionnelle »).

L'adjectif *traductologique* fait uniquement référence au champ scientifique de la traductologie.

Qu'il s'agisse de traductions en poésie ou en prose, nous avons adopté les mêmes solutions typographiques pour souligner certains passages des textes traduits. On garde le texte sans mise en forme quand le passage ne fait pas l'objet de notre analyse ; on le signale en gras quand on veut attirer l'attention sur lui ; on le barre quand le passage a été négligé par les traducteurs·trices, ou bien quand on peut émettre l'hypothèse que la traduction est erronée. Un cas particulier est représenté par des passages qui, tout en s'inscrivant à l'intérieur d'une véritable traduction, s'éloignent radicalement du texte source par une réécriture qui rend impossible la comparaison avec le modèle : dans ce cas, les passages sont marqués en gris. Il peut arriver aussi que l'on utilise la couleur grise afin d'attirer l'attention des lecteurs·trices sur un seul mot ou sur un seul passage, en écartant tous les autres passages du poème et de sa traduction. Ainsi :

Texte-source	Texte-cible
Aucun passage à signaler dans ce quatrain. Aucun passage à signaler dans ce quatrain. Aucun passage à signaler dans ce quatrain. **Ce mot** a été négligé ou peut-être mal traduit.	Aucun passage à signaler dans ce quatrain. Aucun passage à signaler dans ce quatrain. Aucun passage à signaler dans ce quatrain. **Ce mot** a été négligé ou peut-être mal traduit.
Un **passage** à signaler dans ce quatrain. Un **passage** à signaler dans ce quatrain. **Un passage à signaler** dans ce quatrain. **Un passage à signaler** dans ce quatrain.	Un **passage** à signaler dans ce quatrain. Un **passage** à signaler dans ce quatrain. **Un passage à signaler** dans ce quatrain. **Un passage à signaler** dans ce quatrain.
Ce tercet a été réécrit par le traducteur. Ce passage a été réécrit par la traductrice. Ce tercet a été réécrit par le traducteur.	*Ce tercet a été réécrit par la traductrice.* *Ce passage a été réécrit par le traducteur.* *Ce tercet a été réécrit par la traductrice.*
Différents passages à signaler dans ce tercet Différents passages à **signaler** dans ce tercet Différents passages à signaler dans ce **tercet**	**Différents** passages à signaler dans ce tercet Différents passages à **signaler** dans ce tercet Différents passages à signaler dans ce **tercet**
	[Paratextes :] Il peut s'agir de commentaires, de gloses ou d'autres types d'éléments accompagnant le texte comme des anecdotes ou des jeux de mots. Il peut se trouver en introduction ou en conclusion du poème.
Schéma des rimes (ex ABBA ABBA CDE CDE) Solution métrique (ex. *hendécasyllabe*)	Schéma des rimes (ex. ABBA ABBA CCD EED) Solution métrique (ex. *alexandrins*)
[Poème, l'édition utilisée, date de publication de l'édition]	[Nom du traducteur ou de la traductrice, *Titre de l'édition utilisée* (date de publication), Poème choisi]

On signale enfin les solutions typographiques utilisées pour faire référence à un poème du texte-source (ex. *Rvf* 1) et du texte-cible (ex. Sonnet 1) :

Sonnets : – [*rien*]	Imitations : X^i
Chansons : X^c	Traduction partielle du poème : X*
Sextines : X^s	
Ballades : X^b	
Madrigaux : X^m	

Introduction
Pétrarque : un livre, un modèle, un mythe

Peregrinus ubique, poète « européen »

Grâce au réseau tracé par sa riche correspondance, Pétrarque devient le premier « inventeur » d'une « République des Lettres » à l'intérieur de la « République chrétienne » d'Occident[1] : sa vie incarne le premier modèle d'homme de lettres de la modernité. Il trace également les contours d'un autre *type* d'auteur moderne, qu'on pourrait définir comme « auteur transnational », un auteur toujours en *transit*. Il s'agit notamment d'un transit à la fois géographique et linguistique : le poète *laureato* aimait représenter sa vie comme un voyage et lui-même comme un voyageur, *viator* ou encore *peregrinus ubique*[2], deux définitions rendant bien l'ambivalence de l'errance dont Pétrarque – comme l'a fait remarquer Theodore J. Cachey[3] – repère l'archétype dans le mythe d'Ulysse. D'autre part, la notion de *partage* rend compte d'une poétique et d'une inspiration toujours situées à un « croisement »[4] : croisement entre une culture ancienne et une époque moderne, entre une tradition païenne (notamment à travers la philosophie classique[5]) et les sources du christianisme occidental, ou encore entre un sentiment d'ἀγάπη chrétienne et une divinisation platonicienne de l'Éros. Dans le continent qu'on nomme aujourd'hui « européen », selon Pierre Blanc, s'instaure ainsi un échange nouveau « qui n'est plus celui de la guerre […] ni celui du commerce […], mais celui de la culture », échange qui sera au fondement de la complexité et de la splendeur de l'Europe, cette « forgerie translinguistique »[6]. À cet égard, il est intéressant

---

1 Sur ce sujet, voir la préface de Marc Fumaroli, dans Nicholas Mann, *Pétrarque : les voyages de l'esprit*, Grenoble, J. Million, 2004.

2 Comme le rappelle Mann (*Pétrarque : les voyages de l'esprit*, p. 4). L'expression *peregrinus ubique* (*Epyst.* III.19, v. 16) est particulièrement significative pour définir l'imaginaire pétrarquien. Voir : Nicholas Mann, *Pétrarque : les voyages de l'esprit*, p. 3–23 ; Theodore J. Cachey, « "Peregrinus (quasi) ubique". Petrarca e la storia del viaggio », *Intersezioni*, vol. 17, n° 3, 1997, p. 369–384.

3 Theodore J. Cachey, « Between Petrarch and Dante. Prolegomenon to a Critical Discourse », dans Zygmunt G. Baranski et Theodore J. Cachey (dir.), *Petrarch & Dante. Anti-Dantism, Metaphysics, Tradition*, Notre Dame (Ind.), University of Notre Dame Press, 2009, p. 3–49.

4 Nicholas Mann, *Pétrarque : les voyages de l'esprit*, § « Du croisement au sommet », p. 3.

5 Charles Trinkaus, *Petrarch and the formation of Renaissance consciousness*, New Haven (Conn.), Yale University Press, 1979, § « Petrarch and Classical Philosophy », p. 1–26.

6 Pierre Blanc, « La tradition pétrarquiste », dans Pierre Blanc (dir.), *Pétrarque en Europe XIVe– XXe siècles : dynamique d'une expansion culturelle. Actes du XXVIe congrès international du CEFI*

d'examiner les études pétrarquiennes au regard de nouvelles notions critiques telles que la transculturalité[7] ou la transnationalité[8], auxquelles on aura recours de façon ponctuelle. De ce point de vue, l'exemple emblématique français constitue un champ d'enquête privilégié pour décrire ce que nous souhaitons définir le « mouvement migrant » du pétrarquisme européen.

Comme le suggère Jean Balsamo, le nom de Pétrarque représente en Europe à la fois « un livre, un modèle, un mythe »[9]. S'il représente un *livre*, c'est le Canzoniere, véritable prototype littéraire. Mais il incarne aussi un modèle humaniste dans son écriture morale et épistolaire, ainsi qu'un modèle poétique par son travail linguistique et rhétorique, devenu la signature et le *verbe* d'un style : *pétrarquiser*[10]. Enfin, il est un créateur de mythes et, certainement, représente lui-même un mythe. C'est ce fonds, étendu et complexe, que recouvre le vocable de *pétrarquisme*.

En dépit de cette richesse, les études sur la réception de Pétrarque et du pétrarquisme en France, bien que nombreuses, souffrent de la dispersion et de la désorganisation des sources, du manque d'une tradition critique cohérente et continue couvrant d'une façon égale différentes époques, et enfin, du nombre relativement restreint d'études portant sur les enjeux de la traduction en tant que

---

(Turin et Chambéry, 11–15 décembre 1995), Paris, Champion, 2001, p. 13. En effet, ces échanges ont commencé bien avant, entre Orléans et Bologne, notamment, dès la fin du XIIe siècle.

7   Pour une précision sur la notion de « transculturalité », consulter la définition de Régine Robin, dans Claude Duchet et Stéphane Vachon (dir.), *La Recherche littéraire. Objets et méthodes*, éd. revue, corr. et aug., Montréal/Paris, XYZ & Presses universitaires de Vincennes, 1998, p. 375.

8   Une littérature transnationale sera une littérature qui repense son « imaginaire national » au prisme des transferts culturels et linguistiques. Pour la notion d'« imaginaire national », voir Benedict Anderson, *L'imaginaire national. Réflexions sur l'origine et l'essor du nationalisme*, Paris, La Découverte, 1996. Dans son essai, Victor Klemperer réfléchit sur les liens existants entre les différents concepts de littérature transnationale avant Johann Wolfgang von Goethe, à son époque et après lui (Victor Klemperer, *Littérature universelle et littérature européenne* [1929], traduit de l'allemand par Julie Stroz, Belval, Éditions Circé, 2011). On renvoie notamment aux nouvelles propositions théoriques proposées par Charles Burdett, Jenny Burns, Derek Duncan et Loredana Polezzi dans le cadre de leur collection « Transnational Studies » publiée par la Liverpool University Press. Pour un aperçu sur les nouvelles Études Italiennes Transnationales (*Transnational Italian Studies*), voir : Charles Burdett, Nick Havely et Loredana Polezzi, « The Transnational/Translational in Italian Studies », *Italian Studies*, vol. 75, n° 2, 2020, p. 223–236 ; Charles Burdett et Loredana Polezzi (dir.), *Transnational Italian Studies*, Liverpool, Liverpool University Press, 2020. D'après Burdett, Havely et Polezzi (2020), on peut aussi proposer l'adjectif « traductionnel » (*translational*) en langue française pour indiquer une littérature traductionnelle conçue comme un vecteur de dépassement des frontières linguistiques et géographiques. On remarquera l'usage différent de ce terme par rapport à Pym (1998).

9   Jean Balsamo, « "Nous l'avons tous admiré, et imité : non sans cause". Pétrarque en France à la Renaissance : un livre, un modèle, un mythe », dans Jean Balsamo (dir.), *Les Poètes français de la Renaissance et Pétrarque*, Genève, Droz, 2004, p. 13–32.

10 C'est Ronsard l'un des premiers qui fit usage du verbe « pétrarquiser » de manière systématique : dès la préface des *Odes* (1550) où il dénonce le goût des courtisans pour le « petit sonnet petrarquizé », et puis dans *Les Amours* (1552) où il écrit « Je ne sçauroy, veu ma peine si forte, Tant lamenter ne tant petrarquiser » (XCVII), voir *Œuvres complètes*, éd. P. Laumonier, Paris, Société des textes français modernes, 1982.

telle. Certes, plusieurs entreprises remarquables ont été menées sur ce sujet[11], à partir des travaux de Marius Pieri (1895) et de Joseph Vianey (1895). Parmi les études les plus importantes, outre le travail d'Ève Duperray (1997), de Jean-Luc Nardone (1998) et celui de Pierre Blanc (2001), on rappellera le volume dirigé par Luigi Collarile et Daniel Maira (2004), ainsi que le célèbre volume orchestré par Jean Balsamo (2004). On citera aussi les récentes recherches sur la réception et la traduction de Pétrarque : la monographie de Jennifer Rushworth (2017), qui met en lumière plusieurs aspects du pétrarquisme français au XIXe siècle ; la thèse d'Alessandro Turbil (2018), qui étudie le rôle des versions françaises des *Triumphi* (1470–1550) dans le développement du pétrarquisme français ; le volume dirigé par Carole Birkan-Berz, Guillaume Coatalen et Thomas Vuong (2020), qui traite le pétrarquisme européen sans se limiter à un empan chronologique précisément délimité.

Toutes ces études ne négligent pas « la durée, […] le code, et la dynamique »[12] – selon la formule de Balsamo. Toutefois, bien qu'elles nous offrent une approche diachronique et culturelle sur des époques très variées, elles relèvent d'une conception du pétrarquisme au sens large qui n'établit pas de distinction entre réception et traduction. De plus, à l'exception des études de Rushworth (2017), de Balsamo (2004), de Birkan-Berz, Coatalen et Vuong (2020), et d'Alessandro Turbil (2018), ces travaux ne consacrent que très peu d'attention à la spécificité des traductions.

Le pétrarquisme, en tant que vaste pluralité d'approches, de lectures, d'inspirations, reste ainsi un domaine fragmenté qui demanderait une étude générale et unificatrice : cette pluralité d'approches, de lectures, d'inspirations mérite une tentative d'harmonisation. Selon notre hypothèse de travail, avant de se concentrer sur l'étude du pétrarquisme, il est nécessaire de mener une analyse méthodique et diachronique de ses traductions, c'est-à-dire de ces textes qui, avec les éditions italiennes, sont à la base de sa réception étrangère.

Traditions traductionnelles

Ce volume souhaite combler quelques lacunes dans la tradition des études pétrarquistes, tout au moins en ce qui concerne la traduction de Pétrarque en langue française. Notre recherche s'étend ici sur six siècles, c'est-à-dire à partir de la première traduction française imprimée que nous avons repérée, celle des *Triumphi* (Verard, 1514, attribuée à Georges de La Forge)[13], jusqu'à aujourd'hui. Nous nous

---

11 Pour les notices complètes des références citées, voir la Bibliographie.

12 La citation fait référence à cet ouvrage et est empruntée à l'introduction de Jean Balsamo au volume qu'il a dirigé. Voir Jean Balsamo « "Nous l'avons tous admiré, et imité : non sans cause". Pétrarque en France à la Renaissance : un livre, un modèle, un mythe », p. 14.

13 Turbil offre dans son étude une chronologie des premières traductions imprimées et manuscrites des *Triumphi* (1470–1550), ainsi qu'une description de cette édition. Voir : Alessandro Turbil, « *Pétrarquiser » : pour un corpus numérisé du lexique pétrarquiste des origines*, thèse soutenue à

concentrerons ainsi sur les seules œuvres italiennes, celles qui sont au fondement de la création du courant pétrarquiste[14] et qui ont largement influencé les traditions lyriques modernes et contemporaines. Il faut néanmoins préciser que l'absence d'une véritable édition critique des *Triumphi*[15] et la fluctuation de son histoire philologique rendent très ardue une analyse ponctuelle de leurs traductions, à cause de la multiplication des éditions et des variantes. En effet, la seule édition critique dont on dispose à présent (dirigée par Carl Appel[16] en 1901) ne suffit pas à donner une vision satisfaisante de l'univers des variantes présentes dans les manuscrits et les éditions, comme l'a montré Paola Cifarelli[17]. On se limitera donc ici aux traductions des seuls *Fragmenta*, sans pour autant négliger l'examen d'éventuelles concordances et liens avec les traductions des *Triumphi*.

On se propose ainsi de compléter et d'approfondir un certain nombre de recherches sur les traductions des *Fragmenta* en langue française. Plusieurs articles y sont consacrés, plus ou moins en lien avec le pétrarquisme. Si les études ponctuelles sur les traductions françaises des *Triumphi* et des *Fragmenta* sont nombreuses, elles relèvent d'approches diverses et ne concernent pas toutes les époques, laissant de nombreuses zones d'ombre dans l'histoire des traductions.

S'agissant de ces différentes études occasionnelles, on remarque que les premiers traducteurs des *Triumphi* (Moyen Âge et Renaissance) sont les plus étudiés, notamment par Giovanna Bellati (1996), Elina Suomela-Härmä (2000–2010), Gabriella Parussa (2005–2010), Paola Cifarelli (2001–2010) et Alessandro Turbil (2015–2018). Il en va de même pour les premières traductions des *Fragmenta* au XVIe siècle ayant fait l'objet d'étude par Michel Françon (1963–1950), Eneas Balmas (1975), Giovanna Bellati (1985–2004), Yvonne Bellenger (1998), Ian R. Morrison (1998), Jean Balsamo (2004), Romana Brovia (2004), Jean Vignes (2004), Georges Barthouil (2005). Quelques commentateurs se concentrent parfois sur la traduction des *Fragmenta* aux époques subséquentes, comme Frank Merger (2008) et Michela Landi (2008) pour le XXe siècle. L'analyse comparative des traductions est pourtant presque absente et les questions historiographiques n'ont pas été au centre de réflexions ultérieures.

---

l'Université Sorbonne Paris Cité sous la direction de Gabriella Parussa et de Paola Cifarelli, 2018. Sur cette édition (Verard, 1514), voir aussi : Gabriella Parussa, « I *Trionfi* di Petrarca fra l'Italia e la Francia : metamorfosi di un testo », dans Enrico Garavelli et Elina Suomela-Härmä (dir.), *Atti del settimo congresso degli italianisti scandinavi (Helsinki, 3–9 giugno 2004)*, Helsinki, Société néophilologique, 2005, p. 71–87.

14 Il existe pourtant un *pétrarquisme latin* : voir Dario Cecchetti, « Petrarca in Francia prima del Petrarchismo : un mito polemico », *Franco-Italica*, n° 11, 1997, p. 7–31.

15 Nous utiliserons principalement l'édition de Vinicio Pacca et Laura Paolino (*Trionfi*, Milan, Mondadori, 1996) et celle de Marco Ariani (Milan, Mursia, 1988).

16 Pétrarque, *Die Triumphe*, éd. critique de Carl Appel, Halle, Marx Niemeyer, 1901.

17 Paola Cifarelli, « Jean Maynier traduttore di Petrarca. Aspetti stilistici e linguistici di una traduzione francese cinquecentesca dei *Trionfi* », dans Pierre Blanc (dir.), *Pétrarque en Europe XIVe–XXe siècles…*, p. 363–381 ; *Id.*, « Jean Maynier d'Oppède et Pétrarque », dans Jean Balsamo (dir.), *Les Poètes français de la Renaissance et Pétrarque*, p. 86–104.

Pour ce qui est des seules traductions des *Fragmenta*, trois volumes déjà cités s'imposent dans ce vaste panorama, du fait de leur ampleur et de leur ambition méthodologique : le volume collectif dirigé par Jean Balsamo (2004), la monographie de Jennifer Rushworth (2017) et la collection d'articles divers publiés par Carole Birkan-Berz, Guillaume Coatalen et Thomas Vuong (2020) – qui, comme l'on a déjà évoqué, réservent une place importante, mais non exclusive, aux traductions françaises de Pétrarque. La perspective historique et comparatiste de notre démarche s'inscrit dans la filiation de ces ouvrages, avec pour point de départ unique les textes traduits.

Une réflexion sur la nature et la définition de l'opération même de traduction aurait été profitable pour ces dernières études citées. Le volume coordonné par Balsamo (2004) traite parfois ensemble des traductions et des imitations, ou bien n'établit pas de véritable distinction entre celles-ci et toutes autres sortes de réécritures pétrarquisantes. L'approche méthodologique de Balsamo semble concevoir la réception pétrarquiste au sens large et peut courir le risque de considérer la traduction et la réception dans une perspective tellement inclusive qu'elles deviennent indiscernables et se diluent dans un même solvant nommé « pétrarquisme ». C'est aussi le risque de l'étude menée par Rushworth, qui a pourtant le mérite d'évoquer la question d'une distinction entre traduction, imitation et réécriture. La solution à ce questionnement réside, pour Rushworth, dans la notion de *transformation*, pierre de touche de son livre qui s'attache au gigantesque corpus des « transformations » françaises de Pétrarque au XIXe siècle. Le volume dirigé par Birkan-Berz, Coatalen et Vuong (2020) esquisse quant à lui une approche très large pour retracer l'« *aura* »[18] de la poésie pétrarquienne à travers une confluence de divers modes littéraires incluant la traduction, l'adaptation, l'imitation et l'intertextualité. Ces modes n'ont pourtant pas été théoriquement modélisés et les aspects théoriques varient selon les choix critiques des contributeurs·trices. Nous considérons, pour notre part, que les approches transgénérique et historique, bien que nécessaires, doivent s'accompagner d'une enquête qui distingue les différentes modalités de transmission.

Ainsi, dans le contexte de cette étude, il s'agit de réaliser une analyse comparative des principales traductions françaises des *Fragmenta* dans l'objectif de tracer les contours d'une « tradition traductionnelle »[19] de la Renaissance à nos jours. On entend ici par « tradition traductionnelle » cet ensemble d'usages, de référents culturels, de savoirs abstraits ou concrets, qui rend homogène un canon de textes traduits dans une perspective tant synchronique que diachronique[20].

---

18 Carole Birkan-Berz, Guillaume Coatalen et Thomas Vuong (dir.), *Translating Petrarch's Poetry : L'Aura del Petrarca from the Quattrocento to the 21st Century*, Oxford, Legenda Books, 2020, p. 3.

19 Notre traduction, cf. « *translation tradition* », voir Lawrence Venuti, « Translation, History, Narrative », *Meta*, vol. 50, n° 3, 2005, p. 800–816.

20 Le CNRTL [*en ligne* : cnrtl.fr] signale ainsi le terme *tradition* (on cite d'après le « Portail lexical », section « Lexicographie », la définition B) : [*Tradition*] « Action, façon de transmettre un savoir, abstrait ou concret, de génération en génération par la parole, par l'écrit ou par l'exemple ».

Les composantes des traditions traductionnelles non seulement sont donc bien identifiables dans un corpus restreint, mais peuvent aussi être observées tout au long de l'histoire. Dans la mesure du possible ont été abordées les questions de la matérialité des textes et des paratextes, de l'identification et de l'interprétation des textes-sources, de l'enracinement des textes-sources et des textes-cibles dans la culture d'arrivée, ainsi que des diverses conceptions de la traduction ayant influencé les pratiques traductives. On a notamment identifié les moments cruciaux de l'histoire des traductions des *Fragmenta*, en se concentrant sur des figures et des processus majeurs qui ont pu jouer le rôle de « modèles de transmission »[21]. Ces modèles illustrent les mécanismes par lesquels les traducteurs·trices s'approprient des éléments du passé, et l'altérité des sources auxquelles ils ou elles se consacrent ; ils peuvent aussi révéler des pratiques prédominantes dans les processus traductifs, par exemple l'appropriation ou l'intériorisation[22].

D'autres auteurs ont réalisé des projets semblables en langue française. Les travaux de Jean Vignes (2003, 2006) sur les traductions de l'Arioste et du Tasse en France ou l'article de Philippe Brunet sur quelques traductions françaises d'Homère (2010) figurent parmi les premières tentatives en vue d'adopter une démarche comparative et synchronique. L'étude pionnière d'Alexandre Cioranescu (1939) sur l'Arioste est peut-être le premier exemple d'approche historiographique couvrant plusieurs siècles. Dans le même sillon, la thèse de Claire Placial (2011) sur les traductions françaises du *Cantique des Cantiques* et celle de Marianne Reboul (2018) sur les traductions françaises de l'*Odyssée* d'Homère, témoignent d'une ambition visant à étendre le champ d'enquête du point de vue chronologique. On mentionnera aussi la remarquable monographie de Francesco Montorsi (2015) sur l'influence

---

Cf. « On a supposé […] que toute lumière était au commencement, que de traditions en traditions, de transmissions en transmissions, cette lumière allait s'éteignant et que, sans nous en douter, nous marchions à la barbarie par le chemin de la civilisation » (Théodore-Simon JOUFFROY, *Nouv. Mél. philos.*, 1842) ; « La tradition, ce n'est pas un passé irréductible à la raison et à la réflexion, qui nous contraint de tout son poids, c'est un processus par lequel se constitue une expérience vivante et adaptable » (Raymond BOUDON, *Sociol.*, 1982).

21 Notre traduction, cf. « *patterns of transmission* » (Anne COLDIRON, *Printers Without Border : Translation and Textuality in the Renaissance*, Cambridge, Cambridge University Press, 2015, *passim*). Coldiron identifie certains « modèles » (*patterns*) de transformation dans la matérialité des livres et dans le système langagier (cf. « *material and verbal co-transformations* », *ibidem*, p. 4). On remarque que l'étude de Coldiron traite notamment les paratextes, mais il nous semble qu'on peut appliquer ce genre de grille méthodologique à la traduction de textes.

22 Cf. « Ces modèles nous disent des choses que les études individuelles ne peuvent souvent pas nous dire : quels éléments du passé étranger ont été appropriés au fil du temps, comment ces éléments ont été filtrés ou infléchis, comment ils ont été intégrés (et non), et comment ils sont venus à être valorisés et réévalués […] les modèles de transmission révèlent une pratique prédominante d'une traduction appropriée ou dirigée vers l'intérieur », notre traduction, cf. « *These patterns tell us things that individual studies often cannot : what elements of the foreign past were appropriated over time, how those elements were filtered or inflected, how they were integrated (and not), and how they came do be valued and revalued […] transmission patterns reveal a predominant practice of an appropriative or inward-directed translation* » (Anne COLDIRON, *Printers Without Border…*, p. 6–11).

des traductions de l'italien dans le développement du récit de chevalerie français (1490–1550). L'histoire des traductions vit son printemps.

À cette extension des bornes temporelles et à cette ambition comparatiste ne correspond pourtant pas toujours une évolution des outils herméneutiques, linguistiques et méthodologiques, à l'exception des recherches de Reboul (2018) qui fonde sa démarche sur une étude comparative numérique. Cioranescu (1939), Vignes (2003, 2006) ou encore Brunet (2010) ne se posent pas de questions traductologiques. Placial (2011) et Reboul (2018), bien que plus averties à l'égard de la traductologie théorique, n'élaborent cependant pas des outils méthodologiques novateurs aptes à résoudre les problèmes spécifiques de la discipline, en se fiant principalement à leur expérience de chercheuses, à leur sensibilité et à leur mouvance critique ou bien, comme Reboul (2018), à une comparaison semi-automatique à l'aide d'un logiciel. On remarquera, dans ces deux derniers cas, qu'une réflexion sur les questions épistémologiques liée à l'histoire des traductions aurait sûrement renforcé et consolidé les hypothèses de travail préalables.

Dans ce contexte de recherche, nous avons tenté de proposer des outils méthodologiques, tout en fondant notre approche sur des bases épistémologiques. En effet, la nature de l'outil de travail influence profondément la perception de l'objet étudié : suivant ce simple principe d'Heisenberg, les outils méthodologiques ici décrits ont été conçus et adaptés selon notre hypothèse de travail. Nombre de chercheurs·ses semblent en fait avoir la volonté de conduire des études dites « pratiques » en négligeant les questions « théoriques », les études « pratiques » étant considérées comme plus « scientifiques ». Nous savons en revanche qu'il est impossible de conduire une quelconque enquête sans appliquer, plus ou moins consciemment, une approche théorique. Le refoulement de la théorie et de l'épistémologie ouvre les portes à une démarche naïve qui se veut « libre », mais qui, de fait, ne peut qu'appliquer des théories préalables, des « usages » communs, des méthodes reçues. Cette posture conservatrice ferme ainsi la porte au débat et au dialogue tout en nuisant au développement de la traductologie.

Notre approche théorique fera l'objet de la première partie du volume, dont l'intuition sous-jacente consiste dans l'hypothèse que les conceptions du pétrarquisme surgissent et se cristallisent à partir des premières traductions, qu'elles parcourent l'histoire véhiculées par différentes traditions traductionnelles, en influençant non seulement les autres traducteurs·trices mais aussi les courants littéraires. Selon cette hypothèse, les courants pétrarquistes seraient donc profondément influencés par les différentes approches de la traduction relevant de projets très divers vis-à-vis de l'interprétation de l'œuvre, des orientations traductives, des conceptions de la traduction, etc.

Par ailleurs, l'idée d'une osmose entre histoire des traductions et histoire de la réception n'est pas nouvelle, comme en témoignent les études de Montorsi (2015) et de Turbil (2018). L'on peut aussi retrouver cette idée *in nuce* dans les recherches de Rushworth (2017). Selon la chercheuse britannique, le pétrarquisme du XIXe siècle serait principalement fondé sur trois grandes figures tutélaires[23] : Jacques de Sade pour la teneur poétique, biographique et anecdotique ; Jean-Jacques Rousseau pour la prose et l'inspiration idyllique et philosophique ; enfin, Voltaire pour l'imitation et pour la critique anti-pétrarquiste. Dans une perspective semblable, notre objectif est ainsi de repenser l'histoire de la réception de Pétrarque en revenant au texte et à ses mutations, tout en soulignant le rôle décisif des traductions dans sa réception.

Une démarche transtextuelle

Cet ouvrage, s'inspirant partiellement des travaux mentionnés ci-dessus, se propose d'abord d'illustrer des outils théoriques et méthodologiques spécifiquement conçus pour l'étude de notre corpus.

Après un préambule sur le statut de l'histoire des traductions en tant que discipline indépendante, le découpage chronologique suscite la première question méthodologique posée dans la première partie. Nous avons choisi un découpage en époques, non pas en suivant les usages des historiens de la langue ou de la littérature, mais en s'inspirant des dynamiques spécifiques aux traductions de Pétrarque. Cette question se trouve du reste au cœur d'un débat qui nécessite d'être exposé plus en détail. Peut-on considérer l'histoire des traductions comme une histoire indépendante de l'histoire littéraire et de la langue ? Quels choix semblent les plus adéquats lorsqu'il s'agit de réaliser une histoire des traductions ? Est-ce que l'histoire des traductions, en tant que domaine spécifique et indépendant, ne serait pas susceptible d'exiger une réflexion chronologique particulière ? Il nous semble évident que l'histoire des traductions dialogue avec d'autres histoires et contextes, mais aussi que sa spécificité mérite un statut de discipline autonome.

Dans un second temps, nous avons procédé à l'illustration des outils critiques employés pour établir notre corpus et analyser les textes traduits. Ce temps de notre étude, sans doute à la teneur la plus expérimentale, propose trois théories : la théorie de la matière sémantique, la théorie des zones traductionnelles et la théorie des imaginaires de la traduction.

La première théorie proposée dans ce cadre procède d'une urgence méthodologique : établir et définir notre objet d'étude. Notre théorie de la matière sémantique a donc comme objectif de répondre d'abord à deux questions fondamentales : qu'est-ce qu'une traduction ? Selon quels paramètres établir une distinction entre la traduction *stricto sensu* et d'autres formes de réécriture ? Cette théorie, inspirée par la sémantique interprétative de filiation saussurienne, développe certains concepts de la sémantique des textes – un courant critique dont la paternité est notamment attribuée à Jean Rastier. Notre démarche s'écarte donc du courant « culturel » en traductologie – à l'œuvre depuis les années 1980, par exemple dans

---

23 Jennifer Rushworth, *Petrarch and the Literary Culture on Nineteenth-Century France*, Cambridge, D. S. Brewer, 2017, § « Temporal and Geographical Parameters », p. 7–11 et *passim*.

les éminents travaux de Susan Bassnett, André Lefevere ou Lawrence Venuti – qui considère la traduction comme l'une des possibles modalités de réécriture parmi d'autres[24].

Dans ce contexte, la traduction est définie du point de vue de la lecture, de l'interprétation et de l'écriture. La définition de la traduction, ici opposée à d'autres formes de réécriture, représente un potentiel inestimable en traductologie comme pour les théories de la réception. À tout prendre, la traduction nous donne la preuve incontestable d'un processus de lecture et d'interprétation ciblant un texte-source bien défini et bien identifiable, et cela que l'accès au texte soit de « première main » ou à travers une autre traduction, comme dans le cas des retraductions. La notion de matière sémantique nous aide à évaluer la nature de ce processus de lecture, interprétation et écriture.

On définit ici la matière sémantique comme l'ensemble des fragments signifiants d'un texte, et la traduction *stricto sensu* comme un texte qui, contrairement à d'autres formes de réécriture, entretient un dialogue étroit avec ces fragments. Une telle définition de la traduction a l'avantage de transcender toute une série canonique d'oppositions (*forme/sens, fidélité/infidélité, sourcier/cibliste*) et de pouvoir être appliquée à toute époque historique et à toute conception de la traduction. Sont ainsi écartées les questions relatives, par exemple, à la définition de ce qui serait une *bonne* ou une *mauvaise* traduction, une traduction *fidèle* ou *cibliste*. La visée principale de cette théorie est de mesurer et évaluer, autant que possible, la stabilité des « gradients » sémantiques du texte-cible dans son dialogue avec le texte-source. Ce faisant, on focalise l'analyse sur la lecture et l'interprétation d'un texte-source spécifique et bien identifiable : la traduction est d'abord *une* lecture d'*un* texte. Notre démarche traductologique se révèle ainsi comme une « analytique lectoriale »[25] qui aurait comme objectif d'analyser rationnellement et pragmatiquement des éléments textuels, tout en considérant la subjectivité des traducteurs·trices et les conceptions de la traduction dans un contexte donné.

Notre théorie permet aussi d'étudier les traductions au-delà des formes littéraires et des choix formels : une traduction en prose peut être considérée une traduction *stricto sensu* au même titre qu'une traduction en vers, à condition qu'un processus de *lecture écrite* – tel que l'a envisagé Charles Le Blanc[26] – rende le texte-source reconnaissable et identifiable. Bien évidemment, il ne s'agit pas de proposer une théorie « scientifique », mais plutôt d'utiliser une approche permettant d'exclure

---

24 Cristina MARINETTI, « Cultural approaches », dans Yves GAMBIER et Luc VAN DOORSLAER (dir.), *Handbook of translation studies*, 4 vol., Amsterdam, John Benjamins, 2010, t. II, p. 26–30.

25 On emprunte cette notion à Charles LE BLANC, *Histoire naturelle de la traduction*, Paris, Les Belles Lettres, 2018, *passim*.

26 C'est une notion proposée par Le Blanc dans *Histoire naturelle de la traduction*. Ce n'est pourtant pas une définition nouvelle en traductologie. Yves Bonnefoy parlait déjà pour sa part, à propos du travail du traducteur, de « lecture écrivante » dans l'avant-propos de *La Communauté des traducteurs*, Strasbourg, Presses universitaires de Strasbourg, 2000, p. 10.

d'un corpus traductionnel tous ces genres de réécritures dont le texte-source n'est pas clairement reconnaissable et/ou celles qui ne semblent pas viser une lecture et une transmission d'un texte-source spécifique (imitations, pastiches, *topoi*, motifs, etc.). En fin de compte, une imitation, bien qu'elle puisse être considérée comme une forme de *lecture*, peut-elle vraiment constituer une forme de transmission d'un texte-source spécifique ? Ne serait-elle pas plutôt un genre littéraire, à « haut gradient » d'intertextualité, dont la forme comme le sens peuvent totalement transcender l'essence du texte-source, voire la méconnaître ? Les contre-exemples, bien sûr, existent et les différences entre traduction et imitation peuvent parfois être extrêmement subtiles. Mais ces contre-exemples nous semblent bien peu nombreux et ils n'ont pas représenté pour nous une raison valide pour ne pas essayer de modéliser des outils opératoires.

La traduction est ainsi considérée comme la trace d'une lecture avant d'être le témoignage d'une pratique d'écriture. Mieux encore, la traduction est envisagée ici comme une *lecture écrite* en ce qu'elle provient d'un acte de lecture, tandis que le texte original provient quant à lui d'un acte d'écriture[27]. La traduction exprime aussi, comme pour le procédé photographique, un processus de *fixation* d'une lecture et d'une écriture dans la culture d'accueil. Selon le succès qu'elle a rencontré, une traduction peut aussi devenir un modèle et un vecteur privilégié pour d'autres traducteurs·trices ainsi que pour d'autres formes d'écriture et de réécriture.

Les codes formels et herméneutiques inscrits dans le texte-cible peuvent se cristalliser et influencer par la suite les traditions littéraires et traductionnelles. Si l'on suit le modèle envisagé par André Gendre en utilisant sa « Carte des "migrations" »[28] du pétrarquisme français à la Renaissance, on peut identifier certains moments de l'histoire de la réception où les traductions ont pu exercer un rôle remarquable et pour ainsi dire fondateur. Grâce à cette « Carte des "migrations" », Gendre décrit non seulement les moments cruciaux du pétrarquisme français à la Renaissance, mais aussi l'influence que d'autres sources littéraires plus anciennes ont pu revêtir. Dans l'image ci-reproduite (image 1), nous avons marqué, en dessinant des cercles, des zones sensibles à l'intérieur desquelles les traductions ont pu exercer un rôle marquant et fondateur en termes d'enjeux de la réception. Ces zones correspondent aux premières traductions françaises, manuscrites et imprimées, des *Rerum vulgarium fragmenta* et des *Triumphi*.

---

27 Charles Le Blanc, *Histoire naturelle de la traduction*, p. 278.
28 André Gendre, « Vade-mecum sur le pétrarquisme français », *Versants*, n° 7, 1985, p. 46.

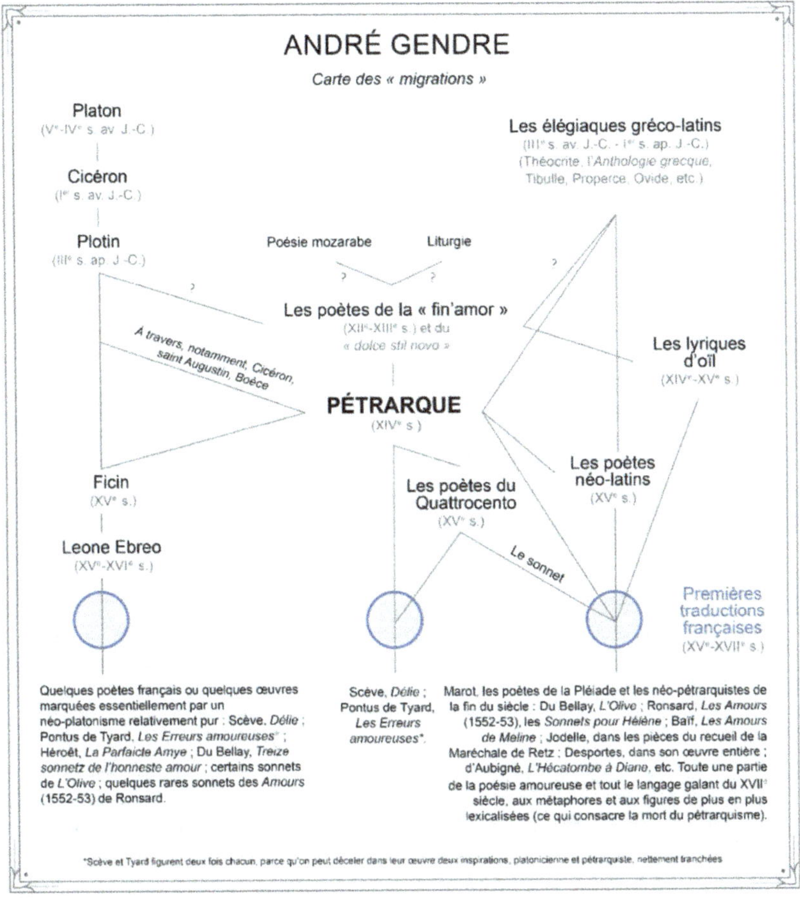

Image 1. Projet graphique par Myriam Berlinguette.

Les cercles signalent ainsi des moments historiques où les traductions seraient les véhicules privilégiés des courants pétrarquistes. À la différence d'autres formes littéraires, la particularité de la traduction consiste dans le fait de pouvoir marquer des zones germinatives à l'intérieur desquelles le texte-cible peut se cristalliser à travers diverses pratiques de lecture, d'interprétation et d'écriture. Les textes-cibles peuvent donc devenir les vecteurs principaux dans la réception d'un texte-source identifiable, non seulement pour les autres traducteurs·trices, mais aussi pour tous ceux et celles qui ne peuvent pas avoir accès à la langue-source de première main.

À l'aune de notre choix de considérer les textes traduits comme principaux viviers des courants pétrarquistes[29], nous qualifions notre démarche de transtextuelle[30] et envisageons une articulation autour de trois champs de réflexions majeurs : l'analyse comparative des traductions, la théorie de la réception et ce que nous appelons la « mythocritique[31] des traductions ». En effet, les réseaux sémantiques des traductions et de leurs paratextes semblent se focaliser sur un certain nombre de mythèmes[32], *topoi*, thèmes, motifs[33]. Ces réseaux sémantiques nous aident à identifier les modes par lesquels les traditions pétrarquistes se cristallisent et se transmettent. Ces trois axes convergent vers une histoire des traductions françaises des *Fragmenta*, dont l'analyse comparative forme le squelette.

Considérant l'ampleur du champ d'enquête, il s'est avéré nécessaire de recourir à une méthode statistique pour établir un corpus comparatif de départ. Après avoir identifié les traductions *stricto sensu* à l'aide de notre théorie de la matière sémantique, nous avons d'abord analysé tous les poèmes du corpus afin d'identifier les textes-sources et d'uniformiser les textes-cibles avec la numérotation moderne des *Fragmenta*. Ainsi, grâce à l'aide d'un statisticien (Carlo Bellingeri, TU Berlin), il

---

29 Ève Duperray met l'accent sur « le rôle déterminant des premières traductions et éditions dans la connaissance de Pétrarque et la constitution du pétrarquisme français ». Voir Ève Duperray, *L'or des mots. Une lecture de Pétrarque et du mythe littéraire de Vaucluse des origines à l'orée du XXe siècle (Histoire du Pétrarquisme en France)*, Paris, Publications de la Sorbonne, 1997, p. 76–80 et *passim*.

30 Sur le concept de *transtextualité*, voir Gérard Genette, *Palimpsestes*, Paris, Seuil, 1982. Selon lui, la *transtextualité* est « tout ce qui met un texte en relation, manifeste ou secrète, avec un autre texte » (p. 7). Selon nous, ce serait plutôt « tout ce qui traverse le texte, et le met en relation avec un autre texte, sans pourtant *être* texte ». Genette distingue, de plus, cinq types de relations transtextuelles : *intertextualité*, *paratextualité*, *métatextualité*, *hypertextualité* et *architextualité*. Genette définit la *transtextualité* comme « transcendance textuelle du texte » (Gérard Genette, *Palimpsestes*, ch. I).

31 On peut définir la *mythocritique* comme une méthode de critique littéraire ou artistique qui centre le processus d'analyse sur les représentations et les « récits » du mythe, considéré du point de vue de ses structures, de son histoire et de son contexte sociohistorique au sens large, mais aussi envisagé comme étant l'expression d'une dimension psychique. Pour cette définition, voir Gilbert Durant, « À propos du vocabulaire de l'imaginaire. Mythe, Mythanalyse, Mythocritique », *Recherches et Travaux. L'Imaginaire*, bulletin n° 15, 1977, p. 5–9.

32 Les *mythèmes* se définissent communément comme la plus petite unité signifiante du récit mythique (Gilbert Durant, « À propos du vocabulaire de l'imaginaire. Mythe, Mythanalyse, Mythocritique », p. 5–9).

33 Robert Mélançon parle du pétrarquisme comme *code* constitué d'un ensemble de *topoi*, dans son article « La fin du pétrarquisme français », dans Jean Lafond et André Stegmann, *L'Automne de la Renaissance (1580–1630)*, XXIIe Colloque international d'études humanistes (Tours, 2–13 juillet 1979), Paris, J. Vrin, 1981, p. 257–270. Gendre, quant à lui, propose une liste des tropes principaux du pétrarquisme, qui peut être considérée comme point de départ d'une étude mythocritique des traductions des *Fragmenta* (André Gendre, « Vade-mecum sur le pétrarquisme français », p. 55–57 et *passim*). Dans le même sillon, Duperray souligne que « par pétrarquisme, il ne faut donc pas entendre simplement l'imitation de Pétrarque ou des poètes italiens qui s'inscrivent dans son sillage, mais le recours à un répertoire – à des thèmes, mythes, images, procédés – pour parler d'amour » (Ève Duperray, *L'or des mots…*, p. 83–84).

a été possible de produire, analyser et interpréter une table des fréquences montrant les poèmes les plus traduits (cf. annexes 1 et 2). C'est sur la base de la brève liste de poèmes ainsi établie qu'ont ensuite été effectuées l'analyse textuelle et la description des profils des premiers traducteurs et l'étude des traducteurs·trices postérieur·e·s. À partir de cette présélection, nous avons choisi des passages textuels signifiants (que nous avons nommés « zones ») qui se révèlent particulièrement utiles pour analyser les approches et les interprétations des traducteurs·trices, suivant une théorie que nous avons nommée « théorie des zones traductionnelles », inspirée du concept de « zone signifiante » élaboré par Antoine Berman (1995). Toutefois, on verra comment la définition de « zone traductionnelle » diverge significativement de l'approche bermanienne, en ce que notre théorie se focalise sur le dialogue entre texte-source et texte-cible sans se limiter, comme le propose Berman, à la visée et la poétique du texte-source ou du texte-cible. Il ne s'agit pas d'aborder une approche esthétique ou éthique de la traduction (sur laquelle repose pour Berman la « critique des traductions » au sens de l'évaluation de la « bonne traduction »), mais de mettre en œuvre une méthode analytique et comparative[34]. Les zones traductionnelles existent toujours en traduction et sont identifiables, puisqu'il y a eu une transmission qui a engendré des dialogues, des décalages, des courts-circuits, des adhésions, entre texte-cible et texte-source. Ces zones différentielles représentent les unités minimales pour l'étude de la traduction et permettent premièrement d'analyser les modes par lesquels les traductions expriment plusieurs types de lectures et diverses stratégies de transmutations du sens comme de la forme. Elles forment par conséquent le support idoine pour une étude sur les principales caractéristiques des textes traduits, de leurs référents culturels, et notamment de ce que nous avons nommé « les imaginaires de la traduction ».

La théorie des imaginaires de la traduction est la troisième et dernière théorie proposée dans ce cadre. Elle peut être considérée comme un développement des théories sur l'imaginaire linguistique et, plus en général, des théories sur l'imaginaire qui se développent rapidement dans la recherche en sciences humaines. La notion d'imaginaire – née au sein des disciplines sociologiques et psychologiques – nous permet de modéliser dans un même cadre théorique un large éventail de facteurs qui ont influencé les pratiques et les conceptions de la traduction : facteurs littéraires, matériels, politiques, religieux, psychologiques, etc. Dans ce contexte, nous avons distingué deux types d'imaginaires de la traduction : *a)* les imaginaires des traducteurs·trices, qui définissent la subjectivité des traducteurs·trices ; *b)* les imaginaires du traduire, qui décrivent les différentes conceptions et représentations de la traduction impliquées dans la transmission des textes.

Ces dispositifs théoriques peuvent devenir des instruments utiles pour le développement de l'historiographie des traductions ainsi que pour l'avancement

---

34 On remarquera pourtant chez Berman une « mouvance analytique » lorsqu'il définit les douze « tendances déformantes » en traduction. Cette approche relève néanmoins d'une évaluation esthétique et/ou éthique de la pratique traductive : voir Antoine BERMAN, « La traduction comme épreuve de l'étranger », *Texte*, n° 4, 1985, p. 67–81.

d'un débat traductologique qui ne soit pas affecté par les biais des « usages » reçus, des « pratiques » canoniques, des diverses postures méthodologiques ou idéologiques.

Conformément à nos précisions sur la « Carte des "migrations" » de Gendre (1985), la deuxième partie de cette étude concernera les premiers traducteurs du XVIe et du XVIIe siècle, à partir des premiers pas du pétrarquisme français jusqu'au moment que Robert Mélançon (1981) a voulu considérer comme la fin du « code » pétrarquiste français[35] et que Gendre (1985) décrit brièvement, dans le même sillon, comme la « mort du pétrarquisme français »[36]. Suivant notre hypothèse de travail, la troisième partie de cette étude explore l'influence de ces premières traductions sur les principaux traducteurs·trices des siècles suivants. À travers une démarche non plus historique, mais thématique, la dernière partie entend ainsi mettre à l'épreuve nos outils méthodologiques sur des textes issus d'une période temporelle plus élargie, tout en esquissant quelques axes de recherche pour repenser l'histoire des traductions de Pétrarque, voire d'autres histoires des traductions et de la traduction.

Les profits et les champs d'action d'une telle démarche sont multiples. Une étude comparée des traductions éclaire les lignes d'un horizon de transformations linguistiques, politiques, culturelles et éditoriales, dans le but d'en tracer les coordonnées principales à travers les époques. Ce travail englobe ainsi les études éparses sur les traductions françaises de la poésie vulgaire pétrarquienne, les organise, les harmonise et, dans la mesure du possible, les complète.

---

35 Robert MÉLANÇON, « La fin du pétrarquisme français », dans Jean LAFOND et André STEGMANN, *L'Automne de la Renaissance (1580–1630)*, p. 257–270. Mélançon émet l'hypothèse selon laquelle le code pétrarquiste disparaît au début du XVIIe siècle, non seulement en raison de la réaction malherbienne, mais notamment par le courant maniériste et galant ainsi que par la parodie « satyrique » anti-pétrarquiste qui trouvera son acmé chez Voltaire (cf. son imitation de *Rvf* 126e).

36 André GENDRE, « Vade-mecum sur le pétrarquisme français », p. 46 (cf. la « Carte des "migrations" » du pétrarquisme français). Selon Gendre, le langage galant du XVIIe siècle, aux figures et aux métaphore de plus en plus lexicalisées et figées, provoque la mort du (premier) pétrarquisme français.

PREMIÈRE PARTIE

OBJETS ET MÉTHODES

Chapitre I

La traductologie à l'épreuve de l'histoire

Histoire de la traduction et histoire des savoirs

Dans les premières lignes de son ouvrage *L'épreuve de l'étranger* (1984), Antoine Berman affirmait que « la constitution d'une histoire de la traduction est la première tâche d'une théorie *moderne* de la traduction »[1]. Cette réflexion, à plus de trente ans de distance, revêt un caractère remarquablement prophétique : l'étude des traductions trace aujourd'hui des nouveaux chemins, en ce qu'elle peut être considérée comme une discipline indépendante[2] et plus particulièrement en ce qu'elle se pense et se repense à la lumière des autres disciplines. Il s'agit donc de considérer l'ensemble des textes traduits non seulement comme de la « littérature » (à laquelle on limite trop souvent l'étude des traductions), mais aussi comme un « patrimoine intellectuel » qui joue son rôle dans l'histoire des savoirs[3]. La visée de l'histoire des traductions comprendrait plus spécifiquement une réflexion sur la périodisation et la géographie, une analyse sur les techniques traductives et les conceptions du traduire, un regard transdisciplinaire capable d'embrasser d'autres historiographies et histoires, enfin une connaissance des traductions qui ne se limiteraient pas seulement aux processus linguistiques mais qui prendraient aussi en considération les aspects matériels et abstraits[4]. Dans ce sens, l'histoire des traductions et de la traduction procéderait d'une approche historiographique éminemment interdisciplinaire, dont

---

1 Antoine BERMAN, *L'Épreuve de l'étranger. Culture et traduction dans l'Allemagne romantique*, Paris, Gallimard, 1984, p. 12.

2 Rappelons le projet d'Yves Chevrel et Jean-Yves Masson, la collection « Histoire des traductions en langue française » (Lagrasse, Verdier, 2012–2019), mais aussi Michel BALLARD, *Histoire de la traduction : repères historiques et culturels*, Bruxelles, De Boeck, 2013. Ce volume de Ballard (2013) est une refonte sous forme de manuel de son ouvrage de *De Cicéron à Benjamin : traducteurs, traductions, réflexions*, Lille, Presses universitaires de Lille, 1992.

3 Yves CHEVREL et Jean-Yves MASSON, « Avant-propos », dans Véronique DUCHÉ (dir.), *Histoire des traductions en langue française, XV et XVI⁰ siècles (1470–1610)*, Lagrasse, Verdier, 2015, p. 9.

4 Birgit LANG, Antony PYM et Andrea RIZZI, « Conclusion », dans *Id., What is Translation History. A Trust-Based Approach*, Cham, Palgrave, 2019, p. 111 et *passim*.

l'importance a été rappelée, entre autres, par Rastier en 2011[5] et réaffirmée par Birgit Lang, Antony Pym et Andrea Rizzi en 2019[6].

L'histoire des traductions est d'abord appréhendée ici comme une histoire de *lectures* et d'*écritures*. Les diverses traductions d'un texte « concourent toutes, d'une manière ou d'une autre, avec force ou faiblesse, au sens du texte original »[7] ainsi qu'à sa réception dans les cultures d'accueil. Elles constituent un « patrimoine littéraire authentique » qui s'inscrit « au sein d'une histoire de la lecture et de la réception du sens des œuvres littéraires, histoire et réception qui ont leur place au sein des différentes littératures nationales »[8].

Au-delà de l'étude de l'œuvre, du texte, du genre ou du document en tant que corpus, il est donc nécessaire de porter une attention toute particulière à une vision d'ensemble, de se laisser entraîner par une inspiration « cartographique ». Comme l'a avancé Astrid Guillaume (2014), il faudrait garder comme point de départ, certes, « le mot et le sens, mais ne plus travailler exclusivement sur des textes, des corpus, des genres »[9]. L'étude des traductions – considérées en tant qu'« objets culturels »[10] – doit aussi viser « des époques entières [...] sur la durée et la contrastivité, l'histoire des mentalités en devenir et les temps qui formatent l'esprit ou marquent des générations entières »[11].

De plus, l'histoire des traductions ne peut plus faire l'économie d'une étude des textes et des documents considérés, non seulement comme objets linguistiques et culturels, mais aussi comme supports matériels et appareils paratextuels. La matérialité du texte ainsi que les stratégies éditoriales caractérisent et impactent la transmission des textes traduits. La « culture de la traduction » – telle qu'elle a été envisagée, entre autres, par Peter Burke (2007), par Warren Boutcher (2015) ou par Tania Demetriou et Rowan Tomlinson (2015) – est ainsi influencée autant par des référents abstraits que par des aspects matériels. Comme le remarquent, par exemple, les études de Karin Littau (2011), d'Anne Coldiron (2015), de Guyda

---

5   Cf. « On a trop souvent réduit les langues à des dictionnaires et des grammaires, voire à des syntaxes. Il faut cependant tenir compte, outre du *système*, des *corpus* (corpus de travail et corpus de référence), de l'*archive* (de la langue historique), enfin des *pratiques* sociales où s'effectuent les activités linguistiques » (François RASTIER, *La mesure et le grain. Sémantique de corpus*, Paris, Champion, 2011, p. 14).

6   Birgit LANG, Antony PYM et Andrea RIZZI, « Interdisciplinarity and Translation History », dans *Id., What is Translation History...*, p. 99–108.

7   Charles LE BLANC, *Histoire naturelle de la traduction*, p. 280.

8   *Ibidem.*

9   Astrid GUILLAUME, « Vers une sémiotique diachronique et contrastive des cultures », dans Driss ABLALI, Sémir BADIR et Dominique DUCARD (dir.), *Documents, textes, œuvres. Perspectives sémiotiques*, Rennes, Presses universitaires de Rennes, 2014, p. 381–382.

10   Pour cette notion, voir entre autres François RASTIER, « Objets culturels et performances sémiotiques. L'objectivation critique dans les sciences de la culture », dans Louis HEBERT et Lucie GUILLEMETTE (dir.), *Performances et objets culturels*, Québec, PU Laval, 2011, p. 15–58.

11   Astrid GUILLAUME, « Vers une sémiotique diachronique et contrastive des cultures », p. 381–382.

Armstrong (2015), de Marie-Alice Belle et Brenda Hosington (2018) ou de Kathryn Batchelor (2018), les paratextes et les éléments textuels liminaux offrent un regard privilégié sur les pratiques traductives et les conceptions de la traduction. Des études récentes d'Armstrong (2014, 2015), de Boutcher (2015) ou de Belle et Hosington (2017) ont aussi montré comment les « trajectoires » culturelles des textes et des traductions reposent sur un ensemble hétérogène d'acteurs (traducteurs·trices, mécènes, imprimeurs, lecteurs·trices) constituant les réseaux des traducteurs·trices et les milieux éditoriaux. Ainsi, une histoire des traductions est aussi une histoire de la matérialité des textes qui révèle, informe et influence l'émergence et la cristallisation des traditions et des imaginaires traductionnels.

Par le dédoublement des sources et la difficulté à constituer des corpus, par la multiplication des références textuelles et données paratextuelles, par les nombreuses questions linguistiques, interlinguistiques et translinguistiques qu'elle pose, la traductologie devient un champ privilégié pour repenser les fondements des méthodes historiographiques. Et comme pour toute historiographie, la conscience des chercheurs·ses oscille vertigineusement entre les exigences de l'érudition et le risque de la fiction, entre la nécessité de tracer les contours d'une histoire savante et la possibilité de réécrire une nouvelle histoire, une autre histoire, peut-être une *histoire naturelle*[12].

Entre érudition et imagination

La tâche du critique des traductions est rendue plus difficile par le fait que l'histoire des traductions se confronte non seulement à l'altérité de l'auteur, mais aussi avec celle du traducteur ou de la traductrice, à l'intérieur d'une dynamique de dédoublement et de confrontation. Le choix, l'interprétation des sources et leur mise en perspective chronologique sont donc les fondements de notre démarche : penser la diachronie entre érudition et imagination[13].

L'étude et la structuration de notre corpus ont été ainsi soumises à ces prémisses, dans la tentative d'offrir des pistes de réflexion larges et diachroniques sur la traduction des *Fragmenta* de Pétrarque à différentes époques, avec quelques rappels aux traductions des *Triumphi*. Des précisions d'ordre méthodologique s'imposent avant de présenter le corpus, non seulement parce que les études du corpus rencontrent un intérêt croissant auprès des contrastivistes et des traductologues[14], mais aussi parce qu'avant de se lancer dans une démarche pragmatique, il est nécessaire d'établir des

---

12 Selon une intuition de Le Blanc, « il y aurait une généalogie de la littérature à écrire, une histoire naturelle des Belles-Lettres à la manière de l'*Histoire naturelle* de Pline l'Ancien où se mêleraient la réalité, l'imaginaire et le merveilleux » (*Histoire naturelle de la traduction*, p. 153).

13 Nathalie Piégay-Gros, *Le futur antérieur de l'archive*, Rimouski, Tangence Éditeur, 2012.

14 Voir entre autres Dorothy Kenny, « Corpora in Translation Studies », dans Mona Baker (dir.), *Routledge encyclopedia of translation studies*, London/New York, Routledge, 1998, p. 50–53.

repères théoriques pour la constitution d'un corpus littéraire[15]. Dans les prochains chapitres, ces repères reposent d'abord sur le découpage chronologique et la théorie de la matière sémantique, qui nous ont permis d'établir, structurer et organiser notre corpus. Notre analyse des traductions se construit, quant à elle, autour de l'étude des zones traductionnelles ainsi que de certains aspects théoriques concernant l'herméneutique et les études sur la notion d'imaginaire.

---

15 Voir entre autres John D. GALLAGHER, « Traduction littéraire et étude sur corpus », dans Michel BALLARD et Carmen PINEIRA-TRESMONTANT (dir.), *Le corpus en linguistique et en traductologie*, Arras, Presses universitaires d'Artois, 2007, p. 199–229.

Chapitre II

Repenser la diachronie à la lumière des traductions ?

Traductions et histoire littéraire : la périodisation

Bien que nous ayons choisi de nous concentrer sur l'histoire des traductions à la Renaissance tout en ouvrant vers d'autres siècles, un découpage chronologique a été nécessaire pour repenser l'histoire des traductions des *Fragmenta* dans son intégralité et pour articuler entre eux les textes du corpus appartenant à différentes époques. Notre périodisation est constituée de trois grandes époques : Origines (XVIe–XVIIe s.), Modernités (XVIIIe–XIXe s.), Époque contemporaine (XXe–XXIe s.).

Cette distinction ne repose point sur des questions historico-linguistiques, mais sur des dynamiques propres à la traduction et la réception de Pétrarque. Selon une formule de Le Blanc, « la signification de l'histoire de la traduction n'est pas dans la chronologie, mais dans l'explicitation du sens d'une œuvre à travers ses lectures » : partant, la visée d'une histoire des traductions consisterait « à retrouver le chemin parcouru de l'œuvre au lecteur et du lecteur à l'œuvre »[1]. Ainsi, l'histoire de la traduction d'une œuvre comprendrait d'abord une typologie et une géographie de ses traducteurs·trices, et ensuite seulement une chronologie de sa réception.

Bien évidemment, les trajectoires historico-linguistiques et traductionnelles se rencontrent parfois. On remarque, par exemple, que les évolutions linguistiques et graphiques de la langue française au XVIe et au XVIIe siècle correspondent plus au moins à la première grande période de la traduction des *Fragmenta* : elle se déploie de la première traduction de Clément Marot (1541–1544 ca.) jusqu'à celle de Placide Catanusi (1669). Puis, s'ensuit presque un siècle d'oubli qui coïncide avec ce qu'on peut considérer comme la « fin » du premier pétrarquisme français[2]. On rappellera aussi que, pendant cette période, que nous appellerons ici « Origines (XVIe–XVIIe s.) », on observe une évolution parallèle des formes linguistiques, typographiques et grammaticales corroborée par l'évolution de la grammaire[3]. Cette évolution peut généralement être observée sur une longue période allant des

---

1 Charles Le Blanc, *Histoire naturelle de la traduction*, p. 255n.

2 Robert Mélançon, « La fin du pétrarquisme français », p. 257–270 ; André Gendre, « Vademecum sur le pétrarquisme français », p. 46.

3 Cette évolution a été démontrée et mise en relief par le projet « Histoire de la grammaire » [*en ligne* : correspo.ccdmd.qc.ca].

premières grammaires *françoyses*[4], qui suivent le modèle des grammaires latines, jusqu'aux grammaires du XVIIe siècle[5] bien plus raffinées et marquées au moins par deux tendances, « l'une orientée vers la norme linguistique et une vision hiérarchisée de la société, l'autre vers un raisonnement philosophique sur la langue »[6]. Grâce à ces grammaires, la langue et l'orthographe commencent à se stabiliser à la fin du XVIIe siècle, qui conclut notre première époque. Ce tournant crucial pour la réception et la traduction de Pétrarque compose la partie proprement historique de cette étude.

La deuxième époque, « Modernités (XVIII[e]–XIX[e] s.) », arrive après une période d'oubli à l'endroit de la poésie de Pétrarque, qui doit attendre un siècle avant d'être à nouveau imitée, avec la version de *Rvf* 126[c] que livre Voltaire (1756). La fin du XVIII[e] siècle accueille seulement deux traducteurs *stricto sensu*, Jacques de Sade (1764) et Pierre-Charles Levesque (1774–1787). Ils représentent pourtant, avec Voltaire, des modèles incontournables pour le XIX[e] siècle qui voit la réception et la traduction de Pétrarque vivre une véritable renaissance. Dans le cadre de notre étude, cette époque n'est pas traitée de manière exhaustive et méthodique. En se fondant sur les recherches remarquables de Rushworth (2017), qui couvrent un empan chronologique qui s'étend de la fin du XVIIIe au début du XXe siècle, la troisième partie de cette étude suit quelques routes des principales traditions traductionnelles des *Fragmenta* par le biais d'une démarche thématique.

La même approche s'applique à la troisième époque, « Époque contemporaine », qui comprend enfin le XXe et le XXIe siècle. Ceux-ci témoignent d'une production littéraire plus éclectique et expérimentale à travers laquelle les genres (littéraires et artistiques) s'hybrident et les rapports entre imitation et traduction suivent des voies de plus en plus novatrices. Les projets de traductions incluent souvent d'autres formes d'écriture (imitations, réécritures) et dialoguent avec les autres arts (dessin, eau-forte, peinture).

---

4   Voir : Louis Meigret, *Le tretté de grammere françoeze* (1550) ; Robert et Henri Estienne, *Traicté de la gramaire Francoise* (1569) ; Pierre de la Ramée, *Grammaire* (1572).

5   Voir : *Grammaire et syntaxe francoise* de Maupas (1607) ; la *Grammaire francoise Rapportee au Langage du Temps* d'Oudin (1632) ; les *Remarques sur la langue françoise* de Vaugelas (1647) ; *L'Essay d'une parfaite grammaire de la langue françoise* de Chiflet (1659) ; et la *Grammaire générale et raisonnée* d'Arnauld et Lancelot (1660), couramment appelée « Grammaire de Port-Royal ».

6   Sophie Piron, « La grammaire du français au XVIIe siècle », *Correspondance*, vol. 14, n° 1, 2008. L'article fait partie d'une série consacrée aux grammaires françaises au fil des siècles, intitulée « Histoire de la grammaire » [*en ligne* : correspo.ccdmd.qc.ca].

Chapitre III

Le choix des traducteurs·trices

Questions épistémologiques

Notre corpus, présenté dans le chapitre suivant, ne témoigne pas de la quantité des sources effectivement consultées. En effet, celles-ci sont bien plus nombreuses et leur analyse nous a amenés à ce résultat final, qui est le produit d'une sélection effectuée en amont entre traductions, imitations et réécritures. Avant de présenter le corpus, nous expliquons ici les modalités par lesquelles cette distinction a été établie.

La question épistémologique est, à notre avis, incontournable : avant de définir ce qu'est une traduction, une imitation ou une réécriture, c'est la notion même de texte qu'il s'agit de clarifier du point de vue de notre discipline. Si l'on voulait synthétiser les deux approches de la traductologie théorique au sujet du *texte*, selon la formule de Rastier, on pourrait affirmer qu'il existe d'une part une approche affectée par un « imaginaire logico-grammatical »[1] et de l'autre une démarche herméneutique et philosophique. Rastier développe dans ses ouvrages plusieurs formules de synthèse entre ces deux polarités, tout en proposant une conception du texte considéré non comme une « suite de mots » selon une approche phraséologique et selon une « tradition grammaticale »[2], mais comme une composition de formes sémantiques et expressives. C'est dans ce sillage que nos dispositifs théoriques se sont inscrits.

S'il est vrai qu'à chaque proposition traductologique il serait souhaitable de pouvoir offrir une théorie générale du langage, il est aussi inévitable d'adapter les acquis théoriques à la complexité de la pratique. C'est pourquoi nous voulons considérer notre démarche comme un ensemble de *théorèmes* méthodologiques – tel que l'a envisagé par exemple Jean-René Ladmiral[3] ou Charles Le Blanc[4] – plutôt que comme la ramification d'une théorie générale du langage : les théorèmes

---

1 Voir : François RASTIER, *Arts et sciences du texte*, Paris, Presses universitaires de France, 2001 ; *Id.*, « La traduction. Interprétation et genèse du sens », dans Marianne LEDERER (dir.), *Le sens en traduction*, Caen, Minard, 2006, p. 37–49.

2 François RASTIER, « La traduction. Interprétation et genèse du sens », p. 39.

3 Jean-René LADMIRAL, *Traduire : théorèmes pour la traduction*, Paris, Gallimard, 1994.

4 Charles LE BLANC, *Histoire naturelle de la traduction*, p. 1–20.

ainsi considérés n'auront donc pas un caractère prescriptif et universaliste, mais une visée descriptive. Il s'agirait, selon une formule de Rastier, d'une « dé-ontologie »[5] qui, afin de respecter la richesse et le pluralisme culturel des sources, propose des normes pratiques qui s'appuient sur une connaissance des normes linguistiques. La pratique est donc notre point de départ et les enjeux qu'elle engendre notre seule boussole. De ce point de vue, les « théorèmes » proposés nous semblent particulièrement propices à la résolution de problèmes urgents, comme la distinction entre traduction et recréation/imitation.

Si l'on voulait considérer, par exemple, uniquement les imitations et les réécritures, une dichotomie s'imposerait, dans ce cas, entre celles qui sont *explicites* et celles qui sont *implicites* (par exemple certains passages pétrarquisants de *La Nouvelle Héloïse*, de Jean-Jacques Rousseau). Les premières relèvent d'un « processus d'émulation qui préside à l'imitation »[6], selon une formule d'Oliver Millet. Les secondes restent cachées et *traversent* le texte comme des vagues souterraines. De telles remarques font d'emblée ressortir toutes les difficultés concernant la question de la réécriture, domaine aux contours volatils, tellement vaste que nous avons choisi de l'exclure de notre corpus. À notre avis, les réécritures et les imitations concerneraient davantage la théorie de la réception que l'étude des traductions. Pour établir une distinction entre traductions et d'autres formes de réécriture, on propose ici notre théorie de la matière sémantique.

La matière sémantique

La théorie de la matière sémantique s'inspire de la sémantique interprétative[7] élaborée notamment par Rastier et située (non sans controverses) au sein de la sémiotique[8] sur la base des théories de Saussure qui, comme on le sait, tout en distinguant le *signifiant* du *signifié*, « rapatrie si bien le signifié dans les langues que tout concept devient inséparable de son expression »[9]. Le projet intellectuel de la sémantique interprétative vise « un remembrement de la linguistique autour du concept de texte, ce qui engage à renouer avec des formes nouvelles de la philologie

---

5   Rastier emploie ce terme au sens large en l'opposant à la « tradition grammaticale » : cf. « La question de la traduction souligne les enjeux d'une linguistique des normes. La théorie de la traduction ne doit guère se fonder sur l'ontologie et sur la logique – nécessairement universalistes – qui ont configuré la tradition grammaticale, mais plutôt sur une dé-ontologie, car elle a pour mission de respecter la diversité culturelle. Aussi ne peut-elle formuler de règles, au sens trop fort en usage en linguistique, mais tout au plus des normes pratiques qui s'appuient sur une connaissance des normes linguistiques » (François RASTIER, « La traduction. Interprétation et genèse du sens », p. 39).

6   Olivier MILLET, « Du Bellay et Pétrarque, Autour de *L'Olive* », dans Jean BALSAMO (dir.), *Les Poètes français de la Renaissance et Pétrarque*, p. 262.

7   François RASTIER, *Sémantique interprétative* [1987], Paris, Presses universitaires de France, 2009 (3ᵉ éd.), p. I–XIV.

8   *Ibidem*, p. VIII–IX.

9   *Ibidem*, p. IV.

et de l'herméneutique »[10]. L'objet de recherche de la sémantique interprétative est le *sens* et ses structures dans un contexte donné. La sémantique interprétative décrit « le sens des langues et des textes oraux et écrits sans faire appel à des réalités conceptuelles ou mondaines, mais comme le produit de différences entre signes et autres unités, tant en contexte qu'au sein des textes et des corpus »[11].

Du point de vue de la sémantique interprétative, le *sens* exprimé par des *signes* est défini, pour résumer, à travers ces énoncés[12] :

(i) [Le sens est] un niveau d'objectivité qui n'est réductible ni à la référence, ni aux représentations mentales. Il est analysable en *traits sémantiques* qui sont des moments stabilisés dans des parcours d'interprétation.

(ii) La typologie des signes dépend de la typologie des parcours dont ils sont l'objet.

(iii) Le sens est fait de différences perçues et qualifiées dans des pratiques. C'est une propriété des textes et non des signes isolés (qui n'ont pas d'existence empirique).

(iv) Le sens d'une unité est déterminé par son contexte. Le contexte, c'est tout le texte : la *microsémantique* dépend de la *macrosémantique*.

(v) Les unités textuelles élémentaires ne sont pas des mots mais des passages. Un passage a pour expression un *extrait* et pour contenu un *fragment*.

(vi) Sur le plan sémantique, les traits pertinents sont organisés pour composer des *formes sémantiques*, comme les thèmes, qui se détachent sur des *fonds sémantiques*, les isotopies notamment. Les formes sémantiques sont des moments stabilisés dans des séries de transformations, tant au sein du texte qu'entre textes.

Si la *signification* est attribuée au signe, dont le morphème est l'unité linguistique élémentaire, le *sens* quant à lui sera donc attribué au *texte*. Le texte constitue, selon la sémantique interprétative, « l'unité *minimale* d'analyse, car le global détermine le local »[13]. Si la *signification* résulte d'un processus de décontextualisation (comme on le voit par exemple en sémantique lexicale ou en terminologie), du point de vue de la sémantique interprétative le *sens* sera toujours traité dans un contexte donné, il sera toujours lié à son (con)texte. Les *formes textuelles*[14] (genres, thèmes, éthos, rythme, style, rhétorique, etc.) sont le réceptacle du *sens* du texte, de ses *formes sémantiques*, c'est-à-dire des « moments de sens » qui se sont plus ou moins stabilisés

---

10 François RASTIER, *Arts et sciences du texte*, Paris, Presses universitaires de France, 2001, chap. III et IV.

11 François RASTIER, « La sémantique interprétative et les textes », dans Driss ABLALI, Sémir BADIR et Dominique DUCARD (dir.), *Documents, textes, œuvres. Perspectives sémiotiques*, Rennes, Presses universitaires de Rennes, 2014, p. 438.

12 François RASTIER, « La sémantique interprétative et les textes », p. 438–439.

13 *Ibidem*, p. 440.

14 François RASTIER, « Formes sémantiques et textualité », *Langages*, n° 163, 2006, p. 99–114.

dans « des séries de transformations, tant au sein du texte qu'entre textes »[15]. Si les *formes textuelles* ne sont ni conceptuelles ni cognitives, elles expriment pourtant des *formes sémantiques* à travers le paradigme saussurien « signifiant/signifié ». Les formes textuelles concernent ainsi ce qu'on peut appeler la *forme*, le *style*, tandis que les formes sémantiques s'organisent autour de ce qu'on appelle couramment le *sens* et le *discours*.

La sémantique interprétative est ici considérée du point de vue spécifique de l'analyse textuelle et intertextuelle des traductions et, dans certains cas, de leurs paratextes. La traduction procède d'un certain nombre de formes textuelles et de formes sémantiques du texte-source. Si le texte-source appartient à un genre littéraire ou rédactionnel, la traduction elle aussi peut être considérée comme un genre à part entière. Tout genre littéraire dépend d'un corpus au sein duquel ce même genre doit être interprété, par conséquent « les parcours génétiques et interprétatifs au sein du texte sont inséparables des parcours interprétatifs dans l'intertexte structuré que constitue le corpus »[16]. Or, la caractéristique principale d'un corpus traductologique réside dans le fait qu'il est composé d'objets culturels en plusieurs *langues* ou en différents systèmes sémiotiques, exclusion faite pour les traductions dites intra-linguistiques (qui opèrent donc dans le même système linguistique). Une traduction entre deux langues requiert donc un travail de médiation entre deux langues et deux textes ainsi qu'entre deux univers de formes textuelles et sémantiques. C'est le cas notamment pour les traductions de Pétrarque traitées dans ce volume. La traduction opère entre deux systèmes linguistiques, deux corpus, mais aussi entre deux univers de formes textuelles (ex. le genre du sonnet) et de formes sémantiques (ex. le thème de l'*amor-passio*).

L'application de la sémantique interprétative à l'analyse des traductions peut conduire à étendre de façon radicale notre regard sur la forme et le sens des textes traduits. Par exemple, à la différence de la lexicographie, de la terminologie ou de l'histoire de la langue, la sémantique interprétative permet d'appliquer une approche pour ainsi dire heuristique qui ne cantonne pas le texte au seul résultat d'une série d'unités textuelles élémentaires (ex. morphèmes), mais conduit à le considérer comme une *unité minimale*. Cette vision du texte change la perspective d'analyse et nous invite à élaborer une nouvelle conception des outils méthodologiques. De ce point de vue, plutôt que la considération des unités textuelles élémentaires, l'étude d'un texte privilégiera l'analyse de ses *passages*.

Selon Rastier, la redéfinition de l'unité textuelle en *passage* permet « d'appréhender la traduction par des séries de transformations intertextuelles et interlinguistiques, pour la rapporter au discours, champs génériques et genres »[17]. Le passage est une *unité de sens* du texte-source qu'on retrouve transformée dans le texte-cible par un

---

15 François RASTIER, « Entretien sur les théories du signe et du sens – Réponses à Peer Bundgaard », *Texto !*, vol. XIII, n° 3, 2008, p. 3.

16 *Ibidem*, p. 4.

17 François RASTIER, « La traduction. Interprétation et genèse du sens », p. 43.

procédé qui n'engendre pas forcément une correspondance logico-grammaticale : par exemple, les passages équivalents peuvent compter un nombre différent de mots et de phrases. Le rapport entre texte-source et texte-cible se manifesterait ainsi dans les transformations de ces *passages* à travers divers procédés[18]. On peut définir ces procédés comme les résultats d'une *lecture écrite* : la théorie de la matière sémantique jetterait ainsi les bases sémantiques pour une *analytique lectoriale*[19], telle que l'a envisagée Le Blanc. Sans tenter de donner une taxonomie approfondie de tous ces procédés, nous souhaitons mettre l'accent sur l'importance des relations sémantiques entre les passages. Pour ce faire, nous utilisons la notion de *matière sémantique*.

On peut brièvement définir la matière sémantique comme la résultante de toutes les formes sémantiques du texte, c'est-à-dire l'ensemble de tous les passages signifiants, de toutes les unités de sens se trouvant dans le texte (mots, phrases, paragraphes, strophes, chapitres, etc.).

Une fois définies les notions de passage et de matière sémantique, on peut illustrer leur application dans l'opération de distinction entre traduction et réécriture. En 1995[20], Rastier jetait déjà les fondements d'une réflexion sur une distinction normative entre traduction, réécriture (/imitation) et commentaire. Son article de 2006[21] complète cette analyse et l'approfondit au prisme de la pratique et de nouveaux acquis scientifiques. Étant donné qu'on ne traduit pas des mots, mais « des formes et des fonds sémantiques et expressifs »[22], les problématiques liées à la traduction s'inscrivent dans un champ qui concerne non les rapports de langue à langue (*mots*), mais les rapports de texte à texte, de genre à genre, de style à style (*parole*)[23]. C'est dans cette perspective que Rastier propose la description de quatre niveaux sémantiques sommaires[24] – pour ainsi dire, taxonomiquement supérieurs aux textes – à partir desquels on peut distinguer les divers procédés qui transforment le texte-source en texte-cible.

Trois des niveaux sémantiques proposés par Rastier sont exprimés par les formes textuelles et sémantiques du texte : les *discours* (ex. juridique, littéraire, essayiste,

---

18 Par exemple : *changements de contexte ; changements sémantiques ; changements expressifs ; modifications du rapport entre contenu et expression* (*ibidem* et *passim*).

19 Charles Le Blanc, *Histoire naturelle de la traduction*, *passim*. En complément de ces bases sémantiques, la théorie des zones traductionnelles, comme on le verra, constituerait l'outil opératoire d'une *analytique lectoriale*.

20 Voir : François Rastier, « Communication ou transmission ? », *Césure*, n° 8, 1995, p. 151–95 ; *Id.*, « Communication ou transmission ? », *Texto !*, vol. XXI, n° 2, 2016 [*en ligne* : revue-texto. net].

21 François Rastier, « La traduction. Interprétation et genèse du sens », p. 37–49.

22 *Ibidem*, p. 42.

23 *Ibidem*, p. 40.

24 *Ibidem*, p. 38.

scientifique, poétique) ; les *champs génériques*[25] (ex. théâtre, poésie, prose, genres narratifs) ; les *genres* proprement dits (ex. comédie, roman « sérieux », roman policier, nouvelle, conte, mémoire, récit de voyage, sonnet, chanson, élégie), auxquels on pourrait éventuellement ajouter des *sous-genres*. Un autre niveau, pour ainsi dire sous-entendu, réside dans la langue elle-même. Par le biais de cette typologie sommaire, on peut proposer une distinction des transformations traductives (*commentaire, traduction* et *recréation*) à partir d'un texte-source, selon que l'on change de genre, de champ générique, de discours et/ou de langue. Dans le tableau suivant, ainsi que l'a envisagé Rastier[26], le signe « – » indique que le changement l'emporte sur la conservation, le signe « + » l'inverse.

	Niveaux sémantiques			
	Genre	*Champ*	*Discours*	*Langue*
Commentaire	–	–	+ / –	+ / –
Traduction	+	+	+	–
Recréation	+ –	+ / –	+ / –	+ / –

La visée de ce tableau est de distinguer une traduction d'un commentaire et d'une recréation – cette dernière catégorie incluant en outre les réécritures et les imitations comme des sous-catégories. Toutefois, la recréation reste un cas ambigu, notamment dans le cas où elle respecterait le genre, le champ, le discours et la langue : en suivant ces paramètres, la réécriture serait indiscernable vis-à-vis de la traduction. En outre, ce tableau engendre une autre ambiguïté : une translation qui ne respecterait pas le genre du texte-source (par exemple, une traduction en prose d'un sonnet) serait-elle encore une traduction ? Pour résoudre ces apories, il faudrait alors décrire la traduction *stricto sensu*, non seulement au niveau sémantique sommaire, mais aussi au niveau des relations sémantiques spécifiques (de texte à texte). Pour ce faire, la notion de matière sémantique vient à notre secours. Au tableau de Rastier, on ajoute ci-dessous une catégorie supplémentaire, celle de la matière sémantique.

	Niveaux sémantiques				
	Genre	*Champ générique*	*Discours*	*Langue*	*Matière sémantique*
Commentaire	–	–	+ / –	+ / –	~
Traduction	+ / –	+	+	–	☐
Recréation	+ / –	+ / –	+ / –	+ / –	~

---

25 Rastier spécifie qu'un champ générique est un « groupe de genres qui contrastent voire rivalisent dans un champ pratique : par exemple, au sein du discours littéraire, à l'époque classique, le champ générique du théâtre se divisait en comédie et tragédie » (*ibidem*, p. 38*n*).

26 *Ibidem*, p. 38.

Grâce à cette nouvelle grille, nous pouvons finalement distinguer sans ambiguïté deux grandes catégories de procédés décrivant les relations entre les formes, autant textuelles que sémantiques, du texte-source et celles du texte-cible :

- les procédés provoquant une forte instabilité (-) de la matière sémantique (commentaire et recréation) ;
- la traduction qui relève d'une certaine stabilité de la matière sémantique (□)[27].

L'ambiguïté concernant les catégories des réécritures et des recréations semble donc résolue, mais cette nouvelle taxonomie implique aussi une redéfinition ultérieure de la catégorie des traductions qui présente dans ce nouveau tableau le signe « +/− » à la case « Genre ». De ce point de vue, une version en prose peut donc être définie comme étant une traduction *stricto sensu* qui ne respecterait pas le genre du texte-source.

Selon notre théorie, une traduction *stricto sensu* peut être un texte qui conserve soigneusement la matière sémantique tout en changeant de genre littéraire (roman, sonnet, élégie, chanson, etc.). C'est aussi un texte qui, d'une façon ou de l'autre, entretient un dialogue étroit – aussi souple ou créatif soit-il – avec le texte d'origine, non forcément ligne à ligne ou mot à mot, mais plutôt, de forme sémantique à forme sémantique, de concept à concept, de passage à passage. Cela revient à dire qu'à l'intérieur d'une traduction *stricto sensu*, la plupart des passages sont les produits d'un procédé qui sauvegarde la matière sémantique du texte-source ou qui dialogue intimement avec elle. Si la traduction envisagée comme une forme de *lecture écrite* est d'abord un acte de lecture et d'interprétation, le sens qu'elle dévoile n'est donc pas simplement donné par l'auteur du texte-source. Il est surtout construit par les traducteurs·trices à travers un procédé dialogique de « reconstruction du sens » et « les conditions de cette construction varient un peu comme les différents ordres de l'architecture »[28].

On remarque facilement que la matière sémantique, ainsi définie, remet en discussion l'opérativité de la notion de *fidélité*. Une traduction *stricto sensu* n'est pas une version plus ou moins « fidèle » d'un texte-source, mais c'est un texte-cible qui dialogue intimement avec la matière sémantique d'un texte-source bien reconnaissable et bien identifiable. La matière sémantique nous donne ainsi la preuve et la mesure d'*une* interprétation, d'*une* lecture et d'*une* écriture d'*un* texte donné.

L'une des plus intéressantes caractéristiques de notre théorie est surement son potentiel de synthèse entre des définitions fixes et la plasticité de ses catégorisations. Elle peut être appliquée à toute époque et à tout genre de traduction, puisqu'elle ne décrète pas une approche prescriptive de la traduction, mais propose des outils pour une vision descriptive de la lecture interprétative comme de l'écriture traductive. De plus, cette théorie ne se focalise pas sur la définition du texte-cible et sur les conceptions de la traduction qui l'informent, car ces dernières peuvent

---

27 Nous utiliserons désormais ces symboles pour indiquer la stabilité (□) ou l'instabilité (-) de la matière sémantique.

28 Charles Le Blanc, *Histoire naturelle de la traduction*, p. 293–294.

considérablement varier selon les époques et les traducteurs·trices. L'accent mis sur la matière sémantique nous permet, en revanche, d'explorer la relation entre les passages du texte-cible et du texte-source. Ce faisant, cette approche nous permet d'évaluer l'engagement d'un·e translateur·trice/traducteur·trice/commentateur·trice dans le processus de lecture et réécriture d'un texte-source, ainsi que le type de relation qu'il ou elle souhaite entretenir avec ce dernier.

La lettre et l'esprit : sourcier et/ou cibliste ?

Comme l'avance Le Blanc, la plupart des théories sur la traduction sont empreintes d'un conditionnement intellectuel qui ne peut qu'être le résultat d'une posture idéologique ou méthodologique très figée[29]. Ces théories semblent être irrémédiablement affectées par une série d'oppositions telles que forme/sens, fidélité/infidélité, etc. Elles ne pensent donc pas la traduction en elle-même, mais sur la base de présupposés qui sous-entendraient sa pratique. Les théories dichotomiques procèdent, selon Le Blanc, d'une pensée de la traduction sous les termes de l'*identité*. En ce sens, le texte d'arrivée est étudié et envisagé selon des rapports d'*identification* et de *fidélité* avec le texte de départ.

> Cela mène à l'élaboration d'une dichotomie de principe, à une opposition fondamentale entre le texte de départ et le texte d'arrivée, un antagonisme d'autant plus assuré qu'il s'appuie sur une recherche de l'identité sans parvenir adéquatement à établir objectivement les termes de cette identité recherchée : esprit ou lettre dans toutes leurs déclinaisons possibles.

> Cette opposition fondamentale engendre ainsi toute une série de *postures méthodologiques* : sourcier ou cibliste, spiritualiste ou littéraliste, etc.

> Ces positions théoriques et méthodologiques apparaissent irréconciliables et, si l'on peut découvrir une certaine concession à la lettre du texte chez les spiritualistes et une acceptation timide de l'esprit se cachant derrière les mots de la part des littéralistes, l'attitude d'ensemble est celle d'une crispation sur les positions idéologiques de départ. Cette dichotomie, en outre, ne permet pas de comprendre la traduction comme un ensemble cohérent, puisqu'elle tend à voir dans son exercice, ou bien le déploiement d'une méthode particulière, ou bien celui d'une attitude idéologique selon les époques. Si elle reconnaît que l'on ne traduit plus aujourd'hui comme au XIXe siècle qui nourrissait lui-même des préjugés méthodologiques différents de la Renaissance ou du Moyen Âge, les raisons à l'origine de ces différences ne sont pas pensées à partir de ce qu'est l'activité de traduction prise dans ce qu'elle a de distinct, mais à partir d'une position idéologique (traduction de l'Étranger ou son refus, occultation ou acceptation des différences des langues/cultures traduites) et de la posture méthodologique qui en découle d'emblée (sourcier ou cibliste). On ne voit plus que la route qui monte et celle qui descend sont une seule et même route[30].

---

29 *Ibidem*, p. 273–280.

30 *Ibidem*, p. 276–277.

Prenons l'exemple d'une dichotomie couramment appliquée à la notion de fidélité, à savoir l'opposition entre une approche *sourcière* et une autre *cibliste*, selon les théories de Ladmiral[31]. On peut brièvement décrire ainsi, avec l'auteur, cette polarité :

> [...] [O]n appelle « sourciers » ceux qui, en traduction (et, plus particulièrement en théorie de la traduction), s'attachent au *signifiant* de la *langue* du texte-*source* qu'il s'agit de traduire ; alors que les « ciblistes » entendent respecter le *signifié* (ou, plus exactement, le sens et la « valeur ») d'une *parole* qui doit advenir dans la langue-*cible*[32].

Certes, on pourrait envisager un *continuum* entre ces deux pôles[33], tel un flux situé le long d'une ligne tracée entre valorisation formelle de la langue-source et adaptation[34] rhétorique de la langue-cible, entre littéralité et littérarité, en rénovant, quoique partiellement, l'ancienne dichotomie entre *interpres* et *orator* (Cicéron, *De optimo genere oratorum*)[35]. Mais l'abstraction de ces deux catégories ne semble pas vraiment permettre des nuances et toute tentative d'établir entre elles des rapports dynamiques risque de prendre la forme d'un dialogue de sourds. Peut-on tout à la fois être *un peu* sourcier et *un peu* cibliste ? Et dans l'affirmative, comment mesurer le gradient d'appartenance à une catégorie plutôt qu'à une autre ?

La théorie de la matière sémantique remet en discussion toute dichotomie rigide en se posant d'abord une question fondamentale : qu'est-ce qu'une traduction ? La traduction n'est pas, ou n'est pas forcément, un processus linguistique visant à reproduire l'identité d'un texte de départ. Elle est plutôt le résultat d'une rencontre entre deux mondes, d'un dialogue entre deux subjectivités, d'une relation entre

---

31 Jean-René LADMIRAL, *Sourcier ou cibliste*, Paris, Les Belles Lettres, 2015.

32 *Ibidem*, p. 4.

33 Jean-Yves Masson a déjà essayé de décrire l'idée d'un continuum entre ces deux pôles, sans pourtant la systématiser et sans remettre en discussion cette dichotomie. Par une polarité conçue selon une formule goethéenne, les termes opposés, « [...] dès lors qu'on les considère comme des pôles, permettent d'analyser les phénomènes concrets par leur plus ou moins grande proximité avec l'un des deux pôles ; ils sont certes situés d'un côté ou de l'autre, mais la plupart du temps il y a dans une réalité donnée qui relève de l'un des pôles une plus ou moins grande part qui tend vers l'autre. [...] Dans un certain nombre de cas, il peut arriver que le traducteur ait pris des décisions de traductions sourcières au milieu d'un travail d'esprit globalement cibliste – ou l'inverse » [Jean-Yves MASSON, « La traductologie de Jean-René Ladmiral et l'héritage du classicisme », dans G. GARGIULO, F. LAUTEL-RIBSTEIN, C. FAURE, et J.-Y. MASSON (dir.), *Jean-René Ladmiral, une œuvre en mouvement*, Actes du colloque des 3–4 juin 2010 (Université Paris-Sorbonne), *Revue Septet*, n° 3, 2012, p. 61–62].

34 On considère l'*adaptation* comme un outil visant à naturaliser les effets stylistiques de la langue de départ (Jean-René LADMIRAL, *Sourcier ou cibliste*, p. 78–79).

35 Si l'on voulait s'exprimer en d'autres termes, on pourrait dire que cette polarité décrit en effet deux inspirations différentes vis-à-vis de la traduction, qu'on retrouve notamment en ce qui concerne son horizon théologique : « d'une part un investissement sacralisant la Lettre du Texte sacré (*secundum dicentem deum*) et d'autre part la volonté de prendre en compte ce qu'il revient à la finitude de l'homme d'entendre de la Parole de Dieu (*seundum recipientem hominem*) » (Jean-René LADMIRAL, *Sourcier ou cibliste*, p. 108). Autrement dit, une approche visant à valoriser la source, l'autre qui en revanche cible ses destinataires par un processus de *familiarisation*.

deux espaces linguistiques, etc. L'objectif de cette théorie n'est pas de prescrire un usage de catégories figées, mais de définir et d'analyser le *cadre* d'une négociation entre le texte de départ et le texte d'accueil. D'un point de vue de la théorie de la matière sémantique, il n'existe pas deux polarités, mais plutôt un *quaternaire* d'éléments qui dialoguent entre eux. Dans cette théorie du quaternaire, les formes sémantiques et les formes textuelles du texte-cible dialoguent avec celles du texte-source et cela nous permet d'estimer les « gradients » sémantiques et formels résultant de l'alchimie traductive. La théorie de la matière sémantique, dans le sillage de la pensée de Le Blanc[36], repense ainsi la traduction d'un point de vue de la différence, de la complémentarité et de la relation.

En tant que *lecture écrite*, la traduction peut aussi être définie comme un dispositif herméneutique dont les mécanismes varient selon les époques historiques, les pratiques traductives et les conceptions du traduire. Toutes les catégories envisagées jusqu'à présent en traductologie (ex. sourcier et cibliste) peuvent donc être modélisées par une réflexion sur la matière sémantique et peuvent ainsi être contextualisées rationnellement dans leurs cadres historiques et socioculturels. Ainsi considérée, la complexité du processus traductif nous éduque à la nuance, au décalage et à la valorisation de la subjectivité, au-delà et en deçà des divers processus de transmission.

La notion de matière sémantique nous permet ainsi de décrire un modèle théorique souple pour modéliser un espace de transit et d'hybridation entre les définitions de traduction et de réécriture. On peut encadrer cette distinction à l'intérieur du paradigme décrit ci-dessous, à travers la notion générique de retextualisation[37].

1. Prédominance de la matière sémantique stable ($\square$) = traductions, retextualisations littérales, dialogue étroit avec les formes sémantiques du texte-source.

2. Prédominance de la matière sémantique instable (~) = imitations, réécritures, retextualisations très créatives, dialogue absent ou sporadique avec les formes sémantiques du texte-source.

Il s'agit évidemment d'une définition purement sémantique de la traduction, ce qui n'implique pas de négliger la fonction des formes textuelles dans la transmission des textes. Peut-être est-il vrai, en suivant la célèbre hyperbole de Jacques Roubaud, que « tout sonnet est un sonnet de Pétrarque »[38], mais il est vrai aussi qu'un certain nombre de traductions des sonnets de Pétrarque ne sont pas des sonnets...

Si l'on considère la traduction d'abord comme une lecture, les formes textuelles interviendraient « dans ce travail sur le sens du texte, c'est-à-dire sur la manière

---

36 Charles Le Blanc, *Histoire naturelle de la traduction*, p. 278–280.

37 Nous empruntons la notion de *textualisation* à Jean-Michel Adam et nous en tirons l'une de ses déclinaisons possibles : la « retextualisation » (Jean-Michel Adam, *Linguistique textuelle*, Paris, Nathan, 1999, p. 43–48).

38 Jacques Roubaud, *Le grand incendie de Londres*, Paris, Seuil, 2009, p. 1424.

dont ce qui vient de l'écriture se transforme pour devenir le fruit de la lecture »[39]. Les différentes techniques traductives seraient ainsi assimilables à des « techniques rhétoriques servant à ajuster le texte à la langue d'accueil, c'est-à-dire à redonner un caractère idiomatique » à ce texte qui a subi « le passage de l'écriture à la lecture et, de là encore, de nouveau, vers l'écriture »[40].

Enfin, la théorie de la matière sémantique est ici utilisée non seulement pour la définition d'un corpus de traductions *stricto sensu*, mais aussi comme point de départ pour l'analyse descriptive des textes traduits, c'est-à-dire pour l'édification des fondations de ce qu'on nommera ici la « théorie des zones traductionnelles ». L'objectif étant de tracer, à travers les époques, quelques contours stables dans les traditions traductionnelles des *Fragmenta*, bien que ces dernières procèdent « à pas épars » et par « promptes pensées errantes »[41] (*Rvf* 161).

Traduction ou réécriture ?

Après ces préambules, nous offrons ici aux lecteurs·trices une application pratique de la théorie de la matière sémantique, en se concentrant uniquement sur le corpus traité dans cet ouvrage et sur la distinction générique entre traduction et réécriture.

La réécriture engendre un changement important du texte-source tout en gardant quelques éléments (syntaxiques, poétiques, philosophiques, etc.). Dans la réécriture, l'*objet de langage* imité – comme l'explique Gérard Genette[42] – est un tour, une construction, c'est-à-dire « une façon de disposer les mots dans la phrase »[43]. L'imitation, qui peut être considérée comme une forme de réécriture, change l'*ordo* stylistique et sémantique par des « figures de construction »[44], telles que l'ellipse, le zeugma, l'apposition, le pléonasme, l'inversion, l'hyperbate, l'énallage, etc. Par conséquent, l'imitation n'est donc pas

> [...] une classe de figures très homogènes : elle étale sur le même plan des imitations de tours d'une langue à l'autre, d'un état de (même) langue à l'autre, d'un auteur à l'autre [...] elle regroupe des figures qui, dans leur procédé formel, ne sont pas seulement de construction au sens strict, mais de syntaxe au sens large, de morphologie, ou même (et surtout) de vocabulaire[45].

Notre corpus exclut les imitations et tout autre type de réécriture pour garder tous ces textes susceptibles d'être qualifiés de traductions (□). L'un des objectifs de

---

39　Voir : Charles Le Blanc, *Le complexe d'Hermès : regards philosophiques sur la traduction*, Ottawa, Presses de l'Université d'Ottawa, 2009, § 90 ; *Id.*, *Histoire naturelle de la traduction*, p. 222.

40　*Ibidem*.

41　Traduction de *Rvf* 161 (v. 1) par Pierre Blanc, dans *Le Chansonnier* (Paris, Garnier, 2014).

42　Gérard Genette, *Palimpsestes*, Paris, Seuil, 1982, p. 80–88.

43　*Ibidem*, p. 80.

44　*Ibidem*.

45　*Ibidem*, p. 81.

cette recherche est en fait de sonder les traductions (explicites ou implicites) qui nous permettent de décrire des pratiques traductives propres à chaque traducteur·trice et à chaque époque. Si l'on considère, à titre d'exemples, quelques traductions de *Rvf* 134 – l'un des sonnets les plus traduits et imités dans l'histoire des traductions des *Fragmenta* –, on peut observer tout de suite l'application de la notion de matière sémantique sur des projets traductionnels très différents, explicites comme implicites.

Étienne Du Tronchet, par exemple, dans ses *Septante sonnets* (1572), nous offre une traduction (sonnet 64) et une imitation (sonnet 70[i]) de *Rvf* 134. Le rapprochement entre ces deux versions se révèle particulièrement significatif dans le contexte de cette démonstration, en ce que Du Tronchet conserve scrupuleusement dans sa traduction la matière sémantique (□), tout en livrant une libre réécriture très éloignée de son modèle dans son imitation (~).

Pace non trovo, et non ho da far guerra ;
E temo, e spero ; et ardo, e son un ghiaccio ;
E volo sopra'l cielo, e giaccio in terra,
E nulla stringo, e tutto 'l mondo abbraccio.
Tal m'ha in pregion ; che non m'apre, ne serra,
Ne per suo mi riten ; ne scioglie il laccio ;
E non m'ancide Amor, e non mi sferra ;
Ne mi vuol vivo, ne mi trae d'impaccio.
Veggio senz'occhi ; e non ho lingua, e grido ;
E bramo di perir, e cheggio aita ;
Et ho in odio me stesso, et amo altrui.
Pascomi di dolor, piangendo rido ;
Egualmente mi spiace morte, e vita :
In questo stato son donna per vui.

ABAB ABAB CDE CDE
Hendecasyllable
[*Rvf* 134, éd. Gesualdo 1533, rééd. 1552]

Trouver paix je ne puis, et ne puis faire guerre,
Je crains, j'espere, j'ards, et suis la mesme glace :
Je volle sur le ciel, et ne bouge de terre.
En ne rien estraignant tout le monde j'embrasse.
Tel me tient en prison qui ne m'ouvre ny serre
Ny pour soy me retient, ny rompt ce qui me lasse
Amour point ne me tue, et si ne me dessere,
Il ne me veut voir vif, ny que mort me defface,
J'estans sans yeux ma veuë, et sans langue mes cris :
J'enrage de perir et conferme ma vie.
Je veux mal à moy seul, et tous me sont amis.
Je me pais de douleurs, et en pleurant je ris
En tant me plaist la mort comme j'aime la vie
Madame c'est l'estat enquoy vous m'avez mis.

ABAB ABAC CCC CCC
décasyllabes
[Du Tronchet, *Septante sonnets* (1595), Sonnet 54]

J'ay chanté autrefois, je pleure maintenant
Et n'ay moins à mon gré la douleur que la ioye :
Puis que tous mes mal-heurs et mes peines j'envoye
Au modeste desir de mon cœur lieutenant.
Je suis l'aigre et le doux en mesme goust tenant
Et par quelque bon heur ou malheur que je voye
Jamais je ne seray esloigné de ma voye.
Tant que raison sera en moy la maintenant.
Facent donque de moy à leur gré et plaisir
Ma Maistresse et d'amour la fortune et le monde,
En heur content seray quelque mal qui me baise.
Heureuse dont la fin qu'il a pleu de choisir :
Car me manquant beaucoup toute chose m'abonde.
Tout aise je me sens d'estre mal à mon aise.

ABBA ABBA CDE CDE
décasyllabes
[Du Tronchet, *Septante sonnets* (1572), Sonnet 70[i]
« L'autheur au lecteur à l'imitation de Petrarque »]

Cette distinction entre traduction (□) et réécriture (~) est valable aussi pour des projets de traductions implicites, c'est-à-dire pour des traductions inavouées pour lesquelles on ne connaît pas l'intention des traducteurs·trices, quoiqu'on puisse la déduire en observant le geste traductif dont elle procède[46]. C'est le cas des traductions de *Rvf* 134 par Jean-Antoine de Baïf qui nous fournit, à plusieurs années de distance, d'abord une imitation (*L'Amour de Francine*, 1555, II.17) puis une traduction (*Chansonnettes mesurées*, 1567–1587, III.37)[47] du célèbre sonnet dit *de oppositis*. En effet, malgré quelques greffes, la seconde, que nous identifions ici comme traduction, dialogue étroitement avec la matière sémantique du texte-source, tandis que la première, que nous appelons imitation, est le résultat d'une réécriture très libre de son modèle.

Pace non trovo, e non hò da far guerra,
E temo, e spero, et ardo, e son un ghiaccio,
E volo sopra'l Cielo, e giaccio in terra,
E nulla stringo, et tutto'l mondo abbraccio.
Tal m'hà in pregion, che non m'apre, n serra,
Ne per suo mi riten, ne scioglie il laccio,
Et non m'ancide Amor, e non mi sferra,
Ne mi vuol vivo, ne me trahe d'impaccio.
Veggio senz'occhi, e non hò lingua, e grido,
E bramo di perir, e cheggio aita,
Et hò in odio me stesso, et amo altrui :
Pascomi di dolor, piangendo rido :
Egualmente mi spiace morte, e vita.
In questo stato son Donna per vui.

ABAB ABAB CDE CDE
hendécasyllabe
[*Rvf* 134, De Tournes 1545, CV]

Rien étreindre ne puis, toute chose j'embrasse :
J'aime bien d'estre serf, et cherche liberté :
Je ne bouge de terre, outre le ciel je passe :
Je me promé douceur, où n'y a que fierté.
A tel me suis donné, qui pour sien ne m'avouë,
Doù vivre je m'atten, cela me fait mourir :
Je blasme le plus fort, ce que plus fort je louë,
Je demande remede, et je ne veu guerir.
Je me hay, j'aime autruy : je crein, et je m'asseure :
Je suis feu, je suis glace : en fuyant, je poursuy :
Où je me fay vaincueur, là vaincu je demeure.
Ce m'est sucre le dueil, la joye ce m'est suye :
Je meur si j'ay de l'aise, et je vy de l'ennuy :
J'ay pris en mesme horreur et la mort et la vie.

ABAB CDCD EFE GFG
alexandrin
[J.-A. de Baïf, *AmFr* (1555), éd. J. Vignes 2010, II.17 (imitation de *Rvf* 134)]

Paix je ne trouve et la quiers : et la guerre je fuis qui me poursuit.
Entre l'attente et la peur, en glace et flamme je suis.
Sur les cieux je menace voler, de la terre ne bougeant :
J'embrasse tout de vouloir, rien je n'étreins de pouvoir.
Emprisonné je me vois de celui qui ne m'ouvre ni m'enclôt :
Ni me retient pour sien, ni ne me laisse en aller.
Las, Amour exécuter ne me fait, ni hélas ne m'élargit ;
Las, ni me souffre vivant, ni me délivre de mort.
N'ayant langue je crie : sourd j'entends : aveugle je vois tout.
Las, je ne veux que périr, las je demande secours.
J'aime autrui : je me hais : je me pais d'angoisses et d'ennuis.
Lors que je ris, je me deul. Quand je m'attriste, je ris.
Autant l'un comme l'autre la mort et la vie, j'ai en horreur :
En tel état pour vous Belle rebelle je suis.

schéma rimique absent
vers mesurés
[J.-A. de Baïf, *ChMe* (1567-1587), éd. G. C. Bird 1964, III.37]

---

46   En raison de son caractère occasionnel, nous écartons, par exemple, la traduction de *Rvf* 134 faite par Marie de Romieu (1545–1509), qui présente pourtant la mention « Imitation d'un sonnet de Pétrarque » (Marie de ROMIEU, *Les premières Œuvres poétiques*, Paris, Lucas Breyer, 1581, f. 41v°).

47   Pour une étude sur ces *chansonnettes*, voir Jean VIGNES, « Appropriation et restitution du *Canzoniere* de Pétrarque dans la poésie de Jean-Antoine de Baïf », dans Jean BALSAMO (dir.), *Les Poètes français de la Renaissance et Pétrarque*, p. 267–280. On utilisera ici la transcription des *Chansonnettes mesurées* en orthographe moderne d'après l'édition établie par Geneviève Bird (voir *Chansonnettes*, édition critique, texte inédit avec une introduction et un lexique par G. C. Bird, Vancouver, University of British Columbia, 1964).

On remarquera enfin que le champ d'action de matière sémantique ne se limite pas à une perspective synchronique. Elle est utile aussi pour établir des distinctions parmi des traductions produites à différentes époques.

Il faut encore ajouter quelques précisions à ces réflexions méthodologiques. Nous avons choisi de ne pas inclure dans notre corpus toutes ces traductions qui n'ont pas joué un rôle remarquable dans la transmission et la réception des *Fragmenta*. Bien évidemment, notre visée n'a pas été de valoriser les traducteurs·trices célèbres dans la perspective d'une histoire « monumentale » qui exclurait tous ces personnalités dites « mineures ». Par ailleurs, un grand nombre de traducteurs·trices « mineur·e·s » ont une place de premier plan dans le corpus ainsi établi, au même titre que les traducteurs·trices les plus connu·e·s. Conformément à notre hypothèse de recherche, nous avons plutôt décidé d'écarter les traductions qui n'ont pas eu une influence considérable sur les traditions traductionnelles.

Il s'agit par exemple de traductions isolées et anonymes, comme celle de *Rvf* 134 contenue dans *Le petit œuvre d'amour et gaige d'amityé* (Paris, J. Longis, 1538 c.) – bien que des renvois soient pourtant faits à ce texte, car il s'agit de la première traduction de *Rvf* 134 à la Renaissance. Ou encore, n'est pas inclue la série intitulée « Almanach du sonnet » (1874–1876), une revue qui a publié, dans les années 1870, des versions/ imitations de Pétrarque réalisées par des poètes et des amateurs méconnus. Une sous-exposition médiatique peut être en effet un élément pour écarter des textes qui n'ont eu aucune résonance dans les traditions littéraires et traductionnelles. Ce sont donc des traductions qui n'ont pas participé à la cristallisation des modèles pétrarquistes, mais qui peuvent être considérées comme des axes mineurs de la transmission. C'est aussi le cas de certaines traductions occasionnelles comme celles de Marie de Romieu qui traduit un seul sonnet (*Rvf* 134)[48] ou de Marc Legrand (trad. de *Rvf* 292, *Le Figaro*, 29 janvier 1900, p. 5), certaines traductions « de service » comme celle de Ferdinand Loise (1895), ou encore des versions comme celles de Léonce de Saint-Geniès (1816), qui ne traduit que quelques poèmes dans son recueil d'imitations.

L'essai d'Alphonse de Lamartine (*Trois poètes italiens : Dante, Pétrarque, Le Tasse*, 1893) tiré de son *Cours familier de littérature* (1858) peut être tenu comme un cas à part, en ce qu'il ne relève pas d'un véritable projet de traduction et contient aussi des imitations (*Rvf* 303) ainsi que des traductions partielles (*Rvf* 3, 62, 10, 123, 129, 150, 275, 291, 278, 311, 306, 309, 249, 314). Dans ce cas, nous avons décidé de ne retenir que les traductions complètes (*Rvf* 1, 144, 3, 10, 35, 279, 282, 288, 310, 312, 319, 320, 333, 340, 362, 352). On peut évoquer aussi le cas des « traductions hybrides » d'Yves Bonnefoy qui, bien qu'elles oscillent entre traduction et imitation, relèvent en général d'un processus traductionnel tout à fait stable vis-à-vis de la matière sémantique (□), leur apport dans l'histoire des traductions françaises des *Fragmenta* étant en outre incontestable.

---

48 Marie de Romieu, *Les premières Œuvres poétiques*, f. 41v°.

Notre sélection exclut ainsi, sans pour autant négliger leur influence, même des imitations très célèbres, comme celle de Voltaire (1756, t. II, § LXXXII) qui réalise la plus importante mise en français de Pétrarque du XVIIIe siècle et l'une des plus citées tout au long de l'histoire. Son imitation de *Rvf* 126, d'ailleurs revendiquée en tant que telle[49], provoque un véritable bouleversement du texte-source (~), non seulement par des phénomènes d'inversion ou d'hyperbate, mais notamment par des figures que Genette appellerait « constructions par "exubérance" »[50] (ex. apposition ou pléonasme). Dans cette imitation, l'exubérance linguistique se révèle notamment à travers l'accroissement de la matière sémantique et la multiplication d'expressions renvoyant à l'interprétation que Voltaire fait du pétrarquisme comme étant l'expression d'une « mollesse élégante »[51] (cf. « arbre heureux » ; « immortalisé par ses charmes » ; « tendres armes » ; « dernières larmes »).

---

49 VOLTAIRE, *Essai sur les mœurs et l'esprit des nations*, Genève, Cramer, 1756, t. II (§ LXXXII).
50 Gérard GENETTE, *Palimpsestes*, p. 80–81.
51 VOLTAIRE, *Essai sur les mœurs et l'esprit des nations*, t. II (§ LXXXII).

Chapitre IV

Corpus

Introduction aux corpus en langue italienne et française[1]

Notre corpus se présente de manière plus ou moins homogène quant à la langue. On y trouve deux langues : l'italien du Moyen Âge ainsi que trois variétés de la langue française (le *françoys* de la Renaissance, le français moderne et contemporain).

Premièrement, il faut établir une distinction fondamentale entre le corpus en langue italienne et le corpus en langue française. Le deuxième est bien plus vaste et comprend les traductions françaises des *Fragmenta* – et parfois des *Triumphi* dans la mesure où des croisements sont possibles, des comparaisons, utiles, et où les traducteurs·trices ont traduit les deux ouvrages. Le corpus en langue italienne comprend, en revanche, les éditions italiennes des *Fragmenta* et des *Triumphi*, mais pourra être représenté aussi par toutes les traductions qui offrent le texte italien en regard.

On précise que, lors de l'analyse des traductions, les textes français sont comparés avec l'édition utilisée par chaque traducteur·trice, dans la mesure où il a été possible de repérer les sources. Dans le cas où l'identification du texte-source était douteuse, nous avons émis des hypothèses ou bien nous avons choisi l'édition dont la date de publication était la plus proche de la date de publication de la traduction ou de la date supposée de sa composition. Dans le cas où plusieurs traducteurs·trices (de la même époque ou de différentes époques) ont été comparé·e·s, nous avons choisi d'afficher en regard le texte de l'édition dont la date de publication est la plus proche de la publication et/ou de la possible composition des traductions plus anciennes qui ont fait l'objet de l'analyse – tout en surveillant les possibles variantes dans les textes-sources choisis. Ce procédé pourrait apparaître bien artificiel aux yeux des philologues les plus puristes, mais il a été possible grâce aux caractéristiques philologiques des éditions des *Fragmenta*. En effet, d'un point de vue typographique, les éditions des *Fragmenta* ne se distinguent que par de menus détails, le texte étant assez stable au fil des époques, notamment grâce aux manuscrits de l'auteur.

---

1 Pour une illustration du corpus en langue italienne et pour une description analytique du corpus en langue française, on renvoie à la bibliographie.

De plus, un certain nombre de variantes textuelles sont parfois répertoriées dans les éditions modernes et contemporaines.

Deuxièmement, concernant les types de traductions en question, les sources présentent une certaine complexité. Nous offrons aux lecteurs·trices quelques exemples rapides : la plupart sont le résultat d'une sélection et se trouvent parfois à l'intérieur de recueils poétiques comme ceux de Clément Marot ou de Jean-Antoine de Baïf ; d'autres témoignent d'une évolution complexe, résultat d'un travail mené sur plusieurs années, comme celles de Vasquin Philieul ; quelques-unes encore, comme celles de Jean-Yves Masson, se trouvent à l'intérieur de revues ou d'ouvrages collectifs ; enfin, d'autres présentent un appareil paratextuel intéressant, notamment grâce à la présence d'illustrations : c'est le cas des traductions d'Aragon ou d'Yves Bonnefoy. On ne peut donc pas se donner de règles préalables : pour chaque type d'ouvrage, la nature et les modalités de l'analyse ont été adaptées à son objet.

Présentation du corpus en langue française

Un dernier aspect important nous oblige à préciser la démarche d'exploitation du corpus en langue française. Il s'agit d'un corpus très vaste, hétéroclite et qui ne témoigne pas d'une « tradition anthologique » stable : chaque traducteur·trice adapte à sa guise les formes poétiques ainsi que l'ordre des poèmes. Face à la diversité des formes textuelles et éditoriales sous lesquelles se présentent les diverses traductions, il a fallu prêter attention pour le moins à deux questions principales : (*a*) le nombre de poèmes traduits par chaque traducteur·trice et leur identification selon la numérotation contemporaine (sonnets, madrigaux, etc.)[2] ; (*b*) le paratexte[3] et l'état de l'édition (couverture, tirage, rééditions, etc.).

À l'issue de ces préambules, nous pouvons donc présenter notre corpus sous la forme d'une liste. Conformément au découpage chronologique et à la division méthodologique (entre parties historique et thématique), cette liste comprend un Corpus principal (les traductions des *Fragmenta* aux XVIe et XVIIe s.) et un Corpus annexe (du XVIIIe au XXIe s.). On offre ci-dessous aux lecteurs·trices une liste simplifiée des traducteurs·trices choisi·e·s ; entre parenthèses, la date ou la période chronologique se réfèrent à la parution des éditions ou à la datation des manuscrits.

NOTA BENE : Pour une description analytique de chaque édition, voir la bibliographie.

---

2   Le plus souvent, les traducteurs·trices et les éditeurs utilisent une numérotation des poèmes et un ordre arbitraires, trahissant ainsi la structure du macrotexte pétrarquien.

3   Gérard Genette définit le *paratexte* comme l'ensemble de : « titre, sous-titre, intertitres ; préfaces, postfaces, avertissements, avant-propos, etc. ; notes marginales, infrapaginales, terminales ; épigraphes ; illustrations ; prière d'insérer, bande, jaquette, et bien d'autres types de signaux accessoires, autographes ou allographes, qui procurent au texte un entourage (variable) et parfois un commentaire, officiel ou officieux, dont le lecteur le plus puriste et le moins porté à l'érudition externe ne peut pas toujours disposer aussi facilement qu'il le voudrait et le prétend » (Gérard Genette, *Palimpsestes*, ch. I et note n° 8).

Par ordre chronologique

Corpus principal : les premiers traducteurs des *Fragmenta* de Pétrarque (XVIe–XVIIe s.)

(1534-1539 c.) C. MAROT	(1555-1587 c.) J.-A. de BAÏF	(1606) Ph. de MALDEGHEM
(1547) J. PELETIER	(1575) É. DU TRONCHET	(1669) Pl. CATANUSI
(1548-1555) V. PHILIEUL	(1584) J. D'AVOST	

Par ordre chronologique

Corpus annexe : traducteurs et traductrices des *Fragmenta* de Pétrarque (XVIIIe–XXIe s.)

(1764) J. de SADE	(1887) J. CASALIS et E. de GINOUX	(1969-2009) G. GENOT
(1774-1787) P.-Ch. LEVESQUE	(1899-1933) F. BRISSET	(1981) R. CHAR
(1811-1875) P.-L. GINGUENÉ	(1900) H. GODEFROY	(1983) Ch. GUILLEAU et A. UGHETTO
(1830-1848) C. ÉSMENARD	(1920) H. COCHIN	(1989) P. BLANC
(1848) Er. et Ed. LAFOND	(1920) M.-A. GLOMEAU	(1994) A. ROCHON et D. BOILLET
(1842) A.de MONTESQUIOU	(1921) P. E. LADOUÉ	(1996) Ph. JACCOTTET
(1847) E. MAHUL	(1928) A. VALENTIN	(1999-2004) J.-Y. MASSON
(1851) J.-P.-L. d'ARRIGHI	(1932) F. BAILLY	(2001) Y. BONNEFOY
(1858) A. de LAMARTINE	(1947-2007) L. ARAGON	(2005) J. MALHERBE-GALY et J.-L. NARDONE
(1877) J. POULENC	(1948) H. ENJOUBERT	(2012) F. TURNER
(1877-1879) Ph. LE DUC	(1955) G. NICOLE	(2018) R. de CECCATTY
(1883) F. REYNARD		

On précise que les traducteurs·trices du Corpus annexe n'ont pas tous et toutes été étudié·e·s de manière ponctuelle et analytique : le travail récent et remarquablement méticuleux de Rushworth (2017), en particulier, rendrait redondante une étude détaillée des traducteurs·trices allant de Jacques de Sade (1764) à Henry Cochin (1920). Nous ferons donc référence aux recherches de Rushworth afin de développer notre démarche : tantôt nous nous limitons à des simples rappels, tantôt nous établissons des parallélismes succincts. L'intérêt de présenter cette liste dans son intégralité, bien que non intégralement exploitée, consiste dans le fait qu'elle est le produit d'un procédé de sélection appliqué – selon les principes de la théorie de la matière sémantique exposée ci-dessus – à un ensemble très vaste de sources préalablement récoltées. Les deux corpus témoignent donc de ce travail préliminaire sur un large intervalle chronologique (XVIe–XXIe s.) et peuvent ainsi offrir une base pour des développements ultérieurs.

Chapitre V

Le choix des poèmes

La tradition anthologique

Plusieurs questions se posent par rapport au choix des poèmes analysés. Une étude ponctuelle de chaque poème traduit donnerait immanquablement lieu à une dispersion du propos. La sélection d'un corpus comparatif de départ a été rendue difficile par le fait que la traduction française des *Fragmenta* n'a pas bénéficié d'une tradition anthologique stable tout au long de l'histoire : si certain·e·s traducteurs·trices ont traduit tout le recueil, la plupart ont sélectionné quelques poèmes. Cela revient à dire que les traducteurs·trices et les éditeurs ont adapté l'ordre et le choix des poèmes à leur goût, leur sensibilité, enfin, à leurs lecture et interprétation. Il est donc intéressant de se demander dans quelle mesure les diverses configurations anthologiques et organisations du macrotexte peuvent influencer l'analyse critique des traductions.

Amedeo Quondam (1974), dans une célèbre étude sur les anthologies dans l'Italie du Cinquecento, propose, en introduction et *in limine*, des réflexions d'ordre général sur la forme anthologique. Tout en reconnaissant le rôle crucial des anthologies dans la diffusion du pétrarquisme, Quondam met l'accent sur le caractère partiel, parfois accessoire, des analyses conduites sur la forme anthologique.

La forma antologica (con generalizzazione forse arbitraria per difetto di campionatura) gestisce dunque una selezione di secondo grado, condotta su materiali che hanno già superato positivamente il filtro di quei processi storici e istituzionali attraverso i quali l'ordine del discorso letterario organizza e impiega i propri strumenti di controllo. Pertanto i materiali sui quali si pratica l'individuazione di testi esemplari sono a loro volta esemplari : ma in assoluto, esemplari, cioè, delle modalità reali – materiali e ideologiche – con cui il testo è stato ammesso dentro l'organizzazione della disciplina.

La forme anthologique (par une généralisation peut-être arbitraire à cause des limites de notre échantillonnage) consiste donc en une sélection de deuxième degré, opérée sur des objets qui sont déjà passés par le filtre de ces processus historiques et institutionnels à travers lesquels l'ordre du discours littéraire organise et emploie ses instruments de contrôle. Par conséquent, les objets sur lesquels on pratique l'identification de textes exemplaires sont à leur tour exemplaires : mais ils sont exemplaires dans l'absolu, c'est-à-dire qu'ils sont des modalités réelles – matérielles et idéologiques – par lesquelles le texte a été inclus dans l'organisation de la discipline[1].

On considère donc « l'analyse sur la forme anthologique »[2], en raison de son caractère partiel et aléatoire, comme l'un des multiples facteurs parmi d'autres à prendre en compte dans la critique littéraire et non comme un élément nécessairement fondateur. Dans le contexte de cette étude, les considérations sur les formes et les conformations anthologiques ont donc représenté des éléments introductifs et/ou accessoires pour l'analyse textuelle. La même réflexion pourrait être faite à propos de diverses organisations du macrotexte. Tout en tenant compte des spécificités de chaque édition, nous avons préféré une méthode comparatiste et un regard plus microscopique en nous focalisant sur l'analyse des poèmes les plus fréquemment traduits, et par conséquent comparables. Nous avons choisi de considérer la forme anthologique et l'organisation du macrotexte tel un décor, plus ou moins imposant, dans le plateau sur lequel se joue le spectacle de la traduction. La spécificité de l'analyse comparative des traductions, ses champs d'application ainsi que ses références culturelles permettent, de plus, d'induire les approches traductives à partir d'une série limitée de traductions, voire à partir de certains passages. Ce caractère à la fois synthétique et heuristique de l'analyse comparative des traductions est particulièrement significatif : la mise en œuvre de ses outils représente, dans ce contexte, un premier essai pour tester l'étendue de cette discipline.

Pour exploiter notre corpus, nous avons utilisé deux méthodes selon les besoins et les enjeux du champ d'enquête. Tout d'abord une méthode statistique pour identifier les poèmes les plus traduits. Il faut pourtant préciser que les statistiques ne sont pas suffisantes pour décrire un cadre exhaustif des traditions traductionnelles, à cause de leur instabilité. La méthode statistique nous a cependant permis de sélectionner un échantillon commun à presque tous nos traducteurs·trices afin de réaliser une analyse historique à la fois analytique et comparée. Deuxièmement, nous avons adopté une approche herméneutique et philologique pour accommoder le choix des poèmes analysés aux spécificités de notre corpus, aux besoins de la discipline et aux thématiques traitées.

Statistiques et procédés de sélection : une herméneutique de la continuité

Les critères de sélection ont été adaptés aux fluctuations des traditions traductionnelles des *Fragmenta* et ont été appliqués à l'ensemble des données du Corpus principal et du Corpus annexe. L'instrument que nous avons ici utilisé est la feuille de calcul *Excel* du paquet *Microsoft Office* qui permet d'exécuter des

---

1 Amedeo Quondam, *Petrarchismo mediato. Per una critica della forma « antologia »*, Roma, Bulzoni, 1974, p. 17 (notre traduction).

2 Notre traduction, cf. « *la parzialità dell'analisi sulla forma antologia* » (*ibidem*, p. 16).

opérations complexes sur une vaste quantité de données. Au moyen de cet outil, le mathématicien Carlo Bellingeri (TU Berlin) a produit des feuilles de calcul, des graphes et des tables afin non seulement de réaliser une étude statistique des traductions, mais aussi de mettre en perspective les données de chaque époque historique avec les données globales dérivant de l'analyse du corpus complet (cf. annexe 1). Ainsi, ces études statistiques ont une fonction à la fois pragmatique et heuristique. Pragmatique, car elles nous ont permis d'envisager un « sous-corpus » de départ qui nous a guidés dans l'exploration des nombreuses sources récoltées. Heuristique, car elles montrent l'une des possibles méthodes d'examen d'un corpus traductionnel, du point de vue de la statistique descriptive et dans la perspective d'une analyse littéraire.

S'agissant de la recherche bibliographique, la difficulté majeure s'est présentée dans l'incohérence qui marque la numérotation des poèmes traduits d'un cas à l'autre : un grand nombre de traducteurs·trices et d'éditeurs ont numéroté les poèmes de manière très différente et selon les paramètres les plus variés. En utilisant la numérotation contemporaine des poèmes des *Fragmenta* et en adaptant tous les textes à cette numérotation, nous avons pu réaliser finalement des calculs statistiques sur les fréquences absolues et relatives des traductions.

Dans ce contexte, les données statistiques sont présentées premièrement sous la forme d'une table montrant, de manière comparative, les fréquences de traduction absolues pour tout le corpus et pour chaque époque (cf. annexe 2). On peut d'emblée synthétiser les données de cette table par le biais d'un diagramme circulaire montrant le nombre total de traductions (6011) réparti par époque et exprimé en pourcentage (graphe 1), respectivement : 949 (15,79 %) traductions à l'époque des Origines (XVIe–XVIIe s.), 3105 (51,66 %) traductions pour les Modernités (XVIIIe–XIXe s.), 1957 (32,56 %) traductions à l'Époque contemporaine (XXe–XXIe s.).

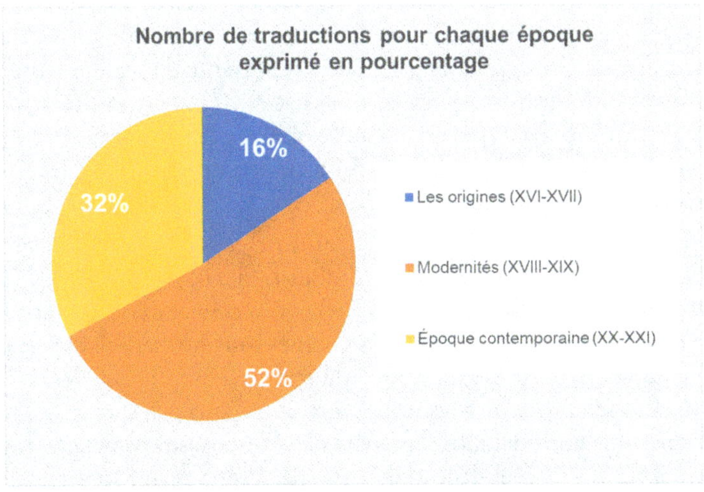

Graphe 1

Ce graphe purement quantitatif nous montre le rapport entre les nombres de traductions réalisées à chaque époque. On remarque d'emblée la floraison des traductions à l'époque des Modernités (XVIIIᵉ–XIXᵉ s.) ainsi qu'un corpus très restreint de traductions à l'époque des Origines (XVIᵉ–XVIIᵉ s.). Ce diagramme circulaire ne tient pourtant pas compte du nombre des traducteurs·trices et des éditions ni de la nature des traditions traductionnelles et anthologiques. Or notre recherche se fonde sur l'hypothèse que les traditions traductionnelles de l'époque des Origines (XVIᵉ–XVIIᵉ s.), bien qu'elles s'expriment dans un nombre moins important de traductions, aient influencé les traditions suivantes. C'est pourquoi il est intéressant de mettre en perspective les données relatives à chaque époque de manière comparative.

On peut d'abord interpréter les indicateurs statistiques les plus communs afin d'avoir un aperçu des fréquences absolues de notre corpus. Montrons donc les modes (m), les moyennes (μ), les médianes (M), les écarts-types (σ) ainsi que les valeurs minimales et maximales relatifs à chaque époque :

	Moyenne μ	Mode m	Médiane M	Écart-type σ	Nombre max. de traductions	Nombre min. de traductions
Les origines (XVIᵉ-XVIIᵉ s.)	2,59	2	2	0,84	6	2
Modernités (XVIIIᵉ-XIXᵉ s.)	8,48	8	8	1,80	14	5
Époque contemporaine (XXᵉ-XXIᵉ s.)	5,35	5	5	1,31	11	4
Toutes les époques (XVIᵉ-XXIᵉ s.)	16,42	15	16	3,05	31	11

Rappelons brièvement l'interprétation de ces indicateurs dans le contexte de notre corpus. Pour chaque période chronologique, la moyenne indique le nombre moyen de traductions, le mode correspond au nombre de traductions apparaissant le plus souvent, la médiane représente la valeur intermédiaire parmi tous les nombres de traductions listés dans un ordre croissant ou décroissant, enfin, l'écart-type est un indicateur de la concentration du nombre de traductions autour de la moyenne. On a ajouté à ces données les nombres de traductions maximal et minimal.

Cette première analyse nous donne aussitôt des informations synthétiques très significatives, bien que partielles. D'abord, si l'on compare les indicateurs concernant le corpus complet (XVIᵉ–XXIᵉ s.) et ceux concernant les autres époques, les valeurs moyennes (moyenne, mode, médiane) sont très semblables entre elles et s'approchent toujours d'un même chiffre de référence : en l'occurrence, autour de 2, 5, 8 et 16. On remarque aussi que les chiffres indiquant les nombres maximaux de traductions sont considérablement plus élevés non seulement par rapport aux valeurs moyennes (2, 5, 8 et 16), mais aussi par rapport aux sommes des valeurs moyennes et des écarts-types ($\mu+\sigma$, cf. annexe 1). Cela revient à dire que les poèmes les plus traduits sont très peu nombreux. De plus, les chiffres indiquant les nombres minimaux de traductions sont très proches de la moyenne moins l'écart-type ($\mu-\sigma$) : ce qui indique que les poèmes les moins traduits sont comparables à la moyenne et qu'ils sont, du point de vue statistique, très fréquents, par conséquent moins significatifs.

Ces résultats ne représentent qu'une illustration synthétique des fréquences absolues des traductions et ne peuvent pas, en revanche, décrire leur distribution statistique. Pour ce faire, il est nécessaire d'analyser dans les détails les fréquences relatives propres à chaque époque.

Montrons d'abord un autre graphe illustrant la distribution statistique (graphe 2) pour toutes les traductions du corpus. Ce graphe nous indique qu'un certain nombre de poèmes exprimé en pourcentage (ordonnée) a été traduit exactement un certain nombre de fois (abscisse).

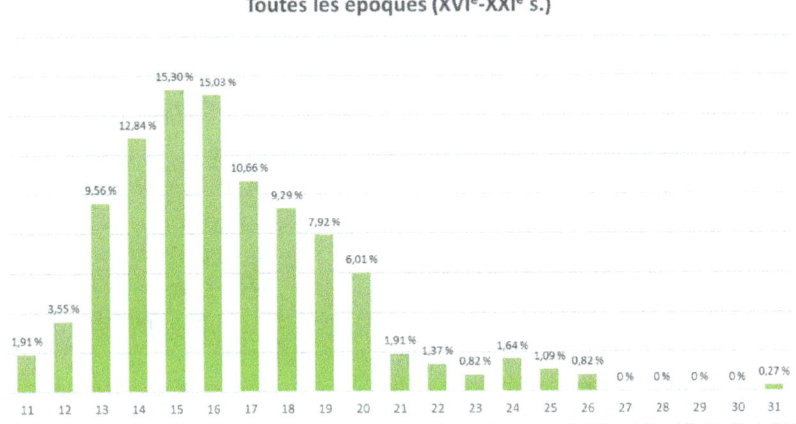

Graphe 2

On remarque qu'aucun des poèmes n'a été traduit 27, 28, 29 et 30 fois. Ce graphe nous montre ainsi de manière statistique l'une des particularités des traditions traductionnelles des *Fragmenta* : les traducteurs·trices ont tendance, dans leurs lignes générales, à traduire et retraduire un nombre restreint de poèmes. Si on regardait les statistiques de plus près, en se focalisant sur chaque époque, on remarquerait la récurrence de cette dynamique.

Observons ainsi la distribution statistique relative à chaque époque tout en la comparant avec un quatrième graphe qui synthétise, par commodité de visualisation, les données statistiques générales (graphe 3) :

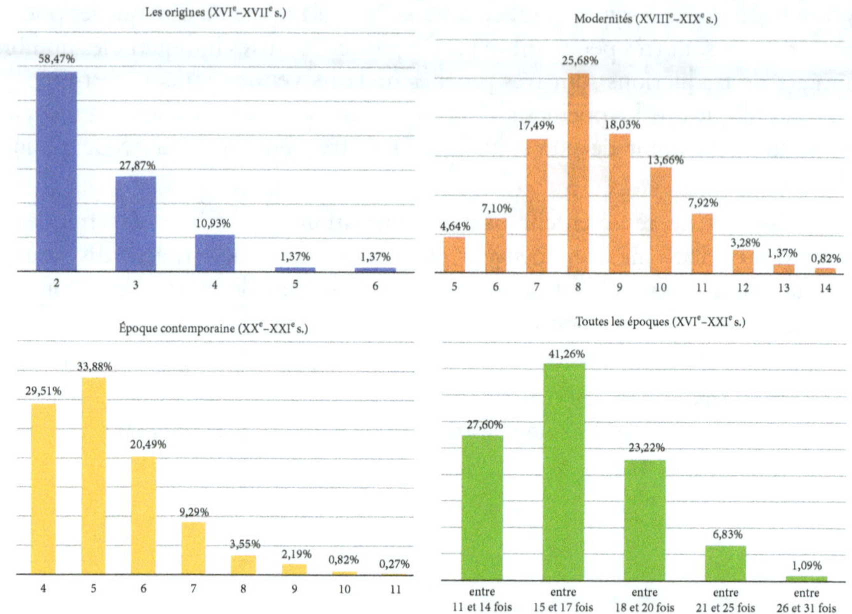

Graphe 3

En abscisse on montre toujours le nombre absolu de traductions et en ordonnée le nombre de poèmes exprimé en pourcentage. La comparaison démontre qu'à l'époque des Origines (XVIe–XVIIe s.) et à l'Époque contemporaine (XIXe–XXIe s.) on trouve une concentration importante des poèmes les plus traduits approximativement dans l'ordre du 1 %. En revanche, à l'époque des Modernités (XVIIIe–XIXe s.) la fluctuation du diagramme à bâtons décrit une répartition plus équilibrée des fréquences de traduction, car on remarque à cette période une véritable floraison de traductions complètes ou de vastes anthologies d'après les *Fragmenta*. On peut néanmoins constater que, malgré les différentes organisations des graphes, chaque époque privilégie une sélection d'un nombre limité de poèmes. Ce constat est valide non seulement pour les Origines (XVIe–XVIIe s.), période pendant laquelle on trouve seuls deux projets de traduction complète, mais aussi pour les Modernités (XVIIIe–XIXe s.).

Les rapports entre les pourcentages demeurent relativement stables et n'ont pas été notablement affectés ni par les grands projets de traduction ni par le nombre de traductions effectuées à chaque époque (cf. graphe 1). On peut déjà en déduire qu'un procédé de sélection anthologique des *Fragmenta* influence toutes les traditions traductionnelles. Il est donc crucial de s'interroger sur la nature de cette sélection et notamment de se demander s'il existe une tendance à retraduire un corpus de poèmes sélectionnés à travers les âges.

Analysons d'abord, ci-dessous, un échantillon incluant les vingt-neuf poèmes les plus traduits du corpus. Le choix de cette sélection dérive du fait que la fréquence de chacun de ces vingt-neuf poèmes est strictement supérieure à la valeur de la moyenne plus l'écart-type arrondie ($\mu+\sigma$, cf. annexe 1). Afin d'obtenir la sélection la plus restreinte possible, par commodité dans la visualisation des données, la valeur $\mu+\sigma$ (19,47) est arrondie à l'entier supérieur (20). La fréquence 20 nous semble être, de plus, un paramètre discriminant pour visualiser les textes les plus traduits. Les poèmes traduits strictement 20 fois ou moins sont beaucoup plus nombreux par rapport à l'ensemble du corpus : ils sont représentés par les dix barres de gauche dans le graphe 2, c'est-à-dire les poèmes traduits exactement entre 11 et 20 fois ; on remarque de plus, toujours dans le graphe 2, un écart important entre les poèmes traduits 20 fois et ceux traduits 21 fois. Les vingt-neuf poèmes sélectionnés selon ce paramètre sont les suivants et sont listés dans l'ordre de leurs fréquences absolues : *Rvf* 1, 3, 12, 35, 134, 164, 176, 310, 16, 90, 132, 159, 192, 199, 13, 160, 311, 2, 15, 108, 223, 267, 10, 33, 208, 218, 283, 301, 320.

Nous avons analysé, ci-dessous (graphes 4 et 5), cette liste selon deux indicateurs : ce qu'on a appelé la fréquence relative de traduction et l'indice de popularité (cf. annexe 1). Le graphe 4 montre vingt-neuf poèmes sélectionnés en abscisse tout en mesurant et en visualisant, en ordonnée, la fréquence relative de traduction pour chaque poème et pour chaque époque : c'est-à-dire le rapport entre le nombre de traductions d'un poème et le nombre total de traductions pour chaque époque. Les poèmes sont toujours listés en abscisse dans l'ordre de leurs fréquences absolues à l'intérieur de tout le corpus (cf. annexe 2) : de gauche à droite, du poème le plus traduit (*Rvf* 1 : 31 fois) à ceux les moins traduits (*Rvf* 10, 33, 208, 2018, 283, 301, 320 : 21 fois).

Fréquences relatives de traduction
Rapport entre le nombre de traductions d'un poème
et le nombre total de traductions pour chaque époque
Pourcentages relatifs au nombre de traductions
0,70%
0,60%
0,50%
0,40%
0,30%
0,20%
0,10%
0,00%
1 3 12 35 134 164 176 310 16 90 132 159 192 199 13 160 311 2 15 108 223 267 10 33 208 218 283 301 320
Les origines (XVI–XVII)
Modernités (XVIII–XIX)
Époque contemporaine (XX–XXI)

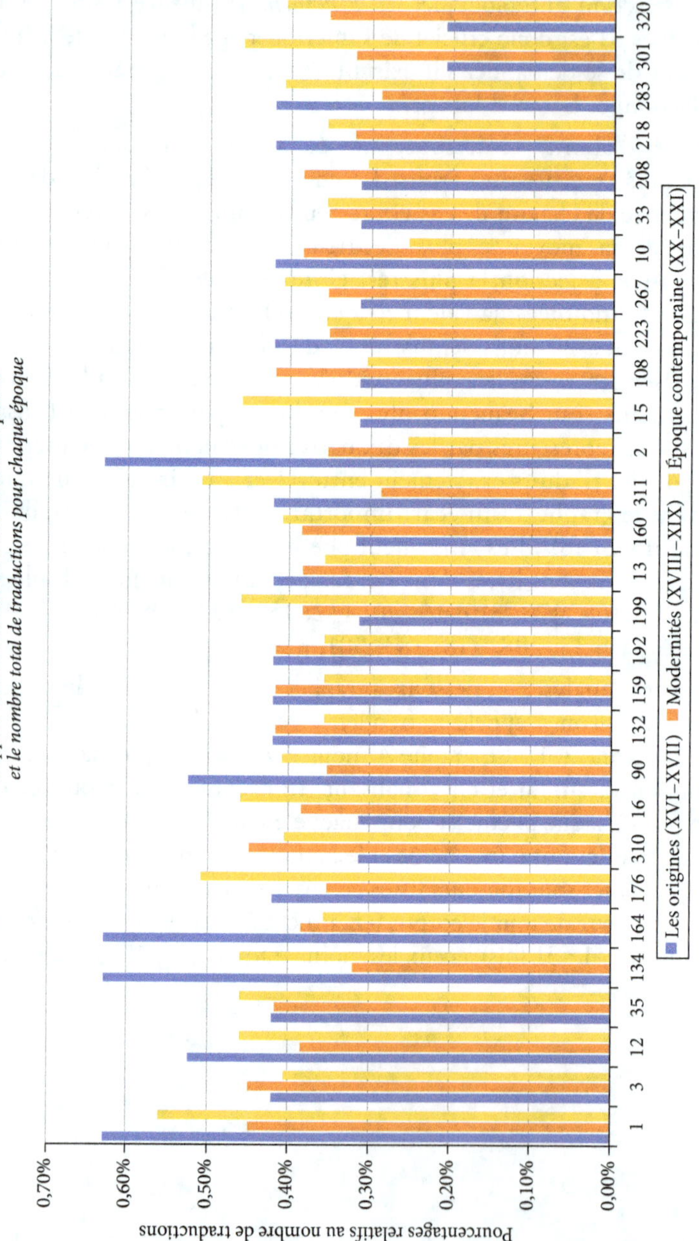

Graphe 4

L'intérêt d'utiliser des fréquences relatives consiste dans le fait de pouvoir comparer la fréquence des mêmes traductions à l'intérieur de corpora très divers par leur taille et par leurs caractéristiques (cf. annexe 1). Le rapport entre les nombres de traductions d'un poème et le total des traductions pour chaque époque démontre qu'il existe une certaine cohérence dans la sélection anthologique : les pourcentages relatifs au nombre de traductions sont presque tous au-dessus de 0,30 %, à l'exception de *Rvf* 311, 2, 10, 283, 301 et 320 qui sont au-dessus de 0,20 %.

Certains poèmes ont eu plus de succès que d'autres selon les époques. On peut néanmoins remarquer que trois poèmes (*Rvf* 1, 3, 35) résistent aux fluctuations des traditions traductionnelles et dépassent le seuil du 0,40 % à toute époque. Ce graphe ne tient pourtant pas compte des particularités de chaque projet traductionnel et éditorial. Il paraît donc pertinent de le comparer avec un autre graphe illustrant le rapport entre les nombres de traductions d'un poème et le nombre total de traducteurs·trices pour chaque époque (graphe 5), c'est-à-dire ce qu'on a nommé l'indice de popularité (cf. annexe 1). Les poèmes sont toujours listés dans l'ordre de leurs fréquences absolues à l'intérieur de tout le corpus.

Indices de popularité
Rapport entre le nombre de traductions d'un poème
et le nombre total de traducteurs•trices pour chaque époque
Pourcentages relatifs au nombre de traducteurs trices
100,00%
90,00%
80,00%
70,00%
60,00%
50,00%
40,00%
30,00%
20,00%
10,00%
0,00%
1 3 12 35 134 164 176 310 16 90 132 159 192 199 13 160 311 2 15 108 223 267 10 33 208 218 283 301 320
Les origines (XVI–XVII)
Modernités (XVIII–XIX)
Époque contemporaine (XX–XXI)

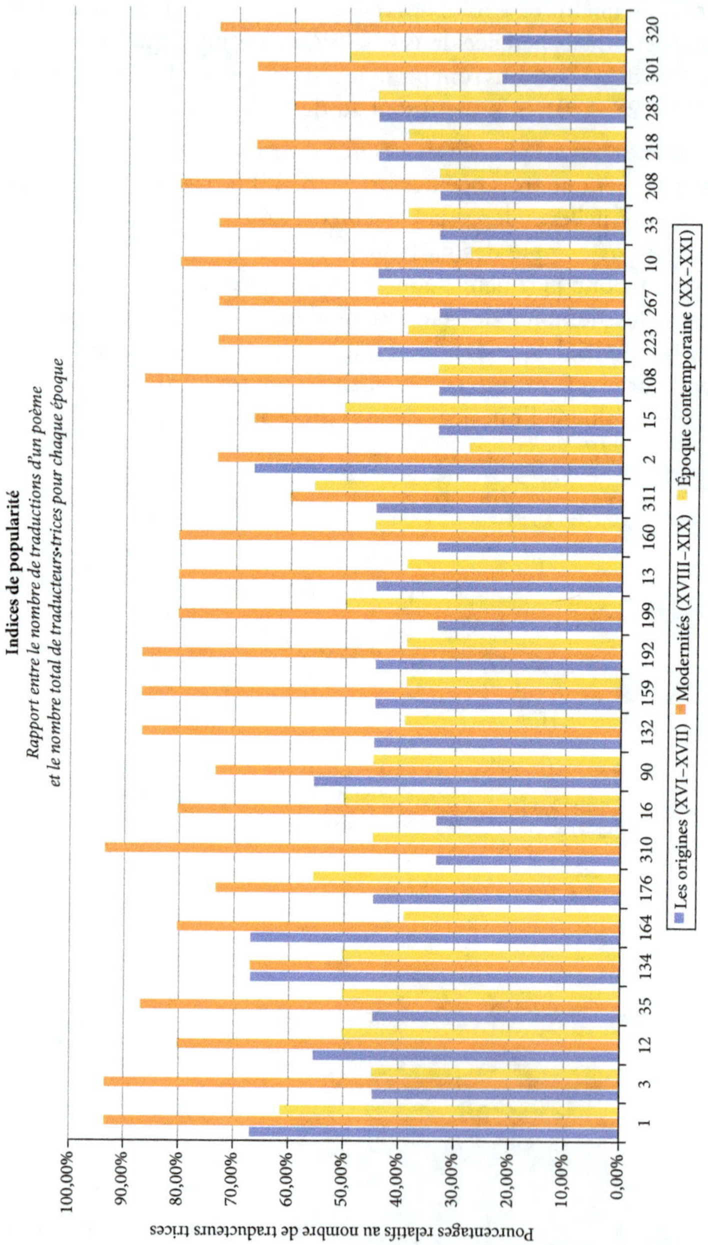

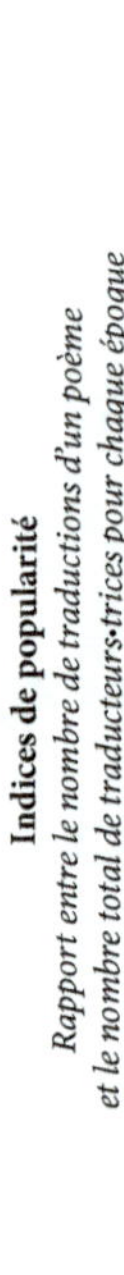

Graphe 5

Les pics relatifs à l'époque des Modernités (XVIIIe–XIXe s.) sont la conséquence de la floraison des traductions complètes et des grandes anthologies, alors que les fluctuations de l'époque des Origines (XVIe–XVIIe s.) et de l'Époque contemporaine (XIXe–XXIe s.) dérivent du fait qu'une sélection anthologique plus restreinte a été privilégiée. Un certain nombre de poèmes, à toute époque, se situent au-dessus du seuil de 40 % (*Rvf* 3, 35, 176, 90, 311, 283), autour de 50 % (*Rvf* 12, 134), voire au-dessus de 60 % (*Rvf* 1). Malgré les particularités et les oscillations de chaque époque, il semble donc avantageux d'identifier un nombre restreint de poèmes les plus traduits, nous permettant d'établir un sous-corpus comparatif de départ.

Une fois démontré qu'il existe des dynamiques comparables dans les traditions traductionnelles, nous avons appliqué un critère de sélection empirique pour construire un sous-corpus de départ. Comparons d'abord, ci-dessous, les valeurs des moyennes plus les écarts-types ($\mu+\sigma$) relatives à chaque époque (cf. annexe 1), le nombre de poèmes les plus traduits conformément aux valeurs $\mu+\sigma$ arrondies à l'entier inférieur, ainsi que les indices de concordance (cf. annexe 1). Ces derniers expriment en pourcentage le rapport suivant : *a*) au numérateur, les concordances entre les poèmes les plus traduits pour chaque époque et l'ensemble agrégé des poèmes les plus traduits aux autres époques ; *b*) au dénominateur, le nombre des poèmes de la liste plus courte entre les deux calculées au numérateur.

	Moyenne μ	Écart-type σ	$\mu+\sigma$ arrondi à l'entier inférieur	Nombre de traductions	Indice de concordance
Les origines (XVIe-XVIIe s.)	2,59	0,84	3	50	36,17 %
Modernités (XVIIIe-XIXe s.)	8,48	1,80	10	49	40,82 %
Époque contemporaine (XXe-XXIe s.)	5,35	1,31	6	59	36,36 %

Le nombre de poèmes les plus traduits correspond à l'ensemble de tous ces poèmes ayant une fréquence de traduction strictement supérieure à $\mu+\sigma$ arrondi (cf. « Nombre de traductions »). Contrairement aux graphes 4 et 5, les valeurs $\mu+\sigma$ sont arrondies à l'entier inférieur, afin d'éviter toute sorte de mystification et altération des données. Ce procédé est couramment utilisé en statistique pour évaluer la « rareté » d'un échantillon, c'est-à-dire que cette opération nous permet de choisir un paramètre pour écarter les poèmes les moins traduits pour chaque période chronologique (cf. annexes 1 et 2). Les poèmes traduits dans un nombre correspondant à $\mu+\sigma$ arrondi à l'entier inférieur ou moins sont, en effet, beaucoup plus nombreux par rapport à l'ensemble du corpus de chaque époque : dans le graphe 3, ils sont représentés respectivement par les deux barres de gauche du diagramme relatif à l'époque des Origines (XVIe–XVIIe s.), par les sept barres de gauche pour les Modernités (XVIIIe–XIXe s.) et par les quatre barres de gauche pour l'Époque contemporaine (XXe–XXIe s.).

Si on listait, enfin, les poèmes par ordre décroissant de fréquence absolue (cf. annexe 2) et sélectionnait tous ceux dont la fréquence est supérieure à $\mu+\sigma$ arrondi à l'entier inférieur, on obtiendrait respectivement : les cinquante premiers poèmes pour les Origines (XVIe–XVIIe s.), les quarante-neuf premiers poèmes pour les Modernités (XVIIIe–XIXe s.), les cinquante-neuf premiers poèmes pour l'Époque contemporaine (XXe–XXIe s.).

On remarquera que les valeurs des indices de concordance se situent toutes entre 30 % et 40 % : cela pourrait nous faire espérer qu'il soit possible d'établir un sous-corpus de départ incluant les poèmes les plus traduits communs à toutes les époques. Ainsi, si l'on sélectionnait les poèmes communs à toutes les époques choisis parmi les plus traduits (c'est-à-dire ceux dont la fréquence est supérieure à $\mu+\sigma$ arrondi à l'entier inférieur), on obtiendrait une liste de douze poèmes (table 0). On montre cette liste dans le tableau ci-dessous : le premier chiffre indique le numéro du poème selon la numérotation contemporaine du texte de Pétrarque, le deuxième chiffre indique le nombre de fois où le poème a été traduit dans l'ensemble du corpus. Les poèmes sont listés selon leurs fréquences absolues à l'intérieur de tout le corpus.

Table 0

1	31	164	25	159	24
3	26	176	25	192	24
12	26	90	24	13	23
35	26	132	25	223	22

En observant rapidement cette liste, on s'aperçoit facilement de ses fragilités. On n'y trouve pas, par exemple, des poèmes très significatifs dans les traditions traductionnelles et littéraires comme les sonnets *Rvf* 2, 12 ou 134. Une liste sélectionnée selon un principe purement quantitatif n'est donc pas assez représentative de l'ensemble du corpus. Les écarts importants entre les nombres de traductions complexifs de chaque époque (voir graphe 1) ne permettent pas d'établir un sous-corpus fondé uniquement sur les correspondances directes entre les poèmes les plus traduits.

Il est en revanche possible d'identifier des correspondances entre les poèmes les plus traduits de chaque époque et les traductions les plus récurrentes dans l'ensemble agrégé des autres époques. Cette deuxième approche est beaucoup plus idoine non seulement pour établir un sous-corpus plus étendu et représentatif, mais aussi pour adapter les données statistiques à notre hypothèse de recherche voulant que les premières traductions influencent les traditions traductionnelles suivantes. Conformément à cette hypothèse et aux valeurs déjà analysées, on peut donc établir d'abord la liste des cinquante premiers poèmes les plus traduits aux XVIe et XVIIe siècles dont la fréquence est supérieure à $\mu+\sigma$ arrondi à l'entier inférieur. Le premier chiffre indique toujours le numéro du poème, le deuxième chiffre indique le nombre de fois où le poème a été traduit dans la période considérée.

Table 1. Corpus principal (**XVIe–XVIIe s.**)

1	6	3	4	44	4	132	4	216	4
2	6	9	4	45	4	133	4	218	4
75	6	10	4	65	4	152	4	219	4
134	6	13	4	74	4	159	4	223	4
164	6	19	4	82	4	161	4	224	4
12	5	21	4	85	4	168	4	274	4
90	5	34	4	102	4	176	4	283	4
154	5	35	4	107	4	187	4	291	4
163	5	36	4	112	4	192	4	311	4
220	5	39	4	124	4	213	4	338	4

En raison de leur fréquence, les traductions des cinq premiers poèmes de cette liste ont été parmi les plus étudiées dans la partie historique de cette monographie et elles nous ont permis de fonder nos analyses comparatives à partir d'un échantillon restreint. De plus, la table 1 peut servir, non seulement pour analyser des traductions au XVIe et au XVIIe siècle, mais aussi pour établir des parallèles entre les traductions du Corpus principal (XVIe–XVIIe s.) et celles du Corpus annexe (XVIIIe–XXIe s.). Comparons donc, ci-dessous, les valeurs relatives au Corpus principal et au Corpus annexe : les moyennes plus les écarts-types ($\mu+\sigma$) relatifs à chaque corpus et le nombre de poèmes les plus traduits conformément aux valeurs $\mu+\sigma$ arrondies à l'entier inférieur.

	Moyenne μ	Écart-type σ	$\mu+\sigma$ arrondi à l'entier inférieur	Nombre de traductions
Corpus principal Les origines (XVIe–XVIIe s.)	2,59	0,84	3	50
Corpus annexe Modernités (XVIIIe–XIXe s.) Époque contemporaine (XXe–XXIe s.)	13,83	2,58	16	47

Grâce à ces valeurs, on peut ainsi comparer la table 1 avec la table 2, présentée ci-dessous, montrant l'ensemble agrégé des poèmes les plus traduits à l'époque des Modernités (XVIIIe–XIXe s.) et à l'Époque contemporaine (XXe–XXIe s.). Cela revient à dire qu'une fois sélectionnés les poèmes les plus traduits dans le Corpus principal (XVIe–XVIIe s.), on peut les comparer avec les poèmes les plus traduits dans l'ensemble agrégé du Corpus annexe (XVIIIe–XXIe s.). Les quarante-sept poèmes choisis dans le Corpus annexe (XVIIIe–XXIe s.) sont toujours ceux dont la fréquence agrégée est supérieure à $\mu+\sigma$ (16,41) arrondi à l'entier inférieur. Le premier chiffre indique toujours le numéro du poème, le deuxième chiffre indique le nombre de fois où le poème a été traduit dans l'ensemble du corpus. On marque en gras tous les poèmes que les deux tables (1 et 2) ont en commun.

Table 2. Corpus annexe (**XVIIIe–XXIe s.**) et ses concordances avec le Corpus principal (**XVIe–XVIIe s.**)

1	25	**13**	19	208	18		
3	22	15	19	**223**	18	167	17
35	22	**90**	19	279	18	170	17
310	22	108	19	302	18	189	17
12	21	**134**	19	364	18	196	17
16	21	**164**	19	**10**	17	212	17
176	21	267	19	32	17	**218**	17
199	21	301	19	61	17	225	17
132	20	**311**	19	84	17	226	17
159	20	320	19	123	17	**283**	17
160	20	33	18	145	17	300	17
192	20	126	18	153	17	312	17

Ainsi, nous avons pu envisager un premier sous-corpus indicatif (17 poèmes et leurs traductions) à partir non seulement du Corpus principal, mais aussi du Corpus annexe. On remarquera que la table 0 est par définition contenue dans les tables 1 et 2. Pour la table 1 comme pour la table 2, il s'agit d'une base de travail très changeante qui a fait l'objet d'une adaptation pour chaque contexte. Un nombre restreint de poèmes a fait l'objet d'une analyse complète, d'autres traductions ont été partiellement commentées ou mentionnées selon les exigences des analyses littéraires. Dans la mesure du possible, nous avons essayé de sélectionner les traductions à partir de ce sous-corpus, non seulement pour établir plus facilement des liens entre les traducteurs·trices, mais aussi pour permettre aux lecteurs·trices de confronter des textes que nous n'avons pas commentés dans le même cadre. Si par exemple le *Rvf* 1 a été le sonnet le plus traduit et par conséquent le plus commenté dans cette étude, pour certain·e·s traducteurs·trices nous avons analysé ou évoqué des poèmes moins traduits dans l'ensemble de nos corpora. Dans d'autres cas, nous avons réalisé une sélection *ad hoc*, car certain·e·s traducteurs·trices ont en commun des poèmes qui ne figurent pas dans les tables montrées ci-dessus. Ce sous-corpus a néanmoins représenté un outil très profitable, une boussole pour s'orienter dans la cartographie complexe de l'histoire des *Fragmenta* en langue française.

D'un point de vue général, le dialogue entre la traductologie et la statistique a aussi permis de frayer un chemin vers une approche impliquant des disciplines très différentes entre elles. Il a fallu adapter les outils statistiques aux besoins d'une historiographie des traductions, mais aussi repenser et reformuler nos hypothèses de recherche à la lumière des résultats statistiques. Les outils d'une discipline ont ainsi dû dialoguer intimement avec ceux de l'autre, dans une mouvance tendant à une transdisciplinarité des savoirs, ou mieux à une « herméneutique de la continuité ».

Il est aussi important de souligner que ces données ont été enrichies, selon les contextes, grâce à une étude des concordances textuelles, premièrement, afin de nourrir nos analyses et soutenir nos hypothèses, deuxièmement, pour repérer au moins quelques passages comparables parmi des éditions ne présentant pas le même choix de poèmes. La recherche, l'étude et l'identification des concordances textuelles ont été facilitées grâce aux études scientifiques[3] ainsi qu'au moyen de logiciels d'analyse lexicographique comme *Voyant* (voyant-tools.org) ou des logiciels de traitement textuel comme *FineReader XII* (développé par *Abbyy*). Ce dernier est particulièrement performant, car – grâce à des fonctions avancées de reconnaissance optique des caractères (OCR, *Optical Character Recognition*) – il permet de fouiller assez efficacement à l'intérieur de tout texte imprimé du XVIe siècle à aujourd'hui. Nous avons en plus visualisé certaines données lexicographiques au travers de tableaux ou de diagrammes de flux, réalisés grâce à *RAWGraph* (app.rawgraphs.io) et personnalisés au moyen de *Inkscape* (inkscape.org).

L'instrument puissant et fiable que sont les statistiques a dû donc être traité au prisme d'une démarche herméneutique capable de s'adapter aux spécificités de l'histoire des traductions. C'est pourquoi quelques réflexions sur les aspects épistémologiques des humanités numériques s'imposent.

Enjeux épistémologiques des humanités numériques

Un regard rapide sur le corpus suffit pour évoquer les difficultés de cette recherche et pour montrer que sans ces outils numériques notre travail aurait requis beaucoup plus de temps et d'énergie. En effet, les outils numériques ne sont pas seulement un atout, mais aussi des moyens indispensables pour toute recherche dont la quantité des données pose un problème évident. Dans ce contexte, il est intéressant de s'interroger sur le rôle du numérique dans la recherche universitaire et plus particulièrement dans les études textuelles : « Le média, par ses caractéristiques propres, altère-t-il notre rapport à la connaissance ? »[4]. Telle était la question, aussi claire dans sa formulation que complexe dans ses implications, posée par Hubert Guillaud qui évoquait en 2010 le risque de « sacrifier la *profondeur* de notre connaissance »[5] sur l'autel des Humanités Numériques. D'un point de vue général,

---

3   Voir par exemple Bartolo Calderone et Giuseppe Savoca, *Concordanza del Canzoniere di Francesco Petrarca*, 2 vol., Florence, Olschki, 2011.

4   Hubert Guillaud, « Le papier contre l'électronique », dans Marin Dacos (dir.), *Read/ Write Book : le livre inscriptible*, Marseille, OpenEdition Press, 2010, § 1-2. [*en ligne* : books. openedition.org/oep/139].

5   *Ibidem*, § 5.

ce risque devrait donc nous pousser à nous interroger plus *profondément* sur notre approche de la connaissance afin qu'on ne se laisse pas entraîner, comme le fait remarquer Alexandre Gefen[6], par « l'idée naïve d'une production transparente de savoirs par moissonnage des corpus »[7]. Plus spécifiquement, une telle réflexion épistémologique devrait aboutir à des solutions d'ordre pratique concernant les opérations de la « philologie numérique »[8].

En ce qui nous concerne, loin de compter parmi les détracteurs des Humanités Numériques, nous avons cherché à contourner le risque évoqué par Guillaud au moyen d'une lecture consciencieuse et d'une attention toute particulière à notre approche du texte. En effet, s'il est vrai que le tournant numérique, selon le *Manifeste des Digital Humanities* (2010)[9], « modifie et interroge les conditions de production et de diffusion des savoirs », il ne peut pas influencer en revanche la réalité historique et la dimension littéraire des textes étudiés. Tout comme notre connaissance, les textes sont des « objets anthropiques » complexes, bien avant d'être des outils quantitatifs, techniques et numériques : la fouille des documents peut dégénérer en folie documentaire aussi bien derrière un écran que dans la bibliothèque d'un monastère bénédictin.

C'est justement pour lire les textes dans leur complexité d'« objets anthropiques » que nous avons utilisé un dispositif critique qu'on peut qualifier d'herméneutique. Dans cette perspective, l'instrument majeur de notre lecture est la sémantique textuelle, mais avec des implications interprétatives qui transcendent la conception logico-grammaticale de la traduction. Maintenant qu'un « sous-corpus » de départ a pu être identifié au moyen de l'analyse quantitative fournie par les outils statistiques à notre disposition, dans les chapitres suivants nous décrivons les procédés d'analyse qualitative que nous avons employés. Nous avons d'abord développé une méthode *ad hoc* autour de la notion de « zone traductionnelle » et nous avons nommé cet instrument « la théorie des zones traductionnelles ». Cette théorie nous a permis d'élaborer des solutions efficaces pour l'étude des textes-cibles, sans pour autant négliger la complexe relation entre les traducteurs·trices et leurs sources.

---

6   Alexandre GEFEN, « Les enjeux épistémologiques des humanités numériques », *Socio*, n° 4, 2015, p. 61–74 [*en ligne* : socio.revues.org].

7   *Ibidem*, § 1.

8   Pour ce terme, consulter : François RASTIER, *Arts et sciences du texte*, p. 73–98 ; Damon MAYAFFRE, « L'Herméneutique numérique », *L'Astrolabe. Recherche littéraire et Informatique*, numéro spécial, 2002, p. 1–11 [*en ligne* : revue-texto.net] ; Alexandre GEFEN, « Les enjeux épistémologiques des humanités numériques », 2015, § 3.

9   En milieu francophone, l'évolution des Humanités Numériques est liée à l'organisation du premier *THATCamp* français. Conçu dès 2009 et porté principalement par le *Centre pour l'édition électronique ouverte* (Cléo), il s'est tenu à Paris en mai 2010 et a donné lieu à la publication d'un *Manifeste des Digital Humanities* [*en ligne* : tcp.hypotheses.org/318].

Chapitre VI

La théorie des zones traductionnelles

Les zones signifiantes

Nous avons déjà évoqué sommairement la possibilité d'identifier, au sein d'une traduction, ce qu'on peut considérer des « unités textuelles de base »[1] (Adam, 2005), ou mieux des *passages* (Rastier, 2006), qui permettent de sonder les approches traductionnelles. Il est important de clarifier la méthode appliquée au choix de ces passages, tout en donnant quelques repères théoriques. En ce qui nous concerne, nous préférons nommer ces passages des *zones traductionnelles*. Voyons pourquoi nous avons choisi cette définition et quels procédés nous avons mis en jeu pour les sélectionner.

Notre théorie des zones traductionnelles[2] se présente comme l'un des outils d'une *analytique lectoriale*, telle que l'a envisagée Le Blanc (2019). Selon ce dernier, l'analytique lectoriale aurait pour fin « de documenter et d'organiser rationnellement les observations empiriques sur les traductions, d'insérer les phénomènes

---

1   C'est une notion qu'on emprunte à Jean-Michel ADAM, *Linguistique textuelle*, p. 83–130 et *passim*.

2   Nous avons proposé cette théorie sous forme d'hypothèse lors de deux colloques internationaux : *a*) Colloque international *Les langues étrangères dans l'Enseignement supérieur*, organisé par APROLÍNGUA (*Associação Portuguesa de Professores de Línguas Estrangeiras do Ensino Superior*), Université de Porto (Portugal), 16 juin 2016 ; *b*) Le congrès international de linguistique appliquée et de pédagogie des langues étrangères *En camino hacia el plurilingüismo*, Université Nebrjia (Madrid, Espagne), 24 juin 2016. Nous avons enfin développé une première version de la théorie des zones traductionnelles dans l'article suivant : Riccardo RAIMONDO, « La théorie des zones traductionnelles », dans M. ELLISON, M. PAZOZ ANIDO, P. N. MARTINEZ et S. VALENTE (dir.), *As línguas estrangeiras no ensino superior : propostas didáticas e casos em estudo*, Porto, FLUP e-dita, 2018, p. 331–357. À travers des nouvelles notions linguistiques, cet essai propose des outils textuels pour l'étude et l'analyse des traductions. Nous y proposons une taxonomie herméneutico-linguistique pour distinguer les zones traductionnelles, que nous avons classées en trois catégories : *zones de résonance, zones d'ombre* et *zones de contraste*. Les zones de résonance relèvent d'une traduction littéraliste et d'une transposition sémantique. Les zones d'ombre dérivent d'un processus de transmutation et de métamorphose : elles sont les plus complexes à définir et pour ce faire nous avons décliné, dans notre essai, la métaphore de l'ombre – à travers notamment la traductologie d'Antonio Prete – en tenant compte de ses nombreuses implications. Les zones de contraste ont enfin été définies à partir des réflexions d'Henri Meschonnic sur la pratique de la contradiction (*ibidem, passim*).

d'autorégulation des modes de faire et de penser le traduire dans leurs contextes culturels, linguistiques et historiques »[3]. Cette approche s'avère particulièrement avantageuse dans « l'étude des différentes traductions d'un même texte, lesquelles nous livrent plusieurs types de lectures et maintes stratégies de réingénierie du sens »[4]. Mais, de manière plus générale, la présente étude ne représente que l'une des possibles applications de la théorie des zones traductionnelles. Cette dernière pourrait s'appliquer plus généralement à tout texte traduit ou réécrit, et même à tout objet culturel dialoguant avec une source.

Cette théorie est librement inspirée d'une formule de Berman qui, dans le contexte de sa « critique des traductions », propose une pré-analyse du texte traduit visant à une « *sélection d'exemples stylistiques* (au sens large) »[5], où la signifiance poétique du texte s'actualise de manière privilégiée : il forge ainsi la notion de *zone signifiante*. Cette étape permet, selon Berman, d'entrer dans l'atelier des traducteurs·trices et d'en explorer les outils les plus intimes. Concernant la *sélection*, Berman parle en substance d'un découpage à partir d'une « interprétation de l'œuvre (qui va varier selon les analystes) » ; il faut alors sélectionner des *zones* de l'œuvre, soit « *ces passages* de l'original qui, pour ainsi dire, sont les lieux où [l'œuvre] se condense, se représente, se signifie ou se symbolise. Ces passages sont les *zones signifiantes* où une œuvre atteint sa propre visée »[6]. Du point de vue du sujet qui traduit, ces *zones* relèvent de la poétique. Du point de vue de la critique littéraire, elles dépassent enfin les questions d'ordre purement formel pour atteindre le domaine de l'herméneutique, du « travail interprétatif ». Selon Berman, ces *zones signifiantes*, ces *centres de gravité*, sont le lieu où l'écriture possède « un très haut degré de nécessité » :

> Ces passages ne sont pas forcément apparents à la simple lecture ; et c'est bien pourquoi, le plus souvent, c'est le travail interprétatif qui les révèle, ou confirme leur existence. Dans un poème, ce peut être un, ou quelques vers ; dans un roman, tels passages ; dans un recueil de nouvelles, la phrase finale de la dernière nouvelle (comme dans *Dubliners* de J. Joyce) ; dans une pièce de théâtre, une ou deux répliques qui, d'un seul coup, nous disent le sens de toute l'œuvre de manière précise et aveuglante. Dans une œuvre de pensée, des phrases qui, brusquement, dans leur structure, attestent au plus près le mouvement et la lutte de la pensée. À la différence des « morceaux d'anthologie » classiques, ces passages ne sont pas toujours les plus « beaux » esthétiquement. Mais qu'ils le soient ou non, tous manifestent la signifiance de l'œuvre en une écriture qui possède, redisons-le, le plus haut degré de nécessité possible[7].

Les *zones signifiantes*, selon Berman, dévoilent donc la « signifiance de l'œuvre », de son propre caractère littéraire et deviennent fondamentales pour le travail de la critique et de la traduction. La question qui nous semble intéressante pour notre

---

3   Charles Le Blanc, *Histoire naturelle de la traduction*, p. 223.
4   *Ibidem*, p. 222.
5   Antoine Berman, *Pour une critique des traductions : John Donne*, Paris, Gallimard, 1995, p. 70.
6   *Ibidem*.
7   *Ibidem*, p. 70–71.

approche est la suivante : comment peut-on réinterpréter cette notion de *zones* du point de vue de la sémantique interprétative ? Or, comme nous l'avons noté à plusieurs reprises, il ne s'agit pas ici de proposer une critique « évaluative » des traductions, mais plutôt une analyse descriptive et, en l'occurrence, comparée.

Il faut ainsi, à ce stade, marquer une distinction nette entre la notion de *zone* envisagée par Berman et son acception dans le cadre de notre démarche. Ces *zones*, telles que nous les entendons, n'expriment pas un *mouvement* intérieur au texte : leur but n'est pas de circonscrire des espaces de cristallisation poétique exprimant toute la « signifiance de l'œuvre ». Elles visent à identifier ces fragments *signifiants* propices à une meilleure appréhension des opérations de lecture et d'interprétation des traducteurs·trices vis-à-vis du texte-source. Ce seront donc des zones qu'on repérera au moyen d'une analyse contrastive du texte-source et du texte-cible. Ces zones peuvent appartenir aussi bien au texte-source qu'au texte-cible, selon les besoins spécifiques de l'analyse. Il s'agit ainsi d'une analyse descriptive dont l'outil principal de lecture n'est pas la philosophie de la littérature ou la critique littéraire, mais le processus translinguistique. Comme on l'a déjà évoqué en suivant les théories de Rastier, la définition de l'unité textuelle comme *passage* permet de reconsidérer le statut du texte traduit comme l'agrégat d'une série de transformations intertextuelles et interlinguistiques. Mais il s'agit d'un procédé (celui de Rastier) qui repose encore, pour ainsi dire, sur une conception bidimensionnelle : entre deux textes, deux passages, deux horizontalités. En revanche, la définition du *passage* comme *zone* nous permet d'appliquer une conception tridimensionnelle contemplant aussi la profondeur des processus traductifs.

Des zones signifiantes aux zones traductionnelles

Alors que les « zones » de Berman appartenaient avant tout au texte-source, la notion de *zone*, telle que nous la définissons ici, renvoie plutôt à un espace de dialogue et de relation entre deux textes. Ce sont donc des *zones* analysables seulement à partir du moment où les textes sont traduits : les *zones traductionnelles* existent toujours *en* traduction. Cela revient à dire qu'on peut décomposer les traductions en *zones* pour lesquelles le processus de traduction fonctionne différemment et engendre « différentes réactions traductionnelles », selon la formule de Guillaume[8]. Ces *zones* possèdent donc une surface horizontale ; elles marquent un espace, dessinent une cartographie du texte-cible comme du texte-source ; mais en même temps – et notre approche est en cela comparable à la technique du carottage – elles témoignent aussi de la profondeur de la traduction, de son étendue verticale. Afin de sonder

---

8 Guillaume a utilisé une méthode expérimentale dans plusieurs ouvrages en démontrant la façon dont ce *découpage* permet de lire les textes à plusieurs niveaux (littéraires, historiques, sociaux, etc.). Voir entre autres : Astrid Guillaume, « La Traduction médiévale : de l'implicite vers l'explicite », dans Christian Berner et Tatiana Milliaressi (dir.), *La traduction : philosophie et tradition*, Lille, Presses universitaires du Septentrion, 2011, p. 265–281.

cette profondeur, il convient de se pencher sur les projets de traduction, les référents historico-culturels, les conceptions du traduire, la psychologie des traducteurs·trices, etc. Les zones traductionnelles sont, de ce point de vue, les fissures à travers lesquelles nous pouvons regarder dans la psyché du « sujet traduisant » et sonder la complexité des textes traduits.

À la différence de l'approche bermanienne, la sélection des zones traductionnelles n'a pas comme objectif primaire de percer la « signifiance de l'œuvre », qu'il s'agisse d'ailleurs du texte-source ou du texte-cible. La visée principale est d'identifier des espaces de dialogue sémantique où la rencontre entre les deux textes génère des transformations significatives, des courts-circuits, des décalages, des scissions, des éclatements, ou au contraire, des moments d'adhésion plus ou moins importants. C'est précisément l'étude de ce dialogue/confrontation entre texte-cible et texte-source qui nous permet de construire une base textuelle solide pour explorer les enjeux de la transmission. Bien qu'on applique cette théorie à un corpus de traductions proprement dites, elle peut être en effet appliquée à tout genre de corpus impliquant un transfert linguistique et/ou sémiotique dans lequel un medium-cible entretient un dialogue avec un medium-source.

Dans le cas des traductions ici à l'étude, ces zones représenteront des phrases, des expressions marquantes, ou des mots, qui nous permettent d'étudier les enjeux de la traduction à plusieurs niveaux : à partir des « composantes linguistiques »[9] pour aboutir à une étude de facteurs extralinguistiques et socioculturels. Conjointement à notre théorie de la matière sémantique, l'étude des zones nous permet enfin de jeter les bases textuelles essentielles à l'identification des véritables traditions traductionnelles, par opposition aux traditions communément dites littéraires. Cette méthode nous donne en effet la possibilité d'analyser les approches traductives les plus diverses, malgré la disparité et la complexité des traditions anthologiques, ou encore des contextes socioculturels propres à chaque traducteur·trice. Bien évidemment, l'étude d'une seule zone traductionnelle ne suffit pas pour établir l'analyse d'une traduction. Il faudra alors sélectionner un certain nombre de zones, les mettre en relation entre elles et les interpréter en les reliant à un réseau sémantique cohérent.

Prenons par exemple le premier sonnet des *Fragmenta* (*Rvf* 1). Si l'on considère la traduction de Clément Marot (1541–1544 c.), on peut par exemple sélectionner différents passages qui se révèlent particulièrement parlants quant à l'approche du sujet traduisant. Penchons-nous dans un premier temps sur le cas où la zone est formée d'un seul mot.

---

9   C'est une terminologie empruntée à Katharina Reiss et employée notamment dans son ouvrage pionnier *Möglichkeiten und Grenzen der Übersetzungskritik : Kategorien und Kriterien für eine sachgerechte Beurteilung von Übersetzungen*, Munich, Hueber, 1986 ; rééd. *Translation Criticism – The potentials & Limitations. Categories and Criteria for Translation Quality Assessment*, traduit de l'allemand par Erroll F. Rhodes, Manchester, St. Jerome, 2000, ch. B.3, B.4.

Voi, ch'ascoltate in rime sparse il suono	Vous qui oyez en mes rymes le son
Di quei sospiri, ond'io nudriva il core	D'iceulx souspirs, dont mon cueur nourrissoie
In sul mio primo giovenile errore,	Lors qu'en erreur ma jeunesse passoie,
Quand'era in parte altr'huom da quel, ch'i sono ;	N'estant pas moy, mais bien d'autre façon :
Del vario stile, inch'io piango et ragiono	De **vains** travaulx dont feis ryme et chanson,
Fra le **vane** speranze e'l van dolore ;	Trouver m'attens (mais qu'on les lise et voye)
Ove sia, chi per prova intenda amore,	Non pitié seulle, ains excuse en la voye
Spero trovar pietà, non che perdono.	Où l'on congnoist amour, ce faulx garson.
Ma ben veggi'hor, si come al popol tutto	Si voy je bien maintenant et entendz
Favola fui gran tempo : onde sovente,	Que longtemps fus au peuple passetemps,
Di me medesmo meco mi vergogno :	Dont à par moy honte le cueur me ronge :
Et del mio **vaneggiar** vergogna e'l frutto,	Ainsi le fruict de mon **vain exercice**
E'l pentirsi, e'l conoscer chiaramente	C'est repentance, avec honte et notice
Che quanto piace al mondo è breve sogno.	Que ce qui plaist au monde n'est que songe.
[*Rvf* 1, éd. Vellutello 1525]	[Marot, *Six sonnetz de Pétrarque* (1541-1544 ?), éd. Defaux 1994, *Rvf* 1]

Dans ce contexte, observons l'exemple du verbe *vaneggiar* et sa traduction. Il s'agit d'un mot particulièrement révélateur, dans la mesure où il n'a pas véritablement d'équivalent dans la langue française et passerait presque pour intraduisible. Le *Dizionario Etimologico della Lingua Italiana* (Pianigiani, 1907) signale trois acceptions différentes qui remontent toutes, plus ou moins, à l'époque de Pétrarque : (*a*) dire ou faire des choses vaines ; (*b*) *fig.* plaisanter ou se comporter comme un fou[10] ; (*c*) *fig.* imaginer des choses vaines, délirer, être vain ou vide[11]. Le *Dizionario Etimologico Zanichelli* (1999) signale deux grands champs sémantiques qu'il fait remonter respectivement à Pétrarque (« dire, penser, croire des choses absurdes ») et à Dante (« fantasmer »). Dans le contexte des *Fragmenta*, on pourrait le paraphraser en disant qu'il indique quelque chose entre la flânerie, la rêverie et la folie : ce verbe peut signifier à la fois « errer avec l'esprit », « fantasmer » et « s'égarer dans des activités vaines », « dire ou faire des choses vaines », mais s'emploie aussi dans le sens de poétiser (cf. *Rvf* 1 ; 32 ; 62 ; 270)[12].

En raison de son caractère polysémique, ce mot a engendré une incroyable richesse de traductions : « vain exercice » (Marot, 1541–1544 c.) ; « folies » (Catanusi, 1669) ; « égarements » ou « extravagances » (Sade, 1764) ; « vanité » (Gramont, 1842) ; « fous délires » (Godefroy, 1900) ; « jours égarés » (Aragon, 1945) ; « avoir divagué » (Genot, 2009) ; « frénésie » (Bonnefoy, 2011), etc. Pour chacune de ces solutions, on pourrait donc envisager un geste traductif qui n'atteste pas seulement un choix linguistique, mais aussi une approche herméneutique, une lecture globale du texte-source.

---

10 Cf. « *Nelle spelonche sue zefiro tace, E in tutto è fermo il vaneggiar del cuore* » (Tasso, *Gerus. Lib.*, XIII, 56).

11 Cf. « *Nel dritto mezzo del campo maligno / vaneggia un pozzo* » (Dante, *Inf.*, XVIII, 4–5).

12 Voir entre autres : Marco Ariani, *Petrarca*, Rome, Salerno Editrice, 1999, ch. XIII.1 ; Enrico Fenzi, *Petrarca*, Turin, Mulino, 2008, ch. III « Il Canzoniere : genesi e struttura », *passim* ; rééd. *Pétrarque*, traduction française par Gérard Marino, Paris, Les Belles Lettres, 2015, ch. III « Le Chansonnier : genèse et structure », *passim*.

La *zone* peut aussi couvrir une phrase, voire une strophe entière. Ainsi, traduite par Louis Aragon (1947), Gérard Genot (2009) et Yves Bonnefoy (2011) :

Voi ch'ascoltate in rime sparse il suono Di quei sospiri, ond' io nudriva il core, In su'l mio primo giovenil errore, Quand'era in parte altr'uom da quel' ch'i' sono. **Del vario stile in ch'io piango e ragiono,** **Fra le vane speranze e 'l van dolore,** **Ove sia chi per prova intenda amore,** **Spero trovar pietà, non che perdono.** […] *hendécasyllabe* ABBA ABBA CDE CDE [*Rvf* 1, éd. Ginguené, 1875, p. 2]	Vous qui surprenez dans mes vers le bruit De ces soupirs dont j'ai nourri mon cœur Dans ma première et juvénile erreur Quand j'étais homme autre que je ne suis. **Aux tons divers dont je plains mes ennuis** **Suivant l'espoir vain la vaine douleur** **Si l'un comprend l'amour par son malheur** **J'attends pitié <u>non point pardon de lui</u>.** […] *décasyllabes* « différemment calqués » (Aragon, préface 1947) ABBA ABBA CDE CDE [Aragon, *Cinq sonnets de Pétrarque*, 1947, *Rvf* 1]
Vous écoutez en rimes éparses le son De ces soupirs dont j'ai nourri mon cœur En ma première et juvénile erreur, Quand j'étais en partie autre homme que ne suis, **Pour le style variable où je pleure et devise** **Entre les vains espoirs et la vaine douleur,** **Près de qui entendît par épreuve l'amour** **J'espère de trouver pitié voire pardon.** […] *vers libres* [Genot, *Chansonnier*, 2009, *Rvf* 1]	De vous qui entendez, en mes **rimes éparses**, Tous ces gémissements dont j'abreuvais mon cœur Dans les égarements de ma prime jeunesse, Quand j'étais autre qu'à présent, au moins un peu. **Pour ces écrits, plaintes, ressassements** **Ballottés entre vains espoirs, vaine douleur,** **J'espère compassion si ce n'est excuse :** **N'avez-vous pas souffert l'épreuve de l'amour ?** […] *vers libres (mélange de décasyllabes et alexandrins)* [Bonnefoy, *Je vois sans yeux et sans bouche je crie*, 2011, *Rvf* 1]

Les traductions de la *zone* sélectionnée oscillent entre divers degrés de traduction et réécriture. Dans le deuxième quatrain de *Rvf* 1, Bonnefoy illustre sa volonté de réécriture totale, de recréation poétique de l'œuvre. Comme il le souligne lui-même dans ses notes à la traduction, le traducteur se laisse transporter par une volonté d'expansion et d'altération, par « une nécessité de transposition »[13]. Genot privilégie en revanche un procédé didactique : une *transposition sémantique* du texte-source « vers par vers, en allant à la ligne pour l'œil, et si possible en respectant l'ordre des mots »[14], comme il l'écrit dans ses notes. De son côté, l'approche d'Aragon semble viser une réécriture « souple » qui pose plusieurs questions et nous ouvre de nombreuses pistes de réflexion. On pourrait par exemple s'interroger – tout en appréciant sa volonté de rénover le langage poétique de Pétrarque – sur certains contresens, comme celui au v. 8, où notre traducteur traduit « non point pardon » pour « *nonché perdono* » ou « *non che perdono* »[15] : s'agit-il d'une faute ou, comme on le verra, d'une volonté de projeter dans la traduction sa propre expérience biographique

---

13 Yves Bonnefoy, « Le "Canzoniere" en sa traduction », *Conférence*, n° 20, 2005, p. 161.

14 Gérard Genot, Introduction à Pétrarque, *Chansonnier, Rerum vulgarium fragmenta*, traduit par Gérard Genot, éd. critique de Giuseppe Savoca, Paris, Les Belles Lettres, 2009, p. XCVI.

15 C'est la variante recensée dans les éditions de Petracci (1601), de Catanusi (1669) et de Ginguené (1875).

et poétique[16] ? Quoi qu'il en soit, à ce stade, il est intéressant de remarquer que, malgré la diversité des traductions, il est tout à fait possible de tracer des contours théoriques stables, dans ce cas – pourrait-on dire – entre traduction et réécriture traduisante. La matière sémantique serait alors plutôt stable dans la traduction de Genot (□) contrairement à celle de Bonnefoy (~).

Face à une telle variété, on peut se demander de quel genre sont ces transformations sémantiques et stylistiques. Comment ces zones traductionnelles varient-elles selon les traducteurs·trices et selon le contexte de chaque traduction ? Pour répondre à cette question, nous avons tenté de proposer une démarche simple et efficace, en gardant un lien strict entre théorie et pratique. La comparaison des traductions permet ainsi de repérer des zones fortement différentielles, de modéliser théoriquement les processus spécifiques qu'on y observe, enfin, d'identifier les dynamiques par lesquelles le texte se métamorphose en ses traductions. La traductologie déborde ainsi de son champ d'action pour se pencher vers d'autres horizons, voire pour s'hybrider, dans ce cas, avec l'herméneutique.

---

16 On remarquera que, dans la plupart des cas, il est impossible d'identifier certains passages comme étant de véritables erreurs ou des oublis des traducteurs·trices, par une démarche strictement logico-grammaticale, tandis qu'ils pourraient être des choix tout à fait conscients. On préfère parler plutôt de décalage entre texte-source et texte-cible. On mettra donc en relief ces décalages uniquement dans le cas où ils nous aident à sonder les intentions du sujet traduisant et la profondeur du texte-traduit, le but d'une histoire des traductions n'étant pas de lister des erreurs, mais de décrire des approches traductives.

Chapitre VII

Traductologie et herméneutique

La traduction comme modèle herméneutique

Ces deux notions, *théorie* et *pratique*, sont les fondements, non seulement de toute théorie de la traduction, mais de toute théorie interprétative. La traduction en représente, de notre point de vue, un champ d'application privilégié en ce qu'elle peut être considérée comme un « modèle herméneutique »[1]. Un préambule théorique s'impose sur ce dernier point, avant d'illustrer les modes selon lesquels la question herméneutique est consubstantielle à notre corpus.

Nous ne souhaitons pas réinventer une théorie de l'interprétation, telle que l'ont envisagée par exemple Danica Seleskovitch, Marianne Lederer et Fortunato Israël[2]. Nous nous limitons à offrir quelques réflexions qui nous semblent répondre à certains problèmes posés par la théorie et la pratique de l'interprétation dans le champ de la traductologie. Ces réflexions peuvent être utiles, bien évidemment, au travail des traducteurs·trices, mais elles s'adressent aussi aux critiques, aux chercheurs·ses, aux étudiants·es ou à tout·e autre lecteur·trice qui se pose la question de l'interprétation en traduction.

Il s'agit dans ce contexte d'envisager la traduction comme une expérience philosophique, telle que la considérait par exemple John Florio dans sa célèbre apologie : « la traduction est à l'origine de toute science »[3]. La traduction serait donc un savoir, une faculté fondamentale de la connaissance plutôt qu'un outil marginal du langage, une qualité de la parole plutôt qu'une prothèse de la transmission, enfin,

---

1 Paul Ricœur, « Le paradigme de la traduction », *Esprit*, n° 253, juin 1999, p. 8–19 ; Richard Kearney, « Vers une herméneutique de la traduction », dans Gaëlle Fiasse (dir.), *Paul Ricœur. De l'homme faillible à l'homme capable*, Paris, Presses universitaires de France, 2008, p. 157–178.

2 Voir : Danica Seleskovitch et Marianne Lederer, *Interpréter pour traduire*, Paris, Didier, 1984 ; Fortunato Israël et Marianne Lederer (dir.), *La théorie interprétative de la traduction*, 3 vol., Paris/Caen, Minard, 2005.

3 John Florio, « To the Courteous Reader », dans *Florio's Translation of Montaigne's Essays* (1603) : « [...] *My old fellow Nolano told me, and taught publicly, that from translation all science had its offspring.* » (notre traduction). Dans ce passage, Florio fait référence à Giordano Bruno (il Nolano). C'est peut-être pour cette raison qu'Antoine Berman, dans la conclusion de *L'épreuve de l'étranger* (1984), a prétendu attribuer cette maxime directement au mystique italien.

une activité littéraire créative plutôt qu'un mécanisme linguistique dans le domaine de la réception culturelle ou de la pratique professionnelle. Il nous appartient, par conséquent, de considérer la traduction comme une activité *intérieure* à la langue.

Les processus traductifs dévoilent les structures profondes de la langue elle-même et s'exprimeraient à travers les mouvements du langage, dans le sillon de Walter Benjamin[4] qui faisait pourtant référence, non à toute langue, mais à la « langue pure » (*reine Sprache*) comme à un idiome originaire et créatif, comme à un élément matriciel dans lequel toutes les langues sont destinées à se diluer. Ainsi, les traducteurs·trices devraient se servir de la traduction, selon Benjamin, non seulement comme d'un pont ou d'un passage vers d'autres langues, mais notamment comme d'un vecteur pour atteindre le mystère de la « langue pure ». À partir d'une note de Rudolf Pannwitz (1917)[5], Benjamin considère que la « tâche du traducteur » consisterait en « délivrer dans sa propre langue cette langue pure qui est bannie et exilée dans les langues étrangères, libérer la langue emprisonnée dans l'œuvre à travers une transposition littéraire »[6]. La « vraie » traduction – par opposition à une traduction instrumentale relevant du domaine de la simple communication – viserait ainsi à rédimer (*erlösen*) dans sa propre langue la « langue pure ». La « vraie » traduction serait alors « translucide » selon Benjamin : « elle ne recouvre pas l'originale, elle ne lui fait pas d'ombre, au contraire, elle ne fait que laisser tomber la langue pure – renforcée pour ainsi dire par le medium de la traduction – d'autant plus pleinement sur l'original »[7]. La « vraie » traduction et l'original ne constitueraient que les fragments d'un langage supérieur. Dans ce sens, Benjamin semble concevoir la traduction comme une « forme »[8] extérieure à la langue, une forme visant l'expression d'une « étrangeté » par le moyen d'une « transposition littéraire » et « translucide ». Toute traduction, en tant que forme spécifique de la pratique humaine, ne serait « qu'une façon en quelque sorte provisoire de s'expliquer avec l'étrangeté des autres langues »[9]. À la différence de l'original, la traduction se placerait ainsi en dehors de la langue[10], et non pas « au cœur de la forêt de la langue elle-même »[11].

---

4   Walter BENJAMIN, « La tâche du traducteur », dans *Id.*, *Expérience et pauvreté*, traduction inédite de l'allemand par Cédric Cohen Skalli, Paris, Payot & Rivages, 2011.

5   Cf. « Nos traductions, y compris les meilleures, partent d'un principe faux, elles cherchent à germaniser l'indien, le grec, l'anglais, au lieu d'indianiser, d'helléniser et d'angliciser l'allemand. Elles ont un respect bien plus grand pour les usages de leur propre langue que pour l'esprit de l'œuvre étrangère… L'erreur principielle du traducteur est qu'il maintient l'état contingent de sa propre langue au lieu de la faire changer puissamment par la langue étrangère de l'œuvre traduite » (*ibidem*, p. 134), traduction de Benjamin d'après Rudolf PANNWITZ, *Die Krisis der europäischen Kultur* [1917], Nuremberg, Hans Carl, 1947, p. 191–193.

6   Walter BENJAMIN, « La tâche du traducteur », p. 133.

7   *Ibidem*, p. 130.

8   *Ibidem*, p. 111.

9   *Ibidem*, p. 121.

10 Cf. « [La traduction,] à la différence de l'œuvre littéraire, ne se considère pas comme pour ainsi dire au cœur de la forêt de la langue elle-même, mais au contraire en dehors de celle-ci, en face d'elle, et sans y pénétrer, elle invoque l'original, juste en ces endroits uniques où l'écho dans sa propre langue est à chaque fois à même de faire résonner une œuvre de langue étrangère » (*ibidem*, p. 125).

11 *Ibidem*.

Cette conception « messianique »[12] peut courir le risque d'exclure de la *praxis* de la langue tous ces processus qui, bien que propres à l'acte du traduire, concernent aussi la langue elle-même, sa nature, ses facultés, ses mécanismes de production et d'acquisition, d'évolution et de bouleversement. La « transposition littéraire » et « translucide » envisagée par Benjamin peut aussi courir le risque d'exacerber les identités linguistiques en allant vers une traduction qui « exotise » ou « aliène » le texte-source dans la culture d'accueil. En revanche, on pourrait imaginer à un niveau plus profond une autre approche de la traduction en se servant d'une démarche herméneutique qui met au centre l'acte de la lecture et de l'interprétation. La traduction n'est peut-être pas une *autre* langue qui tendrait vers un langage supérieur, et elle n'est peut-être pas *en dehors* de la langue, mais elle est probablement une caractéristique essentielle de la langue et du langage. La traduction ne serait donc pas un medium pour revenir à une langue pure et originaire, mais elle serait une langue en elle-même, une « langue en devenir », un dispositif dialogique qui met en perspective deux mondes ou plusieurs mondes. À la « transposition littéraire » et « translucide » souhaitée par Benjamin, on pourrait ainsi opposer une « lecture écrite » capable de dialoguer étroitement avec la matière sémantique du texte-source (□) sans pour autant procéder d'une conception binaire (*lettre/esprit*), d'une visée de « littérarité » ou de « naturalisation ». Il ne s'agit pas de prescrire des règles pour définir ce qu'est une « bonne » traduction, mais plutôt de contourner les pièges des modèles dichotomiques qui exaspèrent les différences au lieu de valoriser la rencontre et le dialogue avec l'Autre.

Ainsi, la traduction se situerait totalement *au sein* de la « forêt de la langue », dans le sens où l'on considérerait la traduction comme un geste herméneutique au sens large, un processus fondateur de toute élaboration langagière. Les facultés mises en œuvre dans les processus traductifs existent déjà *in nuce* dans l'essence de la langue elle-même, de toute langue. Avant même d'être l'outil pour traduire un texte, la langue traduit un monde, elle cartographie une complexité extérieure à elle-même, elle écrit un inconnu, et peut-être, d'après Benjamin, cache un insaisissable, un mystère.

« Interpréter pendant qu'on traduit, traduire pendant qu'on interprète »

Le risque d'une banalisation théorique est bien sûr menaçant. Si un acte traductif engendre et présuppose un acte herméneutique qui est déjà propre à toute élaboration langagière, il n'est pas forcément vrai – comme le démontre Umberto Eco[13] – que tout processus interprétatif soit une traduction. Toutefois, c'est en plaçant la « mouvance herméneutique »[14] au centre d'une théorie de la traduction que nous

---

12 Francine Kaufmann, « Walter Benjamin et la traduction comme œuvre messianique. Une lecture juive », dans Dov Schwarz et Ariel Gross (dir.), *On Repentance and Redemption (Mélanges Benjamin Gross)*, Ramat-Gan, Presses de l'Université Bar Ilan, 2008, p. 45–73.

13 Umberto Eco, *Dire quasi la stessa cosa*, Milan, Bompiani, 2003, § « Interpretare non è tradurre », p. 225–253.

14 Notre traduction, cf. *« hermeneutic motion »*. Sur cette notion, voir : George Steiner, *After Babel. Aspects of Language and Translation* [1975], London, Oxford University Press, 1992, p. 296–300.

pouvons étendre le domaine de notre théorie et les possibilités de notre pratique. On souhaite alors, par une conjecture, remplacer la formule d'Eco « interpréter avant de traduire »[15] ou celle de Danica Seleskovitch et Marianne Lederer « interpréter pour traduire »[16], par une autre plus large : « interpréter pendant qu'on traduit, traduire pendant qu'on interprète ».

À travers ce double mouvement fluctuant entre traduction et interprétation, il s'agit de chercher à répondre de fait à une question cruciale pour l'herméneutique qui se révèle pertinente à l'égard de l'analyse des traductions. C'est le *dissidio* entre particulier et universel[17], texte et tradition, détail et système – ou encore « événement » et « structure »[18], selon la dichotomie envisagée par Paul Ricœur. De ce point de vue, on peut considérer le *mot* comme un « échangeur entre le système et l'acte, entre la structure et l'événement »[19] et le *texte* comme le « point de rencontre de la réflexion herméneutique et de la traductologie »[20], en suivant les intuitions de Jane Elisabeth Wilhelm. C'est à partir d'une telle conception que nous avons mené nos analyses dans la tentative de sonder tout ce qui se situe au sein du texte, mais aussi *au-delà* et *en deçà* de celui-ci.

De ce point de vue, l'herméneutique poserait une double tâche : selon la réflexion de Ricœur, elle aurait pour fin de « reconstruire la dynamique interne au texte » ainsi que de « restituer la capacité de l'œuvre à se projeter au-dehors »[21]. Une herméneutique donc « textuelle », fondée sur l'analyse des éléments concrets et abstraits du texte, de leurs caractéristiques *particulières* et de leurs formes *universelles*. En ce qui concerne la traductologie, Rastier signalait déjà en 2006[22] la nécessité d'une « médiation synthétique » entre une traductologie linguistique se fondant sur des éléments concrets et une traductologie philosophique se fondant sur des éléments abstraits. C'est pour trouver une synthèse, à l'intérieur de cette dialectique, que nous avons appliqué un double procédé pour l'analyse historique des traductions : d'un côté, une méthode textuelle et linguistique élaborée d'un point de vue de la lecture et de l'interprétation, grâce à la théorie de la matière sémantique et à la théorie des zones traductionnelles, de l'autre, une approche

---

15 *Ibidem*, p. 244.

16 Danica Seleskovitch et Marianne Lederer, *Intepréter pour traduire*, *passim*.

17 On peut expliquer ces deux notions – dans le sillage de Friedrich Schleiermacher – comme d'une part « l'examen des idées, de l'unité combinatoire, de l'individualité » (l'universel), et d'autre part « l'examen de la multiplicité combinatoire, du psychologisme et du personnel » (le particulier) (Friedrich Schleiermacher, *Herméneutique*, traduit de l'allemand par Christian Berner, Paris/Lille, Cerf/Presses universitaires de Lille, 1987, p. 15).

18 Paul Ricœur, *Le conflit des interprétations*, Paris, Seuil, 1969, § « La structure, le mot, l'événement », p. 121–143.

19 *Ibidem*, p. 138.

20 Jane Elisabeth Wilhelm, « Herméneutique et traduction : la question de "l'appropriation" ou le rapport du "propre" à l'"étranger" », *Meta*, vol. 49, n° 4, 2004, p. 768–776.

21 Paul Ricœur, *Du texte à l'action. Essais d'herméneutique II*, Paris, Seuil, 1968, § « De l'interprétation », p. 37.

22 François Rastier, « La traduction. Interprétation et genèse du sens », p. 37–49.

socioculturelle fondée sur ce que nous avons nommé « la théorie des imaginaires de la traduction », illustrée dans le prochain chapitre.

Ces deux approches, en oscillant entre particulier et universel, nous permettent de mettre en perspective nos analyses traductologiques à la fois avec la linguistique, l'histoire littéraire, la philosophie, voire la psychologie, en suivant une inspiration typiquement interdisciplinaire[23]. Cela revient à dire que nous pouvons analyser ce double mouvement (*particulier/universel*) dans une double perspective (*synchronique/ diachronique*), en repérant des exemples qui ne montrent pas seulement les approches traductives propres à chaque époque et chaque traducteur·trice, mais qui témoignent aussi encore de ce qu'on pourrait nommer, au sens large, des « universels de la traduction »[24], c'est-à-dire des procédés traductifs communs à un certain nombre de traductions tout au long de l'histoire. C'est grâce à ces *universels* qu'on peut envisager l'existence des traditions traductionnelles, tout en examinant à la fois les choix linguistiques et poétiques comme les interprétations et les lectures du texte-source.

Si l'on revient par exemple à la traduction du mot *vaneggiar* à travers l'histoire, on peut facilement s'apercevoir que les diverses interprétations du mot ont produit non seulement différents gestes traductifs, mais aussi différentes traditions traductionnelles. À titre d'exemple et pour proposer un modèle simplificateur et heuristique, considérons un petit nombre de traductions du verbe *vaneggiar*. L'herméneutique intervient ainsi à la fois dans le contexte synchronique d'une interprétation et d'une traduction, mais aussi dans une dimension temporelle plus large qui répond à des dynamiques étrangères à l'histoire littéraire telle qu'elle a été envisagée jusqu'à présent. À partir de ces considérations, on pourrait dessiner des « arbres herméneutiques » comme le suivant :

---

23 Susan Bassnett et André Lefevere (dir.), *Constructing cultures : Essays on Literary Translation*, Clevedon, Multilingual Matters, 1998, p. 10 : « Nous avons besoin d'apprendre plus sur le processus d'assimilation entre cultures, ou plutôt, sur le travail symbiotique et partagé impliquant différents types de réécritures dans ce processus, sur les modes par lesquels la traduction – avec la critique, l'anthologisation, l'historiographie et la production des travaux spécialisés – construit l'image des écrivains et/ou de leurs œuvres, et par la suite voit ces images devenir réalité », notre traduction, cf. « *We need to learn more about the acculturation process between cultures, or rather, about the symbiotic working together of different kinds of rewritings within that process, about the ways in which translation, together with criticism, anthologisation, historiography, and the production of reference works, constructs the image of writers and/or their works, and then watches those images become reality* ». Sur l'interdisciplinarité en traductologie, voir aussi : Jean-René Ladmiral, « L'empire des sens », dans Marianne Lederer (dir.), *Le sens en traduction*, § « Le triangle interdisciplinaire de la traductologie », p. 109–125 ; Antonio Lavieri, § « Teoria letteraria, traduttologia e scienze umane », dans *Translatio in fabula. La letteratura come pratica teorica del tradurre*, Rome, Editori Riuniti, 2007, p. 58–62.

24 La définition de cette notion est loin d'être cohérente et stable dans l'histoire de la traductologie. Pour un panorama de la critique, voir : Andrew Chesterman, « Translation Universals », dans Yves Gambier et Luc Van Doorslaer (dir.), *Handbook of translation studies*, 4 vol., Amsterdam, John Benjamins, 2010, t. II, p. 175–179. Dans le cadre de cette étude, nous avons consacré à cette notion deux paragraphes d'un chapitre de la deuxième partie : ch. X. « Les imaginaires fondateurs (XVIe–XVIIe siècles) », § « Imaginaires et traditions traductionnelles », § « Universels et imaginaires de la traduction ».

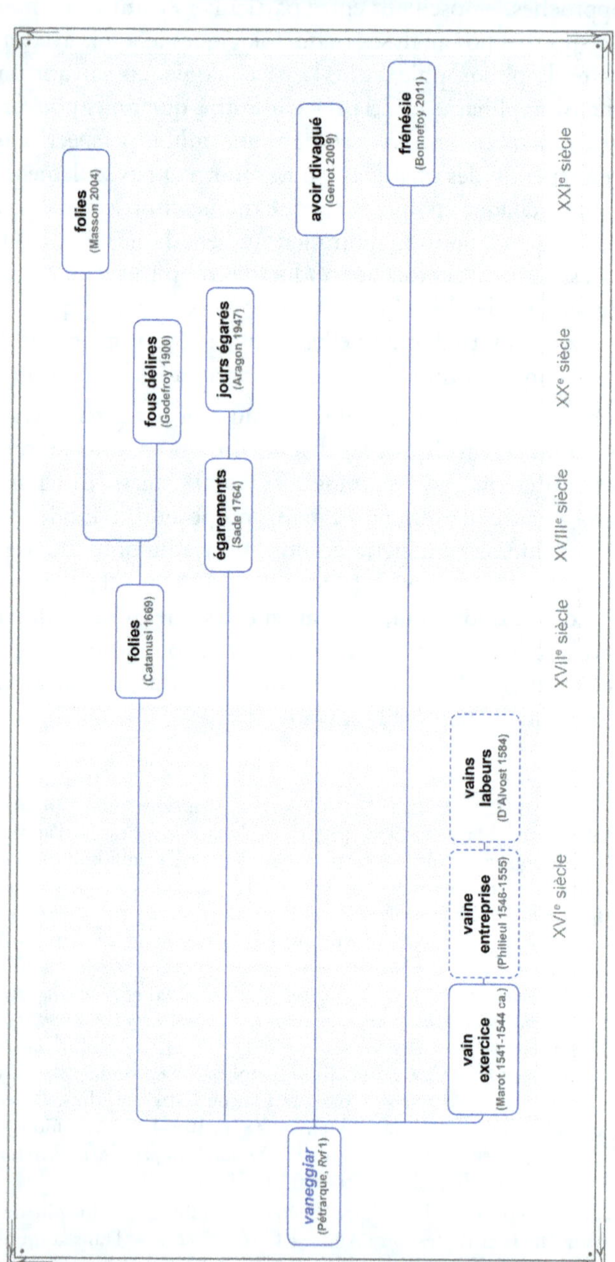

Arbre herméneutique 1. Projet graphique par Myriam Berlinguette.

Cet arbre nous montre de possibles liens entre diverses traductions tout en mettant en relief l'évolution chronologique. On remarque les différences suivantes entre les types de liens et la source :

- certains liens sont plus « faibles » que d'autres (cf. XVIe s.) : Philieul et D'Alvost ne semblent pas citer directement Marot mais, dans leur lecture et interprétation de la source, ils semblent être néanmoins influencés par la cristallisation du thème de la vanité, très prégnant à l'époque ;
- certain·e·s traducteurs·trices semblent citer et/ou s'inspirer directement de traducteurs·trices précédent·e·s (cf. Masson, 2004 ; Godefroy, 1900 ; Catanusi, 1669) ;
- certaines solutions traductives n'ont pas d'antécédents dans cet arbre (cf. Bonnefoy 2011).

On peut aussi imaginer des arbres, non plus « chronologiques », mais plutôt génétiques, en incluant un plus grand nombre de traductions et de liens entre elles. Un arbre génétique peut nous aider à visualiser différentes traditions traductionnelles en soulignant, diversifiant et détaillant les relations entre les traducteurs·trices et leurs sources. Si l'on considère toujours l'exemple heuristique de la traduction du verbe *vaneggiar*, il devient donc possible de réaliser des arbres génétiques comme le suivant :

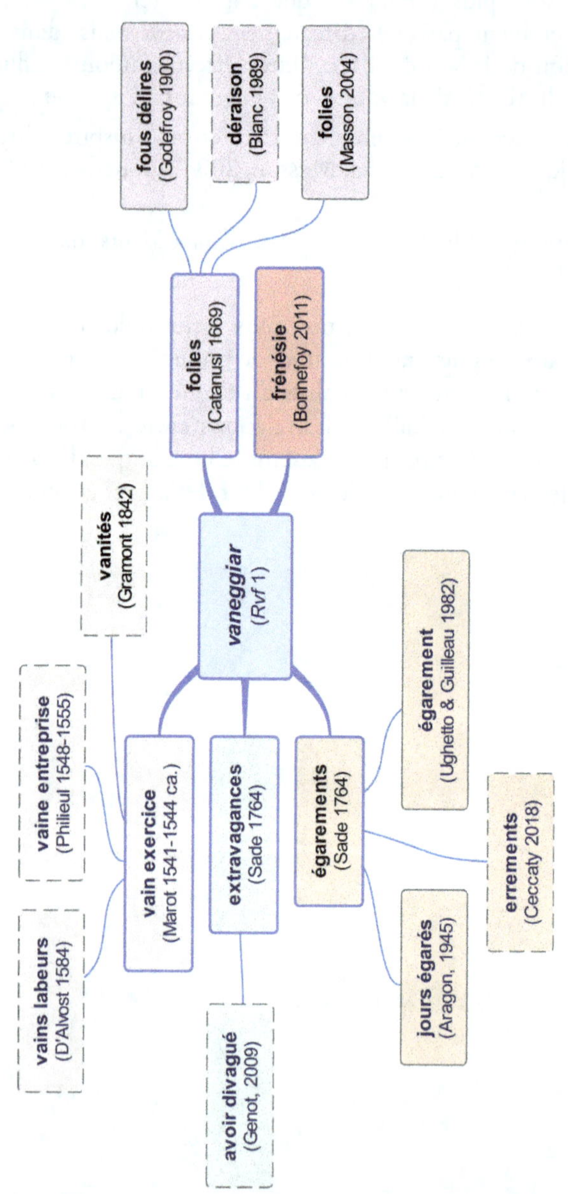

Arbre herméneutique 2. Réalisé grâce à *Edraw MindMaster Pro.*

Cet arbre nous permet d'émettre des hypothèses plus ponctuelles sur la nature des liens entre les traductions. L'accès au texte-source est-il direct ou au contraire transite-t-il par d'autres traductions ? Peut-on établir un lien entre les « vanités » de Gramont et le « vain exercice » de Marot, bien que ce dernier ne soit pas une référence avouée par le premier ? Genot s'est-il inspiré de Sade sans pour autant l'avoir mentionné dans son édition ? Ceccatty souhaite-il se greffer sur une tradition traductionnelle précise mettant en relief la narration des « errements » et des « égarements » de Pétrarque ?

Cette approche nous permet ainsi d'étudier les traditions traductionnelles d'un point de vue intertextuel et diachronique. En suivant ce modèle, nous avons ainsi repéré des constantes tout au long de l'histoire des traductions des *Fragmenta*, dans la tentative d'identifier des traditions traductionnelles stables, bien qu'elles se présentent à nos yeux comme un espace tout à explorer, « des sortes de lacs si nouvelles, et charme tel vous poussait à la course, qu'à liberté perdue là s'accordait du lustre »[25] (*Rvf* 214).

---

25 Traduction de *Rvf* 214 (v. 10–12) par Blanc, dans son *Chansonnier* (2014).

Chapitre VIII

Traductologie, histoire et imaginaires

> « […] comment existerait-il même la possibilité d'expliquer
> quand nous faisons d'abord de toute chose une image, notre image ! »
>
> Friedrich Wilhelm NIETZSCHE[1]

Les imaginaires de la traduction

En décrivant les procédés utilisés pour sélectionner et interpréter les zones traductionnelles, nous avons décrit l'une des manières possibles de pratiquer l'analyse comparative des textes traduits, entre linguistique, herméneutique et critique littéraire. Si l'analyse textuelle des traductions apparaît, de ce point de vue, comme une démarche claire et intuitive, il n'en est pas de même pour ce que nous souhaitons ici nommer « imaginaire de la traduction »[2]. C'est donc à la notion d'*imaginaire* que nous allons consacrer quelques remarques théoriques et pratiques.

Comment décrire et identifier l'ensemble des caractéristiques d'une traduction et d'un·e traducteur·trice ? Comment les chercheurs·ses peuvent-ils/elles sonder tout ce qui existe *au-delà* et *en deçà* du texte traduit ? Qu'ont en commun la constellation de termes couramment utilisés en traductologie comme « visée des traducteurs·trices », « projet de traduction », « récit de traduction », « orientation du texte traduit », « geste traductif », etc. ? Que ce soit un projet de traduction explicite ou implicite, le paratexte du texte-source ou du texte-cible, les affinités littéraires apparentant chaque traducteur·trice et son modèle, etc., on peut facilement s'apercevoir que la dimension textuelle dialogue avec une dimension *autre*. C'est cette dimension que nous nommons l'*imaginaire*, en empruntant ce terme non seulement à la philosophie, à la psychologie et à l'anthropologie[3], mais aussi à la

---

1 Friedrich Wilhelm NIETZSCHE, *Le Gai Savoir*, traduit de l'allemand par Alexandre Vialatte, Paris, Gallimard, 1950, aphorisme n° 112, p. 159.

2 Cette notion a été traitée aussi dans les travaux suivants, desquels certains passages de notre texte sont repris et approfondis : Riccardo RAIMONDO, « Le démon fugitif de l'imagination : propositions pour une traductologie comparée, entre Nerval et Baudelaire », *passim* [*en ligne* : nouvellefribourg. com] ; *Id.*, « Orphée contre Hermès : herméneutique, imaginaire et traduction (esquisses) », *Meta*, n° 61, 2016, p. 650–674 ; Christina BEZARI, Thomas VUONG et Riccardo RAIMONDO (dir.), *Les imaginaires de la traduction – The imaginaries of translation*, numéro spécial de la revue *Itinéraires*, n° 2018/2–3 (2019) [*en ligne* : journals.openedition.org/itineraires].

3 Hélène VEDRINE, *Les Grandes conceptions de l'imaginaire : de Platon à Sartre et Lacan*, Paris, Librairie générale française, 1990 ; Joël THOMAS, *Introduction aux méthodologies de l'imaginaire*, Paris, Ellipses,

critique littéraire[4]. Cette notion nous permet d'observer et de modéliser, au sein du même cadre, les traductions comme étant non seulement le résultat de processus linguistiques, mais aussi comme étant influencées par des facteurs extralinguistiques (ex. culturels, religieux, politiques, psychologiques et matériels, etc.).

La notion d'*imaginaire* est née à l'origine au sein des études sociologiques et psychologiques, et la théorie des imaginaires de la traduction peut être considérée comme une extension des théories sur « l'imaginaire linguistique » – notion forgée et développée par Anne-Marie Houdebine (2002, 2015). La traduction serait par ailleurs, selon Houdebine, « un lieu privilégié pour traiter de l'imaginaire linguistique et l'imaginaire culturel, puisque deux langues et partant deux cultures *a minima* sont alors en cause : celle de l'auteur, celle du traducteur, de leurs époques, de leurs lectures, etc. »[5]. Si l'imaginaire linguistique peut être défini comme le rapport du sujet à la langue[6] ou plus précisément comme « le rapport du sujet à sa langue intime et à la langue commune (la langue) »[7], l'imaginaire de la traduction concernera le rapport du sujet à tous les processus impliqués dans la traduction, ainsi qu'aux conceptions du traduire. Ces conceptions s'articulent autour d'au moins trois catégories : les conceptions du traduire propres aux traducteurs·trices (*projet de traduction*) ; celles qui entourent les traducteurs·trices (*horizon socioculturel*) ; celles qui ont précédé les traducteurs·trice (*tradition traductionnelle*).

D'un point de vue philosophique, selon les études les plus récentes, l'*imaginaire* peut être conçu comme un concept « caractérisé par des modèles/images/formes chargés d'affectivité, au moyen desquels nous faisons l'expérience du monde, des autres et de nous-mêmes »[8]. L'imaginaire est *affectif* (dans le sens donné par Maurice Merleau-Ponty, 1993) en ce qu'il manifeste un lien « expérientiel » entre l'individu et la réalité. L'imaginaire n'est donc pas un « domaine de l'illusion opposé au "réel", mais plutôt *ce par quoi* le réel se dévoile à nous »[9]. La philosophie de Sartre

---

1998. André Mary a rédigé une excellente synthèse sur les conceptions philosophiques, psychologiques, anthropologiques et historiques de la notion d'imaginaire dans son article « Imaginaire/Imaginaires », dans Régine Azria et Danièle Hervieu-Leger (dir.), *Dictionnaire des faits religieux*, Paris, Presses universitaires de France, 2010, p. 524–529. Pour une autre synthèse très efficace, voir aussi Pierre Mannoni, *Les représentations sociales*, Paris, Presses universitaires de France, 2016, chap. I (« Définition différentielle des représentations sociales »), § IV (« Représentations sociales, croyances, superstitions, idéologies »), p. 25–35, et *passim*.

4   Henri Mitterand, *L'imaginaire littéraire : des archétypes à la poétique du sujet*, Paris, Nathan, 2000.

5   *Ibidem*, p. 29.

6   Marie-Louise Moreau, *Sociolinguistique* (dictionnaire de), *Concepts de base*, l'entrée « Imaginaire linguistique », p. 165–167.

7   Anne-Marie Houdebine, « De l'imaginaire linguistique à l'imaginaire culturel », *La linguistique*, vol. 51, 2015, p. 18.

8   Notre traduction, cf. « *characterised as the affectively laden patterns/images/forms, by means of which we experience the world, other people and ourselves* » (Kathleen Lennon, *Imagination and Imaginary*, London/New York, Routledge, 2015, p. 1).

9   Notre traduction, cf. « *domain of illusion posited in opposition to a "real", but rather as* that by which *the real is made available to us* » (*ibidem*, p. 2).

(1940) introduit une dichotomie entre les notions d'*imaginaire* et de *réel*, en suivant notamment Husserl, et refuse ainsi la dimension empirique de l'imaginaire et de l'imagination. La théorie des imaginaires de la traduction ici proposée s'éloigne considérablement des chemins tracés par Sartre, et se construit autour d'une conception de l'imaginaire comme « texture du réel », selon Merleau-Ponty (1993), ou encore comme un « contenu conceptuel de la perception », selon John McDowell (1996)[10]. D'après les théories de Jung, par exemple dans *Structure et dynamique de la Psyché* (*The Structure and Dynamics of the Psyche*, 1969), entre autres, on pourrait aussi considérer l'imaginaire comme le produit d'une « imagination active »[11] afin de mieux comprendre sa naturelle « disposition germinative »[12] dans le processus de génération de la réalité.

Ainsi, on définira brièvement l'imaginaire comme la dimension psychique par laquelle l'être humain modélise son expérience de la réalité à travers des réseaux de représentations abstraites. La question des définitions demeure controversée depuis ses origines[13] et dépend du prisme de lecture qu'on souhaite appliquer dans le domaine des « disciplines de l'imagination »[14]. On distinguera nettement, dans ce cadre, la notion d'imaginaire (*objet*) de son adjectif, qui quant à lui renvoie dans le langage courant au domaine de l'irréel et du fictif. On distinguera aussi la dimension de l'imaginaire, considéré comme une faculté de la psyché, de la notion d'*imaginal* (tout ce qui concerne la production d'images au sens large) et d'*imaginative* (relevant du domaine de l'imagination créatrice).

Cette conception de l'imaginaire, bien qu'inhabituelle et pionnière en traductologie, n'est pas la première dans le panorama des sciences littéraires. On peut par exemple renvoyer aux études d'Olivier Rimbault (2015) qui, en reprenant les théories de Jung (1950, 1993) et de Durand (1969), envisage l'existence d'une structure qui serait au fondement à la fois de l'imaginaire et des discours culturels qui en dérivent : une « zone matricielle »[15] à l'origine des archétypes et des idées.

---

10 John McDowell, dans *Mind and World* (Cambridge, Harvard University Press, 1996) emploie le terme « *account of perception* ». Nous avons choisi de traduire « contenu conceptuel de la perception ».

11 Entre autres, Carl Gustav Jung, *Mysterium conjunctionis*, 2 vol., traduit de l'allemand par Étienne Perrot, Paris, Albin Michel, 1982, t. II ; rééd. « Réflexions théoriques sur la nature du psychisme », dans *La réalité de l'âme*, 2 vol., éd. Michel Cazenave, Paris, Librairie générale française, 1998, t. I, p. 1046.

12 Voir entre autres, Carl Gustav Jung, *Énergétique psychique*, traduit de l'allemand par Yves Le Lay, Genève, Georg, 1956 ; rééd. « L'énergétique psychique », dans *La réalité de l'âme*, t. I, p. 330.

13 Voir entre autres : Henry Corbin, « Mundus Imaginalis, the Imaginary and the Imaginal », *Cahiers internationaux de symbolisme*, n° 6, 1964, p. 3–2 ; rééd. *Id.*, *En Islam iranien : aspects spirituels et philosophiques*, tome IV, livre 7, Paris, Gallimard, 1971 ; James Hillman, *Re-visioning Psychology*, New York/Evanston/San Francisco/London, Harper & Row, 1975, « Jung's Archetypal Persons : "The Little People" », p. 22–51.

14 James Hillman, *Re-visioning Psychology*, § « Modern Disciplines of Imagination », p. 38–42.

15 Carl Gustav Jung, *Types psychologiques*, p. 435. Rimbault démontre que la description que Jung fait de l'archétype (« image primordiale ») rejoint l'approche réflexologique de Durand (Olivier Rimbault, *Imaginaire et pensée*, p. 25 et 25*n*).

L'imaginaire comporte également une dimension transcendantale et sociale. Durand, à cet égard, a défini l'imaginaire comme un espace où se produisent des échanges « entre les pulsions subjectives et assimilatrices et les intimations objectives émanant du milieu cosmique et social »[16].

Quelques chercheurs·ses ont déjà employé la notion d'imaginaire dans le cadre de leurs études traductologiques. Toutefois, les travaux de ces devanciers, comme ceux de Linda Collinge (2000), de Mathias Verger (2010) ou Francesco Montorsi (2015), n'offrent pas une définition exacte de la notion d'imaginaire en traduction et, plus particulièrement, de celle plus complexe d'imaginaire des traducteurs·trices ; c'est pourquoi il convient de préciser ces notions.

Dans la perspective de la traductologie, on peut définir l'imaginaire comme la dimension dans laquelle les conceptions de la traduction, les interprétations du texte-source et les processus inter-linguistiques (*objets*) sont façonnés par chaque traducteur·trice (*sujet*). Dans un tel contexte, cette notion est donc particulièrement utile pour modéliser et comprendre la subjectivité du sujet traduisant (*les imaginaires des traducteurs·trices*) et les différentes conceptions et représentations de la traduction (*les imaginaires du traduire*) impliquées dans la transmission des textes. On pourrait donc résumer les approches des imaginaires de la traduction à travers deux principaux volets : les imaginaires du traduire et les imaginaires des traducteurs·trices.

En premier lieu, il est intéressant d'observer les manières par lesquelles l'imaginaire intervient dans la « réélaboration sociosymbolique des pratiques traductionnelles »[17] – comme l'a avancé Antonio Lavieri. On parlera donc d'un imaginaire du traduire, qui peut s'incarner dans des métaphores, des stéréotypes, des « mythes du traduire » ou des « récits de traduction »[18]. L'imaginaire du traduire

---

16 Gilbert Durand, *Les structures anthropologiques de l'imaginaire*, Paris, Bordas, 1969, p. 38.

17 Antonio Lavieri, « Gli sguardi, i fatti e l'immaginario del tradurre », dans Stefano Arduini et Ilide Carmignani (dir.), *Le giornate della traduzione letteraria : nuovi contributi*, Rome, Iacobelli, 2010, *passim* (notre traduction).

18 Pour cette notion, voir : Dirk Delabastita et Rainer Grutman (dir.), *Fictionalising Translation and Multilingualism*, dans *Linguistica Antverpiensia*, n° 4 (numéro spécial), Hoger Instituut voor Vertalers & Tolken, Antwerpen, 2005 ; Hans Christian Hagedorn, *La traducción narrada : el recurso narrativo de la traducción ficticia*, Cuenca, Ediciones de la Universidad de Castilla-La Mancha, 2006. Hagedorn y analyse principalement les caractéristiques des pseudotraductions narratives (le *Quijote* et *Persiles y Sigismunda* de Cervantes, les *Lettres persanes* de Montesquieu, *The Castle of Otranto* de Walpole, *Der goldne Spiegel* de Wieland, le *Manuscrit trouvé à Saragosse* de Potocki, *Die Gelehrtenrepublik* de Schmidt et *Se una notte d'inverno un viaggiatore* de Calvino). Lavieri, quant à lui, a mis l'accent sur le « pouvoir heuristique » de la fiction : « La réflexion sur le pouvoir heuristique de la fiction, sur la fictionalité du savoir et sur le contenu cognitif de l'art et de la littérature, s'est développée, d'une part, grâce aux études de Paul Ricœur sur la narrativité du savoir et le pouvoir heuristique de la fiction conduites dans *Temps et récit*, ainsi que grâce à celles de Michel de Certeau sur le caractère performatif du récit historique, fruit de la crise du structuralisme des années 1960, d'autre part, grâce aux recherches menées dans le domaine de l'épistémologie des sciences naturelles qui, en proposant une nouvelle alliance entre art et science, étendent le modèle fictionnel de la science moderne à tout système symbolique »,

sera ainsi composé de l'ensemble de ces représentations du processus traductif, tout en incluant les connotations appliquées à l'acte de traduction dans les textes théoriques ou dans les paratextes.

En deuxième lieu, il est crucial d'analyser les procédés par lesquels l'imaginaire subjectif des traducteurs·trices, en relation avec l'imaginaire collectif, joue un rôle concret dans la pratique traduisante[19], dans des choix linguistiques et poétiques. La traductologie peut ainsi consister en une « génétique des traductions »[20] au sens large qui repense son identité à la lumière des études sur l'imaginaire et la cognition dans le sillage préconisé entre autres par Almuth Grésillon[21].

La notion d'imaginaire des traducteurs·trices peut aussi être considérée comme une extension et une systématisation de ce que Berman a appelé « horizon traductif », envisagé comme « l'ensemble des paramètres langagiers, littéraires, culturels et historiques qui "déterminent" le sentir, l'agir et le penser d'un traducteur »[22]. Notre théorie vise à organiser dans un même cadre tous ces éléments propres à l'individualité des traducteurs·trices, qui sont normalement définis

---

notre traduction, cf. « *La riflessione sul potere euristico della finzione, sulla fizionalità del sapere e sul contenuto cognitivo dell'arte e della letteratura si è sviluppata, da una parte, grazie agli studi di Paul Ricœur sulla narratività del sapere e il potere euristico della finzione condotti in* Temps et récit *e a quelli di Michel de Certeau sul carattere performativo del racconto storico, frutto della crisi dello strutturalismo degli anni Sessanta e, dall'altra, grazie alle ricerche che fanno capo all'epistemologia delle scienze naturali che, proponendo una* nouvelle alliance *fra arte e scienza, estendono il modello fizionale alla scienza moderna e a tutti i sistemi simbolici* » (Antonio LAVIERI, *Translatio in fabula…*, p. 16). Sur ce sujet et notamment sur la notion de *récit*, voir aussi Antonio LAVIERI, « Homo translator. Notes pour une anthropologie comparative de la traduction », dans Sophie KLIMISI, Isabelle OST et Stéphanie VANASTEN (dir.), *Translatio in fabula. Enjeux d'une rencontre entre fictions et traductions*, Bruxelles, Publications des Facultés universitaires Saint-Louis, 2010, p. 117–127 : « Modèle interprétatif exemplaire pour les sciences humaines, la notion de "récit" se caractérise par une poéticité et une productivité sémantique qui représentent, sur un plan épistémologique, la constitution d'un savoir poïétique qui devient – dans l'univers littéraire des récits de traduction – ordre possible de sens, récit-sujet qui passe du singulier à l'universel » (p. 120 et *passim*).

19 Riccardo RAIMONDO, « Le démon fugitif de l'imagination : propositions pour une traductologie comparée, entre Nerval et Baudelaire », *passim* ; *Id.*, « Orphée contre Hermès : herméneutique, imaginaire et traduction (esquisses) », p. 650–674.

20 Voir entre autres : Geneviève HENROT SOSTERO, « Fondements théoriques et méthodologiques pour une génétique de la traduction. Concepts, méthodes, visées », dans Geneviève HENROT SOSTERO (dir.), *Archéologie(s) de la traduction*, Paris, Garnier, 2020, p. 17–56.

21 Cf. « Le généticien doit explorer l'avant-texte comme tel : différent de l'œuvre, mais différent aussi de ce rôle d'appendice que l'édition critique fait jouer aux "variantes" en les coupant de leur terroir génétique, en les rejetant, en fin de volume, dans l'appareil critique. Entre ces deux extrêmes s'étale tout l'espace hétérogène, aux figures aléatoires et arbitraires, où un projet, une pulsion, passent du neuronal au verbal, où une parole cherche sa voix et sa voie, où une textualité se fait invention : espace largement ouvert pour des recherches d'avant-garde sur la cognition, l'énonciation et la création » (Almuth GRÉSILLON, « Ralentir, travaux », *Genesis*, n° 1, 1992, p. 23).

22 Antoine BERMAN, *Pour une critique des traductions : John Donne*, § « L'horizon du traducteur », p. 79–83.

par des notions comme « vision du monde »[23] ou « intention de l'auteur »[24]. Elle constitue aussi un modèle théorique pour émettre des hypothèses sur la psyché des traducteurs·trices, sur la manière dont elle agit face aux textes-sources. Avec une certaine prudence, on pourra étendre ce paradigme à la psychologie de la traduction[25], aux approches cognitives[26] ainsi qu'à la théorie de l'esprit (*theory of mind*) en traductologie[27].

Imaginaire et imagination des traducteurs·trices

Nous souhaitons encadrer les processus traductifs à l'intérieur de ce qu'on peut appeler – selon une formule de Laurent Van Eynde – les « circonstances événementielles de la production imaginaire »[28]. Cela revient à dire que les pratiques et les gestes traductifs ne peuvent pas être réduits à des simples processus logico-grammaticaux, mais ils nécessitent une réflexion plus profonde portant sur la subjectivité des traducteurs·trices, sur leur activité psychique.

On peut facilement observer que nombre de choix traductifs dérivent de la créativité des traducteurs·trices. Empruntant une notion jungienne, on parlera alors d'une imagination active qui s'incarne, consciemment ou inconsciemment, dans des choix linguistiques et poétiques : nous pourrions parler aussi de la disposition germinative de l'imagination traductive, c'est-à-dire de son caractère créatif[29]. La notion d'imaginaire est donc profondément liée à celle d'imagination.

---

23 Voir entre autres Georges MOUNIN, « "Visions du monde" et traduction », dans *Les problèmes théoriques de la traduction*, Paris, Gallimard, 1963, p. 189.

24 Voir entre autres Jane WILHELM, « L'intention de l'auteur ou "le monde de l'œuvre" », dans Marianne LEDERER (dir.), *Le sens en traduction*, Caen, Lettres Modernes Minard, 2006, p. 347–354 ; Colette LAPLACE, « Sens et intention : un débat dépassé », dans Marianne LEDERER (dir.), *Le sens en traduction*, p. 81–107.

25 Riitta JÄÄSKELÄINEN, « Translation psychology », dans Yves GAMBIER et Luc VAN DOORSLAER (dir.), *Handbook of translation studies*, 4 vol., Amsterdam, John Benjamins, 2012, t. III, p. 191–197.

26 Fabio ALVES et Amparo HURTADO ALBIR, « Cognitive approaches », dans Yves GAMBIER et Luc VAN DOORSLAER (dir.), *Handbook of translation studies*, 4 vol., Amsterdam, John Benjamins, 2010, t. I, p. 191–197.

27 Voir entre autres l'étude récente et remarquable d'Annegret STURM, *Theory of Mind in Translation*, Berlin, Frank & Timme, 2020.

28 Lauret VAN EYNDE, « Avant-propos », dans Éléonore FAIVRE D'ARCIER, Jean-Pol MADOU et Laurent VAN EYNDE (dir.), *Mythe et création. Théorie et figures*, 2 vol., Bruxelles, Publications des Facultés universitaires Saint-Louis, 2005, t. I, p. 9.

29 Cette conception de l'imagination fait clairement écho à celle de Giambattista Vico qui, dans la *Scienza nova*, expose la doctrine des « universaux fantastiques » dans laquelle l'imagination est considérée par rapport à son lien avec la poésie (en tant que *poiesis*, en gr. ποίησις, « création ») et avec la transformation des formes du savoir exprimée par la société dans l'histoire. Sur les « universaux fantastiques » (cf. « *universali fantastici* »), voir Giambattista VICO, *Scienza nuova*, éd. Manuela Sanna et Vincenzo Vitiello, Milan, Bompiani, 2012, « Libro primo » (*Dello stabilimento de' principi*), § XLIX ; « Libro secondo » (*Della sapienza poetica*), § V ; « Libro quarto » (*Del corso che fanno le nazioni*), § VI.

L'imaginaire des traducteurs·trices peut alors être défini comme la constellation d'éléments réels et abstraits qui constituent la psyché du sujet traduisant et qui influencent son imagination traductive[30]. On tâchera ainsi de jeter de la lumière, ou bien d'émettre des hypothèses, sur les émotions que les traducteurs·trices éprouvent, les conceptions et les imaginaires du traduire qu'ils partagent, lorsqu'ils sont confrontés à la lecture, à l'interprétation et à la traduction d'un texte-source.

Suivant ces inspirations, nous avons identifié des « imaginaires matriciels » de la traduction des *Fragmenta* de Pétrarque, à l'intérieur d'une période historique précise (XVIe–XVIIe siècles). À la fin de la deuxième partie de cette étude, nous avons ainsi tracé les contours de ces imaginaires « fondateurs ». On parlera, par exemple, d'un imaginaire « anti-érotique » d'inspiration moralisante, auquel on peut opposer un autre « passionnel ». L'un des imaginaires les plus célèbres semble être influencé par une conception « narrative » du Canzoniere. D'autres imaginaires relèvent d'une approche des *Fragmenta* en tant que livre-modèle et peuvent arriver jusqu'à remettre en question le statut même du genre littéraire : on parlera alors d'imaginaire « ludique », « pédagogique » ou « philologique ». On évoquera, enfin, des imaginaires culturels (politique, spirituel, etc.) qui ne sont pas propres aux imaginaires de la traduction, mais qui les influencent. Ces imaginaires fondateurs, métamorphosés tout au long de l'histoire, démontrent l'existence d'une certaine stabilité dans les traditions traductionnelles des *Fragmenta* en langue française[31].

Physionomie de l'ouvrage : une histoire des imaginaires

Les repères théoriques que nous venons d'illustrer dans cette partie méthodologique représentent les muscles de cette créature que nous souhaitons désormais nommer « analyse historique et comparée des traductions ». Dans le cas de l'étude de notre corpus, ces outils nous ont aidés à mettre en perspective les traducteurs de la Renaissance française avec les plus importantes traductions et traditions pétrarquistes des siècles suivants. Ce sont les fondations posées en vue d'une histoire globale des imaginaires pétrarquistes. L'histoire des traductions apparaîtrait dès lors comme le résultat d'une concertation entre les analyses textuelles, les facteurs transtextuels et plus généralement l'histoire littéraire.

---

30 Bien évidemment, dans ce contexte, on n'a pas l'ambition de réinventer une « théorie de l'imagination » à la manière de Ricœur (*Du texte à l'action, Essais d'herméneutique II*, Paris, Seuil, 1986, p. 237 et *passim*). On envisagera plutôt une « *poétique de la volonté* » (*ibidem*) en observant un certain nombre de phénomènes et d'expériences « à la charnière du théorique et du pratique » (*ibidem*, p. 238). Une investigation ainsi menée offrira aux lecteurs·trices quelques réflexions sur cette « entité mentale », cette « étoffe dans laquelle nous taillons nos idées abstraites, nos concepts », cet « ingrédient de je ne sais quelle alchimie mentale » (*ibidem*, p. 241), c'est-à-dire l'imagination (*ibidem*, p. 237).

31 Nous avons affiché les données relatives à l'évolution des imaginaires au travers de tableaux récapitulatifs ou bien de diagrammes de flux, réalisés grâce à *RAWGraph* (app.rawgraphs.io) et personnalisés au moyen de *Inkscape* (inkscape.org).

Telle une « *humil fera* » (*Rvf* 152) douée des muscles et du squelette ainsi décrits, la suite de notre étude est composée de deux parties qui s'articulent autour d'une double nécessité. D'une part, les exigences propres à notre hypothèse de travail, de l'autre, le besoin de déterminer quelques repères pour la réalisation d'une histoire des traductions.

La notion d'imaginaire permet d'enrichir et de clarifier notre hypothèse voulant que les conceptions du pétrarquisme se forment et se fixent à partir des premières traductions et qu'elles influencent les traditions traductionnelles et littéraires suivantes. Les premiers « imaginaires pétrarquistes » correspondraient alors aux imaginaires fondateurs de la traduction des *Fragmenta* ou bien, à tout le moins, les deux seraient étroitement liés. Dans le but de nourrir cette hypothèse, la deuxième partie comporte une étude historique et analytique des premiers traducteurs (XVIe–XVIIe siècles), qui permet d'identifier un nombre limité d'imaginaires de la traduction.

Abandonnant la démarche chronologique, la troisième partie cherche à illustrer les modes par lesquels les imaginaires fondateurs se transmettent pendant les époques suivantes. Afin de proposer une autre approche de l'histoire de la traduction et des traductions, cette dernière partie offre aux lecteurs·trices des chapitres dans lesquels les plus important·e·s traducteurs·trices (XVIIIe–XXIe siècles) sont étudié·e·s et comparé·e·s grâce à des rapprochements thématiques. Ces thèmes évoquent certaines parmi les plus urgentes préoccupations théoriques qui ont nourri, jusqu'à présent, les débats autour de la traductologie.

DEUXIÈME PARTIE

LES ORIGINES
Les premiers traducteurs *françoys* (XVIe–XVIIe siècles)

Chapitre I

Les primeurs du pétrarquisme français

Pétrarque, *philosophus moralis*

Si la Renaissance a été en France une époque cruciale pour l'histoire de la traduction[1], les poèmes de Pétrarque en représentent l'un des champs d'épreuve privilégiés. La poésie française, à partir de Clément Marot (1497–1544), entretiendra une confrontation constante avec les *Rerum vulgarium fragmenta* : que ce soit sur le plan de leur traduction et de leur imitation, sur celui de leurs motifs et leur structure, ou encore de leurs mythes et leur héritage classique.

Le succès de Pétrarque en France commence toutefois bien avant la Renaissance. Il suffit de consulter le recensement des manuscrits pétrarquiens réalisé par Élisabeth Pellegrin[2] pour se rendre compte de la diffusion de l'œuvre latine, philosophique et poétique. Enea Balmas[3] fait remarquer que la première trace de la fortune de Pétrarque en France remonte à la fin du Trecento, dans l'œuvre de Philippe de Mézières (1327c.–1405) qui le qualifie – dans son *Songe du Vieil Pelerin* (1389) et dans son *Epistre au Roi Richart* (1395) – de « solempnel docteur et souverain poète »[4].

---

1 Voir l'introduction de Dominique DE COURCELLES dans un volume qu'elle a dirigé, *Traduire et adapter à la Renaissance*, Paris, L'École des chartes, 1998, p. 7–9 : « La Renaissance coïncide avec l'accroissement de la masse des textes traduits. Ce phénomène est lié à la chute de l'Empire romain d'Orient, à l'humanisme et à la redécouverte de l'Antiquité classique, à l'invention de l'imprimerie, aux controverses liées à la Réforme. Le livre tel qu'on le connaît sous sa forme moderne naît à cette époque. La traduction sélectionne, corrige, déforme, confronte les textes. Elle participe aux grands débats scientifiques, philosophiques, théologiques et politiques. Non exempte de violence, elle est une adaptation incessante du savoir au service des différents pouvoirs » (*ibidem*, p. 7).

2 Élisabeth PELLEGRIN, *Manuscrits de Pétrarque dans les bibliothèques de France*, Pavie, Antenore, 1966.

3 Enea BALMAS, « Prime traduzioni del *Canzoniere* nel Cinquecento francese », dans Gianfraco FOLENA (dir.), *Traduzione e tradizione europea del Petrarca. Atti del III convegno sui problemi della traduzione letteraria (Monselice, 9 giugno 1974)*, Padoue, Antenore, 1975, p. 39 ; *Id.*, « Prime traduzioni dal *Canzoniere* nel Cinquecento francese », dans *Id.* (dir.), *Saggi e studi sul Rinascimento francese*, Padoue, Liviana, 1982, p. 3–21.

4 On cite d'après l'*Epistre au Roi Richart* (1395) : Philippe de MEZIERES, *Letter to King Richard II : A Plea Made in 1395 for Peace Between England and France, Original Text and English*

Dario Cecchetti[5] rappelle que Pétrarque est d'abord reçu en France à travers sa production latine et philosophique, c'est-à-dire en tant que *philosophus moralis*[6], plutôt qu'*orator* et *poeta*, et que c'est notamment par l'un de ses ouvrages philosophiques (le *De remediis*[7]) que sa renommée fut établie pendant le Trecento et le Quattrocento. Par ailleurs, l'importance du Pétrarque philosophe et moraliste à cette époque, selon Nicolas Mann[8], s'inscrit dans une perspective humaniste bien plus large. C'est pourquoi Charles Trinkaus[9] a parlé de Pétrarque comme de l'un des penseurs qui ont le plus participé au développement de la culture à la Renaissance, notamment en ce qui concerne la *conscience* historique et philologique[10]. D'autres commentateurs ont réfléchi de manière différente au succès de Pétrarque à cette époque, comme Lori Walters[11] qui montre que cette réception n'a pas été sans obstacles. Par exemple, le recours de Christine de Pizan à l'adaptation du *De remediis* par Daudin fut un geste

---

Version of Epistre au Roi Richart, introduction et traduction anglaise par G. W. Coopland, Liverpool, Liverpool University Press, 1975, p. 115. La notice est fournie par le projet CLERC6 (*Communication littéraire à l'époque du roi Charles VI*) [*en ligne* : fmpsrvprd.unil.ch].

5   Dario Cecchetti, « Petrarca in Francia prima del petrarchismo : un mito polemico », *Franco-Italica*, n° 11, 1997, p. 7–31.

6   Cecchetti (1997) cite par exemple Jean de Montreuil qui parle de Pétrarque comme d'un « *devotissimmus catholicus ac celeberrimus philosophus moralis* » (Jean De Montreuil, *Opera : I. Epistolario*, éd. dir. par E. Ornato, Turin, Giappichelli, 1963, *epistola* n° 208, p. 315).

7   On rappelle la première traduction française réalisée par Jean Daudin, avant 1378, pour Charles V (1338–1380) : Jean Daudin, *Livre intitulé des remedes de l'une et l'autre fortune* (ms. Ars. 2671) ; *Second livre de l'une et l'autre fortune, qui traite des adversités que on se repute avoir en ce monde aussi comme fait le premier des prosperités* (ms. BnF, fr. 593) ; *Des remedes de l'une et l'autre fortune* (ms. BnF, fr. 1117, inc.) ; *Liber de Remedio utriusque fortune* (ms. BnF, fr. 1117, expl.).

8   Nicolas Mann, « La fortune de Pétrarque en France : recherches sur le "De remediis" », *Studi francesi*, n° 37, 1969, p. 1–15 ; *Id.*, « Petrarch's Role as Moralist in Fifteenth-century France », dans Anthony H. T. Levi (dir.), *Humanism in France at the end of the Middle Ages and in the early Renaissance*, Manchester/New York, Manchester University Press, 1970, p. 6–28 ; *Id.*, « The MSS. Of Petrarch's "De remediis". A Checklist », *Italia medioevale e umanistica*, n° XVI, 1971, p. 51–90 ; Romana Brovia, *Itinerari del petrarchismo latino. Tradizione e ricezione del « De remediis utriusque fortune » in Francia e in Borgogna (sec. XIV–XVI)*, Alessandria, Edizioni dell'Orso, 2013.

9   Charles Trinkaus, *Petrarch and the Formation of Renaissance Consciousness*, New Haven (Conn.), Yale University Press, 1979.

10 Giuseppe Billanovich, « Petrarch and the Textual Tradition of Livy », *Journal of the Warburg and Courtauld Institute*, n° 14, 1951, p. 137–208 ; Theodor E. Mommsen, « Petrarch's Conception of the Dark Ages », *Speculum*, vol. 17, n° 2, 1942, p. 226–242 ; Thomas M. Greene, « Petrarch and the Humanist Hermeneutic », dans Giose Rimanelli et Kenneth John Atchity (dir.), *Italian literature : roots and branches. Essays in honor of Thomas Goddard Bergin*, New Haven (Conn.), Yale University Press, 1976, p. 201–224 ; Vincenza Fera, « La filologia del Petrarca e i fondamenti della filologia umanistica », dans *Il Petrarca latino e le origini dell'umanesimo. Atti del Convegno (Firenze, 19–22 maggio 1991), Quaderni petrarcheschi*, vol. IX–X, n° 1992–93, 1996, p. 367–391.

11 Lori Walters, « "Translating" Petrarch : *Cité des dames* II.7.1, Jean Daudin, and Vernacular Authority », dans John Campbell et Nadia Margolis (dir.), *Christine de Pizan 2000. Studies on Christine de Pizan in Honour of Angus J. Kennedy*, Amsterdam, Rodopi, 2000, p. 283–297.

très significatif dans un contexte de « guerre culturelle entre la France et l'Italie »[12].
Par la suite et avec moins de difficultés, d'autres femmes de la noblesse étrangère
jouèrent un rôle d'« ambassadrices culturelles »[13] et « importèrent » enfin avec un
succès incontesté les objets culturels de leur pays d'origine, comme Catherine et
Marie de Médicis, les « reines éphémères »[14] du XVIe et du XVIIe siècle.

Pétrarque, poète

À la fin du XVe siècle, l'œuvre de Pétrarque connaît un deuxième printemps
grâce à la diffusion des *Triumphi*, long poème allégorique en langue vernaculaire
écrit à la fin de sa vie (entre 1351 et 1374) et conçu comme un majestueux retable de
six visions (Le Triomphe de l'Amour, de la Chasteté, de la Mort, de la Renommée,
du Temps, de l'Éternité) : des tableaux allégoriques mêlant fiction et expérience
vécue. Les *Triumphi* – lus en langue originale, traduits de l'italien ou retraduits
à partir d'une traduction latine – s'adaptèrent parfaitement aux besoins des cours
royales, au goût pour la mythologie ancienne, à l'intérêt croissant pour les traités
savants et enluminés[15], ainsi qu'aux nouvelles inspirations artistiques qui puiseront
dans ce poème la source d'un véritable genre pictural[16].

Les *Rerum vulgarium fragmenta* s'imposent donc assez tard dans la culture
française comme dans d'autres pays européens. Mais la réception tardive du
Canzoniere a fini par oblitérer la gloire des autres ouvrages et lier pour toujours à
son titre (ou bien à ses titres) le destin de son auteur ainsi que la fortune d'un genre
et d'un courant littéraires. Certain·e·s commentateurs·trices ont voulu voir dans
cette « découverte » des *Fragmenta* un moment de rupture entre le Moyen Âge et
la Renaissance, entre la réception de l'œuvre latine de Pétrarque et les premières
traductions de la poésie vernaculaire. Mais du point de vue de la Renaissance
française, il n'y a point de rupture entre Pétrarque et les contemporains de Marot.
On parlera plutôt d'une transition douce, qui passe notamment par la lecture, la
réécriture et la traduction des *Triumphi*, et qui aboutit à une nouvelle poésie à travers

---

12 *Ibidem*, p. 286. Sur ce sujet, voir aussi Margarete Zimmermann, « L'œuvre de Christine de
    Pizan à la croisée des cultures », dans L. Dulac, A. Paupert, Ch. Reno et B. Ribemont (dir.),
    *Desireuse de plus avant enquerre. Actes du 6ᵉ colloque international sur Christine de Pizan (Paris,
    20–24 juillet 2006), en hommage à James Laidlaw*, Paris, Champion, 2008, p. 428–439.

13 C'est un terme forgé par Susan Groag Bell dans son article « Medieval Women Book
    Owners : Arbiters of Lay Piety and Ambassadors of Culture », *Signs*, n° 7, 1982, p. 742–768.

14 Anka Muhlstein, *Reines éphémères, mères perpétuelles*, Paris, Albin Michel, 2011.

15 Parallèlement aux traductions françaises des *Triumphi*, une composition latine anonyme
    (souvent accompagnée par les traductions françaises de Jean Robertet, François Robertet et
    Jehan Molinet) transforme le texte pétrarquien en un « florilège d'allégories emblématiques »
    (Gabriella Parussa, « I *Trionfi* di Petrarca fra l'Italia e la Francia : metamorfosi di un testo »,
    p. 71–87).

16 Marcello Ciccuto, *Figure di Petrarca (Giotto, Simone Martini, Franco bolognese)*, Naples,
    Federico & Ardia, 1991, p. 43 et 53 ; *Id.*, « Questioni di iconografia intorno ai *Triumphi* »,
    Italianistica. Rivista di letteratura italiana, vol. 33, n° 3, 2004, p. 55–60.

l'inspiration d'un haut modèle littéraire s'inscrivant en toute continuité entre l'Âge d'or des Lettres italiennes et les nouvelles voies de la Renaissance française[17].

On pourrait s'interroger sur les raisons de cette célébrité extraordinaire qui fera du Canzoniere (avec les *Psaumes*) le plus important laboratoire poétique de la Renaissance. La forme novatrice du recueil, l'art du sonnet poussé à son sommet, la charge symbolique oscillant entre thèmes mythiques et fiction autobiographique, le lyrisme renouvelé de ce qu'on pourrait appeler l'« Europe humaniste » : il s'agit là sans aucun doute des éléments qui ont participé au succès de cet ouvrage. Pour le traduire, les premiers traducteurs de la Renaissance sont confrontés à pour le moins deux défis majeurs, communs à toutes les traductions de cette époque : en premier lieu la langue vernaculaire, le premier vecteur de la force poétique des *Fragmenta*, en deuxième lieu le genre littéraire lui-même (le chansonnier), un mélange de différentes formes poétiques.

Outils lexicographiques

La langue italienne est relativement peu répandue en France à cette époque, sauf dans certaines aires culturelles très spécifiques comme à Lyon ou à la cour de Paris, si bien que peu de lecteurs·trices sont en mesure de découvrir Pétrarque dans sa langue originelle. La traduction fut donc le contexte privilégié où se consolidèrent les rapports entre la culture française et la littérature italienne[18]. Il est donc opportun de se demander de quelle façon les traducteurs eurent accès au texte-source.

Par exemple, disposaient-ils de dictionnaires pour résoudre les difficultés linguistiques ? La lexicographie bilingue en français et italien est assez tardive par rapport à celle concernant d'autres langues. Le premier dictionnaire italien-français conservé est en fait le *Vocabulaire en langue françoise et italienne* de 1583 paru à Lyon[19] (il aurait été précédé par un dictionnaire bilingue édité à Lyon en 1578 par Roger de Brey dont il n'existe aucune trace[20]), et surtout le *Dictionnaire*

17　John Humphreys Whitfield, *Petrarch and The Renascence*, Oxford, Basil Blackwell, 1943, § « Petrarch's conflict : ancient and modern against medieval », p. 52–73.

18　Rosemary E. Stoyle, « How to account for Belleforest's command of Italian ? », *Bibliothèque d'Humanisme et Renaissance*, t. 49, 1987, p. 383–388 ; Jean Balsamo, « Traduire de l'italien. Ambitions sociales et contraintes éditoriales à la fin du XVIe siècle », dans Dominique de Courcelles (dir.), *Traduire et adapter à la Renaissance*, p. 89–98.

19　Le *Vocabulaire en langue françoise et italienne* (Lyon, Benoist Rigaud, 1583), découvert par Nadia Minerva, s'est avéré être un énième avatar d'un autre dictionnaire, cette fois-ci en italien et allemand, le *Solenissimo Vochabulista* (Venice, Johannes Baptista Sessa, 1498). Pour une étude sur ce dictionnaire, voir : Nadia Minerva, « La lexicographie franco-italienne est-elle née en 1584 ? », dans Maria Colombo et Monica Barsi (dir.), *Lexicographie et lexicologie historiques. Bilan et perspectives*, Monza, Polimetrica International Scientific Publisher, 2008, p. 93–110. Pour une notice bibliographique complète sur ce dictionnaire, voir le projet USTC (*Universal Short Title Catalogue*) [*en ligne* : ustc.ac.uk].

20　*Les bibliothèques françoises de La Croix du Maine et de Du Verdier*, éd. Rigoley de Juvigny, Paris, Saillant et Niont, 1772–1773, t. V, p. 267 ; Maria Colombo Timelli, « Le Dictionnaire de Jean Antoine Fenice ou le charme discret des débuts en lexicographie bilingue », *Quaderni del*

françois et italien, recueilli par Jean Antoine Fenice (Genève, 1584)[21], une véritable référence pour l'époque. On peut douter que d'autres ouvrages polyglottes dits populaires – comme le *Dictionarium octo linguarum* d'Ambrogio Calepini (1509)[22], le *Vocabulaire des trois langues* (latin–italien–français, Paris, entre 1531–1545)[23] ou le *Vocabulista* (1546, « chez la veuve de Jean Saint-Denis ou chez Pierre Sergent ») – aient pu être utilisés pour la traduction de Pétrarque, car ils s'adressaient surtout aux commerçants et aux voyageurs[24]. Les premiers traducteurs *françoys* ont donc fait connaître les *Fragmenta* par l'intermédiaire d'une traduction exécutée avec peu de moyens lexicographiques. À cette époque, la littérature et la langue italiennes étaient encore toutes à découvrir, bien que, parmi les lecteurs·trices les plus cultivé·e·s, beaucoup soient en mesure de comparer le texte français avec son modèle et d'en évaluer par conséquent la traduction.

Le Canzoniere, livre-modèle

Nous savons que le genre même du Canzoniere pose peut-être plus de problèmes que la langue du texte-source, non seulement en raison de la variété de ses formes poétiques (que chaque traducteur·trice adapte de manière différente), mais notamment à cause de sa caractéristique de « livre-modèle ». Selon quelles stratégies éditoriales les premiers traducteurs de la Renaissance percevaient-ils la macrostructure des *Fragmenta* de Pétrarque ? Étaient-ils sensibles à la *dispositio* des textes ?

À cet égard, on remarquera que ce n'est qu'à la fin du XIXe que Pierre de Nolhac découvre le manuscrit 3195 du fonds latin de la Bibliothèque Vaticane et émet l'hypothèse de son authenticité[25]. Il faut attendre le début du XXe siècle pour qu'on

---

CIRSIL, n° 5, 2006 [*en ligne* : lingue.unibo.it/cirsil] ; Rufus Gouws, Ulrich Heid, Wolfgang Schweickard et Herbert Ernst Wiegand (dir.), *Wörterbücher / Dictionaries / Dictionnaires : Ein internationales Handbuch zur Lexikographie / An International Encyclopedia of Lexicography / Encyclopédie internationale de lexicographie*, Berlin, De Gruyter Mouton, 2013, p. 3008.

21 Maria Colombo Timelli, « Le Dictionnaire de Jean Antoine Fenice… », *passim*. Pour une notice bibliographique complète sur ce dictionnaire, voir USTC.

22 *Ambrosii Calepini Bergomatis Dictionarium, impressum Regii Longobardiae : industria presbyteri Dionisii Bertochi impressoris* (1502). Le dictionnaire fut plusieurs fois imprimé après avoir été remanié en 1509, année de la mort d'Ambrogio Calepini (*Treccani.it*).

23 *Vocabulaire de trois langues cestassavoir latine italienne & francoyse* […] *On les vend a Paris en la rue neuf ve nostre Dame à l'enseigne S. Nicolas.* Pour une description de ce dictionnaire, voir : Nadia Minerva, « Apprendre les langues au XVIe siècle : *Le Vocabulaire de trois langues, cestassavoir latine, italienne et francoyse* », *Documents pour l'histoire du français langue étrangère ou seconde*, n° 42, 2009 [*en ligne* : dhfles.revues.org].

24 Nadia Minerva, « Apprendre les langues au XVIe siècle… », *passim*.

25 La découverte a été signalée pour la première fois, sans aucun détail, dans la *Revue critique* du 4 janvier 1886 (p. 13). Voir Pierre de Nolhac, *Le Canzoniere autographe de Pétrarque*, Paris, Librairie C. Klincksieck, 1886.

identifie ce manuscrit comme étant en partie autographe[26]. Il est donc impossible en ce moment historique d'appréhender toute la complexité du macrotexte. Bien évidemment, il ne s'agit pas ici d'affirmer que les éditeurs de l'époque firent l'économie d'une réflexion sur l'ordre et la numérotation des poèmes, ou que les *Fragmenta* ne fussent pas perçus comme un ouvrage unitaire. Néanmoins, ces lacunes philologiques firent plutôt apparaître le Canzoniere comme une œuvre inachevée qui, par conséquent, offre à ses différents éditeurs et traducteurs·trices une large autonomie dans la conception éditoriale et dans la numérotation des poèmes. Les éditeurs français et italiens prennent ainsi beaucoup de libertés dans la mise en forme et dans l'organisation du texte, mais l'agencement des poèmes devient un enjeu principalement philologique surtout pour les éditeurs italiens, comme en témoignent les préfaces et les commentaires qui se succèdent dans différentes éditions pendant tout le XVIe siècle[27].

L'instabilité du macrotexte n'est pas sans conséquences sur l'histoire de sa traduction française et on ne peut qu'annoncer brièvement, à ce stade, son incidence sur la diversité des traductions et des dispositions des poèmes : le Canzoniere semble perçu comme un ensemble de *fragmenta* que chacun utilise et réorganise à sa guise.

---

26 Voir à ce sujet : Giuseppe Frasso, « Appunti sul "Petrarca" aldino del 1501 », dans *Vestigia. Studi in onore di Giuseppe Billanovich*, Rome, Edizioni Storia e letteratura, 1984, vol. I, p. 315–325 ; Gino Belloni, *Laura tra Petrarca e Bembo. Studi al commento umanistico al Canzoniere*, Padoue, Antenore, 1992, p. 96–119.

27 Sur la question du commentaire, voir Gino Belloni, « Commenti petrarcheschi », dans Vittore Branca (dir.), *Dizionario critico della letteratura italiana*, Turin, UTET, 1999², t. I, p. 22–38. Parmi les commentaires de la première moitié du siècle, voir par exemple celui d'Alessandro Vellutello, qui propose une lecture biographique des *Rerum vulgarium fragmenta*, ou celui de Sebastiano Fausto da Longiano qui classe les poèmes de Pétrarque par genres métriques. Voir : Alessandro Vellutello, *Le volgari opere del Petrarcha*, Venice, Giovannantonio e fratelli da Sabbio, 1525, § « Divisione de' sonetti e de le canzoni del Petrarca mutato » ; Sebastiano Fausto da Longiano, *Il Petrarcha*, Venice, Francesco Bindoni, 1532, § « Dell'ordine del canzoniere ». Le texte de Vellutello a été republié par Belloni dans *Laura tra Petrarca e Bembo…*, p. 89–93.

Chapitre II

Clément Marot, premier traducteur *françoys*

Des *Triumphi* aux *Fragmenta*

Clément Marot n'est pas le premier poète français à offrir une version de Pétrarque, mais il est le premier à signer sa traduction et notamment le premier à traduire un sonnet des *Fragmenta* par un sonnet en *langue françoyse*, tout en inventant un nouveau schéma rimique portant son nom. À travers les versions de Marot, on découvre un imaginaire « spirituel » du Canzoniere qui sera la marque de toute une tradition pétrarquiste[1]. De ce point de vue, Marot représente aussi l'un des premiers interprètes français de Pétrarque : son prisme de lecture se cristallisera dans la littérature française de l'époque et parcourra les siècles suivants sous la forme d'un modèle interprétatif intertextuel et transtextuel. Avant de s'aventurer dans la complexité de ses sonnets tirés des *Fragmenta*, il convient de faire un pas en arrière pour revenir aux sources de son inspiration traductive et poétique, à l'époque où un poète très inspiré, d'environ vingt ans, commence à lire les *Triumphi*…

Dans le *Temple de Cupido* – vraisemblablement composé entre 1516 et 1519[2], paru d'abord autour de 1531[3] et ensuite republié dans *L'Adolescence Clementine*

---

1   Ce chapitre est repris et approfondi d'après Riccardo RAIMONDO, « Clément Marot, traducteur évangélique des *Rerum vulgarium fragmenta* de Pétrarque », *Renaissance and Reformation / Renaissance et Réforme*, vol. 43, n° 2, 2020, p. 119–145.

2   Selon les recherches de Romana Brovia, « Le Temple de Cupido fut vraisemblablement composé en 1514, à l'occasion des noces entre la fille de Louis XII et le futur roi de France, François d'Angoulême ; l'œuvre fut publiée seulement en 1515, après le couronnement de François Ier. À cette époque Marot (1498–1544) avait moins que vingt ans et se trouvait au service de Nicolas de Neufville, un haut fonctionnaire royal » (Romana BROVIA, « Clément Marot e "l'umanesimo cristiano" del Petrarca », dans Jean BALSAMO (dir.), *Les Poètes français de la Renaissance et Pétrarque*, p. 73–83). Gérard Defaux estime que ce poème aurait été composé entre 1513 et 1514 (Clément MAROT, *Œuvres poétiques complètes*, 2 vol., éd. Gérard Defaux, Paris, Bordas, 1990–1993 ; rééd. Paris, Garnier, 2014, t. II, p. 417). Guillaume Berthon, grâce aux nouvelles découvertes, arrive à une datation plus prudente, que nous utilisons ici : entre 1516 et 1519 (Guillaume BERTHON, *L'intention du poète. Clément Marot « autheur »*, Paris, Garnier, 2014, p. 49–55).

3   Defaux envisage 1515 comme date de la première publication (Clément MAROT, *Œuvres poétiques complètes*, éd. Defaux, t. I, p. 397). Guillaume Berthon propose quant à lui l'année 1531 (*L'intention du poète…*, p. 49–55).

(1532) –, un Marot très jeune encore liste Pétrarque parmi les colonnes littéraires du « temple sacré »[4] de Cupidon.

> Ovidius, maistre Alain Charretier,
> Petrarche, aussi le Rommant de la Rose,
> Sont les Messelz, Breviaire, & Psaultier,
> Qu'en ce sainct Temple on lit en Rime, & Prose[5].

Ce long poème s'ouvre sur une évidente réécriture du *Triumphus Cupidinis* de Pétrarque : au printemps, pendant la saison des amours, le poète est saisi par un rêve, la vision d'Éros comme un *dux triumphans in curru*[6], un motif qui chez Pétrarque exprime la *contaminatio* entre un sujet archéologique (le *triomphe romain*) et le goût médiéval pour l'*enumeratio*[7].

Ensuite, dans l'Épigramme LXII (*Quand j'escriroys que je t'ay bien aymée*)[8] – datée par Diana Magrini de la fin de l'année 1527[9] et par Michel Françon vers 1533[10] –, Marot se présente désormais comme « disciple estimé » du poète de Laure.

> Pétrarque a bien sa maistresse nommée
> Sans amoindrir sa bonne renommée ;
> Donc si je suis son disciple estimé,
> Craindre ne fault que tu en sois blasmée[11].

Marot publie finalement sa première traduction de Pétrarque dans la *Suite de l'adolescence clémentine* (Paris, Pierre Roffet, 1534). Il s'agit d'une version de *Rvf* 323[c], *Le Chant des Visions de Pétrarque*, traduction sollicitée « par le commandement

---

4   Carlo Ossola, *Autunno del Rinascimento. Idea del "Tempio" dell'arte nell'ultimo Cinquecento*, Florence, Olschki, 1971.

5   Clément Marot, *Œuvres poétiques complètes*, éd. Defaux, t. II, *Temple de Cupido*, v. 323–326, p. 36.

6   Cf. *Temple de Cupido* (v. 1–14 et *passim*) et *Triumphus Amoris* (v. 1–15 et *passim*) [voir Defaux dans Clément Marot, *Œuvres poétiques complètes*, éd. Defaux, t. II, p. 428n, 429n, 480n, 486n]. Sur le pétrarquisme de Marot, voir Williams Annwyl, *Clement Marot : figure, text, and intertext*, Lewiston/Queenston/Lampeter, E. Mellen Press, 1990.

7   Marco Ariani, *Petrarca*, chap. XVIII « I Triumphi », § 1 « La struttura poetica », p. 286–299.

8   Nous nous référons ici à Defaux qui numérote cette épigramme « LXII » et date le texte « avant 1538 », année de la première publication dans l'édition d'Étienne Dolet (Clément Marot, *Œuvres poétiques complètes*, éd. Defaux, t. II, p. 1028).

9   Diana Magrini date de la fin de 1527 la composition de l'Épigramme LXII (publiée en 1538) dans son article « Clément Marot e il petrarchismo », dans Arnaldo della Torre et Pier Liberale Rambaldi (dir.), *Miscellanea di Studi critici pubblicati in onore di Guido Mazzoni*, Florence, Tipografia Galileiana, 1907, p. 485–502. Magrini cite aussi l'Épigramme XC (*O Laure, Laure, il t'a esté besoing*) probablement composée en 1533 d'après Villey (voir : Pierre Villey, *Tableau chronologique des publications de Marot*, Paris, Champion, 1921 ; *Id.*, *Marot et Rabelais*, Paris, Champion, 1923).

10 Michel Françon, « Pétrarque et Clément Marot », *Italica*, vol. 40, n° 1, 1963, p. 18–21.

11 Clément Marot, *Œuvres poétiques complètes*, éd. Defaux, t. II, Épigramme LXII, v. 5–7, p. 232.

du Roy »[12] François Ier entre 1530 et 1533[13]. Il est donc plausible de penser qu'à l'époque de cette première traduction, Marot a non seulement lu et médité la poésie pétrarquicnne, mais considère déjà Pétrarque comme un maître qui peut l'inspirer dans sa production poétique. Il a probablement eu accès aux *Fragmenta* et aux *Triumphi* grâce à une édition lyonnaise, comme celle de Baldassarre Gabbiano (1501–1508) qui est une copie fidèle de l'édition aldine (Venice, Manuce, 1501). Il paraît malaisé de savoir s'il a pu consulter les commentaires d'Antonio da Tempo (1471), de Filelfo-Squarciafico (1503) ou Gesualdo (1533). Il lui a sans doute été possible de consulter l'une des éditions des *Triumphi* publiées à Venise et commentées par Bernardo Illicino (Bernardino, 1513 ; Stagnino et Gregorio de Gregori, 1519).

On peut, de ce fait, raisonnablement imaginer que notre traducteur-poète a effectué une lecture plus engagée et attentive des *Fragmenta* précisément entre la composition de l'Épigramme LXII (1527–1533) – dans laquelle il se déclare « disciple estimé » – et la traduction de *Rvf* 323[c] (1530–1533). Marot fonde ainsi en deux temps le pétrarquisme français : d'abord en puisant dans des sources encore peu exploitées mais néanmoins déjà connues de ses contemporains (les *Triumphi*)[14], puis en se consacrant aux *Fragmenta* qu'il actualise à travers la traduction.

---

12 *Id.*, *Suite de l'Adolescence clémentine*, Paris, Pierre Roffet, 1534, p. 105.

13 Defaux date la composition de cette traduction « avant 1533 » (Clément MAROT, *Œuvres poétiques complètes*, éd. Defaux, t. II, p. 749). Brovia propose comme date 1530, dans son article « Clément Marot e "l'umanesimo critistiano" del Petrarca », p. 76.

14 Les *Triumphi* n'ont pas été traduits en langue *françoyse* avant la fin du Quattrocento. La première traduction française publiée est *Les triomphes messire Françoys Petrarcque, translatez de langaige tuscan en francois*, Paris, Verard, 1514 (anonyme mais attribué à G. de La Forge). Sur cette traduction, voir entre autres Gabriella Parussa (2005) : « Les textes italiens de Pétrarque qui arrivent en France pendant les dernières décennies du Quattrocento sous la forme de manuscrits et plus tard d'incunables, contiennent en effet presque systématiquement le *Canzoniere* et les *Triumphi*. Dans les prologues ou dans les titres de ces textes, Pétrarque est généralement qualifié de : '*poeta clarissimus*' (Paris, BnF, ital. 1018), '*datissimo poeta fiorentino*' (Paris, BnF, ital. 548), '*lo excellente e summo poeta*' (Paris, BnF, ms. ital. 553), '*lo excellentissimo e summo poeta*' (Paris, BnF, Rés. Y d 799), etc. C'est ainsi que l'on passe progressivement de l'appellatif '*philosophus moralis*', utilisé par Jean de Montreuil, au poète de Laure, probablement grâce au *Canzoniere* et aux *Triumphi* », notre traduction, cf. « *I testi italiani di Petrarca che arrivarono in Francia negli ultimi decenni del Quattrocento sotto forma di manoscritti, e più tardi di incunaboli, contenevano in effetti quasi sistematicamente il* Canzoniere *ed i* Triumphi. *Nei prologhi o nei titoli di questi testi Petrarca veniva definito generalmente :* 'poeta clarissimu' *(Paris, BnF, ital. 1018),* 'datissimo poeta fiorentino' *(Paris, BnF, ital. 548),* 'lo excellente e summo poeta' *(Paris, BnF, ital. 553),* 'lo excellentissimo e summo poeta' *(Paris, BnF, Rés. Y d 799), ecc. Fu così che progressivamente si passò dal* 'philosophus moralis', *secondo l'appellativo utilizzato da Jean de Montreuil, al poeta di Laura, probabilmente proprio grazie al* Canzoniere *ed ai* Trionfi » [Gabriella PARUSSA, « Trionfi di Petrarca tra l'Italia e la Francia : le metamorfosi di un testo », dans Enrico GARAVELLI et Elina SUOMELA-HÄRMÄ (dir.), *Atti del VII congresso degli Italianisti Scandinavi*, Société néophilologique d'Helsinki, 2005, p. 71–87].

Le *Chant des Visions*

Le *Chant des Visions de Pétrarque*, première traduction imprimée d'après les *Fragmenta*, représente un moment décisif non seulement pour l'histoire du pétrarquisme[15] mais aussi pour la poétique marotique, et plus généralement pour la pratique de la traduction à la Renaissance. Cette version, qui se veut implicitement à la fois fidèle et complète, procède d'un geste traductif en harmonie avec les idéaux de la cour de François Ier et avec l'édification d'un « italianisme royal » comme élément fondateur de la *translatio studii et imperii*[16]. De ce point de vue, « la parfaite coïncidence entre le règne de François Ier (1515–1547) et l'activité de Marot (vers 1512–1544) constitue pour le poète une véritable opportunité, celle de représenter une époque, et d'incarner un âge d'or »[17].

Marot inspirera ainsi les propos de Thomas Sébillet (1512–1589), partisan des marotiques, en réalisant une traduction qui cherche à rendre la « pure et argentine invention » des poètes célèbres. L'avocat parisien Sébillet théorise rétrospectivement cette conception de la traduction, via le célèbre éloge que l'on trouve dans son *Art poétique français* en 1548 :

> La Version ou Traduction est aujourd'huy le Pöéme le plus frequent et mieus receu dés estimés Pöétes et dés doctes lecteurs, a cause que chacun d'eus estime grand œuvre et de grand pris, rendre la pure et argentine invention dés Pöétes dorée et enrichie de notre langue[18].

L'approche jamais avouée de notre traducteur semble osciller sans cesse entre deux pôles : entre la volonté d'enrichir la langue-cible et la disposition à disparaître derrière l'*auctoritas* du texte-source, autrement dit entre une fécondité créative sur le modèle des *rhétoriqueurs*[19] et la recherche d'une *interpretatione recta*[20], entre

---

15 Cette traduction est aussi à l'origine d'une véritable tradition figurative, notamment par le biais de manuscrits enluminés qui furent des initiateurs pour la tradition des représentations artistiques des *Visions* de Pétrarque. Sur ce sujet, voir Myra ORTH et Richard COOPER, « Un manuscrit peint des visions de Pétrarque traduites par Marot », dans Jean BALSAMO (dir.), *Les Poètes français de la Renaissance et Pétrarque*, p. 50–71.

16 Sur l'italianisme et notamment le pétrarquisme de François Ier, voir : Jean BALSAMO, « François Ier, Clément Marot et les origines du pétrarquisme français (1533–1539) », p. 36–51 ; Émile PICOT, *Les Italiens en France au XVIe siècle*, Bordeaux, Feret et Fils, 1901, rééd. avec intr. de Nuccio Ordine, Rome, Vecchiarelli, 1995, p. 148–161 ; Robert Jean KNECHT, *Renaissance Warrior and Patron The Reign of Francis I*, Cambridge, Cambrige University Press, 1992, p. 461–469.

17 Guillaume BERTHON, *L'Intention du poète…*, p. 22.

18 Thomas SÉBILLET, *Art poétique français* [1548], éd. Felix Gaiffe, Paris, Société Nouvelle de Librairie et de l'Édition, 1910, Livre II, ch. XIV, p. 187–188.

19 Voir entre autres William J. KENNEDY, *The Site of Petrarchism : Early Modern National Sentiment in Italy, France, and England*, Baltimore, Johns Hopkins University Press, 2003, p. 106, p. 328–329 et *passim*.

20 Sur l'opposition entre rhétorique et herméneutique, voir Rita COPELAND (dir.), *Rhetoric, Hermeneutics, and Translation in the Middle Ages : Academic Traditions and Vernacular Texts*, Cambridge, Cambridge University Press, 1991. Plusieurs chercheurs·ses ont suivi Copeland et ont étendu ses conclusions à la période moderne : entre autres, Karen NEWMAN et Jane TYLUS (dir.), *Early Modern Cultures of Translation*, Philadelphie, University of Pennsylvania Press, 2015.

invisibilité et *visibilité*[21]. On retrouvera et analysera, dans les prochains paragraphes, les signes de cette double tension.

L'abandon de l'hétérométrie du texte-source, l'amplification rhétorique des images et des concepts, la clarification de certains passages plus obscurs et vagues : tels semblent être les fondements d'une pratique visant à parfaire la langue *françoyse* tout en apprivoisant le lyrisme italien. Ces procédés d'adaptation et de simplification semblent affecter aussi la métrique : Marot renonce au schéma hétérométrique de la chanson de Pétrarque (6 strophes ABCABC CdeCdd + congé aBB) et choisit une isométrie plus simple (6 douzains ABAABBCCDEED + congé AABB, en décasyllabes). Entre *inventio* rhétorique et souci de fidélité, la technique traductive de Marot résulte entre autres d'une extrême attention à la matière sémantique du texte, comme on peut le remarquer dans le passage suivant.

Una **strania** Phenice, ambedue l'ale
Di porpora vestita, e'l capo d'oro,
Vedendo per la **selva** altera et sola,
Deder forma celeste et **immortale**
Prima pensai ; fin ch'a lo **svelto** alloro
Giunse, et al fonte, che la terra invola :
Ogni cosa al fin vola :
Che mirando le frondi a terra sparse,
E'l troncon rotto, et quel vivo humor secco ;
Volse in se stessa il becco
Quasi sdegnando, e'n un punto disparse :
Onde'l cor di pietate, et d'amor m'arse.

6 str. (ABCABC cDEeDD) + congé (aBB)
hétérométrie
[*Rvf* 323[c], Baldassarre Gabbiano 1508, v. 49-60]

Au **Boys** je vy ung seul Phenix portant
Aesles de pourpre, et le Chef tout doré :
Estrange estoit, dont pensay en l'instant
Veoir quelcque corps celeste, jusque à tant
Qu'il vint à l'Arbre en pieces demouré,
Et au Ruisseau que Terre a devoré.
Que diray plus ? Toute chose en fin passe.
Quant ce Phenix vit les Rameaux par place,
Le Tronc rompu, l'eau seche d'aultre part,
Comme en desdaing, de son Bec s'est feru,
Et **des Humains** sur l'heure disparu :
Dont de pitié et d'Amour mon cueur ard.

6 douzains (ABAABBCCDEED)
+ congé (AABB)
décasyllabe
[Marot, *Le Chant des Visions de Pétrarque* (1534), éd. Defaux 1994, v. 49-60]

La volonté tacite de rester proche de son modèle apparaît évidente et représente une véritable innovation à une époque où la distinction entre traduction et imitation

---

21 Sur cette opposition, voir Anne COLDIRON, « Visibility Now : Historicizing Foreign Presences in Translation », *Translation Studies*, vol. 5, n° 2, 2012, p. 189–200. Dans cet article (p. 199), Coldiron dialogue avec la célèbre notion introduite par Lauwrence VENUTI (*The Translator's Invisibility : A History of Translation*, Londres, Routledge, 1995, rééd. 2008) : « Si l'invisibilité, comme l'explique Venuti, signale la suppression ou l'élision du travail du traducteur, les marques de visibilité indiquent sa résistance et sa présence. Ces marques constituent un *vade-mecum* pour les lecteurs·trices et les chercheurs·ses : elles invitent les lecteurs·trices non seulement à honorer la réalité de la traduction et les actes des traducteurs·trices, mais aussi à accueillir avec bienveillance les présences étrangères dans un texte et, dans le cas des chercheurs·ses, à cartographier sur le long terme les diverses stratégies adoptées par les systèmes littéraires pour traiter et évaluer l'étranger », notre traduction, cf. « *If invisibility, as Venuti explained, signals the suppression or elision of the translator's work, marks of visibility signal resistance and presence. Such marks issue a vade mecum to readers and scholars alike : inviting readers not only to honor the fact of translation and the acts of the translator, but to welcome thoughtfully the foreign presences in a text, and in the case of translation scholars, to chart over the long term the changing strategies that literary systems adopt for using and valuing the foreign* ».

n'est pas encore très nette[22]. Non seulement Marot dialogue d'une manière étroite avec la matière sémantique (☐) du texte-source, mais il conserve en outre le même nombre de vers et de rimes. À l'exception de quelques omissions (*immortale* ; *svelto*) le sens général du texte est entièrement respecté. Des chiasmes traductifs (*strania* : boys = *selva* : estrange)[23] ou des ajouts rhétoriques (« Que diray plus ? » ; « Quant à ce Phenix ») peuvent être employés pour compléter le décasyllabe. En même temps, d'autres greffes (ex. « des Humains ») laissent penser à une interprétation personnelle du texte-source par le biais de la traduction.

On trouve plusieurs manifestations de cette démarche dans, par exemple, le procédé d'amplification de certaines figures[24] : « *uno scoglio* » (v. 21) devient « un roc caché soubz l'onde » (v. 21) ; les « *parti supreme* » (v. 67) du corps de la Dame aimée sont désignées « en sus la ceincture » (v. 67). D'autre part, bien que ces solutions puissent parfois apparaître comme purement prosodiques (« *Giove* », v. 5, devient le « souverain des Dieux », v. 5), elles offrent une explicitation du sens de certains passages (d'après James Dauphiné, 1996) comme si Marot voulait « rationaliser » la charge allégorique du texte pétrarquien : « la traduction apparaît ainsi elle-même comme un élément majeur de l'interprétation »[25].

O che **grave cordoglio :** Breve hora oppresse, et **poco spatio** asconde L'alte ricchezze a null'altre seconde.	Ô **grand fortune, ô crevecueur trop grief,** De veoir perir en ung moment si brief La grand richesse à nulle aultre seconde.
[*Rvf* 323ᶜ, Baldassarre Gabbiano 1508, v. 22-24]	[Marot, *Le Chant des Visions de Pétrarque* (1534), éd. Defaux 1994, v. 22-24]
Canzon, tu puoi ben dire, Queste sei visioni al signor mio Han fatto un dolce di morir desio.	O Chanson mienne, en tes conclusions Dy **hardiment**, ces six grans Visions, A Monseigneur donnent ung doulx desir De briefvement soubz la terre gesir.
[*Rvf* 323ᶜ, Baldassarre Gabbiano 1508, v. 73-75]	[Marot, *Le Chant des Visions de Pétrarque* (1534), éd. Defaux 1994, v. 73-76]

---

22 Sebastiàn GARCÍA BARRERA et Pascale MOUNIER, « La traduction vue par les traducteurs », dans Véronique DUCHÉ (dir.), *Histoire des traductions en langue française (XV* et *XVI* siècles)*, Lagrasse, Verdier, 2015, p. 128–182 ; Christophe GUTBUB, « Penser la traduction : que veut dire traduire au XVIᵉ siècle », dans Véronique DUCHÉ (dir.), *Histoire des traductions en langue française (XV* et *XVI* siècles)*, p. 183–244 ; Susan BADDELEY, « Imprimeurs et libraires », dans Véronique DUCHÉ (dir.), *Histoire des traductions en langue française (XV–XVI* siècles)*, p. 245–287, notamment § « Libraires lyonnais » (p. 274–278) et l'approfondissement intitulé « Histoire éditoriale des traductions de Marot » (p. 277–278).

23 On peut définir un « chiasme traductif » comme un effet graphique et stylistique qui consiste dans le fait d'invertir l'ordre des mots. L'effet de ce chiasme est particulièrement intéressant en ce que notre traducteur traduit le mot *selva* (un terme très connoté, d'un point de vue symbolique comme spirituel) par un terme plus simple (fr. *boys*) et qu'il lui associe (non pas grammaticalement mais grâce à ce chiasme) l'adjectif *estrange*.

24 Jean BALSAMO, « François Iᵉʳ, Clément Marot et les origines du pétrarquisme français (1533–1539) », p. 39.

25 James DAUPHINÉ, « Marot, traducteur de *La Canzone delle Visioni* de Pétrarque », dans *Id.* (dir.), *Clément Marot. À propos de l'Adolescence clémentine*, Actes des quatrièmes journées du Centre Jacques de Laprade tenues au Musée national du château de Pau (29–30 nov. 1996), Biarritz, J&D Éditions, 1996, p. 70.

Dans ce passage on remarquera, par exemple, l'amplification rhétorique de certains termes (le « *O che grave cordoglio* » devient un « Ô grand fortune, ô crevecueur trop grief ») ou encore l'emploi d'un mot significatif comme « hardiment » qui enrichit la matière sémantique (~) du texte-source. Il est intéressant de remarquer, en dernière analyse, la floraison d'expressions comme « à nulle aultre seconde » (*a null'altre seconde*), seule occurrence dans la poésie marotique, qui devient par la suite très courante dans la poésie française.

Il semblerait donc que la technique traductive de Marot soit déjà, à cette époque, considérablement mûrie, et alors même qu'il ne s'est pas encore attelé à la traduction des *Psaumes de David*[26] et des *Métamorphoses* d'Ovide[27]. Il devra pourtant attendre son séjour à Ferrare (entre le mois d'avril 1535 et l'été 1536) pour parfaire sa connaissance de l'italien et peut-être pour lire plus attentivement encore les *Fragmenta* avec l'aide de Celio Calcagnini[28]. On peut raisonnablement supposer qu'il consulte à cette époque l'une des éditions accompagnées par le commentaire d'Alessandro Vellutello, publiées à Venise entre 1525 et 1532. Fait remarquable, c'est lors de ce séjour que notre traducteur compose le poème « À madame de Ferrare »[29], lequel figure peut-être parmi les premiers sonnets écrits en langue *françoyse*[30] avec ses traductions de Pétrarque et avec l'épigramme « Pour le May planté par les Imprimeurs de Lyon », adressé à Pomponio Trivulzio, composé probablement autour de 1530, puis inséré par Marot dans le *Second Livre Épigrammes* des *Œuvres* en 1538[31].

Comme l'a souligné Rosanna Gorris, du séjour ferrarais datent aussi une série de poèmes considérés comme « les plus purs témoignages de celle qui est désormais sa

---

26 Marot publie *Le VI Pseaulme de David* (Lyon, Claude Nourry) au début du XVIe siècle (1529–1533) et d'autres psaumes sous le titre de *Les Psalmes de David* à partir de 1541.

27 Clément MAROT, *Le Premier livre de la Metamorphose d'Ovide*, Paris, Étienne Roffet, 1534 (1re éd.).

28 C'est l'intéressante hypothèse de Jean Balsamo, dans son article « François Ier, Clément Marot et les origines du pétrarquisme français (1533–1539) », p. 46–47 et p. 46n. Sur ce sujet, voir aussi Rosanna GORRIS, « *Un franzyse nominato Clemente* » : Marot à Ferrare », dans Gérard DEFAUX et Michel SIMONIN (dir.), *Clément Marot « prince des poëtes françois »*, Actes du Colloque international de Cahors en Quercy (21–25 mai 1996), Paris, Champion, 1997, p. 339–364.

29 Clément MAROT, *Œuvres poétiques complètes*, éd. Defaux, t. II, p. 297.

30 Sur la question des premiers sonnets composés en langue française, voir : Pierre VILLEY, « Marot et le premier sonnet français », *Revue d'histoire littéraire de la France*, 27e année, n° 4, 1920, p. 538–547 ; Claude Albert MAYER, « Le premier sonnet français : Marot, Mellin de Saint-Gelais et Jean Bouchet », *Revue d'histoire littéraire de la France*, 67e année, n° 3, 1967, p. 481–493 ; l'introduction de Luigia Zilli dans Mellin de SAINT-GELAIS, *Sonnets*, éd. Luigia Zilli, Genève, Droz, 1990 ; l'introduction de Roubaud à son anthologie *Soleil du soleil, Anthologie du sonnet français de Marot à Malherbe*, Paris, Gallimard, 1990, p. 16 ; André GENDRE, *Évolution du sonnet français*, Paris, Presses universitaires de France, 1996, p. 33–35 ; Michèle CLEMENT, « Poésie et traduction : la naissance du sonnet français (1538–1548) », dans Marie VIALLON (dir.), *La Traduction de la Renaissance à l'âge classique*, Saint-Étienne, Publications de l'Université de Saint-Étienne, 2001, p. 91–102.

31 Clément MAROT, *Œuvres poétiques complètes*, éd. Defaux, t. II, p. 1078.

mission poétique et existentielle, ces poèmes »[32] d'inspiration évangélique[33], écrits pour « louer premierement le nom de l'Eternel », « le seul nom soubs les cieulx / En, et par qui ce monde vicieulx / Peult estre sauf. Le nom tant fort puissant / Qu'il a rendu tout genoil flechissant, / Soit infernal, soit celeste, ou humain »[34] – comme l'écrit Marot dans son *Epitre au Roy, du temps de son exil à Ferrare*, composée pendant l'été 1535.

Il convient d'attirer l'attention sur la relation éminemment spirituelle que Marot entretient avec ses traductions. Son imaginaire est très probablement influencé par des lectures de matrice morale et allégorique inspirées, entre autres, par Philon d'Alexandrie (–20c.-45c.)[35], philosophe juif qui livra une interprétation du mythe de Babel très féconde pour les auteurs de la Renaissance.

> Parce que Philon refusa de voir dans les langues un effet de corruption, il devient, seize siècles avant les Réformés, le défenseur d'une thèse extrêmement moderne dans l'approche mythique des textes et dans l'interprétation du récit babélien. Or, avant d'être un combat théologique animé par des hérétiques mais auquel se joignirent les humanistes et les Évangélistes des débuts de la Renaissance, cette revendication, cette « tradition », furent aussi défendues sur le plan politique et littéraire par ceux qu'on appela « les trois fontaines » italiennes, Boccace, Pétrarque, Dante, trois illustres défenseurs des langues « naturelles », langues maternelles qui devaient tenir leur richesse des liens affectifs dont elles étaient susceptibles de témoigner : brèche importante dans le tissu mythique qui, par le jeu allégorique et sans renier la fonction théologique du récit, participa à en banaliser la portée[36].

Marot réfléchit peut-être à sa relation avec les langues étrangères grâce à une double inspiration. La traduction représente probablement pour lui, non seulement une « mission » spirituelle comme le fait remarquer Gorris[37], mais aussi une manière de se greffer sur une « tradition » théologique.

---

32 Rosanna GORRIS, « *"Un franzyse nominato Clemente"* : Marot à Ferrare », p. 347.

33 On rappellera que le mot *évangélique*, employé couramment dans la critique moderne et contemporaine, est un concept construit *a posteriori* et utilisé pour se référer au « foisonnement spirituel et religieux de la première moitié du XVIᵉ siècle en France ». Sur ce sujet, voir Isabelle GARNIER, *L'épithète et la connivence. Écriture concertée chez les Évangélistes français (1523–1534)*, Genève, Droz, 2005, ch. « Historiographie de l'évangélisme », § I « Approche lexicologique de la notion d'"évangélisme" », p. 25–27 (la citation indiquée ici est à la p. 25).

34 Clément MAROT, *Epitre au Roy, du temps de son exil à Ferrare*, dans *Œuvres poétiques complètes*, éd. Defaux, t. II, épître VI, p. 83, v. 94–99.

35 Émile BRÉHIER, *Les idées philosophiques et religieuses de Philon d'Alexandrie*, Paris, Vrin, 1950 ; Myriam MARTIN-JACQUEMIER, *L'Âge d'or du mythe de Babel (1480–1600). De la conscience de l'altérité à la naissance de la modernité*, Paris, Éditions InterUniversitaires, 1999, ch. II « L'allégorie babélienne ou les principes évangéliques de la communication », § « Une définition morale de la punition des langues : de Philon à Scève et Du Bartas », p. 232–236.

36 *Ibidem*, p. 236.

37 Rosanna GORRIS, « *"Un franzyse nominato Clemente"* : Marot à Ferrare », p. 347, et *passim*.

Les *Six sonnetz*

La deuxième traduction par Marot de la poésie pétrarquienne, les célèbres *Six sonnetz de Pétrarque sur la mort de sa dame Laure*[38], représente sans doute l'étape la plus importante pour la compréhension des rapports entre Marot et Pétrarque. On pourrait dater le moment de cette traduction entre le séjour à Ferrare (1535–36) et la publication des *Six sonnets* (1539–1541/44 c.). Gérard Defaux[39] propose une date un peu plus précise, entre le retour à la cour de François Ier après le premier exil (au début de l'année 1537) et la publication du recueil (1539–1541/44 c.). Cette lacune dans la date de composition est particulièrement gênante en ce qu'elle ne nous permet pas de savoir si Marot a effectué cette traduction avant ou après la publication de *La manière de bien traduire d'une langue en aultre* d'Étienne Dolet (1540), le premier traité théorique en français sur la traduction pendant la Renaissance (que certains estiment d'ailleurs être le seul traité programmatique à traiter cette question[40]).

Les sonnets traduits, dans l'ordre choisi par Marot[41], sont les suivants : *Rvf* 1 (*Voi ch'ascoltate in rime sparse il suono…*), 161 (*O passi sparsi, o pensier'vaghi et pronti…*), 248 (*Chi vuol veder quantunque pò Natura…*), 338 (*Lasciato ài, Morte, senza sole il mondo…*), 346 (*Li angeli electi et l'anime beate…*) et 348 (*Da'più belli occhi, et dal più chiaro viso…*).

Afin de mieux étudier le dispositif traductif de ces sonnets, on peut émettre quelques hypothèses sur la composition du macrotexte. Le premier sonnet (*Rvf* 1), qui sert d'*exordium* dans le chansonnier de Pétrarque, exprime le regret du poète pour ses erreurs de jeunesse ainsi que son dédain vis-à-vis des passions terrestres. Deux sonnets semblent mettre encore l'accent sur la *vanitas vanitatis* (*Rvf* 161, 338), tandis que *Rvf* 348 se conclut avec la prière d'un réconfort adressée au Roi Céleste et à ses anges, à travers un ton élégiaque qui le rapproche de *Rvf* 338. Le *Rvf* 248 exprime, par le moyen d'un discours métapoétique, l'impossibilité de la poésie face au *motus* de l'amour. Le sonnet 346 décrit, quant à lui, l'ascension de Laure et son entrée dans la Jérusalem céleste. Marot a peut-être voulu suivre la division des

---

38 La date de publication est manquante : Clément MAROT, *Six sonnetz de Pétrarque sur la mort de sa dame Laure, traduictz d'italien en françois*, Paris, G. Corrozet, [1541–1544 ?]. Comme le fait remarquer Berthon, la date 1539 qui est traditionnellement avancée ne repose sur rien d'autre que sur la publication par Corrozet des *Œuvres* de Marot en 1539 ; pour sa part, il propose « 1541–1544 ? » comme date de publication (Guillaume BERTHON, *L'intention du poète…*, p. 130, 130*n*).

39 Clément MAROT, *Œuvres poétiques complètes*, éd. Defaux, t. II, p. 1193.

40 Voir par exemple Glyn P. NORTON, *The Ideology and Language of Translation in Renaissance France and their Humanist Antecedents*, Genève, Droz, 1984 : « Le traité de Dolet peut être bien considéré comme un point de départ, car il présente la seule illustration programmatique de théorie de la traduction dans la France de la Renaissance », notre traduction, cf. « *Dolet's treatise is an appropriate starting point because it presents the only formal program of translation theory in Renaissance France* » (p. 103).

41 Difficile de dire, dans ce cas, quelle édition a été consultée par notre traducteur. On remarquera pourtant que les six sonnets se trouvent dans un ordre croissant et semblent suivre la répartition en deux parties (*in vita* et *in morte*) de l'« éd. Bembo » (1501).

Fragmenta de l'édition Bembo (1501)[42], entre les sonnets *in vita* (*Rvf* 1, 161, 248) et les autres *in morte* (*Rvf* 338, 346, 348), bien que le titre privilégie la deuxième partie (cf. *Six sonnetz de Pétrarque sur la mort de sa dame Laure*). À partir de *Rvf* 161, on peut peut-être voir dans la série une forme d'« énumération litanique » à caractère pénitentiel : celle-ci consiste d'abord en des allusions à la mort de la femme et à d'autres disparitions, pour poursuivre sur le thème des larmes, et conclure enfin sur un thème consolatoire, car le dernier sonnet (*Rvf* 348) donne à voir une Laure céleste qui attend son amant après sa montée au ciel.

Ce minuscule florilège, composé de sonnets sélectionnés en raison de leur inspiration évangélique et moralisante, semble résulter d'une lecture très attentive des *Fragmenta*. Une analyse de quelques zones traductionnelles, ainsi que des réflexions sur la poétique de Marot, confirment cette analyse du macrotexte.

L'un des caractères novateurs de cette traduction réside d'abord dans le choix de la forme du sonnet et d'un schéma de rimes novateur. Marot s'écarte ainsi du schéma des textes-sources (ABBA ABBA CDE CDE, qui est aussi le plus répandu dans les *Fragmenta*) et invente le sonnet « marotique » en décasyllabes (ABBA ABBA CCD EED). Il utilise pourtant une forme très proche de celle de son modèle, si on la compare – par exemple – à une autre traduction parue à la même époque. On trouve en effet la traduction d'un sonnet de Pétrarque (*Rvf* 134) en dizain dans *Le petit œuvre d'amour et gaige d'amityé* (Paris, J. Longis, 1538 c.)[43], publié anonymement à Paris en 1538. Composé principalement de traductions, ce recueil est du reste attribué par Saulnier à Maurice Scève en raison de la signature « Non si, non là ».

---

42 L'éditeur vénitien Alde Manuce affirma avoir réalisé une édition à partir du manuscrit de Pétrarque et il en fit une première publication intitulée *Le cose volgari di messer Francesco Petrarcha* (Venice, 1501). En réalité l'éd. Manuce reproduit le manuscrit de Pietro Bembo conservé dans le Codice Vaticano latino 3197 (pour cette raison elle est communément appelée « éd. Bembo »).

43 Le livre est daté de 1537 dans l'ancien système de datation (début de l'année à Pâques) mais, puisque le privilège est daté du 27 janvier 1537 (1538, dans le nouveau système de datation), on peut en déduire qu'il aurait été imprimé entre fin janvier et fin mars 1538. Il n'est pas exclu que Scève ait participé à sa rédaction. Le recueil a donné lieu à une longue querelle d'attribution au début du XXe siècle. L'hypothèse d'attribution à Scève, d'abord émise par Prosper Blanchemain à la fin du XIXe siècle, puis par Édouard Herriot qui republia le texte en 1927, est réfutée par Guégan, défendue par Saulnier, partiellement admise par Parturier, réfutée par Lachèvre, sans preuve définitive dans aucun des cas ; la présence de la devise « Non si, non la » en face de la devise « Ainsi, ou non » sur le dernier f° est troublante ainsi que la teneur de certains poèmes dont l'écho dans *Délie* se vérifie plusieurs fois. Pour le sonnet en question (traduction de *Rvf* 134), voir *Le petit œuvre d'amour et gaige d'amityé* (Paris, J. Longis, 1538 c.), éd. Fr. Lachève, Paris, 1941, p. 68. Sur ce sonnet, voir l'article de Michel FRANÇON, « Une imitation de Pétrarque : *Pace non trovo* » (*Italica*, vol. XX, 1943, p. 127–131), ainsi que Saulnier, qui attribue le recueil à Scève dans son livre *Le Prince de la Renaissance lyonnaise, initiateur de la Pléiade* (Paris, Klincksieck, 1948, p. 167–182). Une version numérique de cette traduction se trouve en ligne accompagnée d'une notice explicative et d'une liste d'autres traductions du même sonnet, voir : Pascal JOUBAUD et Claire SICARD, « *Pace non trovo, et non ho do far guerra* : une traduction anonyme d'un sonnet de Pétrarque », *Notules XVI*, 25 janvier 2017, Carnet de recherche Hypothèses [*en ligne* : notules16.hypotheses.org/198].

Marot semble donc inaugurer l'usage consistant à traduire un sonnet par un sonnet. Au moins deux raisons contribuent à expliquer ce choix. D'une part, comme le fait remarquer André Gendre[44], il est fort probable que Marot, marqué comme d'autres poètes par la tradition française du rondeau et du dizain, percevait le sonnet comme l'une des formes les plus proches de sa poétique. En effet le sonnet, tout en étant une nouveauté italienne, répondait bien aux habitudes et aux besoins langagiers des poètes français[45] qui l'assimilent et la réinterprètent (par exemple, avec l'ajout de la rime plate aux vers 9–10, abhorrée par les Italiens). D'autre part, le sonnet peut être aussi un choix courtisan voire politique, dans le but de plaire au roi et à sa cour, au sein de laquelle Marot venait d'être réintégré après le premier exil (1537). En effet, non seulement l'intérêt pour Pétrarque s'était désormais imposé à la cour (au moins à partir de 1533, avec la prétendue découverte du tombeau de Laure en Avignon), mais François Ier lui-même, séduit par la poésie pétrarquienne, invitait les poètes à « pétrarquiser »[46]. Toujours en ce qui concerne Marot, par exemple, on rappellera que le chant royal dans la *Suite* (lui-même tiré d'un texte de Pétrarque) – qui est de composition antérieure, puisqu'il paraît pour la première fois dans *Les Opuscules et petits Traictez* (1531) – spécifie dans son titre comment le roi lui-même en avait « baillé » le refrain[47]. L'édition de la *Suite de l'Adolescence clémentine* (1533) précise enfin que la *Chanson des visions de Pétrarque* a été achevée « par le commendement du Roy », ce qui confirme la vocation courtisane de cette traduction.

Cependant, la traduction des *Six sonnets* ne représente pas seulement pour Marot un enjeu politique et poétique, dans la mesure où notre traducteur semble chercher chez Pétrarque les échos de sa propre spiritualité. Selon la lecture faite par Balsamo, Marot y cherche « à comprendre une forme, le sonnet, qui s'était imposée en Italie comme la forme même de l'héritage pétrarquien », et témoigne en plus de la volonté de saisir « les suggestions plus secrètes d'un Pétrarque paulinien, tel que le redécouvraient alors les premiers protestants italiens, celles d'un poète qui donnait aussi au lyrisme amoureux son sens spirituel »[48]. On remarque par ailleurs,

---

44 André GENDRE, *Évolution du sonnet français*, p. 33–38.

45 André GENDRE, *Évolution du sonnet français*, p. 34 : « En effet les deux quatrains du sonnet ne surprennent pas un auteur de rondeaux, puisqu'on retrouvait dans cette forme au moins deux fois le groupement *abba*. Le sonnet répondait de ce point de vue à un besoin esthétique de saturation des rimes (sur huit vers, quatre fois la même rime). Quant au sizain, seconde partie du sonnet, il peut s'apparenter à la seconde partie du dizain scévien (*ccdcd*), moyennant l'adjonction d'une rime (*ccd ccd*). Ainsi, l'innovation française de la rime plate aux vers 9–10 (abhorrée des Italiens) ne serait pas une invention appropriée à une nouvelle forme, mais le prolongement d'une habitude, celle d'attaquer par un couple de rimes plates la seconde partie du dizain. Pourtant beaucoup de sizains italiens sont construits sur trois rimes ; les imiter amène à rompre avec le principe de la saturation et à introduire un principe contraire de renouvellement ».

46 Defaux dans Clément MAROT, *Œuvres poétiques complètes*, éd. Defaux, t. II, p. 1193–1194.

47 *Ibidem.*

48 Jean BALSAMO, « François Ier, Clément Marot et les origines du pétrarquisme français (1533–1539) », p. 46.

avec Romana Brovia[49], que la tradition du Pétrarque comme poète *devotissimus catholicus*[50] inspirera un certain nombre de lectures des *Psaumes*, comme celles du *Liber de septem gradibus scale, continens Meditationes devotas super septem psalmos poenitentiales* de Pierre d'Ailly (Paris, Antoine Caillaut, c.1483 ; traduit en français et publié à Lyon en 1542) ou les *Sept psaumes allégorisés* de Christine de Pizan (XIVe–XVe s.).

La traduction des *Fragmenta* semble ainsi inévitablement liée à celle des *Psaumes*. À cet égard, Brovia[51] a fait remarquer certaines implications théologiques et rhétoriques de cette traduction, en soutenant notamment que les *Six sonnets* seraient un prétexte pour retrouver l'expression lyrique du sentiment religieux ainsi que l'imaginaire biblique de David. La traduction des *Psaumes*, commencée en 1529, fut à vrai dire interrompue pour des raisons de prudence en 1534, quand Marot fut contraint de fuir Paris[52]. Selon Defaux[53], notre traducteur aurait alors dissimulé ses sources bibliques à l'intérieur de sa production poétique : de nombreuses réminiscences inspirées de la *Bible*, et notamment des *Psaumes*, caractérisent en effet toute la poésie de Marot produite depuis son exil (1534) jusqu'à sa réintégration à la cour (1537). Comme l'ont démontré les études de Screech[54] sur l'intertexte biblique, et comme l'a aussi fait remarquer Gorris[55], les poèmes évangéliques de cette période, empruntés à la Parole de Dieu, sont pour Marot un véritable « thresor », « le meilleur [du] coffre », « car l'escripture est la touche, où l'on treuve / le plus hault Or »[56]. Selon Brovia, il est fort probable que l'influence intertextuelle des *Psaumes* ait pu influencer la traduction des *Fragmenta*, achevée à peu près dans la même période. En suivant cette intuition, l'on peut dans un premier temps mettre l'accent sur le fait que les *Six sonnets* ont été sélectionnés conformément à une inspiration moralisante et évangélique qui privilégie « le thème de la vanité de l'amour profane »[57].

---

49 Romana Brovia, « Clément Marot e "l'Umanesimo cristiano" del Petrarca », p. 83.

50 Comme le définit Jean de Montreuil, dans *Opera : I. Epistolario*, éd. dir. par Ezio Ornato, *Epistola* n° 208.

51 Romana Brovia, « Clément Marot e "l'Umanesimo cristiano" del Petrarca », p. 82–83.

52 Par ailleurs, la censure qui pesait sur cette traduction devint enfin, entre 1542 et 1543, une véritable condamnation du parlement de Paris à la demande des théologiens de la Sorbonne.

53 Gérard Defaux, « Marot, traducteur des *Psaumes* : de nouveau sur l'édition anonyme (et genevoise) de 1543 », *Bibliothèque d'Humanisme et Renaissance*, n° LVI, 1994, p. 59–82. Voir aussi dans l'édition Defaux (Clément Marot, *Œuvres poétiques complètes*) l'introduction au tome I (p. XLIII, IL, CXV, CLIV et CLVI), les notes à des textes divers dans le tome I (p. 482, 508, 522, 576, 582, 663, 759, 780, 811 et 815–816), les notes à des textes divers dans le tome II (p. 833, 856, 874, 900, 924, 940, 960 et 974–975), les notes à l'édition des *Psaumes* dans le tome II (p. 1201–1274).

54 Michael A. Screech, *Marot évangélique*, Genève, Librairie Droz, 1967.

55 Rosanna Gorris, « *Un franzyse nominato Clemente* » : Marot à Ferrare », p. 348.

56 Clément Marot, *Epitre au Roy, du temps de son exil à Ferrare*, dans *Œuvres poétiques complètes*, éd. Defaux, t. II, épître VI, p. 83, v. 151–152.

57 Notre traduction, cf. « *[il] tema della vanità dell'amor terreno* » (Romana Brovia, « Clément Marot e "l'Umanesimo cristiano" del Petrarca », p. 77). Sur Marot « poète évangélique » voir Michael A. Screech, *Marot évangélique*, p. 77 et *passim*.

Dans un second temps, on peut suggérer de classer ces traductions dans une production poétique bien précise, définie par Defaux comme « anti-érotique »[58], et qui comprend des poèmes comme le *Temple de Cupido* (1516–1519) et *Le Chant de l'Amour fugitif* (1533). Par conséquent, la traduction des *Psaumes* et celle des *Fragmenta* pourraient être considérées non seulement comme le résultat d'une commande royale[59], mais aussi comme les deux visages complémentaires d'un plus vaste projet littéraire d'inspiration religieuse, et peut-être la marque d'un « évangélisme militant »[60].

Si l'on situe la date de composition des traductions entre le début de l'année 1537 et la publication (1539–1541/44 c.), il est intéressant de faire référence à une épître introductive de la même époque, « Au treschrestien Roy de France François premier de ce nom »[61] – datée par Defaux autour de 1541. Dans cette épître, Marot chante les louanges de la poésie de David :

> O doncq' Roy, prends l'Œuvre de David,
> Œuvre plus tost de Dieu, qui le ravit,
> D'aultant que Dieu son Apollo estoit,
> Qui luy en train, et sa harpe mectoit.
> Le sainct Esprit estoit sa Calliope :
> Son Parnasus montaigne à double croppe
> Fut le sommet du hault ciel cristallin.
> Finablement son ruysseau Caballin,
> De grâce fut la fontaine profonde,
> Où à grands traictz il beut de la claire unde :
> Dont il devint Poëte en ung moment
> Le plus profond dessoubs le firmament :
> Car le subject, qui la plume la main
> Prendre luy feit, est bien aultre, qu'humain.
>
> Icy n'est pas l'adventure d'Aenée,
> Ne d'Achiles la vie demenée.
> Fables n'y sont plaisantes, mensongieres,
> Ny des mondains les amours trop legieres.
> Ce n'est pas cy le Poëte escrivant
> Au gré du corps, à L'Esprit estrivant.
> (v. 39–58)

Les lecteurs·trices sont aussitôt mis·e·s en garde : il ne s'agit pas de fables « plaisantes, mensongieres » (v. 55) ni de ces amours « mondains » et « trop legieres » aux accents pétrarquiens. Le roi des poètes n'écrit pas « au gré du corps », n'écrit pas *à l'encontre* (cf. *estriver*, v. 58) de l'Esprit Saint. Nous sommes peut-être à la source de la production « anti-érotique » de Marot. David est un « poète mythique » qui rivalise avec les dieux antiques : ce récit « syncrétique » décrit une « mythologie biblique » dans laquelle David est le vainqueur absolu. Comme le fait remarquer Dick Wursten, cette allure mythologique relève, d'une part, d'un processus de réception de la poésie et de la musique anciennes au sein de la tradition chrétienne

---

58　Gérard DEFAUX, *Le poète et son jardin. Étude sur Clément Marot et l'Adolescence clémentine*, Paris, Champion, 1996, § « La queste de Ferme Amour : Marot et le Jardin de dévotion », p. 193–234.

59　Guillaume BERTHON, *L'intention du poète...*, p. 128–132 et *passim*.

60　Nous avons emprunté cette expression à la notice sur Marot rédigée par Jean Céard, dans Sylvie PARIZET (dir.), *La Bible dans les littératures du monde*, Paris, Cerf, 2016, p. 1545–1546.

61　Voir l'épître qui introduit la traduction du *Psaume* 104 « Au treschrestien Roy de France François premier de ce nom, Clément Marot, Salut » (ca. 1541 selon Defaux), dans Clément MAROT, *Œuvres poétiques complètes*, éd. Defaux, t. II, « Psaumes de Davide, Translatés par Clément Marot. Psal. 104 », p. 649–563.

(notamment calviniste) de l'époque, et d'autre part, d'un certain intérêt pour les cercles néo-platoniciens très imprégnés par cet imaginaire[62].

[…]
Pas de fault doncq', qu'aupres de luy Horace
Se mecte en jeu, s'il ne veult perdre grâce :
Car pas sur luy volle nostre Poëte,
Comme defoirt l'Aigle sus l'Alouëte,
Soit à escripre en beaulx Lyricques vers,
Soit à toucher la Lyre en son divers.
(v. 129–134)
[…]
Si Orpheus jadis l'eust entendue,
La sienne il eust à quelcque arbre pendue :
Si Arion l'eust ouy resonner,
Plus de la sienne il n'eust voulu sonner :
Et si Phebus ung coup l'eust escoutée,
La sienne il eust en cent pieces boutés,
Au moins laissé le sonner pour l'ouyt,
Affin d'apprendre, et de se resjouyr,
En luy quictant son Laurier de bon cueur,
Comme en escriptz, et en armes vainqueur.
(v. 141–150)

Si la « Lyre en son divers » fait écho à des motifs pétrarquiens (cf. *Rvf* 1), la référence à Apollon et au laurier représente un renvoi précis au mythe de Daphné et, peut-être, à sa fonction structurante[63] dans le chansonnier de Pétrarque.

À la lumière de ces dernières réflexions, il convient de relativiser l'hypothèse d'une traduction qui se présenterait à la manière d'un laboratoire rhétorique par lequel Marot aurait cédé « à la propension de la poésie française de l'époque à employer des termes très concrets »[64]. Marot ne se contente pas de transposer le texte-source *en rhétoriqueur* : il rationalise et « réifie le langage pétrarquien de sorte que la marque stylistique de la poésie lyrique se rapproche le plus possible de la poésie biblique »[65]. Le geste traductif est semblable à celui qui marquait *Le Chant des Visions de Pétrarque*, mais se charge ici d'une inspiration moralisante qui ne se révèle pas à travers un intertexte scripturaire précis et reconnaissable, mais plutôt

---

62 Dick Wursten, *Clément Marot and Religion. A Reassessment in the Light of his Psalm Paraphrases*, Leiden/Boston, Brill, 2010, ch. 11.1.2 « The mythical poet David » et ch. 11.13 « Theological components », p. 335–340.

63 Parmi d'autres, Michelangelo Picone (2007) et Enrico Fenzi (2008) ont fait remarquer le caractère « structurant » du mythe d'Apollon et de Daphné dans le Canzoniere. Voir : Enrico Fenzi, *Petrarca*, ch. III « Il Canzoniere : genesi e struttura », *passim* ; rééd. *Pétrarque*, traduction française par Gérard Marino, ch. III « Le Chansonnier : genèse et structure », *passim* ; Michelangelo Picone, *Il Canzoniere : lettura micro e macrotestuale*, Ravenna, Longo, 2007, p. 32 et *passim*.

64 Jean Balsamo, « François Ier, Clément Marot et les origines du pétrarquisme français (1533–1539) », p. 47.

65 Romana Brovia, « Clément Marot e "l'Umanesimo critistiano" del Petrarca », p. 82.

par le biais d'une trame transtextuelle tissée autour d'une « sémantique du discours évangélique »[66].

D'une part, on peut identifier un champ lexical latent, qui permet au traducteur d'évoquer, en filigrane, certaines thématiques liées au discours pénitentiel. D'autre part, Marot cherche aussi à rationaliser la *vaghezza* de la poésie pétrarquienne, en précisant le registre linguistique ou en simplifiant les expressions les plus nébuleuses. D'un avis semblable, William J. Kennedy fait remarquer quelques stratégies rhétoriques par lesquelles Marot remplace la Laure phantasmatique et imaginative de Pétrarque par une muse plus « concrète », contextualisée dans le monde socio-politique de son époque[67].

Un procédé semblable a été aussi appliqué à sa traduction des *Psaumes*. Dans l'épître « *Au treschrestien Roy de France François premier de ce nom* » (1541 ca.), il est question non seulement de « sons divers » (v. 134) qui font écho aux « *rime sparse* » des *Fragmenta* (*Rvf* 1, v. 1), mais aussi d'« amours trop legieres » (v. 56) qui dialoguent avec le « *giovenile errore* » pétrarquien (*Rvf*, v. 3). Marot y développe ainsi une véritable herméneutique visant à éclaircir tous ces passages des *Psaumes* qui sont trop « obscurs » et « durs d'intelligence » (v. 157) :

> Bien il est vray (comme encore se voit)
>
> Que la riguer du long temps les avoit
> Rendus obscurs, et durs d'intelligence.
> Mais tout ainsi, qu'avec diligence
> Sont esclaircis par bons esprits rusés
> Les escripteaulx des vielz fragments usés.
> (v. 155–160)

Si l'on utilisait un tel prisme de lecture pour analyser les traductions des *Fragmenta*, on pourrait formuler l'hypothèse que Marot, à travers le seul pouvoir des mots, souhaite parvenir à maîtriser le chaos des passions, les bouleversements et les inquiétudes qui dérivent du péché, enfin, les *erreurs de jeunesse* (cf. sonnet I, v. 3).

---

66 Par l'expression « discours évangélique », Garnier se réfère à un « discours doctrinal de contenu théologique » (Isabelle GARNIER, *L'épithète et la connivence…*, p. 95) adoptant la perspective linguistique de la *sémantique du discours*. Cette dernière appellation, qui diffère de celle de *sémantique textuelle* ou de *sémantique phrastique*, renvoie à un « domaine de la linguistique qui prend pour objet d'étude le sens et les interprétations des unités significatives de la langue et de leur combinaison dans le discours » (Franck NEVEU, *Lexique des notions linguistiques*, Paris, Armand Colin, 2000, p. 101). L'intérêt de l'approche de Garnier réside en ce qu'elle nous permet d'explorer le *champ lexical* (dans une perspective à la fois *onomasiologique* et *sémasiologique*) non seulement dans la « réalisation discursive » manifeste (*patente*), mais aussi dans celle implicite (*latente*), des auteurs comme des traducteurs (Isabelle GARNIER, *L'épithète et la connivence…*, p. 96). Tout en nous inspirant de l'approche de Garnier, nous utilisons la notion de « discours évangélique », pour identifier plus généralement tout type de discours (patent ou latent) au contenu évangélique.

67 William J. KENNEDY, *The Site of Petrarchism…*, p. 108–109 et *passim*.

La traduction de *Rvf* 1 comporte notamment quelques traces de cette inspiration moralisante.

<table>
<tr><td>

Voi, ch'ascoltate in **rime sparse** il suono
Di quei sospiri, ond'io nudriva il core
In sul mio primo giovenile errore,
Quand'era in parte altr'huom da quel, ch'i sono ;
Del vario stile, inch'io piango et ragiono
Fra **le vane speranze e'l van dolore** ;
Ove sia, chi per prova intenda amore,
Spero trovar pietà, no che perdono.
Ma ben veggi'hor si come al popol tutto
Favola fui gran tempo : onde sovente
Di me medesmo meco mi vergogno :
Et del mio **vaneggiar** vergogna e'l frutto,
E'l pentirsi, e'l conoscer chiaramente
Che quanto piace al mondo è breve sogno.

ABBA ABBA CDE CDE
hendécasyllabe
[*Rvf* 1, éd. Vellutello 1525]

</td><td>

Vous qui oyez en **mes rymes** le son
D'iceulx souspirs, dont mon cueur nourrissoie
Lors qu'en erreur ma jeunesse passoie,
N'estant pas moy, mais bien d'autre façon :
De **vains travaulx** dont feis ryme et chanson,
Trouver m'attens (mais qu'on les lise et voye)
Non pitié seulle, ainsi excuse en la voye
Où l'on congnoist amour, ce **faulx garson**.
Si voy je bien maintenant et entendz
Que longtemps fus au peuple passetemps,
Dont à par moy honte le cueur me ronge :
Ainsi le fruict de mon **vain exercice**
C'est repentance, avec honte et notice
Que ce qui plaist au monde n'est que songe.

ABBA ABBA CCD EED
décasyllabe
[Marot, *Six sonnetz de Pétrarque* (1541-1544 ?), éd. Defaux 1994, « *Vous qui oyez en mes rymes le son* »]

</td></tr>
</table>

Les « *rime sparse* » deviennent ainsi « mes rymes », les « *vane speranze* » et le « *van dolore* » des « vains travaulx ». Les termes qui posent le plus de difficultés sont abordés par une transposition sémantique qui tend à expliquer et simplifier le texte-source, comme c'est le cas pour le mot « *vaneggiar* » que Marot rend par une traduction étymologique se fondant sur un découpage du verbe italien. C'est comme si ce dernier avait été démembré et traduit à partir de deux fragments : l'adjectif *vano* et le suffixe verbal *-eggiare* qui marque la manifestation ou l'action (comme dans *bianco/biancheggiare*). Marot synthétise alors l'action verbale par le mot *exercice*, auquel il ajoute l'adjectif *vain* qui rend finalement la vraie couleur sémantique de ce fragment. Un verbe (*vaneggiar*) a été ainsi traduit par deux mots (un adjectif et un nom) tout en gardant un ample éventail de ses significations : (*a*) « s'égarer dans des activités vaines » ; (*b*) « faire des choses vaines » ; (*c*) mais aussi peut-être « écrire des vers »[68].

Dans la deuxième strophe, ce travail d'appropriation et d'explication du texte-source apparaît plus évident. Marot semble en comprendre le sens général, mais s'écarte de la syntaxe pétrarquienne, en ajoutant une sorte d'« invitation à la lecture »

---

68 Voir entre autres : Marco Ariani, *Petrarca*, ch. XIII.1, p. 228–248 ; Enrico Fenzi, *Petrarca*, ch. III « Il Canzoniere : genesi e struttura », *passim* ; rééd. *Pétrarque*, traduction française par Gérard Marino, 2015, ch. III « Le Chansonnier : genèse et structure », p. 95–128. Il est curieux de remarquer que le mot *exercice* semble revêtir ce dernier sens (« écrire des vers ») dans une seule occurrence de la poésie marotique : « Et penses tu (ô Pan Dieu debonnaire) / Que l'exercice, & labeur ordinaire, / Que pour sonner du Flajolet je pris, / Feust seullement pour emporter le pris ? » (*Eglogue au Roy, soubs les noms de Pan et Robin*, éd. Defaux, t. II, p. 34, v. 160–164). Les deux autres occurrences font plutôt référence à un plus vague « exercice amoureux » (*À la Royne d'Hongrie venue en France, Salut*, éd. Defaux, t. II, p. 190, v. 4) ou à un « lict d'amoureux exercice » (*L'histoire de Leander et de Hero*, éd. Defaux, t. I, p. 500, v. 416).

(« mais qu'on les lise et voye ») ainsi qu'une épithète au mot « amour » pour faire rimer la fin du vers avec le mot *chanson* : « en la voye / Où l'on congnoist amour, ce faulx garson ». Ce groupe nominal, *faulx garson*[69] (dont c'est la seule occurrence dans la poésie marotique), placé en correspondance du mot *perdono* et utilisé comme attribut en apposition pour l'Amour, confirme à notre avis l'inspiration moralisante et « anti-érotique » de la traduction de Marot. On remarquera, dans des passages comme ce dernier, une véritable poétique de la *transmutation*[70] du texte-source, par le biais de détournements, ajouts, réélaborations. Lisons par exemple le v. 4, dans lequel Marot radicalise le texte pétrarquien dans le sens de la *conversio* : cf. « quand'era in parte altr'uom da quel ch'i'sono » et « n'estant pas moy, mais bien d'autre façon » (v. 4). L'homme nouveau est *bien* différent par rapport à celui qu'il était avant – non seulement *en partie* (cf. « in parte »). C'est dans ces passages qu'on peut peut-être reconnaître un « Pétrarque paulinien » dans l'imaginaire de Marot : on pensera, par exemple, au « *veterem hominem* », qui doit être remplacé par un « *novum eum* », décrit par saint Paul (Colossiens 3, 9–10)[71].

Mais au-delà des enjeux politiques et religieux, cette traduction possède surtout une valeur historique : elle témoigne, on le rappelle, d'une pratique qui dépasse la translation ou le commentaire tels que le Moyen Âge les conçoit[72]. Entre la fin du XVe siècle et le début du XVIe, en effet, une nouvelle conception de l'auctorialité semble fonder les discours formulés par les traducteurs.

---

69 Le terme « faulx garson » ne semble pas être très répandu dans la littérature française. Mais il apparaît déjà comme une insulte, par exemple, chez Eustache Deschamps (1346–1406) : « Bateur à loier, faulx garçon, Rufien, / cabuseur, larron » (*Œuvres complètes d'Eustache Deschamps : publiées d'après le manuscrit de la Bibliothèque nationale*, éd. Marquis de Queux de Saint-Hilaire, vol. 11, Paris, Librairie de Firmin Didot, 1889, t. VI, p. 211, n° MCCXVII « Sote Chançon de cinq vers à deux visaiges à jouer de personnaiges », v. 4–5). On remarquera que Pétrarque utilise le terme « garzon crudo » (qui pourrait rappeler « faulx garson ») dans le *Triumphus Cupidinis* I (cf. « *sovr'un carro di foco un garzon crudo / con arco in man e con saette a' fianchi* », éd. V. Pacca et L. Paolino, p. 56, v. 22–23). On peut remarquer la fertilité des épithètes négatives dans la littérature postérieure, par exemple chez André Alciat (1492–1550) qui utilise l'expression « *inconstans puer* » (*Emblema* CXIV, « *In statuam Amoris* », v. 13) dans l'un de ses *Emblemata* inspirés des *Triumphi* de Pétrarque, pour décrire l'Amour (voir Mia Cocco, *La tradizione cortese e il Petrarchismo nella poesia di Clément Marot*, Florence, Olschki, 1978).

70 Dans son épître adressée à François Ier au début du *Premier Livre de la Métamorphose d'Ovide* (Paris, Estienne Roffet, 1534), Marot considérait que sa responsabilité était de « transmuer » le texte-source, ou mieux encore, de « transmuer un transmueur », c'est-à-dire Ovide. Cette métaphore traductionnelle a été ainsi commentée par Florian Preisig : « Sous la plume de Marot, c'est Ovide qui fait figure de "transmueur" par excellence, [...] maître dans l'art de la transformation, de la représentation de l'irreprésentable [...]. Une telle adhésion explicite au transformisme est certes rare chez Marot, presque un hapax ; pourtant, toute son œuvre et sa pensée répondent d'une manière ou d'une autre à ce principe » (Florian Preisig, *Clément Marot et les métamorphoses de l'auteur à l'aube de la Renaissance*, Genève, Droz, 2004, p. 10).

71 On remercie Brenda Hosington (Université de Montréal) pour la précieuse suggestion.

72 Sebastiàn García Barrera et Pascale Mounier, « La traduction vue par les traducteurs », p. 128–182.

Le stéréotype de l'assujettissement à l'auteur s'associe à l'idée de fidélité à l'original. Le poids du génie assigne en quelque sorte une loi à la traduction : celle de rendre mot pour mot le texte de départ. Alors qu'au Moyen Âge le rendu de l'« intention » permettait l'usage de la paraphrase, même sur le mode du regret, avec l'idée que l'éloignement par rapport à la source rendait accessible une pensée, le suivi littéral devient à présent une marque d'allégeance à l'auteur[73].

Il est donc intéressant de se demander jusqu'à quel degré notre traducteur recherche ce qu'il pourrait considérer comme une approche « fidèle » de la traduction et dans quelle mesure la « fidélité » peut encore s'avérer un critère adéquat pour aborder ces textes. On peut tenter un prudent éclaircissement de ces questions en examinant le deuxième sonnet.

<table>
<tr><td>

O passi sparsi ; o pensier' vaghi et pronti ;
O tenace memoria ; o fero ardore ;
O possente desire ; o debil core ;
O occhi miei occhi non gia, ma fonti ;
O fronde honor de le famose fronti,
O sola **insegna al gemino valore ;**
O faticosa vita ; o dolce errore ;
Che mi fate ir cercando piagge et monti ;
O bel viso, ov'amor inseme pose
Gli sproni e'l fren, ond'e mi punge et volve,
Come a lui piace ; et **calcitrar** non vale ;
O anime gentili et amorose,
S'alcuna ha'l mondo ; et voi **nude ombre et polve,**
Deh ristate a veder, qual è'l mio male.

ABBA ABBA CDE CDE
hendécasyllabe
[*Rvf* 161, éd. Vellutello 1525]

</td><td>

O pas espars, O pensées soubdaines,
O aspre ardeur, O memoir tenante,
O cueur debille, O volunté puissante,
O vous mes yeulx, non plus yeulx mais fontaines,
O branche, honneur des vainqueurs capitaines,
O seulle **enseigne aux poetes duisante,**
O doulce erreur, qui soubz vie cuisante
Me faict aller cherchant et montz et plaines,
O beau visage où amour met la bride
Et l'esperon, dont il me poinct et guide
Comme il luy plaist, et **deffense** y est vaine,
O gentilz cueurs et âmes amoureuses
S'il en fut oncq, et vous **umbres paoureuses,**
Arrestez vous, pour veoir quelle est ma peine.

ABBA ABBA CCD EED
décasyllabe
[Marot, *Six sonnetz de Pétrarque* (1541-1544 ?), éd. Defaux 1994, « *O pas espars, O pensées soubdaines* »]

</td></tr>
</table>

Certaines zones d'ombre pourraient jeter un doute, à propos de notre traducteur, sur sa parfaite maîtrise de l'italien. On rappellera de plus que la traduction a été certainement accomplie sans l'aide d'aucun dictionnaire. En effet, le manque d'outils linguistiques n'est pas étonnant compte tenu du faible développement de la lexicographie bilingue en français et italien à cette époque[74]. Il n'est pourtant pas impossible de supposer que Marot ait consulté des dictionnaires *latin-françoys* pour traduire certains mots qui pouvaient paraître obscurs, dans certains passages manifestant certaines difficultés. La proposition « enseigne aux poetes duisante » qui traduit l'expression « *insegna al gemino valore* » pourrait par exemple corroborer cette thèse. Non seulement la traduction proposée par Marot dans ce passage est très libre, mais on peut également envisager que ce dernier ignore peut-être l'intertexte pétrarquien renvoyant au motif classique suivant : « *cui geminae florent vatumque ducumque / ceratim laurus* » (Stace, *Achilleide*, I, 15–16). Dans d'autres cas, il

---

73 *Ibidem*, p. 140–141.

74 Voir le chapitre « Les primeurs du pétrarquisme français » à l'intérieur de cet ouvrage.

existe des zones traductionnelles où le sens est diffracté (ex. « umbres paoureuses » au lieu de « poudreuses » pour « *nude ombre et polve* » ; *polve*[75] signifie *poussière*). Marot a-t-il tenté, dans ce passage, de saisir le sens de *polve*, ou a-t-il plutôt cherché à mettre l'accent sur la *crainte* de ces *ombres paoureuses*, ce qui pourrait être un écho des *Psaumes* (ex. 38, 18 ; 119, 120) donnant par là même l'occasion d'une preuve supplémentaire de son inspiration évangélique. Lorsque ses connaissances linguistiques lui font défaut, cette inspiration évangélique constitue peut-être son guide le plus sûr.

La dimension moralisante semble ici se révéler à plusieurs niveaux. Tout d'abord, on pourrait partager la suggestion de Catherine Reuben[76] qui voit dans la figure de la *répétition* l'une des marques, bien que non majeures, des traductions des *Psaumes* réalisées par Marot. Reuben fait remarquer que les auteurs du psautier hébraïque « emploient la répétition pour soutenir les versets parallèles ou bien pour faire ressortir un argument d'une grande importance », alors que Marot semble se servir de ce procédé pour « remplir sa strophe lorsque l'irrégularité de l'hébreu lui cause des ennuis »[77]. Il est toutefois aussi possible que Marot ait pu sélectionner ce sonnet en gardant à l'esprit les répétitions de David.

Dans un deuxième temps, on remarquera la reformulation de certains concepts, comme par exemple le terme *calcitrar* qui est un mot italien considéré comme courant, au moins en 1584[78] ; on peut donc supposer que Marot n'a eu aucun problème à en saisir le sens[79] et que sa traduction (« deffense ») relève ainsi d'un geste herméneutique d'amplification, voire peut-être d'un jugement de valeur. En fait, le terme *calcitrar* n'implique pas forcément une *deffense* mais plutôt l'idée d'une rébellion, d'une révolte ou encore d'une résistance. Marot a peut-être ainsi cherché à intensifier le rapport conflictuel entre la voix poétique et l'Amour – ce *faulx garson* du sonnet I (v. 8) – au moyen d'un geste traductif offrant aux lecteurs·trices des tons plus exacerbés et dramatiques que ceux du texte-source. L'Amour étant une divinité dont il se méfie, l'*amor-passio* pétrarquien est crûment condamné. Un procédé semblable transforme ainsi le *mondo errante* (*Rvf* 346, v. 7) originel en *monde vicieux* (Sonnet V, v. 7, cf. *Psm* 116 :11) : on pourrait affirmer que là où

---

75 Le sens est signalé dans le *Dictionnaire françois et italien, recueilli par Jean Antoine Fenice* (Genève, 1584).

76 Catherine Reuben, *La Traduction des* Psaumes de David *par Clément Marot. Aspects poétiques et théologiques*, Paris, Honoré Champion, 2000, p. 193–194.

77 *Ibidem*, p. 195.

78 Le *Dictionnaire françois et italien, recueilli par Jean Antoine Fenice* (Genève, 1584) propose la traduction « regimber » pour « *calcitrar* ».

79 Le verbe latin, « *calcitare* », lui aurait donné le sens de « résister », ou de « donner un coup de pied » (regimber pour un cheval, « la bride » et « l'éperon » ayant ici sens à la fois littéral et figuré). On remarquera l'emploi de ce mot dans un passage du *Nouveau Testament* que Marot connaissait certainement. Saint Paul, sur le chemin de Damas, entend la voix de Jésus qui lui dit, « *durum est tibi contra stimulum calcitare* » (Actes 9, 5). Nous remercions encore une fois chaleureusement Brenda Hosington pour cette suggestion.

le verbe *errare* garde encore une certaine ambiguïté (entre vagabondages, exils et errements), l'expression *monde vicieux*, plus péremptoire, ne laisse place à aucune nuance dans sa condamnation. On comparera aussi les autres occurrences du mot *monde* se trouvant toujours dans un contexte péjoratif : « Que ce qui plaist au monde n'est que songe » (Sonnet I, v. 14), « monde / Froid et obscur » (Sonnet IV, v. 1–2) et « Le monde l'eut sans la congnoistre à l'heure » (Sonnet IV, v. 12).

La moralisation de la poésie pétrarquienne semble enfin faire pendant à la réification de certaines figures, sur le modèle des traductions des *Psaumes*, par une volonté d'explication et d'interprétation du sens. Remarquons, par exemple, la translation de *mondo cieco* (*Rvf* 268, v. 4) auquel Marot fait référence par l'expression *ruraulx* (Sonnet III, v. 4) : le « monde aveugle » des passions et des péchés évoqué par Pétrarque se retrouve sociologiquement connoté dans la version de notre poète-traducteur. Autres exemples encore, les prières de Laure (cf. *pregar*, *Rvf* 346, v. 14) se changeant en *cri* (Sonnet V, v. 14), ou les *pensieri* de Pétrarque (*Rvf* 348, v. 13) qui deviennent un *vueil* (Sonnet VI, v. 13).

Ces brèves analyses nous semblent démontrer que le cas des traductions de Marot est particulièrement intéressant en ce qu'il représente un premier véritable « modèle de transmission » de la poésie pétrarquienne, modèle qu'on a voulu nommer « anti-érotique », dans le sillage d'une partie de sa production poétique et traductionnelle (notamment les *Psaumes*). Comme on l'a vu, ces textes nous révèlent à la fois un souci de « fidélité » rare pour l'époque mais aussi une volonté d'appropriation qui semble programmatique. Cette polarité traductive, partagée entre l'adhésion au texte-source et son haut potentiel de transformation, peut sans doute donner lieu aux questionnements les plus féconds qui résultent d'une réflexion traductologique. Une constellation d'autres éléments fait aussi la richesse de ces textes qui nous offrent des indices précieux sur les sources et les inspirations de l'un des poètes *françoys* parmi les plus importants, ainsi que sur le contexte historico-culturel dans lequel il agit. Une multiplicité d'imaginaires (spirituel, politique et poétique) influencent ces versions tirées des *Fragmenta*. Marot, son premier traducteur *françoys*, ne se borne pas à traduire en rhétoriqueur le texte dans les circonstances d'un projet royal, mais donne une nouvelle vie à la poésie de Pétrarque par un geste traductif d'inspiration évangélique. Qui plus est, il invente, ce faisant, la forme française du sonnet, forme dite aujourd'hui « marotique », qui connaîtra le succès que l'on sait.

Chapitre III

Jacques Peletier, traducteur et poète-médecin

« Langues non reduictes encores en art »

Comme le remarque Michèle Clément[1] en ce qui concerne l'histoire des traductions, on constate l'apparition dans le panorama littéraire français – dix ans après la publication des *Six sonnets* de Marot entre 1548 et 1549 – d'une phase de rupture. On est loin des propos d'Étienne Dolet dans sa *Manière de bien traduire* (1540)[2] : la langue *françoyse* n'est plus considérée comme une langue « barbare »[3], ou comme l'une de ces « langues non reduictes encores en art »[4]. La première décennie du sonnet français voit son terme et les poètes dits de la Pléiade – comme fera Du Bellay dans sa *Deffense* (1549) – non seulement commencent à nuancer l'importance de la traduction comme œuvre de création rhétorique et poétique visant à ennoblir leur langue, mais ils promeuvent aussi une valorisation majeure de la langue *françoyse* par rapport aux autres langues.

Jacques Peletier du Mans (1517–1582), deuxième traducteur de Pétrarque en langue *françoyse*[5], écrivait déjà dans la préface à sa traduction de l'*Art poétique d'Horace* (1541–1545) à propos du grec et du latin : « La principalle raison et plus apparente, à mon Jugement, qui nous ote le mérite du vrai honeur, est le mépris et contemnement de notre langue native, consumans tout notre temps en l'exercice d'icelles »[6]. À cette époque, il parle plutôt de *translation* et d'*appropriation*, et il

1   Michèle CLÉMENT, « Poésie et traduction : la naissance du sonnet français (1538–1548) », dans Marie VIALLON (dir.), *La Traduction de la Renaissance à l'âge classique*, Saint-Étienne, Publications de l'Université de Saint-Étienne, 2001, p. 91–102.

2   Étienne DOLET, *La manière de bien traduire d'une langue en aultre d'Étienne Dolet*, Lyon, chez Dolet mesme, 1540.

3   *Ibidem*, p. 5.

4   *Ibidem*, p. 14.

5   Ce chapitre est repris et approfondi d'après Riccardo RAIMONDO, « Jacques Peletier traducteur du Canzoniere de Pétrarque », *Canadian Review of Comparative Literature / Revue canadienne de littérature comparée*, vol. 46, n° 2, 2019, p. 235–251.

6   Jacques PELETIER, *L'Art poëtique d'Horace* (1545), Paris, Michel de Vascosan, f. 4 r° ; rééd. dans Jacques PELETIER, *L'Art poétique d'Horace traduit en Vers François*, éd. Jean Vignes, dans *Œuvres complètes*, sous la dir. d'Isabelle Pantin, Paris, Champion, 2011.

admet : « j'ai translaté ce livre intitulé l'*Art Poetique*, et j'ai voulu approprier à icelle notre Poesie Francoise entant qu'ai peu sauver l'integrité du sens »[7]. Si l'on en croit Clément Jugé, cette préface, véritable manifeste sur la traduction, « exerça dans l'ordre littéraire une influence voisine de celle du *Discours de la Méthode* dans le domaine philosophique »[8]. Malgré l'importance de ce texte, Peletier n'y développe pourtant pas une véritable « théorie », comme l'avait fait Dolet en 1540. Toutefois, on peut déjà déceler à cette époque, à la suite des remarques de Jean Vignes, quelques principes essentiels inspirant sa pratique traductive, que l'on pourrait synthétiser en trois points fondamentaux : le « principe d'exhaustivité » (le texte est traduit en entier) ; le « principe de linéarité » (respecter l'ordre général du texte) ; le « principe de proportionnalité » (entre le nombre de vers du texte-source et ceux du texte-cible)[9]. De fait, les germes théoriques contenus dans ce texte ne seront pas sans conséquences.

Avant d'entreprendre la traduction de Pétrarque (1545–1547 c.)[10], Peletier avait donc plus pratiqué que théorisé la traduction. Depuis la « méthode »[11] développée dans l'*Art poétique d'Horace* (1541–1545), les traductions publiées dans les *Œuvres poétiques* (1547)[12] constituent l'unique laboratoire lui permettant de jeter les bases et de se doter des outils nécessaires à la formulation des théories traductologiques développées dans son *Art poétique* (1555). La traduction des *Douze sonnets de Pétrarque* est publiée pour la première fois à l'intérieur d'un florilège d'autres traductions, où la langue italienne des *Fragmenta* est considérée au même niveau du grec et du latin classiques. Il s'agit des traductions des deux premiers livres de l'*Odyssée* d'Homère, du premier livre des *Géorgiques* de Virgile, de trois odes d'Horace et d'une épigramme de Martial – ce qui confirme l'intérêt de Peletier pour la traduction en vers. Intérêt par ailleurs corroboré à travers une épître dédiée en 1547 « à Monsieur de Saint-Gelais », où Peletier s'estimait, comme le remarque Vignes, « mal récompensé de ses efforts de traducteur » et où il souligne

---

7 *Ibidem*, f. 6r°.

8 Clément Jugé, *Jacques Peletier du Mans, Essai sur sa vie, son œuvre, son influence*, thèse présentée à la faculté de Lettres de Caen, Paris, Lemerre Éditeur, 1907, IV, p. 27.

9 Jean Vignes, « Introduction », dans Jacques Peletier, *L'Art poétique d'Horace traduit en Vers François*, éd. Vignes, dans *Œuvres complètes*, dir. Pantin, 2011 ; *Id.*, « Théorie et pratique de la traduction chez Étienne Dolet et Jacques Peletier du Mans », dans Laurence Bernard-Pradelle et Claire Lechevalier (dir.), *Traduire les Anciens en Europe du Quattrocento à la fin du XVIII* siècle, Paris, PUPS, 2012, p. 123–135.

10 Notre découverte du texte-source (*Il Petrarca*, l'éd. Jean de Tournes, 1545) utilisé par Peletier permet de supposer la traduction postérieure à 1545.

11 Vignes a étudié et illustré les pratiques traductives mises en œuvre par Peletier dans *L'Art poétique d'Horace* (1541–1545). Voir Jean Vignes, « Théorie et pratique de la traduction chez Étienne Dolet et Jacques Peletier du Mans », p. 123–125. C'est à travers ces pratiques visant l'appropriation et l'adaptation que, selon Vignes, chez Peletier « la *translation* deviendra alors *Art poétique* » (*ibidem*, p. 129).

12 Jacques Peletier, « Douze sonnets de Pétrarque », dans *Œuvres poétiques*, Paris, Imprimerie de Michel de Vascosan pour Luy & Gilles Corrozet, 1547.

« les difficultés et les écueils de la translation en vers »[13]. Cette épitre constitue d'un côté l'occasion d'une brève réflexion sur la traduction poétique, esquissant quelques principes sur une question épineuse, à savoir le *dissidio* entre le respect de la métrique et le souci de fidélité :

> Le plus souvent la règle et loy du mètre
> Nous rend contreintz d'ajouter ou d'omettre
> Ou en voullant suyvre fidèlement
> L'original, il nous prend tellement,
> Qu'il faut user d'une grand'périphrase,
> Qui veut sauver du vulgaire la phrase :
> Et ceux qui n'ont qu'à l'un des deux respect,
> Ilz nous tiendront d'ignorance suspect.
>
> (v. 46–49)[14]

D'autre part, il s'attaque aussi à ses détracteurs en prenant une position très nette dans le cadre de la polémique cicéronienne (*lettre/esprit*) : « Je ne veux pas, comme eux, rompre la teste : / La lettre laisse, et à l'esprit m'arreste »[15]. On verra dans des développements ultérieurs que cette position sera plus nuancée dans l'*Art poétique* de 1555.

Sa « théorie de la traduction » est donc encore *in fieri* à cette époque. C'est pourquoi il semble intéressant de relire – avec toutes les précautions requises – ses traductions poétiques en utilisant rétrospectivement quelques notions qu'il développera dans son *Art poétique* (1555). Ce volume se présente à la fois comme un ouvrage « théorique » et, dans certains passages, comme une sorte de récit de traduction[16], ainsi que comme une chronique témoignant de son rapport avec les sonnets de Pétrarque.

Bien qu'il paraisse hasardeux de tracer des coordonnées théoriques stables pour décrire un geste traductif à une époque où la théorie de la traduction n'a pas encore développé de solides outils critiques[17], on pourrait affirmer que le projet de traduction de Peletier, par le choix et le nombre des sonnets, répond au précédent

---

13 Jean Vignes, « Introduction », dans Jacques Peletier, *L'Art poétique d'Horace traduit en Vers François*, éd. Vignes, dans *Œuvres complètes*, dir. Pantin, 2011, p. 35.

14 Jacques Peletier, « À Monsieur de Saint Gelais », dans Jacques Peletier, *Œuvres poétiques* (d'après l'édition originale publiée en 1547 par Léon Seché), éd. Paul Laumonier, Paris, *Revue de la Renaissance*, 1904, p. 135.

15 *Ibidem*, p. 136, v. 110–111.

16 Pour cette notion, se référer au chapitre « Traductologie, histoire et imaginaire ». On rappelle les études principales déjà citées : Dirk Delabastita et Rainer Grutman (dir.), *Fictionalising Translation and Multilingualism*, passim ; Hans Christian Hagedorn, *La traducción narrada…*, passim ; Antonio Lavieri, *Translatio in fabula…*, passim ; Antonio Lavieri, « Homo translator… », passim.

17 Sebastiàn García Barrera et Pascale Mounier, « La traduction vue par les traducteurs », p. 128–182 ; Christophe Gutbub, « Penser la traduction : que veut dire traduire au XVIe siècle », p. 183–244. On peut pourtant rappeler que quelques innovations sensibles existent, comme pour le « système terminologique et conceptuel » de la théorie de Joachim Du Bellay relevant

établi par Marot, dans un désir d'achèvement, ou pour le moins de dialogue intertextuel. Cela apparaît plutôt évident, tout d'abord, dans la composition de cette petite anthologie.

Les *Douze sonnets*

Le florilège des *Douze sonnets* comprend sept sonnets *in vita* (1re partie) et cinq sonnets *in morte* (2e partie), suivant l'ordre et la numérotation de l'édition lyonnaise de Jean de Tournes (1545)[18].

Pétrarque, *Canzoniere*, éd. Santagata 1996.			Peletier, *Douze sonnets de Pétrarque*, in *ŒP*, 1547, 2 parties (*in vita* et *in morte*).
SCHÉMA MÉTRIQUE	NUMÉROTATION		SCHÉMA MÉTRIQUE
ABBA ABBA CDE CDE	*Rvf* 2	1.II	ABBA ABBA CCD EDE
ABBA ABBA CDC DCD	*Rvf* 74	1.LV	ABBA ABBA CDC DEE
ABBA ABBA CDE CDE	*Rvf* 75	1.LVI	ABBA ABBA CDE DCE
ABBA ABBA CDE CDE	*Rvf* 132	1.CIII	ABBA ABBA CDE DCE
ABBA ABBA CDE CDE	*Rvf* 134	1.CV	**ABBA ABBA CDE CDE**
ABBA ABBA CDC DCD	*Rvf* 163	1.CXXXI	**ABBA ABBA CDC DCD**
ABBA ABBA CDE CDE	*Rvf* 164	1.CXXXII	**ABBA ABBA CDE CDE**
ABBA ABBA CDE CDE	*Rvf* 267	2.I	**ABBA ABBA CDE CDE**
ABBA ABBA CDE DCE	*Rvf* 274	2.VI	**ABBA ABBA CDE DCE**
ABBA ABBA CDC DCD	*Rvf* 276	2.VIII	**ABBA ABBA CDC DCD**
ABBA ABBA CDC DCD	*Rvf* 305	2.XXXVII	ABBA ABBA CCD EED
ABBA ABBA CDE DCE	*Rvf* 314	2.XLVI	ABBA ABBA CCD EDE

On remarquera tout de suite la richesse des schémas rimiques qui relèvent au moins de quatre configurations différentes :

---

d'une certaine cohérence d'ensemble, malgré ses « tensions » et ses discordances internes. Sur ce point, voir l'introduction de Vignes à Joachim Du Bellay, *La Deffence et Illustration de la Langue Françoyse* [1549], éd. Henri Chamard, Paris, Fontemoing, 1904 ; rééd. avec introd. de J. Vignes, Genève, Slatkine Reprints, 1969[1] ; Paris, Société des textes français modernes, 1997[2], *passim*.

18 Voir *Il Petrarca*, Lyon, Jean de Tournes, 1545. Cette édition suit le même ordre de l'« éd. Bembo » publiée par Alde Manuce (Venice, 1501–1514) : l'éditeur vénitien en fit une première publication intitulée *Le cose volgari di messer Francesco Petrarcha* (1501) et une deuxième sous le titre de *Il Petrarcha* (1514). On remarquera pourtant des différences entre les éditions Manuce (1501–1514) et l'éd. Jean de Tournes (Lyon, 1545) : *a*) à la différence de la première édition vénitienne, celle lyonnaise numérote les sonnets ; *b*) dans la première édition vénitienne, la première partie se conclut par le Sonnet I.225 (*Rvf* 263, *Arbor victoriosa trumphale*), dans la deuxième édition vénitienne (1514) et dans l'éd. lyonnaise la première partie se conclut par le Sonnet I.227 (*Rvf* 266, *Signor mio caro, ogni pensier mi tira*). L'édition lyonnaise privilégie donc la division *in vita* et *in morte*, bien postérieure au projet initial de Pétrarque.

1. La configuration privilégiée est sûrement la reproduction des schémas pétrarquiens (1.CV ; 1.CXXXI ; 1.CXXXII ; 2.I ; 2.VI ; 2.VIII).
2. L'adoption du schéma marotique (ABBA ABBA CCD EED dans 2.XXXVII).
3. L'adoption du schéma inauguré par Saint-Gelais (ABBA ABBA CDC DEE dans 1.IV).
4. La création et mise en valeur d'un schéma original dit « de Peletier » : ABBA ABBA CCD EDE, dans 1.II et 2.XLVI).

La pratique de Peletier se révèle donc novatrice à l'instar de celle de Marot, mais également beaucoup plus éclectique. Notre traducteur ne se limite pas seulement à dialoguer avec le texte-source, ainsi qu'avec la tradition traductionnelle et poétique. Tout en rendant hommage aux solutions de Marot et Saint-Gelais, il propose aussi son propre schéma rimique.

En revanche, le choix du macrotexte semble suggérer un dialogue exclusif et étroit uniquement avec le florilège de Marot. On peut remarquer tout de suite que le nombre de sonnets traduits par Peletier (12) est le double de ceux traduits par Marot (6). Ce qui peut apparaître comme un hasard relève en réalité d'un projet de traduction précis, confirmé par la composition du macrotexte. De fait si, dans les *Fragmenta*, le *Rvf* 1 répond aux canons de l'*exordium*[19], la série 2–5 respecte quant à elle ceux de l'*initium narrationis* par l'usage des *loci a re* (2 *causa*, 3 *tempus*) et *a persona* (4 *patria*, 5 *nomen*)[20]. Le premier sonnet relève donc d'une poésie qui réfléchit sur soi-même et sur son rapport avec son public – une métapoétique – alors que dans la série 2–5 le vers sert une véritable narration. C'est comme si Peletier, en débutant par *Rvf* 2 (et non par *Rvf* 1 comme le fit Marot) voulait mettre l'accent sur la narration de l'*amor-passio*, plutôt que sur son rapport avec la parole poétique et avec ses lecteurs·trices. Cette inspiration semble être confirmée par le choix des autres sonnets.

Dans les *Fragmenta*, les sonnets 74 et 75 forment une sorte d'appendice aux chansons *Rvf* 71[c], 72[c], 73[c] que Pétrarque lui-même désigne comme « chanson des yeux » (« *cantilene oculorum* »[21]). Si dans le sonnet 74 il est question d'un possible échec poétique à cause de l'angoisse d'Amour (et non à cause d'un « *defecto d'arte* »), dans le sonnet 75 les yeux de Laure inspirent un « *dolce penser* » et poussent le poète à écrire plus, lui permettant de composer sans fatigue. Les autres sonnets confirment l'attention de Peletier à la dynamique amoureuse qui génère des sentiments opposés et paradoxaux : ce sont les sonnets dits *de oppositis* (*Rvf* 132, 134) parmi lesquels on peut aussi faire rentrer *Rvf* 164, où on trouve un hymne (*Rvf* 163) dans lequel l'Amour « voiz tous mes pensers a nu » (1.CXXXII, v. 1). En revanche, les sonnets *in*

---

19 Marco ARIANI, *Petrarca*, chap. XII « Rerum vulgarium fragmenta : organizzazione e struttura del *Canzoniere* », § 2 « Il Libro di "poesie" », p. 220–227.

20 Santagata dans PÉTRARQUE, *Canzoniere*, éd. Santagata, p. 13*n*.

21 Voir l'annotation de Pétrarque dans le manuscrit Vaticano Latino 3196 (c. 17v°) sur le v. 144 du *Triumphus Cupidinis* III (« *fonti, fiumi, montagne, boschi e sassi* »), en se référant au v. 37 de *Rvf* 71 : « *attende similem pedem in cantilena oculorum et in illa a la dolce ombra* ».

morte (*Rvf* 267, 274, 276, 305) apparaissent comme des *lamentationes*. La sélection de Peletier laisse ainsi entrevoir un poète passionné qui souhaite explorer les accents les plus intimistes et les plus émotionnels des *Fragmenta*. Une telle inspiration semble influencer en partie les choix traductifs ainsi que les choix formels consistant à suivre souvent les schémas de rimes les plus utilisés par Pétrarque.

D'une part, le choix de garder les schémas les plus répandus dans les *Fragmenta* – à la différence de Marot qui invente son propre schéma « marotique » – pourrait faire penser à un plus grand souci de fidélité au texte-source ainsi qu'à un sentiment d'adhésion à l'imaginaire pétrarquien, dont Peletier apprécie « la vive expression des passions amoureuses »[22]. On est donc loin d'une vision de l'Amour comme « faulx garçon », telle qu'on la retrouve dans la traduction « anti-érotique » de Marot (*Six sonnetz*, I, v. 8). D'autre part, l'adhésion au sonnet et au schéma pétrarquiens s'inscrit peut-être, déjà en 1547, dans une plus vaste « théorie du sonnet » que Peletier développera et synthétisera dans son *Art poétique* (1555) où il opposera le sonnet à l'Épigramme en exprimant sa préférence pour le premier, car il est plus « hautain » et « a plus de majesté »[23].

Ainsi, ce n'est sans doute pas un hasard si la section qui comprend les traductions de Pétrarque s'ouvre sur un sonnet programmatique dans lequel Peletier explique sa manière de *traduire* et « proprement rimer » (v. 2), de translater « en vers rime pour rime » (v. 12) :

> Qui d'un Poëte entend suivre la trace
> En traduisant, et proprement rimer,
> Ainsi qu'il faut la diction limer,
> Et du François garder la bonne grace,
> Par un moyen luy conviendra quil face
> Egale au vif la peinture estimer,
> L'art en tous pointz la Nature exprimer,
> Et d'un corps naistre un corps de mesme face :
> Mais par sus tous met son honneur en gage,
> Et de grand' peine emporte peu d'estime,
> Qui fait parler Petrarque autre langage,
> Le translatant en vers rime pour rime :
> Que pleust aux Dieux et Muses consentir
> Qu'il en vinst un qui me peust desmentir[24].

---

22   Jacques Peletier, *Art poétique*, IIe livre, chap. IV, « Du Sonnet », Lyon, Jean de Tournes et Guillaume Gazeau, 1555, p. 61 ; éd. Michel Jourde, Jean-Charles Monferran et Jean Vignes, dans *Œuvres complètes*, sous la dir. d'Isabelle Pantin, Paris, Champion, 2011, p. 354. [*N.B. :* on utilise ici une orthographe simplifiée.]

23   Jacques Peletier, *Art poétique*, IIe livre, chap. IV, « Du Sonnet », 1555, p. 61 ; éd. Jourde, Monferran et Vignes, dans *Œuvres complètes*, dir. Pantin, 2011, p. 355. [*N.B.* : on utilise ici une orthographe simplifiée.]

24   Jacques Peletier, « Douze sonnets de Pétrarque », sonnet « Qui d'un Poëte entend suivre la trace », p. 47.

On remarquera d'abord que notre poète emploie non seulement – et peut-être pour la première fois – le verbe *traduire* (dans ce sonnet, et dans l'« Epitre au roy », qui introduit les traductions des deux premiers livres de l'*Odyssée*, v. 83), mais aussi qu'il l'assimile au verbe *translater* (v. 12). Il est difficile d'estimer avec exactitude les conséquences d'une telle terminologie ; il est moins difficile, en revanche, de sonder les implications du parallèle entre la traduction et les arts figuratifs, par ailleurs déjà utilisé dans l'épître « A Monseigneur le Revendissime Cardinal Dubellay » placée en introduction des *Géorgiques* de Virgile :

> D'autant que l'Art peut moins que la Nature,
> C'est œuvre mien, qui sus le vif est pris,
> Est moins parfait, et moins digne de prix,
> Que de Maron la divine facture.
>
> (v. 1–4)

L'accent mis sur le rapport entre l'art et la nature encadre le discours dans la sphère de l'*imitatio* – qui peut aussi se décliner, comme on l'a vu, par une *translatio* « en vers rime pour rime » (v. 12) –, mais fait aussi ressortir la conception du texte comme un *corps vivant*. Si les *Géorgiques* sont traduites « sus le vif » (« A Monseigneur le Revendissime Cardinal Dubellay », v. 2), les sonnets de Pétrarque sont façonnés « comme d'un corps [peut] naistre un corps de mesme face » (« Qui d'un Poëte entend suivre la trace », v. 8). On peut en déduire une conception « émotionnelle » de la poésie, comparable à cette « vive force naturelle / dans un corps non maladif » (« *De Martial, Vitam quæ faciunt beatiorem, Iucundissime Martialis, hæc sunt* », v. 7–8), dont il est question dans l'épigramme traduit d'après Martial.

Le geste traductif ne peut enfin que confirmer cette approche « émotionnelle » des *Fragmenta* et c'est en suivant une telle inspiration que Peletier s'accorde une certaine liberté et réalise une appropriation créative mais très proche de la matière sémantique du texte-source, comme dans la traduction de *Rvf* 75.

I begli occhi, ond'i' fui **percosso** in guisa,	Ces yeux tant beaux, dont fut **navré**, en sorte
Ch'e medesmi porian saldar la piaga,	Que de ma playe eux-mesmes seroient tente,
E non già vertù d'herbe, o d'arte maga,	Non vertu d'herbe, ou art qu'enchanteur tente,
O di pietra dal Mar nostro divisa,	Ou d'outre mer quelque pierre qui sorte,
M'hanno la via si d'altro Amor precisa,	**M'ont d'autre amour tellement clos la porte,**
Ch'un sol dolce pensier l'anima appaga :	Qu'un doux penser seul mon ame contente :
E se la lingua di seguirlo é **vaga**,	Et si la langue à le suivre **a entente**,
La scorta pò, non ella, esser derisa.	Sa guide bien, non elle, blasme en porte.
Questi son que begliocchi che l'imprese	Sont ces beaux yeux par qui les entreprises
Del mio Signor vittoriose fanno	De mon Seigneur victorieuses sont
In ogni parte, et più sovra'l mio fianco.	En tous endroiz, mais plus sus mon costé :
Questi son quê begli occhi, che mi stanno	Sont ces beaux yeux, qui toujours leur place ont
Sempre nel cor con le faville accese,	Dedens mon cueur avec flammes esprises,
Perch'io di lor parlando **non mi stanco**.	Doncq'parler d'eux **ne fu oncq'desgousté**.
ABBA ABBA CDE DCE	ABBA ABBA CDE DCE
hendécasyllabes	*décasyllabes*
[*Rvf* 75, éd. De Tournes 1545, LVI]	[Peletier, *Douze sonnets de P.*, in *ŒP*, 1547, 1.LVI]

On remarquera aussitôt l'intérêt de ce sonnet dans la production de Pétrarque. En premier lieu parce que ce poème, comme *Rvf* 74, renvoie à son *Invectiva contra medicum* (1353/54)[25] par laquelle le poète défend la supériorité de la poésie sur la médecine et remet en discussion le statut de cette dernière en tant qu'art libéral. En second lieu, en ce qu'il confirme l'usage d'un modèle manifestement ovidien[26] et témoigne des emprunts à d'autres auteurs[27] auprès desquels Pétrarque retrouve ce thème qui lui est cher[28] : que les herbes et la magie ne peuvent pas guérir le mal d'amour. Cela sous-entend, bien évidemment, que le rôle de la poésie, mis en discussion dans le sonnet précédent (*Rvf* 74[29]), est ici rétabli dans une perspective consolatrice, voire curative.

Il est donc possible que Peletier, lui-même médecin, ait choisi symboliquement ce sonnet pour se placer dans un entre-deux. À la fois homme de science, poète et expert de prosodie, il sera aussi l'auteur, plusieurs années plus tard, d'une *Louange de la science* (1581), dans laquelle il placera la médecine parmi les « Ars avantageus » :

> La tierce, ét celela, qui plus haute se nomme,
> Ayant des troes Sugez, le plus digne de l'Homme,
> La piete de l'Ame anvers le Dieu des Dieus :
> E qui presche aus vivans l'heritage des Cieux.

---

25 Cf. « *Mechanice res tuas age, oro te ; cura, si potes* [...] *Quid te autem non ausurum rear, qui rethoricam medicine subicias, sacrilegio inaudito, ancille dominam, mechanice liberalem ?* » (*Inv. med.*, I, 59–65 et *passim*), dans PÉTRARQUE, *Invective contra medicum : Invectiva contra quendam magni status hominem sed nullius scientie aut virtutis*, éd. Francesco Bausi, Florence, Le Lettere, 2005, p. 34–37. Pour une édition française, consulter : PÉTRARQUE, *Invectives*, texte traduit, présenté et annoté par Rebecca Lenoir, Grenoble, Jérôme Million, 2003. Sur la polémique de Pétrarque au sujet de la poésie, de la rhétorique et de la médecine, voir : Francesco BAUSI, *Petrarca antimoderno*, Florence, Franco Cesati, 2008, § « Questioni di fonti », p. 154–185. Pour un article plus généraliste sur Pétrarque et la médecine, voir : Giuseppe DELL'ANNA, « Petrarca e la medicina », dans Luisa ROTONDI SECCHI TARUGI (dir.), *Petrarca e la cultura europea*, Milan, Nuovi Orizzonti, 1997, p. 203–222.

26 Cf. « *Hei mihi, quod nullis amor est medicabilis herbis* » (OVIDE, *Metamorphoseon libri*, I, v. 523), « *sic potius vos urget amor quam fortibus herbis, / quas maga terribili subsecat arte manus* » (OVIDE, *Medicamina Faciei Femineae*, v. 35–36). Voir les commentaires à *Rvf* 75 dans l'éd. Santagata (1996) et dans l'éd. Bettarini (2006).

27 Cf. « *sed non Dardaniae medicari cuspidis ictum / evaluit neque eum iuvere in vulnera cantus / somniferi et Marsis quaesite montibus herbae* » (VIRGILE, *Aen.* VII, v. 756–758), « *la sua bellezza ha più vertù che pietra, / e 'l colpo suo non può sanar per erba* » (DANTE, *Al poco giorno*, v. 19–20).

28 Cf. « *se versi o petre o suco d'erbe nove* » (*Rvf* 214, v. 7), « [le notti] *più non ponno / per herbe o per incanti a sé ritrarlo* [*il sonno*] » (*Rvf* 306, v. 63–64), « *arti maghe* » (*Rvf* 101, v. 11), « *de l'arti magiche inventore* » (*TF* II, v. 126).

29 Dans ce sonnet, comme le rappelle Bettarini, la possible faillite de la poésie est causée par les attaques de l'Amour qui affaiblit l'*ingegno*, et non par l'imperfection de l'art poétique : « *et onde vien l'enchiostro, onde le carte / ch'i' vo empiendo di voi : se 'n ciò fallassi, / colpa d'Amor, non già defecto d'arte* » (*Rvf* 74, v. 12–14). Carducci, dans son édition (1899) cite dans ce même contexte le troisième livre de l'*Invectiva contra medicum* : « *hec sane non artis sed ingenii culpa est* » (*Inv. med.* III, 123, éd. Bausi 2005), au sujet des erreurs de poètes comme Virgile ou Omer qui se sont occupés « *de virtutibus, de naturis hominum ac rerum omnium, atque omnino de perfectione humana, stilo mirabili* [...] » (*Inv. med.* III, 121, éd. Bausi 2005).

Digne profession, ô, s'ele etoèt sans feint,
E, comme ele, promèt, religieuse e seinte :
E qu'exante ele fut méme d'ambicion,
De scismes, d'avarice, e supersticion[30].

Le mot « enchanteur » (v. 3)[31] choisi par Peletier, pouvant désigner à la fois l'art du *magicien* et celui du *ménestrel*, pourrait-il témoigner d'une telle inspiration ? Ses choix traductifs nous le laissent soupçonner, en ce qu'il reprend davantage certains registres du vocabulaire médical de l'époque, tout en transformant le texte pétrarquien à travers une « poétique des émotions ».

Peletier dramatise ainsi le chagrin d'amour par l'amplification sémantique de certains termes et locutions. Il rend encore plus explicite le sens de « *percosso* »[32] (v. 1) par « navré », en sorte qu'un *heurt* (un *coup*) devient une véritable *blessure*, ou il transforme la *fatigue* en *dégoût*, en traduisant la locution finale « *non mi stanco* » (v. 14) par « ne fu oncq'desgousté »[33]. En effet, il considère que Pétrarque conclut ses sonnets « un peu froedement »[34] et souhaite peut-être imposer sa propre marque poétique. On ne s'étonnera pas alors de certaines transformations qui intensifient les expressions par l'emploi d'un registre plus passionnel : cf. « *duri miei pensieri* »

---

30 Jacques PELETIER, *Louange de la science*, dans *Euvres poétiques de Jacques Peletier, intitulez Louanges aveq quelques autres ecriz*, Paris, R. Coulombel, 1581, p. 50, v. 611–619 ; rééd. dans *Œuvres complètes, Euvres poetiques intitulez louanges aveq quelques autres ecriz*, éd. S. Arnaud, S. Bamforth et J. Miernowski, Paris, Champion, 2005, t. X, p. 253–254, v. 611–619.

31 Le DMF – *Dictionnaire du Moyen Français* [*en ligne* : atilf.atilf.fr] en enregistre plusieurs signifiés (on cite d'après la notice du dictionnaire) : [**Enchanteur**] I. Adj. *a*) [D'une pers.] « Qui pratique des enchantements, qui est magicien, sorcier » ; *b*) [D'une chose] « Qui relève de la magie, de la sorcellerie » ; II. Subst. masc. *a*) « Celui qui pratique des enchantements, magicien, sorcier » ; *b*) [En coordination avec *jongleur*] « Chanteur, ménestrel, acteur » ; *c*) « Séducteur, menteur ». Edmond Huguet, dans son *Dictionnaire du XVIe siècle* [Classiques Garnier en ligne], confirme le double usage du verbe *enchanter* : [**Enchanter**] *a*) « Faire entendre des chants à » [cf. « Ce seroit doncques tout un d'aller enchanter et enfluster un convive au dehors, qui au dedans auroit et grace et musique », Jacques AMYOT, *Propos de table*, VII, 8 ; *b*) « Soumettre à une action surnaturelle » [cf. « O que je suis bien enchanté ! Une Vierge enfanter un filz ! Harauld ! c'est le terme prefix dont je seray mal contenté », Marguerite de NAVARRE, *Comed. de la Nativ.* de J. C. (II, 50) » ; « Daniel compte et nombre Le temps, si que de l'umbre Nul ne soit enchanté », Marguerite de NAVARRE, *Comed. de l'ador. des trois roys* (II, 99) ; « Es tu… fol devenu ou enchanté », RABELAIS, *Le cinquième libre*, 46 ; « Si ne veulx-je pourtant delaisser de chanter, Puis que le seul chant peult mes ennuys enchanter », Joachim DU BELLAY, *Les Regrets*, 11 ; « Tu sois la bien venue, ô bienheureuse treve ! / Treve que le chrestien ne peult assez chanter, / Puis que seule tu as la vertu d'enchanter / De noz travaulx passez la souvenance greve », Joachim DU BELLAY, *Les Regrets*, 126].

32 Selon le dictionnaire étymologique Zanichelli, le terme *percossa* (dal lat. *percutere*) est un « *colpo dato o ricevuto* » (1260 c., *Laude cortonesi*) ou bien un « *colpo avverso* » (av. 1374, F. Petrarca).

33 Cette traduction pourrait aussi avoir été inspirée par les « *Annotazioni* » d'Antonio Brucioli qui, dans son édition (Venice, per Alessandro Brucioli & fratres, 1548) parue un an avant la traduction de Peletier, parle de *gusto* de l'amour en se référant au sonnet 1.LVI (*Rvf* 75).

34 Jacques PELETIER, *Art poétique*, IIe livre, chap. IV, « Du Sonnet », p. 61 ; éd. Jourde, Monferran et Vignes, dans *Œuvres complètes*, dir. Pantin, 2011, p. 354. [*N.B.* : on utilise ici une orthographe simplifiée.]

(*Rvf* 274, v. 1) et « desirs ardens » (2.VI, v. 1), *volta* (*Rvf* 305, v. 4) et *contreinte* (2.XXXVII, v. 4), « *la nova pietà con dolor mista* » (*Rvf* 314, v. 6) et « la pitié de douleur attisée » (2.XLVI, v. 6).

Certains passages attestent aussi de sa maîtrise de la langue et de la littérature italiennes jusqu'à leur registre le plus élevé et *sublìme*, ce qui constitue une qualité remarquable pour un homme de lettres à une époque où les outils lexicographiques étaient très peu développés. Il rend bien par exemple l'adjectif « *vaga* » (v. 7) par « a entente », ou encore il traduit « *m'ànno la via sì d'altro amor precisa* » (v. 5) par « m'ont d'autre amour tellement clos la porte », en saisissant le sens difficile du mot « *precisa* », latinisme d'usage dantesque (*Paradiso*, XXX, v. 30).

L'intérêt pour la physiologie de l'*amor-passio* s'accorde ainsi avec une attention méticuleuse pour la langue et la précision des termes employés : d'une part la description de l'amour comme « maladie du désir »[35], de l'autre l'exigence d'infuser dans sa traduction, par un langage soigneusement calculé, ses propres émotions. La traduction de *Rvf* 134 (ci-dessous) confirme par exemple ce double caractère du geste traductif de Peletier, notamment en ce qu'elle représente une synthèse efficace de la notion d'Amour dans les *Fragmenta* : un sentiment qui relie les idées et les entités les plus diverses, une « chaîne de l'Être »[36] qui permet la coexistence des contraires et « gouverne la terre et le ciel par une loi juste »[37], ce qui représente l'un des noyaux de la poésie pétrarquienne[38].

Pace non trovo, e non hò da far guerra,	Paix je ne trouve, et n'ay dont faire guerre :
E temo, e spero, et ardo, e son un ghiaccio,	J'espere et crain, je brulle, et si suis glace :
Et volo sopra'l Cielo, e giaccio in terra,	Je vole au Ciel, et gis en basse place :
Et nulla stringo, et tutto'l mondo abbraccio.	J'embrasse tout, et rien je ne tien serre.
Tal m'hà in pregion, che non m'apre, né serra,	Tel me tient clos, qui ne m'ouvre n'enserre,
Ne per suo mi riten, ne scioglie il laccio,	**De moy n'a cure, et me tourne la face** :
Et non m'ancide Amor, e non mi sferra,	Vif ne me veut, et l'ennuy ne m'efface,
Ne mi vuol vivo, ne mi trahe d'impaccio.	**Et ne m'occit Amour ny ne desserre.**
Veggio senz'occhi, e non hò lingua, e grido,	Je voy sans yeux, sans langue vais criant :
E bramo di perir, e cheggio aita,	Perir desire, et d'ayde j'ay envie :
Et hò in odio me stesso, et amo altrui :	**Je hay moymesme, autruy j'aime et caresse :**
Pascomi di dolor, piangendo rido :	De deuil me pais, je lamente en riant :
Egualmente mi **spiace** morte, e vita.	Egalement me **plaisent** mort et vie :
In questo stato son **Donna** per vui.	En cest estat suis pour vous **ma maîtresse.**
ABAB ABAB CDE CDE	ABBA ABBA CDE CDE
hendécasyllabe	*décasyllabe*
[*Rvf* 134, De Tournes 1545, CV]	[Peletier, *Douze sonnets de P.*, in *ŒP*, 1547, 1.CV]

---

35 Sur la « *malattia del desiderio* » dans les *Fragmenta*, voir Natascia TONELLI, *Fisiologia della passione*, Florence, Edizioni del Galluzzo, 2015, ch. IV « Petrarca e la malattia del desiderio », p. 153–176.

36 Sabrina STROPPA, « Amore », dans Romana BROVIA et Luca MARCOZZI (dir.), *Lessico critico petrarchesco*, p. 44.

37 Cf. PÉTRARQUE, *Fam.* III.2, 2 : « *celum igitur ac terra equo iure moderatur* ».

38 Vinicio PACCA, *Petrarca*, Bari, Laterza, 2005, chap. II « L'esordio (1337–1341) », § 4 « Le "rime sparse" », p. 55–72.

Le *Rvf* 134 est le sonnet des antithèses par excellence (du genre dit *de oppositis*, avec entre autres le 164 et le 312 choisis pour les *Douze sonnets*). Peletier y emploie des solutions très fines qui témoignent non seulement de son intérêt pour ce qu'on peut appeler une « physiologie des passions », mais encore d'une volonté de valoriser les accents les plus intimistes des *Fragmenta*. Il réalise un admirable chiasme traductif en inversant les oppositions pétrarquiennes probablement pour respecter son propre schéma des rimes (v. 7 et 8) et il renverse le sens de certaines expressions : cf. « *ne per suo mi riten, ne scioglie il laccio* » et « De moy n'a cure, et me tourne la face » (v. 6) ; « *ne mi vuol vivo, ne mi trae d'impaccio* » et « Et ne m'occit Amour ny ne desserre » (v. 8) ; « *spiace* » et « plaisent » (v. 13). Qu'il l'ait fait pour une raison prosodique ou pas, cela démontre son extrême attention à l'architecture dichotomique de ce sonnet. Il ajoute plus loin une « caresse » au v. 11 comme s'il voulait enrichir le texte-source par une emphase fusionnelle et personnelle.

Il est aussi très intéressant de remarquer à quel point la forme du sonnet s'adapte parfaitement à la charge dramatique et à la verve émotionnelle valorisées par Peletier. Les seuls antécédents de cette traduction à l'époque – un dizain anonyme manuscrit intitulé *Epitre balladée* (1530)[39] et un dizain anonyme contenu dans *Le petit œuvre d'amour et gaige d'amytié* (Paris, J. Longis, 1538)[40] – ne parviennent pas à exprimer un tel pathos. Par ailleurs, l'*Epitre balladée* (1530) se révèle particulièrement répétitive, non seulement à cause de sa structure métrique mais surtout de ses rimes plates[41].

Le ton général de la traduction de Peletier met enfin en relief le thème de la transfiguration de l'amant par la force de l'amour, un thème qui puise ses sources dans la conception médiévale de l'*amor-passio* et qui, à travers notamment Dante et Cavalcanti, est aussi inspiré d'un savoir médical, tel qu'on le retrouve par exemple chez Galien et Avicenne[42]. Par ailleurs, la philosophie naturelle et la littérature médicale, appliquées à des symptômes psychophysiques, étaient des domaines bien connus dans toutes les universités de médecine de l'époque[43]. L'héritage de Galien

---

39 Au f. 99v° du ms. BN fr 12489, copié dans les années 1530, se trouve une « espitre balladée » qui constitue une traduction, *a priori* inédite, de *Rvf* 134 (*Pace non trovo, et non ho do far guerra*). Le dizain est disponible en ligne dans la notule suivante : Pascal JOUBAUD et Claire SICARD, « *Pace non trovo, et non ho do far guerra* : une traduction anonyme d'un sonnet de Pétrarque », *Notules XVI* (25 janvier 2017), Carnet de recherche Hypothèses [*en ligne* : notules16.hypotheses.org/ 198].

40 Le texte a été retranscrit dans : Marie de ROMIEU, *Les premières œuvres poétiques*, éd. André Winandy, Genève, Droz, 1972, p. 158.

41 Cf. « Pays je ne treuve et n'ay dont faire guerre, / Dessus le ciel je volle et suys en terre, / Je crains, et si j'espere, brusle et ardz, / Et ung glaçon je suys en toutes pars […] » (v. 1–4), tiré de la notule de Pascal JOUBAUD et Claire SICARD, « *Pace non trovo, et non ho do far guerra* : une traduction anonyme d'un sonnet de Pétrarque » [*en ligne* : notules16.hypotheses.org/198].

42 Tonelli met l'accent sur l'influence des traités médicaux dans la poésie du Moyen Âge italien, dans *Fisiologia della passione*, ch. IV « Petrarca e la malattia del desiderio », p. 166 et *passim*.

43 Ian MACLEAN, *Le monde et les hommes selon les médecins de la Renaissance*, Paris, CNRS Éditions, 2006, p. 33–54 (sur Avicenne, p. 52). Pour un chapitre sur les auteurs anciens étudiés à l'Université de Montpellier pendant la Renaissance, voir Louis DULIEU, *La médecine à Montpellier*, Avignon, Les Presses universelles, 1988, t. II, *La Renaissance*, ch. « Les auteurs anciens », p. 139–153.

et d'Avicenne suscite divers débats et la floraison de toute une littérature scientifique sur le corps[44], qui comptent de nombreux protagonistes en France. Peletier semble rejoindre les préoccupations scientifiques de certains d'entre eux[45], comme Jean Fernel, premier médecin d'Henri II, ou Jacques Sylvius, lui aussi par ailleurs fin grammairien autant que scientifique. Un poète médecin comme notre traducteur devait forcément être coutumier d'un tel savoir et des débats qui en dérivaient. De plus, Peletier semble nourrir une certaine curiosité pour des sciences « nouvelles » influencées par le néoplatonisme, comme la médecine ésotérique de Marsile Ficin[46] ou l'astrologie. Il s'identifie, par exemple – dans son *Commentaire sur la constitution de l'horoscope* (1563)[47] – avec la mélancolie amoureuse de Pétrarque, en évoquant le fait qu'il partage avec lui le même ascendant zodiacal.

Une osmose souterraine entre savoir scientifique et art poétique, bien qu'elle ne soit pas fondatrice, est donc présente comme un vecteur d'inspiration bien apprécié[48] dans ses poèmes comme dans ses traductions[49]. On remarquera par exemple, dans

---

44 Benjamin Lee GORDON, *Medieval and Renaissance médicine*, London, Peter Owen, 1960, ch. « The Revival of Anatomy » et « The Renaissance of Physiology », p. 616–656 ; Nancy G. SIRAISI, *History, Medicine, and the Tradition of Renaissance Learning*, Ann Arbor, The University of Michigan Press, 2010, ch. « Body Past », p. 25–62. Pour quelques aperçus sur les études d'anatomie en France, voir Ernest WICKERSHEIMER, *La médecine et les médecins en France* [Paris, 1905], Genève, Slatkine Reprints, 1970, p. 175–198.

45 Sophie ARNAUD, *La voix de la nature dans l'œuvre de Jacques Peletier (1517–1582)*, Paris, Champion, *passim*. Consulter notamment l'index des noms pour Fernel et Sylvius.

46 Sophie ARNAUD, *La voix de la nature dans l'œuvre de Jacques Peletier...*, p. 156, p. 253–85 et *passim*.

47 Jacques PELETIER, *Commentarii tres : De dimensione circuli, De contactu linearum commentarium, De constitutione horoscopi commentarium*, Bâle, Jean Oporinus, 1563, § « Commentaire sur la Constitution de l'Horoscope », p. 70. Voir aussi l'introduction de Jean-Charles Monferran à Jacques PELETIER, *L'Amour des Amours*, éd. J.-Ch. Monferran, Paris, Société des Textes Français Modernes, 1996, p. XXV*n*.

48 Par ailleurs n'est pas nouvelle pour Peletier une osmose entre poésie et médecine. Sophie Arnaud, par exemple, cite et commente un poème (*La Savoye*, Annecy, J. Bertrand, 1572) qui « se transforme en manuel de médecine » (Sophie ARNAUD, *La voix de la nature dans l'œuvre de Jacques Peletier du Mans...*, p. 253–254). Grâce à l'aimable suggestion de Nina Mueggler, nous découvrons un autre argument qui montre chez Peletier une attention toute particulière à la dimension du corps : il compose, à une date inconnue, un blason et un contreblason dits « du cœur », qui seront publiés en 1547 à une époque où la vogue des blasons anatomiques était déjà éteinte (voir *Blasons anatomiques du corps féminin. Et contreblasons Établissement du texte*, présentation, notes, dossier, répertoire, chronologie et bibliographie établie par Julien Goeury, Paris, GF-Flammarion, 2016).

49 À nos intuitions concernant la traduction de Pétrarque, nous ajoutons celles de Sophie Arnaud, Stephen Bamfoth et Jan Miernowski concernant la traduction de l'*Énéide*. Dans le passage suivant, ils évoquent *Les louanges* (Paris, R. Coulombel, 1581), dont ils ont établi une édition, en faisant remarquer la dimension pour ainsi dire « heuristique » de la poésie de Peletier qui vise à une « synthèse » de toutes les sciences et les arts : « C'est précisément parce que les *Louanges* cherchent à embrasser la vie de l'esprit sous toutes ses formes que Peletier a choisi d'y publier ses traductions de l'*Énéide*. La synthèse des savoirs humains se devait de célébrer l'archétype du Poème » (*Œuvres complètes, Euvres poetiques intitulez louanges aveq quelques autres ecriz*, t. X, éd. S. Arnaud, S. Bamforth et J. Miernowski, p. 55–56).

le sonnet L.V (*Rvf* 74), une greffe traductive qui n'a pas d'équivalents dans le texte-source : comme le verbe *embaumer*, cf. « en parlant de ce ris qui m'embame » (v. 5)[50] ; ou encore la traduction du terme *mente* (*Rvf* 314, v. 1) par *ame* (2.XLVI, v. 1)[51].

Les *Douze sonnets de Pétrarque* traduits par Peletier se posent, à peu de chose près, en antagonistes des anti-érotiques de Marot et inaugurent ainsi une tout autre approche de la traduction des *Fragmenta*, une voie « passionnelle » et « érotique ». Il est intéressant de comparer ci-dessous certains mots et locutions qui expriment des réseaux sémantiques très différents dans les deux projets de traductions. On liste d'abord une sélection d'occurrences dans un tableau récapitulatif.

	MAROT, *Six sonnets* **(1541–1544 ca.)**	**PELETIER,** *Douze sonnets* **(1547)**
vain	« **vains** travaulx » (I, v. 5) « **vain** exercice » (I, v. 12) « deffense y est **vaine** » (II, v. 11)	« Perdans en **vain** cent mille pas » (1.IV, v. 11)
monde	« **monde** vicieux » (V, v. 7) « Que ce qui plaist au **monde** n'est que songe » (I, v. 14) « **monde** / Froid et obscur » (IV, v. 1-2) « Le **monde** l'eut sans la congnoistre » (IV, v. 12)	Aucune occurrence
plaisir	Aucune occurrence	« vif **plaisir** » (1.V, v. 13)
désir	« Dont mon **desir** ailleurs qu'au ciel ne tend » (V, v. 13)	« aujourd'huy **désir** / J'ay de m'aider » (1.II, v. 13–14) « Périr **desire**, et d'ayde j'ay envie » (1.CV, v. 10) « Tu rens content mon **désir** a suffire / Bien qu'en **desirs** justes je ne consume » (1. CXXXI, v. 12-13) « Plein me faisiez d'espoir et **désirs** doux » (2.I, v. 12)

---

50 Le verbe *embamer* (variante pour *embaumer*) relève d'un registre médical. Le DMF en enregistre les signifiés suivants : I. Empl. trans. *a)* « Oindre d'un baume » ; *b)* en partic. « Remplir (le corps d'un mort) de substances balsamiques, dessiccatives et antiseptiques, destinées à en assurer la conservation, embaumer » ; *c)* [Un lieu] « Emplir d'une odeur suave » ; II. Empl. pronom. « S'emplir d'une odeur suave ».

51 Le terme *âme* à cette époque se réfère à la fois à une conception spirituelle et au *principe* qui anime les êtres vivants. Le DMF en enregistre les signifiés suivants : *a)* « Principe premier de vie et de mouvement », 1. Au propre « Principe de vie qui anime l'homme et les êtres organisés, animaux et plantes (lié au corps, il disparaît avec lui) », 2. au fig. « Principe qui anime une chose abstraite, qui lui donne vie » ; *b)* « Principe spirituel constitutif de l'être humain », 1. « Partie spirituelle de l'homme considérée comme unie au corps », 2. « Ce principe spirituel considéré comme incorruptible et immortel (p. oppos. au corps) », 3. « Ce principe spirituel considéré dans son destin, une fois séparé du corps », 4. [Représentation de ce principe spirituel] ; *c)* P. méton, 1. « Chrétien », 2. P. ext. « Individu, être humain », 3. [Terme d'affection] ; *d)* P. anal. [À propos d'une Chose concr., partie considérée comme essentielle d'une chose située à l'intérieur de cette chose].

	Marot, *Six sonnets* (1541–1544 ca.)	**Peletier,** *Douze sonnets* (1547)
doux	« Du plus **doulx** ris et du plus **doulx** langage » (VI, v. 4) « **doulce** erreur » (II, v. 7)	« **addoussir** ma peine » (1.VIII, v. 4) « **dousse** clairté » (1.VIII, v. 13) « Qu'un **doux** penser seul mon ame contente » (1.LVI, v. 6) « O vive mort ! **doux** mal, as tu sus moy / Tant de pouvoir » (1.CIII, v. 7-8) « Bien voy de loing ce **doux** feu qui m'allume » (1.CXXXI, v. 9) « **dousse** peine » (1. CXXXII, v. 6) « **Doux** et amer sort, dont me vois paissant » (1. CXXXII, v. 10) « Las beau visage, helas yeux aux **doux** trait » (2.I, v. 1) « Plein me faisiez d'espoir et désirs **doux** » (2.I, v. 12) « **dousse** veue » (2.XXXVII, v. 7) « ce jour est fin de mon **doux** âge. Quelle **dousseur** fut celle » (2.XLVI, v. 8-9) « Mes **doux** pensers, mon cueur, qui est l'avoir / Plus noble et beau, en leur garde je mis » (2.XLVI, v. 13–14)

Les choix traductifs relèvent d'un dialogue avec le lexique du texte-source qui peut se jouer à différents niveaux. Peletier traduit par exemple le « *dolce et amoroso et piano / lume* » (*Rvf* 276, v. 13–14) par « dousse clairté » (1.VIII, v. 13), ou « *allentar* » (*Rvf* 276, v. 4) par « addoussir ma peine » (1.VIII, v. 4), mais il ajoute un « vif plaisir » (1.V, v. 13) en réécrivant le deuxième tercet de *Rvf* 183 (~). Marot traduit avec précision le dernier vers de *Rvf* 1 par « Que ce qui plaist au monde n'est que songe » (I, v. 14), mais utilise l'adjectif *vain* aussi dans sa traduction de *Rvf* 161, sonnet dans lequel cet adjectif est absent : « deffense y est vaine » (II, v. 11). Qu'il s'agisse donc de la traduction d'un mot du texte-source ou d'une greffe traductive, ces choix révèlent de champs sémantiques privilégiés par les traducteurs. On peut les mettre statiquement en relief à travers un diagramme de flux qui montre les « gradients d'incidence » de chaque champ sémantique.

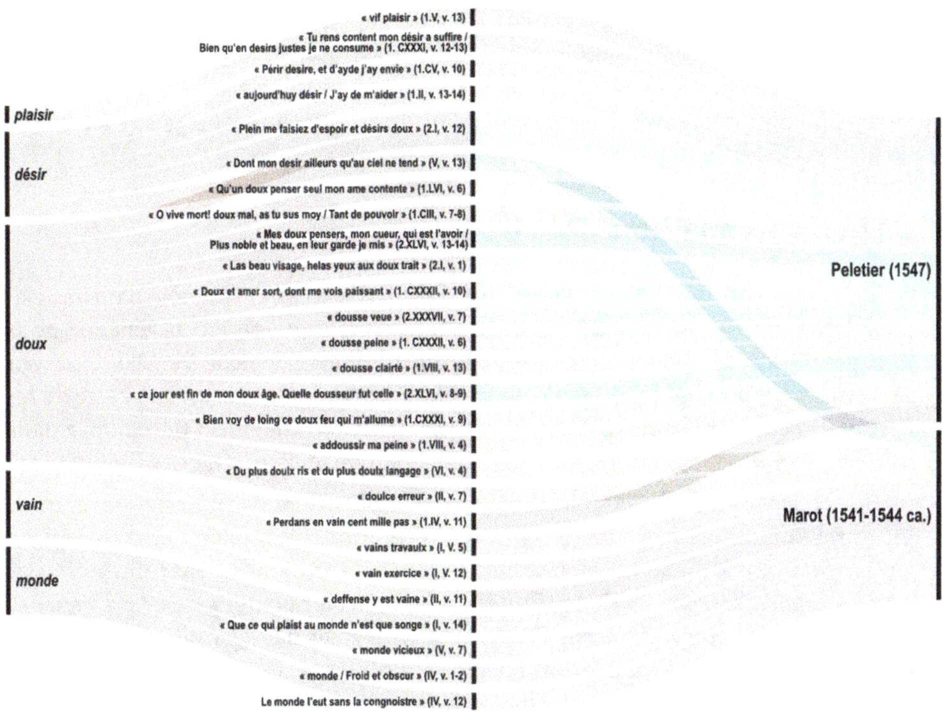

Diagramme sur les champs sémantiques. Réalisé grâce à *RAWGraph* et personnalisé au moyen de *Inkscape*.

Si Marot privilégie les champs sémantiques se référant à la vanité et au *contemptus mundi*, on trouve en revanche chez Peletier d'autres réseaux de significations renvoyant au plaisir et aux sentiments amoureux. On pourrait presque affirmer, avec les précautions adéquates, que ces deux premiers traducteurs peuvent être considérés comme deux grands archétypes dans l'histoire de la traduction et de l'interprétation de Pétrarque, avec d'un côté une traduction spirituelle souvent « anti-érotique », et de l'autre une traduction sentimentale valorisant les passions et la dimension du corps.

Par ailleurs, cette polarité n'est pas étrangère aux poètes de l'époque. Defaux fait remarquer qu'il existait déjà, dans l'imaginaire marotique, pour le moins *deux* Pétrarque : le poète « érotique, le chantre de Laure et de la passion amoureuse » et le poète « chrétien et repenti »[52]. De plus, l'on retrouve ces mêmes imaginaires chez d'autres poètes et traducteurs, comme le montre Gilles Banderier (2007). Jean-Édouard Du Monin (1557–1586), par exemple, « a fort bien vu ces deux dimensions

---

52 Gérard DEFAUX, *Le poète et son jardin. Étude sur Clément Marot et l'Adolescence clémentine*, p. 260.

de l'auteur italien et le passage de l'une à l'autre se superpose à l'évolution linguistique du jeune poète. Le Pétrarque lyrique est traduit d'italien en latin ; le Pétrarque chrétien d'italien en français »[53]. Malheureusement, puisque Marot et Peletier n'ont pas traduit les mêmes sonnets, une comparaison étroite entre leurs gestes traductifs ne peut pas être réalisée.

Un professionnalisme de la traduction

La traduction des *Douze sonnets* par Peletier représente un tournant crucial pour l'évolution de sa conception de la traduction, et d'une façon générale pour l'imaginaire de la traduction à la Renaissance. Non seulement les *Douze sonnets* sont un laboratoire poétique fertile pour Peletier, mais ils sont aussi au centre de ses réflexions postérieures sur la traduction, une véritable « théorie » développée dans son *Art poétique* (1555) dont il vaut la peine de suivre les vertigineuses évolutions.

Si Sebillet en 1548, dans le sillage de Marot, exaltait la traduction comme un moyen de rendre la « pure et argentine invention » des poètes et d'enrichir la langue *françoyse*[54], un an après, Joachim Du Bellay – profondément influencé[55] par l'*Art poétique d'Horace* (1541–1545) de Peletier – recommande dans *La Défense et Illustration de la langue française* (1549) non seulement de se garder des « mauvais traducteurs » et de « ne traduyre les Poëtes »[56], mais va jusqu'à soutenir que « ce tant louable labeur de traduyre ne me semble moyen unique et suffisant pour elever notre vulgaire à l'égal, et Parangon des autres plus fameuses Langues »[57]. C'est dans cette perspective que Du Bellay réfléchit sur un nouvel infléchissement de la pratique de l'*imitatio*, qui se substitue à la traduction comme moyen d'amplification de la langue,

---

53 Gilles Banderier, « Babel à l'œuvre : Du Monin et le plurilinguisme », dans James Dauphiné et Myriam Jacquemier (dir.), *Babel à la Renaissance. Actes du XIe Colloque international de la Société française d'étude du XVIe siècle*, Paris, Eurédit, 2007, p. 261.

54 Thomas Sébillet, *Art poétique français* [1548], éd. Felix Gaiffe, Paris, Société Nouvelle de Librairie et de l'Édition, 1910, Livre II, chap. XIV, p. 187–188.

55 L'influence de la préface de Peletier à sa traduction de l'*Art poétique d'Horace* (1541–1545) sur le premier livre de *La Défense et illustration de la langue française* (1549) ainsi que sur la deuxième préface de *L'Olive* (1550) de Du Bellay est évidente (voir Clément Jugé, *Jacques Peletier du Mans. Essai sur sa vie, son œuvre, son influence*, IV, p. 26–34). La deuxième préface de *L'Olive* (1550) ne laisse aucun doute à ce sujet aussi selon Paul Laumonier : voir « Notice biographique », dans Jacques Peletier, *Œuvres poétiques* (d'après l'édition originale publiée en 1547 par Léon Seché), éd. Paul Laumonier, Paris, *Revue de la Renaissance*, 1904, p. XV. Sur le même sujet, voir aussi les réflexions de Chamard sur le dizain de Du Bellay *À la ville du Mans* (publié par Peletier à la fin de ses *Œuvres poétiques*, 1547), ainsi que sur la deuxième préface de *L'Olive* (1550) : voir Henri Chamard, « L'invention de l'Ode et le différend entre Ronsard et Du Bellay, contribution à l'histoire de la Pléiade », *Revue d'histoire littéraire de la France*, n° VI, 1899, p. 42.

56 Joachim Du Bellay, *La Défense et illustration de la langue française* [1549], éd. Jean-Charles Monferran, Genève, Droz, 2007, Livre I, ch. VI « Des mauvais traducteurs et de ne traduire les poètes », p. 89–91.

57 *Ibidem*, Livre I, ch. V, p. 85.

position qui se situe dans la droite ligne d'une polémique anti-cicéronienne[58]. Dans une perspective semblable, Peletier confirmera et consolidera sa pensée qui évoluera significativement par rapport aux années de la traduction de l'*Art poétique d'Horace* (1541–1545), bien qu'on puisse supposer qu'il n'ait pas dû fort apprécier la *Défense et illustration* de Du Bellay, qui ne rendait pas justice à son travail sur Horace.

Sa conception de la traduction est désormais mûre, voire systématique, lors de la publication de son *Art poétique* (1555), dans lequel il développe les notions éparses déjà suggérées dans l'*Art poétique d'Horace* (1541–1545) ainsi que dans l'*Épître à Saint-Gelais* (1547). L'imitation est au centre de ses réflexions.

> La plus vraie espèce d'imitation, c'est de traduire : car imiter c'est autre chose que vouloir faire ce que fait un autre : einsi que fait le traducteur, qui s'asservit non seulement à l'Invancion d'autrui, mais aussi à la Disposition, et encore à l'Elocucion tant qu'il peut et tant que lui permète le naturel de la Langue translative : par ce que l'eficace d'un Ecrit, bien souvent consiste an la propriété des moz et locucions : laquele omise, ote la grace et defraude le sans de l'Auteur. Partant, traduire est une besogne de plus grand travalh que de louange[59].

Cela ne revient pas à dire que les traductions « quand eles sont bien faites » ne peuvent pas « beaucoup anrichir une Langue »[60]. Le traducteur « doit estre un peu creintif »[61]. Les traductions se font bien « par art » mais sont « telement artificieles, que la loe an est antandue de peu de gans »[62]. Peletier semble ainsi envisager, comme le faisait déjà Dolet, un professionnalisme de la traduction qui se pose un problème déontologique, voire éthique. Partant, il n'aime pas les traducteurs·trices « mot à mot », mais rejette aussi la solution de Cicéron qui préfère les *oratores* aux *interpretes*, et qui « ne loue pas le Traducteur consciencieus »[63]. De même, il affirme que chaque traducteur·trice doit « garder la proprieté e le naïf de la Langue an laquel il translate »[64], mais considère dans le même temps cette tâche comme impossible à accomplir : « pansèz quele grandeur ce seroèt de voeir une seconde Langue repondre à toute l'elegance de la première : et ancor avouèir la sienne propre. Meis, comme j'è dìt, il né se peùt feire »[65]. C'est à la lumière de cette chaîne d'ambiguïtés qu'on peut souligner le « souci éthique » de Peletier qui se considère comme un traducteur

---

58 Voir l'introduction de Vignes à Joachim Du Bellay, *La Deffence et Illustration de la Langue Françoyse* [1549], éd. H. Chamard, introduite par J. Vignes, Paris, STFM, 1997, p. 10–14.

59 Jacques Peletier, *Art poétique*, Ier livre, chap. VI, « Des Traductions », p. 19 ; éd. Jourde, Monferran et Vignes, dans *Œuvres complètes*, dir. Pantin, 2011, p. 299. [*N.B.* : on utilise ici une orthographe simplifiée.]

60 *Ibidem*, p. 31.

61 *Ibidem*.

62 *Ibidem*.

63 *Ibidem*, p. 33.

64 *Ibidem*.

65 *Ibidem*, p. 34.

consciencieux et ne partage pas l'*inventio* de Sébillet et Marot, tout en blâmant aussi les traductions dites trop « littérales ».

En même temps que Peletier, un très jeune traducteur travaille en Avignon, bien loin du prestige culturel de la capitale, dans un esprit opposé et très proche, quant à lui, de l'illustration de la langue valorisée par Sébillet. La sienne consistera en la première traduction complète des *Rerum vulgarium fragmenta* en langue *françoyse*. Vasquin Philieul inaugure ainsi une autre tradition traductionnelle, qui est le produit de la concertation d'imaginaires très divers, entre fascinations poétiques, enjeux politiques et recherche philologique.

Chapitre IV

La première traduction complète de Vasquin Philieul

Le projet de traduction

Vasquin Philieul (1522–1582/6 c.) est originaire de Carpentras[1] et n'a que vingt-cinq ans lorsqu'il publie à Paris en 1548 sa première traduction, *Laure d'Avignon* (1548)[2], avec un premier « livre » d'après les *Fragmenta*, republié par la suite en Avignon en 1555[3] dans une édition incluant tous les autres poèmes. Marcel Françon[4] fait remarquer que c'est seulement à cette date[5] que Philieul prend le titre de « docteur-es-droictz » : cette traduction pourrait bien correspondre alors à la période de ses études juridiques.

La couverture de la première édition nous surprend aussitôt : le nom de Laure est choisi comme titre alors que, comme le fait remarquer Daniele Maira[6], celui-ci

---

1 Pour plus d'information sur la vie de Vasquin Philieul et de sa famille, consulter Casimir–François–Henri BARJAVEL, *Dictionnaire biographique du Département de Vaucluse*, 2 vol., Carpentras, Imprimerie de L. Devillario, 1841, t. I, p. 264–267.

2 Voir *Laure d'Avignon, mis en françoys par Vaisquin Philieul*, Paris, J. Gazeau, 1548. Cette traduction a été reproduite par les éditions Actes Sud (Paris 1987), sous la direction de Pierre Lartigue et Jacques Roubaud, mais sans liste des incipit et sans donner la correspondance entre les textes traduits et ceux de Pétrarque. Yvonne Bellenger (1998) a décrit la liste des poèmes de Pétrarque (avec numérotation actuelle) et indique la liste alphabétique des *incipit* des traductions de Philieul, le numéro du poème et le folio où il se trouve et, entre parenthèses, le rappel du numéro du poème de Pétrarque traduit : voir Yvonne BELLENGER, « Notes sur la Laure d'Avignon de Vasquin Philieul », *Bibliothèque d'Humanisme et Renaissance*, tome LX, n° 1, 1998, p. 69–76.

3 Voir *Toutes les euvres vulgaires de François Pétrarque, contenans quatre livres de M. D. Laure d'Avignon, sa maistresse, jadis par luy composez en langage thuscan et mis en françoys par Vasquin Philieul, avecques briefz sommaires ou argumens requis pour plus facile intelligence du tout*, Avignon, impr. de B. Bonhomme, 1555. Dans ce contexte, nous ferons référence à cette édition.

4 Marcel FRANÇON, « Vasquin Philieul, traducteur de Pétrarque », *French Studies*, vol. 4, n° 3, 1950, p. 216–226.

5 *Ibidem*, p. 217n.

6 Daniele MAIRA, *Typosine, la dixième muse*, Genève, Droz, 2007, 1ʳᵉ partie « Le *Canzonieri* de la première génération », ch. I « Le monument au "Surnom louable" : poétiques et pratiques péritextuelles », § 3 « Sous le signe de Scève : la *Laure d'Avignon* de Vasquin Philieul et l'*Olive* de Joachim Du Bellay », p. 100–117.

ne désigne aucune édition italienne des œuvres pétrarquiennes[7]. La configuration typographique du titre est la suivante :

LAURE D'A-
VIGNON
AU NOM ET AD-
veu de la ROYNE CATHARINE
DE MEDICIS *Royne de France.*
EXTRAIT DU POETE FLO-
Rentin François Petrarque : Et mis en
Françoys par Vasquin Philieul de Carpentras

Ce détail nous introduit à l'imaginaire traductionnel de Philieul aussi bien qu'aux enjeux politico-littéraires du pétrarquisme français. Comme le fait remarquer Maira, d'après cette configuration

> le traducteur de Carpentras se présente comme l'héritier de Pétrarque, celui qui contribue à sa francisation, alors que la « Royne de France » réactualise, en l'incarnant et en la symbolisant, la figure de la jeune Avignonnaise : Catherine est à Laure ce que Philieul est à Pétrarque.

> Cette traduction ne met pas en scène le dernier acte du pétrarquisme, mais la scène finale de l'exhumation du corps de Laure et son couronnement royal. La francisation des *Rerum vulgarium fragmenta* passe cette fois-ci moins par la figure du poète-amant François en la personne de François Ier, que par l'héritière moderne de l'aimé, la reine Catherine, jadis Florentine, désormais naturalisée Française (« Royne de France »). Elle joue le rôle de médiatrice entre l'Avignon des papes et du poète italien ainsi qu'entre la Florence de l'auteur et la France du traducteur[8].

Si le mythe de Laure se charge ainsi d'une « perspective moins historique que symbolique », c'est parce qu'il participe à un programme transnational et politico-littéraire de *translatio studii*. Laure devient « une muse et une matière nationales »[9]. On verra de quelle façon cet imaginaire politique se consolide dans l'édition suivante (1555) qui complète le « premier livre » des *Fragmenta* (1548).

La deuxième édition des œuvres de Pétrarque traduites par Philieul, publiée à Avignon en 1555 sous le titre de *Toutes les euvres vulgaires de François Pétrarque…*, est la première traduction française complète des *Fragmenta*. Avec cette édition avignonnaise, notre traducteur renforce ses liens avec un héritage topographique

---

7 Voir : le *Catalogue of the Petrarch Collection* (Cornell University Libraries), Millwood/New York, Kraus-Thomson Organization, 1974 ; Klaus LEY, *Die Drucke von Petrarcas « Rime », 1470–2000 : synoptische Bibliographie der Editionen und Kommentare, Bibliotheksnachweise*, Hildesheim/New York, Olms, 2002.

8 Daniele MAIRA, *Typosine, la dixième muse*, p. 105.

9 *Ibidem*, p. 104.

pétrarquien plutôt qu'avec la Laure mythifiée[10]. Il inaugure ainsi un imaginaire géographique français autour de la poésie pétrarquienne.

Composé de quatre « livres », ce volume ne suit pas la division en deux parties, présente pourtant dans les éditions italiennes de l'époque – comme celles de Valdezzocco (1472) et de Bembo (1501) – ou dans des éditions françaises comme celle de Jean de Tournes (1545–1551). Philieul suit plutôt un ordre inspiré de l'édition de Vellutello (1525)[11], dont il a sûrement pu consulter l'une des nombreuses rééditions (1525–1547), mais son chansonnier présente des changements importants dans l'ordre des poèmes.

Le premier livre reprend la traduction de 1548 (*Laure d'Avignon*), sous le titre « Livre premier de Laure d'Avignon » et comprend les poèmes *in vita* (196 sonnets, 24 chants, 6 madrigaux, 3 stances ou *poses*[12]). Le deuxième livre comprend en revanche les poèmes *in morte* sous le titre « Livre deuxième de Laure » (90 sonnets, 8 chants, une sextine, une *ballata*). Le troisième livre, intitulé « Livre troisième de Laure », comprend toutes les poésies « diverses » à l'intérieur desquelles, conformément à l'édition de Vellutello, « sont contenues choses autres que d'amours, escriptes par

---

10 On rappellera qu'en raison de la difficulté de trouver un logement, la famille de Pétrarque « réside pendant un certain temps à Carpentras, à vingt kilomètres d'Avignon (*Sen.*, X, 2). C'est ici que François fréquente l'école de Convenevole de Prato (*Sen.*, XVI, 1 ; *Fam.* XXIV.1, 5) et il y apprend la grammaire, la dialectique et la rhétorique (*Post.*, 16) », notre traduction, cf. « *Per la difficoltà di reperire un alloggio, la famiglia risiede a Carpentras, a venti chilometri di distanza (Sen., X 2). È qui che Francesco viene posto alla scuola di Convenevole da Prato* (Sen., XVI 1 ; Fam., XXIV 1 5) *ad apprendervi grammatica, dialettica e retorica* (Post., 16) » (Marco ARIANI, *Petrarca*, ch. II « Vita di petrarca. l'impegno intellettuale come missione civile », § « Dall'"esilio" alla laurea poetica »). Sur ce sujet voir aussi : Franco SUITNER, « Petrarca prima del soggiorno lombardo : sul nome e la residenza avignonese », dans Giuseppe FRASSO, Giuseppe VELLI et Maurizio VITALE (dir.), *Petrarca e la Lombardia. Atti del Convegno (Milano 22–23 maggio 2003)*, Roma, Antenore, 2005, p. 165–177 ; Jacques ROUBAUD, *Quasi-cristaux*, Paris, Yvon Lambert & Martine Aboucaya, 2013, ch. 3 « Rerum Vulgarum Fragmenta », § IV, VI, VII [*en ligne* : blogs. oulipo.net/qc/].

11 Voir *Le volgari opere del Petrarca con la espositione di Alessandro Vellutello da Lucca*, 1525. Cette édition change considérablement l'ordre des poèmes par rapport à l'éd. Bembo (Venice, Alde Manuce, 1501) : ce nouvel ordre sert à justifier une réorganisation chronologique des textes, sur laquelle s'appuie le commentaire de Vellutello. On rappellera que les poèmes dans l'édition Vellutello ne sont pas numérotés. Philieul suit de près l'édition Vellutello, tout en numérotant les sonnets. Sur l'édition Vellutello, voir : Gino BELLONI, « Un eretico nella Venezia del Bembo : Alessandro Vellutello », *Giornale Storico della Letteratura Italiana*, n° 97, 1980, p. 43–74 ; Simone ALBONICO, « Osservazioni sul commento di Vellutello a Petrarca », dans Massimo DANZI et Roberto LEPORATTI (dir.), *Il poeta e il suo pubblico*, Genève, Droz, 2012, p. 63–100.

12 Dans l'édition de Vellutello, suivie par Philieul, le premier livre comprenait 196 sonnets, 16 *canzoni*, 8 sextines, 6 *ballate*, 3 *madrigali*. On remarquera avec Bellati que, dans ce contexte, les termes italiens (*ballata* et *madrigale*) n'indiquent pas exactement les mêmes formes que les françaises (*ballade médiévale* et *madrigal français*). C'est pourquoi Bellati garde les termes italiens : Giovanna BELLATI, « La traduction du *Canzoniere* de Vasquin Philieul », dans Jean BALSAMO (dir.), *Les Poètes français de la Renaissance et Pétrarque*, p. 212. Quant au terme « *pose* », inconnu par les dictionnaires et les traités de versification, il s'agit d'une particularité de l'édition de Philieul. Le terme *canzone* utilisé par Vellutello est traduit par *chant*.

Pétrarque à divers Seigneurs et Amis, avec toujours quelque petite commemoration de sa dame »[13] (31 sonnets, 5 chants, 1 *pose*). Le quatrième livre comprend enfin une traduction complète des *Triumphi* et s'intitule, de même que les autres, « Livre quatrième de Laure d'Avignon ».

Une particularité remarquable de cette édition consiste dans le fait qu'elle contient aussi six des sept traductions de Marot[14] et la traduction de *Rvf* 134 (sonnet LI dans la traduction de Philieul) faite par un poète inconnu nommé Bussely de Lenoncourt. L'usage d'autres traductions dans une même édition – cas rare, mais non pas unique[15] – nous montre un regard inédit sur la théorie et la pratique de la traduction au XVIe siècle et nous laisse envisager l'existence d'une communauté avisée de traducteurs·trices se lisant et se citant les un·e·s les autres, dans un échange passionné voire malicieux qui n'exclut pas les polémiques littéraires ni les querelles politiques.

Le rôle culturel et poétique

Avant d'aborder l'analyse du projet traductionnel de Philieul, il est intéressant de remarquer, d'une part, que plusieurs traductions paraissent après son édition des *Fragmenta*, comme si Pétrarque avait joué le rôle d'initiateur pour sa riche activité de traducteur[16]. Philieul traduit ainsi du latin les *Statuta Comitatus Venaissini* (1511)[17], le poème *Scacchia Ludus* (1525)[18] de Girolamo Vida, le *De frequenti usu sanctissimi Eucharistiæ sacramenti libellus* de Christophore de Madrid (1555)[19] ; de l'italien, le *Dialogo dell'imprese militari e amorose* (1555)[20] de Paul Jove. D'autre part, on remarquera que l'empan temporel entre la première édition (1548) et la deuxième (1555) correspond à la floraison des premiers chansonniers français : l'*Olive* (1549) de Du Bellay, premier chansonnier à la manière de Pétrarque avec les *Erreurs amoureuses* de Pontus de Tyard (1549), les *Amours de Cassandre* de Ronsard (1552),

---

13 Vasquin Philieul, *Toutes les euvres vulgaires de François Pétrarque…*, p. 293.

14 Dans le premier livre : les poèmes 49 et 179, correspondant à *Rvf* 159 et 248. Dans le deuxième livre : les sonnets 73, 78 et 80, correspondant à *Rvf* 338, 346, 348, ainsi que la chanson 2 correspondant à *Rvf* 323[c].

15 Rappelons que, par exemple, Jean de Boissières utilise des éléments allogènes dans sa traduction de l'Arioste (*L'Arioste francoes de Jean de Boessières, avec les argumans et allégories sur châcun chant*, Lyon, T. Ancelin, 1580).

16 Émilie Picot, *Les Français italianisants au XVI[e] siècle*, 2 vol., Paris, Champion, 1907, t. II, p. 43–48.

17 Voir *Les Statuts de la Comté de Venaissin*, Avignon, Claude Bouquet, 1558. À l'édition latine de cet ouvrage (Avignon, Thomas Des Cloches, 1511) avait contribué aussi son père Romain Philieul.

18 *Le Jeu des Eschecz*, Paris, Philippe Danfrie et Robert Breton, 1559.

19 *Traité de souvent recevoir le Saint Sacrement de l'Eucharistie*, Avignon, s.n., 1566 ; réèd. sous le titre de *Le Traité de la fréquente communion*, Paris, s.n., 1582.

20 *Dialogue des devises d'armes et d'amours*, Lyon, Guillaume Roville, 1561.

suivis d'un très grand nombre d'autres recueils très souvent intitulés « Amours ». Ce genre nouveau, à la fois vitrine mondaine et laboratoire poétique, devient l'un des axes les plus importants d'un projet culturel et politique plus vaste : l'enrichissement et l'affirmation de la langue *françoyse*[21]. Le projet de Philieul s'inscrit donc dans un pétrarquisme désormais populaire et transnational, phénomène « à la mode », vecteur d'échanges entre la France et l'Italie.

Jean Balsamo (1992) a mis l'accent sur le rôle culturel de Philieul dans la diffusion des *Fragmenta*[22] en France. André Gendre (1996) a quant à lui souligné l'importance de sa traduction pour la naissance du sonnet français[23]. Giovanna Bellati (1985–2004)[24] a enfin analysé minutieusement la manière dont deux aspects (*culturel* et *poétique*) s'articulent dans le choix des formes métriques et prosodiques comme dans la composition du macrotexte. D'après les études de Bellati, il est possible d'affirmer que Philieul « ne s'attache pas à reproduire des modèles pétrarquiens, mais il montre sa volonté de s'inscrire dans la tradition poétique française »[25], peut-être dans le but de s'imposer à la nouvelle cour, non seulement comme traducteur, mais aussi comme poète.

Le traducteur et la cour

Philieul ne cache pas l'inspiration courtisane, politique et transnationale de son projet éditorial. Il célèbre l'amitié entre la France et l'Italie et exprime sa volonté d'assimiler, voire de politiser, la poésie de Pétrarque. La deuxième édition de 1555, comme la première (1548), sont dédiées à la nouvelle reine, Catherine de Médicis (1560–1589) qui, à son mariage avec le futur Henri II, monte sur le trône de France de 1547 à 1559 : « À très illustre et souveraine dame, ma dame Catharine de Medicis, Royne de France, Vasquin Philieul très humble salut & felicité » (p. 3). Philieul se comparant à une « rurale alouete » entend d'abord célébrer Pétrarque, « Phenix Poëte » (p. 3), et les origines italiennes de la reine. Il compare le poète *laureato* à Catherine de Médicis, elle aussi ayant quitté sa « cité fleurie [...] pour France

---

21 Cécile Alduy, *Politique des « amours » : poétique et genèse d'un genre français nouveau (1544–1560)*, Genève, Librairie Droz, 2007.

22 Jean Balsamo, *Les Rencontres des Muses. Italianisme et anti-italianisme dans les Lettres françaises de la fin du XVIe sièlce*, Genève, Slaktine, 1992, p. 222–223.

23 André Gendre, *Évolution du sonnet français*, p. 35–36.

24 Giovanna Bellati, « Il primo traduttore del *Canzoniere* petrarchesco nel Rinascimento francese », *Aevum*, n° 59, 1985, p. 371–398 ; *Id.*, « La traduction du *Canzoniere* de Vasquin Philieul », p. 203–228.

25 Notre traduction, cf. « *Philieul non utilizza se non sporadicamente le disposizioni rimiche del sonetto italiano, non si cura cioe di riprodurre i modelli petrarcheschi, mostrando invece un chiaro intento di inserirsi nella tradizione metrica piu propria della poesia francese* » (Giovanna Bellati, « Il primo traduttore del Canzoniere petrarchesco... », p. 386) ; cf. « Philieul manifeste donc la tendance à se démarquer du modèle italien en ce qui concerne la structure du sonnet, et à s'insérer plutôt dans une tradition française en voie de formation » (Giovanna Bellati, « La traduction du *Canzoniere* de Vasquin Philieul », p. 214).

avoir en Seigneurie » (p. 3). Sa volonté d'assimiler le chansonnier de Pétrarque à la tradition *françoyse* dessine les traits d'un imaginaire politique autour du mythe pétrarquien :

> Aussi Pétrarque aura nouveau renom
> Quand il sera Françoy dessoubz ton nom,
> Vray est qu'il va par moy en decroissant,
> et par toy croist l'heur du ly fleurissant[26].

Philieul ne manque pas de s'adresser aux lecteurs·trices français·es en les invitant à méditer sur un possible destin commun des deux pays, un « clement destin » qui voudrait « joinct au François l'ancient Florentin » (p. 4). Le mariage entre ces deux langues, le *françoys* et le florentin, devient métaphore, non seulement de l'union entre Henri II et la reine, mais aussi d'une alliance héroïque entre le victorieux sang *françoys* et les fastes de la tradition gréco-romaine dont la lignée des Médicis est le vecteur privilégié. Cette union assurerait à la France une longue prospérité qui, bien évidemment, ne pourrait se perpétrer qu'à travers les Lettres et la culture : « [...] O Dame, en suyvant tes ancestres, / Donne faveur aux conseillieres lettrés, / Si tu congnois grans biens en advenir, / Si faict Royal est les entretenir » (p. 6–7).

Cette inspiration courtisane vise donc un public spécifique et donne à voir un Pétrarque à la fois mythique et familier, en harmonie avec le goût de l'époque et l'horizon d'attente d'un·e lecteur·trice cultivé·e et élégant·e. Les remarquables études de Bellati ont déjà décrit de manière savante les gestes poétiques et stylistiques qui font la singularité du projet de Philieul. On évoquera ces analyses incontournables, avant de nous livrer à l'étude de quelques zones traductionnelles.

Il va de soi que les sonnets jouent un rôle de premier plan dans la réception et la traduction de Pétrarque ; le projet de Philieul nous montre pourtant l'incidence des autres formes poétiques contenues dans les *Fragmenta*. Les solutions stylistiques utilisées pour les trois livres présentent des rapprochements et nous permettent de tracer quelques coordonnées générales.

Schémas rimiques

Concernant les sonnets, le schéma des rimes le plus répandu pour les quatrains est le même que celui de Pétrarque (ABBA ABBA) – sauf pour le troisième livre[27]

---

26 « À très illustre et souveraine dame, ma dame Catharine de Medicis, Royne de France, Vasquin Philieul très humble salut & felicité », dans *Toutes les euvres vulgaires de François Pétrarque...*, p. 4.

27 Dans le troisième livre, les schémas des premières strophes sont très variés : ABBABCBC (sonnets XII et XXV), ABBAACAC (sonnet XXVII), ABBAACCA (sonnets XV, XVIII, XXIX), AABBCCBB (sonnet XXIII), ABBACDDC (sonnets VI et VII). Remarquons aussi le schéma ABABABAB (sonnet XI, cf. *Rvf* 137), schéma métrique dit « des origines », utilisé par Pétrarque lui-même à dix reprises (*Rvf* 56, 280, 311, 281, 307, 310, 134, 187, 318, 79, 210, 295, 279, 260). On remarquera aussi, avec Bellati, l'usage fréquent de l'alexandrin dans ce livre dans les sonnets XIII, XV, XVI, XVII, XVIII, XXIII, XXV. Philieul ne l'a utilisé que trois fois dans le premier

qui est le plus varié d'un point de vue métrique. En revanche, Philieul use beaucoup dans les tercets de la rime plate (qui, on le rappelle, est abhorrée des Italiens pour la composition des sonnets[28]) dans quelques structures majoritaires : le schéma marotique CCDEED, 76 fois (1er livre), 15 fois (2e livre) ; le schéma de Saint-Gelais CDCDEE, 50 fois (1er livre), 31 fois (2e livre), 13 fois (3e livre) ; le schéma utilisé par Peletier CCDEDE, 18 fois (1er livre), 6 fois (2e livre) ; CDDCEE 15 fois (1er livre)[29]. Ce faisant, Philieul expérimente sur le sonnet plusieurs schémas de rimes, en confirmant, d'un côté, l'inspiration toute italienne de ce modèle poétique, de l'autre, la singularité du sonnet français. Ce double choix d'inclure ensemble non seulement les traductions de Marot et de Lenoncourt, mais aussi les schémas de rimes de ses devanciers, donne la mesure de l'attention consacrée par Philieul à la tradition traductionnelle.

Comparaison entre les schémas des rimes							
PÉTRARQUE, *Canzoniere*, éd. Santagata 1996.		MAROT, *Six sonnetz de Pétrarque*, éd. Defaux 1994.		PELETIER, *Douze sonnets de Pétrarque*, in *ŒP*, 1547, 2 parties.		PHILIEUL, *Toutes les euvres vulgaires de François Pétrarque*, 1555, 4 parties.	
1	ABBA ABBA CDE CDE	I	ABBA ABBA CCD EED[M]			1.I	ABBA ABBA CDC DEE[SG]
2	ABBAABBA CDE CDE			1.II	ABBA ABBA CCD EDE[P]	1.III	ABBA ABBA CDC DEE[SG]
74	ABBAABBA CDC DCD			1.LV	ABBA ABBA CDC DEE[SG]	1.LIX	ABBA ABBA CCD EED[M]
75	ABBA ABBA CDE CDE			1.LVI	ABBA ABBA CDE DCE	1.LX	ABBA ABBA CCD EED[M]
132	**ABBA ABBA CDE DCE**			1.CIII	**ABBA ABBA CDE DCE**	1.L	ABBA ABBA CCD EED[M]
134	**ABBA ABBA CDE CDE**			1.CV	**ABBA ABBA CDE CDE**	1.LI	ABBA ABBA CCD EDE[P]
161	ABBA ABBA CDE CDE	II	ABBA ABBA CCD EED[M]			1.XLIX	ABBA ABBA CCD EED[M]
163	**ABBA ABBA CDCDCD**			1.CXXXI	**ABBA ABB CDC DCD**	1.CX	ABBA ABBA CCD EDE[P]
164	**ABBA ABBA CDE CDE**			1.CXXXII	**ABBA ABBA CDE CDE**	1.CL	ABBA ABBA CDD CEE

livre (sonnets VII, C et madrigal III), et une fois dans le deuxième (sonnet LI). Il y a aussi un exemple de sonnet en octosyllabes (sonnet XLV du deuxième livre). Voir Giovanna BELLATI, « La traduction du *Canzoniere* de Vasquin Philieul », p. 225 et 225*n*.

28 Il existe néanmoins des exceptions. Pétrarque lui-même utilise la rime plate pour les tercets (CDD DCC) dans quatre sonnets des *Fragmenta* (*Rvf* 13, 94, 166, 326). Sur ce sujet, voir Andrea AFRIBO, *Petrarca e il petrarchismo. Capitoli di lingua, stile e metrica*, Rome, Carocci 2009, ch. « La rima nei Fragmenta », et *passim*.

29 Quant à la structure CDCDEE, elle rappelle plutôt le sonnet anglais élisabétain ou l'*ottava* italienne : « il en existait déjà quelques exemples chez Peletier et Saint-Gelais ; cependant aucun poète n'en fait un usage aussi étendu que Philieul, qui l'emploie dans 26 % des sonnets de *Laure d'Avignon* et du *Livre premier* » (Giovanna BELLATI, « La traduction du *Canzoniere* de Vasquin Philieul », p. 213).

Comparaison entre les schémas des rimes							
PÉTRARQUE, *Canzoniere*, éd. **Santagata 1996.**		**MAROT,** *Six sonnetz de Pétrarque*, éd. **Defaux 1994.**		**PELETIER,** *Douze sonnets de Pétrarque*, in *ŒP*, 1547, 2 parties.		**PHILIEUL,** *Toutes les euvres vulgaires de François Pétrarque*, 1555, 4 parties.	
248	ABBA ABBA CDE CDE	III	ABBA ABBA CCD EED[M]			1.CLXXIX	ABBA ABBA CCD EED[M]
267	**ABBA ABBA CDE CDE**			2.I	**ABBA ABBA CDE CDE**	2.I	ABBA ABBA CCD DEE
274	**ABBA ABBA CDE DCE**			2.VI	**ABBA ABBA CDE DCE**	2.XV	ABBA ABBA CDC DEE[SG]
276	**ABBA ABBA CDC DCD**			2.VIII	**ABBA ABBA CDC DCD**	2.XVII	ABBA ABBA CCD EDE[P]
305	ABBA ABBA CDC DCD			2.XXXVII	ABBA ABBA CCD EED[M]	2.LIV	ABBA ABBA CDC DEE[SG]
314	ABBA ABBA CDE DCE			2.XLVI	ABBA ABBA CCD EDE	2.XXVIII	ABBA ABBA CDD CEE
338	ABBA ABBA CDE CDE	IV	ABBA ABBA CCD EED[M]			2.LXXIII	ABBA ABBA CCD EED[M]
346	ABBA ABBA CDC DCD	V	ABBA ABBA CCD EED[M]			2.LXXVIII	ABBA ABBA CCD EED[M]
348	ABBA ABBA CDE CDE	VI	ABBA ABBA CCD EED[M]			2.LXXX	ABBA ABBA CCD EED[M]

LEGENDA

X[M] = schéma marotique CCD EED

X[P] = schéma de Peletier CCD EDE

X[SG] = schéma de Saint-Gelais CDC DEE

→ NB : Nous mettons en évidence les sonnets que Philieul a empruntés à Marot

Ce tableau exposant les schémas des rimes utilisés par Marot, Peletier et Philieul nous permet de proposer quelques pistes de réflexion sur les choix traductifs de ce dernier et sur son lien avec la tradition de son époque. Notre traducteur ne se soucie pas de reproduire les mêmes schémas de rimes pour chaque sonnet, comme le fait par exemple Peletier avec les schémas pétrarquiens. Philieul préfère plutôt rendre hommage à Saint-Gelais, Marot et Peletier en adoptant leurs schémas de manière créative. Bien qu'il exclue de son corpus tous les sonnets traduits par Peletier, il n'hésite pas à lui emprunter son schéma (ex. en 1.LI et 2.XVII). Le premier sonnet fait naître une interrogation quant à son rapport avec la tradition traductionnelle : il choisit le schéma de Saint-Gelais qui n'est pas proprement un traducteur, mais un imitateur et un poète pétrarquiste. À ce schéma, Philieul réserve une place d'excellence.

Dans une perspective semblable, notre traducteur se sert presque toujours de modèles très répandus dans la poésie française du XIVe et du XVe siècle pour les chants[30]

---

30 Bellati rappelle l'usage de certaines formes, par exemple : les structures rimiques ABABCC et ABABBCC (chants II et III) communes dans les ballades françaises ; la strophe utilisée dans le chant XIV (ABABBCBCDEDEEFEF) qui est l'un des types les plus classiques de seizain ; le dizain classique dans le chant XXII, constitué par deux cinquains indépendants (ABABB CCDCD). Voir Giovanna BELLATI, « La traduction du *Canzoniere* de Vasquin Philieul », p. 215.

comme pour les stances ou « *poses* »[31] ; pour les madrigaux (les *ballate* dans les *Fragmenta*), il s'éloigne drastiquement du modèle pétrarquien[32]. Philieul confirme ainsi sa volonté d'acclimater la poésie de Pétrarque à travers les formes poétiques de la tradition *françoyse*, tout en gardant une certaine marge d'expérimentation poétique.

Les « arguments »

Avant de se concentrer sur l'analyse de quelques poèmes, on remarquera le rôle de premier plan joué par les « arguments » dans la composition du macrotexte ainsi que dans l'interprétation du texte-source. Dans le premier livre, les deux tiers des poèmes sont précédés par un argument très détaillé, alors que dans les autres livres ces introductions narratives sont moins nombreuses et plus courtes : on peut ainsi constater l'absence de commentaires pendant six ou sept poèmes de suite. Comme l'a fait remarquer Bellati, ces arguments, partiellement inspirés par les commentaires de Vellutello, semblent avoir pour seul but de présenter les *Fragmenta* comme une « histoire vécue » à travers un certain nombre d'épisodes narrant l'amour entre Pétrarque et Laure de Noves. C'est dans les arguments que Philieul révèle explicitement son interprétation de la poésie pétrarquienne : « L'effort de donner des précisions spatio-temporelles ou d'éclaircir les situations réelles et les motifs qui seraient à la base de la conception de chaque poème, relève d'une vision et d'une représentation surtout humaine et biographique » du Canzoniere[33].

Certains arguments ont aussi pour fonction supplémentaire de regrouper des poèmes à travers un thème commun, tout en suivant l'ordre donné par Vellutello. Ces commentaires liminaires décrivent, par exemple, une série d'événements[34] ou le

---

31 Bellati fait remarquer l'usage de certaines formes classiques, par exemple dans le premier livre : la stance I (ABABBCBC) et la pose III (ABABBCBC) reprennent l'une des formes les plus typiques du huitain (souvent utilisée comme strophe dans la ballade ou dans le chant royal) ; la pose II (ABBABCCDCD) est formée par un dizain. Voir Giovanna Bellati, « La traduction du *Canzoniere* de Vasquin Philieul », p. 218.

32 La *ballata* italienne n'est pas analogue à la ballade française. Philieul traduit *ballata* par le terme *madrigal*. La *ballata* italienne a une structure fixe en trois parties : *a)* la *ripresa*, qui correspond au refrain ; *b)* une ou plusieurs strophes divisées en deux séquences appelées *prima mutazione* et *seconda mutazione* ; *c)* une partie finale (la *volta*) qui reprend, par les rimes, le dernier vers de la strophe et une partie de la *ripresa*. Dans les *Fragmenta* le type de *ballata* le plus répandu est le ZYYZ (*ripresa*) ABCBACCDDZ avec une hétérométrie très riche, tandis que Philieul utilise pour ses madrigaux des formes très différentes, par exemple dans le premier livre : madrigal I (ABABBCBCDEEDFF, octosyllabes) ; madrigal III (ABBAABACDCDCEE, alexandrins) ; madrigal V (ABBACDDCEEDDFF, décasyllabes).

33 Giovanna Bellati, « La traduction du *Canzoniere* de Vasquin Philieul », p. 209–210.

34 Voir par exemple, dans le premier livre, les sonnets 10 à 18 qui illustrent une série d'événements : un voyage de Pétrarque à Vaucluse (sonnets X–XI), la maladie de Laure (sonnets XII–XV), le retour du poète à Avignon, où il ne retrouve pas sa bien-aimée, partie pour accomplir un vœu fait pendant sa maladie (sonnet XVI), et enfin le retour du poète (sonnets XVII–XVIII). Voir Giovanna Bellati, « La traduction du *Canzoniere* de Vasquin Philieul », p. 209–210.

motif du voyage[35], et peuvent même conduire à un détournement du sens des textes-sources[36]. Cette constellation de microstructures narratives confirme le caractère typiquement biographique et anecdotique des arguments, tout en dévoilant « une conception assez particulière de la poésie, vue essentiellement comme un acte de création spontanée et immédiate qui naît subitement d'un événement ou d'un état d'âme particulier »[37].

Le geste traductif

L'approche de Philieul semble être entièrement tournée vers la vie de Pétrarque, vers son cheminement intérieur, en nourrissant un imaginaire diégétique et biographique. On remarquera que, dans le sonnet I (*Rvf* 1), les chants sont directement « desduictz » (sonnet I, v. 1) de l'expérience du *mal d'amor*, et que tout le registre traductionnel semble préférer l'expression d'émotions quotidiennes à la réflexion métapoétique, la description des faits à l'exploration approfondie de la mémoire du poète.

---

35 Dans le premier livre, un groupe raconte un voyage à travers la forêt des Ardennes (sonnets XXXII et XXXIII), une étape à Lyon (sonnet XXXIV), un détour par le Rhône et le retour à Avignon (sonnet XXXV). Un deuxième groupe concerne un voyage en Provence, puis en Italie (madrigal III, sonnet XXXVI, chant IV, sonnet XXXVII), puis le retour à Vaucluse (sonnets XXXVIII et XXXIX), pendant que Laure habite quelque temps à Cabrières, non loin de la demeure du poète (sonnets XL–XLVIII, chant V, sonnet XLIX). Voir Giovanna Bellati, « La traduction du *Canzoniere* de Vasquin Philieul », p. 209–210.

36 On remarquera, avec Bellati, un petit groupe de textes consécutifs, présent dans le troisième livre et constitué par les sonnets VIII (*Rvf* 114), IX (*Rvf* 136), X (*Rvf* 138), par le chant II (*Rvf* 105) et par le sonnet XI (*Rvf* 137). Tout en suivant l'ordre de Vellutello, Philieul semble les interpréter selon le commentaire erroné de Philelphe, qui voit dans le chant *Rvf* 105 (un texte au contenu assez obscur) une invective anti-papale dans laquelle Pétrarque accuserait le chef de l'Église d'avoir séduit sa sœur (voir l'éd. Carducci et Ferrari 1899). Philieul applique ce prisme de lecture fantaisiste également aux autres compositions du groupe, qui sont pourtant imprégnées d'une vraie inspiration anti-papale. Sur ce sujet, voir : Giovanna Bellati, « La traduction du *Canzoniere* de Vasquin Philieul », p. 222–223 ; Giosué Carducci et Severino Ferrari, *Le rime di Francesco Petrarca di su gli originali*, Florence, Sansoni, 1899, p. 148–149. Sur cette mystérieuse « *frottola* » (*Rvf* 105), voir aussi : Antonio Daniele, « La canzone *Mai non vo' più cantar com'io soleva* (CV) », *Lectura Petrarcae*, n° 13, 1993, p. 149–174 ; Maria Sofia Lannutti, « Per l'interpretazione della canzone 105 di Petrarca », dans F. Benozzo, G. Brunetti, P. Caraffi, A. Fasso, L. Formisano, G. Giannini et M. Mancini (dir.), *Culture, livelli di cultura e ambienti nel Medioevo occidentale, Atti del IX Convegno della Società Italiana di Filologia Romanza Bologna (5–8 ottobre 2009)*, Rome, Aracne, 2012, p. 603–653.

37 Giovanna Bellati, « La traduction du *Canzoniere* de Vasquin Philieul », p. 209.

ARGUMENT : En cestuy sonnet le Poëte recognoissant son erreur use de confession, avec deprecation aux lecteurs, comme en matiere favorable.

Voi ; ch'ascoltate in **rime sparse** il suono	Vous qui oyez les **chantz** icy desduictz
Di quei sospiri, ond'io nudriva 'l core	De ces souspirs, dont mon cœur en detresse
In su'l mio primo giovenil'errore,	Je nourissois sus l'erreur de jeunesse
Quand'era in parte altr'huom da quel, ch'i'sono ;	Quand j'estois homme autre que je ne suis.
Del vario stile, inch'io **piango et ragiono**	Du divers stile **ou mes pleurs je poursuis** :
Fra le vane speranze, e'l **van dolore** ;	Du vain espoir, et **douleur qui m'oppresse**,
Ove sia, chi per **prova** intenda amore,	Si onc aves senty d'amours la **presse**
Spero trovar pietà, non che perdono.	Me pardonnez par pitié tant d'ennuys.
Ma ben veggi'hor, si come al popol tutto	Mais a présent je voy le bruit qui monte
Favola fui gran tempo ; onde sovente	Et de mon mal partout presque on devise,
Di me medesmo meco mi vergogno :	Dont bien souvent de moymesme j'ay honte.
Et del mio **vaneggiar** vergogna è'l frutto,	Honte est le fruict de ma **vaine entreprise**,
E'l pentirsi, e'l conoscer chiaramente,	Et repentance, et le voir sans mensonge
Che quanto piace al mondo è breve sogno.	Que tout plaisir du monde n'est qu'un songe.

ABBA ABBA CDE CDE
hendécasyllabe
[*Rvf* 1, éd. Vellutello 1525, rééd. 1545]

ABBA ABBA CDC DED
décasyllabe
[Philieul, *Toutes les euvres vulgaires de François Pétrarque*, 1555, Livre I, sonnet I]

Le *rime sparse* deviennent ici des simples « chantz » (v. 1), la *prova*[38] d'amour au vers 7 n'est plus qu'une « presse ». Le registre philosophique – renvoyant par exemple à une dimension spirituelle ou au travail de la mémoire – a été simplifié, voire banalisé par le traducteur. Remarquons par exemple le vers 5, qui parle du « *vario stile, inch'io piango et ragiono* », expression qui pourrait être considérée comme l'une des plus belles métaphores du « dépôt mémoriel »[39] et du *travaglio* du poète, en d'autres termes d'une attitude propre à nourrir une « responsabilité vigilante envers ses propres souvenirs, une pratique infatigable de sélection qui libère l'esprit des souvenirs inutiles et garde seulement les fondamentaux »[40] (cf. *Fam* XVII.8 ; *Sen.* V.1 et IX.2 ; *Rem.* II.100). Ce *travaglio* et cette élaboration des souvenirs (le *ragionamento*) ne semblent pas beaucoup intéresser Philieul, qui mise plutôt sur la description de sentiments intenses, spontanés, ancrés dans le présent, et préfère parler d'un « stile ou mes pleurs je poursuis » (v. 5). Dès lors les lecteurs·trices ne s'étonneront pas de lire « vaine entreprise » comme traduction du terme *vaneggiar* (v. 12). L'amour et la poésie sont des *entreprises* qui passionnent notre traducteur car, outre la figure de modèle littéraire, Pétrarque devient pour Philieul un compagnon de voyage.

Seul sonnet que Philieul n'emprunte pas au petit florilège de Marot, le 1.I (*Rvf* 1) propose enfin aux lecteurs·trices un *proemium* différent de l'exemple marotique.

---

38 Ce terme italien a le sens très forte d'« épreuve » à la fois existentielle et morale.

39 Notre traduction, cf. « *metaforica del deposito memoriale* » (Andrea TORRE, « Memoria », dans Romana BROVIA et Luca MARCOZZI (dir.), *Lessico critico petrarchesco*, p. 185). Pour une description de cette « dynamique de l'esprit » chez Pétrarque voir aussi : *Fam.* XVII.8 ; *Sen.*, V.1 e IX.2 ; *Rem.*, II.100.

40 Notre traduction, cf. « *vigile responsabilità verso i propri ricordi, un'inesausta pratica di selezione che sgrava la mente dai ricordi accessori e preserva i fondamentali* » (Andrea TORRE, « Memoria », dans Romana BROVIA et Luca MARCOZZI (dir.), *Lessico critico petrarchesco*, p. 185).

<table>
<tr><td valign="top">

Vous qui oyez en **mes rymes** le son
D'iceulx souspirs, dont mon cueur nourrissoie
Lors qu'en erreur ma jeunesse passoie,
N'estant pas moy, mais bien d'autre façon :
De **vains travaulx** dont feis ryme et chanson,
Trouver m'attens (mais qu'on les lise et voye)
Non pitié seulle, ainsi excuse en la voye
Où l'on congnoist amour, ce **faulx garson**.
Si voy je bien maintenant et entendz
Que longtemps fus au peuple passetemps,
Dont à par moy honte le cueur me ronge :
Ainsi le fruict de mon **vain exercice**
C'est repentance, avec honte et notice
Que ce qui plaist au monde n'est que songe.

ABBA ABBA CCD EED
décasyllabe
[Marot, *Six sonnetz de Pétrarque, Rvf* 1, éd.
Defaux 1994]

</td><td valign="top">

ARGUMENT : En cestuy sonnet le Poëte
recognoissant son erreur use de confession, avec
deprecation aux lecteurs, comme en matiere
favorable.

Vous qui oyez les **chantz** icy desduictz
De ces souspirs, dont mon cœur en detresse
Je nourissois sus l'erreur de jeunesse
Quand j'estois homme autre que je ne suis.
Du divers stile ou **mes pleurs** je poursuis :
Du vain espoir, et douleur qui m'oppresse,
Si onc aves senty d'amours la presse
Me pardonnez par pitié tant d'ennuys.
Mais a présent je voy le bruit qui monte
Et de mon mal partout presque on devise,
Dont bien souvent de moymesme j'ay honte.
Honte est le fruict de ma **vaine entreprise**,
Et repentance, et le voir sans mensonge
Que tout plaisir du monde n'est qu'un songe.

ABBA ABBA CDC DED
décasyllabe
[Philieul, *Toutes les euvres vulgaires de François
Pétrarque*, 1555, livre I, sonnet I]

</td></tr>
</table>

Soulignons dans un premier temps les différences sémantiques : cf. « rymes » et « chantz » (v. 1), « vains travaulx » et « mes pleurs » (v. 5), « vain exercice » et « vaine entreprise » (v. 12). Elles nous montrent que pour Marot la traduction de Pétrarque relève d'un exercice littéraire et d'un *travail*, tandis que pour Philieul elle représente plutôt une expérience de vie qui se traduit, pour lui, par un genre proche de la « confession, avec deprecation aux lecteurs » (voir ARGUMENT).

L'intérêt de lire la traduction de Philieul au prisme de nouvelles réflexions traductologiques et comparatistes semble donc évident. Ce projet de traduction — bien qu'il s'inscrive dans une démarche visant une certaine adhésion au texte-source — révèle surtout un imaginaire complexe, décrit un Pétrarque très personnel et propose une nouvelle conception du macrotexte. Si d'un côté notre traducteur entretient un dialogue étroit avec sa source et assure presque toujours une certaine stabilité de la matière sémantique (□), on s'aperçoit facilement, à travers ses micro-choix linguistiques, de l'originalité, voire de la liberté de cette traduction. De plus, il est intéressant de remarquer les zones de croisement entre les choix traductifs et la structure du macrotexte, mais aussi les dialogues implicites avec d'autres traducteurs.

À ce propos, le sonnet LX (*Rvf* 75), entre autres, nous donne l'occasion de réfléchir à certains traits originaux de cette traduction et à ses liens avec la tradition traductionnelle précédente. L'argument fantaisiste de ce sonnet semble un *unicum* dans les commentaires disponibles à cette époque. Selon Philieul, *Rvf* 75 aurait été écrit pour répondre à une Laure contrariée, lectrice ennuyée des célèbres *cantilene oculorum* (*Rvf* 71, 72, 73) et du sonnet *Rvf* 74 qui, avec *Rvf* 75, en est l'appendice poétique[41].

---

41 L'*incipit* de *Rvf* 74 reprend le congé de la chanson 73 ; le sonnet 75 s'oppose par son thème au sonnet *Rvf* 74. Voir Adelia NOFERI, « Da un commento al *Canzoniere* petrarchesco : sonetto 74 », *L'Approdo letterario*, t. XX, n° 65, 1974, p. 8–16 ; article réimprimé dans Adelia NOFERI, *Frammenti per i Fragmenta di Petrarca*, a cura di Luigi Tassoni, Rome, Bulzoni, 2001, p. 85–95.

Notre traducteur invente peut-être de toutes pièces cet argument pour justifier l'opposition thématique entre le sonnet 74 et le sonnet 75 : il nourrit ainsi l'imaginaire anecdotique et biographique de son édition. Mais l'intérêt de ce sonnet ne s'arrête pas là : ces quatorze lignes pourraient cacher bien plus que ce que l'on voit.

Argument : Quelqu'un luy raporta que ma dame Laure quand eut veues les trois precedentes chants et sonnet [→ *Rvf* 71ᶜ, 72ᶜ, 73ᶜ, 74ˢ], dict, qu'il ne faisoit jamais que parler des yeux, dont il respond comme icy.

I begliocchi ; ond'i fui **percosso** in guisa,	Ces divins yeux, qui m'ont **navré** de sorte,
Ch'e medesmi porian saldar la piaga ;	Qu'eux seuls pourroient ma grand playe guerir,
Et non gia vertù d'herbe, ò d'arte maga,	Qu'autre **enchanteur** ne peult aller querir
O di pietra dal mar nostro divisa ;	De là la mer pierre ou herbe assez forte :
M'hanno la via si d'altro amor precisa,	**M'ont d'autre amour si bien fermé la porte,**
Ch'un sol dolce pensier l'anima appaga :	Qu'ailleurs ne peut mon penser recourir.
Et se la lingua di seguirlo è vaga **;**	Dont si ma langue apres on voit courir :
La scorta pò, non ella, esser derisa.	La moquerie est à qui la transporte.
Questi son que begliocchi ; che l'imprese	Ce sont les yeux, qui font estre vainqueur
Del mio signor victoriose fanno,	Amour de tous, mesmement de mon cueur,
In ogni parte, et più sovra'l mio fianco :	Et ont pouvoir d'y mettre ou **feu ou glas**.
Questi son que begliocchi ; che mi stanno	Ce sont les yeux, qui sont tousjours presens
Sempre **nel cor colle faville accese** ;	Dans mon esprit, **ou regner je les sens,**
Perch'io di lor parlando non mi stanco.	Et d'en parler ne serois jamais las.

ABBA ABBA CDE DCE	ABBA ABBA CCD EED
hendécasyllabes	*décasyllabes*
[*Rvf* 75, éd. Vellutello 1525, rééd. 1545]	[Philieul, *Toutes les euvres vulgaires de François Pétrarque*, 1555, livre I, sonnet LX]

On s'étonnera d'abord du v. 5, reprenant la traduction de Peletier, traducteur célèbre qui, à la différence de Marot et de Lenoncourt, ne figure pourtant pas dans l'édition de Philieul : cf. « M'ont d'autre amour tellement clos la porte » (Peletier, 1547, 1.LVI, v. 5). Compte tenu de la difficulté du terme *precisa* et de la ressemblance surprenante avec la traduction de Peletier, on peut facilement envisager que Philieul a non seulement bien lu la traduction de Peletier, mais qu'il a aussi négligé de la citer. Les raisons pourraient être d'ordre poétique mais aussi philosophique. Il est possible que Philieul se range du côté de Pétrarque en soulignant la supériorité de la poésie sur la médecine, position qui apparaissait plus mitigée dans l'approche de Peletier. Mais son exclusion pourrait aussi être motivée par une prise de position très nette dans la polémique anti-cicéronienne et donc par la volonté de soutenir Marot et ses partisans. Quoi qu'il en soit, on constate une différence de vues entre l'inspiration passionnelle de Peletier et l'approche biographique de Philieul.

Dans *Rvf* 75, par exemple, l'usage du mot *enchanteur* semble moins ambigu[42] que chez Peletier (cf. *magicien* / *ménestrel*). Ou remarquons encore la traduction des

---

42 Non seulement parce qu'il utilise le terme « autre enchanteur », mais notamment parce qu'il en spécifie les caractéristiques de manière précise : « autre enchanteur ne peult aller querir / De là la mer pierre ou herbe assez forte » (v. 3–4). Cf. « Non vertu d'herbe, ou art qu'enchanteur tente, / Ou d'outre-mer quelque pierre qui sorte » (Jacques Peletier, *Douze sonnets de P.*, dans *ŒP*, 1547, 1.LVI [*Rvf* 75], v. 4–5).

vers 12–13 (« *Questi son que begliocchi ; che mi stanno / Sempre nel cor colle faville accese* »), qui nous montre un Peletier passionné avec ses « flammes esprises » (v. 13)[43] et un Philieul qui semble plutôt mettre l'accent sur le ressentir intime du poète (« je les sens », v. 13) et sur le motif du *combat d'amour* par lequel la *nemica* triomphe sur le cœur du poète[44], voire elle est décrite sur le trône du *royaume* de l'Amour[45] : « Ce sont les yeux, qui sont tousjours presens / Dans mon esprit, ou regner je les sens » (v. 12–13).

Un autre détail à remarquer dans le sonnet 1.LX est l'usage d'un choix traductif renvoyant à un autre poème (*Rvf* 134). Ce choix permet d'instaurer une cohérence d'ensemble ainsi que de valoriser certaines thématiques. Philieul manipule la matière sémantique dans les tercets (~) tout en respectant le sens général et tout en transformant les *faville accese* (v. 13) en « feu ou glas » (v. 11). La référence à la rhétorique *de oppositis* (« feu ou glas »), qui trouve sa synthèse parfaite dans *Rvf* 134 (sonnet des oppositions par excellence et traduit dans l'édition Philieul par Bussely de Lenoncourt), est évidente. Le renvoi à *Rvf* 134 peut être aussi une manière de se démarquer de la traduction de Peletier, en lui opposant un célèbre inconnu, Bussely de Lenoncourt. Impossible de connaître l'identité de ce dernier : un ami, un lettré amateur ou un personnage fictif ?

---

43 Cf. « Sont ces beaux yeux, qui toujours leur place ont / Dedens mon cueur avec flammes esprises, / Doncq' parler d'eux ne fu oncq' desgousté » (Jacques PELETIER, *Douze sonnets de P.*, dans *ŒP*, 1547, 1.LVI [*Rvf* 75], v. 12–14).

44 Voir par exemple le motif de la *nemica*, notamment dans *Rvf* 170 où il est lié au motif des yeux (« *Piú volte già dal bel sembiante humano / ò preso ardir co le mie fide scorte / d'assalir con parole honeste accorte / la mia nemica in atto humile et piano / Fanno poi gli occhi suoi mio penser vano* », v. 1–5), mais aussi dans *Rvf* 76, 88, 225ᶜ, 169, 179, 195, 202, 206ᶜ, 254, 261, 315, 360ᶜ.

45 Cf. *Rvf* 340, v. 2 ; *Tr. Cup.* III v. 125–126 (« *questo signor, che tutto 'l mondo sforza, I teme di lei, ond' io son fuor di spene* »), cf. « Et qui pis est (si j'ay bien congnoissance) / Ce petit Dieu, qui tout le monde esforce, / La doubte et crainct, dont juis hors d'esperance » (Vasquin PHILIEUL, *Toutes les euvres vulgaires de François Pétrarque…*, 1555, Livre IV, *Du Triomphe d'Amour*, ch. III, v. 125–126, p. 357).

<table>
<tr><td>

Pace non trovo, et non ho da far guerra ;
Et temo, et spero, et ardo, et so'un ghiaccio ;
Et volo sopra'l cielo, et ghiaccio in terra ;
Et nulla stringo, et tutto'l mondo abbraccio.
Tal m'hà in prigion ; che non m'apre ne serra ;
Né per suo mi ritien, ne scioglie il laccio ;
Et non m'ancide amor, et non mi sferra ;
Ne mi vuol vivo, ne mi trahe d'impaccio.
Veggio senz'occhi ; et non hò lingua, et grido ;
Et bramo di perir, et cheggio aita ;
Et hò in odio me stesso, et amo altrui :
Pascomi di dolor : piangendo rido :
Egualmente mi spiace morte et vita.
In questo stato son **Donna** per vui.

</td><td>

Paix je ne trouve, et n'ay dont faire guerre,
J'espère et crains, et bruslant suis en glace,
Rien je n'estrains, et tout le monde embrasse,
je vole au ciel, et puis croupant en terre.
En prison m'ha tel, qui n'ouvre ne serre,
ne me retient pour rien, ne me delasse,
d'amour je vis, et point ne me faict grace,
et ne me tue, encores moins desserre.
Sans yeux je vois, et sans langue je crie,
Je quiers secours, et de mourir je prie,
Un autre j'aime, et à moi je veux mal.
Je ris en pleurs, et dueil repaist mon ame,
Et vie et mort me faschent par esgal :
Voila l'estat, ou suis pour vous, ma **dame**.
[par Bussely de Lenoncourt]

</td></tr>
<tr><td>

ABAB ABAB CDE CDE
hendécasyllabe
[*Rvf* 134, éd. Vellutello 1525, rééd. 1545]

</td><td>

ABBA ABBA CCD EDE
décasyllabe
[Philieul, *Toutes les euvres vulgaires de François Pétrarque*, 1555, livre I, sonnet LI]

</td></tr>
</table>

Néanmoins, la traduction de Bussely de Lenoncourt ne se démarque pas beaucoup de celle de Peletier pour l'interprétation qu'elle donne de la source. Certes, des différences sont manifestes, comme au v. 14 où Peletier traduisait « maîtresse » pour *donna*, tandis que Bussely de Lenoncourt choisit le terme « dame » renvoyant à l'épithète utilisée dans l'épître à la reine, « ma Dame ». Toutefois, la plus grande diversité entre les deux traductions réside plutôt dans le schéma des rimes. Les deux traducteurs s'éloignent du schéma pétrarquien dans les quatrains (ABAB), solution rare dans les *Fragmenta* – ce qui amène Lenoncourt à inverser les derniers vers de chaque quatrain. Si Peletier nourrit un certain éclectisme et une esthétique de la variété dans le choix des schémas rimiques et alterne ainsi, dans les tercets, des formes typiquement pétrarquiennes avec la rime plate française[46], Philieul quant à lui confirme sa volonté d'acclimater la poésie de Pétrarque avec les formes consolidées de la poésie *françoyse*. Pour *Rvf* 134, Lenoncourt impose la rime plate de Peletier dans les tercets (CCD EDE) alors que Peletier, dans ce cas, suit méticuleusement le même schéma rimique de Pétrarque (cf. *Rvf* 134, ABBA ABBA CDE CDE).

Pétrarque est un *désir*

Les choix formels semblent conçus pour assimiler les vers pétrarquiens aux canons d'une poésie nationale en voie de formation. L'adhérence au texte-source relève aussi d'un geste traductif complémentaire qui vise à adapter les contenus des *Fragmenta* aux goûts de l'époque mais aussi à les contextualiser dans la dimension politique de la cour royale. Le souci de « fidélité » ne semble pourtant par un diktat

---

46 Rappelons les trois occurrences de rime plate dans l'éd. Peletier : cf. *Rvf* 74 (ABBA ABBA CDC DCD) et 1.LV (ABBA ABBA CDC DEE) ; *Rvf* 305 (ABBA ABBA CDC DCD) et 2.XXXVII (ABBA ABBA CCD EED) ; *Rvf* 314 (ABBA ABBA CDE DCE) et 2.XLVI (ABBA ABBA CCD EDE).

pour Philieul et il est souvent abandonné pour des raisons non explicites, bien que notre traducteur ne trahisse pas son approche qu'on peut désormais qualifier de biographique et diégétique. L'édition Philieul est toujours un clin d'œil à un public élégant, passionné par le mythe de Laure et gourmand d'anecdotes.

Le sonnet 1.VIII (*Rvf* 12) montre bien comment le projet de traduction peut contredire la volonté de « fidélité » à travers des micro-choix traductifs. Dans l'argument, notre traducteur se livre d'abord à une interprétation très personnelle, qui semble répondre à la logique d'un projet narratif plutôt qu'à une mauvaise compréhension du texte-source. Le regard du traducteur est tout entier focalisé sur les moindres mouvements de l'âme du jeune poète qui, selon Philieul, n'osant pas avouer son amour à Laure par peur de la fâcher, vivrait dans l'espoir de pouvoir le faire pour le moins dans la vieillesse.

Bien que le traducteur dialogue ainsi avec le texte-source de manière étroite, il ne respecte pas toujours dans ce sonnet la matière sémantique (~) et, par des ajouts, par des micro-changements et par des inversions, il impose son propre imaginaire pétrarquien.

Argument : Icy commence nostre povre passionné entrer en matière, disant, que si à present ne s'ose plaindre à sa dame pour la craincte, qui vient de trop aymer : il vit au moins en espérance, le pouvoir un jour faire quand tous deux seront vieulx, et dehors soupson : et que lors trop tard on regrettera de n'avoir eu mercy de la peine d'aultruy.

Se la mia vita da l'aspro tormento	Si tellement puis garentir ma vie
Si puo tanto schermire, e da gli affanni	Du torment aspre, et de l'estre indigent,
Ch'i veggia per vertu de gliultim'anni	**Que l'appetit plus ne soit mon regent,**
Donna, de' be vostri occhi il lume spento,	Et que splendeur de voz beaulx yeulx devie :
E i cape d'oro fin farsi d'argento,	Et que vous aye, o dame, tant servie,
Et lassar le ghirlande e i verdi panni,	Que le poil d'or soit changé en argent,
E'l viso scolorir che ne' miei danni	Et que envieilly soit ce beau tainct si gent,
Al lamentar mi fa pauroso, e lento ;	Qu'à pouvoir plaindre ha ma force ravie :
Pur mi darà tanta baldanza amore,	Au moins d'amour j'auray tel advantage,
Ch'i vi discovriro de miei martiri	Que j'oseray vous dire mes travaulx,
Quà sono stati gli anni, e i giorni et l'hore :	Et quelz auront esté mes passez maulx.
Et se'l tempo è contrario à **i be desiri** ;	Mais si le temps est contraire au presage :
Non fia, ch'almen non giunga al mio dolore	**Ja n'adviendra toutesfois qu'en secret**
Alcun soccorso di tardi sospiri.	Mon dueil n'ait quelque ayse du tard regret.

ABBA ABBA CDC DCD
hendécasyllabes
[*Rvf* 12, éd. Vellutello 1525, rééd. 1545]

ABBA ABAC CDD CEE
décasyllabes
[Philieul, *Toutes les euvres vulgaires de François Pétrarque*, 1555, livre I, sonnet VIII]

On remarquera que nulle part dans le texte-source il n'est question d'un « appetit » qui ne soit plus le « regent » (v. 3). Le choix de Philieul pourrait être une sorte de translation des « *be desiri* » (v. 12), voire une greffe traductive pour personnaliser son récit. Quoi qu'il en soit, l'importante manipulation de notre traducteur, bien qu'il ne bouleverse pas le sens général du sonnet, enrichit la narration avec le motif du désir passionnel et avec une forme de « rachat d'amour » accompli par une confession amoureuse qui « n'adviendra toutesfois qu'en secret » (v. 13). Le motif tout pétrarquien de la vieillesse réunissant les amants[47] est ici embelli par des accents plus passionnels et intimistes (voire *secrets*), comme si notre traducteur voulait satisfaire la curiosité des lecteurs·trices tout en cultivant l'attente de l'accomplissement d'un désir, d'un *appetit* resté en suspens.

Pétrarque est bien sûr un livre, un modèle et un mythe pour Philieul, mais il est aussi un *désir*, c'est-à-dire un projet politique et une ambition littéraire. À en croire son épître introductive, les *Fragmenta* sont le terrain privilégié pour cultiver ses aspirations sociales et ses inspirations poétiques. Mais le recueil du Toscan n'est pas seulement l'occasion saisie par cette *rurale alouette* pour se mesurer au *phénix* des poètes (cf. *Épître à la reine*, p. 3). Les *Fragmenta* – emblème du « vray chemin monstré en l'escriture » (p. 5) – est aussi pour Philieul un signe de « pronostication » (p. 4), une conjoncture culturelle, un prétexte presque eschatologique, par lequel pourraient se jouer les nouvelles alliances entre la France et l'Italie ainsi que, « si faict Royal est » (p. 7), le destin des hommes de lettres à la nouvelle cour.

---

47 Voir le commentaire de Bettarini à *Rvf* 12 : « La *ballata Rvf* 11 traite d'un amour se trouvant en dehors de l'ordre naturel, gouverné par un voile d'incommunicabilité qui sépare à toujours l'amant de la vision et de l'intimité désirées. Dans ce texte [*Rvf* 12] l'ordre est rétabli par un artifice perspectif : les pensées amoureuses, *cachées* (it. *celati*) pendant la jeunesse (*Rvf* 11, v. 5) seront conservées jusqu'au moment où "peuvent les amoureux s'asseoir ensemble et dire maint secret" [PHILIEUL, 2ᵉ livre, XXIX ; it. *Rvf* 315] et elles seront révélées à la bien-aimée qui a désormais perdu son charme séduisant dans une dispersion chromatique d'yeux et de cheveux : "Et que splendeur de voz beaulx yeulx devie… […] Que le poil d'or soit changé en argent…" (v. 4–6) », notre traduction, cf. « *La ballata XI pone l'amore fuori dell'ordine naturale, governato com'è da un velo d'incomunicabilità che in qualsiasi tempo, "al caldo e al gielo", separa l'amante dalla visione e dal contatto desiderato. In questo testo l'ordine è ristabilito con un artificio prospettico : i pensieri d'amore, celati in gioventu (XI 5), saranno serbati per quel tempo quando "agli amanti è dato / sedersi inseme, et dir che lor incontra" (CCCXV 10–11) e a quel punto rivelati all'amata che col passare degli anni ha perduto il suo ammaliante fulgore in una dispersione cromatica di occhi e di chiome : "lume spento, cape' d'oro… farsi d'argento, viso scolorir"* » (PÉTRARQUE, *Rvf* 12 dans *Canzoniere*, éd. Bettarini, 2005, p. 54*n*).

Chapitre V

Jean-Antoine de Baïf, translateur caché

Traductions, imitations, innutritions

Jean-Antoine de Baïf (1532–1589)[1], ami de Ronsard et membre de la Pléiade, fils de Lazare de Baïf qui fut ambassadeur à Venise sous François Ier, n'est pas seulement l'un des premiers initiateurs *françoys* d'une versification mesurée, inspirée des canons de l'ancienne poésie grecque et latine. Baïf est aussi un traducteur et un imitateur créatif qui n'hésite pas à se mesurer avec plusieurs sources, parmi lesquelles les Italiens représentent une étape décisive. Le repérage des textes-sources demeure néanmoins très controversé. On peut imaginer que notre traducteur a pu consulter l'une des éditions lyonnaises de Guillaume Rouillé (1550–1551) ou de Jean de Tournes (1545–1550).

L'influence des *Fragmenta* dans l'œuvre de Baïf suit un chemin fluctuant qu'on pourrait résumer en quelques moments clés correspondant à certains recueils. De véritables traductions apparaissent çà et là tout au long de ce parcours poétique, et nous donnent accès à un autre Pétrarque ainsi qu'à une conception originale de la traduction.

L'inspiration pétrarquiste est fondatrice dans la deuxième partie des *Euvres en rime* (1572–1573)[2], immense ouvrage composé de neuf livres (et non « VII » comme l'indique le sommaire de 1573[3]) articulés dans une séquence chronologique de trois recueils : l'édition remaniée des *Amours de Méline* (1552)[4], l'édition remaniée de l'*Amour de Francine* (1555)[5] et l'édition originale des *Diverses Amours* (1572). À cette brève liste, on ajoutera aussi les *Chansonnettes mesurées* (inédites et composées entre

---

1   Jean Paul BARBIER-MUELLER, « Jean-Antoine de Baïf », dans *Id.*, *Dictionnaire des poètes français de la seconde moitié du XVIe siècle (1549–1615) [A–B]*, Genève, Droz, 2015, p. 267–296.

2   Voir *Euvres en rime de Jan Antoine de Baif*, Paris, L. Breyer, 1572–1573. Cette deuxième partie s'intitule *Les Amours*, elle paraît dès 1572.

3   Jean-Antoine de BAÏF, *Œuvres complètes*, I, *Euvres en rime* (première partie), éd. sous la dir. de Jean Vignes, avec la coll. de Véronique Denizot, André Gendre et Pierre Bonniffet, Paris, Champion, 2010, p. 100.

4   La première édition des *Amours de Méline* est *Les Amours de Jan Antoine de Baïf*, À Paris Chez la veufve Maurice de la porte, 1552.

5   Jean-Antoine de BAÏF, *Quatre Livres de l'Amour de Francine*, Paris, Jacques Cottier, 1555.

1567 et 1587)[6], dans lesquelles Baïf semble réaliser un véritable projet de traduction, bien qu'implicite.

Comme le fait remarquer Gendre[7], les modes d'invention les plus fréquents chez Baïf sont « l'imitation composite » et la « contamination des modèles ». Une alchimie méticuleuse met ainsi en dialogue plusieurs sources littéraires, latines et néolatines, grecques et italiennes. L'imitation, chez Baïf, n'est donc pas un simple calque, mais plutôt une « assimilation organique », un « véritable métabolisme »[8] qu'Émile Faguet a voulu nommer « innutrition »[9].

Mathieu Augé-Chiquet estime pour sa part que dans les *Amours de Méline* « plus des deux tiers des poèmes sont imités »[10]. L'influence des Italiens est prééminente et passe inexorablement par une confrontation étroite avec Pétrarque et les pétrarquistes (notamment Bembo et Sannazar), bien que Baïf ne manifeste pas encore en 1552 « l'ambition déclarée de se poser en nouveau Pétrarque »[11]. Dans les deux livres des *Amours de Meline*, Baïf vise plutôt « à se distinguer des sonnettistes français antérieurs, qui avaient donné à l'imitation de Pétrarque ou des pétrarquistes italiens une place prépondérante »[12]. Tout en suivant les routes du pétrarquisme de Pontus de Tyard et de Ronsard, il cherche un autre imaginaire pétrarquien par « une sorte d'érotisme enjoué

---

6   Les *Chansonnettes mesurées*, composées entre 1567 et 1587, sont conservées dans un recueil autographe manuscrit (ms. 19.140 de la B.N.F.). Le recueil, incluant des *chansonnettes mesurées* et des psaumes rimés, est divisé en trois livres (le premier incomplet), et comprend 202 chansons en vers mesurés non rimés, sans musique, transcrits dans l'orthographe que Baïf avait mise au point pour établir les quantités syllabiques. Ces textes, voués au chant, ont été pourtant composés à l'intention des musiciens : « Baïf semble plus qu'un autre conscient de la dimension proprement lyrique du vers pétrarquien ; ce n'est pas le chant mesuré qu'il entend finalement le restituer en français » [Jean Vignes, « Appropriation et restitution du *Canzoniere* de Pétrarque dans la poésie de Jean-Antoine de Baïf », dans Jean Balsamo (dir.), *Les Poètes français de la Renaissance et Pétrarque*, p. 278]. On utilisera ici la transcription des *Chansonnettes mesurées* en orthographe moderne d'après l'édition établie par Geneviève Bird (1964). Rappelons aussi l'édition en ligne d'Olivier Bettens qui rétablit la graphie originale, tout en donnant la possibilité de la comparer avec la translittération en orthographe standard : la référence pour la graphie originale est représentée par « le système graphique en vigueur dans le psautier B (1573), qui correspond à la période de "maturité" du système de Baïf, et qui, par souci de cohérence, est utilisé pour l'entier de la présente édition » [*en ligne* : virga.org].

7   André Gendre, « Introduction à *L'Amour de Francine* et aux *Divers amours* », dans Jean-Antoine de Baïf, *Œuvres complètes*, II, *Euvres en rime* (deuxième partie), vol. 1 (Introduction et textes), éd. Vignes, p. 103.

8   *Ibidem*, p. 96.

9   Émile Faguet, *Histoire de la littérature française. Depuis les origines jusqu'à la fin du XVIe siècle. Illustrée d'après les manuscrits et les estampes conservés à la Bibliothèque nationale*, Paris, Librairie Plon, 1900, ch. X « La Pléiade de Ronsard », p. 391.

10 Mathieu Augé-Chiquet, *La vie, les idées, l'œuvre de Jean-Antoine de Baïf*, Paris, Hachette, 1909, p. 88. Voir sa synthèse sur les sources du recueil (p. 86–90).

11 Jean Balsamo, « Le "pétrarquisme" des Amours de Ronsard », *Revue d'histoire littéraire de la France*, n° 2, 1998, p. 183.

12 Jean Vignes, « Introduction *aux Amours de Méline* », dans Jean-Antoine de Baïf, *Œuvres complètes*, II, *Euvres en rime* (deuxième partie), vol. 1 (Introduction et textes), éd. Vignes, p. 29.

sans paillardise »[13] : dans le deuxième livre du recueil, il transforme ainsi le stéréotype de la *belle rebelle* en « Muse folâtre »[14], une sorte de nymphe parfois « franchement gauloise »[15]. Dans les *Amours de Méline*, les emprunts directs aux poèmes de Pétrarque[16] sont très rares et le rapport avec le *poeta laureatus* se révèle plutôt dans la conception d'un macrotexte novateur en deux livres et dans l'assimilation d'un imaginaire amoureux. La volonté de se distinguer de la tradition pétrarquiste *françoyse* s'incarne aussi dans des choix stylistiques. On note par exemple la présence d'un sonnet en alexandrins dans l'édition 1552 (*AmMe* I.9) et de cinq sonnets, dans l'édition de 1572, initialement composés en décasyllabes et ultérieurement réécrits en alexandrins (*AmMe* I.7 ; I.14 ; I.16 ; I.24 ; I.35). Si, en 1552, le choix de l'alexandrin est original et révélateur[17], car il va à l'encontre du canon de l'époque ayant imposé le décasyllabe comme mètre par excellence pour le genre du sonnet, en 1572 il s'agit en revanche de s'adapter à l'esprit du temps. L'alexandrin était devenu la norme pour le sonnet depuis le milieu des années 1550, avec les *Regrets* (1558) de Du Bellay par exemple.

Dans *L'Amour de Francine* (1555), la présence de compositions directement inspirées de Pétrarque est plus importante et se dévoile à travers différents types d'appropriation[18]. Les véritables imitations[19] alternent avec des adaptations et des amplifications thématiques[20] aussi bien qu'avec des *collages savants*[21].

---

13 *Ibidem*, p. 25.

14 *Ibidem*.

15 Marcel RAYMOND, *L'Influence de Ronsard sur la poésie française (1550–1585)*, Paris, Champion, 1927, p. 139.

16 On n'acceptera pas la liste peu fiable proposée par Mathieu AUGÉ-CHIQUET, dans *La vie, les idées, l'œuvre de Jean-Antoine de Baïf*, Paris, Hachette, 1909, p. 88. On signale ici les deux sources utilisées par Augé-Chiquet dans son édition critique des *Amours de Méline* : cf. *AmMe* I,28 et *Rvf* 213, *AmMe* I,34 et *Rvf* 145 (voir *Les amours de Jean-Antoine de Baïf*, éd. M. Augé-Chiquet, Paris, Hachette, 1909). On complète cette liste avec deux sources fiables parmi celles signalées dans l'éd. Vignes : cf. *AmMe* I,29 et *Rvf* 213 ; *AmMe* I,36 et *Rvf* 206.

17 *AmMe* I,9 est le troisième sonnet français en alexandrins après les sonnets 71 et 100 de la *Laure d'Avignon* (1548) de Philieul.

18 La liste de compositions pétrarquistes dans le chapitre de Mathieu Augé-Chiquet concernant l'*Amour de Francine* est trompeuse (voir Mathieu AUGÉ-CHIQUET, *La vie, les idées, l'œuvre de Jean-Antoine de Baïf*, p. 92–93). On utilisera ici, tout en les émendant, les listes dressées dans Jean VIGNES, « Appropriation et restitution du *Canzoniere* de Pétrarque dans la poésie de Jean-Antoine de Baïf », p. 267–280.

19 Cf. *AmFr* I.15 et *Rvf* 131 ; *AmFr* I.62 et *Rvf* 90 ; *AmFr* I.73 et *Rvf* 247 ; *AmFr* I.89 et *Rvf* 89 ; *AmFr* I.108 et *Rvf* 49 ; *AmFr* II.17 et *Rvf* 134 ; *AmFr* II.41 et *Rvf* 144 ; *AmFr* II.43 et *Rvf* 84 ; *AmFr* II.78 et *Rvf* 240 ; *AmFr* II.125 et *Rvf* 205.

20 Cf. *AmFr* I.38 et *Rvf* 199 ; *AmFr* I.56 et *Rvf* 310 ; *AmFr* I.58 et *Rvf* 21 ; *AmFr* I.66 et *Rvf* 196 ; *AmFr* I.67 et *Rvf* 17 (v. 12–14), 21, 23 (v. 72–74), 135 (v. 20–29), 243, 256 ; *AmFr* I.84 et les *cantilene oculorum* (*Rvf* 71ᶜ, 72ᶜ, 73ᶜ) ou *Rvf* 84 ; *AmFr* I.87 et *Rvf* 61, 161 ; *AmFr* I.100 et *Rvf* 209 ; *AmFr* I.101 et *Rvf* 162 ; *AmFr* I.103 et *Rvf* 195 ; *AmFr* I.112–113 et *Rvf* 174, 216 ; *AmFr* II.5 et *Rvf* 348 ; *AmFr* II.25 et *Rvf* 73, 170 ; *AmFr* II.27 et *Rvf* 22, 50, 164 et 223 ; *AmFr* II.42 et *Rvf* 82 ; *AmFr* II.44 et *Rvf* 161 ; *AmFr* II.48 et *Rvf* 203 ; *AmFr* II.67 et *Rvf* 112 ; *AmFr* II.117 et *Rvf* 229, *AmFr* III.2 et *Rvf* 132, 96 (v. 5–8), 127, 129 (v. 40–52), 176 ; *AmFr* III.4 et *Rvf* 223.

21 Cf. *AmFr* I.17 et *Rvf* 73ᶜ (v. 24–30) ; *AmFr* I.22 et *Rvf* 132 (v. 1–8) et *Rvf* 134 (pour le sizain) ; *AmFr* I.25 et *Rvf* 353 (« *vago augelletto* ») ; *AmFr* II.33 et *Rvf* 175 ou *Rvf* 17 (v. 12–14) ; *AmFr* II.46

Mais Baïf ne se contente pas d'y mettre en pratique la libre imitation et « l'innutrition », il tente aussi quelques « translations » (cf. *AmFr* I.57 et *Rvf* 75 ; *AmFr* I.80 et *Rvf* 12 ; *AmFr* II.66 et *Rvf* 281). Ces textes, dans lesquels la matière sémantique (□) est particulièrement stable, peuvent donc être considérés comme des traductions *stricto sensu* bien qu'ils ne soient pas revendiqués comme telles. La question du statut du texte se pose dans la mesure où ces poèmes, adressés plutôt à Francine qu'à Laure, ne sont pas présentés aux lecteurs·trices comme textes traduits, mais font partie d'un recueil dont Baïf se réclame comme étant l'auteur exclusif. Quel type de reconnaissance espère-t-il pour ces textes ? Souhaite-t-il qu'on salue son invention personnelle ou son talent de traducteur ? On peut imaginer que Baïf vise à réaliser une poétique par laquelle s'amincissent les bornes entre création, traduction et réécriture, mais que, dans ce métissage des genres, il garde néanmoins quelques exemples de « pures » traductions.

On peut brièvement rappeler, dans ce contexte, le débat suscité par *L'Olive* de Du Bellay. En effet, en dépit de ses déclarations contre les traducteurs·trices dans la *Deffence*, de nombreux sonnets de *L'Olive* – bien que leur matière sémantique demeure fortement instable (~) à la différence des traductions de Baïf ci-traitées – peuvent être considérés comme l'œuvre d'un très habile traducteur et imitateur, mais qui ne s'avoue pas tel. Les premiers lecteurs·trices de *L'Olive* s'en sont vite avisé·e·s, à commencer par Sébillet qui, dans son introduction « Aus lecteurs » pour sa traduction de *L'Iphigène* d'Euripide, désigne Du Bellay par la périphrase « celuy qui se vante d'avoir trouvé ce qu'il a mot à mot traduit des autres »[22]. Ce reproche a touché Du Bellay qui le cite presque littéralement et tente d'y répondre dans la seconde préface de *L'Olive* en défendant éloquemment sa conception de l'imitation[23]. Mais c'est une réponse de mauvaise foi, car Du Bellay sait bien que ce ne sont pas les sonnets nés d'une véritable imitation que Sébillet incrimine ! Le statut du texte traduit est donc reconnu à la Renaissance dans toutes ses formes : il ne dépend pas forcément d'un projet de traduction avoué et il se confond souvent avec l'imitation et l'« innutrition ».

Dans la perspective de cette étude, le profil de Baïf se révèle donc emblématique de tous les traducteurs·trices occasionnel·le·s et inavoué·e·s ainsi que d'une conscience

---

et *Rvf* 174 (premiers quatrains) ; *AmFr* II.36 et *Rvf* 88 (premier quatrain et premier tercet) ; *AmFr* I.104 et *Rvf* 277 (premier quatrain) ; *AmFr* II.60 et *Rvf* 95 (premier quatrain). Pour la notion de *collage savant*, voir André Gendre, « Pierre de Ronsard », dans Jean Balsamo (dir.), *Les Poètes français de la Renaissance et Pétrarque*, p. 229–252.

22 Thomas Sebillet, « Aux Lecteurs », dans *L'Iphigène d'Euripide poète tragique, tourné de grec en français par l'auteur de l'Art Poétique, dédié à Monsieur Jean Brinon, Seigneur de Villaines et Conseiller du Roi notre Sire en sa cour de Parlement à Paris*, Paris, Gilles Corrozet, 1549, p. 4, ouvrage numérisé dans le cadre du projet IdT (*Les idées du théâtre*, Université Paris-Sorbonne) [*en ligne* : idt.paris-sorbonne.fr]. Pour cette question, voir aussi Joachim Du Bellay, *L'Olive*, éd. critique établie par Ernesta Caldarini, Genève, Droz, 2002, p. 235*n*.

23 Joachim Du Bellay, *L'Olive*, éd. E. Caldarini, 2002, p. 235.

toute particulière de la traduction, comme pour le cas de *Rvf* 134, imité en 1555 (*AmFr* II.17) et par la suite traduit entre 1567 et 1587 (*ChMe* III.37).

Bien que le motif de la plainte pétrarquiste reste toujours assorti « d'une prétention à la réciprocité amoureuse »[24] (comme dans *L'Amour de Francine*), les *Diverses Amours* semblent mettre l'accent sur « l'indépendance agressive d'un amoureux pétrarquiste qui n'est pas toujours soumis »[25]. Le climat amoureux de ce recueil s'éloigne d'un imaginaire pétrarquiste traditionnel et suit plutôt un parcours « sinusoïdal »[26] parmi des thèmes et des motifs antithétiques, avec « les brusques revirements que l'on connaissait dans *L'Amour de Francine*, mais qui sont ici plus fréquents et plus radicaux »[27]. Les *Diverses Amours* montrent ainsi un pétrarquisme très personnel qui refuse la traduction comme l'imitation et leur préfère une réécriture thématique ou bien une « métamorphose personnelle de ses modèles pétrarquistes »[28] (ex. *DivAm*, II, 3 ; *DivAm*, l, 20 ; *DivAm*, II, 27).

Il est possible que les deux premiers livres des *Chansonnettes mesurées* fussent déjà achevés[29] pendant les années 1580. Contrairement à la poétique qui transparaissait des *Diverses Amours*, on retrouve à ce stade un poète mûr qui se mesure à la véritable traduction[30], en revenant sur des poèmes pétrarquiens, qui avaient jadis inspiré les imitations et les innutritions de *L'Amour de Francine* (1555) ou qui avaient été déjà traduits et imités par d'autres poètes : cf. *ChMe* II.3 et *Rvf* 301 (avec une addition de Baïf au dernier vers), *ChMe* II.59 et *Rvf* 189[31], *ChMe* III.37 et *Rvf* 134[32],

---

24 Jean VIGNES, « Introduction à *L'Amour de Francine* et aux *Divers amours* », dans Jean-Antoine de BAÏF, *Œuvres complètes*, II, *Euvres en rime* (deuxième partie), vol. 1 (Introduction et textes), éd. Vignes, p. 85.

25 *Ibidem*, p. 86.

26 C'est ainsi que Vignes définit la poétique des *Diverses Amours* illustrée avec justesse dans Jean VIGNES, « Introduction à *L'Amour de Francine* et aux *Divers amours* », dans Jean-Antoine de BAÏF, *Œuvres complètes*, II, *Euvres en rime* (deuxième partie), vol. 1 (Introduction et textes), éd. Vignes, p. 89–93 (§ « Composition des *Diverses Amours* »).

27 *Ibidem*, p. 92.

28 *Ibidem*, p. 102.

29 Vignes rappelle que d'après le témoignage de Du Verdier, les premiers deux livres avaient été achevés en 1584 (le livre III pourrait donc être postérieur), dans Jean VIGNES, « Appropriation et restitution du *Canzoniere* de Pétrarque dans la poésie de Jean-Antoine de Baïf », p. 278.

30 Signalons ici les textes présentés dans Jean VIGNES, « Appropriation et restitution du *Canzoniere* de Pétrarque dans la poésie de Jean-Antoine de Baïf », p. 267–280.

31 Voir : Philippe DESPORTES, *Amours de Diane* (1573), I.68 (éd. Graham) ; Jacques GRÉVIN, *L'Olimpe* (1561), *Mon navire s'en va tout chargé d'oubliance* (éd. Pinvert).

32 Cf. *AmFr* I,22 et *Rvf* 132 (v. 1–8) et *Rvf* 134 (pour le sizain) ; *AmFr* II,17 et *Rvf* 134 (le dernier vers de *ChMe* III,37 cite de plus le premier vers d'une chanson rimée de *L'Amour de Francine*, *AmFr* III,9). Pour les traductions et imitations précédentes : cf. [*dans l'ordre chronologique*] le dizain anonyme dans *Le petit œuvre d'amour et gaige d'amytié* (Paris, J. Longis, 1538) ; Joachim DU BELLAY, *L'Olive* (1549), sonnet XXVI (éd. Chamard) ; Jacques PELETIER, *Douze sonnets de P.*, dans *ŒP* (1547), sonnet 1.CV ; Pierre de RONSARD, *Les Amours* (1552), sonnet XII (éd. Laumonier) ; Olivier de MAGNY, *Les Amours* (1553), sonnet *Je cherche Paix, et ne trouve que Guerre* (éd. Mark S. Whitney) ; Bussely de LENONCOURT, dans Vasquin PHILIEUL, *Toutes*

ChMe III.43 et *Rvf* 161[33]. Le travail de ces années témoigne ainsi d'une redécouverte de la traduction, tandis que l'usage du genre de la chanson révèle une nouvelle préoccupation dans la poétique baïfienne à l'égard du pétrarquisme : valoriser les pratiques musicales qui fleurissaient à cette époque au moyen d'une science minutieuse « d'accords et de chants »[34], notamment autour du genre du sonnet.

Un corpus de traductions cachées

À partir de ces prémisses, on peut composer un corpus de traductions *stricto sensu* (□) dans l'œuvre de Baïf qui, bien que modeste et précaire, demeure très représentatif de sa pratique traductive et de sa réflexion autour du transfert linguistique : *AmFr* I.57 (*Rvf* 75) ; *AmFr* I.80 (*Rvf* 12) ; *AmFr* II.66 (*Rvf* 281) ; *ChMe* II.59 (*Rvf* 189) ; *ChMe* III.37 (*Rvf* 134) ; *ChMe* III.43 (*Rvf* 161). Un regard fugitif sur la composition métrique sert d'introduction à l'étude de ce corpus et permet de déceler quelques éléments remarquables. Dans *L'Amour de Francine* et dans les *Diverses Amours*, Baïf à l'instar de Philieul ne se limite pas à apprivoiser la poésie de Pétrarque par les usages de la tradition *françoyse*. Il prône une expérimentation libre qui s'incarne dans l'éclectisme des rimes et dans l'originalité d'un nouveau mètre (l'alexandrin). Bien que son groupement rimique préféré soit ABBA ABBA CDC EDE[35] et bien qu'il se serve aussi des groupements chers à Pétrarque[36] ou de groupements inédits (ex. à deux, trois ou quatre rimes au huitain[37]), Baïf utilise pour ses traductions le sonnet marotique (*AmFr* I.57 ; *AmFr* II.66)[38] et le schéma dit régulier de Peletier

---

les euvres vulgaires de François Pétrarque (1555) Livre I, sonnet LI ; Étienne Du Tronchet, *Lettres amoureuses… avec septante sonnets traduits du divin Petrarque* (Paris, Lucas Breyer, 1575), sonnet 54.

33 Cf. *AmFr* I,87 et *Rvf* 61, 161 ; *AmFr* II,44 et *Rvf* 161.

34 Mathieu Augé-Chiquet, dans *La vie, les idées, l'œuvre de Jean-Antoine de Baïf*, p. 419–430 ; Jean Paul Barbier-Mueller, « Jean-Antoine de Baïf » (§ « Le poète et la musique »), p. 285–287.

35 Sur l'usage du groupement préféré de Baïf : André Gendre, § « *Le groupement de rimes préféré de Baïf (ABBA ABBA CDC EDE)* », dans « Introduction à *L'Amour de Francine* et aux *Divers amours* », dans Jean-Antoine de Baïf, *Œuvres complètes*, II, *Euvres en rime* (deuxième partie), vol. 1 (Introduction et textes), éd. Vignes, p. 121–126.

36 Sur l'usage des groupements chers à Pétrarque, voir Jean Vignes, § « *Baif et le groupement ABBA ABBA CDE CDE, cher à Pétrarque ; rimes entièrement féminines* » et § « *Baif et le groupement à quatre rimes cher aussi à Pétrarque (ABBA ABBA CDC DCD)* », dans « Introduction à *L'Amour de Francine* et aux *Divers amours* », dans Jean-Antoine de Baïf, *Œuvres complètes*, II, *Euvres en rime* (deuxième partie), vol. 1 (Introduction et textes), éd. Vignes, p. 128–130.

37 Baïf utilise 3 fois un huitain construit sur deux rimes, 6 fois un huitain construit sur trois rimes, 32 fois un huitain construit sur quatre rimes (27 fois selon le schéma ABBA CDDC ; 5 fois selon le schéma ABBA CDCD). Voir André Gendre, § « *Les sonnets à quatre rimes au huitain* », dans Jean-Antoine de Baïf, *Œuvres complètes*, II, *Euvres en rime* (deuxième partie), vol. 1 (Introduction et textes), éd. Vignes, p. 131–132.

38 Sur l'usage du sonnet marotique, voir Jean Vignes, § « *Le sonnet marotique régulier* », dans « Introduction à *L'Amour de Francine* et aux *Diverses amours* », dans Jean-Antoine de Baïf, *Œuvres complètes*, II, *Euvres en rime* (deuxième partie), vol. 1 (Introduction et textes), éd. Vignes, p. 126–128.

(*AmFr* I.80). L'expérimentation des schémas rimiques cède la place enfin, dans les *Chansonnettes mesurées*, à une inspiration typiquement musicale, qui préfère à la rime les vers mesurés.

D'après ce parcours changeant, on peut observer une attention constante aux enjeux de la traduction en dépit d'un refus des projets traductionnels explicites et d'un désintérêt pour la constitution d'un corpus distinct composé de poèmes traduits. La traduction de Pétrarque reste pour Baïf une pratique occasionnelle inséparable de l'imitation et de la composition, dans une dynamique mettant en perspective ces trois arts tels qu'on les considère aujourd'hui (*poésie, traduction* et *imitation*) par une organisation complexe et personnelle. En revanche, Baïf a beaucoup traduit d'autres auteurs de manière systématique, en plus d'avoir publié des imitations[39]. On connaît l'existence de plusieurs traductions du grec et du latin (voir les traductions de Térence et de Sophocle, ainsi que celles perdues d'Euripide et d'Aristophane) à une époque inconnue[40] et on sait qu'il avait même conçu le projet d'un « Art poétique »[41] qui aurait pu nous éclairer sur son approche de la traduction en vers.

Sa traduction du petit *Traité de l'Imagination* (1556)[42] de Jean-François Pic de la Mirandole nous laisse penser qu'il a dû aussi être fasciné par la célèbre querelle opposant le neveu du grand philosophe, alchimiste et mystique italien (Jean Pic de la Mirandole), à Pietro Bembo au sujet de l'imitation[43]. Le poète de Francine devait forcément préférer les positions plus ouvertement néoplatoniciennes de Pic

---

39 Voir *Imitations de quelques chants de l'Arioste, par divers Poëtes François nommes en la quatrieme page suivante*, Paris, chez Lucas Breyer, 1572. Ce livre comprend, entre autres poèmes, « Le commencement de l'histoire de Genèvre » par Mellin de Saint-Gelais et la suite par Jean-Antoine de Baïf.

40 Selon Du Verdier, Baïf a traduit « la Médée d'Euripide, les Trachinies de Sophocle, le Plutus d'Aristophane, l'Heautontimorumenos de Térence, tout cela prest à imprimer, comme je l'ai vu, parachevé et écrit de sa main » (d'après Du Verdier dans *Les Bibliothèques françoises de La Croix du Maine et de Du Verdier*, 1772, t. IV, p. 337 ; cité dans Mathieu AUGÉ-CHIQUET, *La vie, les idées, l'œuvre de Jean-Antoine de Baïf*, p. XIX).

41 Baïf a apparemment écrit deux traités : « De la prononciation françoise » et « de l'Art metrie ou de la façon de composer en vers » (d'après La Croix du Maine dans *Les Bibliothèques françoises de La Croix du Maine et de Du Verdier*, 1772, t. I, p. 439 ; cité dans Mathieu AUGÉ-CHIQUET, *La vie, les idées, l'œuvre de Jean-Antoine de Baïf*, p. XIX).

42 Jean-François PIC DE LA MIRANDOLE, *Traité de l'Imagination*, dans *Poésie*, n° 20, 1982, p. 100–127. Il s'agit d'une reproduction en fac-similé du *Traité de l'Imagination, tiré du latin de J. François Pic de la Mirandole par Jan Antoine de Baif* (Paris, Andé Wechel, « demeurant à l'enseigne du Cheval volant, rue S. Jean de Beauvais », 1556), d'après l'exemplaire de la Bayerische Staatsbibliothek de Munich (la page de titre a été omise). Voir la brève introduction de J.-P. Amunategui et R.-J. Seckel, p. 100.

43 Sur le sujet, voir : Martin L. MCLAUGHLIN, *Literary Imitation in the Italian Renaissance*, Oxford University Press, 1996 (§ « *The Dispute between Giovan Francesco Pico and Bembo* ») ; Giovanni PIC DE LA MIRANDOLE et Pietro BEMBO, *De l'imitation : le modèle stylistique à la Renaissance*, traduction, notes et présentation de Luc Hersant ; introd. de Giorgio Santangelo, Paris, Aralia, 1995 (§ « Introduction ») ; Marc FUMAROLI, *L'Âge de l'éloquence. Rhétorique et « res literaria » de la Renaissance au seuil de l'époque classique*, Genève, Droz, 2002 (p. 77–115).

de la Mirandole promouvant la richesse de l'imitation d'après plusieurs sources et les vertus de l'imagination, plutôt que le cicéronisme traditionnel de Pietro Bembo mettant l'accent sur l'importance d'un modèle auctorial unique. À l'instar de Ronsard – pour lequel la *fantaisie* est une faculté à la fois philosophique, mystique et poétique[44] –, Baïf fait de l'imagination la source principale de son approche de l'imitation comme de la traduction. Sa pratique de l'*inventio* se rapproche ainsi des inspirations néoplatoniciennes de Peletier[45] et de Ronsard[46] : Baïf ne traduit pas en orateur mais préfère imiter en poète, car l'orateur ne parle qu'aux hommes, tandis que le poète parle à « une éternité »[47].

Un traducteur imaginatif

La technique traductive de Baïf est imaginative et astucieuse, tout en gardant un dialogue très étroit avec le texte-source – ce qui semble témoigner d'une attention toute particulière à la distinction implicite entre traduction et imitation. Dans les traductions, les greffes, les soustractions, voire les détournements opèrent ainsi à travers une matière sémantique assez stable dans son intégralité (□). La pratique de l'amplification rhétorique et la volonté d'interprétation s'accordent avec ce qui semblerait, à cette époque, un souci latent de « fidélité ».

---

44 Christine Pigné, *De la fantaisie chez Ronsard*, Genève, Droz, 2009.

45 Cf. « Invention est un dessein provenant de l'imagination de l'entendemant, pour parvenir à notre fin. Elle est répandue par tout le Poème, comme le sang par le corps de l'animal : de sorte qu'elle se peut appeler la vie ou l'âme du poème » (Jacques Peletier, *Art poétique*, Ier livre, ch. IV, « Des traductions », p. 19 ; éd. Jourde, Monferran et Vignes, dans *Œuvres complètes*, dir. Pantin, p. 281–282). [*N.B.* : on utilise ici une orthographe simplifiée.]

46 Cf. « Or, pour ce que les Muses ne veulent loger en une âme, si elle n'est bonne, sainte et vertueuse, tu seras de bonne nature, non méchant, renfrogné, ni chagrin : mais animé d'un gentil esprit, ne laisseras rien entrer en ton entendement qui ne soit sur-humain et divin. Tu auras en premier lieu les conceptions hautes, grandes, belles, et non traînantes à terre. Car le principal point est l'invention, laquelle vient tant de la bonne nature, que par la leçon des bons et anciens auteurs » [Pierre de Ronsard, *Abrégé de l'Art poétique français (Scribendi recte sapere et principium et fons)*, dans *Traités de poétique et de rhétorique de la Renaissance (Sébillet, Aneau, Peletier, Fouquelin, Ronsard)*, introd. et notes de Francis Goyet, Paris, Librairie Générale Française, 1990, p. 468].

47 Cf. « L'Orateur ne pourra pas chercher l'occasion de faire parler les Dieux, de traiter l'Amour, les Jeux festiz, les Enfers, les Astres, les régions, les chans, les prez, les fonteines, e telles beautez d'Ecriz [...] », car l'orateur parle aux hommes, le poète parle à « une éternité » (Jacques Peletier, *Art poétique*, Ier livre, ch. III, « Du suget de Poésie : et de la diferance du Poete et de l'Orateur », p. 17 ; éd. Jourde, Monferran et Vignes, dans *Œuvres complètes*, dir. Pantin, p. 277). [*N.B.* : on utilise ici une orthographe simplifiée.]

<table>
<tr><td>

Se la mia vita da l'**aspro tormento**
Si puo tanto schermire, et da gli affanni,
Ch'i veggia per vertù de gliultim'anni,
Donna, d'e be vostr'occhi il lume spento,
E i cape d'oro fin farsi d'argento,
E lassar le ghirlande e i verdi panni,
E'l viso scolorir, che ne' miei danni
~~Al lamentar mi fa pauroso, e lento~~ :
Pur mi darà tanta baldanza Amore,
Ch'i vi discovrirò **de' mei martiri**
Quâ sono stati glianni, e i giorni e l'hore :
Et se'l tempo è contrario à i be desiri,
Non fia, ch'almen non giunga al mio dolore
Alcun soccorso, di tardi sospiri.

ABBA ABBA CDC DCD
hendécasyllabes
[*Rvf* 12, éd. De Tournes 1551, XI]

</td><td>

O si mon **dur destin** permettoit que ma vie
Sauve se peust trainer par telle maleurté,
Jusqu'à voir de tes yeux éteinte la clarté,
La rose de ton teint en lis blesme fletrie :
Ta chevelure d'or en argent deblondie :
Jusqu'à te voir quiter avecques ta fierté,
Tous ces mignots atours, ce verd de gayeté,
Et ces abits seans à ton âge fleurie :
O s'amour me donnoit, à tout le moins, le cœur
De te representer **ta cruelle rigueur,**
Dont tu aurois traité mes ans, mes jours, mes heures :
Lors si le tems estoit contraire aux beaux desirs,
Qui somment les amans aux amoureux plaisirs,
Je ne croy pas qu'au moins soupirant tu ne pleures.

ABBA ABBA CCD EED
alexandrin
[Baïf, *AmFr* (1555), éd. Vignes 2010, I.80]

</td></tr>
</table>

Un vers disparaît (v. 8), d'autres sont des ajouts traductifs répondant à un principe d'amplification (« Qui somment les amans aux amoureux plaisirs », v. 13, pour « beaux desirs », v. 12) ou enrichissant le texte par des détails inattendus mais cohérents avec le discours général (« La rose de ton teint en lis blesme fletrie », v. 4). Comme dans l'*Amour de Méline* et dans les *Diverses Amours*, Baïf décrit ici, par son geste traductif, un soupirant qui ne se plie pas aux caprices de la bien-aimée et qui refuse le rôle de victime. Cela n'explique pas seulement la disparition du v. 8 décrivant l'amoureux comme *pauroso* et *lento*, mais aussi la traduction d'« *aspro tormento* » par l'expression un peu plus abstraite « dur destin » (v. 1), ainsi que l'ingénieux renversement sémantique qui déplace l'attention des « *martiri* » du poète à la « cruelle rigueur » (v. 10) de la Dame, tout en gardant le sens général du vers. Le sonnet semble se terminer par une sorte de revanche de l'amoureux sur la *belle rebelle* : le v. 14 (« Je ne croy pas qu'au moins soupirant tu ne pleures ») s'éloigne ainsi de la supplication pétrarquienne qui cherche auprès de la dame un peu de consolation (« *Non fia, ch'almen non giunga al mio dolore / Alcun soccorso, di tardi sospiri* », v. 13–14).

Malgré l'absence d'un projet de traduction explicite, Baïf semble aussi très attentif à la tradition traductionnelle. Il serait peut-être hasardeux de chercher dans ses traductions de Pétrarque des références textuelles précises aux traductions précédentes. Une comparaison rapide avec les traductions de Peletier et Philieul nous laisse pourtant penser à une volonté de questionner les approches du pétrarquisme les plus répandues de son temps.

<table>
<tr><td>

I begli occhi, ond'i' fui percosso in guisa,
Ch'e medesmi porian saldar la piaga,
E non già **vertù** d'herbe, o d'**arte maga**,
O di pietra dal Mar nostro divisa,
M'hanno la via si d'altro Amor precisa,
Ch'un sol dolce pensier l'anima appaga :
E se la lingua di seguirlo é vaga,
La scorta pò, non ella, esser derisa.
Questi son que begliocchi che l'imprese
Del mio Signor vittoriose fanno
In ogni parte, et più sovra'l mio fianco.
Questi son quê begli occhi, che mi stanno
Sempre nel cor con le faville accese,
Perch'io di lor **parlando** non mi stanco.

</td><td>

Les beaux yeux, qui au cœur me blesserent, de sorte
Qu'eux mesmes gueriroyent la playe qu'ils m'ont faite :
Et non medicament, ny nul art de Tolete,
Ny pierre qu'à nos ports des **Indes** on aporte :
M'ont fait sentir l'effet de leur puissance forte,
Tel que mon ame serve et de son gré sugette,
*Toute à leur **playe** entend : et faut, de la pauvrette,*
Que pour un seul penser, tout autre penser sorte.
Ce sont ces beaux yeux cy, qui font victorieuses,
D'amour en tout endroit les belles entreprises,
Mais dans mon gauche flanc bien plus qu'en autre place.
Car de ces beaux yeux cy les flâmes gracieuses
Furent si doucement dedans mon cœur éprises,
Que de les **rechanter** jamais je ne me lasse.

</td></tr>
<tr><td>

ABBA ABBA CDE DCE
hendécasyllabes
[*Rvf* 75, éd. De Tournes 1545, LVI]

</td><td>

ABBA ABBA CCD EED
alexandrin
[Baïf, *AmFr* (1555), éd. Vignes 2010, I.57]

</td></tr>
</table>

Au biographisme de Philieul et à l'*amor-passio* dramatisé par Peletier, Baïf préfère un érotisme décomplexé aux accents mystiques, influencé par la philosophie néoplatonicienne. Comme Philieul, il rejoint peut-être les opinions de Pétrarque expliquées dans son *Invectiva contra medicum* (1353/54) et énoncées poétiquement dans ce sonnet. À la différence de Peletier, notre traducteur semble donc avoir un jugement bien moins mitigé : aucun art, sauf la poésie, ne peut rivaliser avec les pouvoirs d'Éros, aucun « medicament, ny nul art de Tolete, / Ny pierre qu'à nos ports des Indes on aporte » (v. 3–4). L'exotisme des images (ex. « art de Tolete » pour *magie*, v. 3) ne change pas le sens général du quatrain ni la conclusion du sonnet qui résume pour Pétrarque le « remède » au mal d'amour : « de les rechanter [*s.-e.* les yeux] jamais je ne me lasse » (v. 14).

La poésie (le chant, ou, mieux, le « rechanter » du v. 14) reste donc la grande protagoniste de ce sonnet, mais comme le fait remarquer Gendre, dans le deuxième quatrain Baïf « se libère carrément du texte pétrarquiste et abandonne toute référence à la langue (c'est-à-dire à l'ambition poétique) ; l'âme est seule en cause »[48]. On remarquera non seulement le décalage avec les autres traductions bien plus littérales (cf. « M'ont d'autre amour tellement clos la porte […] », Peletier, 1547, 1.LVI, v. 5 ; « M'ont d'autre amour si bien fermé la porte […] », Philieul, 1555, LX, v. 5), mais aussi le fait que Baïf ne se soucie pas, comme le faisait Philieul, d'une quelconque carrière mondaine ou, à tout le moins, de s'attirer les faveurs du public. Il s'éloigne ainsi du motif pétrarquien et compose des vers très personnels aux accents philosophiques : son attention est ici toute consacrée à la réflexion sur les dynamiques les plus subtiles du sentiment amoureux. De ce point de vue, la polysémie savante du terme « playe » (v. 7)[49] semble être la référence à une conception

---

48 Jean Vignes, « Introduction à *L'Amour de Francine* et aux *Divers amours* », dans Jean-Antoine de Baïf, *Œuvres complètes*, II, *Euvres en rime* (deuxième partie), vol. 1 (Introduction et textes), éd. Vignes, p. 102.

49 Le DMF en signale plusieurs acceptions : *a*) « Lésion, blessure d'une partie du corps » ; *b*) P. méton. « Impact » ; *c*) P. anal. « Sexe féminin, vulve » ; *d*) Au fig. 1. « Ce qui porte préjudice, fléau », 2. « Dommage causé ».

holistique de l'être humain considéré comme une articulation complexe d'âme, esprit et corps[50].

Il est enfin intéressant de remarquer la façon dont Baïf conçoit la matière sémantique du texte-source. Il garde le sens dans un réaménagement de l'ordre des vers et de la syntaxe. Le v. 6 de *Rvf* 75 (condensé avec le v. 5), devient ici le vers conclusif des quatrains (la *frons*), sans pourtant changer le sens général du texte : « Que pour un seul penser, tout autre penser sorte » (*AmFr* I.57, v. 8). Baïf semble ainsi concevoir la traduction comme un dialogue étroit avec les macrostructures du texte (quatrains, tercets), plutôt que comme une translation vers par vers.

Baïf semble enfin saisir les occasions d'un dialogue avec d'autres sources, instillant au passage dans ses alexandrins sa propre conception de l'amour. Le terme « rechanter » (v. 17) pourrait être l'emblème de son inspiration et de sa pratique traductive : d'une part, traduire c'est chanter à nouveau, et d'autre part, en chantant Francine, il chante Laure implicitement. Un « Art poétique » signé par Baïf aurait pu nous éclairer sur les sens que ce terme assume dans sa poésie…

De l'imitation à la traduction

Baïf a dû méditer longtemps sur les questions de transfert linguistique, en témoigne entre autres l'*AmFr* II.17 (1555). Il s'agit d'une imitation de *Rvf* 134, sonnet que Baïf traduira dans les *Chansonnettes mésurées* (*ChMe* III.37, entre 1567 et 1587) plusieurs années plus tard. L'empan temporel entre ces deux textes, quoique incertain, représente en soi une preuve de l'importance de la traduction des *Fragmenta* dans le parcours poétique de Baïf. On ne pourra qu'apprécier dans ce contexte les processus par lesquels Baïf a modelé la matière sémantique de *Rvf* 134, de l'imitation (*AmFr* II.17) à la traduction (*ChMe* III.37).

---

50 La plaie d'amour est une métaphore topique dans les *Fragmenta* (cf. *Rvf* 90, v. 14) et elle renvoie chez Pétrarque au dualisme âme–corps : cf. « *l'alta piaga amorosa, che mal cielo* » (*Rvf* 23, v. 137) ou encore « *le prime piaghe, sí dolci profonde* » (*Rvf* 196, v. 4). Sur ce thème, voir Paolo RIGO, « Petrarca e il corpo : una ricognizione sul tema », *Arzanà*, n° 19, 2017, p. 55–77. Rigo a notamment attiré l'attention des chercheurs·ses sur le processus par lequel ce rapport âme–corps chez Pétrarque s'incarne dans un « dualisme profond et hétérogène, un dialogue élargi entre ces deux parties qui forment et constituent l'individu » (cf. « *dualismo profondo ed eterogeneo, un dialogo esteso tra le due parti che formano e comprendono l'individuo stesso* ») (*ibidem*, p. 64 et *passim*). En revanche, la tripartition âme–esprit–corps, renvoyant à une conception néoplatonicienne, semble plus pertinente pour le XVIe siècle français. Il est par ailleurs intéressant de remarquer l'usage de cette tripartition dans la formation des métaphores amoureuses (voir entre autres Xavier BONNIER, « *Mes silentes clameurs* ». *Métaphore et discours amoureux dans* Délie *de Maurice Scève*, Paris, Champion, 2011).

<table>
<tr><td>

Pace non trovo, e non hò da far guerra,
E temo, e spero, et ardo, e son un ghiaccio,
E volo sopra'l Cielo, e giaccio in terra,
E nulla stringo, e tutto'l mondo abbraccio.
Tal m'hà in pregion, che non m'apre ne serra,
Ne per suo mi ritien, ne scioglie il laccio,
E non m'ancide Amor, et non mi sferra,
Ne mi vuol vivo, ne mi trahe d'impaccio.
Veggio senz'occhi, e non hò lingua e grido,
E bramo di perir, e cheggio aita,
Et hò in odio me stesso, e amo altrui :
Pascomi di dolor, piangendo rido :
Egualmente mi spiace morte, e vita.
In questo stato son Donna per vui.

ABAB ABAB CDE CDE
hendécasyllabe
[*Rvf* 134, éd. De Tournes 1545, CV]

</td><td>

Rien étreindre ne puis, toute chose j'embrasse :
J'aime bien d'estre serf, et cherche liberté :
Je ne bouge de terre, outre le ciel je passe ;
Je me promé douceur, où n'y a que fierté.
A tel me suis donné, qui pour sien ne m'avouë,
Doù vivre je m'atten, cela me fait mourir :
Je blasme le plus fort, ce que plus fort je louë,
Je demande remede, et je ne veu guerir.
Je me hay, j'aime autruy : je crein, et je m'asseure :
Je suis feu, je suis glace : en fuyant, je poursuy :
Où je me fay vaincueur, là vaincu je demeure.
Ce m'est sucre le dueil, la joye ce m'est suye :
Je meur si j'ay de l'aise, et je vy de l'ennuy :
J'ay pris en mesme horreur et la mort et la vie.

ABAB CDCD EFE GFG
alexandrin
[Baïf, *AmFr* (1555), éd. Vignes 2010, II.17 (imitation de *Rvf* 134)]

</td></tr>
</table>

L'*AmFr* II, 17 est la première imitation de *Rvf* 134 en alexandrins. Le schéma des rimes, très insolite, avec quatre rimes au huitain, fait de cette composition un texte rare. Le mètre adopté permet à Baïf une amplification et une exagération de la matière sémantique par la multiplication des antithèses : on en trouve dix-huit chez Baïf alors que les traductions de Peletier et Philieul n'en comptaient que quatorze. Il greffe en effet des antithèses personnelles dans la structure de *Rvf* 134, ainsi conçu comme une sorte de canevas sur lequel le poète peut improviser une symphonie toujours nouvelle. Il est fait ici référence à d'autres motifs pétrarquistes (ex. « Je demande remede, et je ne veu guerir », v. 8, cf. *Rvf* 75, v. 1–4) où sont décrites les tribulations typiques de l'insoumis amoureux de Francine, plutôt que celles du *poeta laureatus* (ex. « Où je me fay vaincueur, là vaincu je demeure », v. 11). Il est enfin intéressant de remarquer la disparition du v. 9 (*Rvf* 134) qui ne relève pas à proprement parler du genre *de oppositis* mais qui est une figure rhétorique renvoyant aux *impossibilia* : « *Veggio senz'occhi, e non hò lingua et grido* ». Peletier et Philieul, quant à eux, ont volontairement gardé cette image : cf. « Je voy sans yeux, sans langue vais criant » (Peletier 1547, 1.CV, v. 9) et « Sans yeux je vois, et sans langue je crie » (Lenoncourt, dans Philieul 1555, 1.LI, v. 9).

Selon Françoise Charpentier, la traduction et l'imitation de *Rvf* 134 font l'objet d'une sorte de « concours implicite »[51] dans lequel rivalisent, entre 1549 et 1555, dans un premier temps les disciples directs de Peletier (Du Bellay et Ronsard) et dans un deuxième temps leurs imitateurs (Magny, Baïf, Labé). Quand Baïf décide de traduire ce sonnet dans ses *Chansonnettes mésurées*, il ne peut se permettre l'économie d'une confrontation étroite avec ses prédécesseurs. Dans *AmFr* II.17, notre traducteur s'était autorisé plusieurs libertés tandis que, dans *ChMe* III.37, il se prive de toute licence poétique et suit son modèle de très près. La conception

---

51 Voir les notes de Françoise Charpentier (p. 381) pour le sonnet « Je cherche Paix, et ne trouve que Guerre » (p. 68–69), dans Olivier de Magny, *Œuvres poétiques*, sous la dir. de François Rouget, Paris, Champion, 1999, t. I.

du texte-source change et avec elle aussi les enjeux. Pour l'*AmFr* II.17, le sonnet de Pétrarque est un canevas par lequel peut s'épanouir la *fantaisie* du poète, tandis que *ChMe* III.37 est un véritable *labeur* de traduction.

Pace non trovo, e non hò da far guerra,	Paix je ne trouve et la quiers : et la guerre je fuis qui me poursuit.
E temo, e spero, e ardo, et son un ghiaccio,	Entre l'attente et la peur, en glace et flamme je suis.
Et volo sopra'l Cielo, e giaccio in terra,	Sur les cieux je **menace** voler, de la terre ne bougeant :
Et nulla stringo, et tutto'l mondo abbraccio.	J'embrasse tout de vouloir, rien je n'étreins de pouvoir.
Tal m'hà in pregion, che non m'apre, né serra,	Emprisonné je me vois de celui qui ne m'ouvre ni m'enclôt :
Ne per suo mi riten, ne scioglie il laccio,	Ni me retient pour sien, ni ne me laisse en aller.
Et non m'ancide Amor, e non mi sferra,	**Las**, Amour exécuter ne me fait, ni hélas ne m'élargit ;
Ne mi vuol vivo, né mi trahe d'impaccio.	**Las**, ni me souffre vivant, ni me délivre de mort.
Veggio senz'occhi, et non hò lingua, e grido,	**N'ayant langue je crie : sourd j'entends** : aveugle je vois tout.
E bramo di perir, et cheggio aita,	**Las**, je ne veux que périr, las je demande secours.
Et hò in odio me stesso, e amo altrui :	J'aime autrui : je me hais : je me pais d'angoisses et d'ennuis.
Pascomi di dolor, piangendo rido :	Lors que je ris, je me deul. Quand je m'attriste, je ris.
Egualmente mi spiace morte, e vita.	Autant l'un comme l'autre la mort et la vie, j'ai en horreur :
In questo stato son **Donna** per vui.	En tel état pour vous **Belle rebelle** je suis.
ABAB ABAB CDE CDE *hendécasyllabe* [*Rvf* 134, De Tournes 1545, CV]	schéma rimique absent *vers mesurés* [Baïf, *ChMe* (1567–1587), éd. Bird 1964, III.37]

Des changements mineurs et imperceptibles nous permettent d'observer de plus près les outils du traducteur. En premier lieu, le *pathos* du poème trahit le genre de l'élégie auquel Baïf emprunte le distique[52]. On cherchera plutôt, en filigrane du texte traduit, les accents d'un amoureux insoumis, protagoniste caché de l'*Amour de Francine* ou des *Diverses Amours*, par exemple dans la hardiesse de certains termes tels que « je menace voler » (v. 3).

On note en deuxième lieu la conception du macrotexte et la pratique de l'intertextualité, se fondant à la fois sur les *Fragmenta* et sur d'autres sources. Baïf dialogue avec Pétrarque et la tradition italienne qu'il connaît bien, en citant plusieurs fois l'un des *incipit* les plus communs des *Fragmenta* (« Las » pour « *Lasso* », cf. *Rvf* 70, 101, 109, 203, 235, etc.) avec une quinzaine d'attestations au Duecento[53]. Il s'agit bien évidemment d'une exacerbation pathétique, mais on peut également y voir une pratique par laquelle notre traducteur choisit un élément représentatif et en fait un marqueur de la rhétorique pétrarquienne, telle qu'il la conçoit. On peut parler d'une technique de « condensation traductive » : Baïf, par un procédé combinatoire, répète à l'échelle microscopique de son sonnet ce qui est répété à l'échelle macroscopique des *Fragmenta*[54].

---

52 Le modèle théorique pour la scansion est le suivant : – U U | – U U | – U U | – U U | – U U | – U (hexamètre dactylique) ; – U U | – U U | – | – U U | – U U | U (pentamètre). On renvoie à l'édition d'Olivier Bettens [*en ligne* : virga.org].

53 Domenico DE ROBERTIS, *Rerum vulgarium fragmentum CIX (A Adelia Noferi)*, Florence, Grafica Gioberti, 1992 ; rééd. dans *Memoriale petrarchesco*, Rome, Bulzoni, 1997, p. 89.

54 On remercie Thomas Vuong de nous avoir suggéré l'idée d'une « condensation traductive » réalisée par un procédé combinatoire.

Notre traducteur fait aussi référence à d'autres poètes. L'hexamètre dactylique au v. 9 (« N'ayant langue je crie : sourd j'entends [… »), semble l'écho inversé de cet alexandrin pétrarquiste de Clovis Hesteau de Nuysement : « Je voy sans yeux, j'oy sourd, et sans langue je crie »[55]. Baïf dialogue peut-être aussi avec les autres traducteurs de Pétrarque. La *donna* au dernier vers de ce sonnet semble être l'occasion d'apporter une signature, une marque personnalisée : cf. « ma maîtresse » (Peletier 1547, 1.CV, v. 14), « ma dame » (Lenoncourt, dans Philieul 1555, l. I, LI, v. 14) ; « Madame » (Du Tronchet 1575, 54, v. 14). Baïf choisit une autocitation, en confirmant le caractère expérimental de sa traduction, tout en faisant montre d'une volonté de cohérence d'ensemble dans sa poétique. L'épithète au dernier vers (« Belle rebelle ») renvoie en fait au premier vers d'une chanson rimée de *L'Amour de Francine* (*AmFr* III, 9).

Jean-Antoine de Baïf, poète pétrarquiste, prend le risque de décevoir en tant que traducteur lorsqu'il offre à son public une suite de *fragmenta* poétiques dépourvue d'un projet traductionnel bien défini. Il ne cesse pourtant de nous surprendre par l'attention et l'énergie consacrées à la traduction comme à l'imitation. Un imaginaire passionnel et néo-platonicien inspire sa conception des *Fragmenta* qui s'incarne dans un pétrarquisme très imaginatif et plus réticent aux accents plaintifs. Son expérience de *translateur* ouvre enfin une nouvelle fenêtre sur la pratique et la théorie de la traduction à la Renaissance ainsi que sur une histoire encore toute à écrire, celle des traducteurs·trices caché·e·s.

---

55 « Poète du roi » comme Nuysement, Baïf avait collaboré avec lui lors d'un festin offert à la cour en 1578. Voir *Eglogue latine et françoise, avec autres vers, recitez devant le roy au festin de Messieurs de la ville de Paris le 6ᵉ de Février 1578. Ensemble l'Oracle de Pan présenté au roy pour Estrènes. Jean Daurat, Poëte de Roy, Clovis Hesteau de Nuisement, et J. Antoine de Bayf aucteurs*, Paris, Federic Morel, 1578, p. 4–15. Sur ce festin, voir Pierre de L'Estoile, *Journal pour le règne de Henri III*, Paris, Gallimard, 1943, p. 181 ; rééd. Genève, Droz, 1996, t. II, p. 175.

Chapitre VI

Étienne du Tronchet, jongleur de la traduction

Traducteur et épistolier

Étienne du Tronchet (1510 ?–1585 ?)[1], issu d'une famille de marchands foréziens, fut le secrétaire de Jacques d'Albon (lieutenant général du Lyonnais, Forez, Dombes et Beaujolais) puis de François Rougier (agent diplomatique de Catherine de Médicis, baron de Ferals, ambassadeur au Vatican). Avec Étienne Pasquier, il est connu comme l'un des représentants de la littérature épistolaire française[2], et doit principalement sa renommée à ses *Lettres missives et familieres* (Paris, Lucas Breyer, 1568, éd. *princeps* perdue) qui compte de nombreuses rééditions (une quarantaine jusqu'au début du XVIIe siècle)[3]. Ce recueil de lettres, dont la publication a été

---

1   Sur la vie d'Étienne du Tronchet, voir : Auguste BERNARD, *Biographie et bibliographie foréziennes, recueillies pas l'auteur de l'histoire du Forez*, Montbrison, 1836, p. 74 [*N.B.* : il s'agit d'un tiré-à-part de l'*Histoire du Forez* d'Auguste Bernard (Montbrison, Imprimerie de Bernard ainé, 1835), bien que le titre de l'éditeur ne figure pas] ; Mary Saint Frances SULLIVAN, *Étienne Du Tronchet, auteur forézien du XVIe siècle : étude biographique et littéraire*, Washington, Catholic University of America, 1931 ; Fritz NEUBERT, « Die Briefe des Estienne du Tronchet », *Die Neuen Sprachen*, n° 65, 1966, p. 363–372 ; *Id.*, « Die Entstehung der französischen Epistolarliteratur im Zeitalter der Renaissance », *Zeitschrift für romanische Philologie*, vol. 85, 1969, p. 56–92 ; Claude LONGEON, *Une province française à la Renaissance : la vie intellectuelle en Forez au XVIe siècle*, Saint-Étienne, Centre d'études foréziennes, 1975 ; Pascal JOUBAUD et Claire SICARD, « La dette d'Étienne Du Tronchet à l'égard de Mellin de Saint-Gelais », dans *Demêler Mellin de Saint-Gelais*, Carnet de recherche Hypothèses *Demelermellin*, 4 janvier 2017 [*en ligne* : demelermellin.hypotheses.org] ; Jean Paul BARBIER-MUELLER, « Étienne du Tronchet », dans *Id.*, *Dictionnaire des poètes français de la seconde moitié du XVIe siècle (1549–1615) [C–D]*, p. 849–861.

2   Sur la littérature épistolaire à la Renaissance, voir : Charles E. KANY, *The Beginnings of the Epistolary Novel in France, Italy and Spain*, Berkeley, University of California Press, coll. « University of California Publications in Modern Philology », 1937 ; Fritz NEUBERT, « Zur französischen Epistolar Literatur der Renaissance », *Die Neueren Sprachen*, n° 14, 1965, p. 318–332 ; Bernard BRAY, *L'art de la lettre amoureuse. Des manuels aux romans (1550–1700)*, La Haye, Mouton, 1967 ; Jeannine BASSO, « Les traductions en français de la littérature épistolaire italienne aux XVIe et XVIIe siècles », *RHLF*, vol. LXXVIII, n° 6, 1978, p. 906–918 ; Laurent VERSINI, *Le roman épistolaire*, Paris, Presses universitaires de France, 1979.

3   Pour une liste complète de publications et des rééditions de Du Tronchet, voir USTC.

financée par le comte de Retz Albert de Gondi, auquel le volume est dédié[4], se caractérise par un style parfois alambiqué, par une inspiration souvent moralisante et par une organisation du livre « dont la chronologie reste confuse et la composition bigarrée »[5]. Il constitue aussi un cas inédit, car – comme le fait remarquer Janet Gurkin Altman[6] – il participe de deux genres combinant autobiographie et manuel épistolaire : le recueil de lettres personnelles et le recueil de « modèles » de lettres. Une structure composite et éclectique caractérisera aussi l'ouvrage qui fait l'objet de cette étude, les *Lettres amoureuses* (1572)[7].

En 1571, alors âgé de près de soixante ans, Du Tronchet est envoyé à Rome en qualité de secrétaire de l'ambassadeur Rougier, auprès du Saint-Siège, et commence dès ce moment à traduire les sonnets des *Fragmenta*. Ses traductions apparaissent d'abord dans le volume des *Lettres amoureuses*, publié à Paris en 1572[8]

---

4   Jean Paul Barbier-Mueller rappelle que des amis se seraient entremis pour qu'Albert de Gondi, riche favori de Catherine de Médicis, finance la publication (Jean Paul Barbier-Mueller, « Étienne du Tronchet », p. 857).

5   *Dictionnaire des lettres françaises – Le XVIe siècle*, éd. dir. par Georges Grente, Paris, Fayard, Le Livre de Poche, 2001, p. 473. Voir aussi Jean Paul Barbier-Mueller, « Étienne du Tronchet », p. 856–857.

6   Janet Gurkin Altman, « Espace public, espace privé : la politique de la publication de lettres sous l'ancien régime », *Revue belge de philologie et d'histoire*, vol. 70, n° 3, 1992, p. 607–623.

7   François Lecercle a consacré un article à cet ouvrage en explorant ce qu'il appelle le « pétrarquisme épistolaire » d'Étienne du Tronchet. Il se limite toutefois à la seule analyse des lettres et de leur rapport avec le macrotexte des sonnets traduits. Voir François Lecercle, « Un pétrarquisme épistolaire : les *Lettres amoureuses* d'Étienne du Tronchet », dans Jean Balsamo (dir.), *Les Poètes français de la Renaissance et Pétrarque*, p. 353–362. Notre travail procède à partir des recherches de Lecercle, que nous avons essayé de compléter et, en l'occurrence, de rectifier.

8   L'édition originale de ce texte (*Lettres amoureuses d'Estienne du Tronchet, secrétaire de la Royne mere du Roy. Avec septante sonnets du divin Pétrarque, et au pied de chacun, un Anagramme de ses amis*, Paris, Lucas Breyer, 1572), fort peu connue, n'est pas présente dans les catalogues des bibliothèques publiques françaises mais elle est répertoriée, via USTC, dans la Bibliothèque Planettiana de Jesi (Italie). On remarquera que cette première édition remonte à l'année 1572, et non à 1575, comme on l'a cru longtemps. L'épître introductive, dédiée à la comtesse Catherine de Clermont et republiée dans toutes les rééditions, est datée « de Rome ce dernier jour de février, mil cinq cens septante deux ». Ce recueil a connu diverses éditions de 1575 à 1608 selon Claude Longeon dans *Une province française à la Renaissance : la vie intellectuelle en Forez au XVIe siècle*, p. 93–116. Il existe la trace d'au moins six éditions jusqu'à 1598 grâce au USTC : **2e éd.)** *Lettres amoureuses en nombre 54. Avec septante sonnets traduicts du divin Petrarque et au pied de chascun sonnet un anagramme du nom des amis*, Paris, veuve Lucas Breyer, 1575 ; **3e éd.)** *Lettres amoureuses d'Estienne du Tronchet, Secretaire de la Royne mere du Roy. Avec Septante Sonnets traduits du divin Petrarque...*, Paris, Abel L'Angelier, 1583 ; **4e éd.)** *Lettres amoureuses...*, Lyon, s.n., 1593 ; **5e éd.)** *Lettres amoureuses...*, Lyon, pour Paul Frellon et Abraham Cloquemin, 1595 ; **6e éd.)** *Lettres amoureuses...*, Lyon, Antoine de Harsy, 1598. Comme Lecercle, nous avons consulté la troisième édition (Paris, L'Angelier, 1583), ainsi que l'édition de Frellon et Cloquement (Lyon, 1595) qui semble être une copie hâtive. C'est pourtant la première édition que nous allons utiliser : la lisibilité et la valeur de l'édition 1572 sont bien supérieures à celles des autres rééditions qui introduisent de nombreuses coquilles.

et réimprimé jusqu'en 1608 avec des ajouts[9]. Ce texte – l'un des premiers recueils français de « lettres amoureuses » et le premier se présentant sous ce titre, comme le fait remarquer François Lecercle[10] – est « jumelé »[11] à une traduction partielle des *Fragmenta*, les *Septante sonnets de Pétrarque*.

Un projet complexe et ludique

Ce recueil hétérogène comprend, dans sa première édition de 1572, deux parties qui présentent un paratexte spécifique :

1. Une série d'épîtres dédicatoires en vers comme en prose et une série de cinquante-quatre lettres.

2. Les « Septante sonnets de Petrarque, traduicts par Estienne du Tronchet Secretaire de la Royne mere du Roy ; Pour acompaigner ses Lettres amoureuses, avec anagrammes en chacun ».

Dans l'exemplaire consulté, le frontispice a été arraché[12]. On peut pourtant le supposer identique à celui de la troisième édition (Paris, L'Angelier, 1583) : « *Lettres amoureuses | d'Estienne du Tronchet, secretaire de la Royne mère du Roy. | Avec septante Sonnets traduits du divin Petrarque, et au pied de chacun, un Anagramme de ses amis* ».

---

9   On remarquera que la troisième édition (Paris, L'Angelier, 1583) et l'édition de Frellon et Cloquement (Lyon, 1595) ajoutent des extraits des *Epistres familières et amoureuses d'Estienne Pasquier* (avant les sonnets) et « Certaines missives entre deux amans » (après les sonnets) qui sont la traduction d'un extrait des *Lettere amorose* de Alvise Pasqualigo. Sur cette traduction, voir Mary Saint Frances SULLIVAN, *Étienne Du Tronchet, auteur forézien Du XVIᵉ siècle…*, p. 67–70. Selon Sullivan, les *Missives* sont la traduction des *Lettere amorose* de Pasqualigo (de 87 à 105) selon la numérotation de l'éd. Venise 1564 (Rampazetto), à l'exception de la lettre 91. Du Tronchet a dû pourtant suivre une édition postérieure (celle de Venise, Domenico Farri, 1581), où le découpage et la numérotation sont différents (lettres 74 à 91). Dans cette édition, la lettre 91 de l'éd. de 1564 est supprimée, comme dans la traduction de Du Tronchet. Lecercle avait déjà formulé l'hypothèse que les *Missives* seraient une traduction ajoutée à la troisième édition des *Lettres amoureuses* (Paris, L'Angelier, 1583) et signalée par une mention en couverture qui n'apparaît que dans cette troisième édition : « *revues, corrigées & augmentées de plusieurs belles lettres tirées de divers autheurs italiens* » (François LECERCLE, « Un pétrarquisme épistolaire : les *Lettres amoureuses* d'Étienne du Tronchet », p. 356). La consultation de l'édition originale confirme la théorie de Lecercle, car les *Missives* n'y sont pas présentes ; cela expliquerait par ailleurs la position de ces *Missives* en appendice du volume, après les sonnets et non pas après les deux autres séries de lettres.

10   On confrontera avec le statut du texte des deux recueils de lettres amoureuses qui le précèdent : 1. les *Angoisses douloureuses qui procèdent d'amours* d'Hélisenne de Crenne (Paris, Denis Janot, 1538 c.), qui portent un titre « fictionnel » ; 2. les *19 Epistres amoureuses* d'Étienne Pasquier, qui sont incluses dans son *Recueil des rymes et proses de E.P.* (Paris, Vincent Sertenas, 1555). Voir François LECERCLE, « Un pétrarquisme épistolaire : les *Lettres amoureuses* d'Étienne du Tronchet », p. 355.

11   François LECERCLE, « Un pétrarquisme épistolaire : les *Lettres amoureuses* d'Étienne du Tronchet », p. 356.

12   Exemplaire de la Bibliothèque Planettiana de Jesi (Ancone, Italie), cote PLAN P1 153.

La page de titre des *Septante sonnets* de l'édition de 1572 confirme le « jumelage » entre les lettres et les sonnets ; on peut lire dans le sous-titre : « *Pour acompaigner ses Lettres amoureuses, avec anagrammes en chacun* ». Les deux titres annoncent déjà l'une des particularités de cet ouvrage : la série d'anagrammes (parfois approximatifs) accompagnant les sonnets de Pétrarque. De plus, les premières épîtres dédicatoires en vers anticipent cet usage ludique de la dédicace : ce sont des poèmes dédiés aux lecteurs·trices, à Jacques d'Apchon, à Denis Godefroy (anagramme : « Solore et Lætitia » et « Roy digne d'offre »), à Mathurin Longuet (anagramme : « Un tout, rien mal »), à Jacques Gautier et à Jacques Gohory.

La première épître dédicatoire – de surcroît la seule en prose – s'adresse « A l'illustre et vertueuse dame Catherine de Clermont, Contesse de Rectz »[13], mécène et personnage important pour le pétrarquisme français[14]. Ce texte est particulièrement intéressant pour au moins deux raisons : non seulement Du Tronchet y développe toute une conception néoplatonicienne de l'Amour (« saint désir, Prince de nostre felicité »[15]), mais surtout il y introduit les lecteurs·trices à la complexité de « ce petit livre de lettres amoureuses que j'ay faict en benefice de tous cueurs honnestes, compagnons des personnes vertueuses »[16]. Pour ce faire il utilise la métaphore du palais, qui pourrait tout à fait dialoguer avec celle, bien plus célèbre, du temple telle qu'on la retrouve par exemple dans la tradition des rhétoriqueurs, dans le

---

13 On rappellera que la publication des *Lettres missives et familieres* (1568) avait été en partie financée par le compte de Retz, Albert de Gondi, époux de Catherine de Clermont, auquel le volume était dédié. Sur ce sujet, voir Jean Paul Barbier-Mueller, « Étienne du Tronchet », p. 856–857.

14 Mariée en secondes noces avec Albert de Gondi (1522–1602), Catherine de Clermont lui apporte en dot la terre de Retz dont il prendra le nom. Dame d'honneur de Catherine de Médicis, puis gouvernante des enfants de France, Catherine de Clermont est une personnalité de premier plan dans les festivités organisées par la Reine. Célèbre par sa culture et sa générosité, elle est chantée par les plus importants poètes de son temps : par Tyard sous le nom de Pasithée, par Jamyn sous le nom d'Artémis, mais aussi par Ronsard, Dorat, Desportes, Jodelle. Elle les reçoit dans son hôtel du faubourg Saint-Honoré (hôtel de Dampierre) ou dans son château de Noisy-le-Roi. À ces événements participent aussi l'avant-garde musicale et l'élite féminine de la cour : Marguerite de Valois, Henriette de Clèves, Hélène de Surgères, Madeleine de l'Aubespine. Son salon devient un lieu crucial pour le néo-pétrarquisme mis à la mode par Desportes, et il s'impose ainsi comme l'un des plus prestigieux salons parisiens, dont l'élégance et le raffinement peuvent se comparer à ceux du XVIIe siècle. Sur ce sujet, voir : Louis Clark Keating, *Studies on the Literary Salons in France 1550–1615*, Cambridge, Harvard University Press, 1941, p. 103–125 ; Jacques Lavaud, *Philippe Desportes*, Paris, Droz, 1936, p. 72–106 ; Jeanice Brooks, « La comtesse de Retz et l'air de cour des années 1570 », dans Jean-Marc Vaccaro (dir), *Le Concert des voix et des instruments à la Renaissance*, Actes du XXXIVe Colloque international d'études humanistes (Tours, CESR, 1–11 juillet 1991), Paris, Éditions du CNRS, 1995, p. 299–313 ; Marie-Henriette Jullien De Pommerol, *Albert de Gondi, Maréchal de Retz*, Paris, Droz, 1953 ; Hilarion De Coste, *Les Eloges et vies des reynes, princesses et damoiselles illustres*, Paris, Sébastien Cramoisy, 1630.

15 D'après l'épître « A l'illustre et vertueuse dame Catherine de Clermont, Contesse de Rectz », dans Étienne Du Tronchet, *Lettres amoureuses…* [1572]. Les pages ne sont pas numérotées ; les feuilles arrachées rendent impossible la numérotation (f. n. ch.).

16 *Ibidem*.

Temple du Cupido (1516–1519) de Marot, dans le *Songe de Poliphile* (1546)[17] et plus généralement tout au long du Cinquecento[18]. On lit dans l'épître :

> Plusieurs Dames qui ne sont informées de la saincteté de l'Amour, s'abuseroyent soubs ce tiltre de lettres amoureuses, pour y apprenhender quelque chose repugnante à la pudicité que j'ay en singulière recomandation. Mais quand elles verront ce mien petit edifice honoré d'un portique composé de frizes enrichies et eslevées sur si hautes coulomnes de vertus et de louables qualitez, elles ne douteront plus d'y entrer, et d'y visiter sans regret les chambres, galeries et cabinets que j'ay bastis en faveur de l'amoureuse vertu, plus pour la splendeur et utilité de la plume Françoyse, que pour autre consideration que ce soit.

Du Tronchet présente, dans ce passage, une vision organique de cet étrange objet offert aux lecteurs·trices – avec une attention toute particulière aux *dames* –, invité·e·s à le « visiter », comme l'on visite une somptueuse demeure. C'est ainsi que Du Tronchet nous introduit à la structure complexe de son ouvrage.

Comme l'a montré Mary S. F. Sullivan, après les épîtres dédicatoires, les lettres de la première série constituent de véritables pastiches : il s'agit de lettres librement traduites et reprises d'une anthologie de Francesco Sansovino[19] ainsi que de versions réalisées à partir des commentaires d'Andrea Gesualdo aux *Fragmenta* (1533, 1583)[20].

---

17 Le *Songe de Poliphile* (Paris, Louis Cyaneus pour Jacques Kerver, 1546) est l'adaptation réalisée par Jean Martin d'après la *Hypnerotomachia Poliphili* de Francesco Colonna (Venise, Alde Manuce, 1499).

18 Carlo Ossola, *Autunno del Rinascimento. Idea del "Tempio" dell'arte nell'ultimo Cinquecento*, *passim*.

19 Mary Saint Frances Sullivan, *Étienne Du Tronchet, auteur forézien Du XVIe siècle…*, p. 67–70. L'anthologie de Sansovino apparemment consultée par du Tronchet (*Delle lettere amorose di diversi huomini illustri, libri nove* (première édition, Venice, Rampazetto, 1563) compte neuf livres. On remarquera que cette anthologie a connu plusieurs rééditions jusqu'à la fin du XVIe siècle (voir USTC). Sullivan indique comme source des lettres 13 à 35 (à l'exception de la lettre 16) les lettres à Maria Savorgnan de Bembo, recueillies dans le premier livre de l'anthologie de Sansovino. Les lettres 36 à 54 de Du Tronchet seraient traduites du deuxième livre. L'identité des auteurs reste incertaine, sauf pour la lettre 51, attribuée à Annibal Caro.

20 Voir : *Il Petrarcha colla spositione di misser Giovanni Andrea Gesualdo*, Venise, Giovanni Antonio Nicolini da Sabbio & fratres, 1533 ; *Il Petrarcha colla spositione di misser Giovanni Andrea Gesualdo*, Venice, Alessandro Grifo, 1583. On remarquera que Gesualdo pour son commentaire – à la différence du choix de Vellutello qu'il considère comme trop audacieux – suit l'ordre des poèmes de l'éd. Bembo (Alde Manuce, Venice, 1501), jugé philologiquement plus rigoureux. Sullivan a indiqué comme source des dix premières lettres les dix premiers sonnets des *Fragmenta* (voir Mary Saint Frances Sullivan, *Étienne Du Tronchet, auteur forézien du XVIe siècle…*, p. 67–70). François Lecercle a démontré le parallélisme, quoique parfois précaire, entre les vingt et une premières lettres et les vingt et un premiers commentaires de l'éd. Gesualdo (1533) : voir François Lecercle, « Un pétrarquisme épistolaire : les *Lettres amoureuses* d'Étienne du Tronchet », p. 357–360. Au sujet de ce commentaire très peu étudié, voir : Francesca D'Alessandro, « Il Petrarca di Minturno e Gesualdo. Preistoria del pensiero poetico tassiano », *Aevum*, vol. 79, n° 3, 2005, p. 615–637 ; Cosimo Burgassi, « Gesualdo lettore di Petrarca e la "Prova degli artisti" (*Rvf* 77) », *Studi di filologia italiana*, vol. LXX, 2012, p. 169–181.

Ce contexte met en exergue le dialogue articulé entre les vingt et une premières lettres de notre traducteur et les vingt et un premiers commentaires aux *Fragmenta* de Gesualdo (1533). Dans les neuf premières lettres, Du Tronchet suit à peu près le commentaire de Gesualdo, en le traduisant ou en faisant des collages, en le réécrivant ou en le modifiant à sa guise. Or, Gesualdo est le représentant d'une forme de réception des *Fragmenta* et des *Triumphi*, exaltant la linéarité du texte et proposant une interprétation héroïque et épique, aux accents pénitentiels, qui semble avoir été inaugurée par Antonio Minturno[21]. Persuadé de la structure diégétique et de la « cohésion architecturale »[22] des *Fragmenta* – amplement discutée et partagée par Minturno[23] –, Gesualdo lit par exemple les premiers sonnets comme les parties d'un vaste *initium narrationis*, ou encore il cherche à repérer dans les *fragmenta* les modalités propres à la narration héroïque[24], comme si les *fragmenta* composaient les étapes d'une sorte d'épopée moralisante[25]. Comme l'a remarqué Lecercle[26], notre traducteur reprend à son compte cette conception linéaire de Gesualdo tout en transformant l'exégèse du commentateur italien en épître amoureuse, car

---

21 Notamment dans ses dialogues perdus cités dans le commentaire de Gesualdo sous le titre d'*Accademia*, ainsi que dans son « Art poétique ». Voir *L'arte poetica del sig. Antonio Minturno, nella quale si contengono i precetti heroici, tragici, comici, satyrici, e d'ogni altra poesia : con la dottrina de' sonetti, canzoni, & ogni sorte di rime thoscane, dove s'insegna il modo, che tenne il Petrarca nelle sue opere Con le postille del dottor Valuassori*, Venise, Giovanni Andrea Valvassori, 1563. À ce propos, il est intéressant de remarquer, avec D'Alessandro, qu'il est possible, grâce au commentaire de Gesualdo, de reconstruire certaines zones de l'*Accademia* de Minturno et de les étudier comme une « esquisse préparatoire » de l'*Arte poetica* (1563). Cela démontre, par ailleurs, la précocité de certaines intuitions développées dans l'*Arte poetica*, qui seraient ainsi très proches de la publication des *Prose della volgar lingua* de Bembo (Venise, Giovanni Tacuino, 1525). Sur ce sujet, voir Francesca D'Alessandro, « Il Petrarca di Minturno e Gesualdo... », p. 615–637.

22 Francesca D'Alessandro, « Il Petrarca di Minturno e Gesualdo... », p. 628.

23 Cf. Antonio Minturno, *L'arte poetica del sig. Antonio Minturno...*, p. 180 : « Mais après le Proemium de tout le poème, dans le *Canzoniere* de Pétrarque, la narration commence par le sonnet *Per fare una leggiadra sua vendetta* ou, comme d'autres le prétendent, par *Era'l giorno* [...] Pétrarque conclut son poème par cette divine chanson intitulée *Vergine bella*, dans laquelle il déclare mettre fin à son chant d'amour tourné vers les choses mondaines et consacrer son amour comme son style au nom glorieux de la Vierge mère de Dieu. Et c'est ainsi que son recueil semble être composé de trois parties : le proemium, la narration et la conclusion. De ces parties, la narration est très longue et comprend diverses compositions ; en revanche, le proemium consiste en un seul sonnet et la conclusion en une chanson », notre traduction, cf. « *Ma dopo il Proemio di tutto il poema nel* Canzoniere *del Petrarca la narrazione comincia dal sonetto* Per fare una leggiadra sua vendetta *; o com'altri vogliono da quello* Era'l giorno. [...] *Chiude ultimamente il Petrarca il suo bellissimo poema con quella divina canzone* Vergine bella, *nella quale dichiara ch'egli pon fine al cantar dell'amore di cosa mortale e rivolge il suo amore e lo stile al glorioso nome della Vergine madre d'Iddio. E così la costui poesia par ch'abbia tre parti, il proemio, la narrazione e l'uscita. Tra le quali, come che la narrazione sia lunga, e molte e varie composizioni comprenda ; nondimeno il proemio si contenta d'un sonetto, e l'uscita d'una canzone* ».

24 Francesca D'Alessandro, « Il Petrarca di Minturno e Gesualdo... », p. 623, 628 et *passim*.

25 *Ibidem*.

26 François Lecercle, « Un pétrarquisme épistolaire : les *Lettres amoureuses* d'Étienne du Tronchet », p. 357–360.

chez Du Tronchet « il faut que l'intrigue se dédouble, que l'exégète non seulement explique la plainte pétrarquienne, mais également la détourne à son usage, bref, que la science herméneutique se mue en lyrisme amoureux »[27].

Du Tronchet s'approprie donc le commentaire de Gesualdo par un processus d'identification et avant d'en transposer quelques passages, il les introduit par des formules comme « Je fais comme ce Poète en son premier sonnet »[28]. Ou bien il tourne à la première personne les phrases du commentateur, de sorte que les *errori* de Pétrarque deviennent *ses* erreurs.

[...] benigni farsi gli auditori confessando il **suo** errore...	Pour rendre bénigne la conséquence de ces lettres, confesse **mes** erreurs...
[Gesualdo, *Il Petrarcha*, 1533, rééd. 1552, *Rvf* 1]	[Du Tronchet, *Let. Am.*, 1572, lettre I]
[...] e per meritare maggior perduono dimostra, chel **suo** errore sia degno di scusa per due cagioni...	[...] pour mériter plus grand pardon de mon temps perdu, je croy, Madame, que **mon** erreur est excusable, pour deux occasions.
[Gesualdo, *Il Petrarcha*, 1533, rééd. 1552, *Rvf* 1]	[Du Tronchet, *Let. Am.*, 1572, lettre I]

Ce faisant, Du Tronchet transforme le commentaire de Gesualdo en ses propres lettres amoureuses, par un procédé d'appropriation tout à fait inédit. Cependant, on remarquera à la suite de Lecercle qu'un certain « infléchissement du commentaire en épître »[29], bien qu'original à l'époque de Du Tronchet, était déjà présent *in nuce* dans le texte de Gesualdo[30].

À partir de la dixième lettre et de la onzième, le lien avec l'édition de Gesualdo s'affaiblit considérablement[31]. À ce stade, Du Tronchet commence à traduire Bembo et, à partir de la douzième lettre, le dialogue avec Pétrarque et le commentaire de Gesualdo cesse[32].

---

27 *Ibidem*, p. 358.

28 Étienne Du Tronchet, *Lettres amoureuses d'Estienne du Tronchet...* [1572], lettre I, p. 1.

29 François Lecercle, « Un pétrarquisme épistolaire : les *Lettres amoureuses* d'Étienne du Tronchet », p. 361.

30 Voir, par exemple, le commentaire au deuxième sonnet : « Nous venons de lire, illustre dame, ce que Pétrarque a dit dans le préambule afin de s'excuser de ce que les gens communs (*vulgo*) peuvent qualifier d'erreur : à partir de ce moment, il commence à narrer », notre traduction, cf. « *Habbiamo veduto, illustrissima signora, ciò chel Petrarca ha nel proemio detto per iscusarsi di quello, che stimarsi potea dal vulgo, errore : hora comincia a narrare* » (*Il Petrarcha colla spositione di misser Giovanni Andrea Gesualdo*, Venise, Giovanni Antonio Nicolini da Sabbio & fratres, 1533, *Rvf* 1). Un tel passage transforme, selon Lecercle, en « suscription épistolaire » la dédicace initiale « *Alla illustrissima Marchesana de la Palude* » (François Lecercle, « Un pétrarquisme épistolaire : les *Lettres amoureuses* d'Étienne du Tronchet », p. 361).

31 La dixième et la onzième lettre n'entretiennent qu'un rapport très vague avec le commentaire de Gesualdo et les poèmes de Pétrarque. Deux seuls motifs, le rossignol (lettre X) et le voile (lettre XI) renvoient au texte de Pétrarque et à celui de son commentateur.

32 Apparaissent pourtant deux exceptions, deux autres lettres jumelées avec les sonnets, sans pour autant suivre le commentaire de Gesualdo : *a)* la douzième lettre qui renvoie au douzième sonnet ; *b)* dans la vingt-et-unième lettre, en guise de préambule à sa traduction de Bembo, Du

Avant d'analyser quelques sonnets en rapport avec les lettres « jumelées », il est intéressant d'explorer le paratexte propre aux *Septante sonnets*. Comme on l'a déjà évoqué, cette traduction représente en effet une partie séparée du volume et comporte une page de titre spécifique. Le titre, comme pour les éditions ultérieures (1575–1595) – « *Les septante sonnets de Petrarque, traduits par Estienne du Tronchet, Secretaire de la Roy mere du Roy* » – est accompagné d'un sous-titre qui nous donne des indices précieux sur la visée de cette traduction et sur les clés de son imaginaire de lecture[33] : « *Pour accompagner ses Lettres amoureuses avec Anagrammes en chacun* ».

Les lecteurs·trices sont donc ouvertement invité·e·s à lire les sonnets dans une configuration éditoriale unitaire incluant aussi les *Lettres amoureuses*. De plus, ce volume leur offre un dispositif ludique qui couple chaque sonnet avec une anagramme tirée du nom d'un·e ami·e du traducteur ou de Du Tronchet lui-même (comme pour les sonnets 67, 68, 70). La position des solutions des anagrammes, consultables en annexe à la fin des *Septante sonnets*, fait penser à un objet divertissant et mondain, une sorte de jeu de société. Le public pourra ainsi alterner une lecture plus intime (telle qu'elle est requise pour les *Lettres amoureuses*), et une autre plus récréative dont on pourrait profiter en groupe, voire dans un contexte festif. Bien que différentes, les deux modalités de lecture relèvent d'un imaginaire commun : elles nous invitent à découvrir l'univers personnel de Du Tronchet, ses amours, ses ami·e·s, à travers ses inspirations littéraires et son travail de traducteur.

Tronchet renvoie à son vingt-et-unième sonnet traduit de Pétrarque. On constate enfin que, dans la quatorzième lettre, un détail de la vie de Pétrarque est évoqué sans aucune relation avec le quatorzième sonnet : « comme Petrarque qu'on dit avoir chanté sur la nouvelle de la mort d'un sien frere bien aymé, ou comme le rossignol qui chante de tristesse » (Étienne Du Tronchet, *Lettres amoureuses d'Estienne du Tronchet...* [1572], lettre 14, p. 37).

33 Roland Barthes, dans son dernier séminaire pour le Collège de France intitulé « Proust et la photographie » (séminaire qui n'a pas eu lieu à cause de l'accident mortel qui mit fin à ses jours le 25 février 1980), a réfléchi brièvement à la notion d'*imaginaire de la lecture* comme étant un objet théorique composé de certaines « clés » assurant la projection des lecteurs·trices dans l'œuvre : « Les Clefs sont de l'ordre du *leurre*, mais ce leurre fonctionne comme une Plus-Value de la Lecture, elles affermissent et développent le lien *imaginaire* à l'Œuvre ; elles font partie d'un objet théorique à poser, l'*Imaginaire de lecture* » (Roland Barthes, « Proust et la photographie », dans *La Préparation du roman I et II. Cours et séminaires au Collège de France (1978–1979 et 1979–1980)*, éd. Nathalie Léger, Paris, Seuil/Imec, 2003, p. 396 [les majuscules et les italiques sont de Barthes]). Sur ce séminaire de Barthes, consulter : Tiphaine Samoyault, « La reprise (note sur l'idée de roman-monde) », *Romantisme*, n° 136, 2007, p. 95–104 ; Kathrin Yacavone, « Reading through photography : Roland Barthes's last seminar "Proust et la photographie" », *French Forum*, n° 34, 2009, p. 97–112. Selon Samoyault, « La clé est le lieu même où le plein du roman se transforme en trop-plein qui déborde du côté du lecteur » (2007, p. 100).

La gravure (image 1) accompagnée d'un poème de l'auteur (introduisant les *Lettres amoureuses* et répétée en tête des *Septante sonnets*) témoigne de cet aspect réflexif, et annonce discrètement le jeu des anagrammes auquel les lecteurs·trices et les ami·e·s de Du Tronchet sont invité·e·s. Notre traducteur y ironise aussi sur le travail du graveur, profitant de l'occasion pour s'adresser indirectement à ses ami·e·s : si l'artisan l'a représenté avec « les yeux gros et ouverts et la bouche couverte » (comme s'il taisait les solutions des anagrammes ?[34]), c'est que sa « volonté est plus souvent ouverte / Par effect, que par bouche, au besoin des amis ». D'autre part, en continuant ce « dialogue » avec le graveur, il démythifie enfin le statut de cet imposant portrait : « Et quand à ce qu'il m'a pourtrait sans bras et mains, / Et ainsi que tu vois la teste toute nuë : / Ce n'est pas (comme il dit) pour sembler aux Romains / Mais c'est pour faire veoir ma puissance menuë ».

Si le paratexte est aussi complexe et original, c'est sûrement parce que Du Tronchet adopte une stratégie de *connivence*[35] avec son public tout à fait particulière. Notre traducteur « trahit » en quelque sorte les attentes des lecteurs·trices commun·e·s

EST. DV TRONCHET
SVR SON POVRTRAICT.

Le graueur non sans cause en mõ pourtrait m'a mis
Les yeux gros & ouuerts, & la bouche couuerte,
C'est que ma volonté est plus souuent ouuerte
Par effect, que par bouche, au besoin des amis:
Et quãd à ce qu'il m'a pourtrait sans bras & mains,
Et ainsi que tu vois la teste toute nüe :
Ce n'est pas (cõme il dit) pour sẽbler aux Romains
Mais c'est pour faire veoir ma puissance menuë.

Image 1

---

34 Cela relève d'un véritable « imaginaire du secret ». Xavier Le Person parlerait peut-être d'une « pratique du secret ». Voir Xavier Le Person, « Les "practiques" du secret au temps de Henri III », *Rives nord-méditerranéennes*, n° 17, 2004 [*en ligne* : rives.revues.org] : l'« habileté à feindre, nécessaire à tout gentilhomme pour mener à bien ses affaires, est souvent commentée ou encouragée dans les textes enseignant la contenance au courtisan ou dans les dialogues platoniciens publiés à l'intention d'un public évoluant dans l'entourage du monarque. L'un de ces dialogues tirés du recueil d'Étienne Du Tronchet, un conseiller de Catherine de Médicis, a pour sujet la nécessité pour tout homme de conserver ses secrets et met en valeur une sentence de Platon disant que celui "qui expose son secret, prostitue sa liberté en la main d'autruy". Pour dissimuler le secret de ses affaires, le mystère de ses desseins, il faut donc user de "masques", de feintes de visage, véritable "practique" politique de la Renaissance française » (*ibidem*, « Masquer par la mine et la contenance », § 22). La citation de Du Tronchet est tirée d'Étienne Du Tronchet, *Discours académiques florentins appropriez à la langue françoise*, Paris, Breyer, 1576, p. 81.

35 Pour une définition du terme *connivence* et une brève histoire de ses connotations, voir l'introduction à Ariane Bayle, Mathilde Bombart et Isabelle Garnier (dir.), *L'age de la connivence : lire entre les mots à l'époque moderne*, avec la collaboration de Fabienne Boissiéras, Lyon (Centre d'études des dynamiques et des frontières littéraires, Université Jean Moulin-Lyon 3), numéro spécial des *Cahiers du Gadges* (n° 13), Genève, Librairie Droz, 2015, p. 5–36. Dans ce contexte, on emploie le terme *connivence* dans son sens plutôt moderne et contemporain

et les guide vers une autre modalité d'exploitation du texte. Pour ce faire, il se sert de certains imaginaires figés autour des genres littéraires (*recueil de correspondances* ; *roman épistolaire* ; *chansonnier* ; *traduction*) comme du texte pétrarquien et les manipule à sa guise, pour imposer ses licences et mettre en discussion le statut du texte. À travers des « dispositifs textuels et paratextuels de complicité »[36], notre traducteur-épistolier cherche ainsi une *autre* relation avec son public.

Si, d'une part, les *Lettres amoureuses* renvoient alors à un genre littéraire spécifique et figé, d'autre part, les lecteurs·trices feront face à un objet plus complexe qui s'écarte de la norme, un apparat textuel s'articulant avec les sonnets « jumelés ». Les *Septante sonnets*, avec les anagrammes dédiées aux ami·e·s, projettent d'emblée les lecteurs·trices dans un univers amical et, ce faisant, nous éloignent de l'idée d'une traduction qui puisse reconstruire les événements biographiques du *poeta laureatus*, comme l'avait fait par exemple Philieul.

Du Tronchet offre ainsi *son* Pétrarque à ses ami·e·s et à ses lecteurs·trices. La mise en avant de sa subjectivité ne paraît pourtant pas relever d'un projet poétique, comme pour Marot ou Peletier, ou d'une stratégie spécifique visant à construire son propre personnage littéraire. Du Tronchet ne semble pas assumer sérieusement son rôle d'écrivain. Il se pose plutôt en amateur, tel un acrobate qui aime jongler avec les sources et les traditions. Il s'amuse à traduire ou réécrire, d'une manière tout à fait inavouée, des *lettres* célèbres à l'époque, et il joue avec les genres littéraires tout en gardant une distance ironique par rapport à son éthos d'écrivain. Même dans le commentaire à son portrait gravé – pourtant l'objet louangeur par excellence – le ton employé est éminemment goguenard et auto-ironique. Bien évidemment, ses jongleries ne s'arrêtent pas au statut du texte et au paratexte, sa traduction des *Septante sonnets* en est tout autant révélatrice.

(*ibidem*, p. 10–15), en exploitant sa chaîne de connotations axiologiques positives, c'est-à-dire pour « évoquer une forme de communication reposant sur le partage d'un implicite (culturel, intellectuel, esthétique, affectif, etc.) » (*ibidem*, p. 6). Toutefois, l'usage de ce terme comme notion opératoire pour l'analyse littéraire ne doit pas nous faire oublier qu'aux XVIe et XVIIe siècles il est imprégné d'une connotation politique et religieuse majoritairement négative (*ibidem*, p. 6–9).

36 Mathieu Bermann a utilisé la notion de « dispositif textuel de complicité » dans un article sur les *Contes* de La Fontaine. Voir Mathieu BERMANN, « Licence et connivence : les dispositifs textuels de complicité avec le lecteur dans les *Contes* de La Fontaine », dans Ariane BAYLE, Mathilde BOMBART et Isabelle GARNIER (dir.), *L'âge de la connivence : lire entre les mots à l'époque moderne*, p. 273–286. Bermann met l'accent sur le fait que la notion de connivence est « essentielle dans la réflexion sur les genres puisque tous n'appellent pas la même sanction pour les écarts commis. La règle, et partant la licence, ne sont pas universelles mais relatives [...] Plus le genre est bas, plus la tolérance est grande, comme dans la comédie et le burlesque où le public souffre davantage de licences que dans d'autres genres plus sérieux et plus nobles » (*ibidem*, p. 277).

Les *Septante sonnets*

Les poèmes traduits par Du Tronchet sont tous tirés de la première partie des *Fragmenta* (c'est-à-dire des poèmes *in vita*) et peuvent se subdiviser à partir de deux grands groupes :

- Un premier groupe de sonnets inclut les vingt-six premiers poèmes des *Fragmenta* : sonnet 1 (*Rvf* 1), 2 (*Rvf* 2), 3 (*Rvf* 3), 4 (*Rvf* 4), 5 (*Rvf* 5), 6 (*Rvf* 6), 7 (*Rvf* 7), 8 (*Rvf* 8), 9 (*Rvf* 9), 10 (*Rvf* 10), 11 (*Rvf* 11^b), 12 (*Rvf* 12), 13 (*Rvf* 13), 14 (*Rvf* 14^b), 15 (*Rvf* 15), 16 (*Rvf* 16), 17 (*Rvf* 17), 18 (*Rvf* 18), 19 (*Rvf* 19), 20 (*Rvf* 20), 21 (*Rvf* 21), 22 (*Rvf* 24), 23 (*Rvf* 25), 24 (*Rvf* 26). On remarquera que les *canzoni Rvf* 22^c et *Rvf* 23^c sont écartées et que *Rvf* 11^b et *Rvf* 14^b sont en réalité des *ballate*[37].

- Une deuxième série regroupe un choix de sonnets divers : 25 (*Rvf* 32), 26 (*Rvf* 34), 27 (*Rvf* 35), 28 (*Rvf* 36), 29 (*Rvf* 38), 30 (*Rvf* 39), 31 (*Rvf* 44), 32 (*Rvf* 45), 33 (*Rvf* 56), 34 (*Rvf* 60), 35 (*Rvf* 61), 36 (*Rvf* 65), 37 (*Rvf* 67), 38 (*Rvf* 74), 39 (*Rvf* 75), 40 (*Rvf* 82), 41 (*Rvf* 85), 42 (*Rvf* 90), 43 (*Rvf* 100), 44 (*Rvf* 102), 45 (*Rvf* 104), 46 (*Rvf* 107), 47 (*Rvf* 109), 48 (*Rvf* 111), 49 (*Rvf* 112), 50 (*Rvf* 124), 51 (*Rvf* 131), 52 (*Rvf* 132), 53 (*Rvf* 133), 54 (*Rvf* 134), 55 (*Rvf* 140), 56 (*Rvf* 152), 57 (*Rvf* 154), 58 (*Rvf* 161), 59 (*Rvf* 163), 60 (*Rvf* 164), 61 (*Rvf* 167), 62 (*Rvf* 168), 63 (*Rvf* 173), 64 (*Rvf* 176), 65 (*Rvf* 177), 66 (*Rvf* 178), 67 (*Rvf* 186), 68 (*Rvf* 187), 69 (*Rvf* 220).

- Le sonnet 70 est enfin une composition pétrarquisante qui porte comme titre « De l'autheur au lecteur à l'imitation de Pétrarque ».

Si le macrotexte et le paratexte publiés nous font penser à un projet éditorial ludique et inédit pour l'époque, une analyse du premier groupe de sonnets laisse soupçonner l'existence d'une couche cachée dans la généalogie de l'œuvre, plus précisément un projet initial de traduction intégrale des *Fragmenta*. En effet, tous les vingt-six premiers poèmes des *Fragmenta* sont présents[38] et presque tous traduits dans la même forme très contraignante sur quatre rimes (ABBA ABBA CCD CCD, de forme marotique) sauf les sonnets 6, 9, 11, 17, 24 (ABBA ABBA CCD EED). Cette forme semble être une sorte de marque de fabrique de notre traducteur. Après cela, Du Tronchet opère une sélection pour laquelle il ne nous fournit pas de motivations[39] : ce procédé pourrait faire penser à un plus vaste projet de traduction inachevé. On peut émettre l'hypothèse que notre traducteur, fatigué

---

37 *Rvf* 11^b (XYYX ABCBACCDDX) et *Rvf* 14^b (XYYX ABABACCDD) sont en réalité des *ballate*, mais les quatorze vers ont peut-être piégé Du Tronchet qui les a traduites par des sonnets au schéma régulier : Sonnet 11 (ABBA ABBA CCD EED), Sonnet 14 (ABBA ABBA CCD CCD).

38 Il élimine *Rvf* 27 dont le sujet n'est pas amoureux.

39 Dans l'état actuel des connaissances, il nous paraît impossible de déterminer les critères de sélection. On peut néanmoins imaginer que Du Tronchet ait pu parcourir les *Fragmenta* en choisissant, au fur et à mesure, les sonnets qui lui rappelaient ses ami·e·s. Le jeu d'anagrammes pourrait être considéré, de ce point de vue, comme un facteur d'harmonisation de l'œuvre.

par la double contrainte qu'il s'était imposée (la traduction intégrale et l'usage d'un même schéma de rime), ait changé le projet en cours de route, en optant pour un double assouplissement : un choix plus libre de sonnets et de schémas de rimes.

Le sonnet 25 marquerait ce changement de projet, à partir de quoi les schémas des rimes se distinguent notamment par leur variété. Le schéma le plus répandu dans cette traduction (utilisé 39 fois) avait déjà connu trois occurrences chez Peletier[40] (ABBA ABBA CCD CCD, pour les sonnets 1, 2, 3, 4, 5, 7, 8, 10, 12, 13, 14, 15, 16, 18, 19, 20, 21, 22, 23, 25, 26, 27, 28, 30, 35, 37, 39, 40, 41, 44, 46, 48, 50, 58, 61, 62, 63, 64, 65, 68). Du Tronchet fait aussi un usage bien plus modeste du schéma marotique (ABBA ABBA CCD EED, pour les sonnets 6, 9, 11, 17, 24, 34, 42, 43, 45, 56, 67), ainsi que du schéma le plus répandu dans les *Fragmenta* (ABBA ABBA CDE CDE, pour les sonnets 32, 47, 49, 53, 55, 59, 60, 69 et pour l'imitation 70). D'autres schémas sont utilisés sporadiquement :

- Sur 4 rimes : ABBA ABBA CDC CDC (sonnet 29) ; ABBA ABBA CDC DCD (sonnet 36) ; ABBA ABBA ACD ACD (sonnet 51).
- Sur 5 rimes : ABBA ABBA CDE DCE (sonnets 31, 52, 57) ; ABBA ABBA CCD ECE (sonnet 33) ; ABBA CBBC DDE DDE (sonnet 38).
- Sur 6 rimes : ABBA ACCA DDE FFE (sonnet 42).

Il convient de souligner enfin que dans cet éclatement de formes diverses, les schémas de Peletier (ABBA ABBA CCD EDE) et de Saint-Gelais (ABBA ABBA CDC DEE) ne sont aucunement représentés. Le sonnet 54 constitue cependant un détail intéressant : il est le seul qui suit, dans les quatrains, un schéma de rimes alternées (ABAB ABAB) et dans les tercets la même rime (CCC CCC).

Rassemblés en un tableau comparatif, incluant Peletier, Philieul et Du Tronchet, il apparaît que le travail de ce dernier n'adhère pas à la tradition traductionnelle comme les autres l'avaient fait plus ou moins étroitement. Au contraire, il s'éloigne beaucoup des autres traducteurs et propose, pour les tercets des trente-neuf sonnets, son schéma personnel (CCD CCD). On soumet ici une comparaison entre les schémas des rimes sur un échantillon constitué par les sonnets traduits à la fois par Peletier, Philieul et Du Tronchet.

---

40 Rappelons encore une fois les trois schémas à rime plate dans la traduction de Peletier : cf. LV (ABBA ABBA CDC DEE) ; 2.XXXVII (ABBA ABBA CCD EED) ; 2.XLVI (ABBA ABBA CCD EDE).

Comparaison entre les schémas des rimes							
PÉTRARQUE, *Canzoniere*, **éd. Santagata 1996.**		**PELETIER,** *Douze sonnets de Pétrarque*, **dans** *ŒP*, **1547, 2 parties.**		**PHILIEUL,** *Toutes les euvres vulgaires de François Pétrarque*, **1555, 4 parties.**		**DU TRONCHET,** *Septante Sonnets traduits du divin Petrarque*, **1572-1595.**	
2	ABBA ABBA CDE CDE	1.II	ABBA ABBA CCD EDE^P	1.III	ABBA ABBA CDC DEE^{SG}	2	ABBA ABBA CCD CCD
74	ABBA ABBA CDC DCD	1.LV	ABBA ABBA CDC DEE^{SG}	1.LIX	ABBA ABBA CCD EED^M	38	ABBA CBBC DDE DDE
75	ABBA ABBA CDE CDE	1.LVI	ABBA ABBA CDE DCE	1.LX	ABBA ABBA CCD EED^M	39	ABBA ABBA CCD CCD
132	**ABBA ABBA CDE DCE**	1.CIII	**ABBA ABBA CDE DCE**	1.L	ABBA ABBA CCD EED^M	52	ABBA ABBA CDE DCE
134	**ABBA ABBA CDE CDE**	1.CV	**ABBA ABBA CDE CDE**	1.LI	ABBA ABBA CCD EDE^P	54	ABAB ABAB CCC CCC
163	**ABBA ABBA CDC DCD**	1.CXXXI	**ABBA ABBA CDC DCD**	1.CX	ABBA ABBA CCD EDE^P	59	ABBA ABBA CDE CDE
164	**ABBA ABBA CDE CDE**	1.CXXXII	**ABBA ABBA CDE CDE**	1.CL	ABBA ABBA CDD CEE	60	**ABBA ABBA CDE CDE**

LEGENDA
X^M = schéma marotique CCD EED
X^P = schéma de Peletier CCD EDE
X^{SG} = schéma de Saint-Gelais CDC DEE

Si Peletier cherchait à respecter les rimes de Pétrarque sans pourtant négliger l'exemple de Saint-Gelais, tout en proposant un schéma personnel, et si Philieul entretenait un dialogue étroit avec ses prédécesseurs et les formes traditionnelles de la poésie françaises, Du Tronchet quant à lui se comporte comme un acrobate qui expérimente à sa guise diverses formes, avec plus d'insouciance que les autres à l'égard de la tradition comme de son modèle. On remarquera notamment le sonnet 54 (*Rvf* 134) déjà évoqué, l'un des plus traduits à cette époque, car notre traducteur y propose un schéma tout à fait inédit :

- PÉTRARQUE, *Rvf* 134 (ABBA ABBA CDE CDE).
- PELETIER, 1.CV (ABBA ABBA CDE CDE).
- PHILIEUL, 1.LI (ABBA ABBA CCD EDE, schéma de Peletier).
- DU TRONCHET, sonnet 54 (ABAB ABAB CCC CCC).

Son indépendance, vis-à-vis du texte-source comme de la tradition traductionnelle, s'incarne aussi dans son geste traductif. Des changements mineurs engendrent souvent un important renversement de quelques concepts principaux, sans pour autant affecter la stabilité globale de la matière sémantique (□). Au début du recueil, l'interprétation traductionnelle est imprégnée de la conception moralisante véhiculée par Gesualdo, qui semble influencer profondément pour le moins les onze premiers sonnets. La matière principale de ces sonnets et de ces commentaires tourne principalement autour de la conception du mal et de la vanité de la réalité mondaine.

De ce point de vue, le mal consiste, bien évidemment, dans les « anciennes faultes » (Lettre I, p. 1–2) de son « errante jeunesse » (sonnet 1, v. 3), et c'est autour de cette thématique que tous ces premiers sonnets ont été interprétés en s'appuyant sur le commentaire de Gesualdo. Dans la première lettre, Du Tronchet écrit par exemple :

> […] Mais enfin ce qui est le plus à considérer, est que tout ce qui est en monde plaisant et voluptueux n'est que bref songe et legere fumée. Qui faict, Madame, qu'à vous confessant, et recognoissant envers vous mes premières fautes avec fruict que j'en fais de ma honte et de mon repentir. Je recognois aussi un plus grand bien, duquel la fumée du feu de mes amoureuses passions m'avoit offusqué la lumière jusqu'à cette heure, que je vous baise la main par infinies recommandations à vos bonnes graces[41].

Des greffes semblent être tirées directement des *Fragmenta*[42]. Les « amoureuses actions » de sa jeunesse sont des « soupirs anxieux », « lamentations doloureuses » (lettre I, p. 1), « follastres entreprises » (p. 1), « anciennes faultes » (p. 1–2). L'accent est ainsi toujours mis sur la repentance, sur ce que Gesualdo appelle « métanoïa » (gr. μετάνοια). Il « *conoscer chiaramente* » (*Rvf* 1, v. 13) sert, selon Gesualdo à

> *dimostrarci la proprietà del pentirsi, perché colui, che si pente, riconosce il suo errore. Onde da Greci acconciamente si disse la penintenza* μετάνοια, *che latinamente s'interpreta resipiscentia, dal Firmiano : con ciò sia ch'alle sue spese ricominci ad acquistar senno.*
>
> nous démontrer les propriétés de la repentance, puisque celui qui se repent reconnaît son erreur. C'est pourquoi, chez les Grecs, à bonne raison on appelle la repentance μετάνοια, un mot qui s'interprète en latin par *resipiscentia*, d'après Lactance : c'est ainsi qu'on retrouve la raison à ses dépenses[43].

Cette approche moralisante, qui nous semble entrer en contradiction avec le dispositif ludique et mondain du paratexte, ne changera qu'à partir du douzième sonnet. On parcourt, dans ce contexte, les étapes cruciales de ce cheminement poétique à partir du sonnet 1.

41　Étienne Du Tronchet, *Lettres amoureuses d'Estienne du Tronchet* [1572], lettre I, p. 4.

42　Cf. « Mais enfin ce qui est le plus à considérer, est que tout ce qui est en monde plaisant et voluptueux n'est que bref songe et legere fumée » et « *quanto piace al mondo è breve sogno* » (*Rvf* 1, v. 14).

43　*Il Petrarcha colla spositione di misser Giovanni Andrea Gesualdo*, Venise, Giovanni Antonio Nicolini da Sabbio & fratres, 1533, *Rvf* 1 (notre traduction).

<table>
<tr><td>

Voi ch'ascoltate in rime sparse il suono
Di quei sospiri, ond'io nudriva 'l core
In su'l mio **primo giovenil'errore**
Quand'era in parte altr'huom da quel, ch'i sono :
Del vario stile, in ch'io piango, e ragiono
Fra le vane speranze e'l **van dolore ;**
Ove sia chi per prova intenda Amore,
Spero trovar pietà, non che perdono.
Ma ben veggi'hor, si come al popol tutto
Favola fui gran tempo : onde sovente
Di me medesmo meco mi vergogno.
E del mio **vaneggiar** vergogna è'l frutto,
E'l pentirsi, e 'l conoscer chiaramente
Che quanto piace al mondo è **breve sogno.**

</td><td>

Vous qui en vers semez escoute voix et son
Des soupirs amoureux, pasture de mon cœur
En l'**errante jeunesse**, et **premiere fureur,**
Quand je fus en partie homme d'autre façon.
Ce que je pleure et plaints par diverse chanson,
Entre vaine esperance et **frivole douleur,**
Si quelqu'un a prouvé l'amoureuse chaleur
J'en espere pitié, non seulement pardon,
Mais ores que je voy que j'ay servi de compte,
Et de **fable vulgaire**, en rougissant de **honte,**
Je regrete à part moy la saison consumée.
Je fais fruit toutesfois, et profit du **mesconte**
Par un doux repentir qui m'enseigne et me compte,
Que tout plaisir mondain n'est que **songe et fumée.**

</td></tr>
<tr><td>

ABBA ABBA CDE CDE
hendécasyllabe
[*Rvf* 1, éd. Gesualdo 1533, rééd. 1552]

</td><td>

Anagramme en marge : « L'acquis abonde ».
Solution : « Jacques d'Albon »

ABBA ABBA CCD CCD
décasyllabe
[Du Tronchet, *Septante Sonnets* (1572), sonnet 1]

</td></tr>
</table>

La condamnation des anciennes fautes est évidente dans l'amplification rhétorique du troisième vers (« l'errante jeunesse, et premiere fureur » (sonnet 1, v. 3) qui traduit le « *primo giovenil'errore* » (*Rvf* 1, v. 3) de Pétrarque, ou dans des greffes traductives, au dixième vers (« fable vulgaire », v. 10) ou au onzième (« saison consumée », v. 11). Un certain mépris pour les expériences passées condamne le « *van dolore* » (v. 6) comme une « frivole douleur » (sonnet 1, v. 6). L'*amore* (v. 7), tout en perdant son sens d'*épreuve*, se banalise en « amoureuse chaleur » (v. 7). Le mot « *vaneggiar* » (v. 10) semble enfin être traduit (et simplifié) par *mesconte* (v. 12), c'est-à-dire une « erreur »[44], terme rimant significativement avec *honte* (v. 10), ce qui confirme l'inspiration pénitentielle de cette traduction. Bien que « tout plaisir mondain » ne soit que « songe et fumée »[45] (v. 14), la repentance de Du Tronchet n'est pas pour autant désespérée non plus que désespérante, le sonnet se terminant par un message optimiste : « L'acquis abonde » – suggère l'anagramme dédiée à Jacques d'Albon !

---

44 Huguet, dans son *Dictionnaire du XVIe siècle* [Classiques Garnier en ligne], renvoie notamment aux ouvrages de Montaigne pour le sens de ce mot, dont on trouve aussi d'autres variantes comme « mesco**mp**te » ; on cite d'après la notice du dictionnaire : [**Mescompte**] « erreur » [cf. « Je croy qu'en ce que recite Herodote de certain destroit de la Lybie, il y a souvent du mesconte », MONTAIGNE, II, 8 (II, 96) ; « Asinius Pollio trouvoit és histoires mesmes de Caesar quelque mesconte, en quoy il estoit tombé, pour n'avoir peu jetter les yeux en tous les endroits de son armée », MONTAIGNE, II, 10 (II, 122) ; « Puis qu'un homme sage se peut mesconter, et cent hommes, et plusieurs nations : voire et l'humaine nature… se mesconte plusieurs siecles en cecy ou en cela : quelle seureté avons nous que parfois elle cesse de se mesconter, et qu'en ce siecle elle ne soit en mescompte ? » MONTAIGNE, II, 12 (II, 343)].

45 La consultation de la base de données *Frantext* (recherche de co-occurrences) fait relever la présence de certains stylèmes utilisés par les traducteurs·trices chez les poètes français contemporains et montre, par exemple, que derrière le « songe et fumée » (v. 14) de Du Tronchet, qui traduit l'italien « *breve sogno* », il y a, en filigrane, le vers de Ronsard « ce globe mondain, / n'est que songe et fumée » (*Le Second livre des amours*, 1556–1578, CXV, « Élégie », v. 120–121).

Si la première lettre et le premier sonnet sont tournés vers le passé et consacrés à l'expiation, la deuxième lettre et le deuxième sonnet annoncent le début de la narration, conformément au commentaire de Gesualdo[46]. Dans la deuxième lettre, Du Tronchet reprend, en la simplifiant, la « théorie de la punition » exposée par Gesualdo. Les notions d'*admonition*, *peine* et *tourment* y sont développées rapidement.

> [...] *così il P. qui prima che ci dipinge il tempo e il luogo, espone la cagione del suo amoroso stato, cioè lo 'nganno d'amor, e l'ira concepita per le tante e si grandi offese fattegli da lui [...] Sono appo Platone tre maniere di punire, la prima si fa ammonendo, da Greci detta* νουθεσία, *e la seconda con pena e tormento per servar l'onore della persona offesa, e* παξαινεσις, *la seconda con pena e tormento per servar l'honore de la persona offesa, e è chiamata* τιμωσία, *la terza con pena anchora, ma per essempio, avegna che l'errore meritasse perdono. Onde si chiama* παράδειγμα, *laquale si legge haver servata Manlio Torquato in punire il figlio. Tre modi anchora da punire pose Socrate,* νουθεσία, *cioè l'ammonire ;* απειλήν, *che è il minacciare ; e* κόμασιν, *e* τιμωξίαν, *cioè la pena*[47].

Ainsi Petrarque premier que descrire le temps et le lieu de sa fortune, expose (comme tous bons escrivains doyvent faire en toutes choses) la cause de son amoureux état qui est la surprise d'Amour, et la hayne conceuë contre luy par les offenses qu'il avoit commises contre les volontez de sa Maiesté [...] Et Dieu sait comme apres il punit rigoureusement ceux qui ont esté rebelles à ses ordonnances. Surquoy il ne sera point hors de propos de vous advertir que selon Platon, il y a trois manières de punition. La premiere se fait par admonition, la seconde par peine, et par tourment, pour conserver l'honneur de la pesonne offensée. Et l'autre se faict, aussi par tourment : mais c'est pour servir d'exemple populaire, combien que l'erreur meritast d'estre aucunement pardonné, et à mon advis ceste derniere fut considerée par Manlius Torquatus, et par Seleucus en la punition de leurs propres enfans. Encores en donne trois semblables Socrates, à savoir admonition, menace et peine[48].

À cette considération sur « la surprise d'Amour » et sur les peines qui en dériveraient, correspond dans le deuxième sonnet une scénarisation « doloriste » des sentiments amoureux dans une perspective presque « anti-érotique », en partie comparable à celle qu'on peut retrouver, par exemple, chez Marot. Pour autant, il faut souligner que ce « dolorisme » vient d'abord de Pétrarque lui-même et que cette douleur n'a pas toujours, dans la traduction de Du Tronchet, les mêmes accents moralisants qui étaient la marque de la traduction marotique. En effet, notre traducteur présente un *je* qui souffre d'un amour affligeant tout en l'accueillant, et qui exprime, notamment après le sonnet 9, son déchirement amoureux sans pour autant chercher à mettre en garde les lecteurs·trices contre ce sentiment, autrement dit sans faire de la poésie une sorte de « préservatif » moral contre les tentations de l'amour et de la chair.

---

46 Cf. « Nous venons de lire, illustre dame, ce que Pétrarque a dit dans le préambule afin de s'excuser de cette erreur qu'on peut qualifier de vulgaire : à partir de ce moment, il commence à narrer », notre traduction, cf. « *Habbiamo veduto, illustrissima signora, ciò chel Petrarca ha nel proemio detto per iscusarsi di quello, che stimarsi potea dal vulgo, errore : hora comincia a narrare* » (*Il Petrarcha colla spositione di misser Giovanni Andrea Gesualdo*, Venise, Giovanni Antonio Nicolini da Sabbio & fratres, 1533, *Rvf* 1).

47 *Il Petrarcha colla spositione di misser Giovanni Andrea Gesualdo*, Venise, Giovanni Antonio Nicolini da Sabbio & fratres, 1533, *Rvf* 2.

48 Étienne DU TRONCHET, *Lettres amoureuses d'Estienne du Tronchet...* [1572], lettre II, p. 5–7.

<table>
<tr><td>

Per fare una ~~leggiadra~~ sua vendetta,
E punire in un di ben mille offese,
Celatamente Amor l'arco riprese ;
Com'huom, ch'à nuocer luogo et tempo aspetta.
Era la mia virtute al cor ristretta,
Per far ivi, et ne gli occhi sue diffese,
~~Quando il colpo mortal là giu discese~~,
Ove solea spuntarsi ogni saetta.
Pero turbata nel primiero assalto
Non hebbe tanto, ne vigor, ne spatio,
Che potesse al bisogno prender l'arme,
Overo al poggio faticoso et alto
Ritrarmi **accortamente** da lo stratio ;
Del quale hoggi vorrebbe, e non puo aitarme.

ABBA ABBA CDE CDE
hendécasyllabe
[*Rvf* 2, éd. Gesualdo 1533, rééd. 1552]

</td><td>

Pour faire sa vindicte et plus **accortement**
En un seul jour punir un million d'offenses
Amour avec son arc se remis en instances,
Et choisit temps et lieu à son commandement.
Ma vertu cependant au cœur estroitement
Ne pouvoit desarmée abonder aux defenses :
Car là le corps mortel me feit lors ses outrances
Où souloit toute fleche avoir rebouchement.
Volontiers je me fusse precipité de haut :
Mais quand force domine **obtemperer il faut**,
Et contre cet enfant il n'est nul invincible.
En effect tout ravy en ce premier assaut,
Force, vigueur, et temps me firent tel defaut,
Que voulant resister, il me fut impossible.

Anagramme en marge : « Or par dire se rend ».
Solution : « Pierre de Ronsart »

ABBA ABBA CCD CCD
décasyllabe
[Du Tronchet, *Septante Sonnets* (1572), sonnet 2]

</td></tr>
</table>

La *vendetta* (« vindicte ») du premier vers ne peut pas être « *leggiadra* » (fr. « aimable et gracieuse ») pour notre traducteur[49], qui semble exacerber l'imaginaire conflictuel de *Rvf* 2 (cf. « Ne pouvoit desarmée abonder aux defenses », v. 6). Au vers 7 (*Rvf* 1, « *Quando il colpo mortal là giu discese* »), Du Tronchet répond par une condamnation des tentations du corps : « Car là le corps mortel me feit lors ses outrances » (sonnet 2, v. 7). Dans les tercets, il manipule l'ordre des phrases tout en respectant la matière sémantique, peut-être dans le but de réaliser les rimes CCD CCD. Un ajout gnomique met l'accent sur la résistance impossible de l'amoureux aux assauts de l'amour : « mais quand force domine obtemperer il faut » (v. 10),

---

49 La *vendetta* d'Amour est plutôt « accorte » dans ce passage, c'est-à-dire « avisée, habile, rusée » (ATILF), « d'une manière avisée » (CNRTL) dans le français de l'époque. Huguet, dans son *Dictionnaire du XVIe siècle* [Classiques Garnier en ligne], confirme l'usage de ce terme, à cette époque, avec une seule connotation (on cite d'après la notice du dictionnaire) : [**Accortement**] « D'une manière avisée, habile, avec esprit, avec ruse [cf. « Car j'ay accortement acquise la richesse Par mon subtil esprit », *Anc. Poés. franç.*, III, 324. » ; « Il (Mahomet) se porta si accortement (car c'estoit un des plus rusez hommes de l'Univers) que son maistre estant decedé, il espousa la vefve », André THEVET, *Cosmogr.*, VI, 3 ; « Entre tous les seigneurs qui descouvrirent plus accortement ces menées et entreprises, l'admiral fut des premiers », Louis REGNIER DE LA PLANCHE, *Hist. de l'Estat de France*, II, 136 » ; « L'escuyer repourprant un peu sa face blesme, R'asseure accortement et sa beste et soy-mesme : La meine ores au pas, du pas au trot, du trot Au galop furieux », Guillaume DU BARTAS, 2^e *Semaine*, 2^e *Jour, les Artifices* ; « Il (Salomon) sçait accortement tirer l'ame des loix, En affaire douteux, prudent, il subtilize, Et des plaideurs rusez les cœurs anatomize », Guillaume DU BARTAS, 2e *Semaine*, 4e *Jour, la Magnificence* ; « Octavius entendant qu'il lui ressembloit en tout et par tout, le fit appeller, luy demandant si autrefois sa mere estoit venue à Rome : Respondit que non fort accortement, trop bien son pere y estre diverses fois venu », Noël DU FAIL, *Contes d'Eutrapel*, 33 ; « Les Lacedemoniens permettoient de desrober, à charge que ce fut accortement et finement », Nicolas de CHOLIÈRES, 6e *Ap. Disnee* (p. 256). Huguet spécifie, de plus, que « *Accortement* est signalé comme mot d'emprunt par Noël du Fail (*Contes d'Eutrapel*, 33) ». On pourrait émettre l'hypothèse que ce terme soit un calque d'après l'italien *accortamente* (*Rvf* 2, v. 13).

enfin sur sa défaite, car la résistance est impossible (v. 14). Les vers 10–11 prennent de plus la forme d'une formulation sentencieuse, au pathos presque dramatique, qui semble absente du modèle. Dans ce sonnet, l'anagramme dédiée à Ronsard offre aux lecteurs·trices un message optimiste et amical, quoique assez mystérieux, et semble exalter l'« Or » de la poésie du disciple de Jean Dorat.

Ce « dolorisme » persistant semble affecter davantage les neuf premiers sonnets, toujours sous l'influence d'une inspiration « anti-érotique ». Du Tronchet met l'accent sur la « resistance » (sonnet 3, v. 6 ; cf. « *riparo* », *Rvf* 3, v. 6) ou sur « l'outrage » : cf. « Amour me print sans arme et fait à l'œil l'outrage » (sonnet 3, v. 9) et « *Trovommi Amor del tutto disarmato / et aperta la via per gli occhi al core* » (*Rvf* 3, v. 9–10). Au sonnet 5, il introduit l'opposition sacré/profane, absente dans le texte-source : cf. « Mais Apollo jaloux n'a (peut estre) agreable / Que ses rameaux sacrez de verdeur perdurable. / Soient profaner du son d'une langue mortelle » (sonnet 5, v. 12–14) et « *Se non che forse Apollo si disdegna / ch'a parlar de' suoi sempre verdi rami / lingua mortal presumptüosa vegna* » (*Rvf* 5, v. 12–14). On remarquera également les accents mélancoliques de *Rvf* 6, qui permettent à notre traducteur d'offrir sans aucune manipulation particulière une version douloureuse de l'amour, ce « fruict aigre » qui « goustant lequel, d'aultruy la playe / s'empire plus souvent qu'elle ne se conforte » (sonnet 6, v. 13–14). Ou encore au sonnet 7, la personnification de la Philosophie qui n'est pas « *povera et nuda* » (*Rvf* 7, v. 10–11), mais « pauvre desolée » (sonnet 7, v. 10). Enfin, l'exaspération des motifs de *Rvf* 8 : par des greffes traductives l'Amour devient « celuy qui nous met en sa cage » (sonnet 8, v. 3) et l'amant ne peut qu'être la victime d'une « triste capture » (v. 8).

Si l'influence du commentaire de Gesualdo s'interrompt après le neuvième sonnet, et qu'un seul lien faible perdure dans le dixième et dans le onzième sonnet, c'est peut-être parce que cette inspiration moralisante se nuance, voire disparaît, dans les lettres et les sonnets suivants. On remarquera que ce changement concerne aussi la structure même des *fragmenta* : Armando Balduino[50] a mis l'accent sur le fait qu'après le long prologue (*Rvf* 1–10) la première *ballata* (*Rvf* 11[b]) raconte le « premier dévoilement de l'amour »[51] (*Rvf* 11[b], v. 3).

Dans la version de notre traducteur, les « contentions » (lettre 21, p. 93) provoquées par l'amour ne semblent plus être qualifiées d'« anciennes faultes » (lettre 1, p. 24) et de « follastres entreprises » (*idem*), et ne sont plus condamnées comme « frivole douleur » (sonnet 1, v. 6). Comme pour la vingt et unième lettre[52], la douzième est chargée d'une tendresse dépouillée de la lourdeur du péché, voire d'un sentiment passionnel.

---

50 Armando Balduino, « La ballata XI », *Atti e memorie dell'Accademia Patavina di Scienze, Lettere ed Arti*, n° 107, 1994–1995, p. 301–316 ; Pétrarque, *Canzoniere*, éd. Santagata, p. 52*n*.

51 Notre traduction, cf. « *il primo svelamento dell'amore* » (Armando Balduino, « La ballata XI », p. 303 ; Pétrarque, *Canzoniere*, éd. Santagata, p. 52*n*).

52 Lisons par exemple ce dense passage : « Comme j'ai eu agreable la douce declaration qu'il vous a pleu me faire, de vos intentions, de vos contentemens et de vos volontez, et moy d'avoir eu ce bien

Car il n'est pas vray aymant, qui n'est jaloux de la reputation de sa maistresse. Et si vous avez eu souvenance que pour ce regard je consentis contre moymesmes, comme ne pourrez vous croyre qu'il m'a esté fort dur de l'observer, et ceste observance avec mon regret, comme pourroit elle proceder d'une repidence d'amour : et comme non plustost d'un Amour parfaict et continent : certainement, Madame, vous errerez, et me ferez injure toutes les fois que vous penserez de pouvoir jamais vaincre l'invincible et infinie affection que je vous porte : laquelle je pourray par plusieurs preuves monstrer qu'encores en cecy elle est plus considerable et superieure de la votre : au moins en ce qui concerne la continence. Mais pour ce je ne veux que vous vous teniez pour outragée de moy d'autant que je desire que ainsi soit, et qu'il me plaist de le croire, prenant plaisir de vous ceder et complaire en toutes choses, je me contente que nous soyons pareils en nos raisons et confesseray que tresbonne et grande a esté vostre amour, en vous mostrant plus hardie que moy : pourveu que vous concediez que la mienne n'a esté moindre en me rendant plus craintif et plus respectueux que vous. Pourquoi d'oresnavant, tant par vostre commandement que pour mon grandissime plaisir, je vous escriraiy toutes les fois que j'en auray la commoditè. Et cependat je vous envoye ce Sonnet de Petrarque traduit en François, qui nous faisoit n'agueres discourir de la pauvre esperance d'un amoureux quand il assigne ses gages sur les derniers jours de sa maitresse[53].

À ce récit intime (cf. « repitance d'amour », lettre 12, p. 32), plus apaisé par rapport aux autres lettres, correspond un imaginaire traductionnel (sonnet 12) moins moralisant qui ne dédaigne pas de s'attarder sur une « amoureuse caresse » (sonnet 12, v. 12).

Se la mia vita da l'**aspro** tormento	Si ma vie se peut des **furieux** tourmens
Si può tanto schermire, et dagli affanni,	Et des tristes labeurs jusqu'à ce point deffendre
Ch'i veggia per vertù degli ultim'anni,	**Que sur mes derniers jours je puisse veoir se rendre**
Donna de' be' vostr'occhi il lume spento,	**De vos yeux excellens le doux enchantement :**
E i capei d'oro fin farsi d'argento,	Ces cheveux de fin or argentez seulement,
E lassar le ghirlande e i verdi panni,	Et autre que joyeux et verds vetemens prendre,
E'l viso scolorir, che ne' miei danni	Ceste face vermeille avoir **couleur de cendre**
A' lamentar mi fa pauroso e lento ;	Qui me fait tormenter et plaindre lentement.
Pur mi dara tanta baldanza amore,	Amour peut estre lors me donra hardiesse
Ch'i' vi discovrirò de mei martiri	Que je vous compteray le martyre et tristesse
Quai sono stati gli anni e i giorni et l'hore ;	Des années, des jours et heures de mon cours.
Et sel tempo è contrario ai be desiri ;	**Lors si l'âge deffend l'amoureuse caresse,**
Non fia, ch'almen non giunga al mio dolore	Pour le moins mes douleurs trouveront, ma maistresse,
Alcun soccorso di tardi sospiri.	En vos regrets tardifs quelque peu de secours.
ABBA ABBA CDC DCD	Anagramme en marge : « Aide ton honneur ».
hendécasyllabes	Solution : « Jean de Tournon »
[*Rvf* 12, éd. Gesualdo 1533, rééd. 1552]	
	ABBA ABAC CCD CCD
	décasyllabes
	[Du Tronchet, *Septante Sonnets* (1572), sonnet 12]

---

de vous faire le semblable des miennes, l'egualité de nos flammes, les contentions de qui les sent plus grandes et plus vives, de qui avecques plus de pure foy aime, les douces demandes, les douces reponses, le doux chanceller de cex yeux que j'ayme tant, les douces promesses, et les doux soupirs, le doux sous-ris, le doux rougir, et le doux pallir, les douces esperances et les douces peurs. Mon Dieu, Madame, je voudrois dire beaucoup de choses : mais je sens perir et noyer les paroles entre le coeur et la plume, en l'abisme de l'affection, et la langue ne peut trouver langage capable de les exposer » (Étienne Du Tronchet, *Lettres amoureuses…* [1572], lettre 21, p. 55–56).

53 Étienne Du Tronchet, *Lettres amoureuses…* [1572], lettre 12, p. 32–33.

Si, d'une part, le *tormento* n'est pas « *aspro* » (*Rvf* 12, v. 1) mais « furieux » (sonnet 12, v. 1), d'autre part, la traduction propose une interprétation de l'amour plus positive que dans les sonnets précédents. Le « *lume spento* » (fr. « lampe éteinte ») du quatrième vers (*Rvf* 12) retrouve une lumière nouvelle, en ce que notre traducteur espère pouvoir admirer la lueur des yeux de sa bien-aimée pendant les derniers jours de sa vie : « Que sur mes derniers jours je puisse veoir se rendre / De vos yeux excellens le doux enchantement » (sonnet 12, v. 3–4). Ou encore, si dans le texte de Pétrarque le temps est « *contrario ai be desiri* » (*Rvf* 12, v. 12, fr. « contraire aux beaux désirs »), Du Tronchet rêve que ses douleurs puissent trouver quelque peu de secours, « si l'âge deffend l'amoureuse caresse » (sonnet 12, v. 12), au cours d'une vieillesse qui n'exclurait pas la tendresse. On remarquera pourtant quelques séquelles de l'inspiration moralisante de Gesualdo, comme la greffe traductive « couleur de cendre » (v. 7) dans laquelle le terme *cendre* semble avoir une connotation pénitentielle très marquée.

Le choix des textes et le renversement heureux de quelques formules pétrarquiennes[54] semblent ainsi indiquer que cette deuxième vague de sonnets relève d'un imaginaire visant surtout à exprimer la joie de l'amour (comme les sonnets 26, 61 ou 62), voire le dépassement de ses oppositions douloureuses, de ses « points extrêmes » (sonnet 63, v. 9). Quelques sonnets décrivent les douleurs de l'*amor-passio* (sonnets 23, 24) ou la nécessité d'une expiation (sonnet 25), mais notre translateur semble privilégier des sonnets célébrant les bienfaits de l'amour et de l'éros. Il écarte par exemple *Rvf* 62, 63^b et 64, pour passer plus aisément aux sonnets 35 (*Rvf* 61) et 36 (*Rvf* 65), desquels sont exclus les motifs pénitentiels (comme pour *Rvf* 62) et où la thématique amoureuse est bien moins sévère et douloureuse (notamment par rapport à *Rvf* 63^b et 64).

Si l'on remarque un renversement positif en termes « érotiques » à partir du sonnet 12, c'est sans doute aussi parce que Du Tronchet, tout en s'éloignant du commentaire de Gesualdo, valorise avec plus de conviction son individualité de poète-traducteur. Cela pourrait aussi expliquer l'assouplissement du projet éditorial : on passe peut-être d'une tentative de traduction complète de l'édition de Gesualdo à une édition plus mondaine et bien plus représentative d'un imaginaire personnel. Un exemple qui pourrait nourrir cette hypothèse est donné par la traduction de *Rvf* 134. À la différence de Baïf qui, à plusieurs années de distance, imite d'abord (*AmFr* 1555, II.17) pour traduire ensuite (*ChMe*, 1567–1587, III.37) le célèbre sonnet *de oppositis*, Du Tronchet nous offre une traduction (sonnet 54) et une imitation (sonnet 70) de ce sonnet dans la même édition. La comparaison entre ces deux versions du sonnet se trouve de ce fait particulièrement féconde.

---

54 Par exemple, cf. « *et bramo di perir, et cheggio aita* » (*Rvf* 134, v. 10) et « J'enrage de perir et conferme ma vie » (sonnet 54, v. 10).

Pace non trovo, et non ho da far guerra ;
E temo, e spero ; et ardo, e son un ghiaccio ;
E volo sopra'l cielo, e giaccio in terra,
E nulla stringo, e tutto 'l mondo abbraccio.
Tal m'ha in pregion ; che non m'apre, ne serra,
Ne per suo mi riten ; ne scioglie il laccio ;
E non m'ancide Amor, e non mi sferra ;
Ne mi vuol vivo, ne mi trae d'impaccio.
Veggio senz'occhi ; e non ho lingua, e grido ;
E bramo di perir, e chieggio aita ;
Et ho in odio me stesso, et amo altrui :
Pascomi di dolor, piangendo rido :
Egualmente mi spiace morte, e vita.
In questo stato son donna per vui.

ABAB ABAB CDE CDE
hendécasyllabe
[*Rvf* 134, éd. Gesualdo 1533, rééd. 1552]

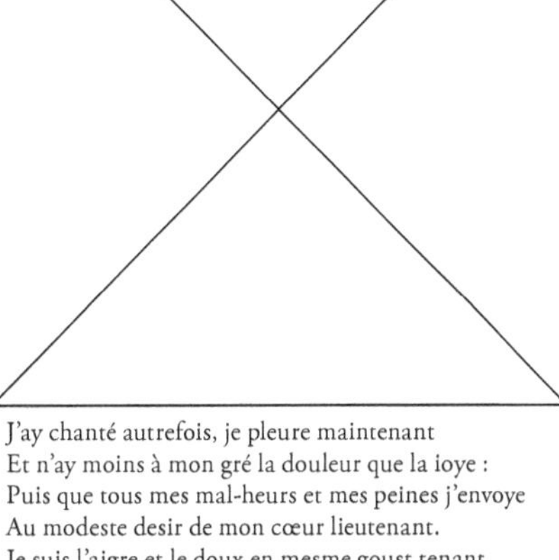

Trouver paix je ne puis, et ne puis faire guerre,	J'ay chanté autrefois, je pleure maintenant
Je crains, j'espere, j'ards, et suis la mesme glace :	Et n'ay moins à mon gré la douleur que la ioye :
Je volle sur le ciel, et ne bouge de terre.	Puis que tous mes mal-heurs et mes peines j'envoye
En ne rien estraignant tout le monde j'embrasse.	Au modeste desir de mon cœur lieutenant.
Tel me tient en prison qui ne m'ouvre ny serre	Je suis l'aigre et le doux en mesme goust tenant
Ny pour soys me retient, ny rompt ce qui me lasse	Et par quelque bon heur ou malheur que je voye
Amour point ne me tue, et si ne me dessere,	**Jamais je ne seray esloigné de ma voye.**
Il ne me veut voir vif, ny que mort me defface,	**Tant que raison sera en moy la maintenant.**
J'estans sans yeux ma veuë, et sant langue mes cris :	Facent donque de moy à leu gré et plaisir
J'enrage de perir et conferme ma vie.	Ma Maistresse et d'amour la fortune et le monde,
Je veux mal à moy seul, et tous me sont amis.	En heur content seray quelque mal qui me baise.
Je me paix de douleurs, et en pleurant je ris	Heureuse dont la fin qu'il a pleu de choisir :
En tant me plaist la mort comme j'aime la vie	Car me manquant beaucoup toute chose m'abonde.
Madame c'est l'estat enquoy vous m'avez mis.	Tout aise je me sens d'estre mal à mon aise.

Anagramme en marge : « Parure bridée »	Anagramme en marge : « En heur content se dit »
Solution : « Pierre Beraud »	Solution : « Estienne du Tronchet »

ABAB ABAC CCC CCC	ABBA ABBA CDE CDE
décasyllabes	*décasyllabes*
[Du Tronchet, *Septante Sonnets* (1595), sonnet 54]	[Du Tronchet, *Septante sonnets* (1572), sonnet 70[i] « L'autheur au lecteur à l'imitation de Petrarque »]

Dans sa traduction, Du Tronchet respecte avec scrupule la matière sémantique (☐) du texte-source, en proposant pourtant un schéma rimique inédit par rapport aux traducteurs précédents[55]. En revanche, notre jongleur met l'accent dans son imitation sur sa « voye » de poète soupirant, comme en contredisant le v. 9 de *Rvf* 134 et du sonnet 54 (« Jamais je ne seray esloigné de ma voye. / Tant que raison sera en moy la maintenant », sonnet 70, v. 7–8), et il reprend le même schéma que son modèle (ABBA ABBA CDE CDE). Le v. 13 semble enfin poser son projet poétique sous le sceau de Jacques d'Albon, auquel l'Anagramme du sonnet 1 faisait référence : cf. « toute chose m'abonde » (sonnet 70, v. 13) et « L'acquis abonde » (anagramme, sonnet 1). Considérant les rapports non toujours apaisés entre d'Albon[56] et son

---

55 On rappelle les schémas rimiques utilisés par les autres traducteurs : PELETIER, 1. CV (ABBA ABBA CDE CDE) ; PHILIEUL, 1.LI (ABBA ABBA CCD EDE, schéma de Peletier).

56 Sur ce sujet, voir Jean Paul BARBIER-MUELLER, « Étienne du Tronchet » (§ « Eau et pain sec pour le secrétaire des seigneurs de Saint-André »), p. 850–852.

serviteur, avec le sonnet 70 Du Tronchet semble vouloir boucler la boucle d'un projet éditorial à la fois poétique, amical et politique. L'anagramme du sonnet 70 (« En heur content se dit ») conclut le recueil des *Septante sonnets* par un message de bonheur et, comme les autres sonnets dont l'anagramme renvoie toujours à « Estienne du Tronchet », met en valeur ses vertus morales et son honneur : cf. « Cinture d'honnesteté » (sonnet 67) et « Honneur t'i est decent » (sonnet 68). On peut donc considérer le sonnet 70 comme l'acmé du recueil et comme la clé de voûte du macrotexte (image 2). C'est peut-être pour cette raison que la série des sonnets traduits se termine par la traduction de *Rvf* 220 (sonnet 69), dont l'anagramme (« Sa cure libre ») est dédiée à l'éditeur de la première publication, Lucas Breyer. Par cette traduction, non seulement Du Tronchet traduit un sonnet célèbre et souvent imité à l'époque[57], mais il introduit aussi le

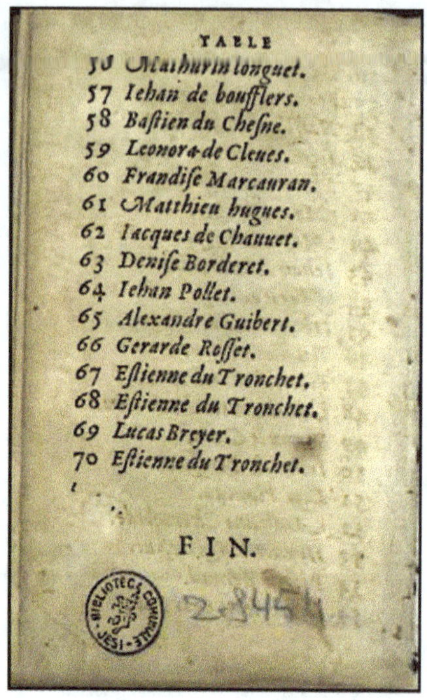

Image 2

sonnet 70 (*Rvf* 134) grâce à l'évocation du motif des oppositions (cf. « *in ghiaccio e 'n foco*», *Rvf* 220, v. 14), dont il transforme la phrase interrogative du dernier tercet en affirmation : « De quel soleil provient une telle lumiere ? / Des beaulx yeux gracieux de ma doulze guerriere. / Qui consume mon cueur en glaces et en feu » (sonnet 69, v. 12–14).

On pourrait émettre l'hypothèse que Du Tronchet – par la composition du macrotexte, l'usage du paratexte et le geste traductif – vise à valoriser son individualité d'auteur tout en mettant en discussion son éthos. Il abandonne progressivement la route tracée par Gesualdo, en proposant un imaginaire de plus en plus émancipé d'une conception pénitentielle des *Fragmenta*. Terminant enfin le recueil par une « imitation » très libre d'un sonnet déjà traduit et dont l'anagramme porte son nom, il viserait à mettre en avant non seulement son rôle de traducteur, mais peut-être en sus son aspiration auctoriale.

---

57 On le rapprochera, par exemple, du sonnet de Ronsard « Où print Amour… » (*Œuvres complètes*, éd. Laumonier, 1914, tome I, p. 39) ou du sonnet d'Olivier de Magny « Où print l'enfant Amour le fin or qui dora… » (*Les Soupirs*, Paris, Sertenas, 1557, sonnet XXXII, f. 12 r°).

Traducteur-épistolier, Étienne du Tronchet nous offre ainsi un regard inédit sur le pétrarquisme et sur le statut du genre du chansonnier. Ses *Septante sonnets*, à la fois annexes d'un roman épistolaire et divertissements amicaux, contiennent *in nuce* un nouvel imaginaire pétrarquiste qui met en valeur la biographie et les mémoires du traducteur – non plus du *poeta laureatus* comme pour Philieul – et qui connaîtra un large succès dans les siècles suivants.

Chapitre VII

Jérôme d'Avost, premier traducteur « comparatiste »

Voyageur et humaniste polyglotte

Presque oublié par les historiens de la littérature française, Jérôme d'Avost (1558–1592)[1] a pourtant attiré l'attention et l'amitié de La Croix du Maine qui chante ses louanges dans sa *Bibliothèque françoise*[2]. Né à Laval, cet humaniste polyglotte[3] voyage en Italie avant de rentrer dans sa ville natale en 1586 pour exercer la profession d'avocat[4]. À cette époque, il est aussi admis à la cour de Marguerite de Valois, auprès de laquelle il essaie de briller en tant que poète et traducteur mais sans beaucoup de succès[5]. Outre sa traduction de Pétrarque, on en connaît

---

1 Jean Paul Barbier-Mueller, « Jérôme d'Avost », dans *Id.*, *Dictionnaire des poètes français de la seconde moitié du XVIe siècle (1549–1615) [A–B]*, p. 239–252.

2 Voir La Croix du Maine dans *Les Bibliothèques françoises…*, 1772, t. I, p. 372–373.

3 Sa connaissance des langues est attestée par La Croix du Maine qui termine ainsi sa notice biographique sur d'Avost : « je ferois plus ample mention de lui et des louanges, touchant ses traductions si heureusement faites par lui de plusieurs livres latins, Italiens et Espagnols » (*Les Bibliothèques françoises…*,1772, t. I, p. 373). La Croix du Maine se réfère ici à l'ouvrage intitulé *Poésies de Hierosme d'Avost de Laval en faveur de plusieurs illustres et nobles personnages* (s.l., 1583), composé de sonnets, anagrammes, acrostiches, odes et élégies ; à la fin du volume d'Avost ajoute quatre traductions des sonnets de Pétrarque faites, dans l'ordre, par Philieul [Sonnet 1.XV (*Rvf* 33), Sonnet 2.XL (*Rvf* 283), XXV et CCXLIII dans l'édition d'Avost], Peletier [Sonnet CXXXII (*Rvf* 164), même numérotation dans l'édition d'Avost], et Du Tronchet [Sonnet n° 60 (*Rvf* 164), non numéroté dans l'éd. d'Avost]. Sans que pour autant ses propres traductions soient présentes dans cet ouvrage (*Poésies de Hierosme d'Avost…*, 1583), ici d'Avost offre aux lecteur·ice·s un aperçu du dispositif de lecture utilisé dans sa traduction de Pétrarque publiée l'année suivante (L'Angelier, 1584), en les invitant à comparer ses traductions avec celles d'autres traducteurs. Peut-être s'agit-il dans ce cas d'un procédé publicitaire en vue de la publication de 1584.

4 Pour quelques notices biographiques sur d'Avost, voir : Émile Picot, *Les Français italianisants au XVIe siècle*, Paris, Champion, 1906–1907, t. II, p. 215–221 ; l'introduction de Keith Cameron et Madeleine Constable à leur édition critique *Essais sur les sonnets du divin Pétrarque* [1584] (University of Exeter, 1974), p. V–XVII.

5 Emmanuel Louis Nicolas Viollet-Le-Duc, père du célèbre architecte Eugène Viollet-le-Duc, dit par exemple de ses compositions qu'elles « ne donnent pas de son goût une idée plus avantageuse ; il affectionne l'acrostiche et surtout l'anagramme, et il n'y est pas heureux. Ses sonnets, ses odes, ses élégies, ne m'ont pas fourni un vers à citer » (Emmanuel Louis Nicolas Viollet-Le-Duc, *Catalogue des livres composant la bibliothèque poétique de M. Viollet le Duc, avec des notes*

quelques-unes (la plupart non datées) de l'espagnol et de l'italien, que mentionne La Croix du Maine : une traduction des *Œuvres spirituelles* de Louis de Grenade ; une traduction des *Epístolas familiares* d'Antonio de Guevara[6] ; une traduction des *Due Cortigiane* de Lodovico Domenichi (un ouvrage inspiré des *Bacchides* de Plaute)[7] ; une traduction partielle de *La Gerusalemme Liberata* de Torquato Tasso intitulée *La Croisade* ; la traduction des *Amours d'Ismène et de la chaste Ismine* (Paris, Bonfons, 1582), poème grec d'Eustache, traduit par d'Avost à partir de la version italienne de Lelio Carani ; le *Dialogue des graces et excellences de l'homme et de ses miseres et disgraces representées en langue italienne par le seigneur Alphonse Ulloa et declarées à la France par Hierosme D'Avost* (Paris, Pierre Chevillot, 1583). Notre traducteur est donc un véritable humaniste polyglotte et engagé, dont l'activité éditoriale démontre l'ambition et la connaissance des réseaux culturels de l'époque. Bien qu'elles n'aient pas bénéficié du rayonnement espéré, ses traductions d'après les *Fragmenta* nous en offrent un exemple marquant.

Les *Essais*

Les traductions de Pétrarque sont annoncées d'abord dans son ouvrage *Poésies de Hierosme D'Avost de Laval en faveur de plusieurs illustres et nobles personnages* (s.l., 1583)[8], un recueil pétrarquisant dédié aux sœurs du Prat (filles de François du Prat, baron de Thiers en Auvergne, et chambellan du duc d'Anjou, frère de Marguerite), et

---

    bibliographiques, biographiques et littéraires sur chacun des ouvrages catalogués, Paris, Hachette, 1843, p. 277).

6   Hauréau indique que l'imprimeur lyonnais Barthélemy Honorat avait montré à Du Verdier le manuscrit de cette traduction, en vue de l'impression, car ce dernier demanda la permission d'en insérer le troisième chant dans sa *Bibliothèque*. C'est grâce à la permission de l'éditeur, que nous avons aujourd'hui, cités par Du Verdier, six cents vers environ de la traduction de d'Avost ; le reste n'a pas été imprimé. Selon Hauréau, les vers du traducteur ne sont pas excellents, on peut y repérer facilement de nombreuses négligences et incorrections (Barthélemy HAURÉAU, *Histoire littéraire du Maine*, Paris, 1748, t. I, p. 130–133).

7   Selon Charles Weiss, il n'existait encore en 1584 aucune édition italienne de cette comédie (voir Charles WEISS, *Biographie universelle, ou Dictionnaire historique contenant la nécrologie des hommes célèbres de tous les pays*, Paris, Furne, 1841). On connaît pourtant quatre éditions de 1563 à 1567, la première est imprimée à Florence (avec la mention « *appresso haer. Lorenzo Torrentino a stanza di Giorgio Marescotti* », 1563). La traduction de d'Avost fut peut-être jouée sur l'un des théâtres parisiens et, le lendemain de la première représentation, la pièce fut interdite par arrêt du Parlement, un des acteurs ayant récité un passage qui avait été supprimé par les censeurs (voir Ferdinand BRUNETIÈRE, *Histoire du théâtre français*, 15 vol., Paris, s.n., 1891–92, Manuscrits, § 1.1, p. 223).

8   D'Avost écrit ainsi à la fin du volume pour introduire les traductions de Philieul, Peletier et Du Tronchet : « J'ai inseré à la fin les Sonets qui s'ensuivent, tirez du Pétrarque de Vasquin Philieul, de Carpentras, qu'il a intitulé, *Laure d'Avignon* ; à fin que ceux qui voudront faire connaissance de sa traduction avec la mienne, voient la différence qu'il y a. Et si on pense que j'aie inventé cela, le Livre imprimé en fera foi de mot à mot. Ce sont les premiers qui se sont presentez, et non point recherchez pour le plus mal. Il y en a encore deux, l'une de Monsieur Pelletier, et l'autre d'Estienne du Tronchet » (Jérôme D'AVOST, *Poésies de Hierosme d'Avost de Laval…*, 1583, p. 19).

qui n'a pas connu un grand succès auprès des critiques[9]. Les *Essais de Hierosme d'Avost de Laval, sur les sonnets du divin Petrarque* paraissent finalement l'année suivante chez l'Angelier[10]. Il s'agit très probablement de la première traduction française avec texte en regard. Comme le titre le laisse soupçonner, il s'agit peut-être d'une « édition à l'essai »[11], c'est-à-dire une édition imprimée en très peu d'exemplaires, adressée à un public restreint dont la réaction pouvait conditionner la poursuite du projet éditorial. Selon Silvia D'Amico[12], qui a consacré la plus importante étude sur notre traducteur à ce jour, cette attitude n'est pas la marque d'un souci de perfection mais suggère « la dure condition d'un poète besogneux contraint d'avoir recours à de pauvres subterfuges pour connaître le bonheur de se lire imprimé »[13], mais aussi l'espoir de s'adresser à un public élargi. Il s'agit surtout de la première édition bilingue des poèmes des *Fragmenta* de Pétrarque en langue française, un choix éditorial assez courant chez l'Angelier[14], sur lequel les commentateurs sont

---

9 L'abbé Goujet écrit à ce propos : « J'ai lû dans le même recueil diverses piéces que d'Avost qualifie d'Elégies, mais je vous assure qu'elles n'ont rien qui convienne à ce genre de poësie. Ce ne sont communément que des sentiments amoureux, mal rimés, encore plus mal exprimés, adressés à quelques Demoiselles, dont le Poëte vouloit, sans doute, captiver la bienveillance, ou des complimens qui ne respirent pas toujours une galanterie fort délicate. Telles sont les piéces que d'Avost n'a pas craint d'envoyer aux deux Demoiselles du Prat. On dit qu'il soupiroit pour l'une ou l'autre, mais on le laissa soupirer » (Claude Pierre GOUJET, *Bibliothèque françoise*, Paris, P.-J. Mariette et H.-L. Guérin, 1748, t. XII, p. 415).

10 Voir Jérôme D'AVOST, *Essais de Hierosme d'Avost de Laval, sur les sonnets du divin Petrarque. Avec quelques autres Poësies de son invention*, Paris, L'Angelier, 1584. Nous utilisons l'édition suivante : *Essais sur les sonnets du divin Pétrarque* [1584], texte présenté et annoté par Keith Cameron et Madeleine Constable, University of Exeter, 1974. Cette édition reproduit l'exemplaire des *Essais* conservé au British Museum (cote 239 c 12). Cameron et Constable précisent dans une notice introductive : « nous avons respecté dans la mesure du possible l'orthographe de l'original sauf en ce qui concerne les *i* et *u* consonantiques que, suivant l'usage, nous écrivons *j* et *v* et en ce qui concerne l'emploi des accents et de la ponctuation dans le texte italien, nous avons suivi l'usage moderne quand il s'agissait d'éviter des ambiguïtés. Nous avons rectifié les erreurs signalées par d'Avost lui-même et certaines autres qui sont de toute évidence de simples fautes d'impression. De plus, nous avons numéroté les sonnets consécutivement mais nous avons gardé la numérotation d'origine entre parenthèses » (*ibidem*, p. XVIII).

11 Sur les « éditions à l'essai », voir Michel SIMONIN, « Poétiques des éditions "à l'essai" à la Renaissance », dans Elio MOLESE (dir.), *Riflessioni teoriche e trattati di poetica tra Francia e Italia nel Cinquecento*, Actes du colloque international du *Gruppo di studio sul Cinquecento francese* (Château de Malcesine, 22–24 mai 1997), Fasano, Schena Editore, 1999, p. 17–33. Comme le fait remarquer Silvia D'Amico, le cas des *Essais* de d'Avost diffère un peu des exemples étudiés par Simonin, « dans la mesure où le nombre d'exemplaires repérés laisse penser que le tirage ne dut pas être limité aux seules relations de l'auteur. Pour le reste, on a bien affaire, dans les deux cas, à cette poétique de l'"édition à l'essai" décrite par M. Simonin » [Silvia D'AMICO, « Les *Essais* de Jérôme d'Avost », dans Jean BALSAMO (dir.), *Les poètes de la Renaissance et Pétrarque*, p. 397n].

12 Silvia D'AMICO, « Les Essais de Jérôme d'Avost », p. 395–411. Notre étude procède à partir des recherches de D'Amico, que nous avons essayé de compléter et, à l'occasion, de rectifier.

13 *Ibidem*, p. 397.

14 Nicole Bingen signale huit éditions bilingues publiées par L'Angelier entre 1583 et 1596, dont cinq entre 1583 et 1586. Voir : Nicole BINGEN, *Le Maître italien, 1510–1660 : bibliographie des ouvrages d'enseignement de la langue italienne au public de langue française*, Bruxelles, Van

partagés : Nicole Bingen[15] considère les *Essais* comme un texte bilingue classé parmi les « exercices littéraires », mais D'Amico penche plutôt pour la possibilité que le texte en regard soit un dispositif pédagogique[16]. Les deux perspectives pourraient aussi ne pas être en contradiction : si l'on considère le manque d'outils lexicographiques à cette époque, un tel « exercice littéraire » pourrait aussi s'inscrire dans une politique éditoriale de vulgarisation aidant les lecteurs·trices à revenir au texte-source. La fonction et la réception des *Essais* restent pourtant une énigme encore à décrypter. Dans ce contexte, avant de passer à l'analyse des sonnets, on s'attarde donc sur quelques aspects de la réception susceptibles d'être étudiés à partir du paratexte.

Si dans un sonnet de ses *Poésies* (s.l., 1583) d'Avost fait l'éloge de la reine Marguerite de Valois[17] et lui dédie son ouvrage, ses traductions de Pétrarque semblent dédiées uniquement « aux illustres sœurs Philippe et Anne du Prat, et de Tiert ». D'Amico[18] a fait remarquer que ce choix pourrait être emblématique du type de public ciblé par d'Avost, car les deux jeunes femmes représenteraient « une sorte de modèle culturel au féminin beaucoup plus accessible pour le commun des mortels

---

Balberghe, 1987, n° 54, 56, 57, 60 et 63 ; Jean BALSAMO et Michel SIMONIN, *Abel L'Angelier & Françoise de Louvain (1574–1620). Suivi du catalogue des ouvrages publiés par Abel L'Angelier (1574–1610) et La veuve L'Angelier (1610–1620)*, Genève, Droz, 2002, p. 86, 111, 99, 130 et 168 ; Nicole BINGEN, *Philausone (1500–1600). Répertoire des ouvrages en langue italienne publiés dans les pays de langue française de 1500 à 1660*, Genève, Droz, 1987 ; *Id.*, « Les éditions lyonnaises de Pétrarque dues à Jean de Tournes et à Guillaume Rouillé », dans Jean BALSAMO (dir.), *Les Poètes de la Renaissance et Pétrarque*, p. 139–155.

15   Selon Bingen, dans les ouvrages bilingues, la visée didactique « ne se manifeste que par l'adjonction d'une traduction. Tout texte bilingue cependant n'est pas nécessairement destiné à l'apprentissage d'une langue étrangère » ; parmi ces textes bilingues, certains sont des purs et simples « exercices littéraires, intéressants du point de vue de l'italianisme, mais à écarter du point de vue didactique » : tel serait le cas des *Essais* de d'Avost (Nicole BINGEN, *Le Maître italien…*, p. XXVII).

16   Selon D'Amico, « la pédagogie des langues étrangères accorde une telle place à la traduction qu'il est difficile de ne pas considérer cette disposition typographique comme foncièrement didactique » (Silvia D'AMICO, « Les *Essais* de Jérôme d'Avost », p. 399*n*). D'Amico cite deux ouvrages en faveur de son hypothèse : *a*) sur l'enseignement des langues, concernant le cas du grec, voir Jean-Eudes GIROT, *Pindare avant Ronsard*, Genève, Droz, 2002, p. 15*n* et *passim* ; *b*) sur les ouvrages plurilingues d'un point de vue plus général, voir Michel SIMONIN, « Des livres pour l'Europe ? Réflexions sur quelques ouvrages polyglottes (XVIe siècle–début XVIIe siècle », dans *La conscience européenne au XVe et au XVIe siècle*, Actes du Colloque international organisé à l'École Normale Supérieure de Jeunes Filles (30 septembre–3 octobre 1980), Paris, ENS-JF, 1982, p. 384–394.

17   Cf. le sonnet « À Elle mesme » : « Tant que mon ame au corps sera unie, / Je benirai l'heur de mon ascendant, / l'Astre benin, qui regnoit ce pendant / Que j'arrivai premier en ceste vie. / Quelle faveur, quelle grace infinie / Tu vas, ô Ciel, sur mon chef répandant ! / Car MARGUERITE ore va defendant / ce mien labeur des abbois de l'envie » (Jérôme D'AVOST, *Poésies de Hierosme d'Avost…*, 1583, p. 2). La mention en sous-titre du sonnet (« Sur le sacre du Dialogue des Graces, et Disgrase de l'homme, fait François par l'Autheur ») nous laisse croire que la reine, contre les détracteurs de d'Avost, avait pris la défense des *Dialogue des graces…* (1583) paru la même année.

18   Silvia D'AMICO, « Les *Essais* de Jérôme d'Avost » p. 395–411.

que ne l'était celui de la reine de Navarre »[19]. Dans ce sens, d'Avost semble suivre les mêmes ambitions mondaines que nombre de ses contemporains, comme Jean Proust qui, dans sa *Brieve exposition de quelques passaiges poëtique les plus difficiles contenuz en cet œuvre* publié en 1549 avec le *Recueil de Poësie* de Joachim Du Bellay, admettait avoir écrit « pour soulaiger l'honneste labeur des dames et damoizelles, qui voluntiers aiment lire choses exquises et non vulgaires »[20]. Le sonnet liminaire de François Béroalde de Verville[21], qui précède la dédicace aux sœurs du Prat, confirme l'inspiration galante de ce recueil composé de « doux-coulans souspirs » (v. 10), et il place d'Avost parmi les traducteurs-poètes dont il faudrait « imiter [les] accens » (v. 14). Après la dédicace, deux sonnets pétraquisants en italien (p. 4), signés par d'Avost (ici « *Girolamo D'Avesti, da la Valle* »), font enfin penser à un jeu de séduction mondain tournant autour de l'image du pré (« *prato* », qui rappelle le nom des destinataires) : le premier dédié « *Alle medesime* » ; le deuxième « *A la nobiliss. E leggiadriss. Signora, la Signora Filippa del Prato* ».

---

19 *Ibidem*, p. 400. Sur la vie d'Anne du Prat et de Philippe du Prat, voir *Les Bibliothèques françoises…*, t. I, p. 26 (« Anne du Prat ») et t. II, p. 242 (« Philippe du Prat »).

20 Voir Joachim Du Bellay, *Œuvres poétiques*, éd. Henri Chamard, Paris, Société des Textes Français Modernes, 1983, t. III, p. VIII. De même, Herberay Des Essarts avait traduit le *Primaleon* à la prière d'une dame désireuse de le lire, « Tant pour apprendre la langue, que pour le plaisir du subjet ». Ce passage est cité dans Michel Simonin, « Peut-on parler de politique éditoriale au XVIe siècle », dans Pierre Aquilon et Henri-Jean Martin (dir.), *Le livre dans l'Europe de la Renaissance*, Actes du XXVIIIe Colloque international d'Études humanistes de Tours, Paris, Promodis, 1988, p. 277n. Voir aussi Silvia D'Amico, « Les *Essais* de Jérôme d'Avost », p. 401. On rappellera qu'on retrouve le motif des « choses exquises » dans toute la littérature vulgaire italienne pour le moins depuis Boccace (on renvoie par exemple à l'introduction au *Décaméron*). Sur ce sujet, voir Alessandro La Monica, *"Graziosissime donne". La figura femminile nel Decameron di Boccaccio*, Saarbrücken, Edizioni Accademiche Italiane, 2014.

21 Jérôme d'Avost, *Essais sur les sonnets du divin Pétrarque* [1584], éd. Cameron et Constable (1974), p. 2.

Un indice nous laisse pourtant soupçonner, avec Cameron et Constable[22], que la reine Marguerite n'a pas été totalement oubliée à l'intérieur de cette édition, notamment à travers un changement de devise. Celle de d'Avost était « *Sustinuit, et Abstinuit* » dans les *Amours d'Ismène* (1582), dans le *Dialogue des graces* (1583) et dans ses *Poésies* (1583). Pour ses traductions de Pétrarque (1584), en revanche, notre traducteur choisit la devise espagnole « *De muerte vida* »[23] qui apparaît non seulement dans un phylactère au-dessus de son portrait (image 1)[24], mais aussi comme réminiscence intertextuelle dans sa traduction, au quatorzième sonnet (« Que pour revivre en paix il faut, las ! que je meure », v. 8). Le choix de l'espagnol (et non du latin ni de l'italien) pourrait être un clin d'œil à la reine qui aimait les devises en espagnol et en avait déjà composé pour ses livres[25]. Par ailleurs, on trouve déjà dans le *Dialogue des graces* (1583), après la mention dédicatoire « A la Serenissima Roine de Navarre », la devise espagnole

Image 1

« *Con buena Guja Camino* » (fr. « je marche avec un bon guide »). D'Avost souhaite ainsi confirmer sa posture de poète royal. Il bénéficie par ailleurs du patronage de Dorat, le maître de Ronsard, avec la signature « *Auratus Poëta Regius* » mais aussi avec le choix d'un ornement végétal qui rappelle, plutôt que le laurier de Pétrarque, le myrte ronsardien (image 1)[26] ! On remarquera que d'Avost est par ailleurs le

---

22   Voir l'introduction à *Essais sur les sonnets du divin Pétrarque* [1584], éd. Cameron et Constable (1974), p. XII–XIII.

23   La Croix du Maine nous informe que d'Avost a écrit « plusieurs Quadrains de la mort ; imprimez chez Jean Le Clerc à Paris » (*Les Bibliothèques françoises…*, 1772, t. I, p. 373). La Monnaye fait remarquer que, d'après Guillaume Colletet, ces quatrains s'intitulaient *de la Vie et de la Mort* comme « ceux que Pierre Mathieu publia quelques années après » (*ibidem*, p. 373n). Pour la source de La Monnaye, voir : Guillaume COLLETET, *Discours de la Poésie Morale et sententieuse*, imprimé avec son *Discours du Poème Bucolique*, Paris, Chamd'houdri, 1657.

24   L'image ici reproduite à gauche est tirée de Jérôme D'AVOST, *Essais sur les sonnets du divin Pétrarque* [1584], éd. Cameron et Constable (1974), p. 5.

25   Eugénie DROZ, « Marguerite de Valois's *Album of Verse* », dans Archibald Ross LEWIS (dir.), *Aspects of the Renaissance. International Conference on the Meaning of the Renaissance* (1964), Austin, University of Texas Press, 1967, p. 87–100.

26   On remarquera, comme le rappelle Robert Melançon, que « plus qu'à Pétrarque lui-même ou qu'aux divers pétrarquistes italiens, les poètes français de la fin de la Renaissance se réfèrent à

premier traducteur qui fait un usage systématique de l'alexandrin dans le contexte des traductions de Pétrarque, ce qui représente un changement de paradigme majeur dans l'histoire des traditions traductionnelles – un changement déjà annoncé, on le rappelle, par les traductions inavouées de Baïf. Ce faisant, d'Avost abandonne la pratique du sonnet en décasyllabes pour traduire Pétrarque et adopte officiellement, pour une traduction qui se réclame en tant que telle, l'alexandrin ronsardien[27].

Par un usage subtil des symboles, des devises et des mentions, il emploie ainsi une stratégie éditoriale et auctoriale ciblant un public mondain le plus élargi possible sans pour autant négliger les élites du pouvoir royal. Pétrarque sert ici de modèle illustre pour légitimer l'art de d'Avost, mais dans ce contexte il apparaît comme un modèle désormais dépassé par la poésie française, comme on peut le lire en dessous du portrait dans l'épigramme de Jean Dorat (image 1)[28] :

Thuscanis Petrarcha modis qui vicerat omnes, *Nunc Francis victus cedat, AVOSTE, tibi :* *Vel dubiam palmam si vult sibi fortè selinqui,* *Ore tuo discat Francisca verba loqui.*	Pétrarque, qui vainquit tous les poètes par ses chants toscans, maintenant vaincu par les poètes français, cède devant toi, d'Avost : ou s'il voulait, par hasard, garder pour lui une palme douteuse, qu'il apprenne de ta bouche à parler français. [notre traduction]

On verra comment ce motif novateur et cette formule flatteuse trouveront un écho plus humble dans la préface du traducteur, notamment en ce qu'il entend « Françoiser » la poésie de Pétrarque.

Comme Peletier, d'Avost semble suivre l'édition lyonnaise de Jean de Tournes (1545) ou l'une de ses rééditions lyonnaises postérieures[29], comme celle de Guillaume

---

deux grands modèles nationaux : le *Premier Livre des Amours* de Ronsard et les divers recueils amoureux réunis par Desportes dans ses *Premières Œuvres* » (Robert MELANÇON, « La fin du pétrarquisme », p. 256).

27 Gendre montre comment, « en deux ou trois ans, Ronsard change complètement la forme du sonnet, comme le montrent la *Continuation des Amours* (1555) et la *Nouvelle Continuation* (1556) […] Deux changements formels s'imposent immédiatement à l'œil d'un lecteur habitué aux *Amours* : l'alexandrin remplace le décasyllabe et les rimes plus librement groupées transgressent la règle que le succès des *Amours* avait imposée » (André GENDRE, *Évolution du sonnet français*, p. 45–46).

28 L'épigramme est mentionnée, entre autres, dans Christine de BUZON et Jean-Eudes GIROT (dir.), *Jean Dorat, poète humaniste de la Renaissance*, Actes du colloque international (Limoges, 6–8 juin 2001), Genève, Droz, 2007, p. 512, n° 165. De même, on trouve une épigramme antérieure de Dorat pour d'Avost, pour la traduction française du *Dialogue des grâces* (Paris, Pierre Chevillot, 1583) voir Christine de BUZON et Jean-Eudes GIROT (dir.), *Jean Dorat, poète humaniste de la Renaissance*, p. 509, n° 158.

29 Voir *Il Petrarca*, Lyon, Jean de Tournes, 1545 mais aussi d'autres nombreuses rééditions lyonnaises (voir USTC). On rappelle que cette édition suit le même ordre que l'« éd. Bembo » publiée par Alde Manuce (Venice, 1501–1514) : l'éditeur vénitien en fit une première publication intitulée *Le cose volgari di messer Francesco Petrarcha* (1501) et une deuxième sous le titre de *Il Petrarcha* (1514). Soulignons les différences entre l'éd. Manuzio (1501–1514) et l'éd. Jean de Tournes (Lyon, 1545) : *a*) à la différence de l'éd. vénitienne, celle de Lyon numérote les sonnets ; *b*) dans

Rouillé[30] (1550, accompagnée de « *nuove et brevi dichiarationi* » d'Antonio Brucioli)[31]. Les sonnets suivent aussi l'ordre de l'édition lyonnaise en respectant, sans l'expliciter, la division en deux parties (21 sonnets *in vita* et 9 sonnets *in morte*). D'Avost traduit les trente sonnets suivants (dans l'ordre choisi et selon la numérotation du texte-source utilisé par le traducteur) : sonnet I (*Rvf* 1), II (*Rvf* 2), XXVI (*Rvf* 33), XXVII (*Rvf* 34), XXXVII (*Rvf* 45), XXXVIII (*Rvf* 46), LXX (*Rvf* 90), CXXII (*Rvf* 154), CCIV (*Rvf* 156), CXXVII (*Rvf* 159), CXXXII (*Rvf* 164), CLX (*Rvf* 192), CLXXIX (*Rvf* 213), CLXXXI (*Rvf* 216), CLXXXIII (*Rvf* 218), CLXXXIV (*Rvf* 219), CLXXXV (*Rvf* 220), CLXXXVIII (*Rvf* 223), CLXXXIX (*Rvf* 224), CCX (*Rvf* 247), CCXI (*Rvf* 248), CCXXIV (*Rvf* 274), CCXLIII (*Rvf* 283), CCLI (*Rvf* 291), CCLIX (*Rvf* 299), CCLXXI (*Rvf* 311), CCLXXXVI (*Rvf* 329), CCXCIV (*Rvf* 337), CCXCV (*Rvf* 338), CCCIII (*Rvf* 346).

Comme l'a fait remarquer D'Amico[32], ces sonnets relèvent d'un imaginaire typiquement « érotique ». On remarquera de plus qu'ils semblent avoir été regroupés autour de certains thèmes profanes et autobiographiques, allant jusqu'à emprunter certaines séquences pétrarquiennes de deux ou trois sonnets. Après le sonnet initial et *Rvf* 2, on remarquera par exemple le thème de la maladie de Laure (*Rvf* 33, 34), le motif du miroir ennemi (*Rvf* 45, 46), le thème nettement privilégié du portrait de Laure (*Rvf* 90, 154, 156, 159, 192, 213, 220, 224, 248, 274), le thème de la souffrance de l'amant, notamment à travers le motif virgilien de l'insomnie (*Rvf* 164, 216 et 223) ou le thème du Soleil (*Rvf* 218 et 219). On ne trouvera pas, en revanche, les thèmes de l'amitié et de la vie civile, le goût pour l'invective, l'*amor Sapientiae* ou la quête spirituelle[33].

---

l'éd. vénitienne, la première partie se conclut par le Sonnet I.225 (*Rvf* 263, *Arbor victoriösa trumphale*), dans l'éd. lyonnaise par le Sonnet I.227 (*Rvf* 266, *Signor mio caro, ogni pensier mi tira*). L'édition lyonnaise privilégie donc la division *in vita* et *in morte*, bien postérieure au projet initial de Pétrarque. Il est à présent impossible d'identifier l'une de ces éditions italiennes et le texte italien utilisé par d'Avost. De plus, puisque notre traducteur ne découpe pas le recueil en deux parties (ce qui nous permettrait de voir avec quel sonnet il conclut la première partie), et qu'il n'accompagne pas le texte d'un commentaire, nous ne pouvons pas identifier avec certitude l'édition italienne et/ou le commentaire italien utilisés.

30 Sur la politique éditoriale de l'éditeur Rouillé, voir Natalie Zemon Davis, « Publisher Guillaume Rouillé, Businessman and Humanist », dans Richard J. Schoeck (dir.) *Editing Sixteenth Century Text*, Toronto, 1966, p. 72–112.

31 La confrontation avec les commentaires de cette édition ne permet pas d'affirmer que d'Avost s'en soit servi. Sur cette édition, voir : Nicole Bingen, *Le Maître italien…*, p. XVIII ; *Id.*, « Les éditions lyonnaises de Pétrarque dues à Jean de Tournes et à Guillaume Rouillé », p. 139–155.

32 Silvia D'Amico, « Les *Essais* de Jérôme d'Avost », p. 402–403.

33 Il est intéressant de s'attarder, entre autres, sur une brève réflexion de D'Amico : « L'histoire d'amour en effet, conformément à la tendance de tout le pétrarquisme français, n'est comprise que dans sa dimension profane et autobiographique, et non comme un itinéraire spirituel. Preuve de cette distorsion interprétative, la décision d'exclure du début du recueil le sonnet III du *Canzoniere*, *Era il giorno ch'al sol si scoloraro*, sonnet d'introduction dans lequel Pétrarque fait coïncider le jour de l'*innamoramento* avec le Vendredi saint, établit, dès le début du recueil, les principes de son cheminement vers le salut dont l'épisode amoureux n'est que le signe

En appendice de ses traductions, d'Avost ajoute les quatre sonnets de Peletier, Philieul et Du Tronchet déjà présents dans l'édition de ses *Poésies* (1583) en reprenant la même mention :

> J'ai inseré à la fin les Sonets qui s'ensuivent, tirez du Pétrarque de Vasquin Philieul, de Carpétras, qu'il a intitulé, Laure d'Avignon ; afin que ceux qui voudront faire connaissance de sa traduction avec la mienne, voient la difference qu'il y a. Et si on pense que j'aie inventé cela, le Livre imprimé en fera foi de mot à mot. Ce sont les premiers qui se sont presentez, et non point recherchez pour le plus mal. Il y en a encore deux, l'une de Monsieur Pelletier, et l'autre d'Estienne du Tronchet[34].

Les poèmes cités par d'Avost sont deux sonnets de Philieul, puis deux versions de *Rvf* 164 par Peletier et Du Tronchet.

Philieul	Sonnet 1.XV (*Rvf* 33) Sonnet 2.XL (*Rvf* 283)	XXV dans l'édition d'Avost CCXLIII dans l'édition d'Avost
Peletier	Sonnet CXXXII (*Rvf* 164)	Même numérotation dans l'édition d'Avost
Du Tronchet	Sonnet 60 (*Rvf* 164)	Non numéroté dans l'éd. d'Avost

Nous possédons ainsi un petit échantillon « comparatiste », choisi par le traducteur lui-même, qui lui a fait gagner par ailleurs quelques compliments peut-être trop flatteurs[35] et qui nous permettra de comparer son approche traductive avec celle de ses devanciers. On peut immédiatement apprécier l'intérêt d'une telle démarche à partir d'une comparaison entre les schémas rimiques des sonnets cités par d'Avost ainsi que d'autres sonnets que ces traducteurs ont en commun.

---

avant-coureur, et jette ainsi les fondements du thème du remords intérieur qui structure tout le *Canzoniere* » (Silvia D'Amico, « Les *Essais* de Jérôme d'Avost », p. 403). Le choix d'écarter ce sonnet, dans une période de crispation religieuse, pourrait également s'expliquer par la prudence.

34 Cf. *Poésies de Hierosme d'Avost de Laval…* (s.l., 1583, p. 19–20) et *Essais de Hierosme d'Avost de Laval…* (Paris, L'Angelier, 1584, p. 37–38).

35 Voir par exemple le commentaire de l'abbé Goujet : « Il résulte de ce parallèle, que d'Avost l'emporte sur eux du côté du langage. Le sien est moins barbare et plus clair, et l'on peut même dire qu'il s'éloigne moins de la délicatesse de l'original » (Claude Pierre Goujet, *Bibliothèque françoise*, t. VII, p. 328).

COMPARAISON ENTRE LES SCHÉMAS DES RIMES				
PÉTRARQUE, *Canzoniere*, **éd. Santagata 1996.**	**PELETIER,** *Douze sonnets de Pétrarque*, **dans** *ŒP*, **1547, 2 parties.**	**PHILIEUL,** *Toutes les euvres vulgaires de François Pétrarque*, **1555, 4 parties.**	**DU TRONCHET,** *Septante Sonnets traduits du divin Petrarque*, **1572-1595.**	**D'AVOST,** *Essais sur les sonnets du divin Petrarque*, **1584.**
Rvf 1 ABBA ABBA CDE CDE	✕	1.I ABBA ABBA CDC DEE^{SG}	1 ABBA ABBA CCD CCD	I ABBA ABBA CCD EED^{M}
Rvf 2 ABBA ABBA CDE CDE	1.II ABBA ABBA CCD EDE^{P}	**1.III ABBA ABBA CDC DEE^{SG}**	2 ABBA ABBA CCD CCD	**II ABBA ABBA CDC DEE^{SG}**
Rvf 33 ABBA ABBA CDE DCE	✕	1.XV ABBA ABBA CDC DEE^{SG}	**56 ABBA ABBA CCD EED^{M}**	**XXVI ABBA ABBA CCD EED^{M}**
Rvf 164 **ABBA ABBA CDE CDE**	**1.CXXXII ABBA ABBA CDE CDE**	1.CL ABBA ABBA CDD CEE	**60 ABBA ABBA CDE CDE**	CXXXII ABBA ABBA CDC DEE^{SG}
Rvf 283 **ABBA ABBA CDE DCE**	✕	2.XL ABBA ABBA CDC DEE^{SG}	✕	**CCXLIII ABBA ABBA CCD DEE**

LEGENDA

X^{M} = schéma marotique CCD EED
X^{P} = schéma de Peletier CCD EDE
X^{SG} = schéma de Saint-Gelais CDC DEE
→ N.B. : Les chiffres arabes ou romains indiquent la numérotation choisie par les traducteurs, qu'elle soit présente ou non dans les textes-sources qu'ils ont utilisés.

Notre traducteur semble vouloir garder une certaine distance vis-à-vis des rivaux qu'il a choisis. À la différence de Du Tronchet (qui avait écarté les schémas de Peletier et de Saint-Gelais), sa préférence va au schéma de Saint-Gelais, mais aussi au schéma marotique[36] et à celui de Peletier. Cela est confirmé par les autres poèmes, suivant en tout six combinaisons de rimes : le schéma de Saint-Gelais CDCDEE (8 fois), CDDCEE (6 fois), le schéma marotique CCDEED (5 fois), le schéma de Peletier CCDEDE (5 fois), CCDDEE (4 fois) et CDCEDE (2 fois). Notre traducteur semble ainsi privilégier des systèmes de rimes rares pour se distinguer de ses devanciers. Le schéma CDDCEE pourrait être considéré comme sa marque de fabrique.

Le choix des schémas ne correspond pas, pour autant, à une poétique spécifique : d'Avost ne souhaite pas se greffer sur telle ou telle tradition traductionnelle, mais il semble vouloir dépasser tous les autres traducteurs en offrant aux lecteurs·trices un Pétrarque « plus intelligible en François, qu'il n'est en Italien »[37].

---

36   Le schéma marotique est désormais à cette époque le plus courant de la poésie française, privilégié notamment par Ronsard (*Amours*, 1552) et Du Bellay (*Regrets*, 1558).

37   Jérôme D'AVOST, *Essais sur les sonnets du divin Pétrarque* [1584], éd. Cameron et Constable (1974), p. 3.

Quiconque prendra garde à la curiosité qui a esté en moi ; usant des mesmes vocables du Petrarque, sans les oser changer, à cause de leur naïve signification, faisant difference entre escouter, et ouïr, entre rimes et vers, pour mettre difference de sa Poesie vulgaire, et Latine : entre voir, et regarder, et autres semblables ; et comme je tâche à le rendre plus intelligible en François, qu'il n'est en Italien, suivant les plus doctes expositions, qu'on en ait fait, j'espere qu'il loüera (s'il n'est du tout ennemi de ceux qui s'estudient en la perfection) la peine que je pren de le Françoiser télement, qu'on le reçoive comme nostre, et non comme estranger[38].

L'ambition de notre traducteur ne vise pas seulement une approche « littérale » – telle que pouvait être celle de Philieul[39] afin de tourner en *françoys* les rimes de Pétrarque. D'Avost aspire aussi à saisir la « naïve signification »[40] de la poésie pétrarquienne et à « Françoiser » le poète toscan. Bien que Philieul le précède dans cette pratique de l'acclimatation et nous en donne un exemple bien plus raffiné, d'Avost reste le seul à utiliser ce verbe (*françoiser*)[41] dans le contexte d'une traduction de Pétrarque. On pourrait à ce titre parler de *familiarisation* ou de *naturalisation*, car notre traducteur ne se contente pas de transposer un choix de sonnets des *Fragmenta* dans les formes traditionnelles du sonnet *françoys* (comme l'avait fait Philieul), mais cherche aussi à en expliciter et en vulgariser le sens. Cette explicitation du sens – qui chez Philieul se révèle par la pratique du commentaire

---

38 Ibidem.

39 Cf. « Aussi Pétrarque aura nouveau renom / Quand il sera Françoy dessoubz ton nom, / Vray est qu'il va par moy en decroissant, / Et par toy croist l'heur du ly fleurissant » (Vasquin PHILIEUL, « À très illustre et souveraine dame, ma dame Catharine de Medicis, Royne de France, Vasquin Philieul très humble salut & felicité », dans *Toutes les euvres vulgaires de François Pétrarque…*, p. 4).

40 Il faut ici tenir compte des connotations de l'adjectif *naïf*, propres à cette époque. Huguet, dans son *Dictionnaire du XVIe siècle* [Classiques Garnier en ligne], en signale plusieurs (on cite d'après la notice du dictionnaire) : [**Naif**] « natif, originaire », « primitif », « naturel », mais aussi « qui imite le naturel » ou « innée, donné par la nature ».

41 Il est en même temps possible que ce soit l'une des rares occurrences de ce verbe en langue française. L'ATILF indique une seule source pour « françoiser » dans le manuscrit anonyme *Aalma* (manuscrit de Paris, B.N., lat. 13032) publié par Mario Roques dans *Recueil général des lexiques français du moyen âge (XIIe–XVe siècle)*, 2 vol., Paris. Champion, 1938, § « I. Lexiques alphabétiques », t. 2, p. 269. Huguet, dans son *Dictionnaire du XVIe siècle* [Classiques Garnier en ligne], fournit plusieurs sources pour les divers usages du verbe *françoiser* (nous citons d'après la notice du dictionnaire) : [**Françoiser**] *a*) « Agir en Français » [cf. « Quand il voyoit des vieux routiers le pire Aimer bien mieux faire beaucoup que dire : Bref les François au combat françoizer, D'armes parlans italianizer », Henri ESTIENNE, *Dial. du lang. franç. ital., Epistre de Celtophile*] ; *b*) « Employer des mots français » [cf. « Les Italiens ayans françoisé en plusieurs endroits de leur langage… la raison auroit bien permis aux François… d'italianizer », Henri ESTIENNE, *Dial. du lang. franç. ital., Epistre de Celtophile* (I, 178)] ; *c*) « Françoisé. Qui s'est fait français » [cf. « On ne pensoit jamais qu'une trouppe mutine / D'Hespagnols françoisez eust la force et la mine / D'attenter contre France et de la dechirer », *L'Ixion hespagnol*, dans Tricotel, éd. de la Sat. Men., II, 260] ; *d*) « Francisé » [cf. « Ce mot aujourd'huy françoysé, tout ainsi qu'en latin et en grec, est signe d'allegresse », M. DE LA PORTE, *Epithetes*, 226 r° ; cf. « Je porteray bien plus patiemment cest italien françoisé… que ce françois italianizé », Henri ESTIENNE, *Dial. du langage franç. ital.*, I, 125–126 ; cf. « Et tous les mots qui sont proprement françoisez », Vauquelin DE LA FRESNAYE, *Art. poet.*, I, p. 12].

(l'« *argomento* ») – devient, chez d'Avost, geste traductif, tentative de décrypter toutes les significations de la poésie pétrarquienne, afin de l'offrir aux lecteurs·trices dans une forme simple, accessible, directe. Conformément à cette approche, bien que d'Avost ne nous donne aucune information sur ses sources livresques, on remarquera son souci savant de suivre « les plus doctes expositions »[42] pour reconstruire le sens du texte-source, un procédé « philologique » qu'il considère comme un moyen pour « qu'on […] reçoive [Pétrarque] comme nostre, et non comme estranger »[43]. Les deux grands axes pour réfléchir à la traduction de d'Avost semblent donc être le souci de la *réception* et la *naturalisation*, l'une étant inexorablement liée à l'autre.

Une posture pédagogique

Pour d'Avost, la réception implique d'abord la comparaison avec les autres traducteurs, c'est-à-dire une confrontation grâce à laquelle, selon lui, il devient possible d'offrir aux lecteurs·trices une version du texte dépouillée de toute difficulté interprétative : notre traducteur nous offre ainsi « un Pétrarque sans effets d'écho, privé de la trame précieuse de ses signifiants »[44]. Entre glose et vulgarisation, l'inspiration de d'Avost s'incarne dans une sorte de traduction-commentaire d'une part, une *lectio facilior* du texte-source de l'autre. Ce faisant, il semble inviter les lecteurs·trices à revenir, avec plus d'aisance, à l'original – cet original qui se trouve, très probablement pour la première fois dans l'histoire de la traduction des *Fragmenta*, en regard !

Voi, ch'ascoltate in rime **sparse** il suono	O, vous, qui escoutez en rimes **dissemblables**
Di quei sospiri, ond'io nudriva il core	Le son de ces soupirs, l'aliment de mon cœur,
In sul mio primo giovenil'errore,	Quand, jeune, je failloi d'un amoureux erreur,
Quand'era in parte altr'huom da quel ch'io sono ;	Et que mes ans n'estoient à ceux d'ore sembables :
Del **vario stile**, in ch'io piango, e ragiono	Si l'Amour vous a mis sous ses **loix variables**,
Fra le vane speranze, e'l van dolore,	Du **stile entrerompu** de ma langue, et mon pleur,
Ove sia, chi per **prova** intenda Amore,	Plein de vaine esperance, et de vaine douleur,
Spero trovar pietà, no che perdono.	J'atten grace de vous, comme de pitoyables.
Ma ben veggi'hor si come al popol tutto	Mais maintenant je voi que j'ai long temps esté
Favola fui gran tempo : onde sovente,	La fable du vulgaire : et pour ma vanité
Di me medesmo meco mi vergogno ;	Plusieurs fois à par-moi de moi-mesme j'ai honte,
Et del mio **vaneggiar** vergogna e'l frutto,	Et de mes **vains labeurs** je ne moissonne rien
E'l pentirsi, e'l conoscer chiaramente,	Que honte, et repentance, et le cognoistre bien
Che quanto piace al mondo, è breve sogno.	Que ce qui plaist au monde est de fort peu de conte.
ABBA ABBA CDE CDE	ABBA ABBA CCD EED
hendécasyllabe	*alexandrins*
[*Rvf* 1, éd. D'Avost, *Essais* (1584), éd. Cameron et	[D'Avost, *Essais* (1584), éd. Cameron et
Constable 1974, n° 1 (I)]	Constable 1974, n° 1 (I)]

---

42 Jérôme D'AVOST, *Essais sur les sonnets du divin Pétrarque* [1584], éd. Cameron et Constable (1974), p. 3.

43 Ibidem.

44 Silvia D'AMICO, « Les *Essais* de Jérôme d'Avost », p. 411.

D'Avost banalise les termes de Pétrarque et en sacrifie la profondeur comme la complexité. Les rimes « *sparse* » (*Rvf* 1, v. 1) deviennent juste des rimes « dissemblables » (I, v. 1), le « *vario stile* » (*Rvf* 1, v. 5) se transmue en « stile entrerompu » (I, v. 6). Le v. 7 de Pétrarque se trouve à être paraphrasé par le v. 5 de d'Avost qui cherche à simplifier l'idée générale de la strophe, en sorte que le terme « *prova* » (*Rvf* 1, v. 7) – aux fortes connotations morales et spirituelles – semble être « glosé » par la locution « mettre sous de "loix variables" » (cf. I, v. 5). Des discordances de sens (ex. v. 4–5) pourraient être le résultat d'une adaptation métrique plutôt que d'une mauvaise compréhension du texte. La traduction du terme *vaneggiar* dévoile enfin l'approche de d'Avost vis-à-vis de la tradition traductionnelle. Comme ses prédécesseurs, il manifeste la volonté de réifier et simplifier la *vaghezza* des *fragmenta*. L'éventail des significations du terme *vaneggiar* se voit encore une fois réduit à une dimension très concrète, à la fois poétique et biographique : cf. « vain exercice » (Marot, I, v. 12) et « vain entreprise » (Philieul, I.1, v. 12), « vains labeurs » (d'Avost, I, v. 12). Le *Dictionnaire François & Italien* de Jean-Antoine Fenice (1584)[45] recense pourtant à l'époque[46] le terme *vaneggiare* exclusivement dans le sens de « penser à choses vaines ». Ce détail ferait penser à un certain décalage, voire à une imperméabilité, entre les outils lexicographiques et les pratiques traductives qui semblent plutôt influencées, quant à elles, par la tradition traductionnelle[47] issue d'un canon de traducteurs n'ayant pas eu accès à des dictionnaires.

De plus, vu l'absence d'outils lexicographiques efficaces encore à cette époque, il est raisonnable de penser que cette traduction en regard aurait pu avoir pour objectif d'aider les lecteurs·trices à revenir au texte-source. Il faudrait alors envisager la posture « pédagogique » du traducteur comme une approche traductive plus apparentée au commentaire qu'à la mise en œuvre d'un contexte d'apprentissage scolaire. Le sonnet 33 nous en donne un exemple significatif.

---

45 Ce dictionnaire est paru à Genève en 1584 (*Dictionnaire françois et italien, profitable et necessaire à ceux qui prenent plaisir en ces deux langues. Recueilli par Jean Antoine Fenice. A la commune utilité de ceux qui se delectent en l'une et l'autre langue*, Genève, François Forest & Jean Chiquelle, 1584), mais il était disponible aussi à Paris dans une édition spéciale pour la France (Morges, avec la mention « se vendent à Paris chez Nicolas Nivelle aux deux Collomnes, rue Saint Jacques », 1584).

46 En revanche, on remarquera que le terme *vaneggiar* n'est pas présent dans le premier dictionnaire français-italien, *Le Vocabulaire en langue françoise et italienne* (Lyon, Benoist Rigaud, 1583).

47 Les dictionnaires suivants confirmeraient cette hypothèse. Par exemple, le terme *vaneggiar* y garde le seul sens de « penser à choses vaines ». On le remarquera aussi dans le célèbre dictionnaire de Pierre Canal (1598), qui est une nouvelle édition revue du dictionnaire de Jean-Antoine Fenice (1584) et qui prétend mettre à jour le vocabulaire italien d'après les « mots et manieres de parler, tirées de Bocace, Pétrarque, Dante, Ariosto » (voir *Dictionaire françois et italien : recueilli premierement par J. Antoine Phenice : et nouvellement reveu et augmenté d'une infinité de mots et manieres de parler, tirées de Bocace, Petrarque, Dante, Ariosto, et autres fameux auteurs italiens. Par Pierre Canal*, Genève, Jacques Chouet, 1598).

Già fiammeggiava **l'amorosa stella**
Per l'Oriente ; e l'altra, che Giunone
Suol far gelosa, nel Settentrione,
Rotava i raggi suoi lucente e bella ;
Levata era a filar la vecchiarella
Discinta, e scalza, et desto havea'l carbone :
E gli amanti pungea quella stagione,
Che per usanza a lagrimar gli appella ;
Quando mia speme già condotta al verde
Giunse nel cor, non per l'usata via ;
Che'l sonno tenea chiusa, e'l dolor molle :
Quanto **cangiata**, hoimè da quel di pria ?
Et parea dir : perchè tuo valor perde ?
Veder quest'occhi ancor non ti si tolle.

ABBA ABBA CDE CDE
hendécasyllabe
[*Rvf* 33, éd. D'Avost, *Essais* (1584), éd. Cameron et Constable 1974, n° 3 (XXVI)]

Venus desja lustroit l'Orient, amoureuse,
Et l'autre qui pollut le Saint lit de Junon,
Commençoit à blanchir l'obscur Septentrion,
Hâtant le lent sommeil de la nuict paresseuse :
Et ja debout estoit la vieillote fileuse,
En chemise et nuds-pieds, descouvrant le charbon,
Voire que l'on voyoit dedans nostre Horizon
Entrer celle qui est aux amans odieuse ;
Lors que mon esperance arrivée à la fin
Parvint au cœur, mais non par l'usité chemin
Qui estoit clos du somne, et de la douleur tendre.
Ah, que mon heur est bien maintenant **abbatu !**
On me dist (ce me semble) hé, pourquoi te rends-tu ?
Veu que de voir ces yeux encor'te dois attendre.

ABBA ABBA CCD EED
alexandrins
[D'Avost, *Essais* (1584), éd. Cameron et Constable 1974, n° 3 (XXVI)]

Dans ce sonnet, l'un des poèmes de Pétrarque à l'interprétation la plus difficile, d'Avost confirme sa posture « pédagogique » non seulement par la transformation de certains passages – qui, par la complexité du langage ou du raisonnement, pourraient apparaître obscurs à un public moins averti (comme le deuxième quatrain) – mais aussi par l'usage et l'explication de maintes métaphores mythologiques. De ce point de vue, la traduction de l'« *amorosa stella* » (*Rvf* 33, v. 1) par « Venus » (XXVI, v. 1) relève d'un usage de la mythologie qui reflète bien les tendances de la poésie de l'époque, comme l'a fait remarquer D'Amico[48]. D'Avost semble ainsi osciller entre deux gestes traductifs (comme on le verra aussi dans la troisième partie de cette étude), entre la volonté d'expliciter certaines images mythologiques[49] et le plaisir qu'il prend à « mythologiser » le texte-source[50], voire à réécrire certains mythes pétrarquiens[51].

---

48 Silvia D'Amico, « Les *Essais* de Jérôme d'Avost », p. 404–405. Sur l'usage de la mythologie dans la poésie de la Pléiade, voir Guy Demerson, *La Mythologie classique dans l'œuvre lyrique de la Pléiade*, Genève, Droz, 1972. Par ailleurs, on emprunte à D'Amico les exemples des notes suivantes, que nous avons reclassés, réinterprétés et complétés.

49 Par exemple, les origines mythiques d'« *Amor* » (*Rvf* 159, v. 12) sont rappelées dans la traduction par une périphrase mythologique « le fils de la Ciprine » (CXXVII, v. 12). Ou encore la référence au mythe d'Aurore (Sonnet CLXXXIV) est rendue plus claire : cf. « *Quella c'ha neve il volto, oro i capelli ; / Nel cui amor non fur mai inganni, ne falli ; / Destami al suon de gli amorosi balli, / Pettinando al suo vecchio i bianchi velli* » (*Rvf* 219, v. 5–8) et « La belle au sein de nége, et dont les cheveux beaux / Se dorent de fin or, en façon annelées, / Pignant son vieil Tithon sur les ondes salées, / M'esveille, en me livrant mille amoureux assaus » (CLXXXIV, v. 5–8).

50 On remarquera par exemple la traduction de « *il ciel* » (*Rvf* 45, v. 2) par « Olympe supréme » (XXXVII, v. 2), ou le fait que, pour traduire « *Amor par ch'a l'orecchie mi favelle* » (*Rvf* 218, v. 5), le traducteur évoque l'image stéréotypée de l'amour ailé (« Amour monstrant sa joie au mouvoir de ses ailes », CLXXXIII, v. 5).

51 Comme pour le tercet final du sonnet XXVII (*Rvf* 34), dans lequel la référence pétrarquienne au mythe d'Apollon et Daphné est réinventée de sorte que les bras de Laure/Daphné transmués en branches deviennent une « touffuë tresse » dans la traduction de d'Avost : cf. « *Si vedrem poi per meraviglia insieme, / Seder la Donna nostra sopra l'herba, / E far de le sue braccia a se stessa ombra* » (*Rvf* 34, v. 13–15) et « Lors nous verrons tous deux nostre belle maistresse / Se seoir

On admirera enfin l'adresse dans la traduction de certains termes, qui démontre une connaissance profonde des *Fragmenta*, de ses sources et, très probablement, comme l'auteur lui-même le souligne, de ses « doctes expositions »[52]. Par exemple, d'Avost interprète très précisément le terme « *cangiata* » (*Rvf* 33, v. 12) mais le change de référent (qui dans le texte-source est « *mia speme* », métaphore de Laure au v. 9) et parle d'un « heur [...] abbattu » (XXVI, v. 12)[53]. Ou encore il semble saisir l'allure légèrement « comique », au goût dantesque, du deuxième tercet : cf. « *Et parea dir : Perché tuo valor perde ?* » (*Rvf* 33, v. 14) et « On me dist (ce me semble) hé, pourquoi te rends-tu ? » (XXVI, v. 14)[54].

Mythonaute et comparatiste

Le décalage, voire l'affrontement, avec la traduction de Philieul est tangible. Il se manifeste déjà dans la conception du macrotexte, en ce que Philieul regroupe dans son premier livre, selon l'ordre et le commentaire de Vellutello, quatre sonnets autour du thème de la maladie de Laure : les sonnets I.XII (*Rvf* 31), I.XIII (*Rvf* 184), I.XIV (*Rvf* 231) et I.XV (*Rvf* 33) mettent ainsi l'accent sur des épisodes biographiques. D'Avost, quant à lui, suit la séquence pétrarquienne autour de ce thème : sonnets XXVI (*Rvf* 33) et XXVII (*Rvf* 34)[55]. Il choisit ainsi deux poèmes autour de la maladie de Laure, liés par leur contenu mythologique : les figures de Venus et de Junon (*Rvf* 33) ou encore le mythe de Daphné et Apollon (*Rvf* 34). Par exemple, si Philieul nourrit son imaginaire anecdotique dans sa traduction de *Rvf* 33, d'Avost traduit pour sa part en philologue et en *mythonaute*, soucieux d'expliquer aux lecteurs·trices les images mythiques et de clarifier le substrat allégorique de la poésie pétrarquienne. Philieul n'explicite pas le contenu mythologique[56], met l'accent sur l'apparition de Laure « en esprit » (1.XV, v. 11) et simplifie le discours direct du dernier tercet en le rendant plus percutant.

---

gratieusement dessus le verd giron / Et en ombrer son corps de sa touffuë tresse » (CLXXIX, v. 13–15). Dans ce cas, d'Avost « démythologise ».

52 Jérôme D'AVOST, *Essais sur les sonnets du divin Pétrarque* [1584], éd. Cameron et Constable (1974), p. 3.

53 Peut-être notre traducteur a-t-il saisi le goût virgilien de ce passage : cf. « *In somnis ecce ante oculos maestissimus Hector / visus adesse mihi largosque effundere fletus / [...] Ei mihi qualis erat, quantum mutatus ab illo / Hectore* » (VIRGILE, *Aen.* II, v. 270–275). Pour cette référence classique, voir : PÉTRARQUE, *Canzoniere*, éd. Santagata, p. 184.

54 Santagata rappelle la matrice apparemment « comique » du stylème « *parea dir* », notamment dans ce passage d'inspiration dantesque : cf. « *ricominciò a dir : "Perché mi scerpi ?"* » (DANTE, *Inf.* XIII, v. 35). Voir PÉTRARQUE, *Canzoniere*, éd. Santagata, p. 184.

55 On remarquera que l'autre sonnet sur la mort de Laure choisi par notre traducteur-comparatiste (*Rvf* 283, *Discolorato ài, Morte, il più bel volto...*) correspond au sonnet n° 23 (CCXLIII) dans sa traduction et au sonnet 2.XL dans le deuxième livre de la traduction de Philieul.

56 Cf. « *amorosa stella* » (*Rvf* 33, v. 1) et « estoille amoureuse » (PHILIEUL, 1.XV, v. 1).

[…]
Quanto cangiata (oime) da quel di pria :
E parea dir, perche tuo valor perde ?
Veder quest'occhi anchor non ti si tolle.
       [*Rvf* 33, éd. De Tournes 1545, XXVI, v. 12–14]

[…]
O qu'autrefois souvent veue l'avoye
Bien autre qu'ore ? Et sembloit de me dire :
Prens cueur, amy, qu'encore je respire.
       [Philieul, *Toutes les euvres vulgaires de François Pétrarque*, 1555, Livre I, n°
       XV, v. 12–14]

[…]
Ah, que mon heur est bien maintenant abbatu !
On me dist (ce me semble) hé, pourquoi te rends-tu ?
Veu que de voir ces yeux encor'te dois attendre.
       [D'Avost, *Essais* (1584), éd. Cameron et Constable 1974, n° 33 (XXVI),
       v. 12–14]

L'approche « pédagogique » semble être aussi, pour d'Avost, une manière de montrer aux lecteurs·trices qu'il respecte le contenu du texte-source et qu'il ne souhaite pas s'en éloigner, comme on peut l'observer dans sa traduction de *Rvf* 283.

Discolorato hai Morte il più bel volto,	Ha ! Mort, tu as terni la face la plus belle,
Che mai si vide, e i più begli occhi spenti ;	Que l'on ait jamais veuë, et les deux plus beaux yeux,
Spirto più acceso di virtuti ardenti	Privant de son **sejour** le plus delicieux
Del più leggiadro, e più bel **nodo** hai sciolto :	L'ame, qui plus aimoit la vertu immortelle.
In un momento ogni mio ben m'hai tolto,	Soudain tu m'as osté tout mon bien, ò cruelle,
Posto hai silentio a' più soavi accenti,	Et mis fin aux accents les plus harmonieux,
Che mai s'udiro ; e me pien di lamenti,	**Qu'on ait encore ouï, et moi sans ce mien mieux,**
Quant'io veggio, m'è noia ; et quant'io ascolto :	Tout ce que j'oi et voi ma douleur renouvelle.
Ben torna a consolar tanto dolore	Non sans raison Madame en cet extréme ennui
Madonna, ove pietà la riconduce :	Par pitié me revient consoler aujourd'hui,
Nè trovo in questa vita altro soccorso.	**Et rien plus icy bas tempere mon martire :**
E, se com'ella parla, e come luce,	Que si je pouvoi bien ses doux propos descrire,
Ridir potessi ; accenderei d'Amore,	Et sa vive splendeur, j'enflammeroi d'amours,
Non dico d'huom, un cor di Tigre o d'Orso.	Non point le cœur d'un homme ; ains d'un Tygre, ou d'un Ours.
ABBA ABBA CDE DCE	ABBA ABBA CCD DEE
hendécasyllabe	*alexandrins*
[*Rvf* 283, éd. D'Avost, *Essais* (1584), éd.	[D'Avost, *Essais* (1584), éd. Cameron et Constable 1974, n° 23
Cameron et Constable 1974, n° 23 (CCXLIII)]	(CCXLIII)]

En effet, si notre traducteur est souvent tenté de modifier le texte, c'est pour mieux l'illustrer, comme pour l'image pétrarquienne du « *nodo* » (*Rvf* 283, v. 4)[57], métaphore

---

57 La métaphore du *nœud*, très récurrente dans le chansonnier de Pétrarque, peut s'appliquer à la fois aux liens amoureux et au corps duquel l'âme se détache après la mort. Pour la métaphore du corps : cf. *Rvf* 25 (v. 4), *Rvf* 28 (v. 13), *Rvf* 197 (v. 7), *Rvf* 270 (v. 91–94), *Rvf* 271 (v. 1–2), *Rvf* 283 (v. 3–4), *Rvf* 305 (v. 1), *Rvf* 325 (v. 9) et *Rvf* 361 (v. 12).

du corps qu'il simplifie en traduisant par « sejour » (CCXLIII, v. 3) et en inversant l'ordre des vers ; ou comme pour les v. 11–12, par lesquels il associe syntaxiquement deux tercets que Pétrarque pourtant sépare. Parfois, il rend plus prosaïques certains passages, peut-être pour des raisons métriques, en modifiant leur sens et leur syntaxe mais en restant toujours cohérent avec le fond du message, comme dans le v. 6 (cf. « *post'ài silenzio a'piú soavi accenti* » et « Et mis fin aux accents les plus harmonieux »). Néanmoins, si ces prosaïsmes semblent être l'une de ses marques de fabrique[58], on remarquera aussi certaines trouvailles poétiques comme la formule « ce mien mieux » (v. 7) ou, comme l'on verra, le syntagme « doux-amer » (CXXII, v. 10).

Par rapport à Philieul, D'Avost semble de ce point de vue moins soucieux de suivre le texte mot à mot et, quand le besoin s'en fait sentir, en remue la pâte sémantique tout en traduisant le ton général : cf. « *che mai s'udiro, et me pien di lamenti* » (*Rvf* 283, v. 7), « Qu'onc on oüit : et m'as fait soucieux » (Philieul, 2.XL, v. 7) et « Qu'on ait encore ouï, et moi sans ce mien mieux » (d'Avost, CCXLIII, v. 7). Il paraît, en revanche plus soucieux de respecter la matière sémantique (□) de sa source et ne s'accorde pas beaucoup de licences, de greffes traductives ou de détournement de sens, comme le fait Philieul à l'occasion :

> [...]
> Ben torna a consolar tanto dolore
> Madonna, ove pieta la riconduce,
> Ne trovo in questa vita altro soccorso :
>> [*Rvf* 283, éd. De Tournes 1545, XV, v. 9–11]

> [...]
> A bon droit vient consoler mon malheur
> Ma douce Dame en esprit de pitié ;
> Car sans cela je mourrois de douleur.
>> [Philieul, *Toutes les euvres vulgaires de François Pétrarque*, 1555, Livre II, n° XL, v. 9–11]

> [...]
> Non sans raison Madame en cet extréme ennui
> Par pitié me revient consoler aujourd'hui,
> Et rien plus icy bas tempere mon martire :
>> [D'Avost, *Essais* (1584), éd. Cameron et Constable 1974, n° 33 (XXVI), v. 13–15]

---

58 D'Amico a mis l'accent sur l'« allure prosaïque » de certains passages de la traduction de d'Avost : cf. « *e le parole / sonavan altro, che pur voce humana* » (*Rvf* 90, v. 10–11) et « En parlant ses beaux mots plus de nous ne tenoient / Et rien que de celeste et de divin n'avoient » (LXX, v. 10–11), « *Alhor dirà, che mie rime son mute, / L'ingegno offeso dal soverchio lume* » (*Rvf* 248, v. 13–14) et « Et me condamnera d'avoir voulu tenter / Un thème, qui surpasse et l'esprit, et la plume » (CCXI, v. 12–13), « *con tante note sì pietose e scorte* » (*Rvf* 274, v. 6) et « Par mille et mille pleurs, qu'on lui void mesurer » (CCLXXXVI, v. 4). Voir Silvia D'Amico, « Les *Essais* de Jérôme d'Avost », p. 407–408.

Cette posture de traducteur-commentateur semble être enfin pour d'Avost une signature, une marque d'identité, une manière de se distinguer des autres traducteurs cités dans son édition et de donner un caractère inédit, et peut-être plus commercial, à ses *Essais*. Une comparaison étroite avec les autres en donne la preuve.

<table>
<tr><td>

Hor, che 'l Ciel, e la terra, e 'l vento tace,
E le fiere, e gli Augelli il sonno affrena,
Notte'l carro stellato in giro mena,
E nel suo letto il Mar senz'onda giace,
Vegghio, penso, ardo, piango, et chi mi sface,
Sempre m'è innanzi per mia **dolce pena :**
Guerra è'l mio stato d'ira, e di duol piena,
E sol di lei pensando, hò qualche pace.
Così sol d'una chiara fonte viva
Move'l dolce et l'amaro, ond'io mi pasco :
Una man sola mi risana, e punge :
E perche'l mio martir non giunga a riva,
Mille volte il di moro, e mille nasco,
Tanto da la salute mia son lunge.

ABBA ABBA CDE CDE
hendécasyllabe
[*Rvf* 164, éd. De Tournes 1545, CXXXII]

</td><td>

Or que le Ciel, Terre, et vent est paisible,
Et que sommeil tout animal demeine,
La nuict le char estellé en tour meine,
Qu'en son lit est la mer sans flots taisible,
Je veille, ars, pense et pleure : et m'est visible
Ce qui m'occit, pour ma **tresdouce peine :**
Mon estat est guerre d'ire et dueil pleine,
Et paix trouver, qu'y pensant, n'est possible.
Doncq'seulement d'une source tresvive
Doux et amer sort, dont me vois paissant :
Une main seule, et me guerit et point :
Et puis à fin que mon mal n'aille à rive,
Cent fois le jour suis mourant et naissant,
Tant loing je suis de mon salut desjoint.

ABBA ABBA CDE CDE
décasyllabe
[Peletier, *Douze sonnets de P.*, in *ŒP*, 1547, 1.CXXXII]

</td></tr>
<tr><td>

Hores que ciel et terre et le vent se repose,
Que le chant de l'oiseau se restraint et refreine,
Que le char estoillé la nuit ne se pourmeine,
Et qu'en son lit la mer sans unde se compose :
Je voy, je pense, j'ards, et qui destruire m'ose
Est tousjours devant moy pour objet de ma **peine,**
La guerre est mon estat de dueil et d'ire pleine,
Et d'elle au seul penser j'ay de paix quelque chose.
D'une mesme fontaine et d'une source vive
Provient cest **aigre doux**, duquel je me repais,
Et mesme main me blesse en laquelle j'amende.
Mais à fin que mon mal ne soit joint à la rive,
Cent fois le jour je meurs, et cent fois je renais,
Tant je suis pres et loin de ce que je demande.

ABBA ABBA CDE CDE
alexandrins
[Du Tronchet, *Septante Sonnets traduits du divin Petrarque*, 1572, Sonnet 60]

</td><td>

Or'que le Ciel, la terre, et le vent font silence,
Et tous les animaux jouïssent du repos,
Que la mer en son lit dort, paisible, et sans flòs,
Et le voile du jour nous cache sa presence ;
Je veille, brule, et pleure, et en celle je pense,
Que pour mon **doux travail**, je voi à tous propos :
De guerre, d'ire, et dueil je me voi si enclos,
Que son seul souvenir me donne patience.
Ainsi le **doux-amer**, dont mon cœur se nourrît,
Provient d'un même lieu, d'une méme fonteine ;
C'est une méme main qui me blesse, et guarît :
Et à fin que tousjours puisse vivre ma peine,
Mille fois en un jour on me void vif, et mort,
Tant le vent m'est contraire au salutaire port.

ABBA ABBA CDC DEE
alexandrins
[D'Avost, *Essais* (1584), éd. Cameron et Constable 1974, n° 11 (CXXII)]

</td></tr>
</table>

D'Avost « commente » le texte-source par l'éclaircissement de certaines images comme le « *carro stellato* » (*Rvf* 164, v. 3) dont la traduction perd le renvoi au mythe d'Apollon : « La nuict le char estellé en tour meine » (Peletier, 1.CXXXII, v. 3), « Que le char estoillé la nuit ne se pourmeine » (Du Tronchet, 60, v. 3) et « Et le voile du jour nous cache sa presence » (d'Avost, CXXII, v. 4). Ou encore il s'efforce autant que faire se peut d'éviter certaines solutions traductives trop transparentes ou trop simples : cf. « *dolce pena* » (*Rvf* 164, v. 6), « tresdouce peine » (Peletier, 1.CXXXII, v. 6), « peine » (Du Tronchet, 60, v. 6) et « travail »[59] (d'Avost, CXXII, v. 6). On

---

59 On remarquera l'usage érudit du terme *travail*. Huguet, dans son *Dictionnaire du XVIe siècle* [Classiques Garnier en ligne], en illustre toute la constellation de connotations (on en cite deux d'après

remarque aussi « *'l dolce et l'amaro* » (*Rvf*, v. 10), le « doux et amer sort » (Peletier, 1.CXXXII, v. 10), l'« aigre doux » (Du Tronchet, 60, v. 10)[60] qui devient chez d'Avost un gracieux mot composé, « doux-amer »[61] (d'Avost, CXXII, v. 10). On observe enfin la différence d'approche dans la traduction des rimes : Peletier suit de très près les rimes de Pétrarque[62], Du Tronchet s'efforce aussi de les suivre mais sans

---

la notice du dictionnaire) : [**Travail**] *a*) « souffrance » [cf. « Me trouvant à present eslongné d'elle, j'endure un travail pire que la mort », *Amadis*, III, 11 ; « Il voit mes yeux en pleurs et mon cœur en travaux », Pierre de RONSARD, *Eclogues*, 2 (III, 395) ; « Douce beauté qui fais honte au soleil, Regarde un peu mon travail nompareil, Ne sois ensemble et si belle et si fiere », Pierre de RONSARD, *Cartels*, 2 (III, 461) ; « Car qui ainsi que moy vit en beaucoup de maux, Que pert-il en mourant sinon mille travaux ? », Jean-Antoine de BAÏF, *Antigone*, III, 1 ; « Quant à l'instant et au poinct du passage, il n'est pas à craindre qu'il porte avec soy aucun travail ou desplaisir : d'autant que nous ne pouvons avoir nul sentiment, sans loisir », MONTAIGNE, II, 6 (II, 55) ; « Nous avons assez de travail du mal, sans nous travailler à ces regles superflues », MONTAIGNE, II, 37 (III, 202) ; « Le conte d'Aiguemont commença à solliciter fort l'advancement de sa mort, disant que puis qu'il devoit mourir, qu'on ne le devoit tenir si longuement en ce travail », Pierre de BOURDEILLE, seigneur de Brantôme, *Conte d'Aiguemont* (II, 160)] ; *b*) « Fatigue » [cf. « Il s'y feit porter en une lictiere, pource qu'il estoit si caduc de grand vieillesse qu'il n'eust peu endurer le travail du cheval, *Amadis*, III, 15 ; « Retournerent Epistemon et Panurge en la court de Pantagruel... joyeulx pour le retour : faschez pour le travail du chemin, lequel trouverent raboteux, pierreux et mal ordonné », RABELAIS, III, 18 ; « Après qu'ilz eurent esté tout le jour à cheval, advisèrent sur le soir un clochier où le myeulx qu'il leur fut possible, non sans traveil et peine, arrivèrent », Marguerite de NAVARRE, *Heptam.*, Prol. ; « Dequoy allege un voyageur son travail, que lui cause le long chemin, qu'en chantant quelque chanson d'amour... ? », Louise LABÉ, *Debat*, Disc. 5.].

60   On rappellera le succès du mot *aigredoux*, dont l'idée est présente déjà chez Marot dans la forme « aigre, & doux » [*Epitres*, XXVI (1541), éd. Defaux, v. 45]. Du Bellay dans la *Deffence* attribue ce terme à Lazare de Baïf. Sur ce point, voir Joachim DU BELLAY, *La Défense et illustration de la langue française* [1549], Livre I, ch. VI, éd. Jean-Charles Monferran, Genève, Droz, 2007, Livre II, ch. XII « Exhortation aux Françoys d'ecrire en leur Langue : avecques les Louanges de la France », p. 178. Le mot se retrouve plus tard sous la plume de Jean-Antoine de Baïf dans l'« Ambassade de Venus » (*Euvres en rime*) – qui est une traduction d'après les *Stanze* de Pietro Bembo (dans les *Rime*, Venise, Sebbio, 1530) – puis aussi dans le *Microcosme* (1562) de Scève.

61   Rappelons les origines de ce mot composé. On relève une première attestation dans les *Amours de Baïf* (1552) : « O douxamer dueil plaisant » (II.6, v. 15). L'ATILF relève une occurrence plus tardive chez Jacques Tahureau (1527–1555) : « Mainte Noyade au serein se promeine / Razant les bordz que Loyre va léchant, / Par maint soupir, par maint amoureux chant / Dardant au ciel sa **douçamere** peine » [Jacques TAHUREAU, *Poésie de Jacques Tahureau* (1554, 1565, 1574), publiées par Prosper Blanchemain, 2 vol., Paris, Librairie des Bibliophiles, 1870, t. II, p. 14, Sonnet XIII)]. On le retrouve chez Du Bellay, dans les *Regrets* (1558) par exemple, dans l'épître « À Monsieur d'Avanson » : « Celuy qui a de l'amoureux breuvage / Gouflé, malsain, le poison doulx-amer, / Cognoit son mal » (Joachim DU BELLAY, *Œuvres poétiques. Tome II. Les Antiquitez, Le Songe, Les Regrets, Le Poète courtisan, Divers jeux rustiques*, éd. Daniel Aris, Françoise Joukovsky et François Roudaut, Paris, Garnier, 1993, p. 37, v. 53–55). Gendre a fait remarquer l'usage des « dualismes amoureux » qui s'apparente à la formule « doux-amer », dans la poésie de Ronsard, dans André GENDRE, *Ronsard, poète de la conquête amoureuse*, Genève, Slatkine, 1998, Ch. VI « Les Contraires », p. 375–432. Voir aussi les études de John Barclay Broadbent, qui a consacré, lui aussi, quelques pages aux dualismes amoureux (« *dualities* ») chez Ronsard, dans John Barclay BROADBENT, *Poetic Love*, London, Chatto & Windus, 1964, p. 68–72.

62   On confrontera les rimes de Pétrarque et celles de Peletier : cf. « *piena : pena* » (*Rvf* 164, v. 6–7) et « peine : pleine » (1.CXXXII, v. 6–7), « *viva : riva* » (*Rvf* 164, v. 9–12) et « tresvive : rive » (1.CXXXII, v. 9.12). Dans une moindre mésure, cf. « *pasco : nasco* » (*Rvf* 164, v. 10–13) et « paissant : naissant »

respecter l'alternance des rimes masculines et féminines[63], d'Avost, quant à lui, ne suit pas les rimes de Pétrarque mais essaie de respecter cette alternance.

Une autre particularité de ce recueil réside dans le fait que la traduction-commentaire de d'Avost ne se concentre pas sur un seul poème à la fois. Son regard toujours plus large s'étend aussi à tout le macrotexte. De ce point de vue, on peut apprécier l'approche savante de notre traducteur. Une saveur presque « philologique » imprègne certaines solutions traductives qui révèlent une connaissance profonde des *Fragmenta* et une volonté d'en exploiter les trames allégoriques : comme s'il voulait mimer le geste poétique à travers lequel Pétrarque compose et combine ses constellations de thèmes et motifs. En s'écartant considérablement de Peletier et de Du Tronchet, d'Avost traduit par exemple « *tanto da la salute mia son lunge* » (*Rvf* 164, v. 14) par « Tant le vent m'est contraire au salutaire port » (CXXII), une formule qui n'est pas seulement un renvoi explicite à la chanson *Rvf* 80[c] (v. 34) – dans laquelle le *vent* est métaphore de *l'aure* (cf. Laure)[64] – mais qui est aussi une manière d'exploiter de manière créative un motif très répandu chez Pétrarque et les Italiens[65], tout en restant cohérent avec la matière sémantique de sa source[66].

Plusieurs caractéristiques rendent particulièrement novatrice cette première « traduction en regard » des *Fragmenta* de Pétrarque. D'Avost est d'abord le premier traducteur qui pose, et se pose, de manière explicite, la question d'un public élargi ; il est aussi le premier qui déclare avoir consulté plusieurs sources et commentaires avant de réaliser sa traduction, ce qui relève d'une certaine préoccupation « philologique » encore inhabituelle pour les traducteurs·trices de l'époque ; il est le premier qui se compare expressément aux traducteurs précédents et il le fait d'une manière « polémique » en invitant les lecteurs·trices à confronter les différentes versions ; enfin, il est le premier traducteur qui utilise le verbe *françoyser* dans le contexte d'une traduction de Pétrarque, un détail qui, avec le texte en regard, nous

---

(1.CXXXII, v. 10–13), « *punge : lunge* » (*Rvf* 164, v. 11–14) et « point : desjoint » (1.CXXXII, v. 11–14).

63 À cette date la plupart des poètes ont adopté cette contrainte, préconisée par Peletier dans son *Art poétique* (1555).

64 Pétrarque, *Canzoniere*, éd. Santagata, p. 416.

65 Cf. « *glorioso porto* » (Dante, *Inf.* XV, v. 56), « *l'amoroso camin che gli conduce / al dolce porto de la lor salute* » (*Rvf* 14[b], v. 6–7), « *ecco novellamente la tua barca, / ch'al cieco mondo à già volte le spalle / per gir al miglior porto* » (*Rvf* 28[c], v. 7–8), « *venir a miglior porto* » (*Rvf* 80[c], v. 9 et *passim*) et « *Ove Sorga e Durenza in maggior vaso / congiungon le lor chiare e torbide acque, / [...] ivi, onde agli occhi miei il bel lume nacque / che gli volse al bon porto, si ratenne / quella, per cui ben far prima mi piacque* » (*Triumphus Mortis*, I, v. 16–21) ; dans ce passage les deux fleuves indiquent le lieu natal de Laure). Marco Ariani a mis l'accent sur la « résonnance mystico-religieuse » du motif de la *barque* (Marco Ariani, *Petrarca*, ch. XVI « Rerum vulgarium fragmenta : passione civile e religiosa », *passim*).

66 C'est un exemple traductionnel intéressant, car il nous montre que le fait de s'éloigner de la matière sémantique (-) du texte-source ne revient pas forcément à réaliser une traduction qu'on pourrait qualifier d'« infidèle », et démontre ainsi les limites de la notion de « fidélité » ainsi que l'opérativité de la théorie de la matière sémantique.

laisse soupçonner qu'à cette époque, plus qu'auparavant, la langue italienne avait besoin d'un médiateur, notamment si on voulait s'adresser à un public plus large et moins averti.

Puisqu'on a relevé une certaine posture « philologique » et « pédagogique », on pourrait affirmer que d'Avost semble inaugurer une approche « professionnelle » de la traduction par une inspiration qui rappelle l'*Art poétique* (1555) de Peletier, mais qui ne s'incarnera jamais chez ce dernier dans un projet éditorial aussi complexe et composite.

Chapitre VIII

Philippe de Maldeghem : traduire en « philologue »

Un Pétrarque flamand

On ne sait rien sur les études et les années de formation de Philippe de Leyschot (1547–1611), seigneur de Maldeghem[1], fils de Josse de Maldeghem (échevin du Franc de Bruges) et d'Anne de Joigny Pamèle[2]. En 1567, il succède à son père et devient bourgmestre de Bruges quatre ans plus tard. Quand les troupes protestantes de Balfour assiégèrent la ville, il refuse de se soumettre et connaît ainsi la prison et l'exil avant de servir à la cour du prince Ernest de Bavière. Il semble ne pas avoir eu de relations étroites avec les nombreux Italiens établis alors en Flandre[3] ; en revanche, selon Balsamo[4] qui a consacré à Maldeghem la principale étude à ce jour, il a peut-être été en relation avec certains milieux littéraires français : par exemple, il faudrait l'identifier avec le « P. de Malinguehen » qui en 1595 dédia un sonnet pétrarquiste aux *Airs sur les Paraboles de Salomon* de Simon de Bullandre (Paris, Jean

---

1   Voir : *Biographie universelle ancienne et moderne. Supplément (LID–MAQ), ou Suite de l'histoire, par ordre alphabétique, de la vie publique et privée de tous les hommes qui se sont fait remarquer par leurs écrits, leurs actions, leurs talents, leurs vertus ou leurs crimes. Ouvrage entièrement neuf rédigé par une Société de gens de Lettres et de savants*, Paris, L.-G. Michaud, 1843, t. 72, p. 418–419 ; Claude Pierre GOUJET, *Bibliothèque françoise*, t. VII, p. 331–335 ; Robert VAN NUFFEL, « Un petrarchista belga : Philippe de Maldeghem », *Studi Petrarcheschi*, n° VII, 1961, p. 377–387 ; Jean BALSAMO, « Philippe de Maldeghem ou Pétrarque en Flandre (1600) »[a], dans Mercedes BLANCO-MOREL et Marie-Françoise PIÉJUS (dir.), *Les Flandres et la culture espagnole et italienne aux XVI[e] et XVII[e] siècles*, actes du colloque (Lille, 1998), Lille, Éditions du Conseil Scientifique de l'Université Charles-de-Gaulle Lille 3, 1999, p. 55–68. Pour une deuxième version enrichie de cette étude, voir Jean BALSAMO, « Philippe de Maldeghem ou Pétrarque en Flandre (1600) »[b], dans Jean BALSAMO (dir.), *Les Poètes français de la Renaissance et Pétrarque*, p. 491–505.

2   Sur la famille de Maldeghem, voir Jean LE ROUX, *Recueil de la noblesse de Bourgogne, Limbourg, Luxembourg, Gueldres, Flandres, Artois, Haynau, Hollande, Zeelande, Namur, Malines et autres provinces de Sa Majesté catholique*, Lille, s.n., 1715, p. 225 et 235 ; Charles-Philippe DUMONT, *Fragmens généalogiques*, 6 vol., Gand, Duquesne, 1862, t. I, p. 12–14.

3   Sur la présence des Italiens aux Pays-Bas, voir Pierre JODOGNE, *Le "Libro de memoria" de la famille Cassina (1576–1650) : entre Italie et Pays-Bas méridionaux*, Bruxelles, Académie royale de Belgique, 2002.

4   Jean BALSAMO, « Philippe de Maldeghem ou Pétrarque en Flandre (1600) »[b], p. 492–493. Notre travail procède à partir des recherches de Balsamo que nous avons essayé de compléter et, à l'occasion, de rectifier.

Ducarroy, 1595), qui lui répondit par des quatrains moralisants à la façon de Pibrac[5].

La seule œuvre littéraire connue de Maldeghem est la deuxième traduction intégrale (après celle de Philieul) des *Fragmenta* de Pétrarque, intitulée *Le Pétrarque en rime françoise avecq ses commentaires* (Bruxelles, Rutger Velpius, 1600)[6]. Selon l'étude de Balsamo[7], Maldeghem fait publier cet ouvrage à Bruxelles et non à Liège, pour s'assurer une meilleure diffusion. Le volume republié à Douai (François Fabry, 1606) n'est qu'une seconde émission d'un tirage important, pour laquelle seul le frontispice a été changé avec le nom du nouvel éditeur et la nouvelle date. L'insuccès de la première édition justifie peut-être la dépense pour réaliser un portrait du poète italien exécuté en taille-douce et placé au frontispice (image 1)[8] : cette deuxième émission, qui leur semblait peut-être plus prometteuse, devait tenter d'attirer davantage de lecteurs·trices.

Image 1

Le titre se distingue tout de suite par rapport à celui des traductions précédentes[9] : pour la première fois, Pétrarque n'est pas le complément du

---

5   Sur Simon de Bullandre, voir Lucien Vuilhorgne, « Le poète Simon de Bullandre, sa famille, son œuvre, d'après des documents inédits », *Mémoire de la Société académique de l'Oise*, n° XVII, 1899, p. 521–543.

6   Voir *Pétrarque en rime françoise avec ses commentaires, trad. par Philippe de Maldeghem, seigneur de Leyschot*, Bruxelles, Rutger, Velpius 1600 ; rééd. Douai, François Fabry, 1606. Nous utilisons ici la deuxième émission (disponible sur Gallica.bnf.fr). Par rapport à l'édition Fabry (Douai, 1606), Balsamo fait remarquer que « ce n'est pas une seconde édition, mais la seconde émission d'un tirage sans doute assez important, dont le titre seul était modifié, plutôt que la simple remise en vente des invendus » (Jean Balsamo, « Philippe de Maldeghem ou Pétrarque en Flandre (1600) »[b], p. 502). Pour cette raison, nous n'avons pas consulté la première édition qui se trouve, entre autres, à la Bibliothèque de l'Université Charles de Gaulle de Lille (cote 97.714).

7   *Ibidem*, p. 502.

8   Voir « Image 1 ». Portrait ovale (hauteur : 62 mm), entouré de la légende « Franciscus Petrarcha Florentinus », dans un cadre (58 × 71), taille-douce, non signé. Ce portrait en buste représente le poète en capuchon, couronné de laurier, vu de trois quarts, tourné vers la gauche pour nous. Il n'est pas signé, mais on connaît une version agrandie (160 × 210 mm) due au graveur bruxellois Edme de Boulonois (XVIIIe siècle) (*ibidem*, p. 502).

9   Cf. les titres : Clément Marot, *Six sonnetz **de Pétrarque** sur la mort de sa dame Laure, traduictz d'italien en françois*, Paris, G. Corrozet, [1541–1544 ?] ; Jacques Peletier, *Douze sonnets **de Pétrarque***, dans *Œuvres poétiques*, Paris, Imprimerie de Michel de Vascosan pour Luy &

nom (ex. « les sonnets du divin Pétrarque… »), mais le sujet principal du titre, comme dans certaines éditions italiennes de l'époque[10]. Semble apparaître ici, *in nuce*, un imaginaire du traduire comme *translatio*, c'est-à-dire comme véritable « déplacement »[11] du texte de Pétrarque dans une autre langue, tout en conservant la primauté du texte-source sur le ou la traducteur·trice. La mention « en rime françoyse » confirme « l'ascendant d'un modèle prestigieux et le rôle qu'il avait joué dans l'essor des cultures nationales et des langues vernaculaires »[12]. Selon Balsamo, le fait même de traduire les *Fragmenta* en entier constituait néanmoins vers 1600 une sorte d'anachronisme dans les lettres françaises, un fait exceptionnel.

> Pétrarque avait été traduit un demi-siècle plus tôt par Vasquin Philieul, et cette traduction, par l'émulation qu'elle avait suscitée, avait contribué à l'essor d'une poésie nationale, capable d'imposer peu après ses propres modèles […] Alors que des essais fragmentaires, des échantillons gardaient toute leur utilité comme « essais » d'un savoir-faire et leur pouvoir d'invention, la traduction complète ne se justifiait plus ; elle avait perdu toute raison d'être en France. Elle gardait, en revanche une nécessité pour les écrivains dont la langue vernaculaire et la nation n'avaient pas encore connu une véritable illustration[13].

Dans la même mouvance de Daniel Federmann von Memminge, qui fait paraître les *Triumphi* en allemand (Basel, Peter Perna, 1578), ou dans une moindre mesure de Henrique Garcès, qui traduit les *Fragmenta* en castillan (Madrid, Guillermo Drouy. 1591), Maldeghem pouvait espérer « illustrer les Flandres par une même œuvre, dans une même émulation », sa version « devait permettre aux écrivains

---

Gilles Corrozet, 1547 ; Vasquin PHILIEUL, *Toutes les euvres vulgaires **de François Pétrarque**…*, Avignon, Impr. de B. Bonhomme, 1555 ; Étienne DU TRONCHET, *Lettres amoureuses d'Estienne du Tronchet, secretaire de la Royne mere du Roy. Avec septante sonnets **du divin Pétrarque**…*, Paris, Lucas Breyer, 1572 ; Jérôme D'AVOST, *Essais de Hierosme d'Avost de Laval, sur les sonnets **du divin Petrarque**…*, Paris, L'Angelier, 1584 ; Philippe de MALDEGHEM, ***Pétrarque en rime françoise** avec ses commentaires, trad. par Philippe de Maldeghem, seigneur de Leyschot*, Bruxelles, Rutger Velpius, 1600.

10 La première édition mentionnant le poète comme étant le sujet principal du titre, et non pas comme le complément du nom, semble être *Petrarcha con doi commenti sopra li sonetti & canzone. El primo del ingeniosissimo misser Francesco Philelpho. Laltro del sapientissimo misser Antonio da Tempo, novamente addito. Ac etiam con lo commento del eximio misser Nicolo Peranzone, overo Riccio marchesiano sopra li Triumphi, con infinite nove acute et excellente expositione*, Venice, per Albertino da Lessona, 1503. Cf. aussi les titres d'autres éditions : *Il Petrarcha* (Venice, Aldo I Manuzio, 1514) ; *Il Petrarcha* (Venice, Paganini, 1515) ; *Il Petrarcha con la sua vita nuovamente aggiunta* (Venice, Bernardino Stagnino, 1531) ; *Il Petrarcha, nuovamente conferito con essemplari antichi scritti al tempo ch'egli era in vita, & con somma diligenza corretto con le figure a luoghi suoi accommodate. Aggiuntaui la spositione de' luoghi difficili del Petrarcha, & le regole degli accenti* (Venice, per Vittore Ravani & C., 1535) ; *Il Petrarca* (Lyon, Jean de Tournes, 1545), etc. Les informations sont tirées de l'USTC ; nous avons consulté toutes les notices bibliographiques qui présentent la mention de l'auteur « *Petrarca* », « *Petrarcha* » et *similia*, du XV[e] siècle à 1600.
11 Cette conception du traduire semble anticiper l'« imaginaire de la transparence » tel qu'on le retrouve chez Catanusi.
12 Jean BALSAMO, « Philippe de Maldeghem ou Pétrarque en Flandre (1600) »[b], p. 504.
13 *Ibidem.*

des Flandres d'échapper au dialecte comme au latin, afin d'accéder à la dignité d'une langue moderne »[14]. Comme on peut le déduire de l'épître liminaire intitulée « Excuse du translateur aux Poëtes François »[15] (f. 6r°, v. 9–14), Maldeghem rend ainsi hommage à la fois à l'invention de Pétrarque, à l'art de Marot et à la poésie ronsardisante d'un flamand « Gascon »[16] (f. 6r°, v. 12), qui est une épithète pour Guillaume de Salluste Du Bartas dont il cite le vers « le François Ovide et un François Maron »[17] (vers se référant, dans l'ordre, à Ronsard et à Marot).

Cette ambition transnationale est par ailleurs illustrée par l'engagement de notre traducteur dans la diffusion du volume. Selon Balsamo[18], Maldeghem a fait un usage inédit de la dédicace pour tenter d'obtenir tout à la fois le succès éditorial et les faveurs de nombreuses personnalités de premier plan dans l'Europe de l'époque. Un exemplaire est envoyé à des personnages puissants, comme le comte palatin Maximilien, duc de Bavière (parent de son protecteur, Ernest de Bavière) qui le remercie avec une missive[19], ou à d'autres princes d'Europe et au grand-duc de Toscane, Ferdinand de Médicis[20], mais aussi à des représentants de la culture savante comme Jacques Auguste de Thou[21] ; on relève par ailleurs des envois à d'autres correspondants souvent accompagnés d'une copie de la lettre de remerciement de Maximilien de Bavière[22]. Les dédicaces adressées à des princes étrangers sont courantes au XVIe siècle, mais rares pour un recueil en langue française. Si celles de Maldeghem relèvent d'une forme de sociabilité qui semble être la marque d'une république des lettres européenne en voie de construction, elles posséderaient aussi une valeur éminemment politique.

---

14   *Ibidem*, p. 505.

15   *N.B.* : les pages et les vers de l'épître, dans l'édition qu'on cite, ne sont pas numérotées.

16   Sur Du Bartas, consulter Jean Paul Barbier-Mueller, « Guillaume de Salluste du Bartas », dans *Id.*, *Dictionnaire des poètes français de la seconde moitié du XVIe siècle (1549–1615) [C–D]*, p. 593–606.

17   Guillaume de Salluste du Bartas, *La seconde semaine ou Enfance du monde*, Anvers, Jacques Henric, 1584, livre VI, « Babylone », v. 592 ; cf. v. 647–664, éd. Yvonne Bellenger, Paris, Société des Textes Français Modernes, 1992, p. 358–359. Sur *La seconde semaine*, consulter Jean Paul Barbier-Mueller, « Guillaume de Salluste du Bartas », p. 598–601.

18   Jean Balsamo, « Philippe de Maldeghem ou Pétrarque en Flandre (1600) »[b], p. 502. Nous empruntons à Balsamo les informations concernant les dédicaces de Maldeghem.

19   Balsamo fait remarquer à ce propos que Maldeghem « briguait certes la reconnaissance de ses pairs, il sollicitait surtout les faveurs des princes, sous la forme désintéressée de ce que Montaigne appelait les "récompenses d'honneur". La réponse du duc de Bavière, à cet égard, avait valeur de confirmation de noblesse » [Jean Balsamo, « Philippe de Maldeghem ou Pétrarque en Flandre (1600) »[b], p. 503].

20   Voir dans le catalogue de la librairie Maggs, Londres, 1955, n° 81 (l'exemplaire porte un envoi de l'auteur).

21   Voir le catalogue de la Librairie Poitier, Paris, 1863, n° 2117.

22   Voir un exemplaire contenant un envoi de l'auteur au Sénat de la ville de Broukbourg avec copie de la lettre du duc de Bavière (vente E. Moura, Bordeaux, 1923, n° 306) ; voir un autre exemplaire adressé à François de Rooze, trésorier des États, avec copie de la même lettre (vente De Backer, 1926, t. I, n° 541).

S'adressant aux princes, par-delà les différences des langues vulgaires, dans une langue, le français, qui n'avait pas encore accédé au statut de langue de cour qu'il ne connaîtra qu'un siècle plus tard, il définissait à la fois une connivence lettrée et la connivence des usages aristocratiques[23].

En plus de cet ambitieux projet poétique ciblant un public transnational, Maldeghem présente aux lecteurs·trices, dans l'« Excuse du translateur aux Poëtes François », les étapes de la genèse de l'œuvre, c'est-à-dire son récit de traduction. Les accents se font ainsi plus intimes, présentant une véritable « initiation amoureuse » à la poésie de Pétrarque ainsi que des éléments topiques comme la vocation précoce du poète[24], inspirée de Ronsard, ou comme les remarques sur l'oisiveté et la solitude, qui provenaient peut-être de Montaigne, comme le suggère Balsamo[25]. Deux dames, dont il était amoureux, semblent l'avoir initié à la poésie de Pétrarque : la première, « pareille à la Grégeoise Heleine », lui avait offert un ouvrage de Pétrarque « en françois, mais en prose assez pour lors traduit » (f. 6v°)[26] ; une « Laure Flamende » (f. 6v°), la seconde, lui apporta une édition italienne des *Fragmenta* :

> Ceste cy comme l'autre aussi me presentoit
> Un Petrarque, ains Tuscan, et fort me le louait,
> Je le prenois en gré comme un grand benefice
> Me mettant tout soudain pour l'entendre en office.
>
> (f. 6v°)

Il évoque enfin un ami, rencontré durant l'exil à Liège, qui lui offre une troisième édition de Pétrarque, également en italien mais enrichie cette fois d'un commentaire. Dans les mois suivants, Maldeghem ne consultera pourtant pas cette

---

23 Jean BALSAMO, « Philippe de Maldeghem ou Pétrarque en Flandre (1600) »[b], p. 503.

24 Dans l'« Excuse du translateur », on peut par exemple lire : « Mais je n'avois quitté qu'à peine le berceau, / Quelques sept ou huit ans, que je n'eus le cerveau / Tant adonné aux vers, qu'il sembloit que nature / De mon futur dessein prédisoit quelque augure. / Car à peine à l'Escole escrire je sçavoy, / Qu'en rime babillant, rime je composoy » (f. 6r°).

25 Jean BALSAMO, « Philippe de Maldeghem ou Pétrarque en Flandre (1600) »[b], p. 493. Balsamo fait ici remarquer (p. 493*n*) que l'épître liminaire commence par une citation de Lucain (« *variam dant otia mentem* », *Pharsale*, IV, v. 704) que Montaigne reprend en conclusion du chapitre « De l'oisiveté » sous la forme « *variam semper dant otia mentem* » (MONTAIGNE, *Les Essais*, éd. Villey, Paris, Société française d'éditions littéraires et techniques, 1932, I, 8, p. 33). On peut suivre ainsi, avec Balsamo, les routes de la première réception de Montaigne dans les Flandres. Pour cette question, voir Michel MAGNIEN, « Montaigne et Juste Lipse : une double méprise ? », dans Christian MOUCHEL (dir.), *Juste Lipse en son temps*, Actes du colloque de Strasbourg (23–25 sept. 1994), Paris, Champion, 1996, p. 423–452.

26 Il s'agit peut-être du *De remediis* traduit par Jean Daudin, qui connaissait un certain succès à cette époque et qui est édité chez plusieurs éditeurs et vendu chez plusieurs libraires à Paris en 1534. Voir les notices du USTC : « [Antoine Cousteau et Antoine de La Barre] vend Pierre Sergent et [Nicolas Cousteau] », « [Jacques Le Messier] vend Jean Petit » et « Denis Janot vend Jean Longis ». Il est aussi possible qu'il s'agisse de la version en prose des *Triumphi* – anonyme (bien que souvent attribuée à Georges de la Forge) – parue d'abord chez Verard (Paris, 1514) et republiée chez Groulleau (Paris, 1554). Pour cette édition, voir : Gabriella PARUSSA, « I *Trionfi*

édition avec beaucoup d'attention, pris comme il est par ses occupations à la cour
du prince Ernest de Bavière.

> Je ne goustoy l'estude, et je me mis à suyvre
> Le Prince Bavarois, lors fraischement eleu
> Electeur de Coloigne, ou je fus bien receu,
> Et gentilhomme estant quelque temps de sa bouche,
> Puis son escuier trenchant, et la Court, qui fut lors
> Guerriere, preferoit l'exercice du corps
> A celuy de l'esprit, car tout gibier se forme
> Volontiers un deduit à son besoin conforme.
>
> (f. 7r°)

C'est en 1586, pendant l'une de ses missions auprès d'Alexandre Farnèse, qu'il
est victime d'une chute de cheval au pont de Burick près de Wesel, un accident qui
l'immobilisa et le contraignit à une longue période de convalescence. Il reste ainsi
à Cologne pendant cinq mois et reprend les « vers par le forcé repos ». Poussé par
Jean Polit, historien et poète officiel d'Ernest de Bavière, il commence à composer
des vers, mais non encore « sur Pétrarque » (f. 7v°). C'est enfin l'ami Dominique
Lampson[27] qui l'incite à commencer la traduction des *Fragmenta* et le soutient tout
au long du travail, par ses encouragements et par son expertise d'italianisant (cf.
« Et ne recule pas, car lors qu'aucune chose / S'offre, que tu n'entends, moy je feray
ta glose », f. 8r°).

> Je reprenois mes vers par le forcé repos,
> Y poussé par Polit, Historien du Prince,
> Des guerres que lors eut l'Agrippine Province,
> Qui toujours m'amorçant par des discours divers,
> Ne cessoit d'insister que je fisse des vers.
> J'en fy ; mais sur Pétrarque, à cause de n'entendre
> Encor sa ryme assez, je n'osois entreprendre.
> Jusqu'à tant que refait, à Liege revenu,
> Dominique Lampson me dit le bien venu,
> Et me congratulant la santé, dit, je prie,
> Comment as tu trompé tant de melancolie ?
> De mes vers je luy monstre aucuns, dont resjouy
> Il dit, il faut ormais faire plus que cecy,
> Prens, prens sans differer le Florentin Poëte
> Petrarque, et par tes vers luy sers de l'interprete.

---

di Petrarca fra l'Italia e la Francia : metamorfosi di un testo », p. 71–87 ; Alessandro TURBIL,
"Pétrarquiser" : pour un corpus numérisé du lexique pétrarquiste des origines, passim.

27 Lampson était « un Philologue, un Poëte Latin, un Peintre, estimé en son tems, et loué dans
    les poësies de Nicolas Grudius, fils d'Everard, qui étoit son ami » (Claude Pierre GOUJET,
    Bibliothèque françoise, t. VII, p. 334). Selon la *Biographie universelle ancienne et moderne…*
    (éd. 1843, « Supplément LID–MAQ »), Lampson « était un grand admirateur de Pétrarque »
    et il engagea Maldeghem « à traduire en vers français les ouvrages de ce poète. Maldeghem y
    consacra tous ses loisirs, et l'œuvre fut promptement achevée » (*ibidem*, p. 418).

> Sur ce de ses Sonnets, quand j'eu fait le premier,
> Il disoit, fay autant de tous jusqu'au dernier,
> Et ne recule pas, car lors qu'aucune chose
> S'offre, que tu n'entends, moy je feray ta glose[28].
> (f. 7v°-8r°)

C'est à ce stade que le récit de traduction fait débuter la « translation du recommandé livre » (f. 8r°). En conclusion et en surplus des motifs récurrents dans les « excuses des translateurs », Maldeghem met d'abord l'accent sur son origine au moyen d'une *captatio benevolentiae* : un élément de son imaginaire linguistique se reconnaît dans l'opposition entre la hauteur de la langue pétrarquienne et la supposée « bassesse » du dialecte flamand (cf. « [...] où que vous voirrez ma faute / Dites, pour un Flamand l'emprise estoit bien haute », f. 8v°).

Par la suite, notre traducteur souligne surtout sa proximité « amicale » avec Pétrarque et l'appropriation de sa poésie (cf. « mon Petrarque », f. 8v°) : « j'empoignoy mon Petrarque au lieu d'un jeu de table / Que me fit compagnie à toute heure agreable : / Et onc en le hantan je n'en eus un degoust / Qui m'eut peu divertir de l'aymer jusqu'au bout » (f. 8v°). Il s'agit d'une formule particulièrement intéressante, car c'est la première fois qu'un traducteur de Pétrarque avoue, de ses propres mots, son « intimité littéraire » avec le poète de Laure.

Par ailleurs, dans sa dédicace « Au serenissime prince Maxæmilian [*sic*], par la grace de Dieu conte Palatin du Rin, Duc de la haute & basse Baviere, & c. » placée en tête du volume après la page de titre, Maldeghem explique à quel point la fréquentation de la poésie de Pétrarque devint pour lui une véritable panacée à la mélancolie.

> Il est advenu en fin que mes humeurs tant naturellement qu'accidentellement mélancoliques ont choisi pour vaincre la morti-fere tristesse (comme une medecine propre à maladie tant dangereuse) la recreation et exercice de la Poësie Françoise, jusqu'à la que d'oser embrasser la translation en rime Françoise des œuvres vulgaires du tres-moral, tres-honnete et vertueusement amoureux Petrarque, à ce poussé peut estre, par quelque sympathie secrete, que l'iniquité de l'un temps tient avecque l'autre, d'autant que icelles œuvres furent composées en un temps certes sinon en tout egal, pour le moins quant à ses troubles, non du tout dissemblable à cestui-cy, comme particulierement le tesmoignent la chanson 11 et 29 du dit Poëte, et ce à cause des factions Guelfes et Gybelines, et aussi du dangeureux Scisme des deux sieges Papaux, qui lors troublerent le monde, de laquelle translation estant ore graces à Dieu, venu à bout, je me suis laissé persuader par aucuns miens bons amis, de la mettre en lumiere, pour en faire part à tous honnestes et vertueux amoureux, et saisis d'une amour louable et licite[29]. (f. 3r°–3v°)

---

28 Sur ce passage, voir aussi Claude Pierre GOUJET, *Bibliothèque françoise*, t. VII, p. 334.

29 Dans ce passage, Maldeghem cite, d'après la numérotation de sa traduction, la chanson 11 (la *ballata Rvf* 14) et la chanson 29 (la *canzone Rvf* 128). On remarquera ici, comme par la suite, que Maldeghem ne distingue pas, au moins pour les titres (à la différence des commentaires aux poèmes), les genres de la *canzone*, de la *ballata*, du *madrigale* et de la *sestina* : ces genres apparaissent tous sous la mention « chanson ».

Comme Peletier, il s'identifie à Pétrarque par une « sympathie secrete » (f. 3v°), mais à la différence du poète-médecin, il ne se limite pas à une réflexion sur la mélancolie amoureuse et va jusqu'à étendre aussi son identification sur le plan historique : « icelles œuvres furent composées en un temps certes sinon en tout egal, pour le moins quant à ses troubles, non du tout dissemblable à cestui-cy » (f. 3v°). On rappellera avec Balsamo[30] qu'à l'époque de Maldeghem, les *Fragmenta* pouvaient apparaître « comme l'emblème éloquent de l'acédie et de la tristesse du poète, même si l'accent mis sur l'œuvre lyrique conduisait déjà à réduire la complexe mélancolie pétrarquienne en mélancolie amoureuse »[31].

Après la dédicace « Au serenissime prince Maxæmilian » et l'« Excuse du translateur aux Poëtes François », des pièces liminaires (en français, latin et grec) semblent vouloir placer cette traduction sous l'égide de la tradition dite « européenne » à travers des rappels constants à ses sources classiques. Les épîtres et les dédicaces sont toutes dédiées à Maldeghem lui-même :

- L'épître en vers « *In F. Petrarchæ lyricos Gallicis numeris redditos* », du poète néo-latin Jan van Lemout.

- Le poème « In Philippi a Maldeghem, domini de Letschot, translationem versuum Italicorum Francisci Petrarcha » de Maldeghem.

- L'épître en vers « *Laurus loquitur* » de Maximilien de Vriendt.

- Une brève dédicace intitulée « Εἴς τὰ, ΤΟΥ Φ. ΠΕΤΡΑΡΧΟΥ ἔπη ὑπὸ Φ. ΜΑΛΔΗΓΕΜΙΟΥ Φραγκιςὶ ἔν ἔπεσι μεθερμηνευθέντα » de la part de Lucas Wyngaerd.

- L'épître en vers « In translationem versuum Italicorum Francisci Petrarchæ a Maldeghem, viro nobili Leyschoti Domino » de Jean-Baptiste Blotagrius.

- L'épître en vers « Petrarque qui devoit de chacun estre leu… » de Pierre Revard.

Le Canzoniere est donc désormais reconnu comme un point de rencontre entre la tradition classique et les langues vernaculaires, autrement dit comme un tournant littéraire majeur entre l'Antiquité et la Modernité. En revanche, il ne demeure plus à cette époque un laboratoire littéraire où l'on crée de nouvelles formes poétiques ou encore un chantier pour explorer de nouveaux chemins de la langue et de la traduction. L'expérience de Maldeghem en témoigne : dans sa perspective, les rimes de Pétrarque sont à la fois un sceau symbolique pour célébrer la littérature française et un défi personnel, une confrontation intime avec son modèle.

---

30 Jean Balsamo, « Philippe de Maldeghem ou Pétrarque en Flandre (1600) »[b], p. 494.

31 *Ibidem*. On rappellera, avec Balsamo, que Jacques Ferrand, un médecin d'Agen, interprète la conception pétrarquienne de la mélancolie comme « mélancolie érotique » (voir Jacques Ferrand, *De la Maladie d'amour ou mélancolie érotique*, Paris, D. Moreau, 1612). Voir aussi, sur ce point, Jean Balsamo, *Les rencontres des muses. Italianisme et anti-italianisme dans les Lettres françaises de la fin du XVIᵉ siècle*, Genève, Slatkine, 1992, p. 225–228.

Les *Rime* n'étaient pas pour lui un « séminaire » de belles inventions pour une poésie personnelle à venir, un lieu où emprunter des ressources thématiques ou formelles. Elles étaient, dans la lecture qu'il en faisait, un aboutissement qui se suffisait à lui-même. Maldeghem cherchait à les faire siennes, en sa propre langue, après les avoir lues en italien ; en les traduisant, il pouvait mieux les comprendre, mieux les assimiler, se donner à soi-même la preuve qu'il appropriait intimement la poésie de Pétrarque[32].

En effet, cette époque se démarque par un changement de point de vue sur l'œuvre : le Canzoniere incarne désormais un classique qui représente une « fin en soi », un objet d'études à découvrir et à redécouvrir, à travers des outils savants et au prisme d'une attention « philologique » qui apparente la démarche de Maldeghem à celle de d'Avost. Comme l'a fait remarquer Balsamo[33], à la différence de ses prédécesseurs notre traducteur assoit son défi sur une triple maîtrise : la maîtrise de l'œuvre facilitée par l'usage d'un commentaire, la maîtrise de la langue italienne et enfin la maîtrise de la poésie française.

Un projet transnational

Avant d'aborder la description du projet traductionnel, il faut noter qu'étant donné la pénurie d'outils grammaticaux et lexicographiques, Maldeghem a dû probablement utiliser le *Dictionnaire François & Italien* de Fenice (1584) et la *Grammatica volgare* d'Alberto Accarisi (1536–1555)[34] qui connaissaient une certaine diffusion dans le monde francophone à cette époque.

Si l'on ne peut pas affirmer avec certitude qu'il avait connaissance de la célèbre édition française des *Triomphes* publiée par Verard (Paris, 1514), on peut pourtant identifier, à l'aide des recherches de Balsamo[35], quelques éditions italiennes qu'il a pu utiliser. Maldeghem cite en effet une édition des *Fragmenta* publiée par Alde Manuce[36]. Il évoque aussi un « certain vieil Petrarque imprimé à Venise, en l'an MDXIX »[37] qu'on peut identifier avec l'édition des *Triumphi* commentée par Bernardo Illicino, publiée pour la première fois par Bernardino Stagnino en 1513[38]

---

32 Jean Balsamo, « Philippe de Maldeghem ou Pétrarque en Flandre (1600) »[b], p. 496.

33 *Ibidem*.

34 Cet ouvrage publié la première fois à Bologne (Vincenzo Bonardo & Marcantonio Grossi, 1536) a été republié à Louvain en 1555. Voir Alberto Accarisi, *La grammatica volgare. La grammaire, tournée de tuscan en francois*, Louvain, Bartholomeus van Grave, 1555.

35 Jean Balsamo, « Philippe de Maldeghem ou Pétrarque en Flandre (1600) »[b], p. 496–497.

36 Cf. « Afin d'en cestuy Petrarque ne soient desirées les rimes, qu'Aldus Manutius a adjoint au sien » (Philippe de Maldeghem, *Pétrarque en rime françoise avec ses commentaires*, 1606, p. 521). On remarquera qu'Alde et ses héritiers publient cinq éditions entre 1501 et 1546.

37 *Ibidem*.

38 Voir *Li sonetti canzone e triumphi con li soi commenti non senza grandissima evigilantia et summa diligentia correpti et in la loro primaria integrita et origine restituti noviter in littera cursiua studiossimamente impressi*, Venice, Bernardino I Stagnino, 1513.

et republiée par Stagnino et Gregorio de Gregori en 1519[39], ce qui explique la mention « *Bernardino Stagnino **per** Gregorio De Gregori* ».

La « Vie et coustume du Poëte Pétrarque », qui introduit le recueil, est traduite de la biographie du poète réalisée par Lodovico Dolce, qui figurait entre 1554 et 1560[40] dans ses éditions publiées à Venise par Gabriele Giolito de' Ferrari, ainsi que dans d'autres éditions ultérieures. Ainsi, le titre introduisant les poèmes dans les éditions de Dolce (« *Sonetti et Canzoni di m. Francesco Petrarca* ») pourrait expliquer pourquoi Maldeghem se limite dans sa traduction à la seule distinction entre *sonnet* et *chanson*. En effet, notre traducteur ne différencie pas les genres de la *canzone*, de la *ballata*, du *madrigale* et de la *sestina* : ces formes apparaissent toutes sous la mention « chanson ». La « Biographie de Laure », absente des éditions Dolce, figurait en revanche dans les éditions commentées par Gesualdo, publiées entre 1533 et 1581, dans lesquelles le commentateur (le « *spositore* ») avait aussi ajouté un chapitre sur « *I luoghi del Petrarcha onde lo spositore ha raccolto quanto ha qui scritto di lui* ». Une autre preuve de la consultation par notre traducteur de l'édition commentée par Gesualdo peut être trouvée dans la ressemblance entre les portraits de Pétrarque et de Laure, ainsi que par les titres des épitaphes qui les accompagnent. L'usage de ces portraits en introduction des sonnets – inauguré par l'éditeur Giolito en 1544[41] – se retrouve dans le volume de Maldeghem comme dans certaines éditions de l'époque commentées par Gesualdo (par exemple l'édition publiée par Alessandro Grifo à Venice en 1583), avec la seule différence du genre poétique employé pour l'épitaphe : un quatrain pour « L'épitaphe de Petrarque, et de Madame Laure »[42] dans l'édition de Maldeghem (image 3) et un « *Sonetto sopra le sacre ceneri del Petrarcha e di M. Laura* »[43] dans l'édition de Gesualdo (image 2).

Comme le fait remarquer Maira, par l'usage de cet épitaphe introductif la lecture des *Fragmenta* « passe d'abord par la contemplation de l'urne » qui est sacralisée « par une terminologie religieuse (*"inchina"*, *"sacro"*, *"honora"*, *"sante reliquie"*) »[44]. La vie vertueuse des deux personnages doit inspirer une vénération du

---

39 Voir *Li sonetti canzone e triumphi, con li soi commenti non senza grandissima vigilantia et summa diligentia correpti et in la loro prima integrita et origine restituti noviter in littera cursiua studiosissimamente impressi*, Venice, « *Bernardino Stagnino **per** Gregorio De Gregori* », 1519.

40 On remarquera que la première édition est pourtant de 1547 mais elle ne présente pas le chapitre intitulé « Vie et coustume du Poëte Pétrarque » : *Il Petrarca corretto da m. Lodouico Dolce, et alla sua integrita ridotto*, Venise, Gabriele Giolito de Ferrari, 1547.

41 Voir *Il Petrarcha con l'espositione d'Alessandro Vellutello di novo ristampato con le figure a i Triomphi, et con più cose utili in varii luoghi aggiunte*, Venice, Giolito de Ferrari, 1544.

42 Philippe de Maldeghem, *Pétrarque en rime françoise avec ses commentaires* (1606), p. 1. On remarquera que le style de cette gravure – présente dès la première émission (Bruxelles, Rutger Velpius 1600) – ne se rapproche pas de celui du portrait ovale de Pétrarque en couverture.

43 Voir par exemple l'édition *Il Petrarcha colla spositione di misser Giovanni Andrea Gesualdo*, Venice, Alessandro Grifo, 1583, f. 4v°.

44 Daniele Maira, *Typosine, la dixième muse*, 2ᵉ partie « Les *Amours* de Ronsard, une "œuvre à part" (1552–1553) », ch. II « L'entrée triomphale au temple de Mémoire : Le sacre éditorial du prince des poètes », § 2 « Les portraits de Ronsard et de Cassandre : pour une esthétique d'émotion et d'émulation », p. 241.

SONETTO SOPRA LE SACRE CENERI
DEL PETRARCHA E DI M. LAVRA.

LAVRA, ch'vn Sol futra le Donne in terra,
Hor tien del cielo il piu sublime honore ;
Mercè di quella penna, il cui valore ,
Fa, che mai non farà spenta o sotterra:
Mentre facendo al tempo illustre guerra,
Con dolce foco di celeste Amore
Accende e infiamma ogni gelato core ,
Le sue reliquie il picciol marmo serra,
Et le ceneri elette accoglie ancora
Di lui ; che seco ne i stellanti seggi
Fra Dante & Bice il terzo ciel congiunse ,
Tu, che l'vn miri, i bassi accenti leggi,
Al hor t'inchina : e'l sacro Vaso honora;
Che le sante reliquie insieme aggiunse .

Image 2

L'EPITAPHE DE PETRAR-
que, & de Madame Laure.

Ces deux qui par amour estoient d'vn cœur sur terre
Et par la chasteté de volonté desioints,
Par la cruelle mort ensemble estoient consoints
Or' d'vn vouloir d'vn cœur ioints le ciel les enserre.

Image 3

livre-objet : « le corps matériel du volume en tant que conteneur (*"Vaso"*), emblème des apparences extérieures et contigentes » devient le réceptacle des *sante reliquie*, « essence impérissable d'un amour dans le livre-urne »[45]. Le Canzoniere se présente ainsi comme un sépulcre, un mausolée qui est désormais un lieu de la mémoire, un véritable « classique » inspirant un respect révérenciel.

Comme la « Vie et coustume du Poëte Pétrarque » et la « Biographie de Laure », les commentaires accompagnant presque chaque poème (jugés par certains inutiles[46]) expriment un imaginaire biographique et narratif qui complète ce monument pétrarquien en offrant aux lecteurs·trices quelques détails sur la vie de Pétrarque. Par leur fonction anecdotique et diégétique, on peut les rapprocher des « Arguments » rédigés ou traduits par Philieul d'après l'édition de Vellutello (1525) et placés en tête de nombreux poèmes. En revanche, les gloses de Maldeghem placées à la fin des poèmes provenaient de l'édition, très rare, d'Antonio Brucioli (1548)[47] et elles

---

45 *Ibidem.*

46 Goujet écrit y avoir « trouvé peu de choses utiles » (Claude Pierre GOUJET, *Bibliothèque françoise*, t. VII, p. 331). Sur ce point, voir aussi Robert VAN NUFFEL, « Un petrarchista belga : Philippe de Maldeghem », p. 387n.

47 Voir *Sonetti, canzoni, et triomphi di m. Francesco Petrarca con breue dichiaratione, & annotatione di Antonio Brucioli*, Venice, per Alessandro Brucioli & fratres, 1548.

apparaissent en somme comme une paraphrase – presque une traduction en prose – des poèmes. Cette édition, comme celle de notre traducteur, contenait un chapitre sur « *La vita e i costumi del M. F. P.* » et la brève biographie de Laure d'Avignon, sans pour autant présenter le chapitre sur « *I luoghi...* » qui était inclus dans l'édition Gesualdo[48]. Mais Maldeghem ne consulte pas directement l'édition de Brucioli (1548). Comme d'Avost, il suit le même ordre que l'édition Rouillé (Lyon, 1550)[49], qui était accompagnée des « *nuove et brevi dichiarationi* » de Brucioli et qui, on le rappelle, adopte la même disposition des poèmes que l'édition lyonnaise de Jean de Tournes (1545)[50]. On remarquera pourtant que la numérotation de l'édition de Maldeghem est différente de celle des autres éditions probablement consultées : l'ordre des poèmes étant le même que l'édition de Jean de Tournes (1545) ou de Rouillé (1550), la numérotation ne recommence pourtant pas à chaque partie comme dans ces dernières, mais elle continue jusqu'à la fin du recueil. À propos de l'édition de Rouillé, Balsamo rappelle qu'elle était destinée au marché italien, « mais par son annotation claire, ses tables et ses index, elle était particulièrement recommandée aux étrangers qui souhaitaient apprendre la langue italienne et s'exercer aux charmes de la poésie »[51] : c'était au reste l'édition choisie par Montaigne.

Maldeghem avait donc à sa disposition un large éventail de sources françaises et italiennes, comprenant des éditions diverses, des commentaires savants et des outils lexicographiques. On verra que, loin des cercles italiens d'Anvers et de la culture pétrarquisante de la cour de France, notre traducteur nous offre un Pétrarque transnational, arborant un geste traductif qui oscille entre l'ambition poétique et un souci philologique, entre la volonté de se greffer sur une tradition traductionnelle et le désir d'expérimentation, entre la profonde révérence à l'endroit de la poésie française et la valorisation d'une marque littéraire « locale ».

---

48 Pour une description de cette édition, voir Antonio Marsand et Giacomo Cattaneo, *Biblioteca petrarchesca formata, posseduta, descritta ed illustrata dal professore Antonio Marsand*, Milan, Paolo Emilio Giusti, 1826, p. 56.

49 Voir la première édition : *Il Petrarca con nuove et brevi dichiarationi, insieme una tavola di tutti I vocaboli, detti, et proverbi difficili diligentemente dichiarati*, Lyon, Guillaume Rouillé, 1550. Sur cette édition, voir : Nicole Bingen, *Le Maître italien...*, p. XVIII ; *Id.*, « Les éditions lyonnaises de Pétrarque dues à Jean de Tournes et à Guillaume Rouillé », p. 139–155 ; Jean Balsamo, « Philippe de Maldeghem ou Pétrarque en Flandre (1600) »[b], p. 497.

50 Voir *Il Petrarca* (Lyon, Jean de Tournes, 1545), mais aussi d'autres nombreuses rééditions lyonnaises répertoriées dans le catalogue USTC.

51 Jean Balsamo, « Philippe de Maldeghem ou Pétrarque en Flandre (1600) »[b], p. 497. Sur Montaigne lecteur de Pétrarque, voir Gilbert De Botton et Francis Pottiée-Sperry, « À la recherche de la "librairie" de Montaigne », *Bulletin du bibliophile*, n° 2, 1997, p. 254–296. Voir aussi l'intervention de Balsamo, prononcée lors d'une journée consacrée à Natalino Sapegno (2003) et publiée sous le titre « Ritratto col Petrarca. Libri e lettori nel Cinquecento francese », dans Lea Ritter Santini, *Sorte e ragione : Petrarca in Europa* (« Lezione Sapegno » 2003), avec deux interventions de Jean Balsamo et Lina Bolzoni, Turin, Nino Aragno Editore, 2008, p. 161–180 ; repris dans Antonia Acciani (dir.), *Petrarca e Montaigne. L'arte imperfetta dell'io*, Bari, Pregedit, 2006, p. 47–60. L'exemplaire de l'éd. 1550 (Lyon, Rouillé), portant la signature de Montaigne au bas de la page de titre, est conservé à la Bibliothèque nationale de France (cote Z PAYEN–497).

Les *sonnets* et les *chansons*

Pour ce projet de traduction intégrale, Maldeghem ne brille ni par son imagination ni par son éclectisme, en ce qui concerne la création de nouvelles formes poétiques ; au contraire, son adresse se révèle uniquement dans de très fortes contraintes formelles. Comme ceux de d'Avost, tous les sonnets de Maldeghem sont traduits en alexandrins, un modèle français très répandu aux Pays-Bas à cette époque, sous l'influence notamment des recueils de Du Bellay et de Ronsard, mais aussi – comme le rappelle Balsamo[52] – par l'intermédiaire de Guillaume de Poetou, notamment à la faveur de *La grande Liesse du plus grand Labeur* (Anvers, Willem Silvius, 1565) et de sa *Suite du labeur en liesse* (Anvers, Gilles van Diest, 1566)[53]. On remarquera en outre cette contrainte très étonnante : il respecte l'alternance des rimes masculines et féminines et le seul schéma employé pour tous les sonnets est le schéma marotique (ABBA ABBA CCD EED), avec quelques variantes de prononciation dialectale, comme par exemple dans le sonnet XIX, où l'on trouve les rimes suivantes : « grace » (v. 1), « attache » (v. 4), « place » (v. 5) et « fache » (v. 8)[54]. L'enracinement local de cette traduction se retrouve ainsi jusqu'à la prononciation des rimes.

Bien que les traductions du XVIe siècle aient généralement tendance à imposer de plus en plus des contraintes formelles, l'exemple de notre traducteur reste un cas

---

52 Jean Balsamo, « Philippe de Maldeghem ou Pétrarque en Flandre (1600) »[b], p. 498.

53 Sur ces ouvrages, voir Olivier Halevy, *La Vie d'une forme : l'alexandrin renaissant (1452–1573)*, thèse de doctorat, Université de Grenoble, 2004, p. 468–470.

54 Gaston Fink souligne qu'en picard, par exemple, la palatalisation (qui fait passer de *gratia* à *grâce* et de *platea* à *place*) est caractérisée par sa faiblesse. Cela explique qu'on ait dans les textes marqués dialectalement des formes chuintantes comme *forche* pour *force* (<*fortia*) ou *fach* pour *faz* (<*facio*) (voir Gaston Zink, *Phonétique historique du français*, Paris, Presses universitaires de France, 1986, ch. XII). L'abbé Désiré Carnel (1823–1899), dans son ouvrage *Le dialecte flamand de France* (Paris, Bouillon, 1891), nous offre une étude phonétique et morphologique du « dialecte flamand » parlé dans la France du nord et notamment à Bailleul et dans ses environs, c'est-à-dire à peu près à cent kilomètres de Maldeghem et de Bruges. Carmel explique que les consonnes du dialecte bailleulois sont les mêmes que pour le flamand ordinaire. En ce qui nous intéresse, il indique la graphie de la gutturale spirante *sch* par le signe χ, qu'il appelle le « schiboleth flamand », χ = *sch* (*ibidem*, p. 22–48). Il ajoute que « Les *c* momentanées (explosives) ont généralement moins de sonorité glottale dans le dlB [= *dialecte bailleulois*] que les phonèmes correspondants du flN. [= *flamand ordinaire*], de l'all. [= *allemand*] et même du français […] Parmi les *c* continues (spirantes, fricatives, vibrantes), les sourdes *s* et *f* semblent dominer aussi dans le dlB » (*ibidem*, p. 23). Carnel spécifie aussi que le son *c* doux (correspondant donc à *s*) « ne s'emploie guère que dans les mots d'origine étrangère : v. g. *Ciceron* ; *cit'r* "cidre" ; *cebórie* "ciboire" » (*ibidem*, p. 47) ; en d'autres mots, on trouve plutôt le son *sch* (= χ). Il est donc possible que les *c*, utilisés dans des mots comme *grace* ou *place*, soient le résultat d'une adaptation graphique francisante du signe χ (= *sch*). Aucune configuration, en effet, ne saurait rendre ce « schiboleth flamand ». Carnel fait remarquer que : « ce qu'il faut en penser c'est qu'à Bailleul, il se prononce entre le *sch* dur et guttural des Hollandais et le *ch* français, comme si l'*h* du groupe était privé de son aspiration (soit *s j* ?) » (*ibidem*, p. 48). Il s'agit donc, dans le cas de Maldeghem, d'un phénomène dialectal donnant une autre graphie pour noter la chuintante [š], et par conséquent, les mots *grâce* et *place* riment bien avec *attache* et *fache*. On remercie Amandine Mussou pour nous avoir suggéré de fécondes pistes de recherche.

extrême. Les conséquences d'un tel choix stylistique sont évidentes : *a*) le poids de cette contrainte a dû représenter pour Maldeghem un véritable carcan, un *labeur* justifié uniquement par le prestige de l'« *entreprise* » (cf. f. 8r°) ; *b*) la compréhension du texte-cible est souvent difficile. Notre traducteur flamand se limite ainsi à l'emploi de l'une des formes les plus canoniques de la poésie française, le sonnet marotique métamorphosé par l'alexandrin de Ronsard[55]. Une forme qui « avait pris la force d'un "lieu" rhétorique, *stricto sensu*, comme un cadre formel, facile d'emploi, et porteur de ses propres effets »[56].

Pour les autres poèmes (*canzoni*, *ballate*, *madrigali* et *sestine*, c'est-à-dire les « chansons »), Maldeghem rend l'hendécasyllabe ou l'hétérométrie pétrarquiens par le décasyllabe, en suivant un usage établi par Marot. Enfin, tout en respectant le nombre des vers de Pétrarque, il expérimente pour ses « chansons » des schémas de rimes très différents, tout en simplifiant les complexes structures pétrarquiennes plus que ne l'avait fait Philieul. On propose dans ce contexte un rapprochement entre les deux traducteurs sur un échantillon de *canzoni*, *ballate* et *madrigali*.

COMPARAISON ENTRE LES SCHÉMAS RIMIQUES		
PÉTRARQUE, *Canzoniere*, éd. Santagata 1996.	PHILIEUL, *Toutes les euvres vulgaires de François Pétrarque*, 1555, 4 parties.	MALDEGHEM, *Pétrarque en rime françoise* (1606), 4 parties.
BALLATE ET MADRIGALI		
Rvf 121[m] *hendécasyllabes* ABB ACC CDD	**Stance 1.I** *décasyllabes* ABABBCBC	**Chanson XXV** *décasyllabes* AABAABCCB
Rvf 54[m] *hendécasyllabes* ABA CBC DE DE	**Pose 1.II** *décasyllabes* ABBABCCDCD	**Chanson XII** *décasyllabes* ABABBCDCDD
Rvf 106[m] *hendécasyllabes* ABC ABC DD	**Pose 1.III** *décasyllabes* ABABBCBC	**Chanson XXIII** *décasyllabes* AABBCCDD
Rvf 11[b] *hétérometrie* XyYX ABCBAC CdDX	**Madrigal 1.I** *octosyllabes* ABABBCBCDEEDFF	**Chanson I** *décasyllabes* AABBCCDDEEFFGG
Rvf 14[b] *hétérometrie* XYyX ABCBAC CdDX	**Madrigal 1.III** *alexandrins* ABBAABACDCDCEE,	**Chanson II** *décasyllabes* AABBCCDDeeFF
Rvf 63[b] *hendécasyllabes* XYYX ABCBAC CDDX	**Madrigal 1.V** *décasyllabes* ABBACDDCEEDDFF	**Chanson XV** *décasyllabes* ABABCDCDEFEFGG
CANZONI ET SESTINE		
Rvf 30[°] *hendécasyllabes* sizains lyrique + congé (3 v.) ABCDEF + BEF (avec *retrogradatio*)	**Chants 1.II** *décasyllabes* sizains ABABCC	**Chanson VII** *décasyllabes* septains AABBCCB

55 André GENDRE, *Évolution du sonnet français*, p. 45–46.

56 Jean BALSAMO, « Philippe de Maldeghem ou Pétrarque en Flandre (1600) »[b], p. 499.

COMPARAISON ENTRE LES SCHÉMAS RIMIQUES		
***Rvf* 29^c** *hétérometrie* septains + congé (2 v.) AbC(d³)EF(g⁵)Hi + (g⁵)Hi	**Chant I.III** *décasyllabes* sizains ABABBCC	**Chanson VI** *décasyllabes* sizains AABCCB
***Rvf* 37^c** *hétérometrie* seizains + congé (8 v.) AbbCBaaC cddEeDFF + abbCcBDD	**Chant I.XIV** *décasyllabes* seizains ABABBCBCDEDEEFEF	**Chanson VIII** *décasyllabes* seizains ABABCDCDEFEFGHGH
***Rvf* 70^c** *hétérometrie* dizains ABBA AccADD	**Chant I.XXII** *décasyllabes* dizains formés par deux cinquains indépendants ABABB CCDCD	**Chanson XVII** *décasyllabes* dizains ABBAABBACC

Les deux traducteurs simplifient les compositions pétrarquiennes sur le plan de la structure, de la métrique et des rimes. Non seulement ils abandonnent la pratique de l'hétérométrie et en partie celle du congé[57], mais ils choisissent aussi des schémas rimiques plus faciles, en renonçant par exemple à la *retrogradatio cruciata* du sizain lyrique *Rvf* 30[58].

La valeur ajoutée par Philieul réside en outre dans l'alternance des rimes, associée à la volonté d'employer les anciennes formes de la poésie française. Bellati[59], par exemple, fait remarquer la reprise de certaines structures : la stance I (ABABBCBC) et la pose III (ABABBCBC) reprennent l'une des formes les plus typiques du huitain (souvent utilisée comme strophe dans la ballade ou dans le chant royal) ; les structures rimiques ABABCC et ABABBCC (chants II et III) sont communes dans les ballades françaises ; la strophe utilisée dans le chant XIV (ABABBCBCDEDEEFEF) est l'un des types les plus classiques de seizain ; le

---

57 On remarquera pourtant qu'ils utilisent parfois le congé : cf. Maldeghem, *Pétrarque en rime françoise* (1606), Livre I, chanson XXVII [décasyllabe ; 5 douzains (ABABCDCDEFEFF) + congé (aBB)] et Philieul, *Toutes les euvres vulgaires de François Pétrarque*, 1555, Livre I, Chant X [heptamètre, 5 douzains (ABBABCCDDEEFF) + congé (AbA)].

58 Cette sextine est composée sur le modèle de *Rvf* 22. Le *sizain lyrique* (*sestina lirica*) est une forme de chanson de dérivation troubadouresque, devenue célèbre grâce à l'exemple de Dante, puis de Pétrarque. La structure fixe de cette chanson comporte six strophes de six vers qui ne riment pas entre eux (selon la terminologie provençale, ce sont des *coblas unissonans* avec *rims dissolutz*). Chaque vers se termine par un des six mots-rime qui s'alternent selon un principe d'alternance régulière (*inversion* ou *progression*) nommé « *retrogradatio cruciata* » : les mots-rime de chaque strophe correspondent à ceux de la strophe précédente selon l'ordre « 6 | 1 | 5 | 2 | 4 | 3 » (schéma ABCDEF FAEBDC CFDABE ECBFAD DEACFB BDFECA). Sur ce sujet, voir : l'entrée « *Sestina lirica* » dans Giorgio INGLESE et Raffaella ZANNI, *Metrica e retorica del Medioevo*, Roma, Carocci, 2011, p. 101–102 ; PÉTRARQUE, *Canzoniere*, éd. Santagata, p. 89*n*. On remarquera que la *retrogradatio* ne s'applique pas au congé bien qu'on y retrouve tous les mots-rime. On retrouve un usage fécond de la *retrogradatio* chez Pétrarque (*Rvf* 22, 30, 66, 80, 142, 214, 237, 239, 332) qui transforme ce genre en une véritable forme fixe avec des mots-rimes de deux syllabes.

59 Giovanna BELLATI, « La traduction du *Canzoniere* de Vasquin Philieul », p. 215 et 218.

dizain dans le chant XXII est une forme classique, constituée par deux cinquains indépendants (ABABB CCDCD).

Maldeghem semble en revanche peu se soucier de cette tradition. Si l'usage de la forme du sonnet rapproche son édition des *canzonieri* homométriques[60], la simplification des autres formes pourrait relever d'une tentative de limiter l'« égarement poétique ». La forme unique des sonnets rime enfin avec la métaphysique néoplatonicienne – l'Un est le principe créateur qui « ordonne la matière du recueil » – tandis que l'éclatement des *chansons* pourrait représenter un « système perméable aux vestiges de la confusion et de la variété »[61].

Notre traducteur s'accorde aussi, bien que très rarement, quelques « innovations » comme l'usage de la rime pour l'œil, par exemple pour la Chanson II (AABBCCDD*ee*FF)[62]. Bien que non théorisée, la rime pour l'œil est bien connue à cette époque qui ne manque pas de débats souterrains sur le sujet[63] : Du Bellay, par exemple, se pose en adversaire de ce type de rime mais laisse entendre que d'autres ne sont pas de son avis[64] ; ou encore, Sébillet écrit explicitement qu'« en toutes sortes de rime on s'arrête plus à la parité du son qu'à la similitude de l'orthographe »[65].

---

60 Daniele MAIRA, *Typosine, la dixième muse…*, 3ᵉ partie « Typologies éditoriales et paratextuelles des *Amours* », ch. III « Séduction et harmonie de la lecture », § 2a « Les *canzonieri* homométriques : la quête d'idéal », p. 366–372.

61 *Ibidem*, p. 369. Maira reprend les propos d'Alduy dans *Politique des « amours » : poétique et genèse d'un genre français nouveau (1544–1560)*, 3ᵉ partie « Poétique d'un genre, structure du texte », ch. II « Arcanes et labyrinthe" : "Chaos des profondeurs" », § 3 « Le leurre de l'identité formelle », p. 383–398.

62 Cf. « soi**ent** : po**int** » (Livre I, Chanson II, v. 11 et 12).

63 Georges LOTE, *Histoire du vers français*, Aix-en-Provence, Presses universitaires de Provence, 1990, ch. V « La rime pour l'œil et la rime pour l'oreille », p. 289–296 [*en ligne* : books.openedition. org]. Au Moyen Âge, « Aucun poète n'a jamais déclaré qu'une similitude d'orthographe compléterait heureusement l'accord des sons. Tout au plus peut-on remarquer qu'assez souvent, dans les poèmes médiévaux, les mots modifient leur graphie ordinaire, comme pour mieux s'accommoder à ceux auxquels ils font écho. Au XVIᵉ siècle ces faits deviennent de plus en plus fréquents, mais sont démentis à quelques vers d'intervalle, de façon à faire croire qu'on ne se trouve pas en présence d'un système nettement arrêté » (*ibidem*, p. 289, § 1).

64 Cf. « Je n'ignore point que quelques-uns ont fait une Division de Rythme, l'une en Son, et l'autre en Ecriture, à cause de ces diphtongues *Ai, Ei, Oi*, faisant conscience de rymer *Maistre* et *Prestre, Fontaines* et *Athènes, Connaistre* et *Naistre*. Mais je ne veulx que notre Poëte regarde si superstitieusement à ces petites choses, et luy doit suffire que les deux dernières syllabes soient unissones, ce qui arriveroit en la plus grand' part tant en voix qu'en Ecriture, si l'orthographe Françoyse n'eust point eté depravée par les Praticiens. Et pour ce que Loys Megret, non moins amplement que doctement, a traité cette partie, Lecteur, je te renvoie à son Livre : et feray fin à ce propos, t'ayant sans plus averti de ce mot en passant, c'est que tu gardes de rythmer les motz manifestement longs avec les brefz, aussi manifestement brefz, comme un *pàsse* et *trace*, un *màitre* et *mettre*, une *chevelùre* et *hure*, un *bast* et *bat*, et ainsi des autres » (Joachim DU BELLAY, *La Défense et illustration de la langue française* (1549), éd. Monferran, livre II, ch. VII « De la rime et des vers sans rime », p. 151–153).

65 Thomas SÉBILLET, *Art poétique français* [1548], éd. Felix Gaiffe, livre I, ch. VII, p. 65.

Pour son projet de traduction, Maldeghem suit ouvertement la filiation poétique marotique et ronsardienne, qu'il considère peut-être comme les emblèmes de la poésie française et de la francisation du lyrisme pétrarquien. Malgré de fortes contraintes formelles, ou plutôt grâce à elles, il se révèle un traducteur inspiré, avec une approche personnelle par laquelle il cherche à faire sentir sa propre voix.

L'amour, la voix, la résonance

Notre traducteur est un italianiste qui se forme grâce à la traduction des *Fragmenta*, c'est pourquoi il se concentre particulièrement sur l'étude du lexique et tente une restitution du texte grammaticalement impeccable. On peut d'emblée apprécier une pratique originale et savante des italianismes qui confère à la traduction une allure archaïsante : ex. « *vermiglie* » (*Rvf* 157, v. 12) et « vermeillante »[66] (sonnet CXV, v. 12) ; ou aussi des greffes traductives comme l'adjectif très rare « continuantes » (sonnet LVI pour *Rvf* 75, v. 12).

Balsamo[67] décèle aussi chez Maldeghem un traducteur qui se nourrit de plusieurs sources et de divers imaginaires linguistiques. Ainsi en est-il des emprunts à Du Bartas, comme la traduction de « *stelle* » (*Rvf* 158, v. 11) par « le ciel astreux » (sonnet CXXVI, v. 11). On peut aussi apprécier les emprunts à des lexiques spécifiques comme le vocabulaire de certaines polémiques théologiques de l'époque. Balsamo[68] évoque notamment les traités du polémiste flamand Philippe de Marnix, baron de Sainte-Aldegonde, dont le premier tome du *Tableau des différens de la Religion* avait été publié en 1599 (Leyde, par Jean Paets)[69] dans la période durant laquelle Maldeghem travaillait à sa traduction. On remarque l'influence de ce registre sapiential : cf. « *per cui sola dal mondo i'son diviso* » (*Rvf* 17, v. 4) par « qui seule en abstract je délaisse le monde » (sonnet V, v. 4), où le terme « *abstract* »[70] signifie dans ce cas « séparé » ; le verbe « *fuggir* » (*Rvf* 74, v. 4) et le verbe rare *obdurer*[71] (« j'obdure »,

---

66 Ce terme rare, absent dans le DMF ou dans le *Dictionnaire du XVIe siècle* de Huguet, est brièvement rappelé par le *Dictionnaire de l'ancienne langue française et de tous ses dialectes du IXe au XVe siècle* [Classiques Garnier en ligne] de Godefroy (on cite d'après le dictionnaire) : **[Vermeillant]** « vermeil, rouge » [cf. « La flor qu'en ist par est si avenant : / Blanche est et inde, et si est vermeillant », *Prise d'Orenge*, 655, ap. Gonckl., Guill. D'Or.].

67 Jean Balsamo, « Philippe de Maldeghem ou Pétrarque en Flandre (1600) »[b], p. 500.

68 *Ibidem.*

69 Philippe De Marnix, *Premier tome du tableau des differens de la religion traictant de l'Eglise, du nom, definition, marques, chefs, proprietez, conditions, foy et doctrines*, Leiden, Jan Paets, 1599.

70 On cite la notice d'après le *Dictionnaire du XVIe siècle* [Classiques Garnier en ligne] de Huguet : **[Abstract]** « tiré hors, séparé » (cf. « Que toute ame ne survit, ains l'intellect, et que les intellectz abstractz sont coëternelz avec Dieu », Louis Le Roy, *trad. des Politiques d'Aristote*, I, 3 ; « Dieu… ne peut en aucune façon estre cogneu ny apprehendé sinon d'une ame abstracte, et retirée de la contemplation de toutes choses terriennes », Philippe De Marnix, *Differ. de la Relig.*, II, I, 2).

71 Comme Godefroy (*Dictionnaire de l'ancienne langue française…*), Huguet, dans son *Dictionnaire du XVIe siècle* [Classiques Garnier en ligne], répertorie uniquement le terme *obduration* (on cite la

sonnet LXV, v. 5) : ou des greffes traductives comme « plaisible maintien » (sonnet XV, v. 6) avec l'usage de cet adjectif inusité (*plaisible*).

La volonté de Maldeghem de suivre de près son modèle (□) est évidente. Comme pour d'Avost, il s'agit là d'une approche relevant d'une posture « professionnelle » et « philologique » assumée. Notre traducteur aime pourtant s'attarder sur quelques détails, comme pour souligner le fait qu'il aurait aimé pousser plus loin son interprétation. Il garde en même temps une certaine révérence vis-à-vis de son modèle : on appréciera, par exemple, à partir du sonnet I, la manière dont il cherche à entrer en *résonance* avec le lyrisme de Pétrarque.

Voi, ch'ascoltate in rime sparse il **suono**
Di quei sospiri, ond'io nudriva 'l core
In sul mio primo giouvenile errore,
Quand'era in parte **altr'huom da quel ch'i' sono** ;
Del vario stile, in ch'io piango, e ragiono
Fra le vane speranze, e'l van dolore ;
Ove sia, chi per prova intenda amore,
Spero trovar pietà, no che perdono.
Ma ben veggi'hor, si come al popol tutto
Favola fui gran tempo : onde sovente,
Di me medesmo meco mi vergogno :
E del mio **vaneggiar** vergogna e'l frutto,
E'l pentirsi, e'l conoscer chiaramente,
Che quanto piace al mondo è breve sogno.

ABBA ABBA CDE CDE
hendécasyllabe
[*Rvf* 1, éd. Rouillé, 1550, I]

Vous qui prenez plaisir d'ouir la **resonance**
Des soupirs divulguez en vers, dont fut mon cœur
Nourri, lors qu'il estoit saisi de jeune erreur,
Quand autre homm'qu'or j'estoy **d'ans, de mœurs et d'usance.**
Et du stile divers qui fait ma doléance,
Traittant un vain espoir joint à vaine douleur,
J'attends, outre pardon, pitié de mon malheur,
Si par preuve un de vous d'amour a cognoissance.
Mais je voy maintenant, que j'ay donné lontemps
Matière de parler au peuple en passetemps,
Dont de moy-mesme en moy souvent la honte abonde.
Et de ma **vanité** la vergogne est le fruict,
Avec un repentir, auquel je voy deduit,
Que c'est un songe bref tout ce qui plait au monde.

[COMMENTAIRE :] C'estuy Sonnet est comme le Proëme de tout l'œuvre, par lequel l'Autheur cherche de gaigner la benevolence du Lecteur, et d'une heure trouver excuse et misericorde, confessant son erreur [...].

ABBA ABBA CCD EED
alexandrins
[Maldeghem, *Pétrarque en rime françoise* (1606), livre I, sonnet I]

La colossale contrainte qu'il s'est imposée imprègne cette traduction d'un maniérisme virtuose, pour autant le geste traductif de Maldeghem reste discret et minutieux vis-à-vis de son modèle. Comme son commentaire, il aspire à suivre le texte-source de très près dans une approche herméneutique.

> [COMMENTAIRE :] C'estuy Sonnet est comme le Proëme de tout l'œuvre, par lequel l'Autheur cherche de gaigner la benevolence du Lecteur, et d'une heure trouver excuse et misericorde, confessant son erreur, disant aux premiers huit vers, qu'il espere trouver pitié, non seulement pardon, d'avoir éscrit tant des vers amoureux, et cela aupres de ceux qui sçavét, que c'est chose humaine pecher, et qui encore par preuve ont sçeu ce que peut amour : aux six derniers vers il confesse son erreur, dont il a honte et repentance, aiant cognu combien son vaines, et de petites durée les choses humaines[72].

---

notice d'après le dictionnaire) : [**Obduration** (*obduratio*)] « Endurcissement » [*cf.* « Sathan entra au corps de Judas Scarioth pour l'embraser et induire a toute cupidité et obduration de cueur », *Repos de conscience*, ch. 25 (cité d'après Godefroy)].

72 Philippe de MALDEGHEM, *Pétrarque en rime françoise…* (1606), p. 21–22.

Si les commentaires paraphrasent les poèmes, Maldeghem nous offre une traduction en vers qui cherche à préserver le développement de la syntaxe comme l'ordre des mots et ne s'accorde que de minimes libertés. Quand il colore légèrement le texte-cible par de nouvelles connotations, ces dernières demeurent en parfaite résonance avec le texte-source : au v. 1, il traduit par exemple « *suono* » par « resonance » (en introduisant l'idée d'un écho, d'une réverbération, d'un « message » qui se transmet dans une temporalité). Tout en gardant cette posture, il lui arrive de développer certaines notions à sa guise : cf. « *Voi ch'ascoltate* » et « Vous qui prenez plaisir » (v. 1) ; « *altr'uom da quel ch'i'sono* » et « d'ans, de mœurs et d'usance » (v. 4). Sa posture pourrait parfois être qualifiée de simpliste, en ce qu'elle appauvrit le sens de certains termes : cf. « *vaneggiar* » et « vanité » (v. 12). D'autres fois, il semble faire une vague référence à Marot, qui demeure peut-être son principal modèle traductionnel.

E del mio **vaneggiar** vergogna e'l frutto, E'l pentirsi, e'l conoscer chiaramente, **Che quanto piace al mondo è breve sogno.** [*Rvf* 1, éd. Rouillé 1550, sonnet I, v. 12-14]	Ainsi le fruict de mon **vain exercice** C'est repentance, avec honte et notice **Que ce qui plaist au monde n'est que songe.** [Marot, *Six sonnetz de Pétrarque* (1541-1544 ?), éd. Defaux 1994, *Rvf* 1, v. 12-14]
Honte est le fruict de ma **vaine entreprise**, Et repentance, et le voir sans mensonge **Que tout plaisir du monde n'est qu'un songe.** [Philieul, *Toutes les euvres vulgaires de François Pétrarque*, 1555, livre I, sonnet I, v. 12-14]	Je fais fruit toutesfois, et profit du **mesconte** Par un doux repentir qui m'enseigne et me compte, **Que tout plaisir mondain n'est que songe et fumée.** [Du Tronchet, *Septante Sonnets* (1572), sonnet 1, v. 12-14]
Et de mes **vains labeurs** je ne moissonne rien Que honte, et repentance, et le cognoistre bien **Que ce qui plaist au monde est de fort peu de conte.** [D'Avost, *Essais* (1584), éd. Cameron et Constable 1974, n° 1 (I), v. 12–14]	Et de ma **vanité** la vergogne est le fruict, Avec un repentir, auquel je voy deduit, **Que c'est un songe bref tout ce qui plait au monde.** [Maldeghem, *Pétrarque en rime françoise* (1606), livre I, sonnet I, v. 12–14]

On remarquera d'abord que, tout en rendant l'idée de « vanité » (v. 12), il est le seul qui adopte le calque « vergogne » pour « *vergogna* », et de plus, dans la même position qu'il a dans le texte-source. Le dernier vers ressemble beaucoup à celui de Marot, mais Maldeghem veille à ne rien perdre de la matière sémantique du texte-source (□) : « ***breve* sogno** » et « songe **bref** » (v. 14). Il est vraiment très rare que notre traducteur s'éloigne de son modèle, voire qu'il le réécrive. Le sonnet XI (*Rvf* 12) nous donne l'exemple d'une rare et hésitante transgression.

<table>
<tr><td>

Se la mia vita da l'aspro tormento
Si può tanto schermire, e da gli affanni,
Ch'i veggia per virtù degli ultim'anni
Donna, de'be'vostr' occhi il **lume spento,**
E i cape' d'oro fin farsi d'argento,
E lassar le ghirlande, e i verdi panni,
E'l viso scolorir, che ne miei danni
A' lamentar mi fa pauroso, e lento :
Pur mi darà tanta **baldanza** amore,
Ch'i vi discovrirò de' mei martiri
Qua' sono stati gli anni, e i giorni, e l'hore ;
E se'l tempo è contrario a i be' desiri ;
Non fia, ch'almen non giunga al mio dolore
Alcun soccorso di tardi sospiri.

ABBA ABBA CDC DCD
hendécasyllabes
[*Rvf* 12, éd. Rouillé 1550, XI]

</td><td>

Si ma veuë peut tant resister à l'ennui,
Au travail et tourment aspre et intollerable,
Que la force des ans, dame douce, honorable
Le **dar** de tes beaus yeux me monstre **estre esbloui.**
Et les cheveux d'argent estant evanouï
Leur taint d'or sans guirlande ou coiffure semblable
Et au verd parement la face inconvenable
Qui à plaindre (à mon dam) m'a prins cœur et appui.
Amour me donnera au moins la **hardiesse,**
Que je decouvriray la cause de ma presse,
Quels ont esté mes jours, mes heures et mes ans.
Et si la saison est aux beaus desirs contraire,
Ce ne sera point sans que ton cœur debonnaire
Face un soupir pour moy bien que hors de son temps.

[Commentaire :] Le Poëte n'aiant la hardiesse de
decouvrir a M. L. quel estoit son martyre, dit que s'il
peut tant resister à les ennemis, et tourmens, qu'il
puisse devenir viel, et elle aussi, qu'alors par l'amour il
prendra tant de hardiesse que de luy dire, quelle a esté
sa peine, que pour l'amour d'elle il a souffert.

ABBA ABBA CCD EED
alexandrins
[Maldeghem, *Pétrarque en rime françoise* (1606), livre I,
sonnet XI]

</td></tr>
</table>

Maldeghem introduit l'image de la *veuë* pour *vita* (v. 1), et notamment du *dar* pour *lume* (v. 4), image qui n'est pas présente dans *Rvf* 12, mais qui constitue pourtant un motif très récurrent dans les *Fragmenta*[73] et qui a connu aussi un grand succès iconographique. Si une certaine audace lui fait traduire avec une légère amplification du sens « *baldanza* » (fr. « confiance, assurance ») par « hardiesse » (v. 9), il reste toujours cohérent avec le sens général du texte-source alors même qu'il semble le réécrire, comme pour le deuxième quatrain ou pour les vers 13–14 : cf. « *Non fia, ch'almen non giunga al mio dolore / Alcun soccorso di tardi sospiri* » et « Ce ne sera point sans que ton cœur debonnaire / Face un soupir pour moy bien que hors de son temps » (v. 13–14).

À la manière de d'Avost, il assume parfois une posture pédagogique et, avec le même geste interprétatif que les commentaires de Brucioli, explique quelques passages pour les éclaircir, comme dans le sonnet LVI (*Rvf* 75).

---

73 Voir par exemple : « *dardo* » (*Rvf* 267, v. 5) ; « *saetta* » (*Rvf* 2, v. 8 ; *Rvf* 3, v. 13 ; *Rvf* 121, v. 5 ; *Rvf* 270ᶜ, v. 77 ; *Rvf* 366ᶜ, v. 84) ; « *saette* » (*Rvf* 325ᶜ, v. 21 ; *Rvf* 61, v. 7 ; *Rvf* 83, v. 8).

<table>
<tr><td>

I begli occhi ; ond'io fui percosso in guisa,
Ch'e medesmi porian saldar la piaga ;
E non già vertù d'herbe, ò d'arte maga,
O' di pietra dal **mar nostro** divisa ;
M'hanno la via si d'altro amor precisa,
Ch'un sol dolce penser l'anima appaga :
E se la lingua di seguirlo è **vaga ;**
La scorta può, non ella, esser derisa.
Questi son que begli occhi ; che l'imprese
Del mio Signor vittorioso fanno
In ogni parte, e piu sopra'l mio fianco :
Questi son que begli occhi ; che mi stanno
Sempre nel cor colle faville accese ;
Perch'io di lor parlando non mi stanco.

ABBA ABBA CDE DCE
hendécasyllabes
[*Rvf* 75, éd. Rouillé 1550, LVI]

</td><td>

Les beaus yeux dont j'estois attaint de la façon,
Qu'eux mesmes seuls pourroient consolider la plaie,
Et non l'herbe, ou magie, ou pierre, ores qu'on l'aye
De là de nostre mer **hors du doré sablon,**
M'ont couppé le chemin d'une autre affection,
Tant qu'un seul doux penser par contentement paie
L'ame, et si puis la langue à la suivre **s'egaye,**
D'elle on ne peut mocquer, mais de l'intencion.
Ceuxcy sont les beaus yeux, qui avecque victoire
Le but de mon Seigneur rendent riche de gloire,
En touts endroits et lieux, et plus sur mon costé.
Ceuxcy sont les beaus yeux, qui par continuantes
Chaleurs, font en mon cœur estincelles ardantes,
Car le raisonner d'eux ne me rend alenté.

[Commentaire :] Il suit en ce Sonnet la chose des
yeux, lesquels seuls peuvent, dit il, guarir avec doux
regards […].

ABBA ABBA CCD EED
alexandrins
[Maldeghem, *Pétrarque en rime françoise* (1606), livre I,
sonnet LVI]

</td></tr>
</table>

Les amplifications rhétoriques minimes à la manière de Marot (ex. « hors du
doré sablon », v. 4)[74] servent à gloser des passages obscurs au niveau du sens comme
de la syntaxe : cf. « *E se la lingua di seguirlo è vaga ; / La scorta può, non ella, esser
derisa* », « et si puis la langue à la suivre s'egaye, / D'elle on ne peut mocquer, mais
de l'intencion » (v. 7–8), « si la langue est desireuse de suivre telle douce pensée, que
la pensée, qui est sa guide, peut estre reprinse, et non la langue » (Commentaire).
Il semble donc pertinent de confronter ce geste traductif avec le statut « didactique »
du commentaire :

[COMMENTAIRE :] Il suit en ce Sonnet la chose des yeux, lesquels seuls peuvent, dit
il, guarir avec doux regards ; la bleceure et douleur née d'eux, et non autre vertu d'herbes,
pierres ou art magique ; lesquels yeux, il dit, tellement luy avoir levé le goust de toute autre
amour, qu'une seule pensée qui luy vient d'eux, suffit à luy pouvoir appaiser l'ame de tout
l'amer, qu'il auroit receu par elle ; et si la langue est desireuse de suivre telle douce pensée,
que la pensée, qui est sa guide, peut estre reprinse, et non la langue. Apres il se tourne aux
louanges des yeux, par lesquels il dit, qu'Amour a tousjours victoire de son entreprise, et luy
pour les avoir tousiours au cœur, il ne se lassoit jamais de parler d'eux[75].

On apprécie enfin la traduction adroite de certains termes difficiles, pour lesquels
notre traducteur a probablement consulté des outils lexicographiques, comme pour
l'adjectif *vago* : le verbe « s'égayer » (v. 7) traduit « *è vaga* », dont le *Dictionnaire
François & Italien* de Fenice (1584) indique, non seulement le sens d'« errand,
vagabond », mais aussi « beau, gratieux ».

---

74 Cf. « *scoglio* » (*Rvf* 323[c], v. 21) et « un roc caché soubz l'onde » [Clément MAROT, *Le Chant des
    Visions de Pétrarque* (1534), éd. Defaux 1994, v. 21].

75 Philippe de MALDEGHEM, *Pétrarque en rime françoise…* (1606), p. 127.

Une confrontation avec les autres traducteurs permet à la fois de dessiner le profil de Maldeghem et d'émettre des hypothèses sur son rapport éventuel avec la tradition traductionnelle. Le sonnet 134 nous en donne l'occasion.

Peletier n'hésitait pas à inverser et modifier les oppositions pétrarquiennes, que ce soit pour des raisons métriques ou pour garder la rime : cf. « *Ne per suo mi riten ; ne scioglie il laccio* » (*Rvf* 134, v. 6) et « De moy n'a cure, et me tourne la face » (v. 6) ; « *ne mi vuol vivo, ne mi trahe d'impaccio* » (*Rvf* 134, v. 8) et « Et ne m'occit Amour ny ne desserre » (v. 8) ; « *spiace* » (*Rvf* 134, v. 13) et « plaisent » (v. 13). De même, Philieul/Lenoncour : cf. « *E bramo di perir, e cheggio aita ; Et ho in odio me stesso, e amo altrui* » et « Je quiers secours, et de mourir je prie, / Un autre j'aime, et à moi je veux mal » (v. 10–11) ; « *Pascomi di dolor : piangendo rido* » et « Je ris en pleurs, et dueil repaist mon ame » (v. 12). Du Tronchet, en revanche, suit de très près le texte pétrarquien avec un seul véritable décalage de sens (cf. « *ne mi trae d'impaccio* » et « ny que mort me defface », v. 8) : il garde probablement sa verve imaginative pour son imitation de ce célèbre sonnet, dans laquelle il mettra davantage l'accent sur sa « voye » de poète soupirant (cf. sonnet 70[i]). Maldeghem, quant à lui, n'imite pas *Rvf* 134 : il cherche à le suivre, méticuleusement, vers par vers, et se voit contraint – pour faire fonctionner la machinerie très contraignante de l'alexandrin et de l'alternance des rimes dans le sonnet marotique – de se servir de quelques inversions, à l'instar de Peletier et de Philieul/Lenoncourt : cf. « *Tal m'ha in prigion, che non m'apre, ne serra* » et « Tel ne m'ouvre ny serre, et en prison me lasse » (v. 5) ; « *Veggio senz'occhi, et non ho lingua, e grido* » et « Sans langue avoir je crie, aussi je voy sans yeux » (v. 9) ; « *Et ho in odio me stesso, e amo altrui* » et « J'aime autruy, et je porte une haine à moi-mesme » (v. 11).

Pace non trovo, et non ho da far guerra ;	Paix je ne trouve, et n'ay dont faire guerre,
E temo, e spero, e ardo, et son un ghiaccio ;	J'espère et crains, et bruslant suis en glace,
E volo sopra'l cielo, e ghiaccio in terra,	Rien je n'estrains, et tout le monde embrasse,
E nulla stringo, et tutto'l mondo abbraccio.	je vole au ciel, et puis croupant en terre.
Tal m'ha in prigion, che non m'apre, ne serra ;	En prison m'ha tel, qui n'ouvre ne serre,
Ne per suo mi riten ; ne scioglie il laccio ;	ne me retient pour rien, ne me delasse,
E non m'ancide Amor, et non mi sferra ;	d'amour je vis, et point ne me faict grace,
Ne mi vuol vivo, **ne mi trahe d'impaccio.**	et ne me tue, encores moins desserre.
Veggio senz'occhi, et non ho lingua, e grido ;	Sans yeux je vois, et sans langue je crie,
E bramo di perir, e cheggio aita ;	**Je quiers secours, et de mourir je prie,**
Et ho in odio me stesso, e amo altrui ;	**Un autre j'aime, et à moi je veux mal.**
Pascomi di dolor : piangendo rido :	**Je ris en pleurs, et dueil repaist mon ame,**
Egualmente mi spiace morte, e vita.	Et vie et mort me faschent par esgal :
In questo stato son Donna per vui.	Voila l'estat, ou suis pour vous, ma dame.
	[par Bussely de Lenoncourt]
ABAB ABAB CDE CDE	
hendécasyllabe	ABBA ABBA CCD EDE
[*Rvf* 134, éd. Rouillé 1550, CV]	*décasyllabe*
	[Philieul, *Toutes les euvres vulgaires de François Pétrarque*, 1555, livre I, sonnet LI]

<table>
<tr><td valign="top">

Trouver paix je ne puis, et ne puis faire guerre,
Je crains, j'espere, j'ards, et suis la mesme glace :
Je volle sur le ciel, et ne bouge de terre.
En ne rien estraignant tout le monde j'embrasse.
Tel me tient en prison qui ne m'ouvre ny serre
Ny pour soy me retient, ny rompt ce qui me lasse
Amour point ne me tue, et si ne me dessere,
Il ne me veut voir vif, **ny que mort me defface,**
J'estans sans yeux ma veuë, et sant langue mes cris :
J'enrage de perir et conferme ma vie.
Je veux mal à moy seul, et tous me sont amis.
Je me paix de douleurs, et en pleurant je ris
En tant me plaist la mort comme j'aime la vie
Madame c'est l'estat enquoy vous m'avez mis.

ABAB ABAC CCC CCC
décasyllabes
[Du Tronchet, *Septante Sonnets* (1572), sonnet 54]

</td><td valign="top">

Je n'ay droit faire guerre, en vain pais je pourchasse,
Et je crains, et j'espere, et j'ards de glace estant,
Et je m'en vole aux cieux sur la terre couchant,
Je n'estrains rien, pourtant tout le monde j'embrasse.
Tel ne m'ouvre ny serre, et en prison me lasse,
Ny pour sien me retient, en ses lacs me tenant,
Et Amour ne me veut, et des fers ne me prend,
Vif aussi ne me veut, et mon enui ne casse.
Sans langue avoir je crie, aussi je voy sans yeux,
Et je voudroy perir, de secours desireux,
J'aime autruy, et je porte une haine à moi-mesme,
De douleur je me pais, et en plaignant je ris,
Ennemi à la vie et à la mort je suis,
Pour vous dame je vis en cest'estat extreme.

[Commentaire :] Il escrit par ce Sonnet son estat
troublé, et qu'il a en haine soy-mesme, et qu'il aime
autruy.

ABBA ABBA CCD EED
alexandrins
[Maldeghem, *Pétrarque en rime françoise* (1606),
livre I, sonnet CV]

</td></tr>
</table>

A-t-on raison de soupçonner non seulement qu'il a lu la célèbre traduction de Philieul mais qu'il s'en est aussi inspiré pour élaborer quelques solutions traductives ? On pourrait aussi imaginer que Maldeghem souhaite rivaliser avec la traduction de Philieul, en offrant à son public une autre version intégrale plus soignée et rigoureuse que la précédente. En témoigne, par exemple, son apparent souci de « littéralité » dans sa traduction de *Rvf* 126 (chanson XXVII), que Philieul traduit par son chant X.

<table>
<tr><td valign="top">

Chiare, fresche, e dolci acque,
Ove le belle membra
Pose **colei, che sola à me par donna** ;
Gentil ramo, ove piacque
(Con sospir mi rimembra)
A' lei, di fare al bel fianco colonna ;
Herba, e fior, che la gonna
Leggiadra ricoverse
Co l'angelico seno ;
Aer sacro, sereno,
Ov'amor co begli occhi il cor m'aperse ;
Date udientia insieme
A' le dolenti mie parole estreme.

5 strophe (abCabC cdeeDff)
+ congé (Abb)
hétérométrie
[*Rvf* 126^c, Ed. Rouillé 1550, XXVII, v. 1-13]

</td><td valign="top">

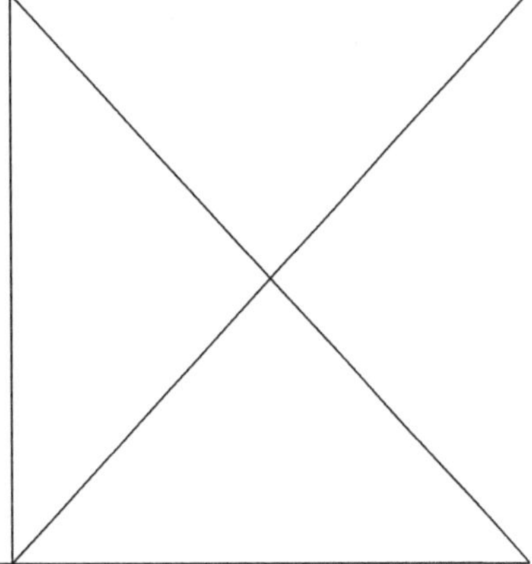

</td></tr>
</table>

ARGUMENT : Petrarque se pourmenant un jour en un
bocage le long de la Sorgue de Vaulcluse ou d'Avignon,
voit sa dame Laure jouant et lavant ses mains en un
ruisseau pour le souvenir de laquelle, rememorant ses
passions, descript ce chant.

Cleres, fresches, et doulces eaus,
Dans qui **la perle des humains**
Plonge ses delicates mains.
Arbres et gentilz arbrisseaux,
Sur qui s'appuyoit en lieux maintz :
Herbes, fleurs, qui avez couvert
Quelques fois de jaune et de vert
Sa cotte et poitrine angelique,
Elle estant sur son flanc pudique :
O air sacré et gracieux,
Ou amour par ses deux beaux yeux
M'ouvrit le cueur, je vous supplie,
Oyez tous ma melancolie.

5 douzains (ABBABCCDDEEFF)
+ congé (AbA)
octosyllabe
[Philieul, *Toutes les euvres vulgaires de François
Pétrarque*, 1555, livre I, chant X, v. 1–13]

Clere et fraische eaue et douce, ou souloit mettre
Le beau corsage alors qu'elle se lavoit
Celle, qui seule à moy dame semble estre.
Gentil rameau, dont à elle il plaisoit
(Avec souspirs je le [met en cervelle])
Une colonne à son beau flanc choisir.
Herbes et fleurs qui ja souloient à elle
La robe gaie et gentile couvrir,
Et quant et quant la poitrine angelique,
Air pur et saint, ou le Cyprin enfant
Par les beaus yeux, guides de sa practique,
Le cœur m'ouvroit ; **escoutez jointement
Las, mon extreme et triste parlement.**

[COMMENTAIRE :] Il suit le chant commencé
de la chanson anterieure, il éscrit comment il la
vit, et combien que luy sembloit merveilleuse
la beauté. Et il parle aux eaus, herbes et aux
fleurs, les priant, qu'elles donnent audience à ses
paroles […].

5 douzains (ABABCDCDEFEFF)
+ congé (aBB)
décasyllabe
[Maldeghem, *Pétrarque en rime françoise* (1606),
livre I, chanson XXVII, v. 1–13]

Si les deux traducteurs partagent le goût pour l'imaginaire biographique et anecdotique, l'inspiration de Maldeghem est ouvertement pédagogique à la différence du geste traductif de Philieul, plus libre et, par conséquent, moins respectueux de la matière sémantique (~). À la différence de notre italianisant flamand, le traducteur carpentrassien n'hésite pas, par exemple, à condenser les vers de Pétrarque par de nouvelles images, afin de les adapter à son octosyllabe : cf. « *colei, che sola à me par donna* » (v. 3), « la perle des humains » (v. 2) et « Celle, qui seule à moy dame semble estre » ; « *Date udientia insieme / A' le dolenti mie parole estreme* » (v. 12–13), « Oyez tous ma melancolie » (v. 13) et « escoutez jointement / Las, mon extreme et triste parlement » (v. 12–13).

La comparaison entre le bref « Argument » de Philieul et le long commentaire de Maldeghem confirme aussi l'approche anecdotique et didactique de sa source, le *spositore* Brucioli qui nourrit un imaginaire biographique et explique aussi la chanson de *stanse* à *stanse*. On le remarquera davantage en lisant l'intégralité du commentaire.

Argument : Petrarque se pourmenant un jour en un bocage le long de la Sorgue de Vaulcluse ou d'Avignon, voit sa dame Laure jouant et lavant ses mains en un ruisseau pour le souvenir de laquelle, rememorant ses passions, descript ce chant.

(Philieul, *Toutes les euvres vulgaires de François Pétrarque*, 1555, livre I, chant X, « Argument »)

[Commentaire :] Il suit le chant commencé de la chanson anterieure, il escrit comment il la vit, et combien que luy sembloit merveilleuse la beauté. Et il parle aux eaus, herbes et aux fleurs, les priant, qu'elles donnent audience à ses paroles. En la seconde stanse, il demande disant, que si le destin veut qu'il serre les yeux pas l'amour en larmoiant, que la grace soit faire au malheureux corps, qu'il soit couvert entre vous arbres, herbes et air, et l'ame en son propre logis, qui est le ciel. Autres entendent par ce logis M. L. Et s'il meurt, avec tel espoir, il dit que la mort doit estre moins cruelle, ne pouvant estre la chair en plus reposé lieu. En la troisieme stance il dit la raison, pourquoy il dit de desirer d'estre en tels lieux, laquelle est qu'il esperoit que M. L. devoit passer quelquefois par iceux lieux, et le voiant mort, qu'elle en auroit pitié. En la quatriesme il retourne à dire de la douce fançon en la quelle M. L. se tenoit à celuy arbre fleuri, et le desir que c'estoit de voir les fleurs, ce qu'il luy dit estre doux, quand il y pense, et qu'elle en telle gloire estoit humble. En la cinquieme il dit, comment il s'emerveilloit la voiant tant belle et si gaillarde, tellement qu'oubliarit soy-mesme, il croioit estre au Paradis : dont depuis il ne trouvoit lieu qui plus luy pleut. Finalement il dit à la Chanson, qu'elle demeure comme peu ornée en iceux lieux solitaires comme l'autre.

(Maldeghem, *Pétrarque en rime françoise avec ses commentaires*, 1606, livre I, chanson XXVII, p. 278–279)

Pour conclure ces comparaisons, il semble que Maldeghem se distingue non seulement de son rival Philieul, mais aussi de celui qui semble être son principal modèle traductionnel et poétique, Marot. Quelle meilleure occasion, pour confronter le maître et le disciple, que la traduction du célèbre *Rvf* 323[c], mieux connu, dans la version marotique, sous le titre de *Le Chant des Visions de Pétrarque* ?

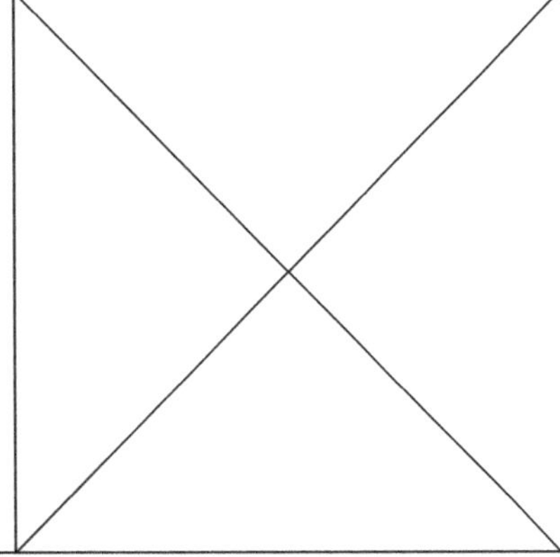

Una strania Fenice, ambedue l'ale
Di porpora vestita, e'l capo d'oro,
Vedendo per la selva, altera e sola,
Veder forma celeste, e immortale
Prima pensai, fin ch'à lo svelto alloro
Giunse, e al fonte, che la terra invola.
Ogni cosa al fin vola :
Che mirando le frondi à terra sparse,
E'l troncon rotto, e quel vivo humor secco ;
Volse in se stessa il becco
Quasi sdegnando ; e'n un punto disparse :
Onde'l cor di pietate, e d'amor m'arse.

6 strophes (ABCABC cDEeDD)
+ congé (aBB)
hétérométrie
[*Rvf* 323[c], éd. Rouillé 1550, XLII, v. 49-60]

Au **Boys** je vy ung seul Phenix portant
Aesles de pourpre, et le Chef tout daré
Estrange estoit, dont pensay en l'instant
Veoir quelcque corps celeste, jusque à tant
Qu'il vint à l'Arbre en pieces demouré,
Et au Ruisseau que Terre a devoré.
Que diray plus ? Toute chose en fin passe.
Quant ce Phenix vit les Rameaux par place,
Le Tronc rompu, l'eau seche d'aultre part,
Comme en desdaing, de son Bec s'est feru,
Et **des Humains** sur l'heure disparu :
Dont de pitié et d'Amour mon cueur ard.

6 douzains (ABAABBCCDEED)
+ congé (AABB)
décasyllabe
[Marot, *Le Chant des Visions de Pétrarque* (1534), éd.
Defaux 1994, v. 49–60]

Une Phoenix voiant **estrange** encore
De pourpre ailée, et qui eut le chef d'or,
Hautaine et seule au **bois**, forme divine,
Premierement sur qui la mort ne mine,
Je pensoy voir, jusqu'à tant qu'à l'hormi
Arbre elle vint, et le font englouti.
Tout est subject à la fin au passage.
Car estre espars voiant le beau feuillage,
Et dechiré le tronc, et le font sec,
Envers soy-mesme elle tourna le bec,
Comme indignée, et **tost** je la perdoye
Dont par pitié et amour je brusloye.

[COMMENTAIRE :] Il fait ici une fiction de six
visions, pas lesquelles il depaint la merveilleuse
beauté et singulire honnesteté, et le joieux vivre, et
le subit mourir de M. L. [...]

6 douzains (AABBCCDDEEFF)
+ congé (AAb)
décasyllabe
[Maldeghem, *Pétrarque en rime françoise* (1606),
livre II, chanson XLII, v. 49–60]

À la différence de Marot qui privilégie l'amplification rhétorique[76] et les greffes traductives[77], Maldeghem réalise une traduction très scrupuleuse, en restant prudent à l'endroit de son modèle *françoys* auquel il semble emprunter quelques termes et, peut-être, l'incipit de quelques vers : cf. les mots *estrange* et *bois* (v. 1 et 3) pour « *selva* » et « *strania* » ; cf. les vers « Dont de pitié et d'Amour mon cueur ard » (v. 60) de Marot et « Dont par pitié et amour je brusloye » (v. 60) de Maldeghem. On rappelle que l'effet du chiasme traductif de Marot (*strania* : boys = *selva* : estrange) est particulièrement intéressant en ce qu'il traduit le mot *selva* (un terme très connoté, d'un point de vue symbolique comme spirituel) par un terme plus simple (fr. *boys*) et qu'il lui associe l'adjectif *estrange*. Maldeghem, tout en gardant les mêmes mots, renverse le chiasme marotique, comme s'il voulait souligner davantage sa volonté de suivre de très près les vers de Pétrarque.

La dernière traduction en vers avant l'oubli

On pourrait presque douter de la sincérité de Maldeghem et l'accuser de fausse modestie, si n'était le renouvellement de ses « excuses » à la fin du volume et la confirmation de son souci « philologique » lorsqu'il s'interroge sur la disposition des *Triumphi* :

---

76 On rappellera quelques exemples d'amplification rhétorique dans *Le Chant des Visions de Pétrarque* (*Rvf* 323°) de Marot : « *Giove* » (v. 5) devient le « souverain des Dieux », (v. 5) ; « *O che grave cordoglio* » et « Ô grand fortune, ô crevecueur trop grief » (v. 22) ; un « *scoglio* » (v. 21) devient « un roc caché soubz l'onde » (v. 21).

77 Voir toujours chez Marot : « Que diray plus ? » (v. 7) ; « Quant à ce Phenix » (v. 8) ; « des Humains » (v. 59).

Afin qu'en cestuy Petrarque ne soient desirées les rimes, qu'Aldus Manutius a adjoint au sien, et qui se trouvent communement imprimées es autres, m'a semblé qu'il ne seroit impertinent qu'icelles seroient aussi translatées, et icy adjointes, et ce d'autant plus, que cestuy chapitre en suivant semble devoir estre un du nombre de ceux du triomphe de la Fame, comme aussi je le trouve en certain vieil Petrarca, imprimé à Venise, en l'an M. D. XIX. Qui le met pour le premier chapitre dudit Triomphe[78].

Cette précision éditoriale conclut la partie sur les traductions des *Fragmenta* et précède un long florilège très original, qui nécessiterait une longue étude impossible à réaliser dans ce contexte, et qui regroupe des textes très divers :

- Des extraits traduits d'après l'*Africa* de Pétrarque, sous les titres « Chapitre de M. F. Petrarque » et « Chanson du dit ».

- Sept sonnets traduits d'après les *Rime disperse* (comme les autres sonnets, tous en alexandrins, avec schéma de rimes marotique), non signés, regroupés sous le titre « Sonnets du Mesme ». À cause de ce qui semble être une maladresse typographique, ils sont, de plus, graphiquement organisés en couple, sauf le dernier. On ne s'attardera pas sur la complexe question des *Rime disperse* et de leur réception. Grâce à l'édition des *Rime disperse* de Solerti (1909), qui est une tentative embryonnaire d'édition critique, nous pouvons néanmoins identifier les titres des sonnets traduits (on signale les premiers vers des sonnets français d'après l'éd. Maldeghem, et des sonnets italiens d'après l'éd. Solerti) : « O mon ame ou es tu ? de pensé en pensé » (« *Anima mia, dove sei ? ch'ad ora ad ora* ») est attaché au suivant « Engin qui doubtes peu la question profonde » (« *Ingegno usato alle question profonde* ») ; « Si j'eusse quand mes yeux eurent d'elle l'amorce » (« *Stato foss'io quando la vidi prima* ») et attaché à « Aux cieux, au monde, aux gens en ire manifeste » (« *In ira al cielo, al mondo et alla gente* ») ; « O amour, si subjecte à ta loy fust icelle » (« *Se sotto legge, Amor, vivesse quella* ») est attaché à « Helas, comment j'avoy mal conseillé l'esprit » (« *Lasso com'io fui mal approvveduto* ») ; « Celle là qui lioit mon cœur en ma jeunesse » (« *Quella ch'el giovenil meo core avinse* ») est le dernier de la série.

- La traduction d'un sonnet de « Stramazzo de Perugia a Petrarque ».

- La traduction de la « Response de Petrarque » au susdit sonnet qui consiste en une seule phrase : « Si la fueille honnorée à qui le ciel iré ».

- La traduction d'un sonnet intitulé : « Sonnet, XX » de « Geri Iehan Figliacci a M. F. Petrarque ».

- La traduction de la « Response » de Pétrarque au susdit sonnet, toujours en une phrase : « Quand ma douce ennemie, O Geri est faché ».

- La traduction du « Sonnet C. XLVII » de « Iehan De Dondi a M. F. Petrarque ».

- La traduction de la « Response » de Pétrarque au susdit sonnet, encore en une phrase : « Je suis prebé [*sic*] du mal, et de pis j'ay fraieur ».

---

78 Philippe de Maldeghem, *Pétrarque en rime françoise avec ses commentaires* (1606), p. 521.

- La traduction du « Sonnet CC VII » de « Sennucce à M. F. Petrarque ».

- La traduction de la « Response » de Pétrarque au susdit sonnet, en une phrase : « Tout mon penser d'un zele a vous voir m'esguillonne ».

- La traduction du « Sonnet CCXXVIII » de « Iaques Colonna a M. F. Petrarque ».

- La traduction de la « Response » de Pétrarque au susdit sonnet, en une phrase : « Mes yeux onc ne voirront sans larmes et l'espris ».

- La traduction du « Sonnet CCLXXXII » de « Guido Cavalcanti », qui est en réalité une traduction libre de *Donna me prega*.

- La traduction d'un poème « De Dante », *Così nel mio parlar voglio esser aspro* (*Rime*, 46) : cf. « Ainsi je veus estre aspre en me discours ».

- La traduction d'un poème de Cine de Pistoie (« De M. Cine »), *La dolce vista e 'l bel guardo soave*.

- Une dédicace en latin signée « Baptista Baeten. S. Theol. Licentiatus, et Archib. Brugensis ».

On pourrait émettre l'hypothèse que ce mélange dialogue avec les dédicaces initiales, dans le but d'établir un parallèle entre le milieu culturel de Maldeghem et celui de Pétrarque, le réseau amical du traducteur et celui de son modèle, ainsi qu'entre les sources classiques et les grands auteurs de la littérature italienne médiévale jusqu'à Cavalcanti, Dante et Cine de Pistoie.

Comme les éditions italiennes les plus célèbres, ou comme celles de Tournes (1545) ou de Rouillé (1550), l'édition de Maldeghem se termine par une longue « Table des sonnets et chansons » (image 4), dans laquelle tous les premiers vers des poèmes sont classés par ordre alphabétique. Cette « Table », qui apparaît pour la première fois dans une traduction française des *Fragmenta*, est le meilleur emblème qu'on puisse choisir pour illustrer l'esprit de cette édition savante. Absente par exemple dans l'édition de Philieul, une telle table suffit à elle seule comme témoignage qu'un nouvel imaginaire

LA TABLE DES
SONNETS ET
CHANSONS.

SONNETS.

A.

AV iour que par pitie de son vray Createur. pag.	24.
A toute heure qu'Amour m'éuoye au beau visage,	31.
Amour auecque moy quelque foys fit sa plainte.	49.
Apollon s'encor regne en toy le beau desir.	66.
Apres auoir perdu (ô Dieu) tant de iournées.	100.
Au premier iour, helas, comment ie fu peu sage.	102.
Amour ie scauoy bien qu'onc né fut de grād compte.	108.
Alors qu'au cœur profond se ioint l'image Dame.	142.
Auentureux terroir plus qu'autre, ou i'apperçoy.	154.
Au lieu accoustumé suiuy d'amour estant.	156.
Amour & la fortune, & mon esprit tenant.	172.
Amour qui son chef siege en mō cœur dresse & plāte.	202.
Alors que le vouloir qui auec deux ardants.	209.
Allez mes chauds souspirs penetrer le froid cœur.	214.
Amour qui par les yeux cognois toute pensée.	222.
Amour entre beaus bras & durs, lesquels à tort.	229.
Amour me retenant me donne esperon.	255.
Amour parmi l'herbage vne attrappe mignonne.	257.
Amour d'vn zele ardant, qui allume le cœur.	258.
Amour, nature & l'ame humble, ciuile & belle.	259.
Au renommée tombeau estant ioint Alexandre.	242.
Ainsi comme voir Dieu est vn viure eternel.	245.
Ame qui ois & vois & parles, & qui lis.	255.
Aure qui entourez & branslez les cheueux,	282.
Angelique cerueau & nature Royale.	293.
Au beau front souspiré tant par moy & requis.	310.
	Apre b

Image 4

de la traduction du Canzoniere s'est imposé, celui d'un ouvrage monumental qu'on peut rapprocher d'un thesaurus. Entre le milieu et la fin du XVIe siècle, un tournant philologique change ainsi les pratiques et les conceptions de la traduction. Ce nouvel imaginaire intronise le Canzoniere parmi les grands classiques de la culture dite « européenne », participe peut-être à sa cristallisation, facilite sa métamorphose en objet antique et par conséquent mine sa fécondité poétique à l'époque. En effet, au moins en ce qui concerne l'espace francophone, il faudra attendre jusqu'en 1764 avant qu'un autre savant, Jacques de Sade, nous fournisse une nouvelle traduction en vers[79].

Bien que très faibles, les échos de Pétrarque ne sont pas pourtant réduits au silence pendant cette longue léthargie. Plus de cinquante ans après la traduction de Maldeghem, un avocat parisien, Placide Catanusi, italien d'origine et amateur des lettres italiennes, réalise la dernière traduction du siècle – ainsi que la première traduction en prose – d'après les *Fragmenta*. La grande fortune des premières traductions du Canzoniere atteint ainsi son apogée au XVIIe siècle via deux projets traductionnels opposés et incomparables. Maldeghem aura poussé aussi loin que possible la logique de la forme fixe, tandis que Catanusi aura pris exactement le parti inverse en se libérant d'un seul coup de toutes les contraintes accumulées par ses devanciers.

---

79 Voir Jacques de Sade, *Œuvres choisies de François Pétrarque, traduites de l'italien et du latin en français*, 3 vol., Amsterdam, Arskée & Mercus, 1764.

Chapitre IX

Placide Catanusi, premier traducteur en prose

« La muse italienne habillée à la Françoise »

On connaît peu de détails sur la vie de Placide Catanusi[1], jurisconsulte et avocat d'origine italienne[2] au sein du Parlement de Paris durant la seconde moitié du XVIIe siècle. Grâce à Mario Mormile[3], nous apprenons qu'il est originaire de Messine[4], « interprète des langues » de la duchesse de Guyse et docteur en droit civil et droit canon. Les premiers ouvrages qu'on puisse lui attribuer sont deux éditions d'une grammaire italienne.

La première édition, *Instruction à la langue italienne* (Paris, 1667)[5], est dédiée à « Son Altesse Royale Madame la Duchesse de Guyse », et plus généralement, aux « Dames délicates » auxquelles « la méthode pedantesque fait horreur, et qui cherchent pour apprendre l'Italien des voyes plus douces, et plus aisées » (p. 3). Dans cette grammaire, comme le remarque Mormile[6], notre traducteur offre aux lecteurs·trices des conseils plutôt que de véritables règles, tout en estimant que la

---

1   Claude Pierre GOUJET, *Bibliothèque françoise*, t. XII, p. 335–337.

2   On peut déduire sa nationalité d'après l'épître « A Monseigneur Le Duc De Montavzier » et l'introduction « Aux lecteurs », placées au début de sa traduction de Pétrarque (voir Placide CATANUSI, *Œuvres amoureuses de Pétrarque, traduites en François avec l'Italien à costé. Par le Sieur Placide Catanusi, Docteur et Professeur en Droict, et Advocat en Parlement*, Paris, Estienne Loyson, 1669). Dans l'épître au duc De Montavzier, il parle de « Vôtre Nation » (f. 2v°) et de « Vôtre langue » (f. 3r°) ; dans l'introduction « Aux lecteurs », de même, il parle de « vostre langue » (f. 12r°).

3   Mario MORMILE, *L'italiano in Francia, il francese in Italia*, Turin, Albert Meynier, 1989, p. 90–91.

4   Sur ces éditions, voir : Mario MORMILE, *L'italiano in Francia, il francese in Italia*, p. 90–91 ; Gabriele BECK-BUSSE, *Grammaire des Dames. Grammatica per le Dame. Grammatik im Spannungsfeld von Sprache, Kultur und Gesellschaft*, Francfort, Peter Lang, 2014, p. 47–62 et *passim* ; Helena SANSON, « "Simplicité, clarté et précision" : grammars of Italian "pour les Dames" and other learners in eighteenth- and early nineteeth-century France », *The Modern Language Review*, vol. 109, n° 3, 2014, p. 600.

5   Placide CATANUSI, *Instruction a la langue italienne pour l'apprendre sans les Regles de la Grammaire. Avec un Recueil de Chansons accommodées aux Airs François, et un Traité de la Poësie Italienne pour les plus Curieux*, Paris, Mettayer et chez l'Auteur, 1667.

6   Mario MORMILE, *L'italiano in Francia, il francese in Italia*, 1989, p. 90–91.

langue doit s'apprendre davantage par la lecture des auteurs·trices italien·ne·s et par la mémorisation des chansons italiennes. L'intérêt de cette première édition galante[7] consiste aussi dans le fait que notre traducteur y réfléchit brièvement sur sa manière de traduire :

> Cette manière de traduire est fort propre à ceux, qui n'ayment point la pedanterie, et c'est le veritable moyen d'apprendre une langue suivant les reigles de la Grammaire sans qu'il y paroisse, Vous instruisant tout de mesme, que si vous estiez dans le pays[8].

On peut donc émettre l'hypothèse qu'une telle approche « pédagogique » ait pu inspirer aussi sa version en prose des *Fragmenta*, qui a été probablement conçue pour aider les lecteurs·trices à revenir au texte original.

La deuxième édition, *Instruction à la langue italienne* (Paris, 1668)[9], présentée comme la « premiere production de mon esprit »[10], est en effet une version remaniée, enrichie et améliorée de la première édition, à l'aide des « ingenieuses questions »[11] posées par l'une de ses élèves, Madame Le Maistre, à laquelle le volume est d'ailleurs dédié. Dans cette édition, notre traducteur offre à son public « l'abregé d'une infinité de grammaires, le fruict d'une experience de plusieurs années, l'effet d'une passion ardente » avec laquelle il souhaite rendre service « aux François » qu'il « estime plus que tous les autres peuples de la terre »[12]. Le but de ce deuxième ouvrage – lui aussi à destination surtout féminine comme en témoigne la dédicace[13] – est de donner rapidement une « intelligence » de la langue italienne « pour les gens mesmes qui n'ont jamais estudié »[14].

L'intérêt de ces *Instructions* (1667 et 1668) réside aussi dans leur partie finale intitulée « La muse italienne habillée à la Françoise, ou recueil de chansons Italiennes accommodées aux Airs François du temps »[15]. Le titre pourrait faire penser que les termes « habillement » et « accommodation » sont deux manières de faire référence à la traduction. En réalité, il s'agit d'un florilège de chansons italiennes (que Catanusi recommande d'apprendre par cœur) dans lequel chacune est précédée de

---

7   Sur l'inspiration galante de cette édition dédiée aux dames, voir Gabriele BECK-BUSSE, *Grammaire des Dames*, ch. 2 « Zur Vorgeschichte : vier Detailstudien », § 2.2.3 « "Die Damen" und die italienische Sprache », p. 61.

8   Placide CATANUSI, *Instruction a la langue italienne pour l'apprendre sans les Regles de la Grammaire* (1667), p. 26–27.

9   Voir Placide CATANUSI, *Instruction à la langue italienne : contenant deux parties : dans la première, il est traitté de tout ce qui regarde la parfaite connoissance de cette langue, et la seconde est un recueil de chansons italiennes accomodées aux airs françois de ce temps*, Paris, Estienne Loyson, 1668. On remarquera que dans cette deuxième édition le chapitre intitulé « Traité de la Poésie Italienne » a été supprimé.

10   *Ibidem*, « Aux lecteurs », f. 4v°.

11   *Ibidem*, « A Madame Le Maistre », f. 2v°.

12   *Ibidem*, « Aux lecteurs », f. 4r°–4v°.

13   *Ibidem*, « A Madame Le Maistre », f. 2r°–3r°.

14   *Ibidem*, « Aux lecteurs », f. 4v°.

15   *Ibidem*, p. 133–184.

la traduction de l'incipit en français, ou bien d'un bref commentaire qui en résume le sens général et, pour certaines, d'une indication de timbre (par exemple, « Sur l'Air : Philis estoit tendre et belle », accompagnée du commentaire : « Propreté, jeunesse et amour, sont les veritables charmes pour se faire aimer »). Conformément à la politique éditoriale d'Estienne Loyson, notre traducteur débute ainsi sa carrière avec un ouvrage de vulgarisation, mais il promet aux lecteurs·trices un autre livre consacré aux lois[16].

La troisième publication après l'*Instruction à la langue italienne* (1668) est le dernier et seul ouvrage littéraire sous la signature de Catanusi qui nous soit parvenu. C'est la première traduction partielle en prose des *Fragmenta* intitulée *Œuvres amoureuses de Pétrarque*, publiée à Paris chez Loyson en 1669[17]. Un certain succès semble être attesté par trois rééditions en 1671, 1707 et 1709[18]. Dans cette traduction (image 1), la deuxième avec texte en regard après celle de d'Avost, notre traducteur ne semble pas abandonner complètement la posture de pédagogue et nous offre une sorte de « traduction de service », dont il est nécessaire de mentionner quelques aspects.

L'Abbé Goujet (1744) – qui a commenté brièvement les traductions des *Fragmenta* de Philieul, Maldeghem, d'Avost, ainsi que quelques traductions des *Triomphes*, comme celles de Georges de la Forge, de Jean Meynier d'Oppede ou de Jean Ruyr – s'étonne de l'ignorance de notre traducteur qui déclare pourtant avoir achevé sa traduction avec l'aide de « personnes d'esprit fort intelligents [*sic*] en l'une et l'autre langue, et avec le secours des meilleurs Commentaires »[19].

Sade met l'accent sur le caractère naïf et amateur de cette édition. D'après Sade, non seulement Catanusi « était persuadé que

Image 1

---

16 *Ibidem*, f. 4r°.

17 Voir Placide Catanusi, *Œuvres amoureuses de Pétrarque, traduites en François avec l'Italien à costé. Par le Sieur Placide Catanusi, Docteur et Professeur en Droict, et Advocat en Parlement*, Paris, Estienne Loyson, 1669.

18 Jacques-Charles Brunet, *Manuel du Libraire et de l'amateur de livres*, t. III, p. 706 ; Ève Duperray, *L'or des mots…*, p. 184.

19 Placide Catanusi, *Œuvres amoureuses*, « Aux Lecteurs », f. 11r°.

personne avant lui n'avoit osé traduire cet Auteur, ni en prose ni en vers »[20], mais il serait aussi fort mal informé sur la bibliographique pétrarquienne de l'époque. Sade ajoute que dans son introduction, consacrée à la vie de Pétrarque, notre italianiste en herbe « ne dit presque rien, et le peu qu'il dit est plein d'erreurs »[21].

Sade, qui semble vouloir mettre l'accent sur le « mauvais goût »[22] des traductions du XVIe siècle, pense pourtant, à l'instar de Goujet[23], que « la traduction de Catanusi est moins barbare que les autres, et la seule qu'on puisse lire, quoiqu'il rende rarement le sens propre de l'Auteur » ; ayant traduit en prose « il semble qu'il auroit du être plus littéral »[24]. La traduction de Catanusi est « claire, et exprimée avec assez de pureté », selon Goujet[25]. Notre traducteur a rendu les *Fragmenta* en prose « d'une manière supportable »[26] selon Sade. On peut en déduire d'emblée que Catanusi n'est donc pas un traducteur avisé et semble se comporter plutôt comme un dilettante.

Pétrarque « tourné en prose »

Le volume de Catanusi est un objet relativement simple par rapport à la variété de certaines éditions précédentes. Il est composé ainsi :

- Une épître « A Monseigneur le duc de Montauzier, pair de France, chevalier des ordres du roy, gouverneur et lieutenant general pour sa majesté des provinces d'Angoumois et Xaintonge, Haute et Basse Alsace, commandant pour son service en Normandie, et gouverneur de Monseigneur Le Dauphin ».

- Une introduction adressée « Aux lecteurs ».

- Une partie intitulée « Sonetti di Petrarca | Sonnets de Petrarque », qui consiste dans un choix de 97 sonnets et un madrigal (*Rvf* 121[m]), avec texte en regard, accompagnés de commentaires, dans cet ordre : *Rvf* 1, 3, 12, 21, 36, 208, 108, 85, 132, 134, 151, 199, 220, 168, 176, 141, 203, 255, 223, 265, 216, 170, 212, 163, 93, 82, 311, 10, 97, 123, 2, 153, 205, 95, 180, 253, 351, 215, 164, 193, 310, 159, 187, 226, 121[m], 49, 13, 35, 65, 90, 219, 224, 19, 39, 69, 101, 240, 192, 162, 152, 145, 243, 147, 64, 184, 154, 107, 44, 260, 112, 75, 102, 183, 130, 144, 9, 124, 230, 229, 113, 133, 160, 227, 211, 213, 218, 209,

---

20 Jacques de Sade, *Œuvres choisies de François Pétrarque, traduites de l'italien et du latin en français*, 3 vol., Amsterdam, Arskée & Mercus, 1764, t. I, p. XLIX. Cf. « Parmi les ouvrages que Petrarque nous a laissé, ses Poësies tiennent le premier rang, et je suis peut-estre le premier qui les ay traduites en François » (Placide Catanusi, *Œuvres amoureuses*, « Aux Lecteurs », f. 11r°).

21 Jacques de Sade, *Œuvres choisies de François Pétrarque…*, t. I, p. XLX.

22 *Ibidem*, p. XLX

23 Claude Pierre Goujet, *Bibliothèque françoise*, t. XII, p. 335–337.

24 Jacques de Sade, *Œuvres choisies de François Pétrarque…*, t. I, p. XLX

25 Claude Pierre Goujet, *Bibliothèque françoise.*, t. XII, p. 337.

26 Jacques de Sade, *Œuvres choisies de François Pétrarque…*, t. I, p. CIII.

195, 174, 283, 273, 300, 338, 303, 269, 291, 292. Les poèmes ne présentent aucune numérotation.

– Une traduction complète des *Triumphi*, intitulée « TRIONFI DI M. FRANCESCO PETRARCA | LES TRIOMPHES DE PETRARQUE », qui est une version très libre pour laquelle Catanusi a voulu « adjouter certaines choses pour l'intelligence de l'histoire, et la fable »[27].

Si dans son introduction « Aux lecteurs » Catanusi rédige un « abregé de la vie de Petrarque »[28], il se comporte d'une manière semblable dans le choix anthologique des sonnets : des « Pieces choisies »[29], de manière manifestement très libre, qui tentent de donner un bref aperçu de la poésie pétrarquienne. Comme il l'écrit dans son épître de « A Monseigneur le duc de Montauzier », il a « ramassé » tout ce qui lui est « paru dans ce Poëte de plus ingenieux et de plus conforme au goût de Vôtre Nation »[30]. Bien que la plupart des poèmes semblent être « ramassés » au hasard et que l'ensemble du paratexte ne nous aide pas à émettre des hypothèses valables sur la composition du macrotexte, on peut néanmoins identifier quelques thématiques majeures regroupant certains sonnets.

Après un *initium narrationis* (*Rvf* 1, 3, 12) et un poème qui voudrait inspirer la « compassion »[31] de Laure, un groupe semble être conçu autour de l'*amoroso pensiero* et de l'essence de l'amour (*Rvf* 36, 208, 108, 85, 132, 134, 151, 199, 220, 168). Quelques sonnets traitent le motif du soleil et du feu (*Rvf* 176, 141, 203, 255, 223), des larmes (*Rvf* 265, 216, 170, 212, 163, 93, 82, 311, 10), de la flèche ou plus en général du combat (*Rvf* 97, 123, 2, 153, 205, 95), ou encore de la mort (*Rvf* 187, 226). Certains poèmes semblent liés par des motifs naturels (*Rvf* 180, 253, 351, 215, 164, 193, 310, 159). À partir de *Rvf* 121[m] – seul poème n'étant pas un sonnet –, la démarche anthologique apparaît aléatoire et insaisissable, à l'exception, peut-être, des dernières compositions : après quelques poèmes concernant le thème de la mort (*Rvf* 283, 273, 300, 338, 303), les derniers sonnets semblent mettre l'accent sur la mission du poète, respectivement, sur le laurier brisé (*Rvf* 269), sur le *dolce alloro* (*Rvf* 291) et sur l'*amoroso canto* (*Rvf* 292).

À la différence des traducteurs du XVIe siècle, on remarque ainsi chez Catanusi une faible attention pour l'organisation du macrotexte : son organisation fragmentaire est par ailleurs cohérente avec ces pratiques poétiques qui, selon

---

27 Placide CATANUSI, *Œuvres amoureuses de Pétrarque…*, « Aux Lecteurs », f. 12r°.

28 *Ibidem*, f. 4r°–f. 11v°.

29 Placide CATANUSI, *Œuvres amoureuses de Pétrarque…*, « A Monseigneur Le Duc De Montavzier », f. 2v°.

30 *Ibidem*.

31 Voir le commentaire accompagnant le sonnet « Je vous ay offert mille fois mon cœur… » (*Rvf* 21) : cf. « Il voudroit exciter de la compassion en elle, puisqu'ayant refusé le present de son cœur elle sera la cause de son exil, et de sa mort » (Placide CATANUSI, *Œuvres amoureuses de Pétrarque…*, p. 9).

Mélançon, entraîneront la « fin du pétrarquisme »[32] au début du XVIIe siècle. On pourrait donc déceler dans ce projet de traduction les mêmes caractéristiques appartenant à l'éclatement du code pétrarquiste dans les recueils du XVIIe siècle.

> [Les] grandes structures disparaissent au profit d'une invention parcellaire, qui ouvrage avec une minutie myope des détails auxquels nulle organisation d'ensemble ne vient plus conférer, comme chez les poètes du XVIe siècle, un sens plus large. La psychologie pétrarquiste et toute la vision de l'amour qui la sous-tendait s'y perdent au profit d'une du trait isolé[33].

Le goût de l'époque pour l'« invention parcellaire » fait aussi pendant à un changement radical dans les modèles culturels de lecture. À ce sujet, Jean-Marc Chapelain a fait remarquer que les lecteurs·trices du XVIIe siècle commençaient à s'affranchir de « l'idéal d'un savoir encyclopédique » humaniste[34]. Notamment vers la moitié du siècle, la « lecture italianisante »[35] procéderait d'un nouveau « canon bibliographique » lié à l'art de l'entretien, de la conversation et de la « curiosité »[36]. Les œuvres de Catanusi semblent ainsi s'inscrire dans une stratégie éditoriale en accord avec une nouvelle « mondanité », une communauté de lecteurs·trices partageant le goût pour la lecture galante, voire divertissante.

Les très brefs commentaires accompagnant chaque poème répondent bien à ce morcellement de la structure, en traçant les traits d'un « récit » poétique intermittent et erratique qui court d'un épisode à l'autre. Ils sont traduits d'après le volume de Pietro Petracci[37], dont la première édition a été publiée à Venise par Nicolò Misserini en 1624. La ressemblance entre l'édition de Catanusi et le style des éditions de la famille Misserini pourrait faire penser que notre traducteur et son éditeur avaient sous les yeux la troisième édition (Gio. Maria Misserini, 1638), la plus proche de cette époque, avant qu'elle ne soit réimprimée par Guerigli (1651). Il semble douteux que le style baroquisant des deux éditions (éd. Misserini 1638 et éd. Catanusi 1669) – avec leurs lettrines, leurs rinceaux, leurs frontispices, aux volutes extravagantes et aux motifs végétaux, ainsi que la similitude des caractères typographiques – soit fortuit (cf. images 2 et 3).

---

32 Robert Mélançon, « La fin du pétrarquisme français », *passim*.

33 *Ibidem*, p. 265.

34 Jean-Marc Chatelain, *La Bibliothèque de l'honnête homme. Livres, lecture et collections en France à l'âge classique*, Paris, Éditions de la Bibliothèque nationale de France, 2003, p. 28.

35 Massimo Scandola, « Sur les traces de la lecture italianisante à l'Âge classique : les lecteurs français et leurs livres anciens en italien », dans Élise Boillet, Bruna Conconi, Chiara Lastraioli et Massimo Scandola (dir.), *Traduire et collectionner les livres en italien à la Renaissance*, Paris, Honoré Champion, 2020, p. 221–237.

36 Jean-Marc Chatelain, *La Bibliothèque de l'honnête homme*, p. 48–49.

37 Voir *Il Petrarca nuouamente ristampato, e diligentemente corretto. Con brieui argomenti di Pietro Petracci*, Venice, Nicolo Misserini, 1610. On connaît de ce volume trois rééditions vénitiennes à la fin du XVIIe siècle : par Nicolò Misserini (1624), Gio. Maria Misserini (1638) ; li Guerigli (1651).

Image 2

PROEMIO DI TVTTO il canzoniere, nel quale il Poëta si scusa de gli amorosi vaneggiamenti.

Oi ch' ascoltate in rime sparse il suono
Di quei sospiri, ond' io nodriuo il cuore,
In su'l mio primo giouenil errore
Quand' era in parte altr' huom da quel-
chi sono.

Del vario stile in ch'io piango, e ragiono,
Fra le vane speranze e'l van dolore,
Oue sia chi per proua intenda amore,
Spero trouar pietà non che perdono.

Ma ben veggi'hor, si come al popol tutto
Fauola fui gran tempo, onde souente
Di me medesmo meco mi vergogno.

E del mio vaneggiar vergogna e'l frutto
E'l pentir si e conoscer chiaramente
Che quanto piace al mondo e breue sogno.

PREFACE DANS LAQVELLE le Poëte fait ses excuses du déreglement de sa passion.

Vous qui écoutez maintenant ces soûpirs exprimés dans mes vers, qui soulageoient autrefois mon cœur parmy les déreglemens de ma ieunesse, lors que i'estois tout autre que ie ne suis.

Vous, dis-ie, qui m'entendés plaindre en tant de differentes manieres au milieu de mes vaines esperances, & de mes inutiles douleurs : si vous connoissés l'amour par vostre experience, i'espere qu'en lisant mes vers, non seulement vous pardonnerez à la foiblesse de ma passion, mais que vous en serez encore fortement touchés.

Mais ie vois bien presentement, comme i'ay esté pendant long-temps la fable du peuple, dont souuent i'en ay de la confusion en moy-mesme.

Et le fruit de mes folies passées est la honte de les auoir commises, & mesme le repentir & la parfaite connoissance que i'en ay me persuadent que tout ce qui plaist au monde n'est qu'vn songe, qui ne dure qu'vn moment.

A ij

Image 3

L'épître initiale est dédiée à Charles de Sainte-Maure, duc de Montausier (1610–1690)[38], qui deviendra l'un des personnages les plus influents de la cour de Louis XIV, et qui fut initiateur de la fameuse *Guirlande de Julie* (1641)[39], célèbre manuscrit poétique du XVIIe siècle conçu par le duc pour séduire Julie d'Angennes, fille du marquis Charles d'Angennes et de la marquise Catherine de Vivonne, dont les membres du salon (qui se tenait à hôtel de Rambouillet) participèrent à la *guirlande*. Catanusi s'adresse ici à Charles de Sainte-Maure en tant que protecteur des belles lettres et représentant des coutumes les plus galantes du royaume. Le raffinement du Duc est tel que Catanusi l'invite même à parfaire sa « faible version »[40] des *Fragmenta*, car lui-même admet l'avoir « défigurée »[41]. L'apogée dithyrambique et cérémonieuse de l'épître se conclut par une célébration du pouvoir et la munificence du destinataire : Pétrarque trouverait auprès de lui « un appuy encore plus considerable que celuy qu'il trouva autrefois dans l'illustre Maison des Colonnes »[42] et sa richesse comme sa générosité seraient comparables à celles de « Mecene dans la Cour d'Auguste »[43].

On découvre avec surprise, dans l'introduction « Aux lecteurs », que la modestie toute galante de Catanusi fait pendant à son ignorance sur les traductions des *Fragmenta*, car – comme on l'a déjà fait remarquer – il émet l'hypothèse d'être « peut-estre » (f. 11v°) le premier à se lancer dans une telle entreprise. Il nous donne aussi quelques éléments de réflexion sur la traduction en prose, ce qui fait le véritable intérêt de cette édition.

Parmi les ouvrages que Petrarque nous a laissés, ses Poësies tiennent le premier rang, et je suis peut-estre le premier qui les ay traduites en François. J'ay conferé ma traduction avec beaucoup de personnes d'esprit fort intelligents [*sic*] en l'une et l'autre langue, et avec le secours des meilleurs Commentaires, et leurs advis, je croys n'avoir rien fait dire

---

38 Voir *La vie de Monsieur le Duc de Montausier, Pair de France, Gouverneur de Monseigneur Louis Dauphin, ayeul du Roy à present regnant. Ecrite sur les Mémoires de Madame la Duchesse d'Uzès sa fille. Par N****, Paris, Rollin et Gennau, 1729.

39 La *Guirlande de Julie* est un manuscrit conservé à la Bibliothèque nationale de France (Département des manuscrits, NAF 19735). On sait que Julie d'Angennes trouva une copie du manuscrit sur son lit un jour de 1641 (voir Georges Lenotre, *Le Château de Rambouillet, six siècles d'Histoire*, Paris, Calmann-Lévy, 1930 ; réédition, Paris, Denoël, 1984, p. 27–29). La *Guirlande de Julie* fut imprimée pour la première fois en 1729. Sur ce sujet, voir : Denis Lopez, *La Plume et l'Épée, Montausier (1610–1690), position sociale et littéraire jusqu'après la Fronde*, Paris/Seattle/Tubingue, Papers on French Seventeenth Century Literature, 1987, ch. VI, p. 117–41 ; *Id.*, « Guirlande de Julie », dans *Dictionnaire du Grand Siècle*, dir. par François Bluche, Paris, Fayard, 1990, p. 696 ; *Id.*, « Scudéry et la Guirlande de Julie », dans Alain Niderst (dir.), *Les Trois Scudéry*, Actes du Colloque du Havre (1–5 octobre 1991), Paris, Klincksieck, 1993, p. 69–79 ; Jean Lesaulnier, *Images de Port-Royal*, Paris, Nolin, 2002, ch. « Les Arnauld à l'hôtel de Rambouillet », p. 45–62.

40 Placide Catanusi, *Œuvres amoureuses de Pétrarque…*, « A Monseigneur Le Duc De Montavzier », f. 3v°.

41 *Ibidem*, f. 3r°–3v°.

42 *Ibidem*.

43 *Ibidem*.

à cet Autheur dont je ne fusse bien avoué de luy-mesme, s'il revenoit encore une fois au monde. On s'estonnera sans doute de se que je l'ay tourné en Prose : mais n'ay-je pas mieux fait encore de le traduire de cette sorte, que ceux qui estonnez par la difficulté n'ont jamais osé l'entreprendre ny en Prose, ny en Vers, outre que la Prose raisonnable et fidelle vaut bien de méchans Vers éloignez souvent des sentimens de l'Autheur, j'adjoute que ce n'est pas le premier exemple que vous en avez en France, si vous faites reflexion à la traduction du sieur de Marandé de nostre *Pastorfide*, et à celle de Terence par les Messieurs du Port-Royal, et quantité d'autres qui sont estimez, et à la gloire desquelles je serois ravy d'avoir pû aprocher, et puis, à bien considerer les choses, les beaux Vers demandent plus de temps, et plus d'aplication que mes exercices ordinaires ne m'en laissent (f. 11v°–12v°).

Catanusi souhaite donc se rapprocher de la « gloire » de certaines traductions en prose célèbres à cette époque, comme celles des *Comédies* de Terence (1647) réalisées par Isaac-Louis Le Maistre de Sacy (et non par tous les « Messieurs du Port-Royal »[44]), et la traduction du *Pastor fido* (cf. « *Pastorfide* ») de Giovan Battista Guarini (1590)[45] réalisée par Léonard de Marandé (1661)[46] et publiée chez le même éditeur que celle de Catanusi. En effet, selon Catanusi, une traduction en prose « raisonnable et fidelle vaut bien de méchans Vers » (f. 11r°)[47], et représente une manière de respecter les « sentimens de l'Autheur » (f. 11r°).

À partir de ces notions (*fidélité de la prose* et *sentiments de l'auteur*), il est intéressant de réfléchir brièvement – grâce à quelques exemples tirés des études de Roger Zuber[48] – à l'imaginaire qui a pu inspirer les traductions de Le Maistre de Sacy, celles de l'« école » de Port-Royal[49] et, par conséquent, à la sensibilité des traducteur·ice·s en prose de cette époque.

---

44 Catanusi fait bien évidemment référence au premier foyer du jansénisme français à l'abbaye de Port-Royal, et probablement aux frères Antoine Le Maistre, M. Le Maistre de Séricourt et Le Maistre de Sacy, traducteur de la Bible et qui est pourtant le seul à traduire Térence (Gustave Lanson, *Histoire de la littérature française*, Paris, Hachette, 1920, Quatrième partie « Le dix-septième siècle », Livre II « La première génération des grands classiques », p. 450*n*). Pour la traduction de Terence, voir Isaac-Louis Le Maistre de Sacy, *Comédies de Térence traduites en françois avec le latin à costé et rendues très honnestes en y changeant fort peu de chose*, Paris, chez la veuve Martin Durand, 1647.

45 Voir Giovan Battista Guarini, *Il pastor fido. Tragicommedia pastorale*, Venise, Gio. Battista Ciotti, 1590.

46 La première édition connue dans les bibliothèques publiques est Léonard de Marandé, *Il Pastor fido, ou le Berger fidelle, comédie du sieur Guarini, nouvellement traduit d'italien en françois*, Paris, Loyson, 1661.

47 On peut émettre l'hypothèse, d'après cette phrase, que notre traducteur connaissait quelques traductions en vers de Pétrarque.

48 On cite sa principale étude sur les traductions en prose au XVIIe siècle. Voir Roger Zuber, *Les "Belles infidèles" et la formation du goût classique : Perrot d'Ablancourt et Guez de Balzac*, Paris, Arman Colin, 1968, ch. IV « Crise du genre », § II « Les règles, hantise des traducteurs jansénistes », p. 109–118.

49 Zuber ne s'occupe pas de Catanusi mais, comme il le fait remarquer (*ibidem*, p. 110*n*), Sainte-Beuve, dans son *Port-Royal* (1840–1859), sans les considérer comme formant une

Bien qu'il se méfie parfois de la paraphrase[50], Sacy traduit en prose et son geste traductif peut se rapprocher de celui d'Antoine Arnauld, en ce qu'ils cherchent tous les deux, selon Zuber, à « transformer en règle cet appel intérieur au respect religieux du texte »[51]. Arnauld souhaite ainsi trouver un juste équilibre entre « la fidélité qui conduit à l'asservissement, et la liberté qui mène à la licence »[52]. Voici comment il s'exprime sur ces « deux extremitez » :

> L'une est une liberté qui degenere en licence, et qui rend le Traducteur semblable à un Peintre, qui voulant representer le visage d'un homme en fait un tout different selon son imagination et sa fantaisie : et l'autre est un assujettissement qui degenere en servitude, et qui rend la Traduction semblable au modele qu'elle a voulu exprimer, comme un homme mort est semblable à un homme vivant[53].

Tout comme Arnauld, notre traducteur italianiste cherche un « assujettissement » souple à la *lettre*, sans vouloir faire l'effort, ni prendre le risque, de « naturalizer » (f. 12r°) le texte-source. La garantie de fidélité, selon Catanusi, semble bien être, en effet, la vertu de la traduction en prose.

> Dans cette traduction je me suis assujety à la lettre autant qu'il m'a esté possible : mais en certaines rencontres j'ay suivy seulement la pensée de l'Autheur, sans m'assujettir à des termes qui auroient paru barbares en vostre langue, et que je n'ay pas assés de reputation dans le monde pour pouvoir naturalizer (f. 12r°).

On remarque ici l'usage du terme *lettre*, relevant d'une méconnaissance des discours sur la traduction développés tout au long du XVIe siècle, ainsi que d'une certaine adhésion aux théories de l'époque. On comparera par exemple l'usage de ce

---

« école », étudie les traducteurs jansénistes. Voir Sainte-Beuve, *Port-Royal* (1840–1859), 3 vol., éd. Maxime Leroy, Paris, Gallimard, 1953–1955. Parmi les traducteurs étudiés par Saint-Beuve, deux sont probablement les traducteurs cités par Catanusi : Antoine Le Maistre (*ibidem*, t. I, 526–527, 652, 693 et 755) et Isaac-Louis Le Maistre de Sacy (*ibidem*, t. I, p. 766–768, 796–799 et 805).

50 Zuber fait remarquer (*Les "Belles infidèles"…*, p. 114) que le *Saint Prosper* (1655) de Sacy est « non une paraphrase de ce Poëme, ce qui m'eust esté sans comparaison plus facile, parce qu'elle m'eust laissé la liberté de suivre mes pensées, et de les allier avec celles de ce Père : mais une Version aussi exacte qu'elle pourroit estre, en gardant les regles les plus estroittes de cet Art, pour ce qui regarde la traduction des vers Latins en des vers François » (Isaac-Louis Le Maistre de Sacy, *Poème de S. Prosper contre les ingrats, Traduit en vers & prose. Troisiesme édition. En laqvelle on a adiovsté l'excellente Lettre du mesme S. à Ruffin. Avec vn abregé de tovte sa doctrine touchant la Grace & le libre arbitre, tiré de ses autres ouurages. Le tout en latin & en françois*, Paris, chez la Veuve Martin Durand, 1655, f. 5r°).

51 Roger Zuber, *Les "Belles infidèles"…*, ch. IV « Crise du genre », § II « Les règles, hantise des traducteurs jansénistes », p. 116 (voir aussi p. 117 et *passim*). Sur Sacy et Arnauld, voir aussi Muntéano Basil, « Port-Royal et la stylistique de la traduction », *Cahiers de l'Association internationale des études francaises*, n° 8, 1956, p. 151–172.

52 *Ibidem*, p. 109–117.

53 Il s'agit d'un extrait de l'introduction à Louis Isaac Le Maistre De Sacy, *Poeme de S. Prosper contre les ingrats. Traduit en vers et prose*, Paris, Chez la veuve Martin Durand, 1650. L'extrait est cité dans Roger Zuber, *Les "Belles infidèles"…*, ch. IV « Crise du genre », § II « Les règles, hantise des traducteurs jansénistes », p. 117.

terme dans les arguments de Catanusi et dans ceux d'Arnauld qui, dans son « Avis aux lecteurs », en introduction à sa traduction des *Confessions de S. Augustin* (1649), déclare son désir de s'éloigner

> de telle sorte de cette basse servitude qui en s'attachant trop aux mots et à la lettre fait des copies difformes et monstrueuses des plus beaux originaux, en pensant les leur rendre plus semblable ; que je ne tombasse pas dans une autre extremité qui n'est pas moins vitieuse, qui est de se donner la liberté d'adjoûter et de retrancher aux sens des auteurs sous pretexte de les faire parler plus elegamment[54].

Si Arnauld se méfie d'une traduction littérale, Catanusi pour sa part, tantôt cherche un « assujettissement » souple à la lettre, tantôt préfère traduire « la pensée de l'Autheur » (f. 12r°). Quoi qu'il en soit, pour Arnauld comme pour Catanusi, la traduction en prose reste une manière de trouver un juste milieu pour ne pas tomber dans l'« infidélité ».

L'imaginaire de notre traducteur relève ainsi à la fois d'un loisir lettré[55] et aussi d'un souci de « professionnalisme », et peut-être même d'une visée pédagogique[56]. Sa posture diffère pourtant de celles de ses prédécesseurs. D'Avost – premier traducteur qui a adopté le texte en regard ainsi qu'un éthos comparable à celui de Catanusi – entendait encore « Francoiser »[57] la langue de Pétrarque, l'acclimater à la *nature* de sa langue maternelle (donc la « naturalizer »), alors que notre traducteur entreprend une démarche radicalement différente : *a*) il écrit dans une langue qui n'est pas sa langue maternelle ; *b*) il aspire à la gloire littéraire ; *c*) il semble considérer sa traduction à la fois comme un exercice littéraire et comme outil de service qui doit aider les lecteurs·trices à revenir au texte original.

Bien que l'inspiration galante du paratexte puisse nous faire songer à une traduction vertueuse et créative, l'imaginaire qui inspire cette version semble être celui de la *transparence*[58]. Catanusi, qui espère se rapprocher de la gloire des plus

---

54 Antoine ARNAULD, *Les Confessions de S. Augustin, traduites en françois par Monsieur Arnauld d'Andilly. Seconde édition*, Paris, J. Camusat et P. Le Petit, 1649, f. 3v°–f. 4r°.

55 Cf. « les beaux Vers demandent plus de temps, et plus d'aplication que mes exercices ordinaires ne m'en laissent » (Placide CATANUSI, *Œuvres amoureuses de Pétrarque*, f. 11v°–12v°).

56 On rappellera le passage de la première *Instruction à la langue italienne* (1667) dans lequel Catanusi parle de sa manière de traduire comme « le veritable moyen d'apprendre une langue suivant les reigles de la Grammaire sans qu'il y paroisse » pour instruire les élèves « tout de mesme, que si vous estiez dans le pays » (Placide CATANUSI, *Instruction à la langue italienne pour l'apprendre sans les Regles de la Grammaire*, 1667, p. 26–27).

57 Jérôme D'AVOST, *Essais sur les sonnets du divin Pétrarque* [1584], éd. Cameron et Constable (1974), p. 3.

58 Ce n'est pas une notion nouvelle en traductologie. Solange Arber en a longuement illustré la fortune lors d'un colloque récent (*The imaginaries of translation / Les imaginaires de la traduction*, organisé avec la collaboration de l'Université Sorbonne-Nouvelle, l'Université Paris-Nord et Université de Gand, 2017), voir : Solange ARBER, « Traduire "sous verre" ou "à la vitre" : l'imaginaire de la transparence en traduction », dans Christina BEZARI, Thomas VUONG et Riccardo RAIMONDO (dir.), *Les imaginaires de la traduction – The imaginaries of translation*, numéro spécial de la revue *Itinéraires*, n° 2018/2–3 (2019) [*en ligne* : journals.openedition.org/itineraires]. Arber dresse un bilan des plus importants imaginaires de la transparence dans les discours sur la traduction, depuis Chateaubriand qui affirmait avoir « calqué le poème de Milton

célèbres traductions en prose de l'époque, vise à s'effacer derrière une paraphrase qui suit la plus proche possible de « la pensée de l'Authour » (f. 12r°). Les lecteurs·trices ne sauraient apprécier la poésie qu'en revenant au texte original. Pour Catanusi la traduction ne serait alors qu'un prisme transparent à travers lequel projeter la matière sémantique du texte-source sur le texte-cible.

Les *Sonetti di Petrarca*

Le texte italien est donc le véritable protagoniste de cette édition : le geste traductif de Catanusi le suit de très près avec une révérence presque pédantesque, et ce faisant, le paraphrase, le développe, l'explique, le précise, mais aussi parfois le banalise, comme en témoigne le sonnet « Vous qui écoutez maintenant ces soûpirs » (*Rvf* 1).

[COMMENTAIRE : Proemio di tutto il canzoniere, nel quale il Poëta si scusa de gli amorosi vaneggiamenti]	[COMMENTAIRE :] Preface dans laquelle le Poëte fait ses excuses du déreglement de sa passion.
Voi ch' ascoltate in rime sparse il suono Di quei **sospiri**, ond'io nudrivo 'l cuore, In su'l mio primo **giovenil errore** Quand'era in parte altr' huom da quel che sono. Del vario stile in ch'io piango, e ragiono, Fra le **vane speranze** e'l van dolore, Ove sia chi **per prova intenda amore**, **Spero trovar pietà, no che perdono.** Ma ben veggi'hor, sì come al popol tutto Favola fui gran tempo, onde sovente Di me medesmo meco mi **vergogno.** E del mio **vaneggiar** vergogna e'l frutto E'l pentirsi e conoscer chiaramente Che quanto piace al mondo è breve sogno.	Vous qui écoutez maintenant ces **soûpirs** exprimés dans mes vers, qui soulageoient autrefois mon cœur parmy les **déreglemens de ma jeunesse**, lors que j'estois tout autre que je ne suis. Vous, dis-je, que m'entendés plaindre en tant de differentes manieres au milieu de mes **vaines esperances**, et de mes **inutiles douleurs : si vous connoissés l'amour par vostre experience, j'espere qu'en lisant mes vers, non seulement vous pardonnerez à la foiblesse de ma passion, mais que vous en serez encore fortement touchés.** Mais je vois bien presentement, comme j'ay esté pendant longt-temps la fable du peuple, dont souvent j'en ay de la **confusion** en moy-mesme. Et le fruit de mes **folies** passées est la honte de les avoir commises, et mesme le repentir et la parfaite connoissance que j'en ay me persuadent que tout ce qui plaist au monde n'est qu'un songe, qui ne dure qu'un moment.
ABBA ABBA CDE CDE *hendécasyllabe* [*Rvf* 1, éd. Catanusi 1669, p. 2]	[Catanusi, *Œuvres amoureuses*, 1669, « Vous qui écoutez maintenant ces soûpirs » (p. 3)]

Dans sa tentative de suivre la *lettre* et d'illustrer le texte italien avec soin et dans les moindres détails, notre traducteur laisse pourtant quelques zones vides, comme pour le terme « *sparse* » (v. 1), ou encore il semble traduire hâtivement : « *quand'era in parte altr'huom da quel che sono* » et « lors que j'estois *tout autre* que je ne suis »

à la vitre » jusqu'au traducteur allemand Elmar Tophoven qui entrevoyait la possibilité d'une traduction « sous verre », en passant par Walter Benjamin, Georges Mounin, Lawrence Venuti et Antoine Berman (*ibidem*). Pour la notion de « traduction transparente », voir Elmar TOPHOVEN, « La traduction transparente » [1985], traduction de Jean Malaplate, *Translittérature*, n° 10, 1995, p. 19-27.

(notre italique). Quand le texte-source est très clair, il ajoute des connotations ou bien appauvrit le langage : cf. « *giovenil errore* » et « déreglemens de ma jeunesse »[59] ; « *van dolore* » et « inutiles douleurs ». Quand les vers pétrarquiens sont plus obscurs, il cherche à éclaircir le texte comme s'il en faisait une glose : « *Ove sia chi per prova intenda amore, / Spero trovar pietà, no che perdono* » et « si vous connoissés l'amour par vostre experience, j'espere qu'en lisant mes vers, non seulement vous pardonnerez à la foiblesse de ma passion, mais que vous en serez encore fortement touchés ». Cette volonté de simplification, voire de schématisation, fait courir le risque d'une banalisation du texte-source, ou à tout le moins d'un appauvrissement de ses connotations : cf. « *Di me medesmo meco mi vergogno* » et « j'en ay de la confusion en moy-mesme » ; « *vaneggiar* » et « folie ».

Malgré sa fidélité à la « lettre » et son attention toute tournée vers la « pensée » de l'auteur, il s'accorde parfois quelques figures de style ou s'abandonne à quelques notes poétiques, comme dans « Si malgré les tourments » (*Rvf* 12).

[COMMENTAIRE : Si lamenta di non poter iscoprire i suoi affanni in gioventù, e spera di farlo quando ella sarà invecchiata]

Se la mia vita dall'aspro tormento
Si può tanto schermire, et dagli affanni,
Ch'i' veggia per vertù degl'ultimi anni
Donna, de bei vostri occhi il lume spento,
E i cape' d'oro fin farsi d'argento,
E lassar le ghirlande, e i verdi panni,
E'l viso scolorir, che ne' miei danni
A lamentar mi fà pauroso, e lento.
Pùr mi darà tanta baldanza Amore,
Ch'i vi discovrirò de' mei martiri
Quai sono stati gl'anni, i giorni, e l'hore.
E se il tempo é contrario a' bei desiri,
Non fia ch'almen non giunga al mio dolore
Alcun soccorso di tardi sospiri.

ABBA ABBA CDC DCD
hendécasyllabes
[*Rvf* 12, éd. Catanusi 1669, p. 6]

[COMMENTAIRE :] Il se plaint de ne pouvoir découvrir ses maux pendant la jeunesse de sa Maistresse, et il espere de le faire sur le declin de son âge.

Si malgré les tourments, et les travaux que j'ay soufferts jusques icy je puis prolonger mes jours, et avoir le plaisir de voir la lumiere de vos beaux yeux s'esteindre sur le declin de vostre âge.
L'or de vos cheveux se changer en argent, vos guirlandes se fletrir, vos habits n'estre plus de saison, et enfin ce beau visage se ternir, ce visage qui me rend maintenant si craintif, que je n'ose ouvrir la bouche pour me plaindre. Si je suis assez heureux pour vivre jusques-là, ce sera alors que mon amour osera vous découvrir quelle a esté la durée de mon martyre.
Mais si mes souhaits ne sont pas accomplis, au moins qu'il ne m'arrive pas pour surcroist de douleur, que vous me refusiez quelque leger soûpir.

[Catanusi, *Œuvres amoureuses*, 1669, « Si malgré les tourments » (p. 7)]

Catanusi semble chercher ici une sorte de rythme et de musicalité à partir du deuxième quatrain. Il se sert par exemple de quelques rimes ou assonances (« fletrir » : « ternir » ; « découvrir » : « martyre ») pour créer des effets de cadence,

---

59 On confrontera l'expression « déreglemens de ma jeunesse » avec celle utilisée dans le commentaire « déreglement de sa passion ». Les deux solutions relèvent d'un imaginaire passionnel qui pourrait faire penser au geste traductif de Peletier. En réalité, il s'agit plus probablement d'un thème véhiculé, à cette époque, par le travail de Jacques Ferrand, un médecin d'Agen, qui interprète la conception pétrarquienne de la mélancolie comme « mélancolie érotique ». On rappelle : Jacques FERRAND, *De la Maladie d'amour ou mélancolie érotique, passim* ; Jean BALSAMO, *Les rencontres des muses*, p. 225–228.

ou il cache des alexandrins dans sa prose (cf. « qu'il ne m'arrive pas pour surcroist de douleur, / que vous me refusiez quelque leger soûpir »).

On peut émettre l'hypothèse de la présence chez notre traducteur de velléités poétiques au moment de la conception de cet ouvrage et d'une volonté de se greffer sur la tradition d'un néo-pétrarquisme « galant »[60]. Dans l'épître « A Monseigneur le duc de Montavzier », il considère que Pétrarque

> doit à ce pays ce qu'il a fait de plus galant : il a puisé dans Vos sources ses expressions les plus tendres ; et ayant preferé autrefois les solitudes de la France à la Cour des Princes d'Italie, il ne faut point douter qu'il ne preferât maintenant le langage François à celuy qui luy étoit naturel. (f. 3r°)

Les propos exprimés dans le paratexte relèvent ainsi de l'aspiration à une forme de « galanterie », un idéal d'élégance et préciosité[61] (notamment dans le rapport aux femmes[62]) qui implique une esthétique supposant à la fois « un refus du sérieux »[63] et « un jeu conscient, distancié et intellectualisé, et donc dépassionné, qui s'affranchit de tout sentiment réellement éprouvé »[64]. Cette version nous offrant un Pétrarque appauvri, voire « banalisé », Catanusi pourrait ainsi être considéré comme l'équivalent traductionnel de cet « affadissement du pétrarquisme »[65] caractérisant le XVIIe siècle. Comme l'a fait remarquer Mélançon,

---

60 Pour cette notion, voir : Alain Génetiot, *Poétique du loisir mondain, de Voiture à La Fontaine*, Paris, Champion, Paris, 1997, ch. III « Les représentation de l'amour et l'esthétique galante », § I.1 « De la courtoisie au néo-pétrarquisme » (p. 183–185), § III.1–3 (p. 226–272). Pour une définition de la galanterie, citons aussi quelques études qui ont nourri les recherches de Génetiot (1997) : Roger Duchêne, *Madame de Sévigné et la lettre d'amour*, Paris, Bordas, 1970, p. 36–66 et *passim* ; Micheline Cuénin, *Roman et société sous Louis XIV*, Paris, Champion, 1979, p. 329–391 ; Jean-Michel Pelous, *Amour précieux, amour galant (1654–1675)*, Paris, Klincksieck, 1980 ; Alain Viala, *L'Esthétique galante*, Toulouse, Société de littératures classiques, 1989 ; Emmanuel Bury, « Galanterie », dans Alain Montandon (dir.), *Dictionnaire raisonné de la politesse*, Paris, Seuil, 1995, p. 417–424.

61 On rappellera la mode littéraire de la « préciosité » dans la France du XVIIe siècle (voir René Bray, *La Préciosité et les précieux*, Paris, Albin Michel, 1948). Un exemple paradigmatique de ce mouvement est représenté par la *Carte du Tendre* – illustrant un pays imaginaire décrit dans le roman *Clélie, histoire romaine* de Madeleine de Scudéry (10 vol., Paris, A. Courbé, 1656–1660) – qui devint une « représentation topographique et allégorique de la conduite et de la pratique amoureuse » [Pascal Mougin et Karen Haddad-Wotling (dir.), *Dictionnaire mondial des littératures*, Paris, Larousse, 2002, p. 803].

62 D'après le *Dictionnaire universel* (La Haye, A. et R. Leers, 1690) d'Antoine Furetière [*en ligne* : furetière.eu], le mot *galanterie* « se dit aussi de l'attache qu'on a à courtiser les Dames », le terme *galant* « se dit aussi d'un homme qui a l'air de la Cour, les manieres agreables, qui tâche à plaire, & particulierement au beau sexe ».

63 *Ibidem*, p. 226.

64 *Ibidem*, p. 243.

65 Yvonne Bellenger, « L'amour "moins qu'honnête" et les impolitesses amoureuse », *Franco Italica*, n° 15–15, 1999, p. 358 et *passim*.

> Les divers aspects du pétrarquisme renaissant seront […] réunis dans le même discrédit […] Même si certains de ses éléments survivent, le code pétrarquiste de la poésie amoureuse renaissante disparaît comme tel au début du XVIIe siècle, remis en question d'une part par (ce que je me résous à nommer ainsi faute d'autre terme) la dépense maniériste, d'autre part la parodie satyrique.
>
> À la charnière des deux siècles, le feu d'artifice maniériste défait le pétrarquisme de l'intérieur, en poussant à bout ses conventions[66].

À l'unisson de cette « liquidation du pétrarquisme renaissant »[67], Catanusi oscille entre une posture galante et un souci de simplification, entre une velléité savante et une volonté de vulgarisation. Cet imaginaire fait aussi pendant au mythe d'un « Pétrarque national »[68], esquissé par Philieul[69] et finalement inauguré par Sade[70], un mythe qui aura beaucoup de succès tout au long du XIXe siècle : non plus le poète italien « françoisé », mais un poète *véritablement* français.

Le projet de Catanusi nous donne enfin des pistes de réflexions sur la réception des *Fragmenta* au XVIIe siècle, ainsi que sur l'histoire de ses traductions en prose. L'histoire éditoriale de cette version est tantôt signalée dans des dictionnaires savants, des « manuels » pour bibliophiles[71] ou des catalogues « mondains »[72], tantôt elle devient l'exemple d'une traduction « très-médiocre »[73]. Elle est enfin considérée

---

66 Robert MÉLANÇON, « La fin du pétrarquisme », p. 260–261.

67 *Ibidem*, p. 266.

68 Jennifer RUSHWORTH, *Petrarch and the Literary Culture on Nineteenth-Century France*, « Introduction : Local History, Local Stories », § « Temporal and Geographical Parameters », § « The French Petrarch », § « The French beloved », p. 7–30 et *passim*.

69 Cf. « Aussi Pétrarque aura nouveau renom / Quand il sera Françoys dessoubz ton nom » (Vasquin PHILIEUL, *Toutes les euvres vulgaires…*, p. 4).

70 Cf. « Que diriez-vous, si on osoit vous disputer Pétrarque ? […] Il s'agit à présent de sçavoir, si un homme de Lettres n'appartient pas plus au Pays où il a été élevé, formé, instruit, où il a composé ses meilleurs Ouvrages, qu'à la terre où il a reçu et quitté la vie. C'est un problème que je vous laisse à résoudre. Je me garderois bien de dire sur cela ce que je pense : je craindrois d'exciter votre courroux, en vous enlevant un des plus grands ornements de votre patrie » (Jacques de SADE, *Œuvres choisies de François Pétrarque…*, 3 vol., t. I, p. LXXI–LXXII).

71 Voir les brèves notices suivantes : Jacques George DE CHAUDEPIE, *Nouveau dictionnaire historique et critique, pour servir de supplement ou de continuation au Dictionnaire historique et critique de M*. *Pierre Bayle. Tome Troisième. I–P.*, Amsterdam (« chez Z. Chatelain, H. Uytwerf, F. Changuion, J. Wetstein, P. Mortier, Arkste'e et Merkus, M. Uytwerf et M. M. Rey »), Hate (« chez Pierre de Hondt »), 1753, p. 127n ; Jacques-Charles BRUNET, *Manuel du Libraire et de l'amateur de livres*, t. III, 4e éd., Paris, Silvestre, 1843, p. 706.

72 Voir la *Bibliographie des ouvrages relatifs à l'Amour, aux Femmes, au Mariage et des livres facétieux, pantagruéliques, scatologiques, satyriques, etc.*, par M. le C. d'I***, tome VI (Perfection-Zwei), 3e éd., San Remo/Londres, J. Gay et Fils/Bernard Quaritch, 1873, p. 26.

73 Philibert LE DUC, *Les sonnets de Pétrarque : Traduction complète en sonnets réguliers avec introduction et commentaire par Philibert Le Duc*, 2 vol., Paris, L. Willem, 1877–1879, t. I, p. XIXn.

comme un support donnant une « facile intelligence du texte qui est en regard »[74], ou comme une version poussiéreuse qu'il faut moderniser et dont l'auteur ne vaut pas la peine d'être cité[75]. Il faudra attendre la version de Ferdinand de Gramont (1842)[76] pour qu'une traduction en prose des *Fragmenta* se voie reconnaître une vraie dignité littéraire et auctoriale.

---

74 Voir par exemple l'« Avertissement » anonyme dans *Les œuvres amoureuses de Pétrarque : sonnets, triomphes, traduites en français avec le texte en regard et précédées d'une notice sur la vie de Pétrarque par P. L. Ginguené*, Paris, Garnier Frères, 1875, p. I–III.

75 Philibert Le Duc fait remarquer que la traduction de Catanusi a été reprise, sans citer la source, pour une édition publiée chez Garnier (Paris, 1875) et accompagnée d'une introduction de Pierre-Louis Ginguené (1748–1815). Il attribue ce procédé de réédition à la seule maladresse de l'éditeur : « Le nom du traducteur est exclu du titre et de l'avertissement, mais celui de Ginguené se trouve placé au frontispice, de manière à faire croire qu'il est l'auteur de la traduction » (Philibert Le Duc, *Les sonnets de Pétrarque...*, t. I, p. XIX*n*).

76 Ferdinand de Gramont, *Poésies de Pétrarque, sonnets, canzones, triomphes*, Paris, Paul Masgnana Librairie-Éditeur, 1842. On remarquera que cette traduction complète en prose, réimprimée dans la collection « Poésie Gallimard » (préface et notes de Jean-Michel Gardair, Paris, 2007) est l'une des plus répandues aujourd'hui. Pour cette édition, Gardair a adapté l'ancienne traduction à l'état moderne de la connaissance du texte, en supprimant les titres choisis par Gramont, et en redisposant l'ensemble selon l'ordre et la numérotation qu'on connaît.

Chapitre X

Les imaginaires fondateurs (XVIe–XVIIe siècles)

Imaginaires et traditions traductionnelles

La partie historique de cette étude a voulu montrer les modes par lesquels les divers imaginaires de la traduction française des *Fragmenta* se sont formés, et en partie cristallisés, à partir des premiers traducteurs. Ces imaginaires influencés par différentes sources (notamment les commentaires italiens) forment un paradigme souple, car chaque traducteur, au moyen d'une interprétation personnelle, a été l'initiateur d'un imaginaire traductionnel et/ou a puisé à l'un des imaginaires déjà existants. Dans ce deuxième cas, on pourrait donc parler de tradition(s) traductionnelle(s), en entendant désormais par ce terme la manière dont les imaginaires traductionnels se transmettent d'un·e traducteur·ice à l'autre au moyen d'une reprise de modes et d'usages qui sont à la fois linguistiques et translinguistiques, et qui concernent aussi bien les aspects formels que les aspects conceptuels.

Les formes, les traditions et les imaginaires déclinés à l'intérieur de notre paradigme n'ont donc pas un caractère figé : des éléments divers peuvent coexister à différents moments d'un projet traductionnel. Grâce à ces prémisses, on peut distinguer les principaux imaginaires qui ont influencé les traductions des *Fragmenta* entre le XVIe et le XVIIe siècle. Conformément à notre théorie des imaginaires de la traduction, il devient possible de les organiser en trois catégories majeures au moyen d'une « Carte des imaginaires » : les imaginaires des traducteurs·trices, les imaginaires du traduire et les imaginaires culturels.

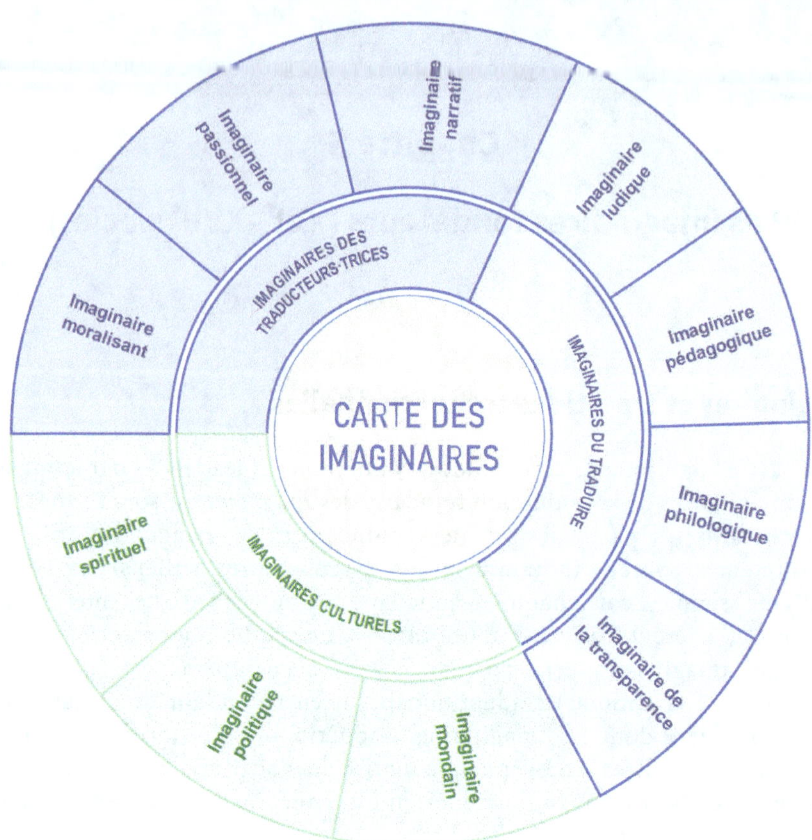

Carte des imaginaires. Réalisé grâce à *Edraw MindMaster Pro*.

Trois imaginaires concernent notamment le geste traductif, le projet de traduction, ainsi que les orientations des premiers traducteurs et affectent les diverses interprétations de la poésie pétrarquienne. Ces imaginaires permettent ainsi d'émettre des hypothèses sur la psychologie des traducteurs, sur les sentiments et les idées que la poésie pétrarquienne leur aurait inspirés. C'est pourquoi les trois imaginaires suivants peuvent être considérés non seulement comme des **imaginaires des traducteurs·trices**, mais aussi comme des « imaginaires pétrarquistes » au sens large :

- **Un imaginaire « moralisant »** ou « anti-érotique », inauguré par le traducteur évangélique Marot et repris, sous une autre forme, dans les traductions de Du Tronchet, celles qui relèvent d'un certain « dolorisme » pénitentiel.

- **Un imaginaire « passionnel »**, inauguré par Peletier et influencé par les connaissances médicales, théologiques et ésotériques dont ce traducteur pouvait disposer. Du Tronchet adoptera cet imaginaire dans la plupart de ses traductions et Baïf en fera la marque de son érotisme élégant et néo-platonicien dans ses traductions comme dans ses imitations pétrarquisantes.

- **Un imaginaire « narratif »**, ou bien biographique, qui trouve son fondement dans la première traduction complète de Philieul puis dans celle de Maldeghem, et qui valorise les aspects anecdotiques et diégétiques de l'« épopée amoureuse » pétrarquienne. Catanusi s'inscrit aussi en partie dans cette tradition en ce qu'il souhaite rendre la « pensée de l'auteur », par son geste traductif transparent comme par ses brefs commentaires. C'est sur cet imaginaire narratif que peut se greffer aussi un **imaginaire intime**, au moyen de l'identification du traducteur au récit biographique, comme c'est le cas pour Maldeghem.

Les quatre autres imaginaires de la traduction décrivent en partie la visée des premiers traducteurs, le public auquel ils s'adressent (peut-être l'horizon d'attente de ce dernier), mais notamment l'approche de la traduction du Canzoniere en tant que genre littéraire et livre-modèle. Puisqu'ils décrivent un geste traductif plutôt que l'interprétation de l'œuvre, on les définit comme des **imaginaires du traduire** qui se déclinent ainsi :

- **Un imaginaire « ludique »**, conçu par Du Tronchet, qui fait du chansonnier un objet mondain et divertissant tout en remettant en cause le statut du texte et en mélangeant plusieurs genres littéraires. Par le goût de la contrainte formelle, on peut aussi considérer comme ludique le geste traductif de Maldeghem qui s'impose une véritable discipline poétique proche d'une certaine conception de la littérature que l'on retrouve aujourd'hui, par exemple, dans l'Oulipo[1].

- **Un imaginaire « pédagogique »**, qu'on retrouve à partir de d'Avost, c'est-à-dire de la première traduction avec texte en regard. Non seulement l'usage, mais la conception même de la traduction change. Elle assume désormais le rôle de « support » du texte-source. Cet imaginaire est partagé aussi, de manière différente, par Maldeghem puis en partie par Catanusi, et est influencé par un « professionnalisme » de la traduction qu'on retrouve *in nuce* chez Peletier.

- **Un imaginaire « philologique »**, qui apparaît chez d'Avost et se développe pendant toute la seconde moitié du XVIe siècle pour trouver enfin son expression la plus accomplie dans le projet de Maldeghem.

- **Un imaginaire de la « transparence »**, dans lequel la version du traducteur peut apparaître comme outil de support au texte-source (comme pour l'imaginaire pédagogique) et peut avoir tendance à « disparaître » derrière son modèle. La traduction devient ainsi une simple « paraphrase » de la pensée de

---

1   On sait que parmi les fondateurs de l'Oulipo figure un spécialiste de la poésie de la Renaissance, Albert-Marie Schmidt (1901–1966) ; aujourd'hui, c'est Jacques Roubaud (auteur d'une thèse d'État consacrée au sonnet de Marot à Malherbe) qui remplit ce rôle d'expert des formes poétiques au sein de l'Oulipo. Sur ce sujet, voir : Thomas VUONG, « Albert-Marie Schmidt », dans « Répertoire des études dix-neuviémistes », *Centre Jacques-Seebacher* [*en ligne* : test-seebacher.lac. univ-paris-diderot.fr/repertoire] ; Camille BLOOMFIELD, *Raconter l'Oulipo, 1960–2000 : histoire et sociologie d'un groupe*, Paris, Champion, 2017, *passim*.

l'auteur, une glose de ses concepts. Nous avons voulu trouver la genèse de cet imaginaire dans la traduction de Catanusi.

À ces sept imaginaires qui sont propres à la traduction des *Fragmenta*, il faut ajouter l'influence de différents **imaginaires culturels** qui ont pu les influencer. Parmi eux, on peut en identifier au moins trois principaux :

- **Un imaginaire spirituel**, qui a joué un rôle crucial dans l'interprétation « anti-érotique » de Marot, traducteur « évangélique », et en partie dans l'édition de Du Tronchet, influencé par la lecture pénitentielle du commentateur Gesualdo.

- **Un imaginaire politique**, dont on a pu mesurer les enjeux non seulement dans les aspirations courtisanes de Marot et de Philieul, mais aussi dans le projet transnational de Maldeghem.

- **Un imaginaire mondain**, qui anime les paratextes de l'édition « ludique » de Du Tronchet, les dédicaces des œuvres de d'Avost comme de celles de Catanusi. Au XVIIe siècle, on peut aussi parler d'imaginaire « **galant** » spécifiquement : il coïncide avec la fin du premier pétrarquisme français. Cet imaginaire influence en partie le projet éditorial de Catanusi, notamment son paratexte : il s'agit en fait d'une version en prose « facile » qui, d'une part, relève d'une pose « galante » et néo-pétrarquisante, d'autre part, banalise et appauvrit la complexité de son modèle.

Pour résumer l'influence de ces imaginaires, on propose ci-dessous aux lecteurs·trices un tableau récapitulatif sur les traducteurs du Corpus principal (XVIe et XVIIe s.), listés en ordre chronologique. Le tableau montre l'influence des imaginaires dans les projets de chaque traducteur à travers des mots clés faisant référence aux caractéristiques principales des traductions étudiées.

		CORPUS PRINCIPAL (XVIᵉ-XVIIᵉ s.)							
		MAROT (1534-1539 c.)	**PELETIER** (1547)	**PHILIEUL** (1548-1555)	**BAÏF** (1555-1587 c.)	**DU TRONCHET** (1572)	**D'AVOST** (1584)	**MALDEGHEM** (1606)	**CATANUSI** (1669)
Imaginaires des traducteurs·trices	**Moralisant**	Poésie anti-érotique				Dolorisme repentance, métanoïa			
	Passionnel		Savoirs médicaux et ésotériques		Sensualité élégante	Tendresse	Thèmes érotiques		
	Narratif			Anecdotes, mythes, thèmes		Récit d'amour		Récit biographique	« Pieces choisies »
Imaginaires du traduire	**Ludique**					Genres divers, anagrammes		Contraintes formelles	
	Pédagogique						*Lectio facilior*, texte en regard		Prose facile, texte en regard
	Philologique						« Doctes expositions »	Variété des sources	
	Transparence								Prose facile, « pensée de l'auteur »
Imaginaires culturels	**Spirituel**	Évangélisme	Catholicisme, néo-platonisme		Néo-platonisme	Christianisme pénitentiel			
	Politique	*Translatio imperii*		Mariage *françoy*-florentin			« Françoiser »	Projet transnational	
	Mondain	Courtisanerie		Aspirations courtisanes			« Françoiser »		« Naturalizer »

→ On met entre guillemets les termes employés par les traducteurs·trices.

On peut aussi visualiser ces données sous la forme d'un digramme de flux (diagramme 1), qui montre, grâce à des vagues colorées, l'irradiation des imaginaires pour chaque traducteur mais aussi leurs gradients d'influence selon qu'ils sont plus ou moins présents dans le Corpus principal (XVIe et XVIIe s.). Pour ce faire, on regroupe et simplifie certaines catégories, propres aux caractéristiques de chaque projet traductionnel, pour faciliter la visualisation et l'interprétation du digramme.

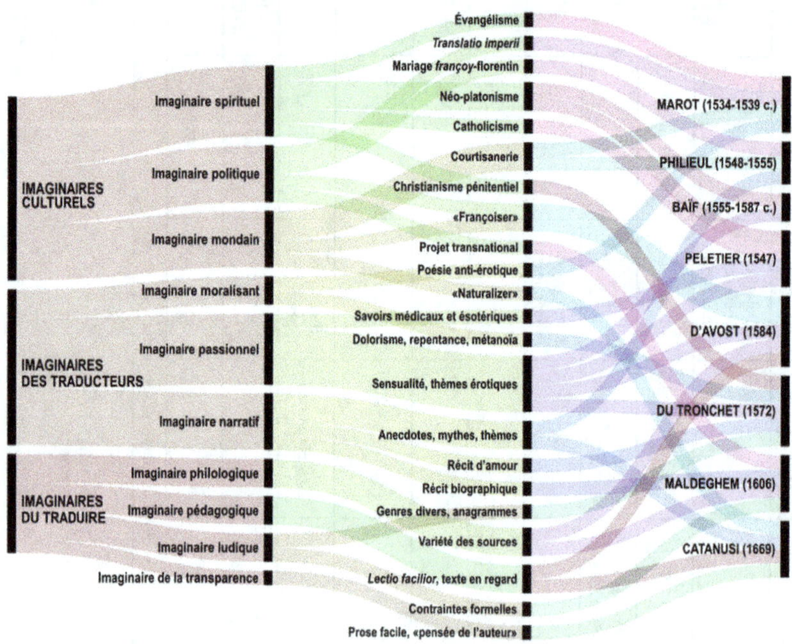

Diagramme 1 (Corpus principal). On met entre guillemets les termes employés par les traducteurs. Réalisé grâce à *RAWGraph* et personnalisé au moyen de *Inkscape*.

Ce diagramme permet de visualiser les différentes catégories d'imaginaires tout en montrant leurs « gradients d'influence » selon les catégories choisies. Chaque flux se diversifie ainsi en plusieurs branches selon les spécificités de chaque projet traductionnel. Les branches de l'imaginaire spirituel témoignent par exemple de la variété d'inspirations religieuses, du catholicisme à l'évangélisme, en passant par les influences néo-platoniciennes. Certains traducteurs sont concernés par plusieurs catégories de la même branche, comme par exemple Baïf pour le catholicisme et le néo-platonisme (cf. Imaginaire spirituel), ou Peletier pour les thèmes sensuels et les savoirs médicaux (cf. Imaginaire passionnel). D'autres sont concernés, en revanche, par une seule catégorie et par une seule branche, comme Catanusi pour sa version en « prose facile » (cf. Imaginaire de la transparence).

L'identification de ces imaginaires prédominants pose la question de savoir si cette typologie est propre aux traductions des XVIe et XVIIe siècles ou si ces imaginaires sont de véritables « types universels », des constantes qui influencent toute l'histoire des traductions des *Fragmenta*. La troisième partie de cette étude tentera de répondre à cette question. Mais avant de rentrer dans le vif de ce sujet, une question théorique semble se poser avec une certaine urgence en traductologie : comment pourrait-on définir des « universels » par rapport à l'histoire des traductions et de la traduction ?

Universels et imaginaires de la traduction

La recherche sur les universels de la traduction émerge d'une pluralité d'approches en traductologie qui se sont développées tout au long du XXe siècle et qui concernent les études en linguistique classique comme en linguistique des *corpora*, ainsi que la traductologie communément dite « descriptive » (*Descriptive Translation Studies*)[2]. Mona Baker a été la première à faire converger ces domaines divers vers une modélisation du concept d'« universels de la traduction » (*translation universals* ou *universals of translation*) dans un article sur les *corpora* linguistiques[3], dans le but d'illustrer des constantes du processus traductif. Dans cette perspective, le processus de traduction est considéré comme un langage en soi, un « troisième code » entre deux langues ou, si l'on veut, un « langage hybride » (*hybrid language*), selon une célèbre définition de William Frawley[4] : un langage qui a donc besoin d'être étudié dans sa spécificité. Sara Laviosa-Braithwaite dans la *Routledge Encyclopedia of Translation Studies* (1998)[5] – a ainsi défini la notion d'universels de la traduction :

> *Universals of translation are linguistic features which typically occur in translated rather than original texts and are thought to be independent of the influence of the specific language pairs involved in the process of translation.*

Les universels de la traduction sont des caractéristiques linguistiques qu'on peut normalement observer dans le texte traduit, plutôt que dans les textes originaux, et elles sont pensées comme indépendantes de l'influence des spécificités des langues qui sont impliquées dans le processus traductif[6].

---

2 Andrew CHESTERMAN, « Translation Universals », p. 175–179.

3 Mona BAKER, « Corpus Linguistics and Translation Studies – Implications and Applications », dans Mona BAKER, Gill FRANCIS et Elena TOGNINI-BONELLI (dir.), *Text and Technology. In Honour of John Sinclair*, Amsterdam, John Benjamins, 1993, p. 233–250. Cette notion, qui n'a pas connu beaucoup de succès dans le monde francophone, a été pourtant traitée – toujours dans une perspective linguistique – par quelques auteurs et autrices. Voir entre autres Daniel GILE, *La traduction. La comprendre, l'apprendre*, Paris, Presses universitaires de France, 2015, « Chapitre VIII. Éléments de traductologie » (§ « Les "universels de la traduction" »), p. 234–263 et *passim*.

4 William FRAWLEY, « Prolegomenon to a Theory of Translation », dans William FRAWLEY (dir.), *Translation : Literary, Linguistic and Philosophical Perspectives*, London, Associated University Press, 159–175.

5 Sara LAVIOSA-BRAITHWAITE, « Universals of Translation », dans Mona BAKER et Kirsten MALMKJÆR (dir.), *Routledge Encyclopedia of Translation Studies*, London, Routledge, 1998, p. 288–291.

6 *Ibidem*, p. 288 (notre traduction).

Si pour Mona Baker les universels de la traduction concernent uniquement le domaine des processus linguistiques et textuels, dans la perspective de notre étude nous chercherons à démontrer qu'ils impliquent aussi une dimension translinguistique et transtextuelle.

Les notions d'imaginaire et d'imagination, envisagées sous un angle spécifique, jouent ainsi le rôle de dispositifs théoriques et opérationnels pour étendre le champ des « universels » en traductologie dans une perspective socio-culturelle. En effet, on a déjà montré que la traduction met en œuvre toutes ces facultés qui vont *au-delà* et *en deçà* de la dimension langagière[7] et concernent la dimension psychique des traducteurs·trices. Comme l'a fait remarquer François Vezin, dans tout processus traductif,

> les compétences linguistiques sont […] loin de suffire, car il faut autant et bien davantage une imagination productrice, comme disait Kant, avec cette différence qu'il faudrait en l'occurrence aller jusqu'à parler d'une fonction translinguistique de l'imagination[8].

Dans la troisième partie de cette étude, on tentera d'illustrer un certain nombre de processus par lesquels la « fonction translinguistique » de l'imaginaire relève à la fois d'une imagination *créatrice* et *recréatrice*, en ce qu'elle est directement influencée par des éléments culturels et historiques, c'est-à-dire par de véritables traditions. Pour ce faire, on mettra à l'épreuve de l'histoire le statut littéraire des imaginaires fondateurs qu'on vient de définir et on illustrera quelques dynamiques par lesquelles ils se transmettent – véhiculés par des traditions traductionnelles – d'une époque à l'autre, d'un·e traducteur·trice à l'autre, d'un projet traductionnel à l'autre. Pour ce faire, on abandonnera désormais la méthode historiographique, pour laisser la place à une démarche thématique touchant à quelques-unes parmi les principales notions théoriques qui ont constellé l'histoire de la traductologie.

---

7   Riccardo RAIMONDO, « Le démon fugitif de l'imagination… », *passim* ; *Id.*, « Orphée contre Hermès… », p. 665 et *passim*.

8   François VEZIN, « Philosophie et pédagogie de la traduction », *Revue philosophique de la France et de l'étranger*, t. 130, 2005, p. 496.

**TROISIÈME PARTIE
OUVERTURES**

Traditions et imaginaires de la Renaissance à nos jours

Chapitre I

Translational Literature : vers une Littérature traductionnelle

Traduire les *Fragmenta* à travers les époques

Après avoir illustré le rôle joué par les premières traductions dans la formation et l'hybridation des imaginaires pétrarquistes, nous souhaitons mettre en exergue les modes par lesquels ces imaginaires s'incarnent dans différentes traditions traductionnelles au fil de l'histoire. Nous avons notamment décrit quelques branches de ces traditions traductionnelles, plus ou moins fécondes, qui ont traversé les époques et sont arrivées jusqu'à nos jours par les chemins les plus divers.

Pour ce faire, nous avons fait l'économie d'une méthode historiographique pour mieux mettre en perspective les principaux traducteurs·trices des *Fragmenta*, par le biais de rapprochements thématiques qui évoquent et contextualisent à la fois les imaginaires du traduire et les imaginaires des traducteurs·trices. Par ailleurs, une étude approfondie des auteurs du XIXe et du début du XXe siècle risquerait d'être redondante vis-à-vis de la récente étude de Rushworth consacrée à cette question (2017) ; nous évoquerons plutôt ici des cas particuliers en fonction de leur pertinence relative aux thèmes évoqués. Ceux-ci figurent dans les titres des chapitres suivants, et l'on peut déjà les introduire en évoquant leurs concepts fondateurs : le *sens*, la *forme* et le *génie* du texte ; le *corps* ; le *paratexte* ; le *mythe*, la *métaphore* et, plus généralement, le *langage symbolique*.

Traduction *versus* Littérature ?

Marie-Ève Bradette[1] évoquait en décembre 2016, dans un numéro spécial de *Post-scriptum*, quelques problématiques liées à l'étude de la traduction littéraire et mettait l'accent sur le besoin de formuler les contours d'une « pensée littéraire » de la traduction, plutôt que d'un discours sur la traduction littéraire. Bradette souhaite

---

1 Marie-Ève BRADETTE (dir.), *La traduction dans la littérature. Que peut le littéraire pour (re)penser la traduction ?*, numéro spécial de la revue *Post-scriptum*, n° 21, 2016 [*en ligne* : post-scriptum. org].

ainsi donner aux discours sur la traduction la même dignité qu'on accorde à tout objet littéraire.

Comme nous l'avons fait remarquer dans notre partie introductive, et comme déjà Berman[2] l'avait annoncé dans son travail pionnier, les enjeux majeurs de la traductologie contemporaine concernent notamment l'étendue de la discipline : il ne s'agit pas seulement d'un domaine qui trouverait son application « naturelle » dans les écoles pour traducteurs·trices et interprètes comme dans la didactique de l'enseignement secondaire et post-secondaire, mais aussi d'un champ de recherche pluridisciplinaire et transdisciplinaire.

À partir de ces simples réflexions naît l'idée d'une littérature traductionnelle (*translation literature*)[3] dont nous avons cherché à donner un exemple sur les plans chronologique aussi bien que thématique. En effet, l'approche thématique en littérature étant désormais considérée comme aussi importante que la méthode chronologique, la théorie littéraire fourmille de dictionnaires sur les thèmes[4]. Il paraît donc pertinent de se demander quels thèmes pourraient fonder une littérature traductionnelle qui serait ensuite mise en perspective avec une démarche diachronique.

Nous avons tenté dans les chapitres suivants de répondre à ces questions à l'aide des thématiques parmi les plus importantes dans l'histoire de la traductologie. Les thèmes en question pourraient presque paraître « rudimentaires » : « Traduire le sens » ; « Traduire la forme » ; « Traduire le *génie* » ; « Traduire le corps », etc. À l'instar des thèmes littéraires, il s'agit de délimiter, plutôt qu'une configuration fixe, des aires d'enquête aux frontières mouvantes, des lieux d'exploration, des *topoi* pour développer d'autres histoires des traductions à venir. En effet, toute réflexion sur la traduction reste un objet aux contours vagues, fugaces, ce mystérieux incarnant peut-être même la marque fondamentale de toute jeune discipline : cet irrémédiable décalage entre les limites du système de la pensée et l'ampleur du monde qui l'entoure, entre les lentes géométries du langage et les rapides nuances de la réalité, soit entre idée et phénomène.

---

2   Cf. « La constitution d'une histoire de la traduction est la première tâche d'une théorie moderne de la traduction » (voir l'introduction de Berman à *L'Épreuve de l'étranger…*, p. 12, et *passim*).

3   Christine Ivanovic et Barbara Seidl, « What Is Translational Literature and how to Classify It ? : Crowd-Sourcing as a Starting Point for Corpus Building and Type Distinction in Comparative Literature », dans Francisco José Garcia-Peñalvo (dir.), *TEEM'16 Proceedings of the Fourth International Conference on Technological Ecosystems for Enhancing Multiculturality*, New York, ACM, 2016, p. 957–963.

4   Voir, par exemple, quatre grands dictionnaires en langue française : Claude Aziza, Claude Oliviéri et Robert Sctrick (dir.), *Dictionnaire des symboles et des thèmes littéraires*, Paris, Nathan, 1978 ; *Id.* (dir.), *Dictionnaire des types et caractères littéraires*, Paris, Nathan, 1979 ; Pierre Brunel (dir.), *Dictionnaire des mythes littéraires*, Monaco, Éditions du Rocher, 1988 ; *Id.* (dir.), *Dictionnaire des mythes féminins*, Monaco, Éditions du Rocher, 2002.

Chapitre II

Traduire le sens

Transpositions sémantiques

Certain·e·s traducteurs·trices semblent se focaliser sur la traduction du sens, entendu comme l'explication d'un discours formulé dans le texte-source. En d'autres termes, ces traducteurs·trices sont influencé·e·s par un imaginaire logico-grammatical ou sémantique de la traduction. Mais que peut signifier traduire le sens ? Pour répondre à cette question, la métaphore mythologique du dieu Hermès[1] pourrait nous aider. Hermès, messager des dieux, est celui qui vit en un lieu de *transit* entre l'Olympe et le monde des humains. Selon Le Blanc, il s'agirait ici de la métaphore mythique d'une traduction qui serait servile et littéraliste, tel un otage du signifié et soumise au signifiant. Hermès serait en fait « prisonnier du *contenu* du message qui ne lui donne aucune liberté (Hermès ne dit pas ce qu'il veut), mais aussi de la forme qui l'éclipse complètement comme individu (il ne le rapporte pas comme il le veut) »[2]. Hermès n'a aucune liberté sur la traduction de son message : les traductions du type « Hermès » relèveraient largement de ce que nous appelons une « transposition sémantique ». Mais qu'est-ce qu'une « transposition sémantique » ?

On peut la définir comme une forme de re-médiation qui se focalise en priorité sur ce que nous avons défini, en employant le lexique de Rastier, comme les « formes sémantiques » du texte-source, c'est-à-dire le discours que le texte-source est en train de véhiculer selon l'interprétation de chaque traducteur·trice. Au prisme de cette interprétation, les traducteurs·trices de type Hermès semblent se concentrer uniquement sur la matière sémantique du texte-source et sur la sphère des signifiés que cette matière exprime. On peut observer ces sphères à l'intérieur de ce que Maurice Pergnier appelle un réseau de « relations significatives »[3] à travers lequel elles seraient interconnectées entre elles. La retextualisation des signifiants n'est plus

---

1 Charles Le Blanc, *Le complexe d'Hermès*, *passim* ; Riccardo Raimondo, « Orphée contre Hermès… », *op. cit.*, *passim*.

2 Charles Le Blanc, *Le complexe d'Hermès*, p. 19. Le Blanc commente et cite ici un passage d'après *Odyssée* V,102.

3 Maurice Pergnier, *Les fondements socio-linguistiques de la traduction*, Paris, Honoré Champion, 1978 ; rééd. Genève, Slaktine, 1980 ; rééd. Lille, Presses universitaires de Lille, p. 70.

auquel cas qu'un outil secondaire pour la traduction du sens, outil en quelque sorte marginal. Le contexte général, ou mieux la lecture que chaque traducteur-trice en fait, influence la connotation de chaque terme du texte-cible conformément avec l'interprétation générale du texte-source.

On peut d'emblée donner l'exemple général d'un mot qui, interprété différemment par plusieurs traducteurs-trices, assume des connotations diverses, voire opposées. Les solutions des traducteurs-trices relèvent ainsi d'une interprétation globale du texte-source qui influence la globalité du contexte textuel dans lequel le terme est employé. Par exemple, pour la traduction d'« *aspro tormento* » (*Rvf* 2, v. 1) Du Tronchet propose « furieux tourmens » (sonnet 12, v. 1), influencé par un imaginaire spirituel et pénitentiel qui tend à exacerber les douleurs provoquées par l'*amor-passio*. En revanche, dans la version de Baïf, qui relève d'un érotisme néo-platonicien, on trouve une solution plus abstraite : « dur destin » (*AmFr* I.80, v. 1).

Le rôle transtextuel d'une occurrence textuelle devient alors crucial, car de nombreux mots/concepts dans le texte entretiennent des liens étroits avec des mots/concepts se trouvant dans d'autres traductions de chaque traducteur-trice : ce sont des « relations signifiantes » entre des éléments intérieurs et extérieurs au texte. De plus, chaque mot/concept assume toute une gamme de significations possibles non seulement selon le contexte textuel où il se trouve, mais aussi selon l'horizon existentiel, personnel, littéraire des traducteurs-trices. Étant donné la complexité de tous ces éléments, la notion d'imaginaire de la traduction s'avère efficace, en ce qu'elle arrive à cerner ces éléments et à les identifier à l'intérieur de la matière sémantique tout en les modélisant dans un même cadre d'analyse.

Ces considérations, bien qu'embryonnaires, se révèlent déjà fondamentales pour l'analyse de la traduction littéraire et notamment pour la traduction poétique, vis-à-vis de laquelle les rapports entre microstructures et macrotexte, mots/concepts et contextes, sont particulièrement importants. Dans le cas d'une écriture poétique, selon une réflexion de Pergnier[4], « la valeur attribuée aux mots du poème et la justesse de ceux qui seront choisis pour les rendre dans l'autre langue dépendent de la saisie du sens et de la symbolique globale du texte »[5]. Selon Pergnier, le ou la traducteur-trice opère ainsi à l'intérieur d'une double « résistance », du poème à sa traduction et, à l'inverse, du texte-cible au texte-source. C'est au sein de cette double résistance que surgissent les choix pratiques des traducteurs-trices, dirigés respectivement soit vers une polarité soit vers l'autre, c'est-à-dire soit vers le texte-cible soit vers le texte-source : en d'autres termes, soit vers une traduction valorisant la « qualité de la reformulation », soit vers une autre valorisant « la qualité de l'exégèse »[6].

---

4 Maurice PERGNIER, « La traduction comme exégèse : le cas de la poésie », *TTR (Traduction, Terminologie, Rédaction)*, vol. 12, n° 2, 1999, p. 159–172.

5 *Ibidem*, p. 159.

6 *Ibidem*, p. 160.

On pourrait donc nommer cette seconde catégorie celle des « transpositions sémantiques », c'est-à-dire ces traductions pour lesquelles la restitution du sens (la « qualité de l'exégèse ») est l'objectif principal et l'enjeu primaire des traducteurs·trices. Dans la catégorie des transpositions sémantiques, les traductions en prose semblent avoir un rôle prédominant, puisque leur souci stylistique semble être réduit à une moindre préoccupation, voire disparaît ou tend à disparaître dans la retextualisation de toutes ces caractéristiques formelles (strophe, rythme, rimes, etc.) propres aux genres (chanson, sonnet, madrigaux, etc.) et aux champs génériques (dans notre cas, poésie/prose).

Placide Catanusi et les chansonniers en prose

La traduction de Catanusi est particulièrement représentative de ce geste traductif qui vise prioritairement à traduire les formes sémantiques. Cette première version en prose des *Fragmenta* entretient aussi un rapport controversé avec la tradition traductionnelle : raison pour laquelle il est intéressant d'en suivre la vie éditoriale.

Publiée chez Loyson en 1669, la traduction de Catanusi semble être restée presque oubliée pendant presque deux siècles. Au XIXe siècle, elle sera au centre d'une opération éditoriale qui témoigne non seulement d'un usage désinvolte de ce texte mais aussi de la mauvaise considération que la traduction en prose des *Fragmenta* a dû souffrir, pour le moins jusqu'à la célèbre version de Ferdinand de Gramont (1842)[7].

Comme le rappelle Philibert Le Duc, la traduction de Catanusi est en fait reprise avec une orthographe modernisée[8], sans citer la source, pour une édition publiée chez Garnier (1875)[9] et accompagnée d'une introduction de Pierre-Louis Ginguené (1748–1815)[10]. Le Duc attribue ce procédé de réédition à la seule maladresse de l'éditeur :

---

7 Ferdinand de GRAMONT, *Poésies de Pétrarque, sonnets, canzones, triomphes*, 1842.

8 Dans le cadre de cette étude, nous avons signalé cette édition dans les entrées bibliographiques concernant à la fois Catanusi (1669) et Ginguené (1875). Elle a donc été ainsi prise en compte deux fois dans les calculs statistiques. Aussi discutable qu'il puisse être, ce choix souhaite mettre l'accent sur les statuts différents des deux éditions, sur l'adaptation orthographique qui a été réalisée dans l'édition Ginguené (1875), ainsi que sur l'auctorialité de cette dernière édition qui se présente comme une traduction anonyme. Comme on peut le lire dans l'« Avertissement » anonyme qui introduit l'édition de Ginguené, « La traduction que nous publions n'est pas nouvelle. On s'en apercevra aisément en la lisant. Toutefois on l'a tellement retouchée, qu'il n'est plus possible de lui conserver le nom de son premier auteur » (éd. Ginguené, 1875, p. I).

9 Voir *Les œuvres amoureuses de Petrarque : sonnets, triomphes, traduites en français avec le texte en regard et précédées d'une notice sur la vie de Pétrarque par P. L. Ginguené*, Paris, Garnier Freres, 1875.

10 Sur Ginguené, voir Cristina TRINCHERO, « Pierre-Louis Ginguené (1750–1816) : une nouvelle histoire littéraire pour une ancienne identité nationale », dans Geneviève ESPAGNE (dir.), *Histoire de littératures en France et en Allemagne*, Paris, Kimé, 2009, p. 259–277.

Sous le nom de *Les Œuvres amoureuses de Pétrarque*, Placide Catanusi a publié en 1669 une traduction en prose des *Sonnets* et des *Triomphes*. Cette très-médiocre version ne contient que quatre-vingt-dix-sept sonnets. Tout imparfaite qu'elle est, MM. Garnier frères l'ont réimprimée en 1875, en rajeunissant l'orthographe et en remplaçant l'épître dédicatoire et la préface par un chapitre de Ginguené. Le nom du traducteur est exclu du titre et de l'avertissement, mais celui de Ginguené se trouve placé au frontispice, de manière à faire croire qu'il est l'auteur de la traduction ; si bien qu'un critique de la *Bibliographie contemporaine* (un érudit celui-là !) n'a pas manqué d'annoncer cette vieille traduction comme l'œuvre de Ginguené, et a bravement infligé à cet estimable littérateur le blâme qui revenait à Catanusi. Le tour a été on ne peut mieux joué. Voilà comment les éditeurs se moquent du public[11].

L'« Avertissement » anonyme, dans cette édition de Ginguené (1857) qui fait l'objet du mépris de Le Duc, pourrait être aussi considéré comme un récit de traduction et nous dévoile un processus éditorial plus subtil que celui décrit par son détracteur :

La traduction que nous publions n'est pas nouvelle. On s'en apercevra aisément en la lisant. Toutefois on l'a tellement retouchée, qu'il n'est plus possible de lui conserver le nom de son premier auteur. Nous avons adopté, au moins quant au fond, cette ancienne traduction, parce qu'elle nous a paru donner une facile intelligence du texte qui est en regard. Dans un volume qui place, comme celui-ci, le texte en regard de la traduction, la littéralité dont les traducteurs modernes se préoccupent extrêmement ne nous semble plus nécessaire. Elle a un grand inconvénient, c'est de rendre parfois l'interprétation aussi obscure et plus obscure que le texte ; nous pourrions citer notamment telle traduction de Pétrarque où l'on est à chaque instant obligé de recourir au texte pour comprendre la traduction. C'est l'abus d'un principe d'ailleurs très louable. La traduction, lors même qu'elle procède mot à mot, ne saurait, du reste, donner aucune idée de la grâce et de l'harmonie de ce poète. Elle le défigure davantage. Une traduction qui s'attache à rendre fidèlement le sens dans un style correct et aisé est certainement préférable. Un peu de paraphrase même, lorsque cela est nécessaire pour faire sentir l'enchaînement des pensées, ne saurait déplaire au lecteur exempt de l'esprit de système. Si le lecteur ne recourt pas au texte, on aura beau dire et beau faire, il ne se formera aucune idée de Pétrarque. C'est le texte seul qui lui permettra d'apprécier l'œuvre du poëte dans son tour original et dans son mouvement propre. La traduction a seulement pour but de le lui faire comprendre sans peine. Celle qui le fait mieux et plus facilement comprendre est la meilleure, est non celle qui applique un mot français sur chaque mot italien, sans s'inquiéter si les phrases qu'on obtient ainsi présentent un sens en français[12].

L'analyse de cet « Avertissement » associé à la comparaison entre les traductions de Catanusi et celles de Ginguené parues précédemment dans son *Histoire littéraire d'Italie* (Paris, Michaud frères, 1811–1819)[13], permet d'émettre l'hypothèse que

---

11 Philibert LE DUC, *Les sonnets de Pétrarque…*, t. I, p. XIX*n*.

12 Voir l'« Avertissement » anonyme dans *Les œuvres amoureuses de Pétrarque : sonnets, triomphes, traduites en français avec le texte en regard et précédées d'une notice sur la vie de Pétrarque par P. L. Ginguené*, 1875, p. I–III.

13 Pour l'*Histoire littéraire d'Italie* (1811–1835), on utilisera ici l'édition revue et corrigée de 1824 (t. II) : *Histoire littéraire d'Italie. Seconde édition, revue et corrigée sur les manuscrits de l'auteur, ornée de son portrait, et augmentée d'une notice historique par M. Daunoi*, 9 vol., Paris, Michaud

Ginguené aurait modernisé l'édition de Catanusi, mais qu'il aurait peut-être eu aussi en chantier une traduction en prose bien plus nourrie et réalisée à partir de la version de Catanusi.

En effet, d'une part les textes traduits par Ginguené dans l'*Histoire littéraire d'Italie* (1811–1835) sont « complémentaires » à ceux traduits par Catanusi, d'autre part, deux traductions de Ginguené semblent être inspirées des celles de Catanusi : ce sont les traductions de *Rvf* 112 et *Rvf* 123, qui sont aussi les seules en commun entre les deux traducteurs.

On rappelle d'abord que sous le titre de « SONETTI DI PETRARCA | SONNETS DE PETRARQUE », Catanusi (1669) propose un choix de 97 sonnets et un madrigal (*Rvf* 121^{m}), avec texte en regard, accompagnés de commentaires, dans cet ordre : *Rvf* 1, 3, 12, 21, 36, 208, 108, 85, 132, 134, 151, 199, 220, 168, 176, 141, 203, 255, 223, 265, 216, 170, 212, 163, 93, 82, 311, 10, 97, 123, 2, 153, 205, 95, 180, 253, 351, 215, 164, 193, 310, 159, 187, 226, 121^{m}, 49, 13, 35, 65, 90, 219, 224, 19, 39, 69, 101, 240, 192, 162, 152, 145, 243, 147, 64, 184, 154, 107, 44, 260, 112, 75, 102, 183, 130, 144, 9, 124, 230, 229, 113, 133, 160, 227, 211, 213, 218, 209, 195, 174, 283, 273, 300, 338, 303, 269, 291, 292.

Dans son *Histoire littéraire d'Italie* (1811–1819), Ginguené emprunte la traduction de Voltaire (rééd. 1824, t. II, ch. XIV, p. 518) pour la chanson *Rvf* 126, et ne manque pas de citer sa source. En revanche, il ne cite pas la traduction de Catanusi. Bien qu'il propose une traduction en vers de *Rvf* 39 (p. 508) et de *Rvf* 129 (p. 512), il préfère les traductions en prose. De plus, non seulement il semble emprunter à Catanusi la traduction en prose de *Rvf* 112 (p. 511) et de *Rvf* 123 (p. 514), mais il semble aussi proposer des traductions « à la manière de » Catanusi, partielles ou complètes. Comme pour le jurisconsulte d'origine italienne, les traductions de Ginguené s'inscrivent dans une perspective de transposition sémantique pure qui semble émaner d'un imaginaire de la transparence.

Dans le deuxième tome de la réédition de 1824 de l'*Histoire littéraire d'Italie*, les poèmes traduits par Ginguené se trouvent aux pages suivantes et nous les marquons selon la numérotation contemporaine : *Rvf* 112 (t. II, ch. XIV, p. 511), *Rvf* 115 (p. 512), *Rvf* 123 (p. 514), *Rvf* 156 (p. 514), *Rvf* 158 (*ibidem*), *Rvf* 123 (p. 516),

---

frères, 1824. Sur cet ouvrage célèbre, on citera : Cristina TRINCHERO, *Pierre-Louis Ginguené (1748–1816) e l'identità nazionale nel contesto culturale europeo*, Rome, Bulzoni, 2004 ; Paolo GROSSI, *Pierre-Louis Ginguené, historien de la littérature italienne*, Bern, Peter Lang, 2006 ; Cristina TRINCHERO, « Pierre-Louis Ginguené (1748–1816) : une nouvelle histoire littéraire pour une ancienne identité nationale », p. 259–278. On fait remarquer que l'*Histoire littéraire d'Italie* (1811–1819) de Ginguené (poète, journaliste, musicologue, diplomate, professeur et académicien), fut « le plus vaste travail historiographique concernant une littérature moderne autre que la française qui eût jusqu'alors été publié en France, une des pièces de la mosaïque que composait la nouvelle manière de "faire" – ou du moins de concevoir – l'histoire littéraire entre le XVIe et le XIXe siècle » (Cristina TRINCHERO, « Pierre-Louis Ginguené (1748–1816) : une nouvelle histoire littéraire pour une ancienne identité nationale », p. 260).

Rvf 126 (p. 519), *Rvf* 71 (p. 523–524), *Rvf* 72 (p. 527), *Rvf* 267 (p. 533), *Rvf* 268 (*ibidem*), *Rvf* 219 (p. 536), *Rvf* 301 (*ibidem*), *Rvf* 310 (p. 537), *Rvf* 302 (p. 538–539), *Rvf* 359 (p. 539), *Rvf* 360 (p. 542), *Rvf* 128 (p. 548), *Rvf* 136 (p. 551), *Rvf* 137 (p. 552), *Rvf* 138 (p. 552–553), *Rvf* 293 (p. 558).

Or, le corpus des textes ainsi constitué est supposé suivre un « fil d'idées »[14] qui ne permet pourtant pas à Ginguené de traiter, dans son commentaire, tous les poèmes[15]. La complémentarité entre les poèmes traduits par Catanusi et ceux traduits par Ginguené est telle qu'ils pourraient tout à fait composer un recueil unitaire, ce qui fait surgir au moins deux scénarios possibles et potentiellement complémentaires : (*a*) Ginguené se serait inspiré de Catanusi pour les seuls deux poèmes en commun entre leurs éditions (*Rvf* 112 et 123), mais (*b*) tout en programmant d'exploiter, de reprendre et de remanier la traduction de Catanusi pour un projet plus vaste. Le rapprochement entre les traductions de *Rvf* 112 semble donner un argument à la première de nos hypothèses (*a*).

On remarquera dans ce cas le rôle de la traduction en tant que simple paraphrase du texte-source : d'une part, Catanusi qui, avec son texte en regard, souhaite aider les lecteurs·trices à revenir au texte de Pétrarque ; d'autre part, Ginguené qui utilise ses traductions en prose comme instrument « de service » pour son *Histoire littéraire d'Italie* (1811–1819). Quelques solutions traductives de Catanusi pourraient avoir inspiré la version de Ginguené : cf. « Je brusle, et je me consume encore comme j'avois accoustumé » (Catanusi) et « Je brûle, je me consume encore, c'est toujours Laure qui me gouverne » (Ginguené) ; « humble et modeste » (Catanusi) et « humble et modeste » (Ginguené). L'influence de Catanusi ne concerne pas pour autant la traduction de *Rvf* 123. On retrouve un seul élément de ressemblance entre les deux versions en prose : cf. « *amorosa nebbia* » (*Rvf* 123, v. 2), « nuage amoureux » (Catanusi) et « nuage d'amour » (Ginguené).

Quoi qu'il en soit, il est intéressant de remarquer que cette traduction en prose, en vertu de sa « clarté » et de sa « facilité », a été anonymement reprise telle quelle par l'éditeur Garnier (1875), en intervenant uniquement à travers quelques changements orthographiques, comme si le *sens* traduit en prose n'avait pas besoin de modernisations ultérieures : comme si le sens suffisait à lui-même.

---

14 Pierre-Louis Ginguené, *Histoire littéraire d'Italie*, t. II, ch. XIV, p. 546.

15 Par ailleurs, l'idée d'utiliser des traductions en prose dans un ouvrage à l'inspiration didactique n'est pas nouvelle dans l'histoire de la réception des *Fragmenta*. En 1858, Lamartine emploie des traductions éparses, complètes ou partielles, à l'intérieur d'une prose narrative avec une visée de vulgarisation dans son *Cours familier de littérature : un entretien par mois*, tome V, Paris, chez l'auteur, 1858.

[Commentaire :] Da conto à Sennuccio del suo amoroso stato, e de i portamenti di Laura.

Sennuccio, i vò che sappi, in qual maniera
Tractato sono, e qual vita è la mia.
Ardomi, e struggo anchor, com'io solia ;
L'aura mi volve, e son pur quel, ch'i m'era.
Qui tutta humile, e qui la vidi altiera,
Hor aspra, hor piana, hor dispietata, or pia,
Hor vestirsi honestate, hor leggiadria,
Hor mansueta, hor disdegnosa, e fiera.
Qui cantò dolcemente, et qui s'assise :
Qui si rivolse, e qui ritenne il passo :
Qui co' begli occhi mi trafisse il core :
Qui disse una parola, et qui sorrise :
Qui cangiò 'l viso. In questi pensier, lasso,
Notte, e dì tiemmi il Signor nostro Amore.

ABBA ABBA CDE CDE
hendécasyllabe
[*Rvf* 112, éd. Catanusi 1669, p. 128]

[Commentaire :] Il raconte à Sennuccio son amy l'estat de son Amour.

Mon cher Sennuccio, je veux que tu sçache de quelle maniere l'Amour me traite, et quelle vie je meine icy. **Je brusle, et je me consume encore** comme j'avois accoustumé ; et quoy que l'amour de Laure fasse mille changemens en moy, je suis neantmoins le mesme que j'estois.
Je m'imagine de la voir tantost dans une figure **humble et modeste**, et tantost pleine d'orgueil et de severité. Icy toute douce et tranquille, et là toute cruelle, et de mauvaise humeur : Quelquefois remplie d'honnesteté et de graces, et d'autrefois pleine de charmes, et plus belle que le jour : Maintenant douce et facile, et maintenant fascheuse et farouche.
Il me semble souvent d'entendre sa belle voix, et de la voir assise au milieu des fleurs ; je repasse dans mon esprit toutes les fois qu'elle se retourna en ma faveur, ou qu'elle arresta ses pas pour m'entretenir, et le plus souvent je visite les lieux où les tendres regards de ses beaux yeux me percerent si vivement le cœur.
Je remarque tantost l'endroit où elle me dit quelque chose de favorable ; tantost celuy où elle fit éclatter un charmant souris, et tantost où elle changea de couleur, pour me donner des marques de l'estime qu'elle avoit pour moy. Voila de quelle sorte je passe ma vie sous le cruel Empire de l'Amour.

avec texte en regard
[Catanusi, *Œuvres amoureuses*, 1669, « Mon cher Sennuccio, je veux que tu sçache… », p. 129]

Sennuccio, je veux que tu saches de quelle manière on me traite, et quelle vie est la mienne. **Je brûle, je me consume encore**, c'est toujours Laure qui me gouverne, et je suis toujours ce que j'étais. Ici je l'ai vue **humble et modeste**, là, orguilleuse et fière, pleine tour à tour de dureté ou de douceur, tantôt impitoyable et tantôt émue de pitié, se revêtir de tristesse ou de grâces, et se montrer tantôt affable, tantôt dédaigneuse et cruelle. C'est là qu'elle chanta si doucement, là qu'elle s'assit, ici qu'elle se retourna, ici qu'elle retint ses pas. C'est ici qu'elle perça mon cœur d'un trait de ses beaux yeux, ici qu'elle dit une parole, ici qu'elle sourit, ici qu'elle changea de couleur : hélas ? c'est dans ces pensées que l'amour notre maître me fait passer et les nuits et les jours.

sans texte en regard
[Ginguené, *Histoire littéraire d'Italie* (1824), t. II, « Sennuccio, je veux que tu saches », p. 511]

Comme on l'a déjà brièvement évoqué, il faudra attendre la traduction de Ferdinand de Gramont (1842) pour avoir l'exemple d'une transposition sémantique prestigieuse, d'une traduction en prose qui ait su conquérir une dignité littéraire. On remarquera que cette traduction complète en prose, réimprimée dans la collection « Poésie » de l'éditeur Gallimard (préface et notes de Jean-Michel Gardair, 2007), est l'une des plus répandues aujourd'hui. Cette référence privilégiée n'a été « remplacée » qu'en 2018 par la traduction de René de Ceccatty parue dans la même collection. Pour l'édition de Gramont chez Garnier (2007), le curateur Gardair a adapté l'ancienne traduction (1842) à l'état moderne de la connaissance du texte, en supprimant les titres choisis par Gramont et en redisposant l'ensemble selon l'ordre et la numérotation des *Fragmenta* qu'on connaît aujourd'hui. Grâce à l'étrange destin éditorial de la traduction de Catanusi, le sonnet 123 nous permet de réaliser un rapprochement entre les trois traducteurs cités.

Quel vago impallidir, che'l dolce riso
D'un amorosa nebbia ricoperse ;
Con tanta maiestade al cor s'offerse ;
Che li si fece incontr'à mezzo'l viso.
Conobbi allhor, si come in paradiso
Vede l'un l'altro ; in tal guisa s'aperse
Quel pietoso pensier, ch'altri non scerse
Ma vidil'io, ch'altrove non m'affiso.
Ogni angelica vista ; ogni atto humile ;
Che giamai in donna, ov' Amor fosse, apparve
Fora uno sdegno à lato à quel, ch'io dico.
Chinava à terra il bel guardo gentile ;
E tacendo dicea (come à me parve)
Chi m'allontana il mio fedele amico ?

ABBA ABBA CDE CDE
hendécasyllabe
[Rvf 123, éd. Catanusi, 1669, p. 60]

[Commentaire :] Il descrit la pasleur de Laure, causée par son depart.

Lors que je vis paslir ma Belle, sur le point de mon depart, et que son visage riant se couvrit d'un petit **nuage amoureux** ; mon cœur en fu si vivement touché, que je ne pus pas m'empécher de changer de couleur aussi bien que son visage.
Je penetray dans ce moment sa pensée ; comme les Bien-heureux découvrent ce qu'ils pensent en se voyant ; j'apperceus en elle un mouvement de pitié, qu'un autre moins attentif et moins amoureux que moy n'auroit pû remarquer.
La beauté des Anges, et tout ce qu'on voit d'agréable dans les autres femmes, leur esprit et leur modestie ne seroit rien en comparaison de ce que je dis maintenant, et de ce que je vis alors dans ma Maistresse.
En attachant ses regards à la terre, elle sembloit me dire mesme dans son profond silence : Helas ! quel fascheux destin me separe ainsi de mon fidel Amant.

avec texte en regard
[Catanusi, *Œuvres amoureuses*, 1669, « Lors que je vis paslir ma Belle, p. 61]

Cette belle pâleur, qui couvrit un doux sourire, comme d'un **nuage d'amour, s'offrit à mon cœur avec tant de majesté**, qu'il vint au-devant d'elle, et s'élança sur mon visage. Je connus alors comment on se voit l'un l'autre dans le séjour céleste, je le connus en découvrant un sentiment de pitié que d'autres n'aperçurent pas, mais je vis, parce que jamais je ne fixe les yeux ailleurs. L'aspect le plus angélique, l'attitude la plus touchante qui parut jamais dans une femme attendrie par l'amour, serait de la colère auprès de ce que je vis alors. Elle tenait ses beaux yeux attachés sur la terre : elle se taisait ; mais je croyais l'entendre dire : **Qui donc éloigne de moi mon fidèle ami ?**

sans texte en regard
[Ginguené, *Histoire littéraire d'Italie* (1824), t. II, « Cette belle pâleur », p. 516]

LA SÉPARATION

Cette gracieuse pâleur qui vint recouvrir le doux sourire d'une **amoureuse neige, s'est offert à mon cœur avec tant de majesté**, que celui-ci est allé à sa rencontre jusqu'au milieu de mon visage.
J'ai connu alors comment en Paradis l'un l'autre on se voit : c'est ainsi que s'est révélé ce penser miséricordieux que les autres n'ont pu deviner : mais je l'ai vu, moi dont les yeux ne se fixent pas ailleurs.
Tous les airs angéliques, toutes les manières affables qui jamais apparurent dans une dame choisie d'Amour ne seraient que colère à côté de ce dont je parle.
Elle inclinait vers la terre son charmant regard et disait dans son silence (à ce qu'il m'a semblé) : **Qui m'éloigne ainsi mon fidèle ami ?**

sans texte en regard
[Gramont, *Poésies de Pétrarque…*, 1842, sonnet XCVIII]

La version de Gramont semble plus élégante que les autres et peut-être a-t-elle été influencée en partie par la version de Ginguené : cf. « s'offrit à mon cœur avec tant de majesté » (Ginguené) et « s'est offert à mon cœur avec tant de majesté » (Gramont) ; « Qui donc éloigne de moi mon fidèle ami ? » (Ginguené) et « Qui m'éloigne ainsi mon fidèle ami ? » (Gramont). On pourrait aussi envisager une certaine frustration de la part de Gramont pour le fait d'avoir consacré son temps à une traduction en prose. En effet, on sait qu'après avoir débuté comme sonnettiste[16], Gramont a dû renoncer à un projet de traduction en vers afin éviter de rentrer en compétition éditoriale avec la traduction d'Anatole de Montesquiou (1842)[17].

> *Gramont renounced his desire to produce a verse translation of Petrarch's Italian poetry in response to pressures from his publisher, who was, no doubt, worried about competition from Montesquiou's verse translation of Petrarch published in the same year. Gramont's literary debut as a sonneteer suggests the reluctance with which this renunciation of verse must have been made.*

Gramont renonce à son désir de réaliser une traduction en vers des poésies de Pétrarque, à cause de l'insistance de son éditeur qui était, sans doute, préoccupé par une éventuelle compétition avec la traduction poétique de Montesquiou, publiée la même année. Le début de sa carrière littéraire comme sonnettiste nous suggère à quel point Gramont a dû être réticent vis-à-vis de ce renoncement au vers[18].

La version en prose de Gramont, sans texte en regard, est donc le travail d'un poète plutôt que d'un amateur comme Catanusi, ou d'un historien comme Ginguené. Elle influencera sa poétique et restera une référence aussi pour les traducteurs·trices en vers, comme Montesquiou qui la louera pour sa « scrupuleuse exactitude » bien qu'il ne partage pas le choix de la prose, car selon lui « les vers ont besoin d'être interprétés par des vers »[19].

Si les traductions en prose constituent des exemples privilégiés pour décrire les dynamiques de la transposition sémantique, il en va de même pour de nombreuses traductions en vers qui relèvent du même geste traductif, malgré le fait que le vers continue néanmoins à réclamer sa dimension sonore et rythmique, ses effets stylistiques, son existence poétique.

Gérard Genot et René de Ceccatty : traduire en *plein sens*

Les traductions de Gérard Genot (2009) et de René de Ceccatty (2018) sont un bon exemple d'une transposition sémantique qui demeure néanmoins soucieuse de la dimension stylistique du texte-cible. Genot, qui utilise l'édition critique de

---

16 Voir Ferdinand de GRAMONT, *Sonnets*, Paris, Imprimerie d'Amédée Gratiot et Cie, 1840. On remarquera qu'il n'abandonnera pas son intérêt pour la poésie française (voir Ferdinand de GRAMONT, *Les Vers français et leur prosodie*, Paris, J. Hetzel, 1876).

17 Voir Anatole de MONTESQUIOU, *Sonnets, canzones, ballades et sextines de Pétrarque traduits en vers*, 2 vol., Paris, Leroy, 1842.

18 Notre traduction, voir Jennifer RUSHWORTH, *Petrarch and the Literary Culture on Nineteenth-Century France*, ch. II « Rewritings », § « Translators as Poets », p. 138–186. Pour le rapport entre la traduction de Gramont et celle de Montesquiou, voir *ibidem*, ch. I « Translations », § « The First Complete Nineteenth-Century Translations : Gramont and Montesquiou », p. 40–50 et *passim*.

19 Anatole de MONTESQUIOU, *Sonnets, canzones, ballades et sextines de Pétrarque traduits en vers*, t. I, « Avertissement », p. V.

Giuseppe Savoca[20], nous offre une traduction qui semble viser la transparence et qui souhaite se laisser lire agréablement.

<table>
<tr><td>

Voi ch'ascoltate in **rime sparse** il suono
Di quei sospiri ond'io nudriva 'l core
In sul mio primo **giovenile errore**
Quand'era in parte altr'uom da quel ch'i' sono,
Del **vario stile** in ch'io piango et ragiono
Fra le **vane speranze**, e 'l **van dolore**,
Ove sia chi per prova intenda amore,
Spero trovar pietà, non che perdono.
Ma ben veggio or sì come al popol tutto
Favola fui gran tempo, onde sovente,
Di me medesmo meco mi **vergogno** ;
Et del mio **vaneggiar** vergogna è 'l frutto,
E 'l pentersi, e 'l conoscer chiaramente
Che quanto piace al mondo è breve sogno.

ABBA ABBA CDE CDE
hendécasyllabe
[_Rvf_ 1, éd. Savoca 2008]

</td><td>

Vous écoutez en **rimes éparses** le son
De ces soupirs dont j'ai nourri mon cœur
En ma première et **juvénile erreur**,
Quand j'étais en partie autre homme que ne suis,
Pour le **style variable** où je pleure et devise
Entre les **vains espoirs** et la **vaine douleur**,
Près de qui entendît par épreuve l'amour
J'espère de trouver pitié voire pardon.
Mais je vois maintenant comment du peuple entier
Je fus grand temps la fable, en sorte que souvent
De moi-même à part moi je sens **vergogne**.
Et d'avoir **divagué** la vergogne est le fruit,
Et repentir, et connaissance claire
Que ce qui plaît au monde est, sans durée, un songe.

hétérométrie
[Genot, _Chansonnier_, 2009, _Rvf_ 1]

</td></tr>
</table>

La traduction apparaît comme le résultat d'un calque, selon les modes d'une « visibilité directe »[21]. Le geste traductif de Genot porte une extrême attention à la transposition de chaque terme : cf. « _rime sparse_ » (v. 1) et « rimes éparses » (v. 1) ; « _giovenile errore_ » (v. 3) et « juvénile erreur » (v. 3) ; « _fra le vane speranze, e 'l van dolore_ » (v. 6) et « Entre les vains espoirs et la vaine douleur » (v. 6) ; « _vergogno_ » (v. 11) et « vergogne » (v. 11) ; « _vaneggiar_ » (v. 12) et « divaguer » (v. 12). Un imaginaire de la transparence, visible dans de nombreux calques tels ceux-là, rapproche donc cette traduction de bien d'autres versions en prose, comme celle de Catanusi ou de Gramont.

Nous savons de plus que Genot a consulté Savoca pour réaliser sa traduction. Or les études ecdotiques de Savoca (2008)[22], et son édition du _Canzoniere_ (2008), se fondent en somme sur une analyse des concordances textuelles. Pour Genot, la traduction des _Fragmenta_ a ainsi représenté une recherche spécialement lexicographique et sémantique. Par le biais d'une transposition directe, c'est-à-dire

---

20 Nous utilisons ici l'édition de Savoca choisie par Genot pour sa traduction : Pétrarque, _Rerum vulgarium fragmenta_, éd. critique de Giuseppe Savoca, Florence, Olschki, 2008. Par rapport à l'édition Santagata (1996), celle de Savoca ne se distingue que par de moindres détails, les _Rerum vulgarium fragmenta_ étant relativement stables depuis la première édition, grâce notamment aux manuscrits de l'auteur. Les lecteurs·trices pourront par exemple remarquer de petites différences, qui n'affectent pas le sens dans _Rvf_ 1 on les marque en gras) : « ragiono, » (Santagata) ou « ragiono » (Savoca) ; « nonché » (Santagata) ou « non **che** » (Savoca).

21 On emprunte ce terme à Antonio Prete : « Le rapport entre les deux langues n'advient pas selon les modes d'une visibilité directe, il ne suit pas une transposition immédiate », notre traduction, cf. « _Il rapporto tra le due lingue non avviene secondo i modi di una visibilità diretta, non segue una trasposizione immediata_ » (Antonio Prete, _All'ombra dell'altra lingua. Per una poetica della traduzione_, Turin, Bollati Boringhieri, 2011, p. 18).

22 Giuseppe Savoca, _Il Canzoniere di Petrarca tra codicologia ed ecdotica_, Florence, Leo S. Olschki Editore, 2008.

d'une retextualisation transparente, notre traducteur s'attache à reproduire les structures, les géométries, mais aussi quelques sonorités de son modèle. Si sa traduction semble porter très peu d'attention au style, cela n'est pourtant en rien dû à une quelconque paresse : le style selon lui relève du domaine de l'intraduisible[23], bien qu'il dévoile aux lecteurs·trices certains éléments dont il a tenu compte pour rendre, par exemple, les archaïsmes lexicaux. Dans ses notes à la traduction[24], il illustre aussi sa façon de traiter la question de la métrique :

> Traduire vers par vers, en allant à la ligne pour l'œil, et si possible en respectant l'ordre des mots, sauf lorsque les deux langues présentent des automatismes différents, et que calquer ceux de l'une dans l'autre reviendrait à donner l'impression fausse d'un procédé intentionnel là où il n'y a que la manifestation d'une constante générale[25].

Il est impossible pour lui de traduire le rythme par le biais d'une métrique qui « ne serait possible qu'au prix de changements qui dilueraient le texte, et qui, plus qu'une traduction en prose, trahiraient la métrique de Pétrarque »[26]. Genot estime préférable de traduire par une prose poétique, qui suit le texte italien dans le dessein de ne pas renoncer à des « effets de cadences », bien que cette solution ne le satisfasse pas pleinement. Ainsi, comme il le remarque lui-même,

> [...] ce qui est irrémédiablement perdu est l'harmonie, la fluidité des enchaînements vocaliques, les allitérations consonantiques qui soulignent les émois d'une psychologie obsessionnelle : tous procédés qui, comme la rime, tiennent à la texture phonique d'une langue, qui est ce qu'elle a de plus essentiellement singulier ; chercher à les représenter à la traduction est aussi illusoire que d'imposer une métrique ou des rimes de la langue d'accueil[27].

Son expérience de traduction témoigne donc d'un choix conscient réalisé entre deux inspirations opposées qu'on pourrait illustrer ainsi : *a*) la visée d'une traduction purement sémantique, de passage à passage, de mot à mot ; *b*) la tentative de limiter au minimum une perte jugée inévitable (la perte de la forme). Genot semble chercher un compromis entre ces deux polarités. D'une part, il semble viser un « transcodage », c'est-à-dire, selon Pergnier, une « activité traduisante » visant « à trouver des équivalents aux segments saisis » dans le texte-source[28]. De l'autre, il souhaite donner « un équivalent global de l'énoncé »[29] sans négliger abruptement le caractère poétique du texte. Il cherche la qualité de l'exégèse par la transparence

---

23 Pour une synthèse sur la question de l'intraduisibilité, voir Riccardo Raimondo, « Les lieux de la perte… », p. 61–77.

24 On revoie ici à l'introduction de Genot à sa traduction : Gérard Genot, *Chansonnier, Rerum vulgarium fragmenta*, p. XCV–CIX.

25 *Ibidem*, p. XCVI.

26 *Ibidem*, p. XCVI.

27 *Ibidem*, p. XCVI–XCVII.

28 Maurice Pergnier, *Les fondements socio-linguistiques de la traduction*, p. 57.

29 *Ibidem*.

des formes : il s'agit peut-être, dans ce sens, de l'expression la plus prégnante d'une « utopie » sourcière.

La traduction intégrale en vers et sans texte en regard réalisée par René de Ceccatty, qui « remplace » celle de Gramont dans la collection « Poésie » de Gallimard (2018), dévoile une approche semblable de la traduction. Ceccatty, à la différence de la version en prose de son prédécesseur, vise à nous offrir une version qui soit d'abord facilement intelligible pour les lecteurs·trices d'aujourd'hui : « c'est une question d'équilibre et d'intelligibilité du texte une fois qu'il est traduit »[30]. Ainsi, Ceccatty se concentre premièrement sur des questions grammaticales et sémantiques. Il cherche à apprivoiser les enchaînements des concepts et la syntaxe archaïsante de Pétrarque. Tantôt il se focalise sur la « logique du raisonnement », tantôt sur « une piste de sens de l'image »[31]. Il se pose aussi l'objectif de simplifier toutes ces « formules obscures sur lesquelles les commentaires parfois divergent » afin de clarifier des contradictions éventuelles, c'est-à-dire « des sens carrément contraires, tant certaines formules sont ambiguës ou flottantes ou certains termes sont selon le contexte susceptibles de compréhensions variables »[32]. Il cherche en outre dans la langue d'accueil un « plein sens », c'est-à-dire une clarification et une simplification de toutes ces images jugées « mécaniques et rhétoriques »[33]. À la différence de Genot, notre traducteur semble donc éviter des transpositions visant la transparence pour privilégier les idiomatismes et la lisibilité dans le texte d'accueil : « un plus juste équivalent français m'a parfois semblé réclamer de m'éloigner légèrement »[34]. Sa traduction ne respecte pas forcément l'ordre des mots, mais plutôt la concaténation des concepts. Il tente « d'être le plus souvent direct et d'opter pour un sens qui éviterait toute transposition trop floue », un sens qui lui « semble dicté par le contexte, et bien sûr par l'usage le plus courant des termes, au temps de Pétrarque ». Il accompagne aussi les lecteurs·trices pour rendre accessibles « des zones d'ombre, des incertitudes dues à un usage particulier que le poète peut faire de certains termes, sans parler des erreurs possibles de copistes ». Le but ici est d'expliciter « ce qui était exprimé de façon détournée » par un geste très libre qui ne s'attache pas à traduire « littéralement des raisonnements ou des expressions » qui pourraient apparaître « redondants et affectés ». Une part de ce qui caractérise « le style maniériste de Pétrarque se perd donc en plusieurs endroits » dans cette version pour laquelle il a « privilégié le sens et écarté des formulations qui auraient réclamé, surtout en français, un trop grand effort de lecture, pour parvenir finalement à un sens assez simple »[35].

---

30 René de Ceccatty, « L'image indestructible. Réflexions sur une nouvelle traduction du *Canzoniere* », dans Pétrarque, *Canzoniere*, traduction de l'italien et préface de René de Ceccatty, Paris, Gallimard, coll. « Poésie », 2018, p. 53.

31 *Ibidem*, p. 51.

32 *Ibidem*, p. 25–27.

33 *Ibidem*, p. 33.

34 *Ibidem*, p. 33

35 *Ibidem*, p. 29–30.

De ce point de vue, son approche sémantique est influencée par un imaginaire pédagogique et de vulgarisation, un imaginaire qui n'exclut pourtant pas une réflexion sur des questions plus spécifiquement stylistiques. Premièrement, pour Ceccatty traduire la forme revient à livrer une traduction qui facilite la compréhension par une syntaxe fluide. De manière générale, notre traducteur ne s'attache pas à reproduire dans la langue d'accueil « la complexité de l'usage que Pétrarque fait de la culture et […] le relatif archaïsme de sa syntaxe, souvent calquée encore sur le latin », mais il cherche « une langue naturelle » pour un·e lecteur·trice « Français[·e] » d'aujourd'hui, en ligne par ailleurs avec la politique éditoriale des éditions Gallimard. Cette « langue naturelle » selon Ceccatty appartient à une tradition littéraire spécifique : « chez les Français, qui dit naturel, dit La Fontaine »[36]. Soulignons dans l'usage du mot en majuscule « Français » et de l'adjectif « naturel » une certaine conception de la langue, prescriptive et géographiquement orientée. Deuxièmement, la forme est aussi considérée comme un usage ancré dans une tradition littéraire qui doit être évoquée dans ses traits principaux. Il ne s'agit donc pas de calquer le style traductionnel sur des références savantes, mais plutôt de faire des allusions formelles aux imaginaires ayant marqué la réception de Pétrarque en langue française. Ce geste traductif est particulièrement évident dans les choix rimiques et prosodiques.

Les sonnets sont traduits en décasyllabes selon le premier usage seizièmiste, « dans un vocabulaire et selon une syntaxe généralement moderne, sans toutefois toujours [se] prémunir contre des réminiscences ronsardiennes, si forte étant l'empreinte de cette langue française du XVIe siècle sur la conception la plus récente de la poésie ». Mais il fait également référence au *Cimetière marin* (1920) de Paul Valéry, et surtout aux traductions d'Aragon. Le décasyllabe est, pour notre traducteur, un genre « nostalgique, retenu, suspendu » qui « permet le raisonnement et la fine remémoration », tandis que, par exemple, l'octosyllabe (qu'il a adopté pour traduire *La Divine Comédie*, 2017) est « le vers de la vision, de la mémoire fulgurante, de l'imagination galopante, de l'invective et s'il le faut du blasphème ». Dans ce choix, il y a bien évidemment un refus programmatique de toute une tradition traductionnelle qui adopte l'alexandrin pour traduire les *Fragmenta* de Pétrarque, tradition dont nous avons identifié les origines dans les traductions de Baïf. L'alexandrin est pour Ceccatty « pompeux, autoritaire, visionnaire sans doute parfois, mais surtout mis en scène », il est conçu « non pour dialoguer, mais pour méduser l'autre et le faire taire »[37]. Pour les autres formes poétiques (madrigaux, ballades, chansons, sixtines), il alterne les décasyllabes avec les hexasyllabes. Son but n'est donc pas de respecter « la disparité de certains vers […], car cela aurait, en français, rendu le rythme chaotique et difficile à suivre »[38]. Ces choix relèvent d'un projet visant la fluidité et la facilité de la lecture : « la langue italienne étant beaucoup

---

36 *Ibidem*, p. 23–24.

37 *Ibidem*, p. 23.

38 *Ibidem*, p. 24.

plus chantante que le français, le rythme s'y sent naturellement, sans forcer, alors que la scansion française, quand elle ne tient pas du balancement pompeux de l'alexandrin, est toujours plus ou moins artificielle et contraint à désarticuler les mots »[39].

Pour ce qui est des rimes, il renonce à se donner cette contrainte pour des raisons d'ordre sémantique. La rime – « facile en italien, difficile en français » – l'aurait « obligé à distordre le sens ». Même dans la traduction des poèmes fondés sur la répétition des mêmes mots-rimes (ex. *Rvf* 239[5]), il a dû se « résigner à ne pas tenter un équivalent »[40]. L'absence de rimes, selon Ceccaty, « fait certainement oublier ou, au contraire, [...] souligne exagérément ce que l'exigence d'assonances dans le texte d'origine a apporté de termes inattendus qui viennent dynamiser le raisonnement, multipliant d'inévitables métaphores commandées par leur sonorité et accentuant nécessairement l'artifice du poème »[41]. La réflexion stylistique est donc toujours liée à un projet d'illustration, de clarification, de simplification. La rime disparaissant dans cette traduction, le traducteur est « amené à relativiser l'importance de certains mots qui dans le texte réduit au sens, avec pour seuls réquisits la fluidité, l'intelligibilité et l'élégance »[42].

Comme Genot, son geste traductif dialogue étroitement avec la matière sémantique du texte-source et en retranscrit les mouvements conceptuels. Ceccatty utilise probablement les éditions des *Fragmenta* établies par Dino Provenzal (1954) et par Sabrina Stroppa (2011), ou ce sont du moins ces éditions qu'il indique dans une « Bibliographie sélective » à la fin du volume. Une brève analyse comparative éclaire *a posteriori* sur les enjeux principaux des projets de Genot et de Ceccatty.

---

39 *Ibidem.*
40 *Ibidem.*
41 *Ibidem*, p. 51.
42 *Ibidem*, p. 52.

Voi ch'ascoltate in **rime sparse** il suono
Di quei sospiri ond'io nudriva 'l core
In sul mio primo **giovenile errore**
Quand'era in parte altr'uom da quel ch'i' sono,
Del **vario stile in ch'io piango et ragiono**
Fra le vane speranze, e 'l van dolore,
Ove sia chi per prova intenda amore,
Spero trovar pietà, non che perdono.
Ma ben veggio or sì come al popol tutto
Favola fui gran tempo, onde sovente,
Di me medesmo meco mi vergogno ;
Et del mio **vaneggiar** vergogna è 'l frutto,
E 'l pentersi, e 'l conoscer chiaramente
Che quanto piace al mondo è breve sogno.

ABBA ABBA CDE CDE
hendécasyllabe
[*Rvf* 1, éd. Savoca 2008]

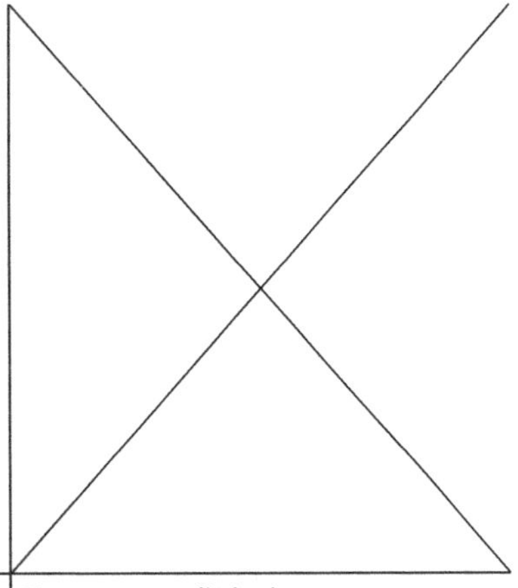

Vous écoutez en **rimes éparses** le son	Vous qui écoutez l'écho des soupirs
De ces soupirs dont j'ai nourri mon cœur	Dont j'ai en **vers épars** nourri mon cœur
En ma première et **juvénile erreur**,	Au temps de ma **fautive jeunesse**
Quand j'étais en partie autre homme que ne suis,	Où j'étais un autre homme qu'à présent,
Pour le **style variable où je pleure et devise**	Pour mes **pleurs divers** et pour mes **discours**
Entre les vains espoirs et la vaine douleur,	Entre vains espoirs et vaine douleur,
Près de qui entendît par épreuve l'amour	Que celui de vous qui connaît l'amour
J'espère de trouver pitié voire pardon.	Soit compatissant et même indulgent.
Mais je vois maintenant comment du peuple entier	Je suis hélas certain que ma conduite
Je fus grand temps la fable, en sorte que souvent	Fut longtemps la risée de tous, si bien
De moi-même à part moi je sens **vergogne**.	Que je me fais souvent **honte** à moi-même.
Et d'**avoir divagué** la vergogne est le fruit,	La honte est le fruit de mes **errements**,
Et repentir, et connaissance claire	Et le repentir, et le clair savoir
Que ce qui plaît au monde est, sans durée, un songe.	Que ce qui plaît au monde est un court rêve.
hétérométrie	*décasyllabes*
[Genot, *Chansonnier*, 2009, *Rvf* 1]	[Ceccatty, *Canzoniere*, 2018, *Rvf* 1]

Les analogies entre ces traductions résident sûrement dans leur accessibilité immédiate. Elles se distinguent pourtant par leur relation au texte-source et leur conception de l'horizon d'attente. Si Genot calque sa traduction sur le texte en regard dans une démarche pédagogique aidant les lecteurs·trices à suivre la source vers par vers, Ceccatty se comporte plutôt comme un commentateur. Il illustre, simplifie, explique les concepts pour des lecteurs·trices qui pourraient n'être aucunement désireux·ses de revenir à la source italienne. Chez Genot, on remarque dès les premier vers la volonté de ne pas bouleverser la syntaxe pétrarquienne, alors que Ceccatty n'hésite pas à la réorganiser pour l'adapter au décasyllabe tout en gardant une certaine fluidité et lisibilité : cf. « *Voi ch'ascoltate in rime sparse il suono / Di quei sospiri ond'io nudriva 'l core* » (*Rvf* 1, v. 1–2) et « Vous qui écoutez l'écho des soupirs / Dont j'ai en vers épars nourri mon cœur » (Ceccatty, *Rvf* 1, v. 1–2). Ceccatty évite aussi des mots qui pourraient apparaître comme trop archaïsants pour les lecteurs·trices d'aujourd'hui, alors que Genot préfère garder des effets de transparence pour que la position et la morphologie de chaque mot soit la plus proche possible de la source : cf. « vergogne » (Genot, *Rvf* 1, v. 11) et « honte » (Ceccatty, *Rvf* 1, v. 11) ; « juvénile erreur » (Genot, *Rvf* 1, v. 3) et « fautive jeunesse » (Ceccatty, *Rvf* 1, v. 3). Des simplifications donnent aussi à la traduction de Ceccatty un caractère plus spontané et moins affecté (ex. v. 5) ou encore réifient et rationalisent le langage pétrarquien pour en clarifier la charge symbolique : cf. « *vaneggiar* » (*Rvf* 1, v. 12), « avoir divagué » (Génot, *Rvf* 1, v. 12) et « fruit de mes errements » (Ceccatty, *Rvf* 1, v. 12).

Il s'agit non seulement de faire en sorte que le texte-cible soit cohérent avec « une certaine conception de la "poésie française" », mais aussi de produire un résultat qui soit familier à son public et évite de choquer « la sensibilité à la langue dont il peut être doté », en évitant des choix « inutiles, redondants ou formels »[43]. Une traduction visant la transparence, selon Ceccatty, « peut rendre la traduction plus artificielle que l'original » où la présence de certaines formulations et locutions « est rendue logique et naturelle dans un contexte autant phonétique que sémantique, alors qu'elle perd toute nécessité dans la version française »[44]. L'horizon d'attente de notre traducteur est ainsi conditionné par une nécessité de lisibilité et d'intelligibilité, tout en évoquant un imaginaire littéraire, linguistique et traductionnel qui parcourt l'histoire de la littérature française du XVIe siècle jusqu'à Aragon. La version de Ceccatty, sans texte en regard, ne se propose donc pas comme un outil pour revenir au texte original, mais comme un véritable dispositif de vulgarisation visant à illustrer et rendre facilement accessible l'imaginaire pétrarquien à son public.

Imaginaires en regard : lecture et traduction

Les traductions de Genot et de Ceccatty pourraient être considérées comme les représentantes d'une tradition traductionnelle qui, par un geste herméneutique et dans un souci philologique, cherche à rendre aux lecteurs·trices un texte qui soit agréable à lire tout en étant facilement compréhensible. À la différence de Ceccatty, les versions de Genot semblent être influencées par un imaginaire de la transparence et souhaitent favoriser l'accès à l'original. Ce n'est donc pas seulement un imaginaire de la traduction qui est en jeu dans ces versions, mais aussi une réflexion sur l'horizon d'attente ainsi que sur les enjeux de la réception et sur l'imaginaire de la lecture[45].

Comme pour Genot, d'autres traductions, entre la fin du XIXe et le début du XXIe siècle, partagent ce geste à la fois pédagogique et « pseudo-lyrique », entre une tentative d'interprétation clarificatrice de l'original, toujours en regard, et la recherche d'un rythme agréable. Parmi ces traductions, on trouve l'élégante version de Christian Guilleau et André Ughetto (1982–1990), la traduction intégrale de

---

43 *Ibidem*, p. 51.

44 *Ibidem*, p. 52.

45 On rappelle que Barthes, dans son dernier séminaire pour le Collège de France intitulé « Proust et la photographie », a réfléchi brièvement à la notion d'*imaginaire de la lecture* (Roland BARTHES, « Proust et la photographie », p. 396). Sur ce séminaire de Barthes, consulter : Tiphaine SAMOYAULT, « La reprise (note sur l'idée de roman-monde) », p. 95–104 ; Kathrin YACAVONE, « Reading through photography : Roland Barthes's last seminar "Proust et la photographie" », p. 97–112.

Pierre Blanc (1989), les traductions « de service » réalisées par André Rochon et Danielle Boillet pour la prestigieuse *Anthologie bilingue de la poésie italienne* (1994), la version de Jacqueline Malherbe-Galy et Jean-Luc Nardone (2005), ainsi que les *Sextines suivies de Madrigaux* de François Turner (2012), premier traducteur qui a consacré une attention exclusive à un autre genre que le sonnet.

Cette vague d'éditions aux XXe et XXIe siècles, dans lesquelles le texte italien en regard est le véritable protagoniste, semble marquer un changement de paradigme par rapport à l'esprit des grandes traductions du XIXe siècle. Auparavant, notamment grâce à l'héritage culturel surgissant entre la Révolution (1789) et la fin des guerres napoléoniennes (1815), la poésie pétrarquienne avait en effet un rôle crucial dans la construction de l'imaginaire national français[46] et en a nourri les branches jusqu'à la fin du XIXe siècle.

Il est intéressant de remarquer que le texte italien est pourtant présent à cette époque dans des projets de traduction moins ambitieux comme ceux de Pierre-Charles Levesque (1774–1787), de La Pommeraye (1821), de Jean-Paul-Louis D'Arrighi (1851), de Junior Casalis et Ernest de Ginoux (1887), comme dans les imitations de Léonce de Saint-Geniès (1816). Le texte en regard passe dans les notes en bas de page comme support pour les proses narratives de Simonde de Sismondi (1813) ou de l'Abbé Jean-Joseph-François Costaing de Pusignan (1819), et va jusqu'à disparaître totalement dans les grandes éditions de Camille Esménard (1830–1848), de Ferdinand L. de Gramont (1842), d'Anatole de Montesquiou (1842), d'Ernest et Edmond (1848), de Francisque Reynard (1883) et de Fernand Brisset (1899–1933). C'est cette deuxième vague de traductions qu'on pourrait approcher de l'imaginaire linguistique, traductionnel et littéraire de Ceccatty traducteur.

L'absence du texte en regard témoigne ainsi d'une pratique traductive servant à la consolidation de la langue et de la culture nationales. À la différence du public élégant et lettré qui fréquentait les cours françaises de François Ier à Henri IV, le « grand public » du XIXe siècle ne maîtrise plus la langue des Italien·ne·s et, du point de vue général, n'a pas d'intérêt à lire Pétrarque dans sa langue d'origine. L'imaginaire pétrarquien est ainsi transmis et « dispensé » par un·e traducteur·trice auquel ou à laquelle on est obligé de faire confiance, un·e traducteur·trice dont l'intérêt prééminent n'est pas le sens et la forme de la langue de départ, mais l'intelligibilité, la lisibilité et la fluidité de la langue d'arrivée[47].

---

46 Jennifer RUSHWORTH, *Petrarch and the Literary Culture of Nineteenth-Century France*, « Introduction : Local History, Local Stories », § « Temporal and Geographical Parameters », § « The French Petrarch », § « The French beloved », p. 7–30 et *passim*.

47 *Ibidem*, ch. I « Translations », § « Complete Translations : An Overview », p. 38–39 et *passim*.

Chapitre III

Traduire la forme

Contraste et familiarisation

Autant certain·e·s traducteurs·trices semblent se focaliser sur la traduction du sens, autant d'autres considèrent la *forme* comme un élément fondateur de leur pratique. On peut parler dans ce cas d'un imaginaire stylistique de la traduction. Il serait pourtant réducteur d'analyser les formes textuelles comme étant vidées de sens. D'une certaine manière, ces formes (dans les microstructures comme dans les macrostructures) relèvent aussi d'une interprétation du texte-source : elles sont donc étroitement liées aux formes sémantiques. Ces traductions pourraient ainsi appartenir à la catégorie de ces versions relevant d'une *forme-sens*[1], telle qu'elle a été envisagée par Henri Meschonnic.

Les formes textuelles ne sont pas seulement conçues comme des zones où le style, les genres, les usages littéraires se condensent, mais aussi comme les véhicules d'un sens qui, tout en transcendant la forme, la compénètre. Elles ne transmettent pas directement des significations précises (comme dans la relation transitive signifiant/signifié), mais font allusion à un réseau sémantique de significations. Les formes textuelles fonctionneraient ainsi comme des symboles plutôt que comme des structures proprement linguistiques. De ce point de vue, on pourrait affirmer que les formes textuelles ne *produisent* pas directement du sens, mais plutôt qu'elles *évoquent* un imaginaire. L'imaginaire évoqué par le style peu influencer toute l'étendue du texte – dans les formes macroscopiques du discours et de la syntaxe, ainsi que dans celles appartenant à la dimension microscopique de la morphologie, de la ponctuation, de la typographie. L'imaginaire de la traduction affecte ainsi le genre littéraire, le travail sur la terminologie, la manière d'enchaîner les idées et les images poétiques, ainsi que l'usage des figures rhétoriques, etc.

---

1 Henri Meschonnic, *Pour la poétique*, 5 vol., Paris, Gallimard, 1970–1978 : « Forme du langage dans un texte (des petites aux grandes unités) spécifique de ce texte en tant que produit de l'homogénéité du dire et du vivre » (*ibidem*, t. I, p. 176) ; « toute la poétique est une introduction pour conceptualiser ce que par (production de formes-sens) on peut penser » (*ibidem*, t. II, p. 25), et *passim*.

Mais qu'entend-on par « traduire la forme » ? La métaphore mythologique d'Orphée exprime bien les enjeux qui surgissent dans la traduction de la forme. Cette métaphore, qu'on peut opposer à celle d'Hermès développée par Le Blanc[2], exprime le malaise typique des traducteurs·trices tel qu'il a été éprouvé depuis Cicéron et saint Jérôme, la difficulté de combler un *dissidio* (perçu comme fondateur par les traducteurs·trices) entre sens et forme : c'est là que s'exerce la liberté du geste traductif. Les traducteurs·trices se posent ainsi le problème d'une adaptation ne visant pas seulement à communiquer un contenu (un *sens*), mais aussi à recréer un style. Il s'agit de ce qu'on pourrait définir, reprenant la terminologie de Pergnier, comme un geste traductif préférant la « qualité de la reformulation » à la « qualité de l'exégèse »[3].

De ce point de vue, bien que le sens reste la contrainte principale d'une traduction *stricto sensu*, la pratique traductive se concentre notamment sur les formes textuelles, ou en d'autres mots sur l'*effet*[4] qu'on souhaite restituer à ses propres lecteurs·trices (des effets de formes qui engendrent aussi des effets de sens). Cette « restitution » peut se manifester dans une large diversité de solutions. Plusieurs théoricien·ne·s et praticien·ne·s s'étant confronté·e·s à la question de la traduction de la forme, on essaie de donner quelques repères en décrivant celles qui nous semblent les deux polarités principales. Ces catégories peuvent nous aider à « thématiser » notre histoire des traductions des *Fragmenta*.

a) d'un côté, demeure la volonté de récréer dans le texte-cible, plus ou moins analogiquement, les traits stylistiques du texte-source, ce qu'on pourrait appeler une « tentative de familiarisation »[5] ou bien de naturalisation ;

b) de l'autre côté, il s'agit d'une tentative de récréation, d'une retextualisation drastique, d'une pratique du *contraste*[6], visant, par exemple, à moderniser le texte-source ou à lui donner une interprétation particulière.

Dans la première catégorie, cette naturalisation peut viser un public (un horizon d'attente) ou bien peut être l'expression d'une reformulation personnelle du style de la source. Il peut être question, par exemple, d'une traduction soucieuse de reproduire les effets stylistiques du texte-source, une restitution qui peut s'incarner même dans une tentative – selon la très célèbre formule de Friedrich Schleiermacher – « qui aspire à produire chez le lecteur, grâce à la traduction, la même impression [...] [qu'] il recevrait à la lecture de l'œuvre dans sa langue d'origine »[7].

---

2 Charles Le Blanc, *Le complexe d'Hermès*, *passim* ; Riccardo Raimondo, « Orphée contre Hermès... », *passim*.

3 Maurice Pergnier, « La traduction comme exégèse : le cas de la poésie », *passim*.

4 Jean-René Ladmiral, *Sourcier ou cibliste*, p. 200–207.

5 On rappellera notre étude sur le sujet : « La théorie des zones traductionnelles », *passim*.

6 *Ibidem.*

7 Friedrich Schleiermacher, *Des différentes méthodes du traduire*, traduit de l'allemand par Antoine Berman et Christian Berner, sous la dir. d'Alain Badiou et Barbara Cassin, Paris, Seuil, 1999, p. 53.

La deuxième catégorie contiendrait en revanche les pratiques qui visent à garder une certaine « étrangeté »[8] dans la langue-cible ou bien un fort décalage entre les formes textuelles du texte-source et celles du texte-cible. Certain·e·s traducteurs·trices qui se mesurent à des questions stylistiques semblent ainsi privilégier une pratique du *contraste*[9], c'est-à-dire une pratique mettant en relation le texte-source et le texte-cible par des rapports qui relèvent d'une discordance, d'une dissonance de formes textuelles.

Il est bien évidemment impossible de parfaitement classer une traduction dans une catégorie ou dans l'autre. Il serait même trompeur – malgré l'opérativité de cette polarité – de penser que la traduction de la forme puisse se réduire à deux simples formules. Néanmoins, dans l'analyse des traductions, il est toujours possible de relever une certaine *tension* globale, qui influence les choix du ou de la traducteur·trice et dirige les processus de retextualisation.

En cherchant à identifier approximativement ces deux pôles, on propose ici quelques incursions dans les imaginaires traductionnels d'Yves Bonnefoy (2005–2011) et de Jean-Yves Masson (2004). Si d'un côté les deux traducteurs partagent en fait la volonté de sauvegarder la forme du sonnet, tous les autres choix stylistiques les différencient et nous permettent d'identifier, en partie, les deux tendances déjà évoquées : le contraste pour Bonnefoy et la familiarisation pour Masson.

Yves Bonnefoy entre traduction et réécriture

On peut immédiatement observer, dans la traduction de Bonnefoy[10], une véritable pratique du contraste. Ce dernier montre clairement sa volonté d'interprétation, dans le choix de l'hétérométrie comme dans l'esthétique générale qu'il met en œuvre. On le remarquera dans sa traduction de *Rvf* 1.

8　Antoine BERMAN, *L'Épreuve de l'étranger*, p. 300.

9　Pour la notion de *contraste*, voir Riccardo RAIMONDO, « Orphée contre Hermès… », *passim* ; Riccardo RAIMONDO, « La théorie des zones traductionnelles », *passim*.

10　Bonnefoy traduit pour la première fois Pétrarque en 2005 dans Yves BONNEFOY, « Le *Canzoniere* en sa traduction », *Conférence*, n° 20, 2005, p. 361–377. Il republie ses traductions dans une plaquette illustrée par Gérard Titus-Carmel : Yves BONNEFOY, *Je vois sans yeux et sans bouche je crie*, vingt-quatre sonnets de Pétrarque traduits par Yves Bonnefoy, accompagnés de dessins originaux de Gérard Titus-Carmel, édition bilingue, Paris, Galilée, 2011. Le texte-source mentionné est l'édition de Gianfranco Contini (Turin, Einaudi, 1964).

Voi ch'ascoltate in rime sparse il suono
di quei sospiri ond'io nudriva 'l core
in sul mio primo giovenile errore
quand'era in parte altr'uom da quel ch'i' sono,
del vario stile in ch'io piango et ragiono
fra le vane speranze e 'l van dolore,
ove sia chi per prova intenda amore,
spero trovar pietà, nonché perdono.
Ma ben veggio or sí come al popol tutto
favola fui gran tempo, onde sovente,
di me medesmo meco mi vergogno ;
et del mio vaneggiar vergogna è 'l frutto,
e 'l pentersi, e 'l conoscer chiaramente
che quanto piace al mondo è breve sogno.

ABBA ABBA CDE CDE
hendécasyllabes
[*Rvf* 1, éd. Contini 1964]

De vous qui entendez, en mes rimes éparses,
Tous ces gémissements dont j'abreuvais mon cœur
Dans les égarements de ma prime jeunesse,
Quand j'étais autre qu'à présent, au moins un peu.
Pour ces écrits, plaintes, ressassements
Ballottés entre vains espoirs, vaine douleur,
J'espère compassion si ce n'est excuse :
N'avez-vous pas souffert l'épreuve de l'amour ?
Mais maintenant je vois bien que je fus
De tous la longue fable, et souvent j'ai honte
De moi, quand je médite sur moi-même.
Et de ma frénésie, c'est le fruit, cette honte,
Avec le repentir, et savoir, clairement,
Qu'ici-bas ce qui plaît, c'est bref, ce n'est qu'un songe.

hétérométrie (mélange de décasyllabes, d'hendécasyllabes et alexandrins)
[Bonnefoy, *Je vois sans yeux et sans bouche je crie*, 2005–2011, sonnet I]

Bonnefoy ne souhaite pas réaliser une traduction dite « littérale », il cherche plutôt à imprimer au texte-cible sa propre conception du texte-source par un geste traductif tout à fait libre et indépendant de son modèle (~). Le traducteur se laisse transporter par une volonté d'expansion et d'altération, par « une nécessité de transposition »[11], comme le remarque Fabio Scotto[12] : c'est un « projet d'actualisation par la traduction »[13] qu'on pourrait considérer comme une traduction accomplie à travers une « forme vivante »[14]. Bonnefoy valorise le décalage, la dissonance, la distance : il cherche une « heureuse différence »[15].

En premier lieu, la dissonance la plus visible concerne celle que Bonnefoy applique à la forme du sonnet : les sonnets CCXXV (*Rvf* 225) et CCXXVII (*Rvf* 227) sont traduits en seize vers au lieu de quatorze. Ce choix est précisément le résultat d'une réflexion de longue date sur la traduction du sonnet : notre traducteur considère en fait que la forme du sonnet a un rôle négatif,

> car elle impose donc une règle, ce qui retient dans le champ des règles, des lois, c'est-à-dire de l'intellect. En outre, elle a besoin, pour mettre en évidence sa récurrence constitutive, de recourir à des rimes, qui retiennent l'exploration du monde par le poète à un nombre restreint d'objets[16].

---

11 Yves Bonnefoy, « Le *Canzoniere* en sa traduction », p. 361.

12 Fabio Scotto, « Yves Bonnefoy traducteur de Leopardi et de Pétrarque », *Littérature*, n° 150, 2008, p. 70–82.

13 *Ibidem*, p. 80.

14 Yves Bonnefoy, « Le *Canzoniere* en sa traduction », p. 370.

15 Michela Landi, « Yves Bonnefoy et la traduction : l'enseignement et l'exemple de l'Italie », *Littérature*, n° 150, 2008, p. 56–69.

16 Yves Bonnefoy, « Vieillir, ne pas vieillir » [2009], dans *Id.*, *L'autre langue à portée de voix*. Paris, Seuil, 2013, p. 176 [*N.B.* : cette édition comprend des articles, entretiens, etc., remaniés par l'auteur ; on signale entre crochets la date de la première parution.]

Chez Bonnefoy la remise en discussion de la forme du sonnet s'accompagne non seulement d'un refus des rimes, mais aussi de la prosodie : toutes les conformités formelles sont selon lui l'une de ces « naïvetés de naguère, compter des pieds, assembler des rimes sous prétexte que le texte original avait une forme fixe ou des rimes »[17]. Il justifie ce refus au nom du « génie sonore » de chaque langue[18], autant que d'une théorie (esquissée, seulement), de la forme[19].

Sa pratique du contraste prend en deuxième lieu un visage métrique. Les deux hendécasyllabes (v. 7–9) sont composés comme des alexandrins tronqués d'une syllabe dans leur deuxième hémistiche : « si ce n'est excuse » (v. 7), « et souvent j'ai honte » (v. 9). On remarque qu'à cette réduction correspondent d'une part une tonalité pathétique, et d'autre part un registre mineur : une formule concessive au vers 7 (« si ce n'est… »), et un enjambement au vers 9 (« j'ai honte / de moi ») rejetant la première personne hors du vers. Ces solutions semblent refuser l'introspection de Pétrarque (cf. « et souvent j'ai honte / De moi, quand je médite sur moi-même, v. 9–10) pour valoriser un *je* qui se met en scène dans une position dialogique. En effet, cette redéfinition de la première personne poétique est en matrice dès les vers 5 et 6 qui précèdent l'hendécasyllabe : le traducteur ne recourt pas directement à la première personne, comme pour ménager un effet d'attente qui se termine par une adresse aux lecteurs·trices (cf. « Pour ces écrits, plaintes, ressassements / Ballottés entre vains espoirs, vaine douleur, / J'espère compassion si ce n'est excuse : N'avez-vous pas souffert l'épreuve de l'amour ? », v. 8). L'abandon de l'introspection pétrarquienne au profit d'un dialogue chargé de pathos correspond à la définition de traduction que livre Bonnefoy dans l'ex-libris intitulé « Prière d'insérer » et placé au début du recueil : la traduction est un « échange dont l'avenir a besoin »[20].

On remarque ensuite l'attention à une transposition analogique de certaines sonorités. Comme le montre, par exemple, la traduction de l'allitération dans le second tercet : « Et de ma **fr**énésie, c'est le **fr**uit, cette honte » par « *E del mio vaneggiar vergogna è 'l frutto* ». Là encore, Bonnefoy transforme le texte-source plutôt que de chercher à le reproduire exactement. De fait, cette transposition s'accompagne d'une mutation radicale de la forme du discours et de l'enchaînement des concepts, comme le deuxième quatrain du sonnet I (*Rvf* 1), le dernier tercet du sonnet CLXXXIX (*Rvf* 189) ou du sonnet CXXXII (*Rvf* 132).

Le quatrième versant de sa pratique de la dissonance concerne la réécriture conceptuelle. Des transformations fréquentes et ponctuelles semblent être ainsi la marque de la traduction de Bonnefoy : cf. « *et ò in odio me stesso et amo altrui* » (*Rvf* 134) et « j'ai de moi haine et d'elle, ah, quel amour ! » (CXXXIV).

---

17 Yves Bᴏɴɴᴇғᴏʏ, « Signification et Poésie. Entretien avec Pierre-Emmanuel Dauzat » [2003] dans *Id., L'autre langue à portée de voix*, p. 107 [*N.B.* : cette édition comprend des articles, entretiens, etc., remaniés par l'auteur ; on signale entre crochets la date de la première parution.]

18 *Ibidem*, p. 108.

19 *Ibidem*, p. 107.

20 Voir Yves Bᴏɴɴᴇғᴏʏ, *Je vois sans yeux et sans bouche je crie*, 2011.

Il s'agit souvent de passages qui abaissent le ton du texte-source et le rendent plus familier : cf. « *che quanto piace al mondo è breve sogno* » (*Rvf* 1, v. 14) et « Qu'ici bas ce qui plaît, c'est bref, ce n'est qu'un songe » (I, v. 14) ; « *et son già roco / donna, mercé chiamando, et voi non cale* » (*Rvf* 133, 2–3) et « Ma voix s'enroue, Ma dame sans pitié, à vous crier "Grâce" » (CXXXIII, v. 2–3). Le traducteur s'abandonne aussi à des amplifications rhétoriques, comme dans ce passage : cf. « *dolor molle* » (*Rvf* 33, v. 11) et « ma souffrance, mes pleurs » (*Rvf* XXXIII, v. 11).

Le geste traductif de Bonnefoy est ainsi cohérent avec sa conception de la poésie[21] comme lutte de l'humain contre les concepts. Lutte paradoxale, car elle s'effectue au moyen du langage, les mots de la poésie, alors que le langage est le principal générateur de concepts, d'hyperonymies empêchant de voir la singularité de chaque objet du monde. Lutte que permet la corporéité de la poésie, « par les rythmes, qui montent du corps vivant dans la phrase, par la matérialité des vocables »[22]. Par cette conception de la poésie comme combat, Bonnefoy souligne donc la nécessité, pour la traduction de la poésie, de se détacher de la signification. Ainsi, le traducteur réécrit, « revivant en français, s'il est français, ce qui, dans le poème qu'il veut traduire, a cédé ou a résisté à l'interposition du concept entre parole et présence »[23]. C'est pour cette raison, c'est-à-dire pour revivre l'expérience de la « présence », qu'il retranscrit le texte-source et que « le traducteur ne doit absolument pas se garder de lui-même s'il veut rencontrer dans son œuvre la poésie comme telle »[24].

On remarquera de plus que, par une réécriture du style, c'est aussi une interprétation général du sens que Bonnefoy veut imprimer à sa traduction, et c'est à ce stade qu'on peut remarquer la manière dont l'imaginaire du traducteur intervient drastiquement dans la manipulation de la matière sémantique (~). Par ailleurs, son but est de faire ressortir « l'inexploré de la pulsion érotique »[25] de la poésie de Pétrarque, « une pensée plus charnelle »[26]. Comme le remarque Scotto, le Pétrarque d'Yves Bonnefoy « se montre donc érotiquement plus proche de la terre et de ses désirs que du dualisme platonicien »[27] – dualisme distinctif dans la pensée de Pétrarque. Sa traduction relève ainsi d'un imaginaire « passionnel » et l'on peut, par conséquent, la rapprocher des versions de Peletier, de Baïf et d'une partie des traductions de Du Tronchet. On aura l'occasion de revenir sur ce point dans le chapitre intitulé « Traduire le corps ».

---

21 Yves Bonnefoy, « Signification et Poésie. Entretien avec Pierre-Emmanuel Dauzat », p. 91–98.

22 *Ibidem*, p. 93.

23 *Ibidem*, p. 95.

24 Yves Bonnefoy, « La Traduction de la poésie » [2004], dans *Id.*, *L'autre langue à portée de voix*, p. 47 [*N.B.* : cette édition comprend des articles, entretiens, etc., remaniés par l'auteur ; on signale entre crochets la date de la première parution.]

25 Yves Bonnefoy, « Le *Canzoniere* en sa traduction », p. 372.

26 *Ibidem*, p. 375.

27 Fabio Scotto, « Yves Bonnefoy traducteur de Leopardi et de Pétrarque », p. 82.

Pour la traduction de Bonnefoy, on peut donc parler d'un *transcodage hybride* (entre traduction et réécriture) ou encore d'une *réécriture traduisante*. En effet, si l'on voulait analyser ses traductions du point de vue de la matière sémantique, on pourrait identifier plusieurs marges à l'intérieur desquelles les limites entre traduction et réécriture s'amincissent ou s'élargissent. Dans ce cas, la liberté du traducteur engendre une dynamique du « viol », une pratique de la profanation du texte-source[28] plus ou moins marquée. Bonnefoy respecte une bonne partie de la matière sémantique mais s'accorde des réécritures ponctuelles qui, dans certains passages, bouleversent le sens et le style de son modèle.

Il semble que Bonnefoy souhaite ainsi garder « toute son autonomie vis-à-vis des tendances strictement linguistiques du *formalisme* structuraliste et du *fonctionnalisme* socio-linguistique de la communication »[29], tout en refusant de prendre une position nette entre *sourcier* et *cibliste* « en raison de l'impossibilité de réduire un texte à son sens, et de l'exigence de recréer un son et un rythme modernes et personnels loin de toute tentation archaïsante »[30]. S'il tend ainsi à valoriser l'hétérométrie, c'est parce qu'elle lui permet de faire revivre le texte dans la langue française contemporaine et de mettre en valeur sa propre « subjectivité écrivante »[31] de poète-traducteur. L'usage du texte original en regard pourrait ainsi témoigner de la volonté de mettre en valeur le décalage, la distance vis-à-vis du texte-source, et peut-être même de mettre ses propres réécritures sur le même plan que la poésie de Pétrarque.

Plus que d'autres, l'approche de Bonnefoy démontre de quelle façon la traduction du sens comme celle de la forme surgissent toutes deux d'un mouvement herméneutique de la pensée et d'un *motus* de l'imagination. La réflexion de Pergnier se révèle décisive :

> Toute traduction – quelles que soient, par ailleurs, ses qualités – livre, non le sens du poème (ou de ses segments), mais l'exégèse et l'interprétation qu'un lecteur privilégié (le traducteur) en a faites. Alors que le poème original laisse la porte ouverte à toutes les virtualités d'interprétation, les traductions, quant à elles, « figent » de manière immuable l'exégèse qu'en a faite le traducteur[32].

Nulle traduction n'échappe ainsi à l'enjeu de l'interprétation et de l'imaginaire. Voilà le message que cette traduction semble nous délivrer. La psyché du traducteur projette sur le texte sa propre ombre, engendrant pour le texte un nouveau destin, ainsi que le fait Bonnefoy avec la poésie pétrarquienne. En préconisant un remplacement radical des caractéristiques stylistiques du texte-source, le traducteur

---

28 Jean-René Ladmiral, « Viol et consentance », *La Traductière*, n° 4–5, 1987, p. 88–91.

29 Fabio Scotto, « Yves Bonnefoy traducteur de Leopardi et de Pétrarque », p. 70.

30 *Ibidem.*

31 *Ibidem*, p. 71.

32 Maurice Pergnier, « La traduction comme exégèse : le cas de la poésie », p. 161.

finit par phagocyter certains passages de son modèle qui deviennent – d'un point de vue métalittéraire nourriture pour une autre poétique.

En revanche, la traduction de la forme pourrait aboutir à l'autre pôle évoqué précédemment, celui de la familiarisation ou de la naturalisation. On peut le remarquer en observant le geste traductif de Masson.

Jean-Yves Masson et la langue séparée de Pétrarque

À l'image des traductions savantes de Georges Nicole (1955), l'approche de Jean-Yves Masson (2004)[33] relève à la fois d'un intérêt philologique, historique et poétique. Sa traduction oscille entre une restitution « archéologique », la volonté de rendre le texte agréable pour un public contemporain et la tentative d'introduire les lecteurs·trices au texte-source. Si ce geste complexe témoigne d'une conception du style moins éclectique que celle de Bonnefoy, notre traducteur cherche en revanche à reproduire dans le texte-cible les caractéristiques stylistiques du texte-source. Son inspiration est très proche de l'imaginaire philologique de d'Avost ou de Maldeghem, mais son interprétation du texte est – comme l'on verra – comparable à la vision de Marot. Ceci est visible, comme pour Bonnefoy, dans la traduction de *Rvf* 1. On s'étonne que le paratexte des traductions de Masson ne fasse pas référence au texte-source utilisé : on peut imaginer qu'il a pu consulter différentes éditions, parmi lesquelles on choisit ici, comme texte en regard, celle de Santagata (1996).

---

33 Nous traiterons uniquement les traductions des *Fragmenta* contenues dans le numéro spécial de la revue *Europe* (2004) consacré à Pétrarque. Voir : Jean-Yves MASSON, « Sonnets du *Canzoniere* » et « Triomphe de l'Amour » (poèmes de Pétrarque avec notes à la traduction), *Europe*, 82ᵉ année, n° 902–903, juin–juillet 2004, p. 74–95. Ces traductions sont précédées d'une introduction intitulée « Le silence, la distance » (*ibidem*, p. 68–73). Nous signalons pourtant les autres traductions : Jean-Yves MASSON, « Pétrarque, *Triomphe de la mort, Triomphe du temps* », *Po&sie*, n° 87, Paris, Belin, 1999, p. 33–47 ; *Id.*, « XXXVIII. Orso, e' non furon mai », « XLVIII. Se mai foco per foco » et « XCVIII. Orso, al vostro destrier », dans *Pétrarque (1304–2004) : septième centenaire*, textes choisis par Christophe Carraud, Grenoble, Millon, 2004.

<table>
<tr><td>

Voi ch'ascoltate in rime sparse il suono
di quei sospiri ond'io nudriva 'l core
in sul mio primo giovenile errore
quand'era in parte altr'uom da quel ch'i' sono,
del vario stile in ch'io piango et ragiono,
fra le vane speranze e 'l van dolore,
ove sia chi per prova intenda amore,
spero trovar pietà, nonché perdono.
Ma ben veggio or sì come al popol tutto
favola fui gran tempo, onde sovente,
di me medesmo meco mi vergogno ;
et del mio **vaneggiar** vergogna è 'l frutto,
e 'l pentérsi, e 'l conoscer chiaramente
che quanto piace al mondo è breve sogno.

ABBA ABBA CDE CDE
*hendécasyllabe*s
[*Rvf* 1, éd. Santagata 1996]

</td><td>

Vous, auditeurs en mes rimes éparses
De ces soupirs dont j'ai repu mon cœur
Quand j'étais jeune, en ma première erreur,
Et que j'étais pour part autre que suis,
Pour mes discours et mes pleurs si divers
Sur mes douleurs et mes souffrances vaines,
J'attends pitié, sinon pardon, de ceux
Qui par preuve ont connu ce qu'est amour.
Mais je vois bien à présent que de tous
Je fus longtemps la fable, et il m'en vient
Tout à part moi grand'honte de moi-même ;
De mes **folies** les fruits sont à honte,
Le repentir, et la claire science
Que ce qui plaît au monde n'est qu'un songe.

décasyllabe
[Masson, *Sonnets du Canzoniere*, 2004, sonnet I]

</td></tr>
</table>

« folies »
[Catanusi, 1669, « Vous qui écoutez », p. 3]

« fous délires »
[Godefroy, 1900, « Vous qui écoutez », p. 3]

« que ce qui plaît au monde n'est que songe »
[Marot, 1541–1544 c., sonnet I, v. 12]

Masson se montre tout de suite particulièrement sensible à la tradition traductionnelle[34], il semble même citer les solutions d'autres traducteurs pour mieux suivre leur chemin. Pour lui, seul le rythme, la « pulsation des vers », est « capable d'en porter le sens foisonnant et de rendre acceptables pour le lecteur certains passages énumératifs »[35]. Il cherche aussi à « renoncer à certains détails, pratiquer des raccourcis mais sans que cela constitue une trahison fondamentale »[36]. Pour ce faire, l'alexandrin (souvent utilisé dans les traductions de Pétrarque) n'aurait pas bien rendu, selon Masson, le « rythme nerveux de l'hendécasyllabe italien ». En revanche, il considère que le décasyllabe lui permet de mieux reproduire le rythme originel ainsi que d'inscrire sa traduction à l'intérieur de la première tradition lyrique *françoyse*. On rappellera à la suite de notre traducteur que c'est en décasyllabes que les premiers poètes français du XVIe siècle ont d'abord assimilé les influences pétrarquistes et ont « acclimaté la rhétorique pétrarquisante à la langue française »[37]. Enfin, pour faire entendre la *distance* que le texte impose à ses lecteurs·trices, Masson non seulement s'autorise un certain nombre d'archaïsmes de syntaxe mais s'astreint au respect de la prosodie française classique, avec la prononciation de toutes les voyelles et de l'*e* muet ou avec des effets

---

34 On rappelle ici par commodité : Clément MAROT, *Six sonnetz de Pétrarque sur la mort de sa dame Laure, traduictz d'italien en françois*, Paris, G. Corrozet, [1541–1544 ?] ; Placide CATANUSI, *Œuvres amoureuses de Pétrarque*, Paris, Estienne Loyson, 1669 ; Hippolyte GODEFROY, *Poésies complètes de Francesco Petrarca, traduction nouvelle par Hippolyte Godefroy : sonnets, canzones, sestines, triomphes*, Montluçon, A. Herbin, 1900.

35 Jean-Yves MASSON, « Le silence, la distance », p. 69.

36 *Ibidem*, p. 70.

37 *Ibidem*.

archaïsant comme la diérèse « sci-ence » (v. 13). Il invite d'ailleurs explicitement les lecteurs·trices à en tenir compte dans son paratexte :

> En choisissant la métrique la plus stricte, c'est à l'intuition d'une parenté d'esprit (évidente) avec nos poètes de la Pléiade, mais aussi, par-delà le temps, avec Mallarmé (intuition que je dois surtout aux réflexions théoriques de Mario Luzi, et sur laquelle ce n'est pas ici le lieu de s'expliquer), que j'ai obéi[38].

Masson traduit ainsi en « archéologue de la traduction » et offre aux lecteurs·trices un dispositif poétique qu'on peut apprécier à travers les « couches » de cette fouille archéologique. Si, d'une part, un·e lecteur·trice attentif·ve et diligent·e appréciera plus profondément le texte grâce aux recommandations de lecture du traducteur, d'autre part, un·e lecteur·trice moins averti·e pourrait en tout cas avoir accès à la rythmique du texte et apprécier sa saveur archaïsante. Cela permet ainsi une lecture à différents niveaux – qui est, d'ailleurs, l'un des traits distinctifs de l'imaginaire mystique et platonico-chrétien des *Fragmenta*[39].

Cette extrême attention à la *forme* et à l'*effet* pourrait cependant faire penser à une traduction accomplie au détriment du sens – et il est vrai que, de ce point de vue, la traduction aurait largement gagné à l'usage, par exemple, de l'alexandrin, qui aurait épargné un grand nombre de sacrifices sémantiques. Mais dans ce cas, selon Masson, la réflexion sur le rythme ne rend pas seulement compte d'une préoccupation savante, littéraire, historique et philologique. Le rythme est *signifiant* en ce qu'il aide les lecteurs·trices à saisir l'imaginaire que Masson souhaite véhiculer par sa traduction.

> Je crois qu'il est bon, malgré tout, que cet effort de rapprochement ne soit pas excessif et que le texte lu en français fasse entendre une distance avec la langue courante – ne serait-ce que parce que le lexique de Pétrarque est un lexique aristocratique, contrairement à celui de Dante ; Pétrarque est un poète que son refus de la foule, son dédain du vulgaire, rapprochent de Mallarmé. Il est bon aussi de faire entendre que pour lui, la poésie est une langue séparée, un instrument adapté à un regard poétique fondamentalement tourné vers la saisie de l'Idée. Langue suspecte, d'ailleurs, à bien des égards, car en vrai platonicien Pétrarque se méfie de sa propre poésie [...] qui ne s'accomplit que dans le silence. Côtoyer ce silence de Pétrarque – silence *intérieur* à l'œuvre, non le silence du renoncement à l'œuvre – est aussi une raison plus secrète de le traduire. En prendre conscience est en tout cas une manière de saisir ce que pourrait être pour nous [...] la « modernité » de Pétrarque[40].

---

38 Jean-Yves Masson, « Le silence, la distance », p. 72. Dans ce passage, Masson fait référence aux écrits de Mario Luzi sur Mallarmé : *Studio su Mallarmé* (Florence, Sansoni, 1952).

39 Silvia Chessa, *Il profumo del sacro nel Canzoniere di Petrarca*, ch. I « Nei penetrali della scrittura », § 1 « Ingegno sacro e profano » (p. 23–32) et *passim* ; Luca Marcozzi, *Petrarca platonico. Studi sull'immaginario filosofico del Canzoniere*, Rome, Aracne, 2004 ; Silvia Finazzi, *Fusca claritatis, La metafora nei* Rerum vulgarium fragmenta *di Francesco Petrarca*, Rome, Aracne, 201, p. 97–134 (§ « Linguaggio mistico e sistemi metaforici ») et *passim*.

40 Jean-Yves Masson, « Le silence, la distance », p. 70–71. La source de Masson est toujours Luzi qui, dans son essai *L'inferno e il limbo* (Florence, Il Marzocco, 1949), oppose Dante à Pétrarque : le premier, comme interprète d'une poésie qui vit dans l'histoire et dans le présent ; celle de Pétrarque serait en revanche une poésie tournée vers soi-même, vers son statut proprement littéraire.

On peut remarquer dans ces quelques lignes tous les principes d'une pratique de la familiarisation. Si pour Pétrarque il est question en fait d'une langue « séparée » et tournée vers « la saisie de l'Idée », une pratique de la familiarisation se poserait alors le problème de traduire cette étrangeté, de rendre un effet de séparation pour un·e lecteur·trice d'aujourd'hui. Mais il ne s'agit pas de donner au contenu une forme propre, ou à la forme un signifié précis. Le problème posé par Masson, dans ces quelques lignes, consiste à saisir un contenu de second niveau (poétique, philosophique, symbolique) que le style exprime transtextuellement et indirectement, c'est-à-dire à travers les relations entre les composantes du texte et tout ce qui se trouve au-dehors du texte.

Dans cette perspective, le style n'est pas pour autant une qualité fondatrice du texte de départ ni de sa traduction, elle puise ses sources dans une organisation conceptuelle : la forme est *forma* d'une harmonie, d'un ensemble organique et transtextuel bien plus vaste. Masson, comme le traducteur évangélique Marot[41], traduit par exemple « Que ce qui plaît au monde n'est qu'un songe » (v. 14), un décasyllabe dans lequel le mot *monde* se trouve immédiatement après la césure (4// 6) qui engendre un effet de discordance (rejet interne) entre métrique et syntaxe. Or, si on considérait les connotations péjoratives du mot *monde* dans la langue évangélique, on pourrait envisager que notre traducteur, par un geste traductif et prosodique, souhaite marquer un sentiment de dédain vis-à-vis de la foule. Le même dédain devait appartenir aussi à Marot, et le même geste traductif a peut-être informé sa traduction d'inspiration évangélique, à laquelle Masson semble faire un emprunt. Ou remarquons aussi la césure enjambante (4//6) au vers 12 – seule irrégularité à l'égard de la prosodie classique dans ce poème – qui met l'accent, significativement, sur le mot *folie* (« foli**i**/**e** »)[42].

En se considérant un « cibliste modéré », Masson se pose la question de la lecture du texte-cible, mais aussi de celle du texte-source, par un·e lecteur·trice qui ne soit pas forcément un·e connaisseur·se de la langue italienne. Comme il l'avoue lui-même, bien qu'il ait cherché à réaliser une traduction « plaisante à lire », il a tenté d'en faire aussi un outil fonctionnel à la lecture du texte dans sa langue originale car « la fonction légitime d'une traduction est *aussi* d'aider à la lecture du texte original »[43]. Cet imaginaire pédagogique et philologique a ainsi pour conséquence de rapprocher cette traduction de celle de d'Avost, dans laquelle le texte en regard jouait un rôle essentiel.

On remarquera enfin qu'en dépit de la disparition du texte-source, Masson conserve un objectif pédagogique et respecte la forme du sonnet, bien que sans rime. Ce faisant, son édition s'écarte de la tradition des plus importantes éditions

---

41 Cf. « que ce qui plaît au monde n'est que songe » (Marot, 1541–1544 ?, I, v. 14).

42 Cf. « folies » (Catanusi 1669, « Vous qui écoutez maintenant », v. 12), « fous délires » (Godefroy 1900, « Vous qui écoutez », p. 3) pour le mot *vaneggiar*.

43 Jean-Yves Masson, « Le silence, la distance », p. 72.

françaises sans texte en regard, comme la traduction en prose de Gramont (1842) ou les traductions créatives d'Anatole de Montesquiou (1842) qui ne gardent pas systématiquement la forme du sonnet. La traduction de Masson témoigne ainsi d'une forme de synthèse entre plusieurs imaginaires (spirituel, anti-érotique, pédagogique, philologique, etc.), tout en gardant la subjectivité d'un traducteur qui est aussi poète.

Chapitre IV

Traduire le génie

Le génie du texte

Ces dernières réflexions suggèrent qu'il est difficile de faire l'économie d'une étude sur le *sens* et la *forme*, deux notions qui, selon les contextes, peuvent s'avérer à la fois distinctes, dialogiques ou complémentaires. Ces notions peuvent être modélisées à travers le prisme de la matière sémantique et, une fois identifiées comme étant le produit de différents imaginaires en jeu, elles peuvent être étudiées selon les spécificités des contextes historiques et socio-culturels. On peut néanmoins observer une autre voie qui remet en cause cette dichotomie, un autre imaginaire du traduire.

En effet, si la traduction peut être considérée comme une fonction intérieure au langage (métaphore pour ainsi dire de ses facultés herméneutiques) elle a représenté, pour nombre de ses traducteurs·trices et théoricien·ne·s, quelque chose de plus important qu'une simple transposition d'une langue à l'autre – transposition du sens et/ou de la forme. La transposition linguistique, en effet, a parfois été considérée comme un aspect marginal d'une quête bien plus profonde : la traduction devient un moment d'expansion de la langue et de l'imaginaire des traducteurs·trices. C'est une éclosion[1] des facultés linguistiques, une porte ouverte sur un héritage d'images, de fascinations, de symboles, qui vont au-delà d'un simple système langagier. Il s'agit ainsi de considérer la langue-cible comme une *caisse de résonance* de la langue-source, et non plus simplement comme le point d'arrivée d'un processus linguistique. À l'intérieur de cette caisse de résonance, des mécanismes propres à la langue-source créent un nouvel espace d'expression, une nouvelle germination sémantique et rhétorique de la langue-cible[2].

Il s'agit de considérer la traduction comme un espace d'exploration de la conscience par le biais du langage. Autrement dit, selon une expression de Giorgio Caproni, c'est « un élargissement dans le champ de sa propre existence et de sa

---

1   Nous avons développé ailleurs cette métaphore de la traduction comme *éclosion*, voir Riccardo Raimondo, « Le *démon fugitif* de l'imagination… », *passim*.

2   *Ibidem*.

propre conscience »[3] et qui touche à la fois traduction et imitation[4]. De ce point de vue, l'antithèse *sens/forme* devient une opposition trop limitative pour définir le processus. Il y a quelque chose d'alchimique dans ce mouvement qu'on pourrait décrire, par une formule d'Antonio Prete, comme « une *transmutation* à travers laquelle le premier texte, écoute après écoute, exercice après exercice, prend la forme d'une autre langue, assume une autre voix »[5].

Si l'on observe certaines traductions dans cette perspective, on s'aperçoit qu'elles se libèrent de la contrainte d'un choix radical entre deux polarités. Un autre imaginaire du traduire rentre en jeu, un autre geste traductif. Mais comment lire et analyser ces traductions ? Cette conception n'est pas nouvelle et puise ses racines très loin. Après Étienne Binet (1569–1639)[6] entre autres, c'est la question posée par les romantiques allemands qui s'interrogeaient sur la nécessité de traduire l'âme, le *génie* du texte. La traduction, pour des théoriciens comme Friedrich von Schlegel (1772–1829)[7] ou des poètes comme Novalis (pseudonyme de Georg Friedrich von Hardenberg, 1772–1801)[8], est « traduction d'un Tout », reconstruction d'une

---

3	Notre traduction, cf. « *un allargamento nel campo della propria esperienza e della propria coscienza* » (Giorgio CAPRONI, *La Scatola Nera*, Milan, Garzanti, 1996, § « Divagazioni sul tradurre », p. 62).

4	Consulter par exemple le chapitre consacré à Giorgio Caproni dans Antonio PRETE, *All'ombra dell'altra lingua…*, p. 106.

5	Notre traduction, cf. « *una* trasmutazione, *per la quale il primo testo, ascolto dopo ascolto, esercizio dopo esercizio, prende un'altra lingua, un'altra voce* » (Antonio PRETE, « Traduzione come ospitalità », *Revista de Italianística*, n° XIV, 2006, p. 115–120).

6	Mariel MAZZOCCO (2013), par exemple, a parlé de *qualité suressentielle*, en étudiant notamment les traductions du jésuite Étienne Binet qui, déjà en 1624, s'interrogeait sur la difficulté de traduire le langage de Denys l'Aréopagite, une plume « si éminente et surcéleste » (BINET 1624, p. 2, 337 et *passim*) et sur la nécessité de raisonner au-delà de notions comme *lettre* et *esprit*. Binet accusait le langage mystique d'être inintelligible et de confondre les esprits : « Allez faire entendre ce que veut dire liquéfaction de cœur […], la déification de l'âme, le soulèvement sur-séraphique, la *contemplation suressentielle*, la souffrance divine, le parlement intérieur et la méditation suréminente, les visions séraphiques, les transports transformants et unitifs… » (BINET 1624, p. 354–355, notre italique). Voir : Étienne BINET, *La vie apostolique de saint Denis l'Aréopagite, patron et apôtre de la France*, Paris, S. Chappelet, 1624 ; Mariel MAZZOCCO, « "Suressentiel". Aux sources d'un langage mystique », *Revue de l'histoire des religions*, vol. 230, 2013, p. 609–627.

7	Il n'existe pas encore à notre connaissance d'ouvrage spécifiquement consacré à la théorie de la traduction chez Schlegel, mais l'on peut renvoyer à l'introduction de Charles LE BLANC, Laurent MARGANTIN et Olivier SCHEFER (dir.), *La Forme poétique du monde, anthologie du Romantisme allemand*, Paris, José Corti, 2003, *passim*. Voir aussi quelques chapitres consacrés à Schlegel : « Toute vérité est relative ; tout savoir est symbolique ; la philosophie est infinie » (*ibidem*, p. 203–220) ; « La poésie romantique est une poésie universelle progressive » (*ibidem*, p. 524–525).

8	De même que pour Schlegel, la pensée de Novalis sur la traduction n'a pas à notre connaissance fait l'objet d'études approfondies. On peut renvoyer à l'introduction de Charles LE BLANC, Laurent MARGANTIN et Olivier SCHEFER (dir.), *La Forme poétique du monde…*, *passim*. Voir aussi quelques chapitres consacrés à Novalis : « La force productive de l'imagination » (*ibidem*, p. 489–495) ; « La poésie est en somme la clef de la philosophie » (*ibidem*, p. 537–51). On trouvera aussi quelques aphorismes de Novalis sur la traduction dans NOVALIS, *Poésie, réel, absolu*, éd. Frédéric Brun, fragments traduits par Laurent Margantin, Paris, Poesis, 2015.

poétique globale. On peut parler aussi d'une conception holistique de la traduction. Comme le souligne Le Blanc,

> [ce] qu'il faut bien saisir avec le premier romantisme, c'est qu'il s'agit d'une philosophie de l'ouverture et de l'illimité [...] [Par exemple] Lorsque dans un fragment Novalis parle du traducteur, il ne voit pas en lui un artisan, l'humble passeur de la tradition médiévale, mais précisément cet artiste qui « doit pouvoir donner l'idée du tout à sa guise »[9].

On rappellera brièvement que Novalis, dans ces fragments[10], distinguait trois types de traductions : *grammaticale*, *mythique* et *transformante* :

a) La traduction *grammaticale*, ce que nous avons voulu définir comme « transposition sémantique », requiert de l'érudition et des dispositions discursives, mais pour arriver au cœur de l'œuvre originale, il faudra surpasser cette approche élémentaire (Novalis, 1895, Fragment 236) ;

b) La traduction *transformante* ou *changeante* (*poetisch verändern*) exige que le traducteur devienne poète pour qu'il puisse mettre en exergue l'unité de l'œuvre : « Nous ne comprenons naturellement tout ce qui est étranger que par un se-rendre-étranger – une modification de soi » (*ibidem*).

c) La traduction *mythique*, qui exprime « le caractère pur et accompli de l'œuvre d'art individuelle ». Celle-ci ne fait pas surgir l'œuvre réelle « mais son idéal » (*ibidem*, Fragment 68).

Traduire le génie du texte consisterait donc pour Novalis en une traduction « mythique ». Berman dirait, à propos de la réflexion de Novalis, que le sujet traduisant « pénètre l'intimité de l'auteur avec une nouvelle langue qui transcende la réalité linguistique du texte original »[11]. Il est intéressant, dans ce contexte, de mettre l'accent sur cette dimension « transcendante » de la traduction. Si d'une part on peut concevoir la traduction par le biais des catégories canoniques de la linguistique, d'autre part on devra admettre que, pour nombre de traducteurs·trices et penseurs·ses, la traduction peut aussi relever d'un autre geste, d'une approche qu'on pourrait qualifier d'heuristique. Novalis écrit, par exemple, que, « non seulement les livres, mais *tout* peut être traduit de ces trois façons » (*Fragment 68*, notre italique).

De ce point de vue, la traduction ne semble plus concerner le *sens* ou la *forme*, mais un « Tout ». Non plus donc Hermès ou Orphée, mais Apollon ! La traduction,

---

9 Charles Le Blanc, *Le complexe d'Hermès*, p. 82–83.

10 Voir Novalis, *Les disciples à Saïs et les Fragments*, traduits de l'allemand et précédés d'une introduction par Maurice Maeterlinck, Bruxelles, P. Lacomblez, 1895. Pour une édition contemporaine (mais de moins simple consultation, car elle ne présente pas la numérotation des fragments), voir Novalis, *Fragments, Les disciples à Saïs*, traduit de l'allemand par Maurice Maeterlinck, suivi de l'*Introduction à la poésie symboliste*, éd. Paul Gorceix, Paris, José Corti, 1992 (2003[2]).

11 Antoine Berman, *L'épreuve de l'étranger...*, p. 171.

avec le type « Apollon », se livre à une parole mystérieuse, une parole *transitive* (selon le signifié littéral de ce terme) : « qui s'étend du sujet à l'objet »[12], « une parole oblique, pareille à celles des oracles d'Apollon, le dieu oblique, *loxias* »[13]. À travers l'exercice de l'écoute, le traducteur s'ouvre ainsi à toute une série de nouveaux signifiés qui étaient déjà intégrés, inclus, familiers, non seulement à l'intérieur de l'imaginaire de la langue-source, mais aussi de la langue-cible : ils n'attendaient que d'être révélés et les traducteurs·trices tel·le·s des oracles les révèlent, les évoquent.

En réfléchissant sur cette perspective philosophique de la traduction, on peut donc se poser la question suivante : dans quelle perspective le sujet traduisant *comprend*-il le « Tout » du texte ? Quelle est son approche de la connaissance ?

On peut en effet considérer cette approche de la traduction au sens large, c'est-à-dire comme un acte de connaissance, dans le sens le plus pur de la *sapientia* grecque, c'est-à-dire *gnosis* (du gr. γνῶσις, qui peut vouloir dire, entre outre, « connaissance par la mémoire »). Rappelons la conception de Florio qui, dans une formule apologique, considère la traduction comme étant « à l'origine de toute science »[14], tout en prétendant citer une phrase de Bruno. De ce point de vue, il serait en fait plausible de supposer qu'il existe, dans la conscience, un imaginaire archétypique de la réalité dans lequel l'être humain a la possibilité de connaître le monde (d'en avoir et en tirer une *science*) à travers des images dont on possède un « souvenir » : « toute chose forme et est formée par toute chose… et on peut être poussé à trouver, sonder, juger, argumenter, se souvenir de toute chose à travers toutes les autres »[15] selon Bruno. La traduction peut donc servir d'instrument pour relier la conscience à cet imaginaire archétypique, en réveillant une dimension de la mémoire qui soit à la fois langagière, symbolique et métaphysique[16]. La traduction devient ainsi « un espace d'exploration de la conscience par le biais du langage : une véritable forme de connaissance de la réalité, un acte philosophique et spirituel »[17].

---

12 Riccardo RAIMONDO, « Territori di Babele. Aforismi sulla traduzione di Jean-Yves Masson », p. 173.

13 Jean-Yves MASSON, « Territoire de Babel (notes sur la théorie de la traduction », *Corps Écrit*, n° 36, 1990, numéro spécial « Babel ou la diversité des langues », Presses universitaires de France, 1990, p. 158.

14 Notre traduction, cf. « […] *My old fellow Nolano told me, and taught publicly, that from translation all science had its offspring* » (John FLORIO, « To the Courteous Reader », dans *Florio's Translation of Montaigne's Essays*, n° 1, 1603). On rappelle que dans ce passage Florio fait référence à Giordano Bruno comme à « il Nolano ».

15 Nous offrons ici une traduction française « de service » à partir de la traduction italienne d'après l'œuvre latine : cf. « *tutto forma ed è formato da tutto… e noi possiamo essere portati a trovare, indagare, judicare, argomentare, ricordarci d'ogni cosa attraverso ogni altra* » (Giordano BRUNO, *Sigillus sigillorum* (1583), dans *Opere mnemotecniche*, 2 vol., a cura di Marco Matteoli, Rita Sturlese, Nicoletta Tirinnanzi. Milan, Adelphi, 2009, t. II, p. 208 [nom du traducteur et/ou de la traductrice non précisé]).

16 Riccardo RAIMONDO, « Le *démon fugitif* de l'imagination… », *passim* ; Riccardo RAIMONDO, « Orphée contre Hermès », *passim*.

17 *Ibidem*.

En effet, la traduction, comme tout travail sur le langage, met en œuvre un travail sur/de l'imagination et sur/de toutes ces facultés qui vont *au-delà* et *en deçà* de la dimension langagière. Comme l'explique Vezin, la « fonction translinguistique de l'imagination » se révèle là où la traduction devient « une activité éminemment philosophique », là où elle met « une sorte de transcendantal en jeu »[18].

L'approche du traducteur vis-à-vis du texte-source devient ainsi très intime, profonde : travail d'intériorisation et d'appropriation. Le type Apollon ne cherche pas une transposition sémantique (Hermès) ou une traduction « grammaticale » (dirait Novalis, *Fragment* 236), ni une familiarisation de la forme ou une pratique du contraste (Orphée). Il suit la vague de l'empathie : grâce et à travers l'Autre, il revient à soi-même. On retrouvera par exemple cette inspiration dans ces traductions où l'aspect de l'intériorisation et de l'appropriation est plus important que les enjeux liés au sens ou à la forme. Ces traducteurs·trices ne souhaitent pas traduire la forme ou le sens d'un texte, mais son génie. Aragon nous en donne un exemple prégnant.

Louis Aragon : « *Laura was somebody ELSE* »

Aragon traduit cinq sonnets de Pétrarque (*Rvf* 1, 176, 187, 102, 283) et les publie en 1947[19] dans des plaquettes, avec texte en regard, en édition limitée, accompagnées d'une eau-forte de Pablo Picasso[20]. Il introduit chaque sonnet par les commentaires de Pietro Petracci (1610)[21], mais peut-être ignore-t-il cette source et ne se limite-t-il qu'à utiliser l'édition avec texte en regard de Catanusi (1669) ou plus probablement celle de Ginguené (1875). Son geste traductif relève d'un processus qu'on peut définir comme *génial* (dans le sens de « traduire le génie » du texte). Sa traduction de *Rvf* 1 nous en donne un aperçu et nous aide à mettre en perspective la version d'Aragon avec différentes traditions traductionnelles.

---

18 François Vezin, « Philosophie et pédagogie de la traduction », p. 496.

19 Voir Louis Aragon, *Cinq Sonnets de Pétrarque avec une eau-forte de Picasso et les explications du traducteur*, Paris, à la Fontaine de Vaucluse, s.e., 1947. Voir une reproduction de cette édition (texte établi, présenté et annoté par Jean-Baptiste Para) dans Louis Aragon, *Œuvres poétiques complètes*, 2 vol., éd. Olivier Barbarant, Paris, Gallimard, 2007, t. I, p. 1035–1050.

20 On reviendra sur les liens entre la poétique d'Aragon et l'esthétique de Picasso dans le chapitre « Images et textes, imaginaires et paratextes » (§ « Parcours comparés d'artistes et traducteurs·trices »).

21 Voir *Il Petrarca nuouamente ristampato, e diligentemente corretto. Con brieui argomenti di Pietro Petracci*, 1610. On rappelle qu'on connait de ce volume trois rééditions vénitiennes à la fin du XVIIe siècle : par Nicolò Misserini (1624), Gio. Maria Misserini (1638), Guerigli (1651).

<table>
<tr>
<td>

[COMMENTAIRE : Proemio di tutto il Canzoniere, nel quale il poeta di scusa de gli amorosi vaneggiamenti]

Voi ch'ascoltate in rime sparse il suono
Di quei sospiri, ond' io nudriva il core,
In su'l mio primo giovenil errore,
Quand'era in parte altr'uom da quel' ch'i' sono.
Del vario stile in ch'io **piango e ragiono**,
Fra le vane speranze e 'l van dolore,
Ove sia chi per prova intenda amore,
Spero trovar pietà, **non che perdono**.
Ma ben veggi' or, si come al popol tutto
Favola fui gran tempo, onde sovente
di me medesmo meco mi vergogno.
E del mio **vaneggiar** vergogna è 'l frutto,
E 'l pentirsi, e 'l conoscer chiaramente
Che quanto piace al mondo è breve sogno.

ABBA ABBA CDE CDE
hendécasyllabes
[*Rvf* 1, éd. Ginguené, 1875, p. 2]

</td>
<td>

[COMMENTAIRE :] Prélude à tout son chant où le poète s'excuse des égarements de ses amours.

Vous qui surprenez dans mes vers le bruit
De ces soupirs dont j'ai nourri mon cœur
Dans ma première et juvénile erreur
Quand j'étais homme autre que je ne suis.
Aux tons divers dont **je plains mes ennuis**
Suivant l'espoir vain la vaine douleur
Si l'un comprend l'amour par son malheur
J'attends pitié **non point pardon de lui**.
Mais je vois bien comme je fus la fable
Du peuple entier longtemps et le tourment
Au fond de moi de la honte m'en **ronge**.
Jours égarés j'en garde seuls durables
Ce repentir et clair entendement
Tout ce qui plaît au monde n'est qu'un **songe**.

ABBA ABBA CDE CDE
décasyllabes « différemment calqués » (préface 1947)
[Aragon, *Cinq Sonnets de Pétrarque*, 1947, « Vous qui surprenez dans mes vers le bruit… »]

</td>
</tr>
</table>

« **ronge : songe** »
[Marot 1541-1544 c., sonnet I, v. 12–14]

« **égarements** »
[Sade, 1764, t. I, sonnet I, v. 12]

On remarquera d'abord l'attention qu'Aragon consacre à l'expression des sentiments et des émotions : le verbe « *ascoltate* » (*Rvf* 1, v. 1) devient « surprenez » (v. 1) ; pour traduire « *piango et ragiono* » (*Rvf* 1, v. 5), il met l'accent sur les « ennuis » (v. 5). Comme celle de Peletier, cette traduction tient d'un mouvement emphatique, plutôt que d'une réflexion linguistique. L'auteur lui-même en témoigne dans ses *Explications du traducteur* :

Traduire n'est rien, vain remue-ménage : l'inimitable même, il faut l'imiter. Si peu qu'on le puisse et qui sait ? comme l'ombre sur le mur, amplifiant les gestes de l'homme, tant pis qu'il n'y ait que la marionnette du chanteur, elle vaut mieux que sa photographie. L'inexactitude, l'interprétation, l'à-peu-près, tout ce qui sera reproché au copiste, importe moins que ce ton de voix essayé, retrouvé peut-être. On ne manquera point d'observer que de l'original n'est passée que la grimace : éloge inespéré, car seule peut grimacer la vie[22].

À travers sa lecture des *Fragmenta*, Aragon cherche la voie pour trouver son propre lyrisme ; à travers la parole du poète de Laure, il fait résonner sa propre parole et, finalement, sa propre poétique.

Comme le fait remarquer Jean-Baptiste Para[23], Aragon ne décrit plus le rossignol ou la Laure de Pétrarque ; il cherche, dans la traduction, les chants de ses propres

---

22 Voir les « Explications du traducteur », dans l'introduction aux *Cinq sonnets de Pétrarque* (1947), dans Louis ARAGON, *Œuvres poétiques complètes*, 2 vol., t. I, p 1036.

23 Voir la « Notice » de Jean-Baptiste Para aux *Cinq sonnets de Pétrarque* (1947), dans Louis ARAGON, *Œuvres poétiques complètes*, t. I (2007), p. 1571.

rossignols et, comme il l'avoue par le filigrane sonore des *Explications du traducteur*, il célèbre par Laure sa bien-aimée Elsa Triolet : « [...] et je ne sais plus rien que ce rossignol et Laure, qui dans le langage de mon cœur à moi n'a point le doux nom de l'air où la nuit se brisa, rimer à l'incendie des blés l'or des colzas »[24]. D'ailleurs, la phrase placée en exergue de la première édition de ses traductions des *Fragmenta* (1947) – « *They said Laura was somebody ELSE* » – est bien évidemment un jeu de mots qui cache le prénom de sa femme Elsa – comme le fait remarquer Franck Merger[25]. Ce n'est qu'un autre parmi « tous ces jeux divins faits du nom de Laure de Noves »[26], une tradition onomastique dans laquelle peut-être Aragon souhaite se greffer. Para peut ainsi affirmer que « si Pétrarque semble parfois jouer dans l'œuvre d'Aragon le rôle d'un miroir, c'est aussi qu'il préfigure à sa manière une sorte de "mentir-vrai" »[27]. C'est d'ailleurs durant la Seconde Guerre mondiale (qui s'achève lorsqu'Aragon traduit les *Fragmenta*) que notre écrivain-traducteur développe sa poétique du « mentir-vrai »[28], notamment dans ses romans *Les Voyageurs de l'impériale* (1942) et *Aurélien* (1944), par une représentation diffractée de sa biographie. Pour revenir au texte, il serait donc légitime de se demander si la contraction au v. 8 de *Rvf* 1 (« non point pardon de lui » pour « *non che perdono* »[29]) ne pourrait pas être le fruit d'une mauvaise compréhension du texte-source ou bien d'une autre façon de *mentir*, de projeter son imaginaire sur le texte de Pétrarque...

Cette recherche d'un lyrisme personnel à travers la traduction de Pétrarque arrive donc dans la continuité du renouveau que connaît la poétique d'Aragon durant la Seconde Guerre mondiale. Sa poésie évolue ainsi de plus en plus dans le cadre d'un retour aux formes fixes, parmi lesquelles le sonnet. De plus, Olivier Barbarant[30] a bien analysé le risque d'étiolement qui menace Aragon une fois la guerre finie : on peut proposer qu'en revenant à la source pétrarquienne, ce poète emblématique de la Résistance française cherche à retrouver ce geste poétique qui l'a récemment mené à la gloire. Désormais, il ne puise plus à la source des troubadours, mais à celle du poète de la fontaine de Vaucluse. Comme pour Baïf, une pratique de l'innutrition,

---

24 Voir les « Explications du traducteur » dans l'introduction aux *Cinq sonnets de Pétrarque* (1947), t. I, *p.* 1037.

25 Franck Merger, « La réception de Pétrarque en France au XXᵉ siècle : l'exemple d'Aragon », *Les Annales de la société des amis de Louis Aragon et Elsa Triolet*, n° 10, 2008 [*en ligne* : louisaragon-elsatriolet.org].

26 Voir les « Explications du traducteur », dans l'introduction aux *Cinq sonnets de Pétrarque* (1947), t. I, p. 1036.

27 Jean-Baptiste Para dans sa « Notice » aux *Cinq sonnets de Pétrarque* (1947), t. II, p. 572.

28 Olivier Barbarant, *Louis Aragon. La mémoire et l'excès*, ch. III « L'invention du chant », p. 83–129.

29 C'est la variante recensée dans les éditions de Petracci (1601), Catanusi (1669) et Ginguené (1875) : par exemple, cf. « *nonché perdono* » (Santagata 1996).

30 Olivier Barbarant, *Louis Aragon. La mémoire et l'excès*, Seyssel, Champ Vallon, 1997, ch. IV « Le temps de la démesure », p. 131–173.

inspirée des *Fragmenta,* semble en effet influencer la poésie aragonienne de cette époque.

Le choix anthologique nous ouvre d'autres pistes de réflexions quant à la conception de l'œuvre. Les cinq sonnets sélectionnés par Aragon (*Rvf* 1, 176, 187, 102, 283) font de lui, non seulement un poète, mais aussi un traducteur de la Résistance. Les protagonistes des sonnets 102 et 187, tous des combattants (Alexandre, Achille, César, Ptolémée, Pompée), pourraient évoquer, à partir de l'expérience de la guerre, un pétrarquisme « politique », voire patriotique. Par ailleurs, comme le rappelle Merger,

> Pétrarque était aussi un poète patriote, partisan exalté de l'indépendance nationale et de l'unité de l'Italie. Il a été ainsi l'ami du plus grand démocrate de ce temps-là, le tribun romain Rienzi. Et tout cela se reflète dans sa poésie qui, au sens moderne du mot, est à bien des égards une poésie politique[31].

On remarque ainsi un imaginaire politique et géographique influençant cette traduction en ce qu'elle s'insère, d'une part, dans l'héritage de la poésie nationaliste de la Résistance (caractérisée par un retour aux contraintes formelles), et d'autre part dans la tradition d'un Pétrarque « local », comme en témoigne le paratexte (éd. « à la Fontaine de Vaucluse, 1947 »). Cette mention est probablement due au fait que durant la Résistance, Aragon a vécu à proximité de Vaucluse : non seulement des imaginaires géographique et politique mais aussi un imaginaire autobiographique convergent ainsi dans la figure de Pétrarque.

La marque de cette confluence d'imaginaires semble être une *pensée poétisante*[32] qui opère par un processus mêlant mise en scène du traducteur-poète et investissement créatif dans la restitution du texte-source.

Le geste traductif d'Aragon, en gardant une faible stabilité entre sa source et le texte-cible, enflamme la matière sémantique par des greffes traductives qui expriment son imaginaire émotionnel : cf. « *altri che'l sol c'hà d'amor vivo i raggi* » (*Rvf* 176, v. 4) et « L'amour soleil qui me perce et ravage » (« Dans ces forêts hostiles… », v. 4) ; « *nel mio stil frale assai poco rimbomba* » (*Rvf* 187, v. 7) et « mon style frêle à sa gloire succombe » (« Jouxt Alexandre… », v. 7). Ou encore il exaspère certains termes pétrarquiens pour charger le texte de son pathos poétique personnel : cf. « *noia* » (*Rvf* 283, v. 8) et « outrage » (« Tu as décoloré… », v. 8) ; « *angoscioso pianto* » (*Rvf* 102, v. 14) et « le malheur me touchant » (« Lorsque César… », v. 14).

On peut enfin admirer l'adresse du style d'Aragon qui oscille vertigineusement entre tradition et innovation : il démontre qu'il est tout à fait possible de traduire

---

31 Franck MERGER, « La réception de Pétrarque en France au XXe siècle : l'exemple d'Aragon » [*en ligne* : louisaragon-elsatriolet.org].

32 Antonio PRETE, *Il pensiero poetante. Saggi su Leopardi*, Milan, Feltrinelli, 2006, § « Pensiero poetante e poesia pensante », *passim* ; Carlo Alberto AUGIERI (dir.), *Pensiero poetante e poetica della lontananza. Giornate di Studio per Antonio Prete*, Lecce, Milella, 2012, *passim*.

en adoptant la double contrainte des vers réguliers et de la rime, tout en rénovant le langage. D'une part, les décasyllabes, « différemment calqués »[33], provoquent un véritable effet de modernisation, voire de naturalisation pour un public contemporain. Par ailleurs, cette mouvance modernisante semble dictée par la volonté de rendre dans le texte-cible ce qu'il considère comme l'« aisance » de la poésie pétrarquienne : la langue française est, selon Aragon, « forcée à faire tenir dans le décasyllabe ou l'alexandrin tant de pensées à qui l'italien confère, grâce à l'apostrophe elliptique, l'élision des voyelles, l'abus du monosyllabe, une aisance jamais retrouvée »[34]. D'autre part, Aragon cite explicitement la première traduction de Marot (1541–1544 c.)[35] et s'inspire probablement de Jacques de Sade (1764)[36] – comme s'il voulait marquer son rapprochement avec la tradition traductionnelle. Il garde de plus la même structure que les rimes de Pétrarque avec une attention scrupuleuse, comme l'avait fait Peletier. La difficulté extrême que représente la conservation des rimes de Pétrarque peut faire penser aussi à l'imaginaire traductionnel de Maldeghem, qui s'imposait systématiquement la contrainte d'un schéma marotique en alexandrins. L'aide d'un tableau comparatif permet de réfléchir à l'importance accordée à la rime dans ce bref florilège.

COMPARAISON ENTRE LES SCHÉMAS RIMIQUES	
Pétrarque, *Canzoniere,* **éd. Santagata 1996.**	**Aragon,** *Cinq Sonnets de Pétrarque,* **1947**
Rvf 1 ABBA ABBA CDE CDE	« Vous qui surprenez… » ABBA ABBA CDE CDE
Rvf 176 ABBA ABBA CDE CDE	« Dans ces forêts hostiles… » ABBA ABBA CDE CDE
***Rvf* 187** **ABAB ABAB CDE CDE**	**« Jouxt Alexandre… »** **ABAB ABAB CDC CDC**
Rvf 102 ABBA ABBA CDC DCD	« Lorsque César… » ABBA ABBA CDC DCD
Rvf 283 ABBA ABBA CDE DCE	« Tu es décoloré… » ABBA ABBA CDE DCE

À l'exception du sonnet *Rvf* 187, Aragon souhaite peut-être traduire – en gardant la même structure pétrarquienne – non seulement une forme poétique, mais aussi un mouvement de l'esprit, du raisonnement, de la pensée. Le *dissidio*, décrit dans les quatrains du sonnet, se résout enfin dans les tercets et c'est la rime qui marque le changement de perspective. On dirait qu'Aragon cherche à imiter, autant qu'une

---

33 Voir les « Explications du traducteur » dans l'introduction aux *Cinq sonnets de Pétrarque* (1947), t. I, p. 1036.

34 *Ibidem.*

35 « **ronge : songe** » (Marot, 1541–1544 c., sonnet I, v. 12–14).

36 Voir par exemple la traduction du mot *vaneggiar* par « égarements » (SADE, 1764, t. I, sonnet I, v. 12).

forme poétique, une « forme de la pensée »[37]. On peut trouver là les germes de sa défense du sonnet, composée en 1954, où il le présentera comme une « machine à penser »[38].

Le poète d'Elsa ne se limite pas à considérer le *sens* d'un texte comme le résultat de ses unités microscopiques (morphologie, syntaxe, etc.), mais il cherche à le réécrire au prisme de ses caractéristiques macroscopiques (la structure des rimes, l'organisation générale de la pensée). Aragon utilise tous les instruments dont il dispose : à travers un procédé original, il réalise une traduction recréant un imaginaire nouveau et personnel, tout en modernisant la poétique pétrarquienne.

---

37 François Jost a longuement écrit sur les croisements historico-littéraires entre la forme du sonnet et ses qualités spirituelles dérivant de la « mystique des nombres », notamment en ce qui concerne le chiffre sept. Or, le fait que des interprétations symbolico-mystiques du sonnet dans l'histoire soient possibles n'explique pas, bien évidemment, la naissance ou la nature de celui-ci. Elles peuvent en revanche « faire penser que cette mystique des nombres a pu en promouvoir la fortune » auprès de certain·e·s auteurs·trices, traducteurs·trices (voir François JOST, *Le sonnet de Pétrarque à Baudelaire*, Berne, Peter Lang, 1989, p. 38 et *passim*).

38 Sur ce sujet, voir : Louis ARAGON, *Journal d'une poésie nationale*, Lyon, Les Écrivains réunis & Henneuse, 1954, « Du Sonnet », p. 67 ; Thomas VUONG, *Usages du sonnet européen (Allemagne, France, Grande Bretagne, Italie) durant la Seconde Guerre mondiale (1939–1945)*, thèse soutenue à l'Université Paris-Nord (USPC), sous la direction de Anne Larue et Jean-Yves Masson, 2017, *passim*.

Chapitre V

Traduire le corps

Débordements de sens

Les écritures du siècle passé, d'Antonin Artaud à Samuel Beckett, de Maurice Blanchot à James Joyce, semblent relever d'un « bouleversement de nos logiques, d'éblouissants débordements de sens »[1] et nous poussent à remettre en discussion le statut même du texte. S'il en est ainsi, c'est parce que le XXe siècle a dû faire face à une crise des identités et à la mutation du discours littéraire qui en dérive. Maint·e·s penseurs·ses se rejoignent dans l'idée que les symptômes de la modernité et de la postmodernité se dévoilent notamment dans une sorte d'angoisse qui affecte les liens entre le corps et le psychisme, et par conséquent entre le corps et le geste littéraire. Évelyne Grossman réfléchit de la sorte sur un corpus d'auteurs qui ont produit une écriture *autre* :

> Peu à l'aise à l'intérieur du cadre identitaire de nos subjectivités ordinaires et de ce qui les constitue (l'appartenance sexuelle, linguistique ou communautaire), ils se disent coupés de leur chair, exilés dans un monde où les langues épuisées échouent à symboliser un corps vivant[2].

Selon Grossman, l'irruption du corps en littérature semble donc inévitablement liée à son exil, voire à son aliénation. Plus généralement, l'urgence du corps apparaît comme la revendication d'un espace dont l'auteur·trice se sent privé·e, elle est enfin la conséquence d'une rupture entre sujet et objet, intériorité et monde extérieur.

La critique littéraire ne peut qu'être séduite par cette hypothèse, car l'irruption violente du corporel non seulement nous interroge sur notre intimité la plus profonde, mais nous invite aussi à remettre en discussion les limites et le statut même du texte littéraire.

Dans une volonté de réhabiliter le corporel, Michel Foucault a été l'un des premiers à réfléchir à la possibilité d'inscrire son travail dans une « histoire du corps » plutôt que dans une « histoire des mentalités »[3]. Entre les années 1960 et

---

1 Évelyne GROSSMAN, *Artaud/Joyce, le corps et le texte*, Paris, Nathan, 1996, p. 7.

2 *Ibidem*, p. 11.

3 Michel FOUCAULT, *La volonté de savoir*, Paris, Gallimard, 1976, p. 200. Sur le sujet, voir aussi François BOULLANT, « Michel Foucault. Le réseau des corps », dans Dominique MEMMI,

1970, toute une génération de chercheurs·ses en sciences sociales s'est attachée à l'étude du corps comme objet épistémique et comme « instrument de lecture ou d'opérativité de l'ordre social »[4]. Parmi les pionniers de cette génération, Pierre Bourdieu et Michel Foucault contribuèrent à ce domaine de recherche qui vit son acmé en France à partir des années 1970, grâce notamment à la traduction d'œuvres fondamentales comme celles de Norbert Elias, d'Erving Goffman ou de Mary Douglas[5].

Cette redécouverte de la dimension du corps, sous la vaste dénomination de *Body culture studies*, devient particulièrement prolifique dans les études littéraires au début du XXIe siècle, dans un moment historique où l'urgence du corps en littérature se mêle à des questions comme l'identité sexuelle ou la bioéthique[6]. Pourtant, une histoire du corps en littérature n'a pas encore vu le jour à notre connaissance.

On doit néanmoins à Luise von Flotow un chapitre pionnier intitulé « *Translating the Body* » (1997)[7], et à Sabine Kraenker deux grands projets fédérateurs publiés en langue française en 2009[8] et en 2010[9]. La réflexion de Kraenker a le mérite d'avoir

---

Dominique GUILLO et Olivier MARTIN (dir.), *La tentation du corps. Corporéité et sciences sociales*, Paris, Éditions de l'École des hautes études en sciences sociales, 2009, p. 47–69. Cf. « La vulgate a pourtant fait de Foucault un indubitable "philosophe du corps", et à juste titre. Il y aurait tout d'abord, à l'instar de Nietzsche, une volonté générale de réhabiliter ce corps, dénigré par des siècles de morale réactive, Foucault inscrivant délibérément son projet dans une "histoire des corps" plutôt que dans une "histoire des mentalités". Depuis *Maladie mentale et psychologie*, en 1954, jusqu'au dernier tome de son *Histoire de la sexualité*, en 1984, son travail semble même n'avoir consisté qu'en une patiente exploration des figures du corps. Et ce corps est partout : dans l'œuvre, bien sûr, mais aussi dans les cours, articles, entretiens et dossiers d'archives [...] » (*ibidem*, p. 48).

4   Voir l'introduction de Dominique Memmi, Dominique Guillo et Olivier Martin au volume collectif édité sous leur direction : *La tentation du corps. Corporéité et sciences sociales*, p. 13.

5   Voir les œuvres suivantes : Mary DOUGLAS, *De la souillure* (traduit de l'anglais par Anne Guérin, Paris, Maspero, 1971) ; Norbert ELIAS, *La Civilisation des mœurs* (traduit de l'allemand par Pierre Kamnitzer, Paris, Calmann-Lévy, 1973) ; Id., *La Société de cour* (traduit de l'allemand par P. Kamnitzer, Paris, Éditions de Minuit, 1974) ; Id., *La Dynamique de l'Occident* (traduit de l'allemand par P. Kamnitzer, Paris, Calmann-Lévy, 1975) ; Erving GOFFMAN, *Asiles* (traduit de l'anglais par Liliane et Claude Lainé, Paris, Éditions de Minuit, 1968) ; Id., *La Mise en scène de la vie quotidienne* (traduit de l'anglais par Alain Kihm, Paris, Éditions de Minuit, 1973) ; Id., *Les Rites d'interaction* (traduit de l'anglais par A. Kihm, Paris, Éditions de Minuit, 1974) ; Id., *Stigmates* (traduit de l'anglais par A. Kihm, Paris, Éditions de Minuit, 1975).

6   On rappelle brièvement quelques chercheurs·ses du XXIe siècle comme Sabine COELSCH-FOISNER (2007–2009), Harri Garrod ROBERTS (2009), Sabine KRAENKER (2009–2010), Kate LAWSON et Lynn SHAKINOVSKY (2002), Dominic MONTSERRAT (2011), Jamaluddin AZIZ (2012), Andrew MANGHAM et Greta DEPLEDGE (2012), Mads ROSENDAHL THOMSEN (2015), Barbara KORTE (2016).

7   Luise von FLOTOW, *Translation and Gender Translating in the 'Era of Feminism'*, Manchester & Ottawa, St. Jerome / University of Ottawa Press, 1997, ch. « Translating the body », p. 17–20.

8   Sabine KRAENKER (dir.), *Actes de la rencontre internationale « Corps et écriture » (Helsinki 25–26 septembre 2008)*, Helsinki, Publications romanes de l'Université de Helsinki, 2009.

9   *Id.* (dir.), *Actes de la rencontre internationale « Corps et Traductions » (Helsinki, 10 et 11 juin 2010)*, Helsinki, Publications romanes de l'Université de Helsinki, 2011. Malheureusement, ce volume,

tracé une ligne de continuité entre la dimension corporelle dans les textes littéraires et son irruption dans les processus traductifs, par une tentative heuristique, quoique précaire, d'exhaustivité chronologique et thématique. En effet, si l'on admettait l'importance des conceptions et des imaginaires du corps en littérature, on ne pourrait pas s'empêcher de réfléchir aussi à ses traductions. La traduction, en tant que dispositif herméneutique, agit sur la représentation et sur les imaginaires de la corporéité.

À partir d'un essai d'Anthony Pym (1997)[10], dans lequel le traductologue australien établit un parallélisme entre la théorie de la causalité d'Aristote (cf. *Physique* II, 3–9) et le processus traductif[11], Andrew Chesterman[12] distingue deux influences corporelles correspondant à la *causa efficiens* aristotélicienne, c'est-à-dire au sujet traduisant qui est à l'origine de l'acte traductif. La première influence est consciente et contrôlable, l'autre inconsciente et subliminale[13]. Selon Chesterman « le corps psychosomatique du traducteur laisse passer, ou non, des influences aux deux niveaux. Le traducteur détermine, mais parfois sans le savoir »[14]. Malgré quelques études – comme celles de Johanna Laukkanen (1996)[15], Hilkka Pekkanen (2010)[16] et Miriam Shlesinger

---

comme celui de 2009, n'est pas très diffusé dans les bibliothèques francophones. Il en existe un compte rendu : Jean-Yves SAMACHER, « *Actes de la rencontre internationale "Corps et traductions"*, sous la direction de S. Kraenker », *Traduire*, n° 227, 2012, p. 126–129 [*en ligne* : traduire.revues. org].

10 Anthony PYM, *Pour une éthique du traducteur*, Arras, Artois Presses Université, 1997, p. 85.

11 Pym établit le parallélisme suivant entre les quatre *causes* aristotéliciennes (cf. ARISTOTE, *Physique* II, 3–9) et le processus traductif : la *causa materialis* correspond au texte ; la *causa finalis* consiste dans la finalité de la traduction (*utilitas*) ; la *causa formalis* relève de « l'organisation que l'auteur impose aux matériaux, ici, très globalement, les normes qui font que la traduction est acceptée comme traduction » ; la *causa efficiens* est enfin le traducteur lui-même, domaine encore inexploré que Pym considère comme un « *no man's land* » (Anthony PYM, *Pour une éthique du traducteur*, p. 85).

12 Andrew CHESTERMAN, « Corps et causalité en traductologie », dans Sabine KRAENKER (dir.), *Actes de la rencontre internationale « Corps et Traductions » (Helsinki, 10 et 11 juin 2010)*, p. 13–18.

13 *Ibidem* p. 12–16.

14 *Ibidem*, p. 16.

15 Johanna Laukkanen a réalisé une étude TAP (*Think Aloud Protocol analysis*), à savoir une étude sur les réflexions des traducteurs·trices prononcées à haute voix. Laukkenen cherche à analyser l'importance de la dimension affective sur les décisions des traducteurs·trices (voir Johanna LAUKKANEN, « Affective and Attitudinal Factors in Translation Processes », *Target*, vol. 8, n° 2, 1996, p. 257–274).

16 Hilkka Pekkanen dans sa thèse de doctorat réfléchit à quelques enjeux de la traduction du style, en s'interrogeant, en outre, sur la contrôlabilité des choix stylistiques et sur la possibilité d'établir des profils personnels de chaque traducteur et traductrice, un « ADN stylistique » (voir Hilkka PEKKANEN, *The Duet between the Author and the Translator*, thèse de doctorat soutenue à l'Université de Helsinki, 2010). Sur la traduction du style, voir aussi : Riccardo RAIMONDO, « Les lieux de la perte… », p. 61–77 ; *Id.*, « Orphée contre Hermès… », § « Traduire le style avec Orphée », p. 656–662.

(2010)[17] –, la question de l'influence subliminale et inconsciente du corps en traduction demeure un terrain encore à explorer.

En guise de digression, on signalera aussi les principales recherches sur la question du genre sexuel en traductologie : outre les études déjà citées de Shlesinger (2010), il faudra rappeler les travaux de Luise von Flotow (1991–2004)[18], Vanessa Leonardi (2007–2013)[19], de José Santaemilia (2005–2014)[20], ainsi que l'ouvrage récent dirigé par Carmen C. Camus, Cristina G. Castro et Julia T. W. Camus[21].

Dans une approche plus personnelle, nous avons tenté d'identifier quelques choix traductifs qui témoignent d'un travail (plus ou moins) conscient sur la langue, d'une influence psychique et somatique (plus ou moins) maîtrisée. Pour ce faire, nous avons notamment cherché à déceler et examiner quelques éléments signifiants, comme les notes à la traduction, pour se frayer un chemin vers l'atelier intime des traducteurs·trices.

On offrira alors aux lecteurs·trices des précisions sur quelques traductions françaises des *Fragmenta*[22] de Pétrarque, en cherchant notamment à décrire une polarité qui nous semble caractéristique et récurrente dans les représentations du corps. D'un côté, un corps spirituel et idéalisé, de l'autre, un corps sensuel

---

17 Miriam Shlesinger explore la possibilité qu'un ordinateur puisse reconnaître le sexe des traducteurs·trices (voir Miriam Shlesinger, « Features of translator gender : how much cant hey tell us ? », présentation au *MATS 2010 symposium on Methodological Advances in corpus-based Translation Studies*, Tübingen, Narr, 2010).

18 On cite ici trois références bibliographiques abordant des thèmes d'ordre général : Luise von Flotow, « Feminist Translation : Contexts, Practices, Theories », *TTR (Traduction, Terminologie, Rédaction)*, n° 4, 1991, p. 69–84 ; *Id.*, *Translation and Gender. Translating in the 'Era of Feminism'*, 1997 ; *Id.*, « Translation and Gender Paradigms : From Identities to Pluralities », dans Piotr Kuhiwczak et Karin Littau (dir.), *The Companion to Translation Studies*, Clevedon, Multilingual Matters, 2004.

19 Vanessa Leonardi, *Gender and Ideology in Translation : Do Women and Men Translate Differently ? A Contrastive Analysis from Italian into English*, Berne, Peter Lang, 2007 ; Eleonora Federici et Vanessa Leonardi (dir.), *Bridging the Gap between Theory and Practice in Translation and Gender Studies*, Newcastle Upon Tyne, Cambridge Scholars, 2013.

20 José Santaemilia (dir.), *Gender, Sex and Translation. The Manipulation of Identities*, London/ New York, Routledge, 2005 ; *Id.*, « Sex and translation : On women, men and identities », *Women's Studies International Forum*, vol. 42, 2014, p. 104–110.

21 Carmen C. Camus, Cristina G. Castro et Julia T. W. Camus (dir.), *Translation, Ideology and Gender*, *Translation, Ideology and Gender*, Newcastle, Cambridge Scholars, 2017.

22 La thématique de la corporéité a été très peu étudiée dans le contexte des études pétrarquiennes. On mentionnera, en effet, un seul article récent sur le sujet qui, non seulement propose un ample passage en revue de la présence des thématiques liées au corps et au corporel dans l'œuvre de Pétrarque, mais « vise aussi à démontrer la centralité du dualisme corps–âme au sein de la production pétrarquéenne : même les structures rhétoriques décidément déséquilibrées en faveur de la composante matérielle et extérieure (emblématique dans ce sens le cas de la *descriptio*), sont toujours reconduites par Pétrarque à des motifs renvoyant au domaine de l'intériorité », notre traduction, cf. « *vuole, inoltre, dimostrare come il dualismo corpo-anima sia centrale nell'opera di Petrarca : anche davanti a strutture retoriche decisamente sbilanciate a favore della componente materiale esteriore (un caso emblematico è la* descriptio*) Petrarca riconduce sempre il motivo all'interno delle applicazioni di marca interiore* » (Paolo Rigo, « Petrarca e il corpo : una ricognizione del tema », p. 55).

et passionnel. Nous explorerons cette antithèse à travers quelques traductions de Pierre Blanc (1989), de Jean-Yves Masson (2004) et d'Yves Bonnefoy (2005–2011), afin d'en tirer quelques notions utiles pour réfléchir à la dimension du corps dans le texte traduit. Certains traducteurs·trices, tels que Bonnefoy, cherchent à faire ressortir la dimension corporelle, voire érotique, de la poésie de Pétrarque. D'autres traducteurs·trices, comme Masson, semblent privilégier un corps « mystique » et aérien. En revanche, Blanc s'attache à reconstruire minutieusement ces réseaux sémantiques qui, dans le texte pétrarquien, selon une lecture « psycho-poétique », viseraient à harmoniser érotisme et repentance. En clôture de ce chapitre, nous donnerons aussi un aperçu sur le lien entre *Gender Studies* et traduction, en interrogeant le statut de deux traductrices, Emma Mahul (1847–1877) et Marie-Anne Glomeau (1920).

Jean-Yves Masson : traduction et corps mystique

Comme l'on a déjà eu l'occasion de remarquer, selon Masson[23], il est préférable de faire entendre que, pour Pétrarque, « la poésie est une langue séparée, un instrument adapté à un regard poétique fondamentalement tourné vers la saisie de l'Idée »[24]. De ce point de vue, la description du corps n'est pas censée offrir aux lecteurs·trices une *imitatio naturæ*, mais ouvrir une voie *per visibilia ad invisibilia*, du visible à l'invisible, une porte vers un mystère caché. La traduction de Masson semble imprégnée de cette image fantasmatique de Laure (*phantasmata*)[25], par ailleurs abhorrée de Pétrarque qui la considérait comme une alternative peccamineuse à la réalité divine[26].

---

23 On rappelle ici par commodité que nous traitons uniquement les traductions des *Fragmenta* contenues dans le numéro spécial de la revue *Europe* (2004) consacré à Pétrarque, voir : Jean-Yves Masson, « Poèmes du *Canzoniere* » et « Triomphe de l'Amour » (poèmes de Pétrarque avec notes à la traduction), p. 74–95. Nous signalons cependant les autres traductions : Jean-Yves Masson, « Pétrarque, *Triomphe de la mort, Triomphe du temps* », p. 33–47 ; *Id.*, « XXXVIII. Orso, e' non furon mai », « XLVIII. Se mai foco per foco » et « XCVIII. Orso, al vostro destrier », dans *Pétrarque (1304–2004) : septième centenaire, passim*.

24 Jean-Yves Masson, « Le silence, la distance », p. 71.

25 Laure semble être dans la traduction de Masson, comme pour Pétrarque, « la protagoniste féminine insaisissable, au visage toujours caché (''ne me montrant que le voile, les habits, l'ombre, / d'elle-même parfois, mais cachant son visage'', *Rvf* 119, v. 20–21), douée d'une corporalité élusive et fuyante », notre traduction (la traduction des *Fragmenta* est d'après Blanc, 1989), cf. l'« *inafferrabile protagonista femminile dal viso sempre nascosto (''mostrandomi pur l'ombra o 'l velo o' panni / talor di sé, ma 'l viso nascondendo'' Rvf 119, 20–21), dotata di una corporalità di fatto elusiva e sfuggente* » (Paolo Rigo, « Petrarca e il corpo : una ricognizione del tema », § « 7. Il corpo nei *Rerum vulgarium fragmenta* », p. 74).

26 Cf. « Le radicalisme de la responsabilité éthique des images – qui puise ses origines dans un combat contre l'idolâtrie, implanté par saint Paul et saint Augustin dans un platonisme chrétien radicalement sceptique quant aux séductions des sens et aux objets qui les produisent, simples ombres mensongères de la seule vérité divine [...] – a suscité chez Pétrarque une véritable horreur pour la fascination fantasmatique, subie comme la condition peccamineuse de celui qui s'éloigne de la vraie patrie divine, la seule où image et vérité coïncident », notre traduction, cf. « *Il*

Masson se montre tout de suite très attentif à la tradition traductionnelle et il semble chercher, dans l'histoire de la traduction, des solutions cohérentes avec sa vision du pétrarquisme.

<table>
<tr>
<td>

[…]
e del mio **vaneggiar** vergogna è 'l frutto,
e 'l pentersi, e 'l conoscer chiaramente
che quanto piace al mondo è breve sogno.

[*Rvf* 1, éd. Santagata 1996, v. 12–14]

</td>
<td>

[…]
De mes **folies** les fruits sont à honte,
Le repentir, et la claire science
Que ce qui plaît au monde n'est qu'un songe.

[Masson, *Poèmes du Canzoniere*, 2004, sonnet I, v. 12–14]

</td>
</tr>
</table>

Comme on l'a déjà souligné, l'emprunt de Masson à Marot (cf. « Que ce qui plaît au monde n'est qu'un songe », v. 14)[27] ne relèverait pas seulement d'un imaginaire philologique et de l'intérêt de notre traducteur pour l'histoire de la traduction, mais aussi d'une inspiration spirituelle.

Comme Alphonse de Lamartine (1858)[28], René Char et Tina Jolas (1981), ou Philippe Jaccottet (1996), Masson semble ainsi vouloir valoriser les traits distinctifs de l'imaginaire mystique et platonico-chrétien des *Fragmenta*[29] : non pas la dimension émotionnelle du poète mais son imaginaire métaphysique, non pas le corps de Laure mais sa forme abstraite, sa *disïata vostra forma vera* (*Rvf* 16)[30]. Le *mondo* est l'*ici-bas* (VII, v. 2), le *strazio* (cf. fr. « déchirement ») du poète devient

---

radicalismo della responsabilità etica delle immagini, ereditato dalla lotta all'idololatria impiantata da san Paolo e da Agostino in un platonismo cristiano radicalmente scettico sulle seduzioni dei sensi e degli oggetti che lo producono, mere ombre menzognere dell'unica verità divina […] ha indotto, in Petrarca, un vero e proprio orrore della fascinazione fantasmatica, subita come condizione peccaminosa di chi si allontani dalla vera patria divina, dove soltanto immagine e verità coincidono » [Marco ARIANI, « Immagine », dans Romana BROVIA et Luca MARCOZZI (dir.), *Lessico critico petrarchesco*, p. 153–154].

27 On rappelle qu'il s'agit d'un décasyllabe dans lequel le mot *monde* se trouve immédiatement après la césure (4//6) qui engendre un effet de discordance (rejet interne) entre métrique et syntaxe (voir dans cet ouvrage le chapitre « Traduire la forme», § « Jean-Yves Masson : la *langue séparée* de Pétrarque »). Le terme *monde* exprimant dans la langue évangélique un certain mépris vis-à-vis de la vie profane, on pourrait émettre l'hypothèse que le traducteur a fait sien le même imaginaire spirituel de Marot.

28 Pour Lamartine, il faut distinguer « l'amour des sens et l'amour des âmes ». Pétrarque est selon lui le « psalmiste de l'amour des âmes » [Alphonse de LAMARTINE, *Cours familier de littérature : un entretien par mois*, tome VI, Paris, chez l'auteur, 1858, VI, 1.3 (*en ligne* : Gallica. fr)]. Sur la figure de Pétrarque dans le *Cours familier*, voir : Ève DUPERRY, *L'or des mots*, p. 133–143 ; Jennifer RUSHWORTH, *Petrarch and the Literary Culture on Nineteenth-Century France*, ch. II « Rewritings », § « In the Margins : The Case of Lamartine », p. 161–173.

29 Silvia CHESSA, *Il profumo del sacro nel* Canzoniere *di Petrarca*, passim ; Luca MARCOZZI, *Petrarca platonico. Studi sull'immaginario filosofico del Canzoniere*, passim ; Silvia FINAZZI, *Fusca claritatis, La metafora nei Rerum vulgarium fragmenta di Francesco Petrarca*, p. 97–134 (§ « Linguaggio mistico e sistemi metaforici ») et *passim*.

30 Chez Pétrarque la « *forma migliore* » (fr. « la meilleure forme, la véritable ») de Laure n'est que l'âme (*Rvf* 319, v. 9). Sur ce sujet, voir Silvia CHESSA, *Il profumo del sacro nel Canzoniere di Petrarca*, p. 45–71 ; Paolo RIGO, « Petrarca e il corpo : una ricognizione del tema », § « 7. Il corpo nei Rerum vulgarium fragmenta », p. 70–71.

un bien plus abstrait *danger* (II, v. 13) et l'*animosa leggiadria*[31] perd sa dimension corporelle (cf. fr. « charme, grâce, élégance, délicatesse ») pour se transformer en *noble vaillance* (XIII, v. 12). On remarque enfin un passage crucial dans la traduction *Rvf* 15. Masson y explique son geste traductif face au langage philosophique et « médical » de Pétrarque.

<table>
<tr><td>

[…]
Talor m'assale in mezzo a 'tristi pianti
un dubbio : come posson queste membra
da lo spirito lor viver lontane ?
Ma rispondemi Amor : Non ti rimembra
che questo è privilegio degli amanti,
sciolti da tutte qualitati humane ?

[*Rvf* 15, éd. Santagata 1996, v. 9–14]

</td><td>

[…]
Parfois le doute en mes sanglots m'assaille :
Comment font-ils, ces membres, pour survivre,
De leur esprit tellement éloignés ?
Amour répond : « Ne te souvient-il pas
Que des amants c'est là le privilège,
Eux, **francs du joug de l'humaine nature** ? »*

*littéralement : « libérés de toutes les qualités humaines », *qualitati* devant s'entendre au sens scolastique du terme, où les qualités premières (chaud, froid, sec, humide) et secondes déterminent l'organisation des corps. L'idée moderne de « loi » physique traduirait aussi, quoique imparfaitement, l'arrière-plan de ce vers.

[Masson, *Poèmes du Canzoniere*, 2004, sonnet XV, v. 9–14]

</td></tr>
</table>

Le *qualitati humane*, qui n'a pas une connotation forcement dépréciative, deviennent dans la traduction de Masson un élément très connoté, un *joug* : cf. « *sciolti da tutte qualitati humane* » et « francs du joug de l'humaine nature » (v. 14)[32].

---

31 On remarquera, dans le dictionnaire de Luigi Carrer et Fortunato Federici, le sens du terme *leggiadria* : « *decenzia e attitudine degli atti virtuosi* » (fr. « décence et aptitude des actes vertueux ») [*Dizionario della lingua italiana*, dir. par Luigi Carrer et Fortunato Federici, Tipografia della Minerva, Padova, 1828, vol. 4, p. 43 ; cité dans le *Canzoniere*, éd. Santagata, p. 61*n*]. Cette interprétation est partagée par d'autres commentateurs comme Leopardi et Carducci (voir PÉTRARQUE, *Canzoniere*, éd. Bettarini, p. 60*n*). Bettarini, pour sa part, suit l'interprétation de Castelvetro (*ibidem*) que nous faisons nôtre ; elle parle plutôt de « *levità piena di slancio* » (fr. « légèreté pleine d'élan ») libérée du « *peso terrestre* » (fr. « poids terrestre », *ibidem*, cf. *Rvf* 91, v. 8 et *Rvf* 135, v. 9), et même de « rapidité » (*ibidem*, cf. *Rvf* 119ᶜ, v. 8). La note de Masson à la traduction précise : « l'*animosa leggiadria* : le substantif désigne à la fois le charme, la grâce, la noblesse, l'adjectif renvoie au courage, à la vaillance nécessaire pour s'élever jusqu'au bien suprême. La traduction transforme l'adjectif en substantif et réciproquement » (Jean-Yves MASSON, « Sonnets du *Canzoniere* », p. 81). C'est comme si Masson, de même que Carrer et Federici, dépouillait de ses connotations les plus corporelles (charme, grâce, élégance, délicatesse) le mot italien *leggiadria* : en quelque sorte, il le « moralise ».

32 Masson reprend pourtant un imaginaire très prégnant dans la poésie de Pétrarque, celui du *corpus cancer* (cf. *Rvf* 72, v. 16–21 ; *Rvf* 86, v. 5–6 ; *Rvf* 105, v. 63 ; *Rvf* 264, v. 7–8 ; *Rvf* 287, v. 3 ; *Rvf* 306, v. 3–4 ; *Rvf* 325, v. 9–10 et v. 101 ; *Rvf* 349, v. 9–14 ; *Rvf* 364, v. 12–14). Dans cette perspective, « le corps est défini comme un gardien de prison, comme un empêchement qui emprisonne l'âme jusqu'à la mort, seul instant où elle – lumineuse comme jamais – peut finalement s'élever et, par conséquent, en étant libre des chaînes mortelles représentées par les vices et les passions, elle peut atteindre sa patrie originaire. Les vices, les passions sont l'état dégradant auquel l'âme est asservie durant la vie, car le corps, élément négatif du binôme qui définit et forme la nature humaine, en est constamment tenté », notre traduction, cf. « *il corpo viene definito al pari di un carceriere, di un impedimento che racchiude l'anima fino alla morte,*

Si le geste traductif de Masson est tout tourné vers la « saisie de l'Idée », on note en contrepoint chez Bonnefoy un imaginaire érotique et passionnel.

Yves Bonnefoy : traduction et pulsion érotique

Bonnefoy[33] cherche, comme on l'a déjà mis en relief, à faire ressortir « l'inexploré de la pulsion érotique »[34] de la poésie de Pétrarque, un geste traductif qui valorise la corporéité de l'amoureux[35]. Si l'on revient sur la traduction de *Rvf* 1, en la lisant au prisme d'une analyse des représentations du corps, on peut constater les modes par lesquels cet imaginaire érotique s'incarne dans des choix linguistiques.

[...]	[...]
del vario stile in ch'io piango et ragiono	*Pour ces écrits, plaintes, ressassements*
fra le vane speranze e 'l van dolore,	*Ballottés entre vains espoirs, vaine douleur,*
ove sia chi per prova intenda amore,	*J'espère compassion si ce n'est excuse :*
spero trovar pietà, nonché perdono.	*N'avez-vous pas souffert l'épreuve de l'amour ?*
Ma ben veggio or sí come al popol tutto	Mais maintenant je vois bien que je fus
favola fui gran tempo, onde sovente	De tous la longue fable, et souvent j'ai honte
di me medesmo meco mi vergogno ;	De moi, quand je médite sur moi-même.
et del mio **vaneggiar** vergogna è 'l frutto,	Et de ma **frénésie**, c'est le fruit, cette honte,
e 'l pentersi, e 'l conoscer chiaramente	Avec le repentir, et savoir, clairement,
che quanto piace al mondo è breve sogno.	Qu'ici-bas ce qui plaît, c'est bref, ce n'est qu'un songe.
hendécasyllabe	*vers libres (mélange de décasyllabes, d'hendécasyllabes et d'alexandrins)*
ABBA ABBA CDE CDE	[Bonnefoy, *Je vois sans yeux et sans bouche je crie*, 2005–2011, sonnet I]
[*Rvf* 1, éd. Contini 1964]	

Si dans le premier sonnet, comme on l'a déjà évoqué, il transforme la deuxième strophe en une question posée directement aux lecteurs·trices en mettant en avant son *je* lyrique, on pourrait aussi parler d'un « *je* sensuel ». Le choix du mot *frénésie* démontre l'inspiration passionnelle annoncée dans les notes à la traduction, en ce qu'il abaisse le registre du terme *vaneggiar* au niveau d'une

---

istante in cui essa – luminosa come non mai – è finalmente in grado di librarsi in volo e, quindi, libera dalle catene mortali rappresentate dai vizi e dalle passioni, giungere fino alla patria d'origine. I vizi e le passioni sono lo stato degradante a cui l'anima è soggetta in vita perché il corpo, elemento negativo del binomio che definisce e forma la natura umana, ne è costantemente tentato » (Paolo RIGO, « Petrarca e il corpo : una ricognizione del tema », § « 6. Il *corpus carcer* e il degradato del corpo dopo la morte », p. 73).

33 On rappelle que Bonnefoy traduit pour la première fois Pétrarque en 2005 dans Yves BONNEFOY, « Le *Canzoniere* en sa traduction », p. 361–377. Il republie ses traductions dans la plaquette illustrée par Gérard Titus-Carmel *Je vois sans yeux et sans bouche je crie* (2011).

34 Yves BONNEFOY, « Le *Canzoniere* en sa traduction », p. 372.

35 En effet, comme le fait remarquer Paolo Rigo, dans les *Fragmenta* la corporéité de l'amoureux est un thème très peu développé, sauf quelques rares exceptions : la *canzone Rvf* 23[c] dans laquelle le corps de l'amoureux subit des métamorphoses ; des passages décrivant les blessures comme « infin ch'i' mi disosso e snervo e spolpo » (*Rvf* 195, v. 10), « i nervi et l'ossa » transformés en « *dura selce* » (*Rvf* 23, v. 137), « *l'alta piaga amorosa, che mal cielo* » (*Rvf* 195, v. 8), ou encore « *le prime piaghe, sí dolci profonde* » (*Rvf* 196, v. 4) (Paolo RIGO, « Petrarca e il corpo : una ricognizione del tema », § « 7. Il corpo nei *Rerum vulgarium fragmenta* », p. 74).

interprétation corporelle, voire pathologique[36]. Il faut également souligner que le mot français *frénésie* dérive du latin *phrenesis*, et du gr. φρενησις (fr. « frénésie, délire frénétique » d'après le CNRTL). L'acception corporelle de ce terme est confirmée par l'étymologie du mot grec lui-même : φρεν signifie à la fois *esprit*, *âme*, *pensée* et *diaphragme*, car selon l'ancienne physiologie, le siège des passions, des instincts et de la pensée était le diaphragme (voir le *Vocabolario etimologico Pianigiani*). On a ainsi perdu toutes les autres acceptions de ce terme : « errer avec l'esprit », « fantasmer », « s'égarer dans des activités vaines », « dire ou faire des choses vaines », ou « écrire des vers ».

Conformément à son projet, le *moi* sensuel du traducteur sélectionne, transforme et exagère les accents du lyrisme pétrarquien pour mettre en place une stratégie d'expression émotionnelle. La locution « *per disdegno il gusto si dilegua* » (*Rvf* 57, v. 13) est par exemple transmuée de sorte que la perte du goût évoquée par Pétrarque devienne un délabrement de la bouche : « trop d'aimer / a délabré ma bouche » (v. 12–13). Par un processus semblable, notre traducteur amplifie toute la constellation de termes se référant à la physiologie de la passion : cf. *legare* (*Rvf* 61, v. 4) et *enchainèrent* (sonnet 61, v. 4), *affanno* (*Rvf* 61, v. 5)[37] et *tourment* (sonnet 61, v. 5), « *mia vita fugge* » (*Rvf* 133, v. 14) et « ma vie dérive » (sonnet 133, v. 14), « *dolci spoglie* » (*Rvf* 199, v. 11) et « dépouille si voluptueuse » (sonnet 199, v. 11).

Le choix de souligner la modernité de la poésie de Pétrarque par le biais d'éléments corporels – et non des moindres en termes de connotation sensuelle, en l'espèce les cheveux de Laure – est loin d'être innocent de la part de Bonnefoy :

> Et médiéval mais déjà tellement moderne ! Il passe de la métaphore codée et donc abstraite de la vieille pensée chrétienne à la métaphore libre. Laure a des cheveux d'or comme est d'or le fond des retables, mais c'est Apollon que Pétrarque prie de venir en sa compagnie la regarder assise dans un sous-bois avec un rayon de soleil dans sa chevelure. Non plus Simone Martini, déjà presque Claude Monet[38].

Le corps devient ainsi le lieu par lequel s'affirme une « métaphore libre » associée par Bonnefoy à une conception moderne de la poésie elle-même qui, selon lui, décrit non plus l'or uniforme des retables médiévaux de Simone Martini, mais les éclats chatoyants de l'impressionnisme de Claude Monet. Non plus l'auréole dorée de la Laure angélique (*angelicata*), mais la lumière naturelle du soleil d'Apollon. On

---

36 Le mot français *frénésie* dérive du lat. *phrenesis*, et du gr. φρενησις (« frénésie, délire frénétique » selon le CNRTL, « Portail lexical », section « Étymologie ».

37 Le terme *affanno* (litt. « difficulté dans la respiration, effort ») assume toute une série de significations dans la poésie de Pétrarque. On remarquera, d'après le TLIO [*Tesoro della lingua italiana delle origini* (*en ligne* : tlio.ovi.cnr.it)], au moins deux acceptions : *a*) dans le sens de « souffrance d'amour » (*Triumphus Cupidinis*, I, v. 55) ; *b*) dans le sens d'*innamoramento* (*Rvf* 61, v. 5 ; *Rvf* 72, v. 15 ; *Rvf* 271, v. 10).

38 Voir l'ex-libris dans Yves BONNEFOY, *Je vois sans yeux…*, 2011.

remarquera aussi que, sur le thème des cheveux, Bonnefoy citait en 2009 les sonnets *Rvf* 34 et 90[39] en suggérant que la chevelure est un élément typiquement érotique, associé à Marie-Madeleine échevelée plutôt qu'à Marie voilée – et les compare avec la *Phèdre* de Racine et l'*Hérodiade* de Mallarmé, qui confirmeraient en poésie, selon lui, cette charge maintenue de l'érotisme de la chevelure[40].

Il s'avère enfin que la « pulsion érotique » se charge aussi, chez Bonnefoy, d'un sens métaphysique. Comme l'a remarqué Jean-Claude Pinson (2002–2004), Bonnefoy « se déclare "athée" et sa poétique de la "présence", insiste, contre la tentation de l'"excarnation", sur la considération de l'existence en sa contingence »[41]. Selon l'horizon cosmo-théologique de sa poésie, pour Bonnefoy le Divin se manifesterait dans une « épiphanie de la présence » qui s'ouvre à l'Un[42]. Le Dieu de Bonnefoy est un « Dieu qui n'est pas, mais qui sauve le don »[43], un « Dieu à naître qui n'est personne, ne sera rien, brillant pourtant là-bas sur le toit transfiguré d'une grange, ici dans quelques mots rédimés »[44]. Ce Dieu « négatif », peut-être proche du Dieu-néant de la mystique apophatique, est selon Jérôme Thélot une « altérité imprononçable », un « Dieu au-delà de l'être, au-delà de l'Un »[45]. Bonnefoy chercherait ainsi à exprimer par son lyrisme la « présence » d'un Divin incarné et dépouillé de toute transcendance.

Bonnefoy semble ainsi se greffer sur une tradition traductionnelle qu'on peut retrouver à partir de Peletier, une tradition qui véhicule un imaginaire passionnel et qui puise dans la conception médiévale de l'*amor-passio* inspirée de l'ancien savoir médical, notamment des ouvrages d'Avicenne et Galien, à travers Dante, Pétrarque et Cavalcanti. Peut-être Bonnefoy, comme le poète médecin Peletier, considère-t-il que Pétrarque conclut ses sonnets « un peu froedement »[46].

---

39 Yves Bonnefoy, « Vieillir, ne pas vieillir », p. 181–184.

40 *Ibidem*, p. 183.

41 Jean-Claude Pinson, « De l'athéisme poétique aujourd'hui », *Noesis*, n° 7, 2004, § 8 [*en ligne* : journals.openedition.org/noesis]. Voir aussi du même auteur : *Id.*, *Sentimentale et Naïve, Nouveaux essais sur la poésie contemporaine*, Seyssel, Champ Vallon, 2002 ; *Id.*, « Du spéculatif au dialogique : philosophie et poésie selon Yves Bonnefoy », *Dalhousie French Studies*, vol. 60, 2002, p. 11–16.

42 *Ibidem*.

43 Yves Bonnefoy, « Dans le leurre du seuil », dans *Id.*, *Poèmes*, Paris, Mercure de France, 1978, p. 281.

44 Yves Bonnefoy, « Baudelaire contre Rubens », dans *Id.*, *Le Nuage rouge*, Paris, Mercure de France, 1977, p. 73.

45 Jérôme Thélot, *La poésie précaire*, Paris, Presses universitaires de France, 1997, p. 119.

46 Jacques Peletier, *Art poétique*, IIe livre, chap. IV, « Du Sonnet », 1555, p. 61 ; éd. Jourde, Monferran et Vignes, dans *Œuvres complètes*, dir. Pantin, p. 354. [*N.B.* : on utilise ici une orthographe simplifiée.]

Pierre Blanc et la « jouissance du discours poétique »

Blanc publie sa traduction complète des *Fragmenta*, avec texte en regard, en 1989 à partir de l'édicion critique de Contini (1964), sous le titre *Fragments d'Œuvre Vulgaire. Chansonnier*. Pour notre traducteur, il ne s'agit pas seulement d'actualiser une « exemplaire histoire d'amour spiritualisé et pratiqué comme un répertoire de stylèmes précieux »[47]. Les *Fragmenta* révéleraient aujourd'hui un « message plus profond, formulé en termes d'*ego* et d'écriture, et plus généralement de psychologie et de philosophie de l'existence ». Son interprétation et sa traduction du texte-source procèdent d'une « lecture profonde »[48] à partir de ce qu'il appelle une « analyse psycho-poétique »[49]. Cette approche vise à encadrer les *Fragmenta* dans le contexte socio-culturel où Pétrarque les conçoit, ainsi qu'à nous éclairer sur « les grands moments et les grandes étapes de la création dans le recueil »[50]. Sans vraiment donner une définition de sa méthode, Blanc explique que l'analyse psycho-poétique

> dévoile aussi, et peut-être surtout, le réseau des motivations d'une écriture qui se révèle articulée sur tout un jeu d'*imagos*, d'investissements psycho-culturels, et de fantasmes ; une écriture que ses structures profondes vouent clone génétiquement à la circularité des ambivalences, avec de brèves phases de pacification, où le pur bonheur d'écrire succède à l'angoisse des tourments délicieux, avant que les expériences cruciales (Dieu, la gloire, la mort) ne viennent résoudre à leur façon ces conflits dans lesquels l'*ego* atteint littérairement à l'être[51].

Blanc cherche ainsi une « interprétation nouvelle de la fonction historique » du Canzoniere, la « clef personnalisée d'une lecture profonde »[52] qui, à travers l'analyse (et la traduction) de ce recueil « morcelé, fragmentaire », puisse apporter un éclairage sur l'essence même de « la parole de l'ego moderne »[53]. Comme le fait remarquer Blanc, d'après Adelia Noferi (1979),

> [l]a « lettre » du nom et du corps de Laure, qui n'est pas seulement inscrite dans la lettre du *Canzoniere*, mais qui constitue, dans son réseau d'homonymies et de synonymies, dans le vertige contrôlé de la répétition, la grande tautologie et la reproduction spéculaire de l'artifice textuel du *Canzoniere*, constitue aussi le lieu de l'inversion où la parole du désir devient désir de la parole, où le plaisir interdit à toute possibilité du « dire » (la jouissance, la mort), devient plaisir de la parole dans l'avènement du texte, simultanément comme masque et comme « lieu » de l'impossible réalité de jouissance[54].

---

47 Pierre BLANC, *Le Chansonnier*, 1989, « Introduction », p. 1.

48 *Ibidem, p.* 22.

49 Voir l'introduction de Blanc au *Chansonnier* (1989) et aussi Pierre BLANC, « Petrarca ou la poétique de l'Ego », *Revue des études italiennes*, n° XXIX, 1983, p. 122–169.

50 Pierre BLANC, *Le Chansonnier*, 1989, « Introduction », p. 22.

51 *Ibidem*, p. 22.

52 *Ibidem*, p. 22.

53 *Ibidem*, p. 1.

54 Adelia NOFERI, *Il gioco delle tracce*, Firenze, La Nuova Italia, 1979, p. 64 (la traduction est de Pierre Blanc, citée dans son édition du *Chansonnier*, 1989, p. 10).

Fondés sur la « jouissance du discours poétique », les *Fragmenta* en langue vernaculaire ne seraient donc pas assez « présentables », selon Blanc, « sur la scène du théâtre humaniste, moralisant, pénitentiel, "noble" »[55]. Ainsi, le Canzoniere, se démarquant d'un humanisme édifiant, devient pour Blanc un « lieu où se vit la jouissance du langage poétique, dans une pure perspective existentielle et narcissique ». Abandonnant un contexte de « communication chorale, sociale, voire même orale » comme c'était encore le cas pour la poésie provençale, les *Fragmenta* prolongeraient un processus déjà amorcé par les Siciliens, qui s'inscrit dans une culture du manuscrit et dans l'expression d'une voix poétique individuelle : « l'égotisme moderne est en train de naître ici »[56].

La lecture de Blanc se concentre sur le contexte « psycho-biographique »[57] de l'œuvre en cherchant les traces poétiques d'un *dissidio* existentiel. Les « ambivalences du psychisme »[58] et les antonymies des sentiments (éros/frustration, amour/mort, désir/péché, âme/corps, etc.) entérineraient à la fois la longue durée de la composition et un « jeu de facettes multiples qui [...] subsume »[59] toutes les traditions littéraires précédentes. Cette « écriture nouvelle, de jouissance spéculaire, poétique, et existentielle » confère au recueil un ton nouveau selon notre traducteur : « le ton de la modernité, qui fonde une identité psycho-culturelle nouvelle »[60]. La poésie devient le lieu d'une « jouissance d'écriture » qui investit à la fois « le plan moral et religieux », un lieu où « s'opère aussi une alchimie du verbe qui met les puissances du langage au service de l'harmonisation de ces tensions opposées » constituant « le fond du psychisme pétrarquien »[61].

Ainsi, un réseau systémique d'oxymores, isolés ou interconnectés (ex. *Rvf* 134), viserait une intégration existentielle d'une chaîne de sentiments discordants. Par exemple, *Rvf* 192 et *Rvf* 126[c] fusionneraient, de manière paradigmatique, « érotisme et angélisme »[62]. Le « côté surnaturel » de la vision de Laure (cf. « vois sur terre l'éclat qui nous fait voir le ciel », *Rvf* 192, v. 4) s'harmoniserait avec une présence bien plus « terrestre » (cf. « Vois quel art pare d'or, de perles et de pourpre / son maintien d'élection », v. 5–6) avant « d'intégrer une dimension simultanément religieuse et érotique »[63] : cf. « L'herbe verte et les fleurs [...] prient que le pied joli

---

55 Pierre BLANC, *Le Chansonnier*, 1989, « Introduction », p. 10.

56 *Ibidem*, p. 12.

57 *Ibidem*, p. 13.

58 *Ibidem*, p. 25.

59 *Ibidem*, p. 26.

60 *Ibidem*.

61 *Ibidem*, p. 30.

62 *Ibidem*.

63 *Ibidem*, p. 31.

les foule ou bien les touche », v. 9–11). De même, *Rvf* 126[c] révélerait une osmose entre thématiques érotiques et pénitentielles, comme le « beau voile » (v. 39) qui fait écho aux « beaux membres », au « beau flanc » et « aux beaux yeux » (v. 2, 6. 11).

Que ce soit dans le domaine des macrostructures ou dans celui de la tropologie, les « investissements poétiques » sont avant tout, selon Blanc, « existentiels, et destinés à mettre en œuvre cette synthèse courtoise retournée sur l'*ego* qui donne son sens historique »[64] au Canzoniere. Blanc reconnaît enfin dans les *Fragmenta* le point de départ d'un long itinéraire, la « voie de l'égotisme moderne » destiné à s'accomplir dans un « au-delà qui transcende les modes et les moments : l'au-delà du Logos, de la Parole éternelle, ou, au sens propre, de l'*ego* transcendantal »[65].

Après une longue introduction sur la psycho-poétique pétrarquienne, Blanc donne dans son bref avertissement quelques informations sur son geste traductif. Tout en s'inspirant des traductions de Cochin (1920) et de Genot (1969), notre traducteur conçoit la traduction comme « l'art du possible »[66] et s'attache notamment à « conjuguer l'exactitude sémantique et la fidélité syntaxique, tropologique, lexicale »[67]. Il souhaite respecter l'unité prosodique, « traduisant vers par vers » en se donnant comme seule contrainte l'alexandrin qui correspond, selon Blanc, au « caractère canonique »[68] de l'hendécasyllabe pétrarquien. Sa lecture psycho-poétique se réalisant notamment au niveau du sens, il cherche ainsi à reconstruire la texture sémantique du texte, mais laisse les lecteurs·trices « restaurer les polysémies primitives » du texte pétrarquien en regard « et de traduire dans le temps » ce qu'il n'a pas été possible de traduire « dans la langue », afin de « restituer à la trame du texte tout son potentiel d'investissement »[69].

À la différence de Masson et de Bonnefoy, notre traducteur cherche une troisième voie dans la représentation du *désir* et de l'*amor-passio*. S'il existe un interdit « en matière amoureuse »[70], il ne s'agit pas d'une frustration ou d'une inhibition à cause des *impossibilia* liées aux contingences. En revanche, l'interdit est « la condition nécessaire [...] de la jouissance d'écriture poétique »[71]. Comparons, à ce sujet, quelques passages de *Rvf* 12 dans les traductions de Blanc, de Masson et de Bonnefoy.

---

64 *Ibidem*, p. 32.

65 *Ibidem*, p. 34.

66 *Ibidem*, p. 47.

67 *Ibidem*.

68 *Ibidem*.

69 *Ibidem*, p. 48.

70 *Ibidem*, p. 9.

71 *Ibidem*.

Se la mia vita da l'**aspro tormento**	Si ma vie de son **âpre tourment**
si può tanto schermire, et dagli **affanni**,	se peut assez défendre, et de tous ses **malheurs**,
ch'i' veggia per **vertù de gli ultimi anni**,	pour que je voie, par un **effet des derniers ans**,
donna, de' be' vostr'occhi il lume spento,	Dame, de vos beaux yeux éteinte la clarté,
e i cape' d'oro fin farsi d'argento,	et les cheveux d'or fin tout argent devenus,
et lassar le **ghirlande** e i **verdi panni**,	et **délaissées guirlandes**, et **verts habits**,
e 'l viso scolorir che ne' miei danni	et le visage se ternir qui dans mon mal
a llamentar mi fa pauroso e lento :	**paralyse d'effroi ma parole**, et de **crainte**,
pur mi darà tanta baldanza Amore	enfin tant de courage Amour me donnera
ch'i' vi discovrirò de' mei martiri	que vous dévoilerai de mon martyre
qua' sono stati **gli anni, e i giorni et l'ore** ;	ce que furent **les ans et les jours et les heures** ;
et se 'l tempo è contrario ai be' desiri,	et si le temps aux beaux désirs s'oppose
non fia ch'almen non giunga al mio dolore	**ne se pourra du moins qu'à ma douleur ne vienne**
alcun soccorso di tardi sospiri.	quelque secours de vos tardifs soupirs.
ABBA ABBA CDC DCD	*alexandrins*
hendécasyllabes	[Blanc, *Chansonnier*, 1989, sonnet 12]
[*Rvf* 12, éd. Contini 1964]	

Si de son dur **tourment** et de ses **affres**	Si de l'âpre **tourment** de ses **peines** ma vie
Ma vie assez peut se défendre pour	Aura pu se défendre jusqu'à ces jours,
Que par **l'effet des derniers ans** je voie,	Ma dame, où **sous le poids** de trop d'années
Dame, de vos beaux yeux le clair s'éteindre,	Je verrai de vos yeux la lumière s'éteindre,
Et l'or de vos cheveux se faire argent,	Et votre chevelure d'or se faire argent,
Et **frais tissus et guirlandes** vous fuir,	Sans plus de **belles fleurs** ni de **gaies parures**,
Et se ternir ces traits à qui je dois	Et pâlir ce visage, qui dissuade
D'être craintif et lent même en mes **plaintes**,	Ma détresse alarmée de trop se **plaindre**.
Amour alors me donnera l'aplomb	Eh bien, alors, Amour m'enhardira
De vous confier quel fut mon martyre,	À tout vous découvrir de mon martyre
Et ce qu'étaient mes **ans, mes mois, mes heures** ;	De **maintenant : soir après soir, heure après heure.**
Et si cet âge aux beaux désirs s'oppose,	Et ce ne sera plus un temps pour le désir,
Il ne se peut qu'à ma douleur ne vienne	**Mais au moins ma souffrance s'atténuera**
Quelque secours de vos tardifs soupirs.	D'être plainte par vous : bien que ce soit si tard.
décasyllabe	*hétérométrie (mélange de décasyllabes, d'hendécasyllabes*
[Masson, *Sonnets du Canzoniere*, 2004, sonnet XII]	*et d'alexandrins)*
	[Bonnefoy, *Je vois sans yeux et sans bouche je crie*, 2005–
	2011, sonnet XII]

Conformément à son projet de traduction, Blanc suit avec précision la complexité de la syntaxe et du lexique pétrarquiens, sans essayer de les simplifier pour rendre la lecture plus fluide, comme au vers 13 ou au vers 11. De ce point de vue, son geste est plus proche de celui de Masson que de celui de Bonnefoy qui, quant à lui, tend à rendre plus directes les locutions syntaxiques les plus articulées (cf. *v.* 13). On remarque pourtant une greffe traductionnelle de Blanc au vers 8 qui semblerait s'éloigner de la source. Notre traducteur met ici l'accent sur l'« effroi » et la « crainte », tout en utilisant une métaphore pathologique (cf. « paralyse ») associée à la dimension de la « parole ». Après les prémisses sur son approche psycho-poétique, il n'est pas étonnant de trouver cette greffe traduisant probablement le verbe *lamentar* par « parole ». Blanc semble ainsi établir une identification directe entre la parole poétique et les soupirs de l'amoureux, alors que Masson et Bonnefoy choisissent une solution plus concrète, plus proche de la source ainsi que plus ouverte à la polysémie (cf. « plaintes » et « plaindre », v. 8). On remarquera aussi d'autres occurrences du mot « parole » dans la traduction de Blanc, souvent comme substitut de la voix (*voce*) : « *vive voci* » et « parole de vie » (*Rvf* 23[c], v. 98) ; « *voci tante* » et « paroles nombreuses » (*Rvf* 61, v. 9) ; « *voci meschine* » et « plaintives paroles » (*Rvf* 70^c, v. 7) ; « *sue voci vive et suoi sancti sospiri* » et « sa parole vivante et ses soupirs sacrés » (*Rvf* 158, v. 8). C'est cette « parole angélique » (*Rvf* 181, v. 13) qu'on peut entendre « en soupirant » sans pour autant y rester emprisonné·e·s, ce sont ces « paroles qui feraient marcher monts et s'arrêter rivières » (*Rvf* 156, v. 7–8).

Dans toute autre perspective, on peut apprécier le geste traductif de Bonnefoy qui, cohérent avec son projet poétique, célèbre les plaisirs et les souffrances de l'amour. Par exemple, à la différence de Masson qui traduit galamment les *verdi panni* par « frais tissus » (v. 6), Bonnefoy accentue certaines figures (cf. « belles fleurs » et « gaies parures », v. 6), réifie d'autres images dans un sens corporel (cf. « sous le poids », v. 3) ou bien rapproche le récit des souvenirs plus près du moment présent, « de maintenant » (v. 11), dans un espace temporel plus restreint que celui de son modèle : cf. « *gli anni, e i giorni et l'ore* » (*Rvf* 12, v. 11) et « soir après soir, heure après heure » (Bonnefoy, XVII, v. 11). L'accent et la répétition des mots *soir* et *heure* donnent à ce passage un ton dramatiquement passionnel, peut-être dans un sens de frustration érotique.

Si la traduction de Masson est tournée vers le *haut* de sentiments sublimes toujours accompagnés d'un certain *contemptus mundi*, et que celle de Bonnefoy valorise les émotions terrestres, le regard de Blanc est quant à lui toujours dirigé vers l'intérieur de la psyché, au cœur de la jouissance de l'*ego*. L'interdit des passions génère, selon Blanc, une jouissance poétique qui ne fonctionnerait ni comme un élan vers un absolu idéalisé ni comme « un processus de purgation, d'épanchement, de "*sfogo*" »[72]. Cette jouissance serait plutôt le résultat de « la mise en œuvre de forces profondes dont le poète est le jouet et qu'il ne peut porter à l'être, pour *être* lui-même, que dans les *Fragmenta* »[73]. La dimension de la parole poétique serait alors, selon Blanc, le lieu où les passions et les désirs mondains peuvent trouver une sublimation, un accomplissement, voire « une libération religieuse et mystique d'Éros »[74].

Identités et manipulations des premières traductrices

José Santaemilia, dans son introduction à *Gender, Sex and translation* (2005)[75] mettait l'accent sur la traduction comme instrument de « manipulation des identités » (*the manipulation of identities*)[76] de sexe ou de genre (*sexual or gendered*).

---

72 *Ibidem.*

73 *Ibidem.*

74 *Ibidem*, p. 20.

75 José Santaemilia (dir.), *Gender, Sex and Translation. The Manipulation of Identities*, p. 1–7.

76 *Ibidem*, p. 1. Il emprunte le terme *manipulation* à un groupe de chercheurs·ses belges, néerlandais·es (Lambert, Hermans, Holmes, Toury, etc.) qui ont voulu se réunir autour d'une *manipulation school*, car ils/elles considèrent que « toute traduction implique un certain degré de manipulation du texte-source avec un objectif précis », avec une référence particulière aux traductions littéraires (notre traduction, cf. « *all translation implies a degree of manipulation of the source text for a certain purpose* », voir l'introduction de Hermans, dans Theo Hermans (dir.), *The*

On pourrait s'interroger sur la possibilité de réaliser une étude systématique et linguistique sur le langage, dans « un cadre comparatif pour l'analyse des stratégies traductives de traducteurs et traductrices »[77]. On pourrait tout autant valoriser, par une démarche purement « culturelle », l'urgence de réfléchir à l'influence du genre en traduction, dans le contexte des *Cultural Studies*[78]. La première approche met plutôt l'accent sur l'hypothèse qu'il existe des « formes du discours »[79] spécifiquement féminines, la deuxième approche valorise les questions idéologiques et l'imaginaire féminin dans sa dimension sociale et historique. On tâchera de suivre de manière synthétique ces démarches, pour illustrer le geste interprétatif et langagier des premières traductrices des *Fragmenta*. Comment ont-elles traduit et réinterprété cette œuvre jusque-là abordée par des hommes ? Pourquoi, au tournant du XIXe siècle, les femmes commencent-elles à traduire les *Fragmenta*, tandis qu'auparavant on connait plutôt les œuvres de poétesses pétrarquistes qui se bornaient à l'imitation ?

La passion d'Emma Mahul, la transparence de Marie-Anne Glomeau

Si Marie-Henriette de Lalaing (1853)[80] a peut-être été la première femme de son siècle à imiter deux sonnets de Pétrarque, Emma Mahul (1847–1877)[81]

Manipulation of Literature : Studies in Literary Tradition, London, Crown Helm, 1985, p. 11, et *passim*).

77 Notre traduction, cf. « *a comparative framework for a contrastive analysis of the translation strategies of male and female translators* » (Vanessa LEONARDI. *Gender and Ideology in Translation*, p. 93).

78 C. Camus, Castro et T. W. Camus réfléchissent à l'émergence des études de genre en traductologie dans le contexte du « tournant culturel » (*cultural turn*) envisagé par Bassnett et Lefevere (1990), c'est-à-dire d'une tendance de plus en plus développée à examiner les relations entre les textes traduits et les contextes socio-historiques. Sur ce sujet, voir : Carmen C. CAMUS, Cristina G. CASTRO et Julia T. W. CAMUS (dir.), *Translation, Ideology and Gender*, p. 1–6 ; Susan BASSNETT et André LEFEVERE (dir.), *Translation, History and Culture*, London, Pinter, 1990.

79 Luise von Flotow parle de « formes du discours spécifiquement féminines qui se sont développées comme le résultat d'une exclusion de genre », notre traduction, cf. « *specifically female forms of discourse, developed as a result of gendered exclusion* » (Luise von FLOTOW, *Translation and Gender. Translating in the 'Era of Feminism'*, p. 12).

80 On trouve deux imitations de Lalaing d'après les *Rerum Vulgarium Fragmenta* (*Rvf* 248, 302), dans Marie-Henriette de LALAING, *Stances de Poliziano et poésies extraites de Dante, Petrarque et Leopardi*, traduit par la comtesse de Lalaing, née de Maldeghem, Bruxelles, Stienon, 1853.

81 Mahul traduit l'intégralité des sonnets des *Fragmenta* pendant trente ans. Elle publie une première traduction en 1847 avec cent cinquante sonnets : **1**[re] **éd.**) Emma MAHUL, *Cent cinquante sonnets et huit morceaux complémentaires, traduction des Sonnets de Pétrarque par S. Emma Mahul, née Dejean*, texte en regard, Paris, impr. de Firmin-Didot frères, 1847. Elle publie par la suite quatre volumes : **2**[e] **éd.**) *Id.*, *Choix de sonnets de Pétrarque : seconde édition revue, corrigée et augmentée de la traduction de différentes poésies de Pétrarque*, Florence, Héritiers Botta, 1867 ; **3**[e] **éd.**) *Id.*, *Choix de sonnets : troisième édition revue, corrigée et augmentée de la traduction de différentes poésies de Pétrarque*, Paris, Firmin Didot, 1869 ; **4**[e] **éd.**) *Id.*, *Choix de sonnets traduits de Pétrarque, revue, corrigée et augmentée de la traduction de différentes poésies de Pétrarque*, Paris, Firmin Didot frères, fils et Cie, 1872. Le cinquième volume complète le projet de Mahul qui peut enfin voir achevée

et Marie-Anne Glomeau (1920)[82] ont été les premières véritables traductrices des *Fragmenta* de Pétrarque, du moins après la version que Marie de Romieu (1545–1509) livre du seul *Rvf* 134[83]. Leurs noms de traductrices apparaissent en couverture, leur statut est ainsi reconnu, leurs traductions revendiquées. Mahul semble privilégier une approche intime des *Fragmenta* : elle est extrêmement « fidèle à la forme du sonnet »[84] et son Pétrarque est un « amoureux libéré de la dimension religieuse du péché et de la pénitence »[85]. Dans sa traduction, plusieurs imaginaires rentrent en jeu : la posture philologique proche de Maldeghem et l'inspiration passionnelle de Baïf ou de certaines traductions de Du Tronchet. Pour sa part, Glomeau promeut, avec sa traduction en prose, une vision banalisée et aplatie de la poésie pétrarquienne, par un imaginaire biographique et anecdotique proche des traductions de Philieul ou de la version en prose de Catanusi. On peut imaginer que Mahul ait pu consulter l'édition des *Fragmenta* éditée par Antonio Mansard (1819–1820), devenue célèbre car Giacomo Leopardi l'a choisie pour ses études et son édition commentée (1826). Glomeau, pour sa part, a peut-être pu consulter l'édition de Ginguené (1875) ou celle de Carducci et Ferrari (1899), mais rien dans son édition ne laisse imaginer un intérêt pour l'histoire philologique des *Fragmenta* et de leurs commentaires.

Les traductions de Mahul se distinguent tout de suite par leur caractère composite. Son projet de traduction est ambitieux et s'étale sur plusieurs années (on rappelle les dates des cinq éditions : 1847, 1867, 1869, 1872, 1877). Dans sa troisième édition, la traductrice explique les deux raisons[86] pour lesquelles trente années se sont écoulées

---

sa traduction intégrale des sonnets : **5ᵉ éd.**) *Id., Sonnets inédits traduits de Pétrarque, cinquième publication complétant la totalité des sonnets et augmentée de la traduction également inédite de différentes poésies de Pétrarque*, Rome, Héritiers Botta, 1877. On remarquera que cette dernière édition comprend aussi un chapitre de « Poésies diverses traduites de Pétrarque » (p. 119–158), donc des poèmes autres que les sonnets : *Rvf* 28ᶜ, 52ᵐ, 59ᵇ, 71ᶜ, 80ᶜ, 106ᵐ, 126ᶜ, 229–31, 233, 239ᶜ, 332ᶜ, 359ᶜ. Dans ce contexte on prendra en considération la troisième (1867) et la cinquième édition (1877).

82 Voir Marie-Anne Glomeau, *De l'Amour et de la Mort (Sonnets choisis), traduction littérale conforme aux commentaires de Léopardi par Marie-Anne Glomeau, eaux-fortes originales par Émilie Feltesse*, Paris, Maurice Glomeau, 1920.

83 On rappelle que cette traduction est pourtant présentée comme une imitation dans son titre : « Imitation d'un sonnet de Pétrarque » (Marie de Romieu, *Les premières Œuvres poétiques*, 1581, f. 41vº).

84 Notre traduction, cf. « *Mahul, translated all of Petrarch's sonnets in five volumes published between 1847 and 1877, and remained throughout, like Le Duc, faithful to the sonnet form in her translations* » (Jennifer Rushworth, *Petrarch and the Literary Culture on Nineteenth-Century France*, p. 64).

85 Notre traduction, cf. « *Mahul until the last moment presents the reader with an amorous Petrarch largely removed from the sphere of religious guilt and penitence* » (Jennifer Rushworth, *Petrarch and the Literary Culture on Nineteenth-Century France*, p. 67).

86 Cf. « La première cause de ces causes qui hâta l'impression du recueil de 1847, en nous rendant impossible de le perfectionner, fut une atroce maladie du nerf optique qui nous priva de la clarté plus de quatre ans et eut d'interminables suites ; la seconde cause du retard fut le vif intérêt de l'époque actuelle qui suggéra les dix années suivantes des voyage à peu près continuels en

entre la première et la deuxième édition, précisant que cet intervalle de temps « a pu permettre à une femme française de sortir de l'anonyme »[87]. Elle nous relève, de plus, comme dans l'édition de 1867, un autre détail :

> [...] comme nous l'avons expliqué dans la susdite préface de 1867, à l'époque où M. Mahul était préfet d'Avignon, la jeune *préfette*, enthousiaste de Pétrarque, et qui savait se faire une provision de souvenirs, était trop jeune pour *oser* traduire en vers même une passion classique, trop jeune pour aborder de telles difficultés grammaticales, quoique initiée dès l'enfance à la langue italienne par circonstance de famille[88].

Mahul semble donc traduire les vers de Pétrarque, chargés selon elle d'une « passion classique », avec une certaine révérence envers son modèle, mais aussi avec un orgueil de jeune traductrice qui n'a pas peur de défier les mœurs qui voudraient la confiner à son rôle social de « jeune *préfette* »[89].

Dans l'approche du texte-source, la revendication de la posture de « femme française traductrice » fait pendant à un souci descriptif et à une volonté de précision. Les notes aux sonnets, parfois très longues, témoignent d'une visée philologique et d'un goût biographique, ainsi que d'une attention particulière aux questions linguistiques : « les notes nécessaires à l'intelligence des sonnets » sont accompagnées d'autres « notes relatives à l'interprétation du texte, notes biographiques, traductions de commentateurs, etc. »[90]. Des sources philologiques, mais aussi des modèles traductionnels ont été exploités pour réaliser ce projet, comme on peut le remarquer dans deux sonnets de « style marotique »[91].

Cette posture philologique ne trahit pourtant jamais les accents lyriques et passionnels de la traduction de Mahul. Son approche très intime souhaite s'écarter des « sonnets boiteux à la rime vulgaire », et cherche son inspiration, non seulement dans la poésie de Pétrarque, mais aussi auprès de ses amis et de Laure elle-même ! On peut lire ainsi son « Invocation de la traductrice » qui ouvre la troisième édition (1869) :

Italie et en Sicile pendant lesquels nous ne pouvions écrire qu'en courant : sous l'impression des événements politiques, des vers remplis d'espérances et de triomphe : sous celle des transformations sociales, des dissertations la plupart satiriques, également versifiées » [Emma Mahul, *Choix de sonnets : troisième édition revue...* (1869), p. 6–7].

87 *Ibidem*, p. 6.

88 *Ibidem*, p. 7–8.

89 *Ibidem*, p. 7.

90 Dans tous les éditions apparaissent ces mentions. Nous avons consulté la troisième et la cinquième éditions : Emma Mahul, *Choix de sonnets : troisième édition revue...* (1869), p. 8 ; *Id., Sonnets inédits traduits de Pétrarque, cinquième publication complétant la totalité des sonnets...* (1877), p. 8.

91 À la différence des autres sonnets, la plupart traduits en alexandrins selon l'usage du temps (voir Jennifer Rushworth, *Transformations of Petrarch*, p. 64 et *passim*), les sonnets d'inspiration marotique ont été traduits en décasyllabes : « Il désire la mort » (ABBA ABBA CDC DCD) et « La longanimité » (ABAB ABAB CDD CEE) [Emma Mahul, *Sonnets inédits traduits de Pétrarque...* (1877), respectivement p. 20 et 26].

Dans des sonnets boiteux à la rime vulgaire
Enfermant le poëte et sa dame avec lui,
De mon Pétrarque en vain j'ai recherché l'appui ;
Hélas ! j'aurais bien fait, bien mieux fait de me taire !
Mais des longs jours d'été, quand le temps est contraire,
Le moyen en ces lieux de conjurer l'ennui ?
Depuis longtemps leur astre à mes yeux avait lui,
À sa douce influence ai-je pu me soustraire ?
Venez donc à mon aide, ô mes hôtes chéris ;
Pétrarque, prête-moi ces syllabes pressées,
Ce grand style où toujours transparent les pensées ;
Laure, épanche sur moi, du haut du paradis,
La grâce, la douceur, et la sainte noblesse,
Qui donnaient à ton front l'immortelle jeunesse !
(Fontenay-aux-Roses, juin 1845)[92]

Dans cette « invocation », Mahul nous offre quelques éléments pour réfléchir à son statut de femme traductrice. Le changement de genre ne semble pas lui poser des difficultés, du texte-source au texte-cible. Elle s'adresse aussi bien à Pétrarque qu'à Laure, à ses « hôtes chéris » comme à ses lecteurs·trices (cf. « À sa douce influence ai-je pu me soustraire ? »), pour percer les mystères de « ce grand style où toujours *transparent* les pensées » (*ibidem* ; notre italique)[93]. Elle adresse d'ailleurs à Laure un vers de plus qu'à Pétrarque et en position finale, comme pour la rendre plus importante que celui-ci.

Sa traduction semble donc naître d'un dialogue à plusieurs voix, d'un mélange d'identités, dont le but est d'atteindre un « style » personnel, le style de « mon Pétrarque » (*ibidem*). Mahul se comporte ainsi comme une metteuse en scène qui n'hésite pas à faire jouer plusieurs personnages et puiser à plusieurs sources pour assurer la réussite de son spectacle. On remarquera, par exemple, dans sa traduction de *Rvf* 1, la manière dont elle laisse la parole au poète :

---

92 Emma Mʌʜᴜʟ, *Choix de sonnets : troisième édition revue…* (1869), p. 9.

93 Remarquons l'usage archaïque du verbe *transparer*. Dans le *Dictionnaire du XVIᵉ siècle* de Huguet [Classique Garnier en ligne], la notice précise : [**Transparer**] *a*) « paraître à travers [un obstacle] » [cf. « Mes livres sont les cieux, ta louange est l'estoille Qui luisante y esclaire et transpare le voile Du Tithon grisonné qui, amy du sejour Et du lit paresseux, porte envie au beau jour », Jean de Boʏssɪᴇʀᴇs, *Sec. Œuv.*, 2 v°] ; *b*) « traverser » [cf. « D'autant est large et long ton renom glorieux, Si que fendant les airs il transpare les cieux, Comme l'aigle les vents », Jean de Boʏssɪᴇʀᴇs, *Sec. Œuv.*, 76 v°].

	PRÉAMBULE
Voi, ch'ascoltate in rime sparse il suono	« Ô vous qui dans ces vers prêtez l'oreille au son
Di quei sospiri, ond'io nudriva il core	Des soupirs dont mon cœur faisait sa nourriture
In sul mio primo giovenile errore,	Quand j'étais presqu'un autre et d'une autre nature
Quand'era in parte altr'uom da quel, ch'i' sono ;	Suivant ma jeune erreur avec tant d'abandon :
Del vario stile, in ch'io piango, e ragiono	Pour mes pleurs, pour mon style et pour ma **déraison**
Fra le vane speranze, e'l van dolore ;	**(De la crainte à l'espoir allant à l'aventure)**
Ove sia chi per prova intenda amore,	Si de vous tous ici vous voyez la peinture,
Spero trovar pietà, non che perdono.	J'aurai votre pitié, j'aurai votre pardon ».
Ma ben veggi'or, sì come al popol tutto	Ainsi disais-je alors, mais comprends à cette heure
Favola fui gran tempo : onde sovente	Qu'à la foule longtemps j'ai servi de **jouet**
Di me medesmo meco mi vergogno :	Et de moi-même enfin je rougis et je pleure.
E del mio **vaneggiar** vergogna è'l frutto,	**De ce rêve trop long quel est le triste effet ?**
E'l pentirsi, e'l conoscer chiaramente,	– Se repentir et voir à ce réveil complet
Che quanto piace al mondo è breve sogno.	Combien de plaire au monde est un dangereux leurre.

ABBA ABBA CDE CDE	ABBA ABBA CDC DDC
hendécasyllabe	*alexandrins*
[*Rvf* 1, éd. Mansard, 1819, sonnet I]	[Mahul, *Sonnets inédits*, 1877 (5ᵉ éd.), « Ô vous qui dans ces vers », p. 9]

Peut-on considérer Pétrarque non seulement comme l'auteur, mais aussi comme un personnage de son chansonnier au même titre que tous les autres ? Les deux quatrains de Mahul semblent poser, indirectement, cette question. Ce « personnage » joue ainsi dans un cadre qui pourrait rappeler le genre de l'idylle, comme dans une « peinture » (v. 7) de Titien (1488–1576) ou de Jean-Baptiste Greuze (1725–1805) : notre traductrice ne nous offre pourtant pas une vision « idéalisée » de Pétrarque, son idylle est intime et elle nous invite à visiter l'intériorité du poète.

Il faut notamment souligner les modes par lesquels elle traite la matière sémantique (~). De manière tout à fait créative, elle ne transpose pas seulement des phrases ou des concepts : cf. « *vaneggiar* » (v. 12) et « rêve trop long » (v. 12), et « déraison » (v. 5) ; « *favola* » (v. 10), et « jouet » (v. 10). Elle essaie aussi d'ouvrir une fenêtre sur les profondeurs de *son* Pétrarque et, par son geste traductif, elle interprète *ses* ressentis : cf. « *fra le vane speranze e'l van dolore* » (v. 6) et « De la crainte à l'espoir allant à l'aventure » (v. 6) ; « *e del mio vaneggiar vergogna è'l frutto* » (v. 12) et « De ce rêve trop long quel est le triste effet ? » (v. 12). Les questions et les tournures s'adressant aux lecteurs·trices mettent ainsi en valeur la subjectivité du poète comme celle de la traductrice.

On remarquera aussi des greffes traductives très signifiantes, comme dans sa traduction de *Rvf* 9 : le détail de la « prunelle vive » (« Quand l'astre… », éd. 1877, p. 11) évoque tout un imaginaire sensuel. Certaines expressions pétrarquiennes, chargées d'un contenu pénitentiel, se retrouvent vidées de tout jugement, comme « *vicii* » (*Rvf* 315, v. 4) traduit par « passions » (« Amour m'avait montré », éd. 1877, p. 105, v. 4). La Laure de *Rvf* 240 n'est pas « *pietosa et senza sdegno* » (*v.* 12), mais elle a « un air contrit » (« Je prie Amour… », éd. 1877, p. 83, v. 12), avant de prononcer les mots suivants : cf. « *Che pò questi altro ? il mio volto il consuma : / ei perché ingordo, et io perché sí bella ?* » (*Rvf* 240, éd. 1877, v. 13–14) et « Pauvre homme, il brûle et s'il perd la cervelle / C'est qu'il veut trop ou que je suis trop belle » (*ibidem*, v. 13–14). Le « *meschino corpo* » de *Rvf* 126 (v. 17–18) devient, emblématiquement, « mon corps, mon pauvre corps » (« Claires, fraîches… », éd. 1877, p. 139, v. 21).

Ainsi, son geste traductif ne relève-t-il pas expressément d'un « imaginaire féminin », mais dans le paratexte Mahul assume son statut de femme traductrice de manière plus explicite. Dans son introduction à la cinquième et dernière édition, elle écrit :

> Bien qu'ayant combiné nos précédents recueils de façon que les phases successives de l'existence de notre poëte fussent également représentées dans les sonnets produits au jour et dans ceux tenus en réserve, ce nouveau choix offrira forcément pour parachever notre travail certains sonnets un peu épineux ou un peu scabreux, que notre jeunesse d'abord puis la retenue de notre sexe nous avaient fait écarter. [...] Quant aux sonnets scabreux on nous dispensera de les élucider dans nos notes[94].

Si dans l'introduction à la troisième édition (1869) Mahul mettait davantage l'accent sur son rôle social de « jeune *préfette* » (éd. 1869, p. 7), dans la dernière édition (1877) elle avoue « la retenue de notre sexe » (éd. 1877, p. 6) et elle prétend révéler enfin aux lecteurs·trices les sonnets les plus « scabreux ». Qu'il s'agisse d'une stratégie éditoriale ou d'une confidence, Mahul déplace l'attention de son public vers une dimension plus corporelle, ce qui semble être l'une des caractéristiques de cette dernière édition.

On offre aux lecteurs·trices un exemple emblématique : la note à la traduction de *Rvf* 304, à savoir le sonnet « Tant que mon cœur » (éd. 1877, p. 103). Mahul s'y attarde, à partir de la traduction du mot « *vermi* » (*Rvf* 304, v. 1), pour développer un bref commentaire linguistique qui n'est pas sans conséquences :

> L'expression de *vermi* (vers intestinaux) en italien s'applique à toutes les inquiétudes exagérées, dévorantes. Avoir le ver est une expression proverbiale qui absolument signifie être amoureux. En traduisant *vermi* par *dragons* nous avons imité Mme de Sévigné [...].
>
> Tout naturellement à cette époque, sachant l'italien et les poëtes étant fort en honneur, elle s'engoua de Pétrarque (je dis *s'engoua*, ce verbe peignant assez le caractère de Mme de Sévigné et celui des femmes du monde françaises de tous les temps)[95].

D'une part, notre traductrice avoue l'emprunt du terme *dragons* à Mme de Sévigné (1626–1696)[96] en se greffant ainsi sur une tradition « féminine » et pétrarquiste bien

---

94 Emma MAHUL, *Sonnets inédits traduits de Pétrarque, cinquième publication complétant la totalité des sonnets...* (1877), p. 5–6.

95 *Ibidem*, p. 172.

96 Pour repérer des concordances du terme *dragons* dans l'œuvre de Sévigné, on revoie à une édition de l'époque de Mahul et notamment à sa section lexicographique : Mme de SEVIGNÉ, *Lettres de Madame de Sévigné, de sa famille et de ses amis*, tome XIII, recueillies et annotées par Louis-Jean-Nicolas Monmerqué, Paris, Hachette, 1866 (nouvelle édition augmentée), « Lexique de la langue » (notice « Dragon »), p. 307–308. On cite deux exemples parmi les nombreux donnés par Monmerqué : cf. « Je tâche de me consoler, dans la pensée que... vous n'êtes plus dévorée de mille *dragons*, que votre joli visage reprend son agréable figure » (*Lettres*, V, 228) ; « Je me sens coupable d'une partie de vos *dragons* » (*Lettres*, V, 172) [notre italique].

définie, de l'autre, elle explique ce terme par le verbe *s'engouer* qu'elle considère comme spécifiquement féminin, une « forme du discours »[97] sexué – pour reprendre une définition de Flotow.

Non seulement Mahul se confronte avec la langue de Sévigné, mais elle rentre aussi en « compétition » avec sa fille Mme de Grignan (1646–1705), quelques lignes plus loin :

> Sa fille [...] pour flatter les Provençaux peut-être, son époux étant Intendant c'est-à-dire Gouverneur de Provence et propriétaire de l'immense château de Grignan, elle *prétendit* qu'elle voulait traduire notre auteur. Je devrais dire *mon auteur* puisque c'est moi qui l'ai traduit tandis que malgré son engouement pour Pétrarque et son adoration pour les mérites virils ou féminins de Mme de Grignan, Mme de Sévigné traite dans ses lettres sa traduction projetée en prose comme une chose irréalisable, une plaisanterie à ne pas même discuter. Petite circonstance que nous, traductrice effective et *en vers*, des 317 sonnets et de bon nombre d'autres pièces, sans compter le restant pour plus tard, n'avons pu résister à la petite gloriole de rappeler[98].

On peut imaginer que Mahul ait pu reconnaître, chez Mme de Grignan, cette « jeune *préfette* » (éd. 1869, p. 7) qui n'aurait pas dû oser traduire Pétrarque… Dans ce passage, elle réclame de plus son statut de traductrice *en vers*, ce qui la distingue fortement de la deuxième traductrice des *Fragmenta*, Marie-Anne Glomeau (1920), qu'on traitera dans le prochain chapitre et qui nous a fourni une version en prose « facile » des *Fragmenta*.

On comparera brièvement les deux traductions de *Rvf* 134, poème des antithèses mais aussi sonnet des passions par excellence, et on y admirera davantage l'exubérance du geste traductif de Mahul.

---

97 Luise von FLOTOW, *Translation and Gender. Translating in the 'Era of Feminism'*, p. 12.

98 Emma MAHUL, *Sonnets inédits traduits de Pétrarque, cinquième publication complétant la totalité des sonnets…* (1877), p. 172–173.

Pace non trovo, et non ho da far guerra ;
E temo, et spero, ed ardo, e son un ghiaccio ;
E volo sopra 'l cielo, e giaccio in terra ;
E nulla stringo, e tutto 'l mondo abbraccio.
Tal m'ha in prigion, che non m'apre, nè serra ;
Nè per suo mi riten, nè scioglie il laccio ;
E non m'ancide Amore, e non mi sferra ;
Nè mi vuol vivo, nè mi trae d'impaccio.
Veggio senza occhi ; et non ò lingua, e grido ;
E bramo di perir, e cheggio aita ;
Ed ho in odio me stesso, ed amo altrui :
Pascomi di dolor ; piangendo rido ;
Egualmente mi spiace morte et vita.
In questo stato son, Donna, per vui.

ABAB ABAB CDE CDE
hendécasyllabe
[*Rvf* 134, éd. Mansard 1819, sonnet XC]

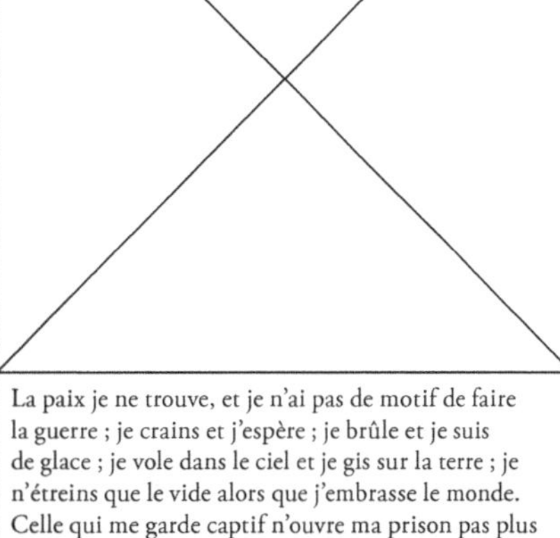

Les antithèses
Sans armes pour la Guerre et sans trouver la Paix,
J'ose espérer, je crains et brûle et suis de glace ;
Sur la terre gisant lorsqu'au ciel je touchais,
Ne pouvant rien étreindre un univers j'embrasse.
On me laisse en prison sans m'y vouloir jamais ;
Dédaignant ce captif, de chaînes on l'enlace :
Amour ! si les rivant au moins tu me tuais !!…..
Mon existence gène [*sic*] et ma fin embarrasse !
Je souhaite périr, implorant du secours ;
Je n'ai plus d'yeux et vois, plus de langue et je crie.
Ma haine est pour moi-même, ailleurs aimant toujours.
Il faut, me repaîssant de douleur, que je rie ;
Du trépas, de ce monde égaux je tiens les coups
Et suis dans cet état, douce dame, pour vous !

ABAB ABAB CDC DEE (alter. masc. et fém.)
alexandrins
[Mahul, *Sonnets inédits*, 1877 (5ᵉ éd.), « Sans armes pour la Guerre », p. 48]

La paix je ne trouve, et je n'ai pas de motif de faire la guerre ; je crains et j'espère ; je brûle et je suis de glace ; je vole dans le ciel et je gis sur la terre ; je n'étreins que le vide alors que j'embrasse le monde. Celle qui me garde captif n'ouvre ma prison pas plus qu'elle ne la ferme ; elle ne me retient pas plus qu'elle ne délie mes liens. L'Amour ne veut ni me tuer, ni me délivrer, ni me faire vivre, ni me tirer de peine. Je vois sans yeux ; je n'ai plus de langue et je crie ; je désire ardemment mourrir et j'appelle à mon aide ; je me hais moi-même et j'aime autrui. Je me repais de ma douleur ; en pleurant je ris. Également me déplaisent et la Mort et la vie. Je suis en cet état, par Vous.

[Glomeau, *Sonnets de Pétrarque*, 1920, « La paix je ne trouve », p. 22]

Culminant dans la frénésie, Mahul donne un rythme enflammé à ses alexandrins, joue la carte de la hardiesse (cf. « J'ose espérer », v. 2) et confirme son intérêt pour la dimension passionnelle. Elle nous offre aussi une réécriture libre (~) de certains passages, qui garde pour autant les concepts généraux du texte-source, tout en accroissant sa charge émotionnelle et en multipliant ses points d'exclamation : cf. « *e non m'ancide Amore, et non mi sferra ; / nè mi vuol vivo, nè mi trae d'impaccio* » (v. 7–8) et « Amour ! si les rivant au moins tu me tuais !!….. / Mon existence gène et ma fin embarrasse ! » (v. 7–8).

On observera, en revanche, l'approche de Glomeau qui cherche à suivre le texte-source ligne par ligne, à l'expliquer de manière claire, tout en nous offrant une poésie pétrarquienne « contrefaite », dont le style, la profondeur et dimension émotionnelle tendent à s'aplatir à travers un imaginaire de la transparence qui rappelle la version de Catanusi. Comment imaginer, par ailleurs, un final plus plat que celui de Glomeau (cf. « je suis en cet état, par Vous ») ?

Au moins en ce qui concerne la langue française, on ne trouvera malheureusement plus, en effet, des traductrices[99] aussi inspirées, habiles et éclectiques que Mahul, aucune ne faisant montre d'un projet aussi vaste et articulé. Pétrarque est-il destiné à rester l'apanage des hommes pour encore longtemps ?

Vers une histoire du corps traduit

Nous avons montré que le corps, utilisé comme prisme de lecture en traductologie, donne la possibilité d'établir quelques paradigmes pour l'analyse, non seulement des processus linguistiques, mais aussi de l'imaginaire des traducteurs·trices. De plus, on a remarqué que les dimensions de la psyché et du corps semblent avoir une certaine tendance à s'émanciper des notions traditionnelles adoptées en traductologie (telles que *lettre* et *esprit*, *sourcier* ou *cibliste*) pour réclamer une vie indépendante et transversale.

Rappelons, par exemple, que chez Artaud l'entreprise traductive semblait s'orienter vers une « langue d'affects »[100] et renvoie précisément à « la fonction qu'Artaud attribue, idéalement, à toute poésie : réconcilier le langage avec le corps, l'esprit et la lettre, en conjuguant ensemble rythmes, sons, images, sens et significations »[101]. Ou encore, comme l'observe Fabio Scotto[102], Bonnefoy refuse de prendre une position nette entre *sourcier* et *cibliste*, *lettre* et *esprit*, « en raison de l'impossibilité de réduire un texte à son sens, et de l'exigence de recréer un son et un rythme modernes et personnels loin de toute tentation archaïsante »[103]. Masson, quant à lui – qui se définit comme un « cibliste modéré » et qui considère que « la fonction légitime d'une traduction est *aussi* d'aider à la lecture du texte original »[104] – met l'accent sur la présence du texte-source en tant que « *visage* contemplé »[105] : le corps s'y manifeste donc comme l'image d'une présence, comme une *vision*.

Plusieurs pistes de réflexion restent ouvertes dans ce domaine qui promet de nous interroger encore plus profondément sur l'essence de la traduction, et plus généralement sur tout objet culturel. Le corps, en tant que prisme herméneutique et

---

99 Les deux seules autres traductrices – qu'on a déjà évoquées – ont collaboré avec des traducteurs pour des projets auxquels on peut difficilement accorder un statut « auctorial », comme pour les traductions « de service » de Danielle Boillet (1994) ou la brève anthologie de Jacqueline Malherbe-Galy (2005).

100 Jean-Yves Samacher, « Le corps et la lettre dans les "traductions-adaptations" d'Antonin Artaud », dans Sabine Kraenker (dir.), *Actes de la rencontre internationale « Corps et Traductions » (Helsinki, 10 et 11 juin 2010)*, p. 139.

101 *Ibidem*, p. 140.

102 Fabio Scotto, « Yves Bonnefoy traducteur de Leopardi et de Pétrarque », p. 70–82.

103 *Ibidem*, p. 70.

104 Jean-Yves Masson, « Le silence, la distance », p. 72.

105 Jean-Yves Masson, « Territoire de Babel (notes sur la théorie de la traduction) », p. 158. Pour un commentaire détaillé à ces aphorismes, voir Riccardo Raimondo, « Territori di Babele. Aforismi sulla traduzione di Jean-Yves Masson », p. 171–180.

en tant que matière d'études médicales, non seulement demeure un mystère fécond pour les études sur le psychisme, mais représente aussi un défi crucial pour les dialogues futurs entre les sciences humaines et les sciences dites « dures ». Dialogues, par ailleurs, qu'on ne pourra pas négliger, voire mépriser, encore longtemps : c'est le corps lui-même qui le demande, par les énigmes cachées dans ses désirs et dans ses besoins[106].

---

106 Cf. « *Non in solo pane vivit homo* » (Mt. IV, 4, traduit par Jérôme de Stridon).

Chapitre VI

Images et textes, imaginaires et paratextes

Paratextes et imaginaires

À partir de la traduction anglaise du célèbre ouvrage de Genette (1997)[1], les études des paratextes en traductologie ont connu un succès considérable et les chercheurs·ses se sont de plus en plus questionné·e·s sur leur rôle dans l'analyse des traductions[2]. Non seulement quelques études ponctuelles proches de nos domaines de recherche[3] – comme celles de Mathilde Thorel (2006)[4], Marie-Alice Belle et Brenda Hosington (2018)[5] – mais aussi des grands projets fédérateurs récents démontrent la fécondité de ce domaine d'études, comme le volume dirigé par Anna Gil-Bardaji, Pilar Orero et Sara Rovira-Esteva (2012)[6] ou l'ouvrage publié par les soins de Valerie Pellatt (2013)[7]. Un essai récent de Kathryn Batchelor

---

1 Gérard GENETTE, *Seuils*, Paris, Seuil, 1987 ; traduction anglaise par Jane E. Lewin, *Paratexts : Thresholds of Interpretation*, New York, Cambridge University Press, 1997.

2 On rappelle un article pionnier : Şehnaz Tahir GÜRÇAGLAR, « What Texts Don't Tell : The Use of Paratexts in Translation Research' » dans Theo HERMANS (dir.), *Crosscultural Transgressions. Research Models in Translation Studies II : Historical and Ideological Issues*, Manchester, St. Jerome, 2002, p. 44–60.

3 Ce chapitre est repris et approfondi d'après Riccardo RAIMONDO, « Traduction et imaginaires du Canzoniere de Pétrarque, parcours comparés d'artistes et traducteurs : Glomeau et Feltesse, Aragon et Picasso, Bonnefoy et Titus-Carmel », *LEA – Lingue e Letterature d'Oriente e d'Occidente*, numéro spécial « Literature and Visual Culture » dir. par Federico Fastelli, Firenze University Press, vol. 8–2019, 2020, p. 455–474 [*en ligne* : fupress.com].

4 Mathilde THOREL, « *Langue translative* » *et fiction sentimentale, 1525–1540 : renouvellement générique et stylistique de la prose narrative*, thèse soutenue à l'Université Jean Moulin Lyon, sous la direction de Mireille Huchon et de Marie-Hélène Prat, 2006 ; *Id.*, « Discours et silences du paratexte. Aspects de l'auctorialité dans les traductions de langue vulgaire avant 1540 », dans Martine FOURNO et Raphaële MOUREN (dir.), *Auteur, traducteur, collaborateur, imprimeur… qui écrit ?*, Paris, Garnier, 2013, p. 203–217.

5 Marie-Alice BELLE et Brenda M. HOSINGTON (dir.), *Thresholds of Translation : Paratexts, Print, and Cultural Exchange in Early Modern Britain (1473–1660)*, Basingstoke, Palgrave Macmillan, 2018.

6 Anna GIL-BARDAJI, Pilar ORERO et Sara ROVIRA-ESTEVA (dir.), *Translation Peripheries : Paratextual Elements in Translation*. Bruxelles, Peter Lang, 2012.

7 Valerie PELLATT (dir.), *Text, Metatext and Paratext in Translation*, New York, Cambridge Scholars, 2013.

(2018)[8] confirme enfin la richesse de ces études ainsi que leurs liens toujours étroits avec les théories de Genette. Ces travaux, qui mettent en avant le caractère transdisciplinaire de la traductologie[9], sont destinés à devenir les fondements d'une conception de plus en plus profonde du texte traduit et de son statut.

Dans le sillon tracé par Genette, on entendra par *paratexte* « ce par quoi un texte se fait livre et se propose comme tel à ses lecteurs, et plus généralement au public »[10]. Si la « paratextualité » consiste, selon Genette, dans la relation que le texte « entretient avec ce que l'on ne peut guère nommer que son *paratexte* »[11] (titre, préface, postface, notes, etc.), on s'intéressera en particulier à l'imagerie du paratexte, c'est-à-dire à son apparat figuratif (image de couverture, illustrations, décors, etc.).

Dans les prochaines pages, nous explorerons des imaginaires paratextuels à travers quelques éditions françaises illustrées des *Fragmenta* dans le but de sonder les rapports entre poésie et images, textualité et imaginaire[12], grâce à une étude comparée des paratextes et des traditions traductionnelles.

Les traductions des *Fragmenta* nous semblent un lieu privilégié pour étudier le rapport entre texte et images, car elles présentent souvent des paratextes illustrés ou des illustrations dans le texte, qui, d'une part, accompagnent et soutiennent le travail traductif et, d'autre part, deviennent eux-mêmes des traductions intersémiotiques[13]. Ces représentations visuelles ont un statut particulier : bien loin d'être des simples *figures* illustrant les traductions, elles doivent être considérées plutôt comme des *images*[14], des *modèles* qui traversent l'histoire et témoignent de la cristallisation et de la métamorphose d'une *iconosphère*[15] pétrarquiste, « des entités qui peuvent traverser le temps et se manifester dans un medium comme dans un autre sans

---

8   Kathryn Batchelor, *Translation and Paratexts*, London, Routledge, 2018, notamment la première partie intitulée « Genette's Concept of the Paratext and its Development across Disciplines », dont on remarquera le ch. 1 « Genette's Paratext » et le ch. 2 « Paratexts in Translation Studies ».

9   Voir l'introduction de Valerie Pellatt à *Text, Metatext and Paratext in Translation*, p. 1–6.

10 Gérard Genette, *Seuils*, p. 7–8. On ne considérera pas, dans ce contexte, la distinction entre le *péritexte*, regroupant les éléments présents dans l'espace même du texte, et l'*épitexte* qui se situe en dehors du texte (*ibidem*, p. 11).

11 Gérard Genette, *Palimpsestes*, p. 10.

12 Pour une mise en perspective de ces notions (*poésie* et *image*, *textualité* et *imaginaire*), voir Gaston Bachelard, *La poétique de la rêverie*, Paris, Presses universitaires de France, 1960.

13 On rappelle qu'une traduction intersémiotique consiste, selon Jakobson, « en l'interprétation des signes linguistiques au moyen de système de signes non linguistiques » (Roman Jakobson, *Essais de linguistique générale*, traduit de l'anglais par Nicolas Ruwet, Paris, Éditions de Minuit, 1963, p. 79).

14 Andrea Pinotti et Antonio Somaini, *Cultura visuale. Immagini, sguardi, media, dispositivi*, Turin, Einaudi, 2016.

15 On définit ainsi *iconosphère* : « la sphère constituée par l'ensemble des images qui circulent au sein d'un contexte culturel déterminé, par les technologies grâce auxquelles ces images sont produites, élaborées, transmises et conservées, ainsi que par les usages sociaux dont ces images font l'objet », notre traduction, cf. « *la sfera costituita dall'insieme delle immagini che circolano in un determinato contesto culturale, dalle tecnologie con cui esse vengono prodotte, elaborate, trasmesse e archiviate e dagli usi sociali di cui queste stesse immagini sono oggetto* » (Andrea Pinotti et Antonio Somaini, *Cultura visuale…*, p. 18).

perdre leur identité »[16]. Dans ce contexte, il s'agira d'observer quelques procédés par lesquels l'inspiration des traducteurs·trices et des artistes joue un rôle concret dans la construction des imaginaires pétrarquistes.

Nous nous concentrerons sur trois éditions françaises des *Fragmenta* qui nous aideront à délimiter les contours d'un « pétrarquisme vingtièmiste », notamment par la traduction de Marie-Anne Glomeau accompagnée par des eaux-fortes d'Emile Feltesse (1920), celle de Louis Aragon avec une eau-forte de Pablo Picasso (1945) et celle d'Yves Bonnefoy enrichie par les dessins de Gérard Titus-Carmel (2001). Que signifie proposer une version illustrée des *Fragmenta* pendant une période qui va de l'entre-deux-guerres à nos jours ? Comment les héritages de la Renaissance et du Romantisme se réverbèrent-ils enfin dans l'imaginaire des traducteurs·trices et des artistes des XXe et XXIe siècles ?

Parcours comparés d'artistes et traducteurs·trices

On ne connaît presque rien de la vie et de la formation de Marie-Anne Glomeau. Sa traduction très littérale[17] – sans texte en regard et sans aucun souci stylistique – est un ouvrage de vulgarisation qui devait enrichir le catalogue des éditions Glomeau, depuis toujours engagées dans des collections (à vocation « grand public ») comme la « Collection Glomeau des meilleurs romans étrangers », la « Collection des Petits Mystères de l'Histoire et de l'Art » ou encore « Les Anniversaires littéraires ». Ce trait caractéristique se manifeste d'emblée dans sa traduction de *Rvf* 1.

<table>
<tr><td>

Voi ch'ascoltate in rime sparse il suono
Di quei sospiri ond'io nudriva 'l core
In su 'l mio primo giovenile errore,
Quand'era in parte altr'uom da quel ch'i' sono ;
Del vario stile, in ch'io piango e ragiono
Fra le vane speranze e 'l van dolore,
Ove sia chi per prova intenda amore,
Spero trovar pietà non che perdono.
Ma ben veggio or sí come al popol tutto
Favola fui gran tempo, onde sovente
Di me medesmo meco mi vergogno :
E del mio vaneggiar vergogna è 'l frutto,
E 'l pentérsi, e 'l conoscer chiaramente
Che quanto piace al mondo è breve sogno.

ABBA ABBA CDE CDE
hendécasyllabe
[*Rvf* 1, éd. Carducci et Ferrari, 1905]

</td><td>

O vous qui cherchez, dans ces vers
épars, l'écho des soupirs dont je nourrissais
mon cœur au temps des erreurs
de ma prime jeunesse, alors que j'étais
un tout autre homme que je ne suis ;
Si vous savez, par expérience, ce
qu'est l'amour, j'espère trouver non
seulement le pardon, mais aussi la pitié
du style différent dans lequel je pleure
et je raisonne, entre les vaines espérances
et les vaines douleurs.
Je vois bien pourtant combien,
devant le monde, je fus digne de mépris
si longtemps, car moi-même, souvent,
je me fais honte.
De mon délire cette honte est le
fruit, ainsi que mon repentir et la claire
connaissance que tout plaisir en ce
monde est un songe bien court.

vers libres
[Glomeau, *De l'Amour et de la Mort*, 1920, « O vous qui cherchez »]

</td></tr>
</table>

---

16 Notre traduction, cf. « *entità immateriali che possono attraversare il tempo e manifestarsi in un medium o in un altro senza perdere la loro identità* » (Andrea Pɪɴᴏᴛᴛɪ et Antonio Sᴏᴍᴀɪɴɪ, *Cultura visuale…*, p. 45).

17 Marie-Anne Gʟᴏᴍᴇᴀᴜ, *De l'Amour et de la Mort (Sonnets choisis)…*, 1920.

L'artiste Emile Feltesse semble donc s'adapter à un imaginaire pétrarquiste cristallisé dans une culture de masse encore embryonnaire, héritière d'une série de lieux communs déjà célèbre au XIXe siècle : un Pétrarque en quelque sorte « banalisé », comparable à celui de Catanusi. Les exergues placés au début de chaque session témoignent d'une inspiration qui puise ses racines dans l'œuvre de Sade[18] et le commentaire de Giacomo Leopardi : une inspiration délibérément narrative et biographique.

On trouve à la première page de titre une citation de Victor Hugo[19], une autre d'Alphonse de Lamartine[20] pour la première section « *In vita di Madonna Laura* » et enfin une de Pétrarque[21] lui-même pour la dernière section « *In Morte di Madonna Laura* ».

Ce faisant, Glomeau puise explicitement à l'imaginaire d'un « Pétrarque romantique »[22], dont le plus important représentant est sûrement Lamartine avec son *Cours familier de littérature* (1858–1869). Cet essai inclut un certain nombre de traductions en prose et exemplifie la poésie pétrarquienne en parcourant les étapes principales de la vie du poète :

---

18 On rappelle que, comme l'a fait remarquer Rushworth, le pétrarquisme du XIXe siècle est principalement fondé sur trois grandes figures tutélaires (cf. « *three writers who were to be foundational for modern French Petrarchism* ») : Jacques de Sade pour son goût biographique et anecdotique, Jean-Jacques Rousseau pour son inspiration idyllique et philosophique, Voltaire pour la critique anti-pétrarquiste (voir Jennifer RUSHWORTH, *Petrarch and the Literary Culture on Nineteenth-Century France*, § « Introduction : Local History, Local Stories », § « Temporal and Geographical Parameters », § « The French Petrarch », § « The French beloved », p. 7–30 et *passim*).

19 Cf. « Quand d'une aube d'amour mon âme se colore, / Quand je sens ma pensée, ô chaste amant de Laure, / Loin du souffle glacé d'un vulgaire moqueur, / Eclore feuille à feuille au plus profond du cœur, / Je prends ton livre saint qu'un feu céleste embrase, / Où si souvent murmure à côté de l'extase / La résignation au sourire fatal, / Ton beau livre où l'on voit, comme un flot de cristal / Qui sur un sable d'or coule à sa fantaisie, / Tant d'amour ruisseler sur tant de poésie » (s.p.).

20 Cf. « Le livre de la vie est le livre suprême / Qu'on ne peut ni fermer ni rouvrir à son choix. / Le passage attrayant ne s'y lit pas deux fois, / Et le feuillet fatal se tourne de lui-même. / On voudrait revenir à la page où l'on aime, / Et la page où l'on meurt est déjà sous vos doigts » (p. 5).

21 « O Amour, la Mort, m'a soustrait à tes lois ! / Celle qui fut ma Donna, au ciel est partie / Laissant triste et libérée ma vie (Pétrarque, *Canzone* II) » (p. 39). Il s'agit de l'*explicit* de *Rvf* 270. La numérotation de Glomeau suit la première édition commentée par Giacomo Leopardi et plus précisément la *Canzone* II dans « *Sonetti e canzoni in morte di Madonna Laura* » (« *Parte seconda* », t. II) (voir *Rime di Francesco Petrarca colla interpretazione composta dal conte Giacomo Leopardi*, 2 vol., Milan, Antonio Stella Fortunato & figli, 1826). Sur le commentaire de Leopardi, voir Tatiana CRIVELLI, « Leopardi commentatore di Petrarca », *Philologie im Netz*, numéro spécial, 1/1998, « Giacomo Leopardi 1798–1998 » dir. par Sebastian Neumeister et Dietrich Scholler [*en ligne* : fu-berlin.de].

22 Voir quelques exemples sur les poètes français (Lamartine, Hugo, Musset, Baudelaire), dans Gerhart HOFFMEISTER, *European Romanticism : Literary Cross-Currents, Modes, and Models*, Detroit, Wayne State University Press, 1990, « The Petrarchan Mode in European Romanticism », p. 97–111.

Jamais l'œuvre et l'écrivain ne sont plus indissolublement unis que dans les vers de Pétrarque, en sorte qu'il est impossible d'admirer la poésie sans raconter le poète : cela est naturel, car le sujet de Pétrarque c'est lui-même ; ce qu'il chante c'est ce qu'il sent. Il est ce qu'on appelle un poète intime, comme Byron de nos jours ; une si puissante et si pathétique individualité, qu'elle envahit tout ce qu'il écrit, et que si l'homme n'existait pas le poète cesserait d'être. On a beau dire, ce sont là les premiers des poètes ; les autres n'écrivent que leur imagination, ceux-là écrivent leur âme. Or qu'est-ce que la belle imagination en comparaison de l'âme ? Les uns ne sont que des artistes, les autres sont des hommes. Voilà le caractère de Pétrarque, racontons sa vie[23].

Les imaginaires pédagogique et narratif du *cours* de Lamartine, ainsi que les traductions en prose simplificatrices, visent à nourrir le mythe d'un Pétrarque en dehors de l'histoire à travers une figure « dévouée et dévotionnelle »[24]. Lamartine s'intéresse aux poèmes des *Fragmenta* moins pour leurs caractéristiques formelles qu'en raison des thèmes et images qu'ils véhiculent : ce sont « les proverbes de l'amour des âmes »[25].

Toujours dans la même voie, le projet de Glomeau semble perpétuer l'image d'un Pétrarque mythique par une traduction « littérale conforme au commentaire de Leopardi » (comme l'on lit sur la page de titre) et par une iconographie figée. Les eaux-fortes de Feltesse donnent naissance à un véritable classique illustré qui s'inscrit dans la tradition des premières éditions des *canzonieri* français[26], en suivant un certain goût pour l'anecdote et la topographie très répandu au moins jusqu'au XIXe siècle[27].

Le portrait de Pétrarque dans la page de titre (image III)[28] semble s'inspirer non seulement des représentations des poètes couronnés à la manière de Simone Martini (1284–1344) ou Piero della Francesca (1412–1492), mais aussi de la tradition iconographique *françoyse* inaugurée par les premiers *canzonieri* lyonnais en

---

23 Alphonse de LAMARTINE, *Cours familier de littérature : un entretien par mois*, tome VI, VI.2.

24 Cf. « Le Pétrarque qui émerge des cours de Lamartine est une figure platonicienne, spirituelle, dévouée et dévotionnelle », notre traduction, cf. « *The Petrarch that emerges from Lamartine's lessons is a Platonic, spiritual, devoted, and devotional figure* » (Jennifer RUSHWORTH, *Petrarch and the Literary Culture on Nineteenth-Century France*, ch. V « Petrarch in Poetry », § « In the Margin : The Case of Lamartine », p. 162).

25 Alphonse de LAMARTINE, *Cours familier de littérature : un entretien par mois*, tome VI, XXXIII.1.

26 Daniel MAIRA, *Typosine, la dixième muse*, cit, *passim* ; Jennifer RUSHWORTH, *Petrarch and the Literary Culture on Nineteenth-Century France*, ch. V « Petrarch in Poetry », p. 138–186, spécialement le § « In the Margin : The Case of Lamartine » et « In the Canon : Hugo, Musset, Gautier » (p. 161–173).

27 Voir par exemple Jean Joseph François COSTAING, *La Muse de Pétrarque dans les collines de Vaucluse*, Avignon, chez Rapet, 1819.

28 Page de titre de Marie-Anne GLOMEAU, *De l'Amour et de la Mort (Sonnets choisis), traduction littérale conforme aux commentaires de Léopardi par Marie-Anne Glomeau*, eaux-fortes originales par Emile Feltesse, Paris, Maurice Glomeau, 1920. Reproduit et adapté avec la permission de la Bibliothèque Nationale de France.

langue italienne (image I)[29] ou par la première traduction française avec couverture illustrée, celle de Maldeghem (1606, image II)[30].

Une comparaison entre les pages de titre montre qu'il existe une certaine cohérence dans cette tradition figurative.

Image I

Image II

---

29 Couverture de *Il Petrarca*, Lyon, Jean de Tournes, 1545.

30 Page de titre de *Le Petrarque en rime françoise, avecq ses commentaires par Philippe de Maldeghem*, Douay, chez François Fabry libraire, 1606. On rappelle la description de cette image : Portrait ovale (hauteur : 62 mm), entouré de la légende « Franciscus Petrarcha Florentinus », dans un cadre (58 × 71), taille-douce, non signé. Ce portrait en buste représente le poète en capuchon, couronné de laurier, vu de trois quarts, tourné vers la gauche. Il n'est pas signé, mais on connaît une version agrandie (160 × 210 mm) due au graveur bruxellois Edme de Boulonois (XVIIIe siècle) [voir Jean Balsamo, « Philippe de Maldeghem ou Pétrarque en Flandre (1600) »[b], p. 502 ; voir aussi notre chapitre « Philippe de Maldeghem, traduire en "philologue" »].

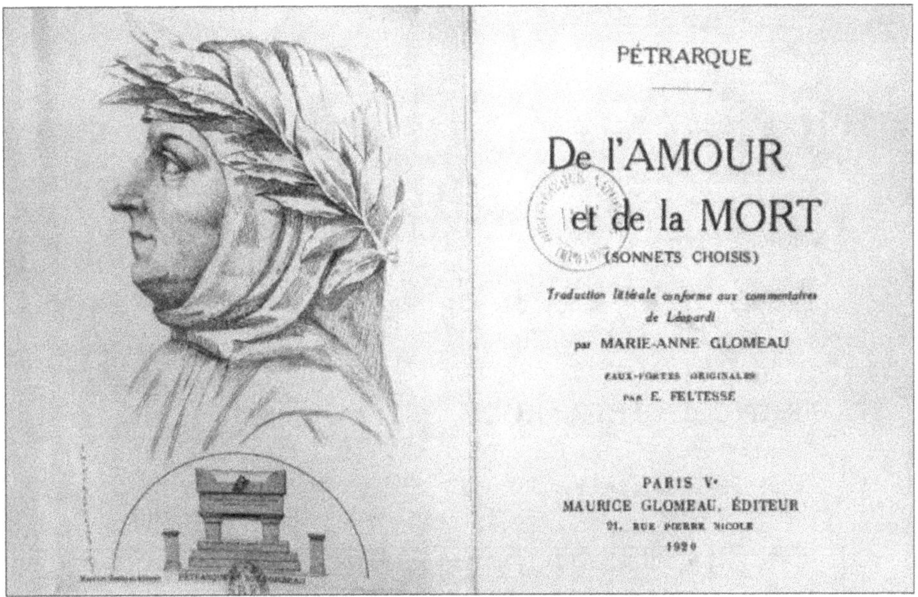

Image III

Les eaux-fortes de Feltesse (image V)[31] semblent suivre la même inspiration –
à la fois topographique et intimiste – de cet illustrateur anonyme qui prêta son
crayon aux traductions et aux commentaires de Sade (image IV)[32]. Un imaginaire
géographique inspirera aussi les paysages accompagnant une autre traduction en
prose, celle d'Hilaire Enjoubert (1948)[33] illustrée par Maurice Lalau (image VII)[34].
En reprenant les mêmes éléments – à savoir une rivière, un château, un petit pont,
quelques arbres – ils nous invitent, au sein d'une nature stylisée, à parcourir à
nouveau les lieux emblématiques qu'aurait fréquentés Pétrarque.

---

31 Détail d'après Marie-Anne GLOMEAU, *De l'Amour et de la Mort (Sonnets choisis), traduction
littérale conforme aux commentaires de Léopardi par Marie-Anne Glomeau*, eaux-fortes originales
par Emile Feltesse, Paris, Maurice Glomeau, 1920. Reproduit et adapté avec la permission de la
Bibliothèque nationale de France.

32 Détail d'après Jacques de SADE, *Œuvres choisies de François Pétrarque, traduites de l'italien et du
latin en français*, 3 vol., Amsterdam, Arskée & Mercus, 1764, t. I, p. 1.

33 Hilaire ENJOUBERT. *Les Amours de François Pétrarque et de Laure de Sabran*, illustrations en
couleurs de Maurice Lalau, gravées sur bois par Élisabeth Lalau, Paris, Boivin & Cie Éditeurs,
1948. Reproduit et adapté avec la permission de la Bibliothèque nationale de France.

34 *Ibidem*, p. 67.

Image IV

Image V

Image VI

En revanche, l'esthétique de Picasso semble s'accorder à la poétique traductionnelle d'Aragon, en ce qu'elle nous offre une muse cubiste, dont l'artiste montre, par son style unique, les mouvements imperceptibles du visage et des yeux. L'eau-forte de Picasso date du 9 janvier 1945, donc deux ans avant la parution du livre, et elle représente très probablement Françoise Gilot, qui rencontre Picasso en mai 1943 et demeure sa compagne jusqu'en 1953 (une photo d'elle, de 1940, alors qu'elle a 19 ans, est presque le modèle parfait de l'eau-forte). Tout comme Aragon cherche dans les traits de Laure le profil de sa propre bien-aimée, Picasso propose un portrait diffracté par de multiples perspectives et représente sa Françoise/Laure (image VII)[35]. Il s'agit, presque trente ans après l'édition de Glomeau et Feltesse, d'une véritable innovation dans la tradition des *canzonieri* traduits, influencée par la culture de l'après-guerre, tournée vers une tradition toute à réinventer. Ce faisant, Picasso s'éloigne drastiquement de la tradition figurative de Laure, que ce soit celle des chansonniers *françoys* comme pour Maldeghem (image VIII)[36], celle anecdotique et biographique de Sade (image IX)[37] ou celle de L. Jehan-Madelaine (image X)[38] qui, en insérant une photographie de lui-même et une de sa femme en exergue de son édition, propose quant à lui un paratexte mondain, avec un goût fin-de-siècle et un sentimentalisme « fusionnel » à l'endroit de son épouse !

Image VII

---

35 Frontispice d'après Louis Aragon, *Cinq Sonnets de Pétrarque avec une eau-forte de Picasso et les explications du traducteur*, à la Fontaine de Vaucluse, 1947, exemplaire n° 9. Reproduit et adapté avec la permission de la Bibliothèque nationale de France.

36 Philippe de Maldeghem, *Pétrarque en rime françoise avec ses commentaires* (1606), p. 1. On rappellera que le style de cette gravure ne se rapproche pas de celui du portrait ovale de Pétrarque en couverture. Le portrait de Pétrarque et Laure est présent, très probablement, dès la première édition (Bruxelles, Rutger Velpius 1600). On fait remarquer qu'il est comparable à celui de quelques éditions italiennes, comme celle de Gesualdo, voir par exemple : *Il Petrarcha colla spositione di misser Giovanni Andrea Gesualdo*, Venice, Alessandro Grifo. 1583, f. 4v°.

37 Voir Jacques de Sade, *Œuvres choisies de François Pétrarque*, 3 vol., t. III, p. 1.

38 Détails du frontispice d'après le volume *Sonnets de Pétrarque, traduction libre par L. Jehan-Madelaine*, Paris, Librairie Fischbacher, 1884. Cette édition contient, outre plusieurs poèmes de l'auteur dédiés à sa bien-aimée, quatre versions très libres d'après les *Fragmenta : Rvf* 1, 213, 164, 75.

Image VIII

Image IX

Image X

Par ailleurs, on a déjà pu apprécier les modes par lesquels Aragon, quant à lui, cherche la voie pour trouver son propre lyrisme, tout en faisant référence à des imaginaires pétrarquistes qui ont déjà inspiré certaines traditions traductionnelles. On rappellera que, par ses décasyllabes « différemment calqués » (voir la préface 1947), Aragon souhaite très probablement respecter l'usage inauguré par Marot, dont il semble même citer une rime : « ronge : songe » (Marot 1541–1544 c., sonnet I, v. 12–14). Quant à son interprétation du texte-source, on a pourtant pu rapprocher son imaginaire traductionnel des « égarements » de Sade (1764, t. I, sonnet I, v. 12) plutôt que de la poésie évangélique de Marot. On remarquera, dans ce contexte, que le paratexte d'Aragon nous dévoile d'autres imaginaires.

Si, par son geste traductif inspiré d'un imaginaire biographique et narratif, Aragon semble essayer de traduire le génie du texte qui est à l'origine de l'inspiration pétrarquienne, la pratique paratextuelle confirme ce projet traductionnel par des solutions ludiques rappelant l'édition de Du Tronchet (1572). Comme l'on sait, le poète et traducteur forézien accompagne dans son édition chaque poème d'une brève devinette – souvent sous la forme de proverbe ou jeu de mots – qui cache le nom d'un personnage célèbre ou d'un ami (voir sonnet I, image XI)[39]. Cet ouvrage, par sa pratique paratextuelle – sur laquelle nous nous sommes déjà attardés – devient un objet divertissant et mondain, une sorte de jeu de société.

Non seulement la phrase placée en exergue de la première édition d'Aragon[40] (« *They said Laura was somebody ELSE* ») est un jeu de mots cachant le prénom de sa femme Elsa[41], mais d'autres éléments participent également à la construction d'un dispositif ludique semblable à celui de Du Tronchet : Aragon accompagne en fait les cent-dix exemplaires de sa traduction « numérotés et marqués de sa main » d'« un proverbe manuscrit »[42] (image XII)[43].

---

39 Étienne DU TRONCHET, *Lettres amoureuses d'Estienne du Tronchet…* (1572), sonnet I, p. 223. Les solutions aux devinettes sont affichées en annexe à la fin du livre.

40 Louis ARAGON, *Cinq Sonnets de Pétrarque avec une eau-forte de Picasso et les explications du traducteur*, à La Fontaine de Vaucluse, 1947, envoi de l'exemplaire n° 9.

41 Franck MERGER, « La réception de Pétrarque en France au XXᵉ siècle : l'exemple d'Aragon » [*en ligne* : louisaragon-elsatriolet.org].

42 En réalité, contrairement à ce qui est indiqué dans le colophon, tous les exemplaires ne comportent pas de proverbes. Pour l'heure, sur les 110, Jean-Luc Nardone déclare en avoir recensé 22, dont deux au moins sans proverbe.

43 Détail de l'envoi final d'après Louis ARAGON, *Cinq Sonnets de Pétrarque avec une eau-forte de Picasso et les explications du traducteur*, à La Fontaine de Vaucluse, 1947, exemplaire n° 9. Reproduit et adapté avec la permission de la Bibliothèque nationale de France.

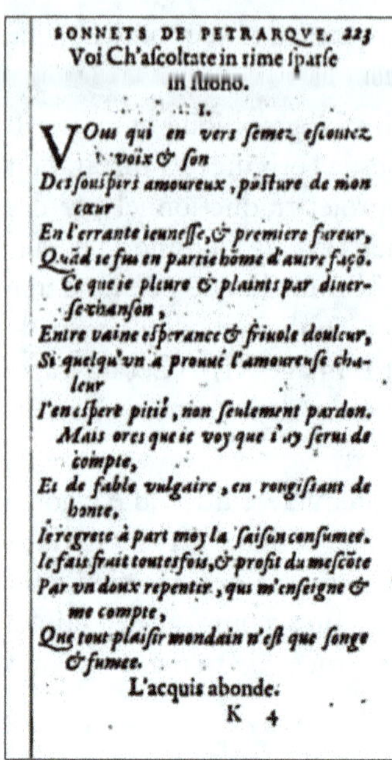

Image XI

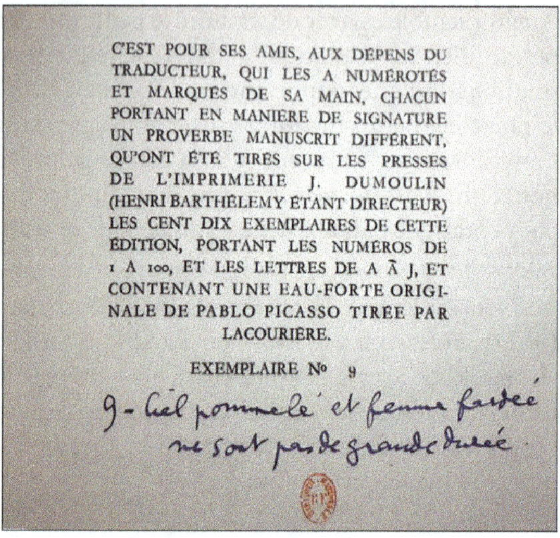

C'EST POUR SES AMIS, AUX DÉPENS DU TRADUCTEUR, QUI LES A NUMÉROTÉS ET MARQUÉS DE SA MAIN, CHACUN PORTANT EN MANIÈRE DE SIGNATURE UN PROVERBE MANUSCRIT DIFFÉRENT, QU'ONT ÉTÉ TIRÉS SUR LES PRESSES DE L'IMPRIMERIE J. DUMOULIN (HENRI BARTHÉLEMY ÉTANT DIRECTEUR) LES CENT DIX EXEMPLAIRES DE CETTE ÉDITION, PORTANT LES NUMÉROS DE 1 A 100, ET LES LETTRES DE A A̅ J, ET CONTENANT UNE EAU-FORTE ORIGINALE DE PABLO PICASSO TIRÉE PAR LACOURIÈRE.

EXEMPLAIRE No 9

Image XII

Ce complexe « dispositif imaginatif »[44] a le pouvoir de faire dialoguer les *images* pétrarquiennes avec l'expérience personnelle du poète, tout comme la muse cubiste de Picasso « dialogue » avec la Laure de Pétrarque. Ce faisant, Aragon ouvre les portes à un nouvel imaginaire valorisant à la fois l'individualité du traducteur et la dimension ludique de l'édition, probablement inspirée par Du Tronchet. La traduction d'Aragon inaugure de plus un pétrarquisme de l'après-guerre, une nouvelle modalité de valorisation du Canzoniere, différente de l'imaginaire qu'on retrouve dans les traductions de la première moitié du XXe siècle, encore influencées par les traditions traductionnelles du XIXe siècle, comme celles d'Hippolyte Godefroy (1900), Henry Cochin (1920), Marie-Anne Glomeau (1920), Pierre Edmond Ladoué (1921) et Ferdinand Bailly (1932). Ces dernières traductions puisent encore à l'imaginaire biographique, souvent d'un Pétrarque banalisé, tandis que, chez Aragon, l'imaginaire narratif s'incarne dans une Laure « cubiste » aux mille facettes.

---

44 On entendra ici le terme *dispositif* au sens des *Études visuelles* : « [un *dispositif* est] tout ce qui – à l'intérieur ou à l'extérieur des marges de l'image – participe à placer l'image dans l'espace et à articuler son rapport avec le spectateur, en configurant en quelque sorte son regard », notre traduction, cf. « [*un* dispositivo *è*] *tutto ciò che – all'interno o all'esterno dei margini dell'immagine – concorre a disporre nello spazio l'immagine stessa e a organizzare il suo rapporto con lo spettatore, configurandone in qualche modo lo sguardo* » (Andrea Pinotti et Antonio Somaini, *Cultura visuale…*, p. 172).

Yves Bonnefoy et Gérard Titus-Carmel : la recherche de la Beauté

Il est intéressant de se demander jusqu'à quel point la relation entre artiste et traducteur·trice peut s'incarner dans des choix stylistiques, témoigner d'un geste traductif et influencer l'interprétation du texte-source. Si la Laure « cubiste » de Picasso se présentait comme une sorte de commentaire visuel de la version aragonienne et comme une traduction intersémiotique de son imaginaire traductionnel, les illustrations de Gérard Titus-Carmel pour les traductions d'Yves Bonnefoy (2009–2013) témoignent d'une relation plus complexe, d'un « livre de dialogue »[45]. Cet échange serait à la fois mutuel, réciproque et se « déploierait moins face à face que côte à côte », impliquant « une éthique autant qu'une esthétique »[46], comme le fait remarquer Marik Froidefond, qui met aussi en valeur le parcours intime de Titus-Carmel en ligne avec les inspirations de son ami poète :

> L'évolution de Titus-Carmel rappelle celle de Mallarmé qui, après avoir pris conscience d'une radicale absence d'être et de sens, après avoir appréhendé le Néant, annonce qu'il a trouvé le Beau. Pour Bonnefoy, cette révolution mallarméenne est de même ampleur que celle qui s'est produite chez Titus-Carmel entre ses dessins et sa peinture plus récente[47].

Bonnefoy admet ressentir souvent la tentation de « laisser les mots se prendre dans les images »[48]. Dans ses illustrations aux traductions de Pétrarque, Titus-Carmel semble pour sa part trouver dans la recherche d'une Beauté pure et primordiale la réponse ultime aux questionnements qui habitaient déjà un projet précédent, le *Tombeau de L. B. Alberti* (2005)[49]. Dans cette dernière plaquette, l'imaginaire de l'architecte génois renvoie à un art qui tend vers l'Un à travers un long parcours de purification d'inspiration pythagoricienne et néoplatonicienne. Cette tension dévoile tout le tragique de la dichotomie entre la perfection de l'Idée et la précarité de la matière, entre l'harmonie des nombres et le désordre du monde. Les illustrations de Titus-Carmel s'accordent avec cette inspiration, oscillant entre construction géométrique et geste improvisé : d'un côté le Nombre d'or (« harpe

---

45 Yves Peyre, « Considération de l'Image et Vérité de la Poésie », dans Murielle Gagnebin (dir.), *Yves Bonnefoy. Lumière et nuit des images suivi de Ut pictura poesis et autres remarques*, Seyssel, Champ Vallon, 2005, p. 190.

46 Marik Froidefond, « "N'est-ce pas mon hôte ?" Yves Bonnefoy, Gérard Titus-Carmel : un dialogue côte à côte », dans Jeanne Bacharach et Elisa Sclaunick (dir.), *Le livre en mouvement : poésie et arts visuels aux XXᵉ et XXIᵉ siècles*, Les Colloques en ligne de Fabula [*en ligne* : fabula.org], § 1.

47 Voir l'introduction de Froidefond à Yves Bonnefoy et Gérard Titus-Carmel, *Chemins ouvrant*, Paris, L'Atelier contemporain, 2014, p. 9–10.

48 Yves Bonnefoy, « La Parole et le regard », dans Odile Bombarde et Jean-Paul Avice (dir.), *Cahier Bonnefoy*, Paris, Éditions de l'Herne, coll. « Cahiers de L'Herne », 2010, p. 159.

49 Yves Bonnefoy et Gérard Titus-Carmel, *Tombeau de L. B. Alberti*, encre acrylique, craie et crayon gras sur papier, inédit, 2005. Pour une brève description de ce projet, voir les notes et les textes de Froidefond dans Yves Bonnefoy et Gérard Titus-Carmel, *Chemins ouvrant*, p. 21–24.

dans la pierre »), de l'autre, les courbes précaires et désaccordées, les couleurs comme des fausses notes. En revanche, dans la plaquette consacrée au *Canzoniere*, avec ses illustrations (image XIII)[50] Titus-Carmel tente de résoudre ces oppositions par la recherche de la Beauté dans des formes simples et primordiales évoquant la matérialité des objets et la plasticité des figures. Sa recherche esthétique tourne ainsi le dos à l'abstraction du *Tombeau de L. B. Alberti* (2005) et s'oriente vers la vitalité organique du règne végétal.

Image XIII

---

50 Voir Yves Bonnefoy, *Je vois sans yeux et sans bouche je crie*, 2011. Montrons ici quelques détails repris dans Yves Bonnefoy et Gérard Titus-Carmel, *Chemins ouvrant*, p. 50–51. Reproduit et adapté avec la permission de la maison d'édition ©L'Atelier contemporain.

Dans son écrit intitulé « Illustrant Pétrarque »[51], le peintre met l'accent sur sa tentative de se dissocier de toute pensée conceptuelle pour revenir à une sorte de pureté de la forme, à une « nécessité » de la forme. Il cherche une « intervention graphique » qui puisse exprimer la « finitude essentielle » de l'existence ; il souhaite évoquer une dimension qui ne nie pourtant pas la transcendance : à travers la forme, il tend à « la réunion du sens et de l'absolu », de l'humain et du divin. Par ailleurs, dans son livre consacré à la peinture d'Alexandre Hollan (1995), Bonnefoy insistait déjà sur la dichotomie entre une expérience mystique versant dans un « idéalisme » et une expérience de l'Un versant dans une « diversité plus incarnée du réel »[52], comme le fait remarquer Jean-Claude Pinson. Sa poétique relèverait ainsi d'une volonté de synthèse et d'intégration métaphysique : les phénomènes que la poésie donne à voir ne seraient pas « indissociables de la lumière terrestre de l'Un du monde qui les porte »[53].

On retrouvera une telle poétique de la matérialité dans la mouvance interprétative et poétique de notre traducteur qui valorise, comme l'on a vu, l'expression des passions et la dimension du corps. Le projet de traduction de Bonnefoy et de Titus-Carmel s'écarte alors des plus important·e·s traducteurs·trices de Pétrarque du XXe siècle et s'inscrit, par sa volonté de valoriser l'individualité de l'amoureux-traducteur, dans le sillon d'Aragon, sans pourtant en hériter le goût pour l'anecdote et pour la dimension narrative.

Notons par exemple les traductions du mot *vaneggiar* par Bonnefoy et par Sade, non seulement parce que ce dernier est probablement l'une des sources principales d'Aragon, mais aussi parce qu'elles rendent compte de deux imaginaires différents, voire antithétiques. La première renvoie à une traduction « érotique », tandis que la deuxième relève d'un imaginaire biographique et narratif.

51　Yves Bonnefoy et Gérard Titus-Carmel, *Chemins ouvrant*, p. 123–136, et *passim*.

52　Jean-Claude Pinson, « Du spéculatif au dialogique : philosophie et poésie selon Yves Bonnefoy », *Dalhousie French Studies*, vol. 60, 2002, p. 12.

53　*Ibidem*, p. 15.

[...] et del mio **vaneggiar** vergogna è 'l frutto e 'l pentersi, e 'l conoscer chiaramente che quanto piace al mondo è breve sogno. ABBA ABBA CDE CDE *hendécasyllabe* [*Rvf* 1, éd. Contini, v. 12–14]	[...] Et de ma **frénésie**, c'est le fruit, cette honte, Avec le repentir, et savoir, clairement, Qu'ici-bas ce qui plaît, c'est bref, ce n'est qu'un songe. *hétérométrie* [Bonnefoy, *Je vois sans yeux et sans bouche je crie*, 2011, sonnet I, v. 12–14]
[...] Perchè con lui cadrà quella speranza Che ne fè **vaneggiar** sì lungamente ; E 'l riso, e 'l pianto, e la paura et l'ira. si vedrem chiaro poi, come sovente Per le cose dubbiose altri s'avanza : E come spesso indarno si sospira. ABBA ABBA CDE DCE *hendécasyllabe* [*Rvf* 32, éd. Sade, *Œuvres choisies de François Pétrarque…*, 1764, t. I, sonnet XXIV, v. 9–14, p. 233]	[...] Avec lui tomberont ces vaines espéran**ces**, Sources de mes ris, de mes pleurs, De mes dépits, de mes frayeurs, De toutes **mes extravagances**. D'un œil sain bientôt nous verrons, Combien nos poursuites sont folles, Et combien nos plaisirs frivoles Méritent peu les soins que nous prenons. *hétérométrie* [Sade, *Œuvres choisies de François Pétrarque…*, 1764, t. I, sonnet XXIV, v. 9–14, p. 233]

« égarements »
[Sade, 1764, t. I, sonnet I, v. 12]

D'une part, on rappellera la volonté de Bonnefoy de privilégier, dans sa traduction de la poésie de Pétrarque, une pensée plus charnelle. Comme on l'a déjà vu, le choix du mot *frénésie* le démontre en ce qu'il abaisse le registre du terme *vaneggiar* au niveau d'une interprétation corporelle et pathologique[54] : on a ainsi perdu toutes les connotations déjà évoquées[55]. D'autre part, Sade semble s'inspirer d'une « géographie existentielle » (cf. « égarements », Sade, 1764, t. I, sonnet I, v. 12), qui est bien plus proche de l'inspiration aragonienne et qu'on pourrait considérer comme une variation sur le thème de la *peregrinatio amoris* dans le sens d'« *erranza d'amore* » (l'action d'errer par amour) telle que l'a définie Rigo[56]. La solution de Sade semble ainsi renvoyer à une interprétation plus biographique et anecdotique de la poésie de Pétrarque.

On remarquera pourtant que, chez Sade, les « égarements de la jeunesse »[57] deviennent par la suite des « extravagances » (trad. du *Rvf* 32, v. 14)[58] : dans *Rvf* 32, il plie son texte-cible non seulement aux besoins de la rime, mais aussi d'une lecture tendant à appauvrir la profondeur de la poétique pétrarquienne. Sa traduction

---

54 On rappelle que la connotation corporelle du terme *frénésie* est confirmée par son étymologie : du grec φρεν, ce mot signifie à la fois *esprit*, *âme*, *pensée* et *diaphragme*, car selon l'ancienne physiologie, le siège des passions, des instincts et de la pensée était le diaphragme (*Vocabolario etimologico Pianigiani*).

55 On les rappelle par commodité : « errer avec l'esprit », « fantasmer », « s'égarer dans des activités vaines », « dire ou faire des choses vaines » et « écrire des vers ».

56 Paolo Rigo, « Peregrinatio », dans Romana Brovia et Luca Marcozzi (dir.), *Lessico critico petrarchesco*, p. 240–241.

57 Jacques de Sade, *Œuvres choisies de François Pétrarque…* (1764), 3 vol., t. I, p. 115.

58 *Ibidem*, p. 233.

(cf. *extravagances* et *extra-vagare*) mime l'étymologie du terme *vaneggiar*, mais en lui donnant une couleur plus marquée que celle de son modèle : cette solution circonscrit le terme *vaneggiar* dans la connotation d'un « excès », ou si l'on veut d'une bizarrerie[59] – connotation absente de la conception d'Aragon.

Basculements, allers et retours

À travers quelques parcours comparés d'artistes et traducteurs·trices, nous avons cherché à tracer les contours timides d'un pétrarquisme vingtièmiste et nous avons pu photographier quelques moments de la réception de Pétrarque en France durant un siècle. Le projet de traduction de Glomeau et Feltesse se greffe encore sur un pétrarquisme figé pendant la Renaissance et cristallisé au XIXe siècle. La traduction d'Aragon illustrée par Picasso, au tournant de l'après-guerre, relève pour sa part d'un moment de basculement entre tradition traductionnelle et interprétation intime. Par le dialogue poétique et traductif entre Bonnefoy et Titus-Carmel, enfin, ce basculement se mue en explosion : cette nouvelle esthétique du texte et de l'image met en jeu, non seulement un nouvel imaginaire passionnel des *Fragmenta*, mais aussi un nouvel imaginaire du traduire.

Ces allers et retours, entre traductions et images aux XIXe et XXe siècles, espèrent élargir les perspectives de recherche sur le « statut multimodal et multimédial de l'expérience de l'iconique »[60]. L'irruption et le dialogue des images dans le champ de la traduction remettent en discussion la nature du processus translinguistique, dont on suggère d'étudier la fonction à l'intérieur d'une dimension transmédiale plus ample. Ces brèves analyses mettent enfin à l'épreuve les contours des imaginaires des traductions des *Fragmenta* et de leurs imageries, mais aussi l'hypothèse qu'on puisse considérer ces imaginaires comme des *universels de la traduction* qui ne se laissent pas rayer ni par le temps ni par l'espace.

Sont-ce des formes archétypales qui constellent la mythologie pétrarquienne et qui restent stables au fil des époques malgré leurs nécessaires métamorphoses ? Ou bien des « images mythiques » qui, réélaborées, dégradées ou camouflées[61], n'attendent

---

59 D'après le CRTL : *extravagant, ante*, adj. et subst., au XVIe siècle « déraisonnable, bizarre, hors du sens commun » (Jacques AMYOT, *Œuvres de Plutarque*, Caton d'Utique, 33 – cité par Littré).

60 Notre traduction, cf. « *statuto multimodale e multimediale dell'esperienza dell'iconico* » (Andrea PINOTTI, « C'è proprio bisogno di dirlo ? Parola e immagine dal purovisibilismo ai Visual Culture Studies », dans Teresa SPIGNOLI (dir.), *Verba Picta. Interrelazione tra testo e immagine nel patrimonio artistico e letterario della seconda metà del Novecento*, Pise, ETS, p. 51). Sur ce sujet, voir aussi Federico FASTELLI, « Letteratura e cultura visuale. Stato dell'arte e qualche minima proposta », *LEA – Lingue e letterature d'Oriente e d'Occidente*, n° 7, 2018, p. 11–12 [*en ligne* : fupress.net].

61 Cf. « Une analyse adéquate de la mythologie diffuse de l'homme moderne demanderait des volumes. Car laïcisés, dégradés, camouflés, les mythes et les images mythiques se rencontrent partout ; il n'est que de les reconnaître » (Mircea ELIADE, *Mythes, rêves et mystères*, Paris, 1957, p. 33).

que d'être reconnues ? Si l'on voulait considérer le texte original comme « un visage contemplé »[62] et la traduction comme l'un de ces possibles miroirs et de ses « *nécessaires* déplacements »[63], on pourrait dire que le traducteur cherche à graver ce « beau visage [...], par l'imagination, en un endroit / d'où jamais, par force ni par ruse, ne sera retiré »[64] (*Rvf* 50).

---

62 Jean-Yves Masson, « Territoire de Babel (notes sur la théorie de la traduction) », p. 158.

63 *Ibidem*. Comme le rappelle Le Blanc (*Le complexe d'Hermès*, p. 34n), l'image du texte à traduire comme un *visage* – image souvent utilisée par les traductologues – dérive probablement de cette affirmation d'Emmanuel Levinas : « la manifestation du visage est le premier discours. Parler c'est, avant toute chose, cette façon de venir de derrière son apparence, de derrière sa forme, une ouverture dans l'ouverture » (Emmanuel Levinas, *Humanisme de l'autre homme*, Paris, Fata Morgana, 1972, p. 51).

64 Traduction de *Rvf* 50 (v. 65–68) par Blanc dans son *Chansonnier* (1989).

Chapitre VII

Vers une mythocritique des traductions

Le tissu symbolique de la traduction

L'un des aspects qui participent à la construction de l'imaginaire est sûrement représenté par le *tissu symbolique* du texte, constitué notamment par les mythes, les thèmes, les métaphores et les motifs qui deviennent les matrices de l'imaginaire poétique[1]. Il est particulièrement intéressant d'étudier les traductions dans leur approche de l'imaginaire mythologique, en ce qu'elles accueillent au sein d'un tissage textuel un élément ineffable, une composante mystérieuse de la psyché humaine. Bien que les études sur la réception des imaginaires mythiques soient de plus en plus répandues, la réflexion scientifique sur la traduction des mythes est assez peu développée[2].

La manière dont les mythes et les thèmes de la poésie pétrarquienne ont été traduits a eu un fort ascendant sur le développement et la réception du pétrarquisme dans l'histoire. On peut facilement en avoir l'intuition en parcourant les études d'Hélène Naïs (1969), Giovanna Bellati (2004), Myra Orth et Richard Cooper (2004), Mattia Cavagna (2007) et Paola Cifarelli (2010). On parlera dans ce cas d'une mythanalyse ou d'une mythocritique des traductions.

Comme le rappelle Andrea Cavalletti[3], Furio Jesi dans son essai *Ésotérisme et langage mythologique* (*Esoterismo e linguaggio mitologico*, 1976)[4] aborde la question du rapport entre mythe et langue, mythologie et traduction. Bien évidemment, il ne s'agira pas dans ce contexte de repenser une théorie du mythe et de ses formes

---

1   On peut en effet envisager qu'une constellation de métaphores et de thèmes soit à l'origine d'une mythologie collective comme d'un mythe personnel. Sur ce sujet, voir Sylvie Ballestra-Puech, « Mythes et métaphores », dans Sylvie Parizet (dir.), *Mythe et littérature*, Paris, Société française de littérature générale et comparée, 2008, p. 49–67.

2   Un important ouvrage récent témoigne d'un intérêt croissant pour ce sujet encore très peu étudié : Ben Pestell, Pietra Palazzolo et Leon Burnett (dir.), *Translating Myth*, Oxford, Routledge/Legenda, 2016.

3   Andrea Cavalletti, « Traduzione e mitologia », *Nuova corrente*, n° 143, 2009, p. 163–173.

4   Furio Jesi, *Esoterismo e linguaggio mitologico. Studi su Rainer Maria Rilke*, Messina-Florence, D'Anna, 1976 ; *Id.*, « Traducibilità e scienza del mito. Note sulla 'Lutherbibel' », *Quaderni di lingue e letterature straniere* (Université de Palerme), 1978–1979, p. 1–18.

littéraires, mais de sonder plutôt la façon dont le mythe *participe* au langage[5]. Si d'un côté on peut affirmer que le mythe possède une dimension qui transcende le langage, car il est un « élément primitif et structural de la mentalité »[6], de l'autre on peut le considérer, plus simplement, comme l'une des formes possibles du langage. Comme le remarque en fait George Gusdorf, le mot *mythos*, si on le considère dans le sens de *parole* (et non plus dans le sens de *récit sacré*), « porte la marque d'une époque où l'intellectualisme grec a déjà réduit la mentalité primitive »[7] qui était spontanément tournée vers la transcendance. En tant que forme du langage, les mythes, les thèmes, les motifs s'incarnent ainsi dans des choix linguistiques et traductifs comme n'importe quel autre discours. Dans ce contexte, il est donc intéressant d'identifier quelques éléments qui participent à former une « mythologie pétrarquienne », tout en relevant, d'une part, les formes que ces derniers assument dans les textes traduits et, d'autre part, les irradiations qu'ils y provoquent.

Le Pétrarque de Vasquin Philieul entre clarté et obscurité

L'une des métaphores les plus utilisées par Pétrarque est peut-être celle de la lumière, avec tous les mythes, les thèmes et les mythèmes[8] qui lui sont liés. Le thème du soleil et le mythe d'Apollon figurent parmi les plus « structurants »[9] et Pétrarque les utilise souvent en adoptant les mots *sol* et *sole*, sous la forme d'une périphrase ou bien à travers une référence mythologique. Grâce à l'étude de Naïs[10] on peut par exemple observer le comportement de Philieul face à la traduction du thème du soleil : il omet presque toutes les périphrases (sauf à l'EX. 2) et y substitue le mot *soleil*.

---

5   Andrea CAVALLETTI, « Traduzione e mitologia », p. 164.

6   Maurice LEENHARDT, *Do kamo : la personne et le mythe dans le monde mélanésien*, Paris, Gallimard, 1947, p. 2–17.

7   Georges GUSDORF, *Mythe et métaphysique. Introduction à la philosophie*, Paris, Flammarion, 1953, p. 21.

8   Un *mythème* est, selon Gilbert Durand, « la plus petite unité de discours mythiquement significative ; cet "atome" mythique est de nature structurale [...] et son contenu peut être indifféremment un "motif", un "thème", un "décor mythique" [...], un "emblème", une "situation dramatique" [...]. En d'autres termes dans le mythème, le "verbal" domine la substantivité [...] » (voir Gilbert DURAND, « À propos du vocabulaire de l'imaginaire. Mythe, Mythanalyse, Mythocritique », *Recherches et Travaux. L'Imaginaire*, bulletin n° 15, 1977, p. 5–9).

9   On rappelle Picone (2007) et Fenzi (2008) qui ont fait remarquer le caractère « structurant » du mythe d'Apollon et de Daphné dans les *Rerum vulgarium fragmenta*. Voir : Enrico FENZI, *Pétrarque*, traduction française par G. Marino, 2015, ch. III « Le *Chansonnier* : genèse et structure », *passim* ; Michelangelo PICONE, *Il* Canzoniere *: lettura micro e macrotestuale*, p. 32 et *passim*.

10 Hélène NAÏS, « Le thème pétrarquiste du soleil dans la traduction de V. Philieul », dans *Mélanges d'histoire littéraire (XVIᵉ–XVIIᵉ siècle) offerts à Raymond Lebègue par ses collègues, ses élèves et ses amis*, Paris, Éditions Nizet, 1969, p. 59–66.

1.	Quando'l **pianeta, che distingue l'hore**…	Quand le **Soleil** monte sur le Toreau…
	[*Rvf* 9, éd. Vellutello 1545, v. 1]	[*Philieul*, 1555, I, Sonnet VII, v. 1]
2.	Quando vede'l pastor calare i raggi Del **gran pianeta** al nido, ov'egli alberga…	Quand le berger voit les rayons descendre du **grand planete** au nid ou il heberge…
	[*Rvf* 50ᵉ, v. 29–30]	[*Ph.*, I, Chant XII, v. 29–30]
3.	Danno non gia, ma prò ; sí dolci stanno Nel mio cor le faville e'l **chiaro lampo** ; Che l'abbaglia, e lo strugge, e'n ch'io m'avampo…	Car c'est tout un : mais qu'aumoins je m'asseure du **vif soleil** dans mon cœur alumé, qui m'ha destruit, esblouy, enflammé…
	[*Rvf* 221, v. 5–7]	[*Ph.*, I, Sonnet CLXXIII, v. 5–7]
4.	E'l **chiaro lume,** che sparir fa'l ~~sole~~;…	Plus qu'un **soleil** luisoit son chef humain…
	[*Rvf* 181, v. 9]	[*Ph.*, II, Sonnet CLXXXI, v. 9]

Or les mythes et les thèmes liés au soleil se greffent, bien évidemment, sur des traditions très anciennes, tout en étant aussi, dans le cas spécifique des *Fragmenta*, le produit d'une élaboration langagière très personnelle visant à construire toute une constellation d'autres mythes et thèmes autobiographiques. Le comportement des traducteurs·trices face aux mythes et aux thèmes des *Fragmenta* ne peut pas être considéré, par conséquent, comme une interprétation générale de telle ou telle mythologie ; au contraire, les choix linguistiques témoignent à la fois d'un geste traductif et d'une lecture particulière de la poésie pétrarquienne. Non seulement Philieul cherche à récréer une constellation de traces mythologiques cohérente et organique, mais il se concentre aussi sur certains mythes et mythèmes.

Ces quelques exemples rapides pourraient ainsi nous mener à la conclusion que Philieul assimile aussi profondément le thème du soleil, car il est l'un des plus utilisés par Pétrarque pour désigner Laure. Mais, comme l'a démontré Bellati[11], le traducteur utilise ce même procédé pour maints thèmes et motifs pétrarquiens. Cela manifeste un véritable style traductif qui semble être caractérisé, selon Bellati, par un phénomène qu'elle appelle « cristallisation » : « la traduction du *Canzoniere* s'enrichit d'un certain nombre de tournures stylistiques qui lui viennent d'une immersion totale dans le texte pétrarquien »[12]. Dans son étude, Bellati propose aussi un recensement des thèmes et des métaphores traduits par Philieul, ce qui démontre la complexité de sa technique traductive : bien loin d'être un simple procédé mécanique, cette technique relève d'une réflexion très attentive et globale sur la poétique pétrarquienne. Parmi les exemples relevés par Bellati, lisons-en quelques-uns concernant la traduction de la métaphore de l'*ennemie* (« *nemica* » ou « *acerba mia nemica* » dans *Rvf*) :

---

11 Giovanna BELLATI « Un phénomène de cristallisation dans la traduction des RVF de Vasquin Philieul », dans Maria Colombo TIMELLI et Claudio GALDERISI (dir.), « *Pour acquerir honneur et pris* », mélanges de moyen français offerts à Giuseppe di Stefano, Montréal, CERES, 2004, p. 513–525.

12 Giovanna BELLATI « Un phénomène de cristallisation dans la traduction des RVF de Vasquin Philieul », p. 515.

#		
1.	De la **dolce, e acerba mia nemica** È bisogno ch'io dica ; Ben che sia tal, ch'ogni parlare avanzi. [*Rvf* 23ᶜ, éd. Vellutello 1545, v. 66–68]	Mais il vault mieulx qu'à dire m'esvertue Le pensement de ma **doulce ennemie**. [*Philieul*, 1555, I, Chant XVII, v. 67–68]
2.	Io pur ascolto ; et non odo novella De la **dolce, e amata mia nemica ;** [*Rvf* 254, v. 1–2]	J'escoute assez, mais nouvelle ne vient De ma **souefve ennemie angelique**. [*Ph* I, Sonnet CXCV, v. 1–2]
3.	Era ben forte la **nemica mia ;** Et lei vid'io ferita in mezzo'l core… [*Rvf* 88, v. 13–14]	Bien puissante est **ma dame** ; or avisez, Que jusque au cœur encore amour la frappe… [*Ph* I, Sonnet CXXXIV, v. 13–14]
4.	A ciascun passo nasce un penser novo De la **mia donna** ; che sovente in gioco Gira'l tormento, ch'i porto per lei :… [*Rvf* 129, v. 17–19]	Et vais tousjours pensif et soucieux De ma maistresse et **ennemye bonne**, Qui tourne an jeu le tourment qui me donne. [*Ph* I, Chant IV, v. 17–19]

Si Philieul tente parfois une traduction plus au moins littérale de cette métaphore (Ex. 1, 2) ou refuse de la traduire (Ex. 3), nous pouvons remarquer les phénomènes de « cristallisation » dans tous les cas où, en revanche, une substitution nous interpelle (Ex. 4). Loin d'être des exemples isolés, ces cas de cristallisation se retrouvent dans maints passages de la traduction de Philieul. Afin d'en avoir une vision d'ensemble, Bellati a établi une liste de traductions d'autres métaphores et thèmes appartenant à la mythologie pétrarquienne : *nemica* ; *cera al fuoco* ; *dispietata morte* ; *mondo errante* ; *divine luci* ; *solo e pensoso* ; *dramma* ; *mostro* ; *velo/scorza* ; *cangiar pelo/variar pelo* ; *Marte* ; *amor-guerriero*. Il ne s'agit pas évidemment d'une liste exhaustive, mais elle démontre l'usage d'un procédé stylistique récurrent et qui semble être cohérent avec un imaginaire biographique et narratif de l'œuvre, ainsi qu'avec la manière dont les traducteurs·trices et les poètes traitaient la matière mythique à cette époque.

Or, il n'est pas question ici d'envisager une *métaphorologie*[13], ni de réaliser un classement de tous les types de thèmes et métaphores (par exemple dans le sillon de Christine Klein-Lataud[14]), ni même encore d'envisager une théorie pour la traduction des figures de style à l'instar de Denis Jamet[15], ni de faire une étude étymologique sur un vaste corpus comme Bellati et Naïs. Quelques échantillons, conformément à la théorie des zones traductionnelles, nous aident à sonder les approches traductives de chaque traducteur·trice vis-à-vis des mythes, des thèmes et des métaphores.

Dans le cas de la traduction de Philieul par exemple, l'imaginaire du traducteur semble se fixer notamment sur les champs sémantiques de la « doulce

---

13 Hans Blumenberg, « Paradigmen zu einer Metaphorologie », *Archiv für Begriffsgeschichte*, vol. 6, 1960, p. 5–142.

14 Christine Klein-Lataud, *Précis des figures de style*, Toronto, Éditions du GREF, 1991.

15 Denis Jamet, « Traduire la métaphore, ébauche de méthode », dans Michel Ballard et Ahmed El Kaladi (dir.), *Traductologie, linguistique et traduction*, Arras, Presses universitaires d'Artois, 2003, p. 127–143.

ennemie » et du « soleil », deux traces métaphoriques qui renvoient – selon les études de Finazzi[16] – à une dimension mystique et spirituelle chez Pétrarque, notamment en ce qui concerne le rapport entre *claritas* et *obscuritas*. La traduction des mythes, chez Philieul, relèverait donc non seulement d'une réflexion stylistique sur les enjeux et les pratiques de la traduction, mais aussi d'une interprétation globale du macrotexte et de la poétique pétrarquiens.

Jérôme d'Avost : mythologiser et démythologiser

Si Philieul traitait les sujets mythologiques des *Fragmenta* pour récréer une nouvelle constellation sémantique autour de certaines figures, d'Avost semble plutôt traduire en pédagogue, soucieux de clarifier aux yeux des lecteurs·trices le tissu symbolique du texte-source qui se trouve dans sa traduction, on le rappelle, toujours en regard.

Un tel procédé lui permet tour à tour de rendre explicites des images implicites du texte, de simplifier certains termes pétrarquiens ou encore d'en expliquer le contenu mythologique. Dans cette simplification, le traducteur risque pourtant de réécrire le texte-source et les mythes qui l'imprègnent, voire de le vider de sa charge symbolique. Afin d'établir un nouveau parallélisme avec Philieul, en suivant et en complétant les études de d'Amico[17], on rappellera et approfondira le geste traductif de d'Avost en ligne avec les usages poétiques de la Pléiade[18].

Les origines mythiques d'« *Amor* » (*Rvf* 159, v. 12) sont rappelées dans la traduction par une périphrase mythologique « le fils de la Ciprine » (D'Avost, 1584, CXXVII, v. 12). Ou encore la référence au mythe d'Aurore (CLXXXIV) est rendue plus claire : cf. « *Quella c'ha neve il volto, oro i capelli ; / Nel cui amor non fur mai inganni, ne falli ; / Destami al suon de gli amorosi balli, / Pettinando al suo vecchio i bianchi velli* » (*Rvf* 219, v. 5–8) et « La belle au sein de nége, et dont les cheveux beaux / Se dorent de fin or, en façon annelées, / Pignant son vieil Tithon sur les ondes salées, / M'esveille, en me livrant mille amoureux assaus » (CLXXXIV, v. 5–8). On confrontera aussi : « *Questi fur fabbricati sopra l'acque / D'abisso, e tinti ne l'eterno oblio* » (*Rvf* 46, v. 12–13) et « Sur le bord d'Acheron je croi qu'on le fit faire, / Et tremper au profond des lethéennes eaux » (XXXVIII, v. 12–13) ; « *le thesaliche onde* » (*Rvf* 34, v. 2) et « ses rives peneïdes » (XXVII, v. 2 ; c'est-à-dire les eaux du fleuve Pénée en Thessalie) ; « *l'onorata e sacra fronde* » (*Rvf* 34, v. 7) et « les blonds cheveux Daphnides » (XXVII, v. 7).

On remarquera aussi sa tendance à mythologiser certaines images, mais sans qu'il semble y avoir, comme chez Philieul, une logique d'ensemble, une constellation

---

16 Silvia Finazzi, *Fusca claritatis, La metafora nei* Rerum vulgarium fragmenta *di Francesco Petrarca*, p. 97–134 et *passim*.

17 Silvia D'Amico, « Les *Essais* de Jérôme d'Avost », p. 404–405.

18 Guy Demerson, *La Mythologie classique dans l'œuvre lyrique de la Pléiade, passim*.

sémantique cohérente. D'Avost traduit par exemple « *il ciel* » (*Rvf* 45, v. 2) par
« Olympe suprême » (XXXVII, v. 2), ou encore, pour traduire « *Amor par ch'a
l'orecchie mi favelle* » (*Rvf* 218, v. 5), il évoque l'image stéréotypée de l'amour
ailé (« Amour monstrant sa joie au mouvoir de ses ailes », CLXXXIII, v. 5). On
confrontera aussi : « *S'un lungo error in cieco labirinto* » (*Rvf* 224, v. 4) et « Si en
l'obscur Dedale une issue trompeuse » (CLXXXIX, v. 4) ; « *O giorno, o hora, o
ultimo momento* » (*Rvf* 329, v. 1) et « O triste jour, o heure, o Parque inexorable »
(CCLXXXVI, v. 1) ; « *Frutti, fiori, herbe, e frondi* » (*Rvf* 337, v. 3) et « Les herbes,
fleurs, et fruits de Rhée la Phrigide » (CCXCIV, v. 3) ; « *Leggiadria ignuda, le
bellezze inferme* » (*Rvf* 338, v. 3) et « Les Charites sans grace, et Venus sans amorce »
(CCXCV, v. 3) ; « *e 'l cantar, che ne l'anima si sente* » (*Rvf* 213, v. 6) et « Un chant
sirenean, plus que le sucre doux » (CLXXIX, v. 6).

Si d'une part d'Avost mythologise, de l'autre, sa posture pédagogique prend
parfois le dessus sur son aptitude de mythonaute. Tantôt, il banalise certaines
images fortement connotées, comme l'image pétrarquienne du « *nodo* » (*Rvf* 283,
v. 4), métaphore du corps très récurrente dans les *Fragmenta*, qu'il simplifie, comme
on l'a vu, en traduisant par « sejour » (CCXLIII, v. 3). Tantôt, il change le schème[19]
de certains mythes pétrarquiens en les vidant de leur sens originaire, comme pour
le tercet final du sonnet XXVII (*Rvf* 34), dans lequel la version pétrarquienne du
mythe de Daphné est « démythologisée » de sorte que les bras de Laure/Daphné,
transmués en branches dans le texte pétrarquien, deviennent une simple « touffuë
tresse » dans la traduction : cf. « *Si vedrem poi per meraviglia insieme, / Seder la
Donna nostra sopra l'herba, / E far de le sue braccia a se stessa ombra* » (*Rvf* 34, v. 13–
15) et « Lors nous verrons tous deux nostre belle maistresse / Se seoir gratieusement
dessus le verd giron / Et en ombrer son corps de sa touffuë tresse » (CLXXIX,
v. 13–15).

D'après le parallèle entre Philieul et d'Avost, on pourrait donc identifier au
moins quatre manières de traduire les figures mythiques :

1. Une explication des figures mythiques, inspirée d'un imaginaire pédagogique
   et philologique ;
2. Une mythologisation de certains passages du texte-source qui ne présentent
   pourtant pas des contenus mythologiques, d'une manière plus ou moins
   cohérente avec celle dont l'auteur traite les mythes dans l'ensemble de l'œuvre ;
3. Une re-mythologisation de certains passages, par un processus qui remplace
   une image mythique par une autre, d'une manière plus ou moins cohérente

---

19 Selon Gilbert Durand, le schème est « le capital référentiel de tous les gestes possibles » (Gilbert
   Durand, *Champs de l'imaginaire*, textes réunis par Danièle Chauvin, Grenoble, Ellug, 1996,
   p. 67). Les schèmes, comme le précise Laurent Mattiussi, seraient ainsi « les premières traductions
   concrètes de ces tendances élémentaires dans des attitudes humaines : s'approprier, se protéger,
   séparer, monter, descendre » (Laurent Mattiussi, « Schème, type, archétype », dans Danièle
   Chauvin, André Siganos et Philippe Walter (dir.), *Questions de mythocritique. Dictionnaire*,
   Paris, Imago, 2005, p. 307).

avec celle dont l'auteur traite les mythes ou mythologise lui-même dans l'ensemble de l'œuvre ;

4. Une démythologisation de certains passages par un processus de « vidage » ou de « dégradation » de sens.

Ces quatre gestes traductifs véhiculent aussi des imaginaires de la traduction, comme le démontrent l'inspiration pédagogique de d'Avost ou la conception narrative et biographique de Philieul. La question de la traduction des figures mythiques peut donc participer à la transmission de diverses lectures des *Fragmenta* ainsi que de différentes traditions traductionnelles.

Daphné et la consolidation du mythe

Si à l'époque de Philieul et de d'Avost on perçoit le mythe comme une matière changeante que chaque poète comme chaque traducteur·trice peut manipuler à sa guise, on assiste à partir du XVIIIe siècle à une véritable consolidation et stabilisation de la matière mythique et symbolique dans les traductions des *Fragmenta*. Partant, la vitalité des mythes pétrarquiens semble s'affaiblir pour céder la place à des schèmes figés, à des constructions statiques de l'imaginaire[20].

Sade, par exemple, qui dans ses *Œuvres choisies de François Pétrarque* (1764) ne s'occupe presque pas de mythes et qui traduit toutes les figures mythiques avec précision, semble considérer le mythe comme une forme stable que l'on peut « appliquer » à des contextes différents.

> Qu'il me soit permis d'appliquer ici à Pétrarque des vers du plus aimable des Poëtes Anglois ; j'ai été séduit par la justesse de l'application.
>
> Waller aimoit la Comtesse de Sunderland elle le traitoit avec rigueur ; il fit des vers qui ne la toucherent pas, mais qui procurent au Poëte la couronne de laurier. Voilà le sujet d'un petit poëme Anglois que je vais traduire, en ne faisant que changer les noms, et mettre Pétrarque et Laure, à la place de Waller et de la Comtesse.
>
> « Pétrarque étoit épris des charmes de Laure : il chantoit comme Apollon, et n'aimoit que lui. Laure aussi aimable que Daphné, n'étoit pas moins farouche qu'elle. Le Poëte poursuit la nymphe : l'amour et l'imagination le font errer sur des rochers, et à travers des prairies émaillées, qu'il prend à témoin de ses peines, et où il se retrace sans cesse l'image de la cruelle qu'il adore. Pressé pas sa passion, il court, il approche de Laure.

---

20 On peut opposer l'idée d'un schème figé de l'imaginaire à celle développée par Stanislas Breton sur la « permanente métamorphose » de l'imaginaire. Selon Breton, le dynamisme du schème conditionne « cette puissance productrice, cette continuelle transitivité qu'évoque pour nous l'imaginaire. De même l'image ne se stabilise pas dans les contours qui la fixent provisoirement. De l'imaginaire, elle retient la mobilité et cette possibilité infinie de déformation qui la promet, par la mort, à de nouvelles naissances. Le schème, dont Kant avait reconnu la fonction médiatrice, est le mouvement même de l'imaginaire en sa permanente "métamorphose" » (Stanislas BRETON, « Symbole, schème, imagination : essai sur l'œuvre de R. Giorgi », *Revue philosophique de Louvain*, n° 5, 1972, p. 73). Les traditions traductionnelles des *Fragmenta*, en revanche, auraient comme caractéristique la tendance à « figer » le contenu mythique au fil de l'histoire.

Ses sons harmonieux ne peuvent la toucher ; mais tout le monde applaudit à ses chants. Ainsi, comme Apollon, il acquiert une vaine gloire ; et au lieu de Laure, il embrasse des lauriers »[21].

L'intérêt de ce passage pionnier réside dans le fait que Sade reconnaît et identifie comme « structurant » le mythe de Daphné non seulement dans les *Fragmenta*, mais aussi dans d'autres œuvres apparentées, qui procéderaient ainsi d'un même schème, voire d'un même archétype. Cela pourrait expliquer la précision minutieuse dans sa traduction des images mythiques ainsi que l'absence totale d'interprétation créative des contenus mythologiques.

Les mythes pétrarquiens sont ainsi rendus à leur forme originaire, telle que son auteur l'avait formulée. Après le XVIIIe siècle, la pratique des traducteurs·trices semble de plus en plus inspirée par un imaginaire pédagogique et philologique : le mythe devient un contenu savant, qu'il faut rendre au public contemporain dans une forme la plus fidèle et la plus claire possible. Tantôt il faut l'expliquer dans les notes en bas de pages, tantôt il faut le clarifier en introduction d'un sonnet.

On remarquera, par exemple, l'extrême fidélité au schéma mythique daphnéen dans la « Prière à Apollon pour qu'il dissipe le mauvais temps, et que, rendue à la santé, elle puisse reparaître »[22] de Montesquiou (1842), qui réalise pourtant dans son édition nombre de traductions très créatives et libres de son modèle. Ou encore on appréciera les notes minutieuses de Joseph Poulenc, quand il est question du mythe d'Apollon et Daphné, comme celle qui introduit son sonnet V (*Rvf* 5) :

> Pétrarque dans ce sonnet fait l'éloge de Laure en tirant de son nom, *Laureta* en italien, les significations les plus ingénieuses. Pétrarque dit donc qu'en la louant, *laudando*, il commence à entendre la douce harmonie de son nom, car il en a prononcé la première syllabe. La deuxième syllabe de son nom, qui est la première de *reale*, royal, lui donne du courage pour la louer. Mais, pour ce motif même, la dernière syllabe de son nom, *ta*, première du verbe *tacere*, se taire, lui dit de se taire, car il est incapable de bien la louer. Le même mot, *Laureta*, renferme aussi la première syllabe du verbe *laudare*, louer, et la première syllabe du verbe *reverire*, révérer. L'arbre d'Apollon, c'est le laurier, et dans tout le cours de ses poésies, toutes les fois que Pétrarque prononce le nom de laurier, c'est de Laure qu'il entend parler[23].

Cette posture exégétique s'incarne aussi, chez Poulenc, dans les choix lexicaux et graphiques. C'est une tendance qui – absente par exemple dans la traduction intégrale de Philieul – s'imposera de plus en plus, notamment dans les traductions complètes au moins à partir des frères Lafond (1848), et qui voit dans la traduction

---

21 Jacques de SADE, *Œuvres choisies de François Pétrarque…* (1764), 3 vol., t. II, p. 6. Dans ce passage, Sade fait référence à Edmund Waller (1606–1687), précurseur du distique héroïque et représentant majeur du distique d'inspiration classique en langue anglaise.

22 Anatole de MONTESQUIOU, *Sonnets, canzones, ballades et sextines de Pétrarque…* (1842), t. I, sonnet 27 (*Rvf* 34), p. 55.

23 Joseph POULENC, *Rimes de Pétrarque, traduction en vers des sonnets, canzones… madrigaux… par Joseph Poulenc*, 2 vol., Paris, Librairie des Bibliophiles, 1877, t. I, sonnet V, p. 21.

de Blanc (1989) son expression la plus accomplie. Une comparaison entre les trois derniers traducteurs que nous venons d'évoquer mettra en lumière les traits principaux de cette dynamique au fil de l'histoire. Par commodité, on utilise ici comme texte-source l'édition de Mansard (1819), probablement consultée par Lafond et Poulenc, tout en sachant que Blanc a, quant à lui, utilisé l'édition de Contini (1964).

<table>
<tr><td>

Quand'io movo i sospiri a chiamar voi,
E 'l nome, che nel cor mi scrisse Amore,
LAUdando s'incomincia udir di fore
Il suon di primi dolci accenti suoi.
Vostro stato **REal**, che 'ncontro poi,
Raddoppia a all'alta impresa il mio valore :
Ma, **TAci**, grida il fin : ché farle onore
È d'altri omeri soma, che da' tuoi.
Così **LAUdare**, e **REverire** insegna
La voce stessa, pur ch'altri vi chiami,
O d'ogni reverenza, e d'onor degna :
Se non che forse Apollo si disdegna,
Ch'a parlar de' suoi sempre verdi rami
Lingua mortal presuntuosa vegna.

ABBA ABBA CDC CDC
hendécasyllabes
[*Rvf* 5, éd. Mansard, 1819, sonnet V]

</td><td>

Pour chanter votre nom gravé dans ma mémoire,
Tout en le conservant pur et mystérieux,
Je veux toujours couvrir son éclat radieux
De l'ombre du **LAUrier**, symbole de la gloire.
D'abord j'avais voulu chanter votre **victoiRE**
Et répéter, tout haut, votre nom glorieux ;
Mais mieux vaut le soustraire aux regards curieux,
On le devinera sous ce voile illusoire.
L'AUdace était trop grande à prononcer ce nom,
Et le **REspect** m'apprit qu'il valait mieux me taire,
Et garder le **LAUrier** pour cacher ce **mystèRE**,
A moins que contre moi ne s'irrite Apollon,
Si j'ose, moi mortel, avec l'arbre qu'il aime,
Faire de votre nom le gracieux emblème.

NOTE : Nous avons traduit ce sonnet pour donner au lecteur un exemple des *concetti* les plus reprochés à Pétrarque.

ABBA ABBA CDD CEE
alexandrins
[Ernest et Edmond Lafond, *Dante, Pétrarque, Michel-Ange, Tasse : sonnets choisis*, 1848, sonnet IV]

</td></tr>
<tr><td>

Quand de vous appeler mon souffle parfois tente,
C'est du nom que l'Amour a gravé dans mon cœur ;
En vous *louant* déjà je goûte avec bonheur
De ses premiers accents le doux son qui m'enchante.
Puis, votre aspect *royal* à mes yeux se présente,
Qui pour mon grand dessein redouble ma valeur ;
Mais, *tais-toi*, dit la fin, car de lui faire honneur
Sache que l'entreprise est pour toi trop pesante !
Et quand parfois j'entends prononcer votre nom,
Il m'apprend que *louange* on vous doit et renom,
Qu'on doit vous *révérer*, vous en êtes si digne !
Mais peut-être Apollon et s'irrite et s'indigne
Qu'un mortel constamment ose dans ses discours
Parler de ses rameaux qui verdissent toujours.

ABBA ABBA CCD DEE
alexandrins
[Poulenc, *Rimes de Pétrarque*, 1877, t. I, sonnet V]

</td><td>

Quand mes soupirs j'anime afin que je vous nomme
C'est du nom que l'Amour a gravé dans mon cœur ;
et le prénom qu'Amour écrivit dans mon cœur,
LAUdateur l'on commence à entendre au dehors
le son des premiers doux accents qui sont les siens.
Votre essence **REgale** que je rencontre ensuite
à la haute entreprise redouble ma vaillance ;
mais **TAis-toi** crie la fin, car de lui faire honneur
n'est point charge pour toi mais pour d'autres épaules.
Ainsi **LAUde** non moins que **REvérence** enseigne
le mot lui-même, pourvu que vous nomme quelqu'autre,
o vous de tout honneur et révérence digne !
Mais sinon que peut-être Apollon se courrouce
que parler de ses toujours verts rameaux
présomptueusement langue mortelle vienne.

alexandrins
[Blanc, *Le Chansonnier*, 1989, sonnet V]

</td></tr>
</table>

Dans la version des frères Lafond, la matière sémantique est fortement bouleversée (~). Bien qu'ils admettent, en note de bas de page, vouloir donner un aperçu des « *concetti* les plus reprochés à Pétrarque », en réalité ils gardent uniquement le jeu de mots qui permet de recomposer le nom « Laure » et mettent l'accent sur le « mystère » de cette symbolique (v. 2 et 11). On pourrait bien parler dans ce cas d'un processus de re-mythologisation.

Dans la version de Poulenc, bien plus proche de l'original (□) que celle de Blanc, on perd totalement le jeu de mots, mais on retrouve le véritable sens des *concetti* pétrarquiens : les termes, déjà annoncés et expliqués dans la note introductive par un souci exégétique, sont mis en relief par le traducteur grâce à l'usage de l'italique. Dans la traduction de Blanc, on trouve enfin une formule synthétique gardant à la fois le jeu de mots et la traduction exacte des *concetti*, sans jamais courir le risque de transformer le tissu symbolique du texte original.

On assiste donc, au fil de l'histoire, à une stabilisation, voire à une cristallisation, des figures mythiques pétrarquiennes, des « allégories familières au poète », comme l'écrit Henry Cochin (1920) pour introduire le mythe d'Apollon et Daphné dans son sonnet XXXIV (*Rvf* 34). On a voulu considérer la traduction de Blanc (1989) comme l'acmé de ce processus transhistorique car on y trouve une synthèse entre la volonté exégétique et la transposition sémantique du geste traductif : le traducteur nous explique d'abord les enjeux mythologiques concernant les *Fragmenta* et il essaie de nous rendre par la suite une traduction qui leur soit la plus cohérente possible.

Concernant le mythe de Daphné, il convient de noter la lecture que Blanc nous offre dans son introduction afin de « disposer d'une génétique profonde de la pulsion d'écriture pétrarquienne dans sa relation à la gloire, mais aussi, croyons-nous, dans sa relation à la "deuxième chaîne" qui lie le poète, selon l'auto-analyse de *Secretum*, et qui est l'amour »[24]. De ce point de vue, le mythe daphnéen serait particulièrement significatif et structurant parce qu'il « intègre, en effet, aussi bien la dimension de la gloire, puisque Apollon, en souvenir de la nymphe désirée, affectera au laurier cet attribut, que celle de l'amour, la structure narrative dérivant en totalité d'une pulsion du désir »[25].

La perspective « psycho-poétique », dont Blanc se considère un représentant, voire l'initiateur, cherche de plus à établir des parallélismes entre les épisodes biographiques et la genèse de l'œuvre :

> Aussi nous semble-t-il nécessaire de situer avec précision la *praxis* vulgaire de Pétrarque dans son contexte psycho-biographique, de procéder en somme à une analyse psycho-poétique de l'œuvre, qui nous éclairera « en profondeur » sur sa genèse et sur son écriture[26].

Sans approfondir les divers parallélismes présents dans les interprétations de Blanc, on remarquera simplement que « Laure est, en effet, identifiée [...] à la nymphe Daphné, métamorphosée en laurier au moment où Apollon s'apprêtait à l'étreindre, cependant que le poète s'identifie lui-même d'une certaine manière au

---

24 Pierre Blanc, *Le Chansonnier* (1989), « Introduction », p. 17.

25 *Ibidem*, p. 17.

26 *Ibidem*.

dieu qu'il convie à partager la vision de cette métamorphose »[27]. Blanc arrive à la conclusion selon laquelle

> la fonction poétique de Daphné, dans l'univers pétrarquien, n'est pas de promouvoir un emblème moral et culturel de la chasteté, comme le poète veut nous le faire croire, et se le faire croire, et comme la critique l'a parfois admis, mais de garantir la castration sur le plan du désir, tout en re-suscitant l'*imago* maternelle enfouie[28].

Selon notre traducteur, cette « dynamique circulaire des contradictions »[29] (destruction/réparation, amour/haine, désir/castration), qui caractérise la phase juvénile des *Fragmenta*, sera dépassée par deux événements majeurs dans la vie du poète : *a)* ce qu'il considère comme le moment de « l'illumination mystique et pénitentielle de 1333–1335 »[30] lié à la lecture des *Confessions* d'Augustin ; *b)* la *laurea poetica* reçue en 1341.

D'après ces réflexions, on comprend alors que l'approche psycho-poétique de Blanc plonge ses racines dans une « volonté de profondeur », afin d'accomplir un geste traductif qui soit capable, non seulement de respecter « l'unité prosodique, traduisant vers pour vers », mais aussi de rendre la « mouvance » de la poésie de Pétrarque, « un lieu où s'opère aussi une alchimie du verbe qui met les puissances du langage au service de l'harmonisation de ces tensions opposées qui constituent [...] le fond du psychisme pétrarquien »[31]. Pour Blanc, la seule possibilité de percer cette profondeur se trouve paradoxalement dans une adhésion totale à la « lettre », un respect sacral de la surface.

La nature et le sacré : vers une géographie mythique des larmes

« Imagination, mon enfant »
René CHAR[32]

Chez Pétrarque, les constellations mythiques sous-entendent aussi une conception « moderne » de la nature, ainsi qu'une relation intime entre le moi lyrique et l'espace naturel, comme c'est le cas pour le récit d'Apollon et Daphné ou pour d'autres mythes comme celui de Séléné et Endymion (cf. *Rvf* 237)[33]. Avec Pétrarque, nous sommes aux exordes d'une nouvelle opposition entre nature et

---

27 *Ibidem*, p. 11.

28 *Ibidem*, p. 18.

29 *Ibidem*.

30 *Ibidem*.

31 *Ibidem*.

32 René CHAR, *Les Feuillets d'Hypnos*, Paris, Gallimard, 1946, n° 101.

33 Riccardo RAIMODO, « La natura e il sacro : Valchiusa contro Babilonia nel Canzoniere di Petrarca », dans Luca MARCOZZI et Paolo RIGO (dir.), *Laureato in Urbe I*, Actes du Congrès International « Laureatus in Urbe » (Rome, 22–23 mai 2017), Rome, Aracne, 2019, p. 63–75.

culture, une opposition qui devient un modèle herméneutique à travers lequel le sujet[34] « invente » et mythifie le paysage.

À partir de positions inspirées de la sociologie de Georg Simmel[35], Karlheinz Stierle considère qu'« il ne semble pas un hasard que l'"invention" pétrarquienne du paysage ait eu lieu à l'époque de l'économie monétaire proto-moderne, qui détermine profondément la vie de l'Avignon des papes, et que cette invention corresponde au nominalisme philosophique moderne »[36]. Comme le souligne encore Stierle, Ernst Cassirer (*Individuum und Kosmos in der Philosophie der Renaissance*, 1927) a également identifié dans la poésie de Pétrarque la première manifestation de l'expérience moderne du paysage et l'a déclinée en une dichotomie qui oppose le « sens de la nature » (subjectif) au « concept de nature » (objectif)[37].

Comme nombre d'autres disciplines humanistes, les réflexions sur l'espace en traductologie ont été influencées par ce qu'on peut désormais nommer un « tournant spatial »[38] (*spatial turn*) qui, au moins depuis les années 1990, se développe à partir de la « prémisse que l'espace est impliqué dans toute construction du savoir »[39]. Des études remarquables ont exploré à la fois l'influence de l'espace dans les pratiques traductives (« géographie de la traduction »)[40] et les modalités par lesquelles les

---

34 Friedrich Schelling a été parmi les premiers qui ont remarqué que dans la peinture de paysage « il n'est toujours possible qu'une vision subjective, car le paysage n'est réel que dans l'œil de son observateur », notre traduction, cf. « *è sempre e solo possibile una visione soggettiva, ché il paesaggio ha realtà solo nell'occhio dell'osservatore* » (Friedrich Schelling, *Filosofia dell'Arte*, éd. Alexander Klein, Naples, Prismi, 1997, p. 218).

35 Selon Georg Simmel, la vie moderne est « caractérisée par l'éloignement de la nature dont dépendent la vie économique et la vie urbaine. Toutefois, peut-être, ce n'est qu'à travers cet éloignement qu'il est possible de faire émerger le véritable sentiment esthétique romantique de la nature », notre traduction, cf. « *caratterizzata dall'allontanamento dalla natura a cui ci costringe la vita economica e la vita cittadina che ne dipende. Però, forse, solo mediante questo allontanamento è possibile che emerga il vero e proprio sentimento estetico romantico della natura* » (Georg Simmel, *Filosofia del denaro*, éd. Alessandro Cavalli et Lucio Perucchi, Turin, UTET, 1984, p. 673).

36 Voir les notes au chapitre « I paesaggi di Petrarca », dans Karlheinz Stierle, *Petrarchas Landschaften. Zur Geschichte ästhetischer Landschafserfahrung*, Krefeld, Scherpe, 1979 ; rééd. *La vita e i tempi di Petrarca alle origini della moderna coscienza europea*, traduit par Gabriella Pelloni, Venise, Marsilio, 2007, p. 786–788 et p. 787. Sur ce même sujet, voir aussi Giorgio Bertone, « Paesaggi primi : il monte », dans *Lo sguardo escluso : l'idea di paesaggio nella letteratura occidentale*, Novara, Interlinea, 1999, p. 97–147.

37 Ernst Cassirer, *Individu et cosmos dans la philosophie de la Renaissance*, traduit de l'allemand par Pierre Quillet, Paris, Éditions de Minuit, 1983, p. 182–184.

38 On emprunte la traduction de « *spatial turn* » par « tournant spatial » à l'historien Angelo Torre, d'après son article « Un "tournant spatial" en histoire ? : Paysages, regards, ressources », *Annales Histoire Sciences sociales*, n° 5, 2008, p. 1127–1144. Voir aussi entre autres l'introduction de Barney Warf et Santa Arias dans Barney Warf et Santa Arias (dir.), *The Spatial Turn : Interdisciplinary Perspectives*, New York, Routledge, 2009, p. 1–10.

39 Denis Cosgrove, « Mapping Meanings », dans Denis Cosgrove (dir.), *Mappings*, London, Reaktion, 1999, p. 7. Sur ce sujet, voir aussi entres autres Antje Ziethen, « La littérature et l'espace », *Arborescences*, 2013, p. 3–29.

40 Voir entre autres Sherry Simon, *Cities in Translation : Intersections of Language and Memory*, Abingdon, Routledge, 2012.

« imaginaires géographiques, en particulier ceux produits par les œuvres littéraires, ont été traduits aux carrefours des langues, des médias et des époques »[41] (« traduction des géographies »). À la suite de Homi K. Bhabha[42], Federico Italiano explore notamment la richesse de la traduction des géographies comme étant un « procédé de transformation et de recodification des imaginaires géographiques à l'intérieur d'un medium donné ou de différents media »[43].

Dans les *Fragmenta*, parmi les poèmes les plus représentatifs du rapport entre le sujet et l'espace naturel, on trouve par exemple *Rvf* 237 ou *Rvf* 176. Si, dans la célèbre *sestina*, la forêt devient « le lieu idéal pour rêver un érotisme mythifié, une sensualité sacralisée, à travers le récit de Séléné et Endymion »[44], dans le sonnet 176 la relation du moi lyrique et du paysage est plus controversée et s'exprime par un sentiment tragique. Le couple formé par les sonnets *Rvf* 176–177 se réfère en particulier à la traversée de la forêt des Ardennes, au mois de juillet 1333, pendant le retour de Cologne à Avignon[45]. Le récit détaillé du long voyage à travers l'Europe septentrionale – dans lequel s'inscrit l'épisode narré dans ces sonnets – est aussi contenu dans deux épîtres au cardinal Giovanni Colonna (*Fam.* I.4–5). Il est envisageable, en outre, que Pétrarque ait remanié ces sonnets comme les épîtres après la mort de Laure[46] en imprimant sur la représentation du paysage une allure d'obscurité et de désespoir.

Dans *Rvf* 176, le paysage devient un lieu d'évocation de Laure et des sentiments amoureux. Les éléments naturels sont personnifiés : tantôt ils murmurent rappelant la voix de la bien-aimée, tantôt ils représentent l'âme ombrageuse du poète. Les traductions de *Rvf* 176 sont particulièrement intéressantes en ce qu'elles dévoilent le dialogue entre les imaginaires des traducteurs·trices et l'imaginaire géographique pétrarquien, dans un contexte qui combine la représentation mythifiée de l'espace et le récit d'un voyage réel à travers les Ardennes. Une tension entre le réel et l'imaginaire influence ainsi ces traductions qui oscillent, pour ainsi dire, entre une tentation purement diégétique (ex. les anecdotes liées au fait historique et biographique) et une identification avec le moi lyrique du poète (la personnification du paysage). Examinons, à ce propos, trois traductions réalisées respectivement par Sade (1764), par Aragon (1947) et par Char (1981).

---

41 Notre traduction, cf. « *spatial imaginations, in particular those constructed by literary works, have been translated across languages, media and epochs* » (Federico Italiano, *Translation and geography*, London, New York, Routledge, 2016, p. 4).

42 Homi K. Bhabha, *The Location of Culture* [1994], London, Routledge, 2005.

43 Notre traduction, cf. « *a process of transformation and recodification of geographical imaginaries within one or across different media* » (Federico Italiano, *Translation and geography*, p. 96–96).

44 Notre traduction, cf. « *La foresta è anche il luogo ideale per sognare un erotismo mitizzato, una sensualità sacralizzata, attraverso il racconto di Selene ed Endimione* » (Riccardo Raimondo, « La natura e il sacro : Valchiusa contro Babilonia nel Canzoniere di Petrarca », p. 74).

45 Pétrarque, *Canzoniere*, éd. Santagata, p. 790*n*.

46 *Ibidem*.

Per mezz'i boschi inospiti, e selvaggi
Onde vanno a gran rischio uomini, ed arme,
Vo sicur'io ; che non può spaventarme
Altri che 'l Sol c'ha d'Amor vivo i raggi
E vo cantando [o penser miei non saggi !]
Lei che 'l ciel non poria lontana farme ;
Ch' i' l'ho negli occhi, e veder seco parme
Donne, e donzelle ; e sono abeti, e faggi
Parmi d'udirla, udendo i rami, e l'ore
E le frondi, e gli augei lagnarsi, e l'acque
Mormorando fuggir per l'erba verde.
Raro un silenzio, un solitario orrore
D'ombrosa selva mai tanto mi piacque ;
Se non che del mio Sol troppo si perde.
hendécasyllabes

ABBA ABBA CDE CDE
[*Rvf* 176, éd. Sade, *Œuvres choisies de François Pétrarque*, 1764, t. I, sonnet CXLII, p. 217]

Non, je ne crains que l'amour et ses charmes :
Seul, désarmé, sans crainte, sans allarmes,
Je parcours ces bois ténébreux,
Où n'oseroient aller sans escorte & sans armes,
Les guerriers les plus courageux.
Toujours plus fol, plus amoureux, je chante
La beauté, qui pour moi ne sçauroit être absente ;
L'amour à chaque instant la présente à mes yeux
C'est elle, je la vois **au milieu des Ardennes** :
Quelques nymphes suivent ses pas.
Je crois les voir ; non je ne vois pas ;
Ce sont des hêtres et des chênes.
Si j'entends les zephirs par leurs douces haleines
Agitant un jeune arbrisseau,
Des oiseaux le ramage tendre,
Le murmure d'un clair ruisseau ;
C'est Laure que je crois entendre.
Foible illusion ! vaine erreur !
De ce bois solitaire et sombre
J'aimerois le silence et l'ombre,
Si je pouvois y voir **le soleil de mon cœur.**

vers libres
[Sade, *Œuvres choisies de François Pétrarque*, 1764, t. I, sonnet CXLII, p. 217]

[COMMENTAIRE:] Que passant par la forêt d'Ardenne à son revenir de Cologne il n'avait crainte et prenait grand plaisir pensant d'elle.

Dans ces forêts hostiles et sauvages
À grands risques vont les hommes armés
Moi j'y vais sûr que peut seul alarmer
L'**amour soleil** qui me perce et ravage
Et vais chantant Ô pensers miens non sages
Celle qu'un ciel ne me saurait damer
Mes yeux la voient entre dames mimées
Au vrai qui sont arbres de ce boisage
Ce m'est l'ouïr ouïssant bruire **l'aure**
En la ramure Et les oiseaux Et l'eau
Murmurant fuir à travers l'herbe verte
Aucun désert aucun silence encore
Qui m'ait tant plu que l'ombre qui m'enclot
Sauf que mon soleil m'y parvient à perte.

décasyllabes « différemment calqués »
(Aragon, préface 1947)
ABBA ABBA CDE CDE
[Aragon, *Cinq Sonnets de Pétrarque*, 1947, « Dans ces forêts hostiles et sauvages… »]

Par les bois **sauvages et inhospitaliers**
Où vont à grand risque les hommes en armes,
Je vais, moi, confiant, que rien n'effraie
Autre que le soleil, ses lances d'**Amour vif**.
Et je vais chantant (ô mes pensées peu sages !)
Celle que le ciel ne peut faire lointaine,
Car je l'ai dans les yeux, et je crois voir près d'elle
Dames et demoiselles, ce sont sapins et hêtres.

Est-ce l'entendre, j'entends la ramure et la brise mineure,
Et le feuillage et les oiseaux se plaindre, et les eaux
En murmure fuir par l'herbe verte.
Rarement le silence, la **solitaire horreur**
D'une **ombreuse forêt** à ce point m'enchanta ;
Mais bien trop de mon soleil s'y perd.

vers libres
[Char et Jolas, *La planche de vivre*, 1981, sonnet CLXXVI, p. 17]

Sade se concentre minutieusement sur l'épisode du voyage à travers les Ardennes en détaillant le contexte biographique, historique et géographique. Il introduit sa traduction en narrant d'abord le départ depuis la ville de Cologne, puis en décrivant les périls de la traversée, enfin même en conjecturant sur l'intention et l'inspiration du poète, c'est-à-dire sur le moment de la composition du sonnet :

Petrarque partit de Cologne le dernier jour de Juin : il alla à Lyon, où il avoit projetté de s'embarquer sur le Rhône pour se rendre à Avignon. Dans cette route il fut si incommodé par la chaleur et la poussiere, qu'*il desira plusieurs fois ces neiges des Alpes et ces grâces du Rhin dont Virgile parle dans sa dixieme Eglogue.*

Cependant il fit une grande partie de la route dans les forêts des Ardennes, qui tenoient dans ce temps-là la plus grande partie de la Flandre.

On n'osoit y passer sans une bonne escorte, parce qu'elles étoient pleines de voleurs et de bandits, qui se mettoient en embuscade derrière les arbres, d'où ils décochoient leurs traits aux passans sans être vus. La guerre entre le Duc de Brabant et le Comte de Flandres, qui se disputoient la souveraineté de Malines, rendoit le passage des Ardennes encore plus périlleux qu'à l'ordinaire, par les courses qu'y faisoient les partis des deux armées.

Cependant Petrarque ne prit point d'escorte : seul et sans armes, il osa traverses ces sombres forêts, où l'on ne pouvoit entrer sans ressentir une secrete horreur, comme il le dit lui-même [cf. *Fam.* IV]. Il nous assure qu'il n'eut point de peur ; mais je ne sçais si on doit croire sur sa parole un Poëte qui parle de sa bravoure.

Quoi qu'il en soit, voici un Sonnet qui fit au milieu des Ardennes. Comme *il ne pouvoit voire un bouquet de bois sans être tenté de faire des vers*, il n'est pas étonnant qu'il ait fait un Sonnet au milieu des plus grandes forêts de l'Europe[47].

Sade met ainsi l'accent sur l'anecdote biographique, en concevant ce sonnet comme le produit d'une inspiration instantanée, dans le même sillon de l'imaginaire narratif de Philieul. La « bravoure » de Pétrarque « n'empêcha pas qu'il ne fût bien aise de se voir hors de cette forêt, où il avoit couru de si grands périls »[48]. La traduction, chez Sade, explique ainsi le texte-source et, en guise de commentaire, éclaircit les passages les plus obscurs et clarifie les métaphores comme le langage symbolique. Pendant le voyage « au milieu des Ardennes » (v. 9), dans « ce bois solitaire et sombre » (v. 19), c'est « Laure » que le poète « crois entendre » (v. 17). On reconnaît l'écho de la « Foible illusion ! » et de la « vaine erreur ! » (v. 18) de *Rvf* 1. Les « zephirs » des sentiments, « par leurs douces haleines » (v. 13–14), agitent et perturbent encore, comme autrefois, ce « jeune arbrisseau » qu'est l'âme du poète. Le « silence et l'ombre » (v. 20) pourraient être de quelque consolation, si ce n'était que le poète n'est plus capable d'y trouver sa bien-aimée, « le soleil de [son] cœur » (v. 21). Des apparitions mythiques – des « nymphes » (v. 10) et des « zephirs » (v. 13) – accompagnent, par le moyen de greffes traductives, ce chant « toujours plus fol, plus amoureux » (v. 6). Dans les *Mémoires pour la vie de Pétrarque* de Sade, la traduction n'est ainsi qu'une caisse de résonnance pour raconter, célébrer, voire amplifier, les harmonies idylliques et idéalisées du mythe pétrarquien.

Aragon reprend cet imaginaire géographique et diégétique, probablement à travers une lecture plus ou moins attentive de l'édition de Sade, mais notamment par le moyen des commentaires utilisés dans l'édition de Ginguené (1875). Il privilégie néanmoins la charge symbolique du texte-source, d'une part en jouant avec le langage métaphorique (cf. « amour soleil », v. 4), d'autre part, en valorisant sa

---

47 Jacques de SADE, *Œuvres choisies de François Pétrarque…* (1764), 3 vol., t. I, p. 215–216.

48 *Ibidem*, p. 217.

propre inspiration poétique et son expérience amoureuse. La traduction de « l'ore »
par « l'aure » (v. 9) précède, significativement, un vers qui semble cacher, parmi les
lézardes sonores de ses syllabes, le prénom de sa bien-aimée, Elsa : « **En la** ramure **Et**
les oiseaux **Et** l'eau » (v. 10). Comme l'on a déjà eu l'occasion de le remarquer, Laure
est toujours « *somebody ELSE* » pour Aragon, comme le rappelle ce jeu de mots placé
en exergue de ses traductions, et la géographie mythique pétrarquienne n'est pour
Aragon qu'un autre décor pour raconter ses propres errements, son propre « désert »
(v. 12), son propre imaginaire géographique. Le silence pétrarquien trouve ainsi un
écho, à plusieurs reprises, dans la poésie d'Aragon, comme dans sa « Plainte pour
le quatrième centenaire d'un amour » (1942), et notamment dans ces « chemins
déserts où nous passons » en même temps que « France et l'Amour les mêmes larmes
pleurent », et où « rien ne finit jamais par des chansons »[49]. Dans ce poème, Aragon
raconte – à travers l'histoire de la poétesse pétrarquiste Louise Labé et de son amant
Olivier de Magny – sa douleur pour la séparation de la patrie et de sa bien-aimée.
Il « voi[t] la Saône et le Rhône s'éprendre » (v. 21), allégories des deux amants, mais
« Lyon », qui est aussi l'une des destinations du voyage pétrarquien, « n'écoute pas
la Saône » (v. 36).

Si dans l'imaginaire aragonien Pétrarque devient un poète-patriote et Laure un
avatar d'Elsa, le geste traductif de Char révèle une adhésion inspirée par ses souvenirs
d'enfance tout en gardant un imaginaire à la fois poétique et politique. Char traduit
avec sa compagne, l'ethnologue et traductrice Tina Jolas (1929–1999)[50], seulement
deux poèmes de Pétrarque liés par des thèmes naturalistes, publiés en 1981 dans un
recueil de traductions intitulé *La Planche de vivre*[51] : *Rvf* 22ˢ, la première des sextines
des *Fragmenta*, et *Rvf* 176. Dans *Rvf* 22ˢ, les six mots-rimes de la sextine (*terre, soleil,*
jour, étoiles, forêt, aube) structurent la composition du poème et font allusion, d'après
Bettarini[52], aux cycles de la nature tout en mettant l'accent sur la tension entre lumière
et obscurité. Ces mots-rimes oscillent aussi entre la description de l'espace extérieur et
la symbolisation de l'intériorité du poète, entre « sensations naturelles » et « pulsions
de l'âme »[53].

---

49 Louis Aragon, *Les Yeux d'Elsa*, Paris, Pierre Seghers, 1942, « Plainte pour le quatrième centenaire
    d'un amour », v. 69–71.

50 Sur Jolas, voir Nicolas Adell, « "Une lampe dans la lumière aride". Tina Jolas (1929-1999),
    l'ethnologie malgré la poésie », *Fabula-LhT*, n° 21, « Anthropologie et Poésie », 2018 [*en*
    ligne : fabula.org]. Adell considère qu'« une partie du savoir ethnologique de Tina s'est
    probablement façonné dans le cadre de ces exercices de traduction » (*ibidem*, § 16). La relation
    entre Char et Jolas dura de 1957 jusqu'à la mort du poète en 1987.

51 Sur ce recueil, voir Danièle Leclair, « Planche de vivre (La) », dans Danièle Leclair et Patrick
    Née (dir.), *Dictionnaire René Char*, Paris, Garnier, 2015, p. 434–436.

52 Pétrarque, *Canzoniere*, 2 vol., éd. Bettarini, p. 96*n*.

53 Cf. « *sensazioni naturali* » et « *pulsioni dell'anima* », notre traduction, *ibidem*.

Le thème de la cyclicité de la nature s'incarne, chez Char, dans une poésie « héraclitéenne »[54] basculant entre le sentiment tragique de l'immanence et l'attente d'une « pluie de résurrection » (« D'un même lien », v. 12). Char se greffe aussi partiellement dans la tradition surréaliste – notamment d'après André Breton – des « vagabonds luni-solaires »[55] à travers une poésie dans laquelle, comme pour *Rvf* 22[s] et *Rvf* 176, la lumière et l'obscurité alternent et sont exprimées par des éléments naturels[56] :

Atome égaré, arbrisseau
Tu grandis, j'ai droit de parcours.
A l'enseigne du pré qui boit,
Peu instruits nous goûtions, enfants,
De pures clartés matinales.
L'amour qui prophétisa
Convie le feu à tout reprendre.
O fruit envolé de l'érable
Ton futur est un autrefois.
Tes ailes sont flammes défuntes,
Leur morfil amère rosée.
Vient la pluie de résurrection !
Nous vivons, nous, de ce loisir,
Lune et soleil, frein ou fouet,
Dans un ordre halluciné[57].

La poésie est pour Char une « connaissance productive du Réel »[58] (v. 1), elle « est donnée comme révélatrice d'une Réalité qui transcende les apparences »[59], l'« ordre halluciné » des formes immanentes (« D'un même lien », 1968, v. 15). D'une part, c'est une connaissance poétique, « obtenue par une sorte de commotion graduée de fortune » (v. 4), qui révèle « l'imbattable ordonnance qui préside en

---

54 Selon Marc Seguin, « la pensée de l'Éphésien est la "base", sinon le "sommet", de son œuvre de poète » (Marc Seguin, « René Char, poète héraclitéen », *Bulletin de l'Association Guillaume Budé*, n° 3, 1969, p. 333).

55 René Char, *Les matinaux* (1950), « Les Transparents », dans *Id.*, *Œuvres complètes*, introduction de Jean Roudaut, Paris, Gallimard, Bibliothèque de la Pléiade, 1983, p. 295. Sur ce poème, voir entre autres Christine Dupouy, « Les Transparents, du mythe au poème », *Revue d'histoire littéraire de la France*, 91e année, n° 1, 1991, p. 3–18.

56 Anne Gourio nous fait pourtant noter qu'il faut bien marquer la différence entre la poétique surréaliste (et surtout celle de Breton) qui pense le dépassement des contraires (sur le modèle hégélien) – la poésie est recherche du « point sublime » de réconciliation des contraires chez Breton – et celle de Char, qui maintient quant à lui l'altercation des contraires sans jamais atteindre une résolution des antagonismes. Cette différence marque le basculement du surréalisme à la poétique de Char, qui s'en affranchit au moment du conflit mondial : « à la lecture hégélienne de Breton, Char substitue une lecture nietzschéenne qui exalte la lutte au lieu de chercher la synthèse » (Olivier Belin, « Breton », dans Danièle Leclair et Patrick Née (dir.), *Dictionnaire René Char*, p. 109).

57 René Char, *Dans la pluie giboyeuse*, Paris, Gallimard, 1968, « D'un même lien », p. 5.

58 René Char, *Le Marteau sans maître*, « La connaissance productive du Réel », dans *Id.*, *Œuvres complètes*, p. 61.

59 Marc Seguin, « René Char, poète héraclitéen », p. 333.

géologie à la formation excentrique des îles » (v. 9), « en amour à l'obscurcissement de la volupté » (v. 9), « en métallurgie à l'épaulement des espaces » (v. 9). D'autre part, c'est une connaissance du réel, « aspirant vulnérable » (v. 2), qui nous initie enfin à une « réception vécue écourtée de la réalité » (v. 17).

La poésie est donc, dans l'imaginaire de Char, étroitement liée à la possibilité de générer et d'influencer de façon créative la réalité, l'action, la vie. Dans le numéro 168 de *La Nouvelle Revue française* (1966), Char préfigure – à partir d'une phrase d'Arthur Rimbaud[60] – une poésie qui « entraînera à vue l'action, se plaçant en avant d'elle » ; il la conçoit comme le « sur-cerveau de l'action, telle la pensée qui commande au corps de l'univers, comme l'imagination visionnaire fournit l'image de ce qui sera à l'esprit forgeur qui la sollicite »[61]. La poésie, « du fait de la parole même, est toujours mise par la pensée en avant de l'agir dont elle emmène le contenu en une course perpétuelle vie-mort-vie, tendue vers l'idéal du mieux » ; elle « est la loi » alors que l'action « demeure le phénomène » ; elle est « le mouvement suprême, mouvement pur ordonnant le mouvement général » ; elle « enseigne le pays en se décalant »[62]. Cet imaginaire spatial, à travers un dialogue constant et controversé entre monde intérieur et monde extérieur, revient quelques lignes plus loin dans une comparaison entre trois figures que Char nomme « trois notables », à savoir le philosophe, le poète et le physicien. Si le philosophe « pense et obtient le pays de sa pensée à partir d'une œuvre ou d'un concept déjà existant »[63], la parole poétique, en tant que forgerie du réel, constitue *ce par quoi* le poète peint son paysage intérieur et extérieur. Le poète fonde sa parole à partir d'un « état omnidirectionnel aussitôt digité » ; il la « soustrait à l'errance provinciale et l'élève au tableau universel »[64]. Quant au physicien, « ce qu'il modifie ou transpose, ce sont des lois graduées, tenues au secret dans la chair tractive des hommes » ; il ne peut que tirer sur « une cible d'âme » et « celle-ci apparaît à ses splendides yeux fermés tel un soleil réactualisé, un fleuve sans son terme d'océan »[65]. Char conclut ce bref texte par une question qu'on pourrait considérer rhétorique : « Lequel des trois aménagera l'espace conquis et les terrasses dévastées ? »[66].

Si le poète *aménage* l'espace (*conquis* par la conscience) et les terrasses (*dévastées* par les sentiments), le traducteur et la traductrice se limitent à enregistrer les images

---

60 La phrase mise en exergue par Char dans son intervention est tirée de l'une des « Lettres du Voyant » d'Arthur Rimbaud, plus précisément celle adressée à Paul Demeny (15 mai 1871) et révélée au public par Paterne Berrichon au début du XXe siècle dans *La Nouvelle Revue française* (tome VIII, 1912, p. 568–580) : cf. « La poésie ne rythmera plus l'action. Elle sera en avant » (*ibidem*, p. 574).

61 René CHAR, « Réponses interrogatives à une question de Martin Heidegger », *La Nouvelle Revue française*, n° 168, 1966, p. 962.

62 *Ibidem*, p. 963.

63 *Ibidem*, p. 965.

64 *Ibidem*.

65 *Ibidem*, p. 966.

66 *Ibidem*.

qui composent la complexité de cette cartographie de l'âme. Char et Jolas suivent ainsi le texte pétrarquien ou bien une traduction[67], de concept à concept, d'image à image, sans soucis stylistiques ou « de fidélité », mais plutôt avec l'attention d'un cartographe. Ce ne sont pas les reliefs de la syntaxe ou de la prosodie qui les intéressent, mais plutôt le relèvement de certains points de repère conceptuels pour cartographier une *terra incognita*, un espace inconnu à la conscience. Le respect pour la matière sémantique du texte-source relève donc de la prudence de l'explorateur et de l'exploratrice, plutôt que de la révérence du serviteur et de la servante. Le poète-traducteur et sa compagne explorent ainsi avec attention les espaces extérieurs des « bois sauvages et inhospitaliers » (*Rvf* 176, v. 1) et de l'« ombreuse forêt » (v. 13), comme les géographies intérieures de l'« Amour vif » (v. 4) et de la « solitaire horreur » (v. 12). Dans la traduction de *Rvf* 22^s, ils gardent avec précision toutes les images pétrarquiennes et les mots-rimes (*terre, soleil, jour, étoiles, forêt, aube*) sans aucune volonté d'interprétation ou de réécriture stylistique. Par ailleurs, on reconnaît facilement la marque de Char dans l'attention aux éléments naturels et concrets. Il y a dans le sonnet de Pétrarque un dire de la nature auquel le Char des années 1970 a dû être sensible, car les plantes et les animaux occupent une place majeure dans ses recueils à cette période.

Char cherche peut-être, dans les mythes et les *topoi* des *Fragmenta*, les réverbérations de sa propre conception philosophico-mystique du monde. Un entretien de 1966 (*Le Monde*, 28 mai, par Édith Mora) semble évoquer les derniers vers de *Rvf* 22^s que Char et Jolas traduisent par : « Mais je serai sous terre en l'aride forêt, / Et les jours iront, criblés d'infimes étoiles, / Avant qu'à une aube si douce ne touche le soleil » (v. 37–39). Lors de l'entretien, Char commente son recueil *Retour amont* (1966) en précisant qu'une « précise unité intérieure », dans le cadre d'une conception cyclique de la vie, a influencé la composition comme l'organisation des textes, et il ajoute : « Nous sommes dans un crépuscule où se prépare peut-être une aurore »[68]. Loin de n'être qu'un simple *topos* littéraire, cette poétique – que nous souhaitons nommer « du crépuscule » – exprime chez Char, comme l'a fait remarquer Pierre Chappuis, une « plongée dans les ténèbres » qui « répond à la volonté de forcer le mystère, fût-ce à la faveur de la moindre lueur »[69]. L'« unité intérieure » recherchée par Char procède ainsi de cette volonté de percer un mystère, de tracer les contours d'une obscurité chaotique qui se révèle, aux yeux

---

67 Danièle Leclair – que nous remercions pour ses conseils précieux – nous fait remarquer que malgré le sous-titre « traductions de René Char et de Tina Jolas », il ne s'agit pas vraiment de traductions originales d'après une édition italienne des *Rerum vulgarium fragmenta*. En effet, Char ne parlait aucune langue étrangère et pour ces traductions « sollicite plusieurs personnes mais, en fin de compte, c'est avec T. Jolas qu'il réalisera cet ouvrage, partant de traductions déjà existantes » [Danièle Leclair, « Planche de vivre (La) », p. 434–435]. Cependant, cela n'apparaît pas dans la bibliographie en fin de volume qui ne cite qu'une publication italienne pour Pétrarque. La version française utilisée n'est donc pas connue.

68 Édith Mora, « René Char commente son "Retour amont" », *Le Monde*, 28 mai 1966 [*en ligne* : lemonde.fr/archives].

69 Pierre Chappuis, « L'itinéraire poétique de René Char », *Liberté*, vol. 10, n° 4, 1968, p. 30.

du poète, sous un double visage : d'une part, « au regard du "mystère de vivre" », de l'autre, « au regard de l'action »[70]. L'obscurité peut donc devenir une « réserve de significations »[71] et, par conséquent, une « obscurité salutaire, à la fois bienfaisante et salvatrice »[72]. L'« unité intérieure » de la poésie de Char se construit précisément à partir de cette « réserve de significations », c'est-à-dire autour d'une constellation de concepts – d'une « Parole en archipel »[73] – aidant le poète à cartographier le « mystère de vivre », à travers un procédé conceptuel qui rappelle la composition de la célèbre sextine 22 de Pétrarque.

Le choix même de cette sextine atteste l'intérêt particulier de Char pour cette forme poétique. Le vers 24 de *Rvf* 22[s] est en fait un hommage pétrarquien à une sextine d'Arnault Daniel (« *Lo ferm voler qu'el cor m'intra* », ca. XIIe s.), inventeur du mètre : « *lo mio fermo desir vien dalle stelle* » (v. 24) que Char et Jolas traduisent par « Mon dur désir vient des étoiles ». En choisissant *Rvf* 22 et 176, Char et Jolas semblent enfin mettre en relief, d'abord, un double mouvement poétique qui est aussi une double référence à l'espace linguistique franco-italien (de Daniel à Pétrarque) et vice-versa à l'imaginaire géographique pétrarquien (de l'Italie à la France). La géographie littéraire pétrarquienne se confond, en outre, avec l'expérience vécue du poète et du soldat, avec les mémoires de l'enfance et la mélancolie que lui inspire sa ville natale de l'Isle-sur-la-Sorgue, à proximité de la Fontaine de Vaucluse. Sans doute, Char considère Pétrarque comme un « voisin » dans un espace à la fois géographique, littéraire et existentiel. Comme le suggère Olivier Belin[74], il est fort intéressant que Char ait traduit avec Jolas un poème lié à un voyage de Pétrarque dans les Ardennes. On y verrait volontiers ici notre poète-traducteur se retrouver dans une opposition nord/sud, à la fois géographique et symbolique. Le nord de la France, pour Char, c'est aussi l'espace des Vosges, de leurs montagnes, de leurs forêts, et de l'hiver 1939–1940 passé dans le froid à attendre l'ennemi nazi, après une année d'idylle avec Greta Knutson en 1938–1939, dans la lumière méridionale. A-t-il retrouvé sa « provençalité » dans le trajet et les sentiments de Pétrarque ?

Comme l'a montré Xavier Ravier, la « provençalité » de Char s'organise autour d'éléments onomastiques qui, « en constellations significatives, entrent dans des

---

70 Laure MICHEL, « Obscurité de René Char », *Études littéraires*, vol. 47, n° 3, 2016, p. 56.

71 Éric MARTY, *René Char*, Paris, Seuil, 1990, p. 139.

72 Laure MICHEL, « Obscurité de René Char », p. 56.

73 C'est le titre d'un recueil de Char : *La Parole en archipel* (Paris, Gallimard, 1962). Selon Denis Rochat, « la "parole en archipel", cette parole fragmentée si caractéristique de la poésie de René Char, est une parole où la voix et l'écriture, comme le sujet et l'objet aimé, ne cessent de s'attirer et de s'opposer entre ces pôles du désir que sont la présence et l'absence » (p. 47) ; la parole en archipel échappe ainsi « au morcellement du discours, à l'amenuisement de la voix et à la disparition du sujet parlant » (p. 56) (Denis ROCHAT, « "Lettera amorosa" de René Char, ou la lecture en archipel », *Modern Language Studies*, vol. 22, n° 1, 1992, p. 47–56). On rappelle que le recueil *Lettera amorosa* (1953) fut l'objet d'une exposition de Georges Braque et René Char donnée à la maison de Pétrarque, à Fontaine-de-Vaucluse, en août et septembre 1986.

74 Nous remercions Olivier Belin pour sa générosité, ses conseils et l'attention qu'il a consacrée à ces pages.

structures de discours très représentatives de la manière du poète »[75]. Le paysage acquiert « une valeur autre que celle conférée à un donné statique »[76]. Selon Jean Roudaut, l'énumération des lieux dans la poésie de Char a d'une part une expressivité anthropologique en ce que les lieux représentent « les êtres qui l'habitent, en leurs tâches et leurs gestes »[77]. D'autre part, la géographie réelle se charge d'une valeur existentielle jusqu'à devenir récit de soi et « géographie mythique » :

> Thouzon, ou Maussane, qui est peut-être l'anagramme de Saumanes puisqu'il s'agit des seigneurs de Maussane (qui furent les Sade). Ces noms désignent des lieux suffisamment étendus pour garder, auprès du lecteur qui ne connaît pas le Vaucluse, une valeur magique, et faire, pour qui le connaît, de la géographie locale une géographie mythique. Si le paysage fut indispensable à la naissance du poème, le poème ne lui est jamais réductible[78].

Ainsi, la fontaine de Vaucluse devient chez Char « la plaie chimérique de Vaucluse »[79], la rivière de la Sorgue une « fleur vallonnée d'un secret continu »[80] – une définition, cette dernière, dans laquelle on peut facilement reconnaître les échos de *Rvf* 126[c] et du *Secretum*. Ce « noyau initial »[81] de l'imaginaire géographique charien se construit d'abord autour de l'Isle-sur-Sorgue en Vaucluse et de la rivière qui la traverse, les lieux de son enfance chargés d'affectivité et de mémoire.

> J'avais dix ans. La Sorgue m'enchâssait. Le soleil chantait les heures sur le sage cadran des eaux. L'insouciance et la douleur avaient scellé le coq de fer sur le toit des maisons et se supportaient ensemble. Mais quelle roue dans le cœur de l'enfant aux aguets tournait plus fort, tournait plus vite que celle du moulin dans son incendie blanc[82].

Les géographies pétrarquiennes deviennent pour Char des « lieux matriciels »[83], à la fois espaces de la mémoire et de la poésie. Les alentours de l'Isle-sur-Sorgue représentent notamment pour lui, comme le fait remarquer Anne Gourio, « l'harmonie naturelle, la générosité des éléments, la concorde civile, la simplicité et douceur de vie »[84]. Char puise peut-être cet imaginaire pétrarquien, non pas dans les œuvres de Sade, mais dans des ouvrages comme ceux de Joseph Guérin (1813)

---

75 Xavier Ravier, « René Char et la provençalité », *Littératures*, n° 35, 1996, p. 219. Voir aussi Xavier Ravier, « René Char : le poème et le lieu », *Nouvelle revue d'onomastique*, n° 54, 2012, p. 275–290.

76 *Ibidem*, p. 219

77 Jean Roudaut, « Introduction », dans René Char, *Œuvres complètes*, p. XXXI.

78 *Ibidem*.

79 René Char, *Retour amont* (1966), « Tracé sur le gouffre », dans *Id.*, *Œuvres complètes*, p. 423.

80 René Char, *La Sorgue. Chanson pour Yvonne*, « Fureur et mystère (La Fontaine narrative) », dans *Id.*, *Œuvres complètes*, p. 274.

81 Xavier Ravier, « René Char et la provençalité », p. 220.

82 René Char, *Commune présence* (1964), « Déclarer son nom », dans *Id.*, *Œuvres complètes*, p. 401.

83 Anne Gourio, « Pétrarque », dans Danièle Leclair et Patrick Née (dir.), *Dictionnaire René Char*, p. 424.

84 *Ibidem*.

ou de Jean Saint-Martin (1891), auxquels il emprunte une traduction anonyme d'après les épîtres de Pétrarque (*Fam.*, XVI.6) pour la placer en épigraphe de sa pièce *Soleil des eaux* (1949)[85] : cf. « À Vaucluse, l'air est sain, les vents tempérés, les sources claires, la rivière poissonneuse »[86]. Comme le remarque Gourio[87], cette épigraphe se charge d'une symbolique toute particulière dès lors que l'on songe à l'influence de l'imaginaire vauclusien dans l'expérience personnelle du poète-soldat. Chez Pétrarque, Vaucluse joue le rôle de protagoniste dans la « construction mythopoétique de Laure » et dans « l'auto-mythographie pétrarquienne »[88], elle est « l'espace du "je" lyrique, lieu symbolique de la création poétique toujours évoqué par une topographie qui n'a pas besoin de se transfigurer pour devenir topographie de l'âme »[89]. Vaucluse s'oppose aussi à un autre espace, la ville d'Avignon, qui est en revanche un « mythe polémique »[90] chez Pétrarque, emblème et berceau de tous les vices[91] dans le sillon de Dante (*Inf.*, XIX, v. 106 et *passim*), et qui joue le rôle d'« impie Babylone » dans les sonnets dits « Babyloniens »[92], mais aussi de *civitas diaboli* ou de lieu de l'exil[93]. L'opposition de ces deux espaces à la fois géographiques et symboliques nous révèle enfin aussi toute la complexité de la relation que Pétrarque

---

85 René Char, *Le soleil des eaux : spectacle pour une toile de pêcheurs*, Paris, Gallimard, 1949.

86 Voir : Joseph Guérin, *Description de la Fontaine de Vaucluse*, Avignon, Chez Fr. Séguin ainé, Imprim.-Libraire, 1813, p. 99 ; Jean Saint-Martin, *La Fontaine de Vaucluse et ses souvenirs*, Paris, Librairie Générale de L. Sauvaitre, 1891, p. 109.

87 Anne Gourio, « Pétrarque », p. 423–425.

88 Notre traduction, cf. « *costruzione mitopoietica di Laura* » et « *automitografia petrarchesca* » [Floriana Calitti, « Valchiusa *locus locorum* », dans Siriana Sgavicchia (dir.), *Spazi, geografie, testi*, Roma, Bulzoni, 2003, p. 11].

89 Notre traduction, cf. « *lo spazio dell'io lirico, luogo simbolico della creazione poetica sempre richiamata da una topografia reale che non aveva bisogno di trasfigurarsi per divenire topografia dell'anima* » (Floriana Calitti, « Valchiusa *locus locorum* », p. 26).

90 Voir entre autres Emilio Pasquini, « Il mito polemico di Avignone nei poeti italiani del Trecento », dans *Aspetti culturali della società italiana nel periodo del papato avignonese. Atti del convegno del Centro di studi sulla spiritualità medievale (Todi, 15–18 ottobre 1978)*, Todi, Accademia Tudertina, 1981, p. 259–309.

91 Romana Brovia, « Città », dans Romana Brovia et Luca Marcozzi (dir.), *Lessico critico petrarchesco*, p. 83–94. À propos de cette thématique, on ne peut que renvoyer aussi aux nombreuses descriptions d'Avignon dans les invectives des *Sine nomine*. Pour une comparaison approfondie entre les *Sine nomine* et les sonnets « Babyloniens », voir Marina Gagliano, « La polemica antiavignonese di Petrarca », dans Elisa Brilli, Laura Fenelli et Gerhard Wolf (dir.), *Images and words in exile. Avignon and Italy during the first half of the 14th century*, Florence, SISMEL, p. 209–221.

92 Pour une brève description de la tradition critique établie autour des sonnets « Babyloniens », ainsi que pour une analyse textuelle approfondie, voir entre autres Marco Berisso, « "Già Roma, or Babilonia" (appunti su *Rerum vulgarium fragmenta* CXXXVI-CXXXVIII) », *Per leggere. I generi della letteratura*, vol. XI, n° 21, 2011, p. 7–24.

93 Luca Marcozzi, « Petrarca e l'esilio nel tempo », dans Elisa Brilli, Laura Fenelli et Gerhard Wolf (dir.), *Images and words in exile…*, p. 223–237. Sur la catégorie historiographique de l'exil et sur son rapport avec l'imaginaire avignonais, voir l'excellente introduction de Brilli dans le même volume (*ibidem*, p. XIII–XXXIV).

entretient avec l'espace urbanisé et la nature[94]. Comme Vaucluse pour Pétrarque, le village de pêcheurs de Saint-Laurent dans sa pièce inspirée de la Résistance (*Soleil des eaux*, 1949) devient pour Char un « un refuge de paix et une société idéale »[95].

Le noyau géographico-poétique de Vaucluse se prolonge ensuite dans d'autres descriptions qui le relient toujours aux lieux pétrarquiens, parmi lesquelles il est intéressant de mentionner celle de la portion du bassin de la Durance le plus proche du Rhône dans les alentours d'Avignon. C'est dans cette contrée ainsi délimitée que Char « eut l'occasion d'associer son expérience de poète à celle de combattant de la Résistance, conjonction exemplaire »[96] à laquelle nous devons les *Feuillets d'Hypnos* (1946) et un renouvellement de l'usage du mythe dans sa poésie. Comme l'a fait remarquer Dupouy à ce sujet, « l'expression de la volonté mythique chez René Char coïncide avec la rupture marquée par la guerre dans son écriture »[97]. Pendant la clandestinité, par exemple, il emploie le pseudonyme de « Capitaine Alexandre », alors qu'« Hypnos » et le mythe Orion deviennent ses doubles poétiques ainsi que des figures mythiques centrales dans ses œuvres.

Les deux traductions d'après les *Fragmenta* pourraient ainsi être considérées comme l'un des legs de son testament littéraire. Publiées dans *La Planche de vivre* (1981), elles sont les seules poésies italiennes dans ce vaste florilège de traductions d'après Raimbaut de Vaqueiras, Lope de Vega, Shakespeare, Blake, Shelley, Keats, Emily Brontë, Emily Dickinson, Tioutchev, Goumilev, Anna Akhmatova, Pasternak, Mandelstam, Maïakovski, Marina Tsvétaeva et Hernandez[98]. Char rend ainsi hommage à un lignage d'auteurs et autrices qui l'ont accompagné tout au long de son parcours existentiel et poétique, avant de publier ses deux derniers recueils : *Les Voisinages de Van Gogh* (1983) et *Éloge d'une Soupçonnée*, paru de manière posthume à la fin de mai 1988, juste après sa mort le 19 février de la même année. Dans les toutes premières pages de ce dernier recueil, on peut lire le poème « Riche de larmes ». Char y écrit qu'il faut faire « vite, il faut semer, vite, il faut greffer, tel le réclame cette grande Bringue, la Nature », il y célèbre en même temps « la brusque alliance de l'âme avec des mots en butte à leurs ennemis ». Son voyage poétique se termine ainsi par une « géographie des larmes » chargée d'un sentiment spirituel et tragique, avec un regard mystique vers l'Absolu, mais aussi un regard tragique envers la condition humaine : après « le dépliement sous l'écorce » et la

---

94 Riccardo RAIMODO, « La natura e il sacro : Valchiusa contro Babilonia nel Canzoniere di Petrarca », *passim*.

95 Anne GOURIO, « Pétrarque », p. 424.

96 Xavier RAVIER, « René Char et la provençalité », p. 220.

97 Christine DUPOUY, « Les Transparents, du mythe au poème », p. 5.

98 Anne Gourio, que nous remercions pour ses conseils précieux, nous fait remarquer que ces poètes (et ces traductions) constituent pour Char un recours dans les décennies sombres de sa vie : ils et elles sont une « planche de vivre » (telle la « planche du naufragé » à laquelle notre poète-traducteur se raccroche).

« cassure dans la branche », après que « cette souffrance a duré toute ma vie », il s'apprête à constater que « cette levée d'écrou n'est qu'un passage »[99].

Les *Fragmenta* de Pétrarque irradient les constellations de l'imaginaire géographique et mythique de Char tout au long de sa vie à travers un voyage qui l'amène toujours vers la Vaucluse de son enfance et les lieux de la Résistance, à travers une représentation de la Nature qui est à la fois espace mystique de l'âme et champ de bataille dans lequel se déroule la lutte éternelle des opposés. Cette tension spirituelle archétypale, originaire, entre ciel et terre, influence toute sa « géographie des larmes » et, de manière plus ou moins avouée, plus ou moins transparente, semble toujours apaiser sa soif aux eaux de la même Fontaine : « bien que je sois corps mortel et de terre, / Mon dur désir vient des étoiles » (Char et Jolas, *Rvf* 22ˢ, v. 23–24).

Les géographies du Canzoniere, en tant qu'espaces mythiques et non seulement topographiques, expriment, à travers les traductions des *Fragmenta*, tout le potentiel littéraire de l'un des thèmes littéraires les plus fertiles, la Nature. Ses représentations sont des propulseurs d'imaginaires, des viviers de production imaginale, mais aussi des lieux de la mémoire, biographique et littéraire, individuelle et collective : « Rarement le silence, la solitaire horreur / d'une ombreuse forêt à ce point [nous] enchanta » (Char et Jolas, *Rvf* 176, v. 12–13).

La « règle » de la chambre noire

Tel « le soleil qui éblouit quand on le fixe » (*Rvf* 48)[100], le mythe semble se fixer dans le texte traduit par un processus qui implique à la fois un travail langagier et un *labor* de la conscience. Les traducteurs·trices, plus ou moins conscient·e·s de ce processus, peuvent se laisser fasciner, voire dépasser, par la charge symbolique du texte, ou encore ils/elles peuvent l'analyser et la traduire consciemment comme un objet d'étude psycho-poétique.

D'un côté, le pouvoir numineux du mythe semble ainsi survivre à l'épreuve de la traduction, de l'autre vaut la « règle » de la chambre noire envisagée par Giacomo Leopardi, par laquelle

> [...] *l'effetto di una scrittura in lingua straniera sull'animo nostro, è come l'effetto delle prospettive ripetute e vedute nella camera oscura, le quali tanto possono essere distinte e corrispondere veramente agli oggetti e prospettive reali, quanto la camera oscura è adattata a renderle con esattezza ; sicchè tutto l'effetto dipende dalla camera oscura piuttosto che dall'oggetto reale.*

> [...] l'effet produit sur notre esprit par un texte écrit en langue étrangère est pareil à l'effet des perspectives restituées et perçues dans une chambre noire, qui ne peuvent être distinctes et correspondre véritablement aux objets et donc aux perspectives que dans la

---

99 René CHAR, *Éloge d'une Soupçonnée*, Paris, Gallimard, 1988, p. 5.
100 Trad. de *Rvf* 48 par Gérard Genot dans son *Chansonnier* (2009).

mesure où la chambre noire est équipée pour les rendre avec exactitude ; et l'effet tout entier dépendra de la chambre noire plus que de l'objet réel[101].

La traduction du mythe semble bien répondre à cette « règle » qui décrit en somme un « processus d'impression et fixation » par lequel plusieurs phénomènes sont possibles, « l'obliquité, l'anamorphose, le renversement de perspective, le retournement »[102] – comme le remarque Antonio Prete.

Le mythe est cette matière instable et stable au même temps, cette dimension qui transcende le langage conventionnel par sa charge symbolique, mais qui en même temps le pénètre et provoque en lui des éclatements du sens comme de la forme.

---

101 Giacomo Leopardi, *Zibaldone* (963, 20–22 avril 1821) ; nous citons ici le passage d'après les éditions de référence : Giacomo Leopardi, *Zibaldone*, éd. Rolando Damiani, Milan, Arnoldo Mondadori Editore, 1997, p. 695 ; rééd. *Zibaldone*, traduction française par Bertrand Schefer, Paris, Allia, 2003, p. 474.

102 Antonio Prete, *All'ombra dell'altra lingua…*, p. 18–19 (notre traduction).

Chapitre VIII

Vagues d'imaginaires (XVIe–XXIe s.)

Diagrammes et tableaux récapitulatifs

La troisième partie de cette étude a démontré qu'il existe une certaine cohérence dans la transmission des traditions traductionnelles et dans les imaginaires qui les ont influencées. De véritables « vagues d'imaginaires » parcourent l'histoire de la traduction des *Fragmenta* et engendrent des modèles de transmissions qui tendent à se figer autours de certaines caractéristiques.

On peut tenter de donner une vision synthétique de la constitution et de l'évolution des imaginaires au moyen d'un tableau récapitulatif dans lequel on compare les traducteurs de notre Corpus principal avec une sélection des traducteurs·trices parmi les plus représentatifs·ves du Corpus annexe, auxquels·les on a consacré une attention particulière. On montre ce tableau ci-dessous toujours en utilisant des mots clés faisant référence aux caractéristiques principales de chaque projet traductionnel.

		CORPUS PRINCIPAL (XVIᴇ-XVIIᴇ s.)							
		MAROT (1534–1539 c.)	PELETIER (1547)	PHILIEUL (1548–1555)	BAÏF (1555–1587 c.)	DU TRONCHET (1572)	D'AVOST (1584)	MALDEGHEM (1606)	CATANUSI (1669)
Imaginaires des traducteurs·trices	**Moralisant**	Poésie anti-érotique				Dolorisme repentance, métanoïa			
	Passionnel		Savoirs médicaux et ésotériques		Sensualité élégante	Tendresse	Thèmes érotiques		
	Narratif			Anecdotes, mythes, thèmes		Récit d'amour		Récit biographique	« Pieces choi_ies »
Imaginaires du traduire	**Ludique**					Genres divers, anagrammes		Contraintes formelles	
	Pédagogique						*Lectio facilior*, texte en regard		Prose facile, _exte en regar_
	Philologique						« Doctes expositions »	Variété des sources	
	Transparence								Prose faci__, « pensée __ l'auteur _
Imaginaires culturels	**Spirituel**	Évangélisme	Catholicisme, néo-platonisme		Néo-platonisme	Christianisme pénitentiel			
	Politique	*Translatio imperii*		Mariage *françoy*-florentin			« Françoiser »	Projet transnational	
	Mondain	Courtisanerie		Aspirations courtisanes			« Françoiser »		« Naturaliz_r »

→ On met entre guillemets les termes employés par les traducteurs·trices.

		Sade (1764)	Ginguené (1811–1875)	Lafond (1858)	Gramont (1842)	Montesquiou (1842)	Mahul (1847)	Lamartine (1858)	Poulenc (1877)	Glomeau (1920)	Aragon (1947–2007)	Genot (1969–2009)	Blanc (1989)	Masson (1999–2004)	Bonnefoy (2001)
Imaginaires des traducteurs·trices	**Moralisant**							« Amour des âmes »						« Saisie de l'Idée »	
	Passionnel						Sensualité, intimisme, sentimentalité	Identification biographique, thèmes							« Pulsion érotique »
	Narratif	Topographie, mythes, thèmes	Récit d'amour, anecdotes, mythes, thèmes	Récit d'amour, anecdotes, mythes, thèmes	Récit d'amour, anecdotes, mythes, thèmes	Pétrarque national		Récit d'amour, anecdotes, mythes, thèmes	Récit d'amour, mythes, thèmes, *concetti*	Anecdotes, thèmes	Identification biographique	Thèmes	Mythocritique, psycho-poétique		
Imaginaires du traduire	**Ludique**					Traduction créative					Contraintes formelles, paratexte ludique				
	Pédagogique			Exégèse, paratexte, mythocritique				*Cours familier de littérature*	Exégèse, paratexte, mythocritique			« Calquer vers par vers », texte en regard		Revenir au texte original	
	Philologique	Variété des sources	Variété des sources				Variété des sources					Variété des sources	Variété des sources	Histoire des traductions	
	Transparence				Prose poétique					Prose facile		Transposition sémantique			
Imaginaires culturels	**Spirituel**	Catholicisme						Christianisme, Métaphysique et néo-platonisme					Métaphysique, néo-platonisme, « Mystique »	Christianisme, métaphysique, néo-platonisme	Métaphysique, néo-platonisme, athéisme
	Politique			Pétrarque national	Pétrarque national	Pétrarque national	Pétrarque local	Pétrarque national	Pétrarque local		Pétrarque local, poésie de la Résistance				
	Mondain	Vulgarisation						*Cours familier de littérature*		Grand public		Vulgarisation			

→ On met entre guillemets les termes employés par les traducteurs·trices.

On peut suggérer plusieurs pistes de réflexion concernant l'histoire globale des imaginaires de la traduction des *Fragmenta*. À la variété des imaginaires culturels correspond un éclatement des imaginaires de la traduction. Bien que limités, ils relèvent d'approches parfois très diverses qui nous donnent des indices sur la subjectivité de chaque traducteur·trice et sur les particularités de chaque projet traductionnel. Certains imaginaires vantent un grand succès, d'autres semblent concerner un seul projet traductionnel. Si l'on compare le diagramme 1 (décrivant le Corpus principal) avec le diagramme 2 (décrivant une sélection du Corpus annexe), on peut identifier, ci-dessous, certains axes d'évolutions et de déclinaisons des imaginaires tout au long de l'histoire. Pour faciliter la visualisation des diagrammes, on a simplifié et regroupé certaines catégories se ramifiant à partir des branches principales.

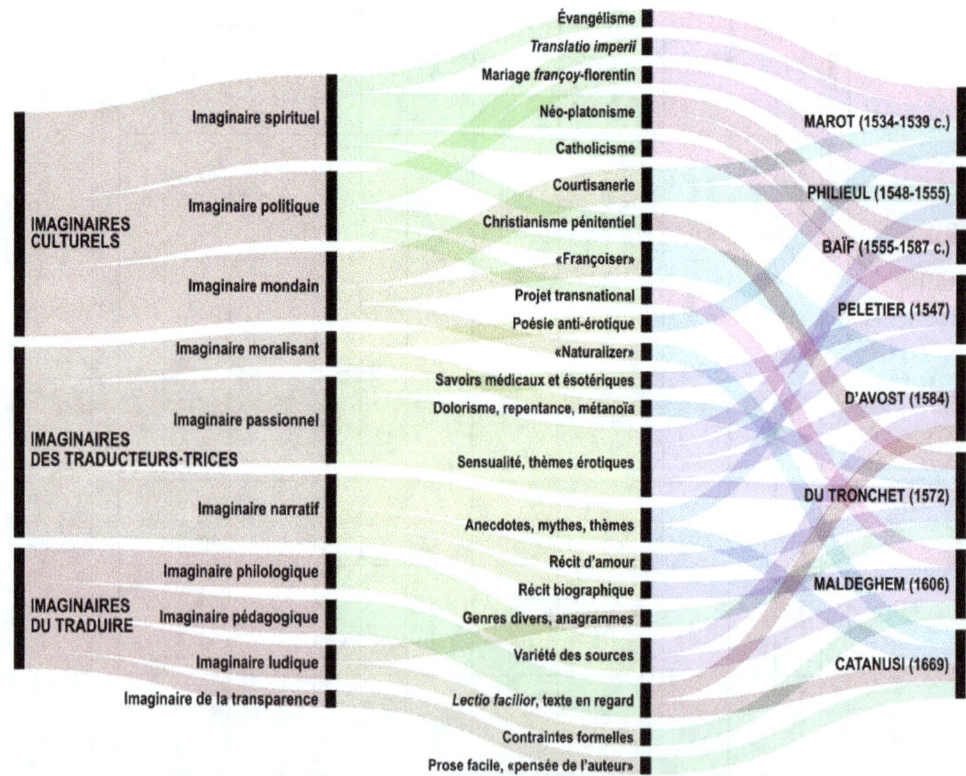

Diagramme 1. Corpus principal. On met entre guillemets les termes employés par les traducteurs·trices (réalisé grâce à *RAWGraph* et personnalisé au moyen de *Inkscape*).

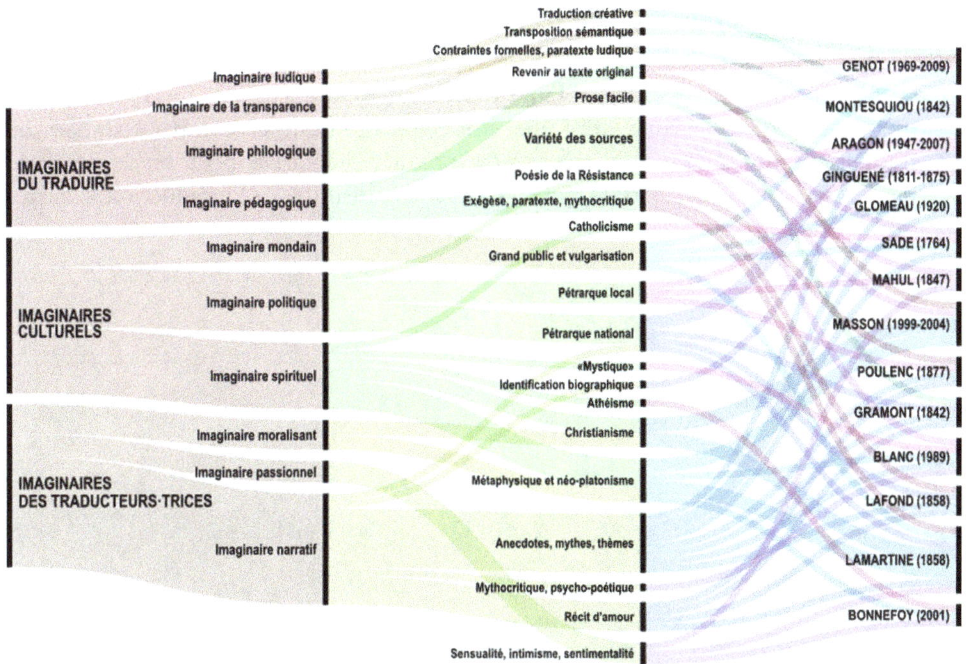

Diagramme 2. Corpus annexe. On met entre guillemets les termes employés par les traducteurs·trices (réalisé grâce à *RAWGraph* et personnalisé au moyen de *Inkscape*).

On peut d'abord observer que les imaginaires du Corpus principal présentent une proportionnalité plus forte que ceux du Corpus annexe. Dans le diagramme 2, on remarque en fait une importante expansion des imaginaires narratifs, philologiques et politiques. Ainsi, l'imaginaire moralisant disparaît presque entièrement après les premiers traducteurs de la Renaissance (cf. diagramme 1) – seuls Lamartine et Masson semblent en recevoir l'influence (cf. diagramme 2). On note aussi l'importance aux XIXe et XXIe siècles d'un ancrage national ou local de Pétrarque (cf. Imaginaire politique) : il s'agit d'un imaginaire géographique et politique trouvant ses racines dans les XVIe et XVIIe siècles. Cet imaginaire – réactivé au XXe siècle, par exemple, par les poètes liés à la Résistance en Provence, comme Aragon et Char – se nourrit d'une tradition traductionnelle et transnationale beaucoup plus ancienne. L'imaginaire spirituel présente de nouvelles catégories, comme l'« Athéisme » pour Bonnefoy, la « Métaphysique » pour Masson, Lamartine et Blanc, ou encore la « Mystique » que Blanc utilise comme notion fondatrice pour relire l'œuvre de Pétrarque au prisme d'une « psycho-poétique ».

Certains imaginaires cheminent régulièrement de concert, car ils semblent partager une certaine compatibilité, comme par exemple l'imaginaire narratif et l'imaginaire philologique. La diffusion et la multiplication des sources engendrent un vaste éventail de déclinaisons pour ces imaginaires dans le diagramme 2, témoignant du fait que les traducteurs·trices sont avisé·e·s quant aux développements de la philologie, de la psychologie et de la mythanalyse.

Ces diagrammes montrent l'une des possibles applications de la théorie des imaginaires dans le contexte d'une étude diachronique et comparatiste sur les traductions des *Fragmenta*, mais cette première tentative peut servir aussi de modèle pour d'autres sujets de recherche, d'autres histoires de la traduction, d'autres histoires des imaginaires.

Conclusion(s)

Enjeux de la recherche

Grâce aux outils méthodologiques proposés, nous avons voulu répondre d'abord à plusieurs questions d'ordre général concernant l'histoire des traductions françaises des *Fragmenta* : comment les traductions des mêmes textes changent-elles diachroniquement ? Comment Pétrarque est-il interprété et traduit tout au long de l'histoire ? Quelles sont les manières d'*écrire Pétrarque*[1] ? Comment les traductions peuvent-elles nous aider à sonder les processus du *laboratoire*[2] de la langue pétrarquisante ? Comment les traducteurs·trices s'affrontent-ils/elles ou dialoguent-ils/elles avec d'autres traducteurs·trices ou d'autres traditions littéraires ?

Notre projet – ainsi ciblé sur l'analyse des traductions et des conceptions du traduire au fil de l'histoire – a posé, de plus, nombre de questions plus ponctuelles.

Premièrement, celle du texte. *Que* traduit-on *?* On n'a pas toujours eu la possibilité de repérer le texte-source utilisé par chaque traducteur·trice. Les limites entre philologie et herméneutique s'amincissent[3] alors et la traductologie doit se confronter à de nouveaux enjeux : seules des éditions scientifiques, des recherches historiques et des hypothèses peuvent nous aider à relever ce défi. Comme on l'a déjà rappelé, ce constat nous a poussé à exclure de notre corpus les *Triumphi*. La question du statut du texte-source concerne aussi les choix anthologiques opérés dans les traductions partielles ou bien l'ordre des poèmes dans les traductions complètes comme dans les florilèges : la composition du macrotexte relève d'une interprétation de l'œuvre ainsi que d'une confluence de plusieurs imaginaires.

---

1 L'expression est de Lecercle qui, dans une réflexion sur le *texte* comme *langue*, parle du pétrarquisme comme étant « une poésie de la grammaire qui ne répond pas seulement à un besoin d'illustrer la langue », il *est* aussi une langue ou, tout au moins, « une des formes les plus concentrées de "méta-littérature", affirmant d'un seul mouvement la dignité de la langue vulgaire et la légitimité de l'exercice littéraire » (François LECERCLE, « Le texte comme langue : cicéronianisme et pétrarquisme », *Littérature*, n° 55, 1984, *La Farcissure. Intertextualités au XVI⁰ siècle*, p. 52–53). Il nous semble qu'Andrea Afribo a donné des réponses intéressantes à cette question dans son ouvrage *Petrarca e il petrarchismo. Capitoli di lingua, stile e metrica* (Rome, Carocci, 2009).

2 Nous parlons d'un *laboratoire* de la langue ou d'une *fabrique* de la langue, en pensant à l'ouvrage de Lise Gauvin (*La Fabrique de la langue*, Paris, Seuil, 2004), où elle s'interroge sur les relations entre les textes et leurs langues, et entre les textes et d'autres langues.

3 Teodolinda BAROLINI, « Petrarch at the Crossroads of Hermeneutic and Philology », dans Teodolinda BAROLINI et H. Wayne STOREY (dir.), *Petrarch and the Textual Origins of Interpretation*, Leiden/Boston, Brill, 2007, p. 21–44.

Deuxièmement, nous avons essayé de comprendre dans quelle mesure l'appareil exégétique et paratextuel, accompagnant souvent les textes-sources, conditionne la psyché[4] des traducteurs-trices, leurs imaginaires, et par conséquent le processus traductif. Il s'agit d'une problématique vaste si l'on tient compte par exemple des nombreux commentaires qui ont accompagné les éditions des *Rerum vulgarium fragmenta*. Cette dynamique fonctionne aussi dans l'autre sens : les paratextes des traductions peuvent nous donner des indications sur la subjectivité des traducteurs-trices, sur leurs interprétations et influences. C'est dans ce contexte qu'une réflexion sur l'imaginaire s'est révélée particulièrement féconde et que nos outils critiques et nos recherches historiques ont été mis à l'épreuve de cette notion.

Troisièmement, une question méthodologique a surgi des méandres de l'histoire : comment pouvons-nous organiser notre étude dans une perspective diachronique cohérente et fructueuse ? Il a été question de réaliser une histoire interdisciplinaire des traductions, tout en lui reconnaissant une certaine autonomie par rapport aux autres historiographies. À cet égard, deux risques se sont présentés : (*a*) réduire l'histoire des traductions à une liste de « profils » de traducteurs-trices ; (*b*) noyer un domaine vaste, dense et spécifique (tel que la traductologie) dans la mer d'un autre domaine plus général comme l'histoire de la langue ou l'histoire de la littérature. Tel est le noyau autour duquel s'est articulée notre recherche.

La démarche transtextuelle que nous avons envisagée s'est fondée ainsi sur une analyse comparée des traductions, mais aussi sur certains aspects liés à la théorie de la réception. Cette étude s'inscrit dans une démarche interdisciplinaire que nous souhaitons qualifier de *dynamique*[5]. Si l'on voulait donner une définition linguistique, on pourrait dire que notre approche vise à analyser des processus traductionnels non seulement entre textes-sources et textes-cibles (*statiques*), mais également à travers d'autres textes et savoirs (*dynamiques*).

L'idée de cette démarche est d'abord née d'un simple constat vis-à-vis de la recherche sur la théorie de la réception, l'histoire de la poétique et la mythocritique (ou mythanalyse) : les problèmes liés à la traduction et au transfert linguistique y sont souvent négligés. En revanche, nous pouvons constater que les mythes, les thèmes, les types, les genres, etc., sont influencés, et même radicalement, par un processus concernant un travail traductif[6]. Dans cette perspective, l'étude

---

4   Il s'agit d'une idée d'Antoine Berman, notamment par rapport à sa réflexion sur la *liberté* des traducteurs-trices (Antoine BERMAN, *Pour une critique des traductions…*, p. 47*n*).

5   Blanc a parlé d'une *dynamique Pétrarque* – qui « sous-tend la tradition pétrarquiste en Europe » – dans son introduction intitulée « La tradition pétrarquiste », dans Pierre BLANC (dir.), *Pétrarque en Europe XIV–XXe siècles…*, p. 8.

6   Si l'on voulait repérer des instruments théoriques sur la traduction des mythes, des thèmes, des archétypes, on aurait affaire à un domaine très vaste et nébuleux. Nous nous limitons ici à citer une synthèse efficace sur la pensée de Jesi, qui a abordé la question d'une façon détaillée : Andrea CAVALLETTI, « Traduzione e mitologia », *Nuova corrente*, n° 143, 2009, p. 163–173. D'autres travaux qui nous ont inspiré et qui se révèlent très pertinents dans ce contexte sont sûrement les études de Naïs et de Bellati sur la traduction des thèmes et des motifs dans les traductions de Vasquin Philieul. On rappelle par commodité : Giovanna BELLATI, « Un phénomène de "cristallisation" dans la

comparée des traductions devrait être liée à toute recherche littéraire, au-delà des champs d'enquête traditionnels que sont la traductologie et l'histoire des traductions. En effet, la manière de traduire l'œuvre de Pétrarque, pendant les siècles, a inévitablement transformé sa réception au sein des littératures dites nationales, en sclérosant ou en dynamisant les genres littéraires ainsi que les mythes et les thématiques pétrarquiens. Les traductions peuvent ainsi influencer des projets poétiques très divers. Si, par exemple, des imitations et des traductions se glissent dans l'œuvre poétique de Baïf, les traductions de Bonnefoy le réconcilient avec la forme du sonnet et influencent, bien que de manière indirecte, toute sa production littéraire.

En complément de nos études sur les traductions françaises des *Fragmenta*, nous avons donc mené quelques analyses ponctuelles des principales caractéristiques de la poésie pétrarquienne (mythes, thèmes, motifs, stylèmes, etc.), tout en relevant, d'une part, les *formes* que ces dernières assument dans les textes d'accueil et, d'autre part, les irradiations qu'elles y provoquent. Il s'agit bien d'une démarche qu'on pourrait qualifier de mythocritique, mais qui prend en considération les changements provoqués par le transfert linguistique. Ce sont les prémisses de ce que nous avons appelé une « mythocritique des traductions ». De fait, les traductions de Pétrarque ont joué un rôle fondamental dans la création, la consolidation et la diffusion d'un véritable *code*, portant le nom de l'auteur et ayant influencé les siècles à venir, à travers une conception toute européenne de l'Amour et du Sacré[7]. Le lyrisme de Pétrarque, par un processus mythopoétique, crée ou recrée ses propres mythes, comme celui de Laure ou celui de Vaucluse[8], intimement lié au mythe de la Vie Solitaire[9] ; ou encore il se greffe simplement sur des traditions plus anciennes, à travers par exemple le mythe d'Orphée[10]. Un bon exemple en est aussi le thème du rossignol qui, passant par Pétrarque, va jusqu'à Théophile de Viau (1590–1626) et même jusqu'à John Keats (1795–1821). Une étude plus approfondie de toutes les irradiations des mythes et des thèmes principaux, à l'intérieur des traductions

---

traduction des *Rerum vulgarium fragmenta* de Vasquin Philieul », p. 513–525 ; Hélène Naïs, « Le thème pétrarquiste du soleil dans la traduction de Vasquin Philieul », p. 59–67.

7 Silvia Chessa, *Il profumo del sacro nel Canzoniere di Petrarca*, p. 23–32 (ch. I « Nei penetrali della scrittura », § 1 « Ingegno sacro e profano ») et *passim* ; *Id.*, *Fusca claritatis, La metafora nei* Rerum vulgarium fragmenta *di Francesco Petrarca*, p. 97–134 (§ « Linguaggio mistico e sistemi metaforici ») et *passim*.

8 Voir entre autres l'étude d'Ève Duperray qui s'est concentrée notamment sur le mythe de Vaucluse dans *Id.*, *L'or des mots, passim*.

9 Ugo Dotti, « Vaucluse : le primat de la conscience et le mythe de la vie solitaire », dans Ève Duperray (dir.), *La postérité répond à Pétrarque*, p. 279–290 ; *Id.*, « Valchiusa : il primato della coscienza e il mito della vita solitaria », dans Frank La Brasca et Christian Trottmann (dir.), *Vie solitaire, vie civile. L'Humanisme de Pétrarque à Alberti*, *Actes du XLVIIe Colloque International d'Études Humanistes, Tours (28 juin–2 juillet 2004)*, Paris, Honoré Champion, 2011, p. 27–36.

10 Consulter par exemple : Nicola Gardini, « Un esempio di imitazione virgiliana nel *Canzoniere* petrarchesco. Il mito di Orfeo », *Modern Language Notes*, vol. 110, n° 1, 1995, p. 132–144 ; Federica Brunori, « Il mito ovidiano di Orfeo e Euridice nel *Canzoniere* di Petrarca », *Romance Quarterly*, vol. 44, n° 4, 1997, p. 233–244.

françaises, témoignerait de la complexe généalogie et de la longue histoire d'une tradition littéraire hétérogène et transnationale.

C'est grâce à cette démarche que nous avons pu prendre en considération à la fois l'interprétation des traducteurs·trices vis-à-vis des *Fragmenta* et la profondeur de la poésie pétrarquienne en ce qu'elle englobe en soi des sous-textes divers, de tradition classique, religieuse ou par exemple stilnoviste[11]. On a pu aussi remarquer, dans ce même sillon, que le Canzoniere relève d'un « tissage symbolique »[12]. Si la critique a parfois insisté sur la *vaghezza*[13] des *Fragmenta*, on peut aussi remarquer, par exemple avec Ossola, que le Canzoniere se fonderait sur « une tension qui donne sa cohésion au texte et qui, de manière spéculaire, suscite dans le domaine symbolique [...] à la fois le plus étroit renfermement et le plus vain élan »[14]. Il s'agit, suivant une formule que nous empruntons à Michel de Certeau, d'un *parler mystique*[15] qui se révèle par les figures rhétoriques et qui se situe dans une continuité avec la tradition patristique et notamment augustinienne[16]. La réflexion sur la traduction ne peut éluder ce domaine[17] ; elle doit le sonder et le mettre à l'épreuve. La tâche de la traductologie, à cet égard, consisterait dans l'identification des unités textuelles fondamentales du lyrisme du *cor profondo* (*Rvf* 94, v. 1) et dans l'analyse de la traduction de ses *phrases mystiques*[18].

On ajoutera que tous les résultats obtenus à la lumière de ces préoccupations scientifiques nous ont permis non seulement d'étudier les traductions de Pétrarque, mais aussi de nous éclairer sur quelques aspects fondamentaux de son œuvre, de sa poétique et de la tradition littéraire qui en est inspirée, le pétrarquisme. Évidemment, le sujet de notre étude n'est pas le pétrarquisme, bien que l'une de nos préoccupations majeures soit la constellation de ses traits se révélant par les processus traductifs. C'est dans cette optique que se sont déployées quelques réflexions concernant, plus

---

11 Sara STURM-MADDOX, *Petrarch's Metamorphoses*, Columbia, University of Missouri Press, 1985.

12 Carlo OSSOLA, « Présence de Pétrarque », dans *Id.* (dir.), *Pétrarque et l'Europe*, Grenoble, Jérôme Millon, 2006, p. 146.

13 Il s'agit d'une notion qui revient souvent dans les études pétrarquiennes. Entre autres, voir Santagata qui parle de « *sparsi frammenti dell'anima* » et du réseau lexical de concepts liés à cette définition : « *il poeta è disperso e diviso sotto l'effetto della passione amorosa* » (Marco SANTAGATA, *L'amoroso pensiero. Petrarca e il romanzo di Laura*, Milan, Mondadori, 2014, p. 16).

14 Carlo OSSOLA, « Présence de Pétrarque », dans Carlo OSSOLA (dir.), *Pétrarque et l'Europe*, p. 145.

15 Michel de Certeau a cherché à tracer ce qu'il appelle une « topique de l'énonciation mystique ». Voir : Michel de CERTEAU, *La fable mystique*, I (XVIᵉ–XVIIᵉ), Paris, Gallimard, 1982 ; *Id.*, *La fable mystique*, II (XVIᵉ–XVIIᵉ), éd. Luce Giard, Paris, Gallimard, 2013.

16 Carlo Ossola a décrit avec précision la continuité augustinienne des *Fragmenta* avec le *Secretum* et le Pétrarque moraliste, à la recherche d'une rhétorique du « *cor profondo* » (*Rvf* 94) : voir Carlo OSSOLA, « Présence de Pétrarque », dans *Id.* (dir.), *Pétrarque et l'Europe*, p. 146–155.

17 Il s'agit d'un domaine très vaste. Nous renvoyons, dans ce contexte, seulement à de brèves réflexions de Certeau sur les « transits de la mystique » : voir Michel de CERTEAU, *La Fable mystique*, I (XVIᵉ–XVIIᵉ), § « Des transits et des traductions » et § « Références théoriques d'un art de parler », p. 162–171.

18 Encore une expression de Certeau dans *La Fable mystique*, I (XVIᵉ–XVIIᵉ), p. 194–195.

proprement, certains aspects de la théorie de la réception et de la théorie littéraire. Notre démarche transtextuelle, plus généralement, a enfin décrit des relations inédites entre le statut du texte traduit et le canon littéraire, la traductologie et la théorie de la réception.

D'après ces réflexions, on peut dégager deux grandes questions de nature théorique qui ont constitué l'horizon de notre recherche : *a*) Quelle est la relation qui lie les textes, et plus particulièrement les traductions, aux genres littéraires ? *b*) Quelles sont, par conséquent, les relations entre les phénomènes empiriques (ex. textes, paratextes, matérialité) et les concepts abstraits (ex. mythes, thèmes, motifs)[19] ? Ces questions en impliquent d'autres beaucoup plus spécifiques et pragmatiques : dans quelle mesure les traductions participent-elles au succès ou à l'insuccès, à la consolidation ou à la mutation, des concepts et des courants littéraires ? Sur quelles bases fonder finalement une véritable historiographie des traductions et une nouvelle analyse comparée des traductions ? Et enfin, que peuvent nous raconter les traductions des *Fragmenta* sur la formation d'une littérature dite européenne et d'une littérature franco-italienne ?

Afin de répondre à ces questions, plusieurs outils ont été mis en œuvre. Tout d'abord, il a été question de résoudre des problèmes purement pratiques : il a fallu recueillir les éditions des traductions françaises de Pétrarque et les mettre en dialogue avec la littérature critique, tout en s'engageant dans une méthodologie de recherche interdisciplinaire portant sur les transferts culturels. Dans un deuxième temps, cette étude a nécessité le développement d'instruments textuels, d'outils méthodologiques et de réflexions herméneutiques. Grâce à une longue enquête sur les liens entre traductologie, linguistique et philosophie, nous avons mis en œuvre des procédés interprétatifs afin de réaliser notre histoire des traductions. Les notions traductologiques et historiographiques développées à l'intérieur de cette étude peuvent ainsi être utiles dans plusieurs champs de recherche : non seulement pour mener des travaux scientifiques, mais aussi pour améliorer la didactique des langues ainsi que l'étude des littératures étrangères.

Voyages à travers les traductions des *Fragmenta*

Dans la première partie méthodologique de cette étude, nous avons en premier lieu abordé des questions propédeutiques pour la réalisation de nos instruments de travail. Nous avons en outre décrit les outils méthodologiques mis en œuvre afin de réaliser notre analyse historique et comparée. Ces outils composites ont été conçus à partir d'une étude ciblée à la fois sur la linguistique, la traductologie, l'herméneutique et la théorie littéraire. Les statistiques ont soutenu notre démarche en nous fournissant des résultats fiables et capables de s'adapter aux besoins imposés

---

19 Ce sont deux problématiques fondamentales dans la théorie des genres. Nous les avons formulées de la même façon que Jean-Marie Schaeffer et renvoyons à son essai « Du texte au genre », dans Gérard GENETTE et Tzvetan TODOROV (dir.), *Théorie des genres*, Paris, Seuil, 1986, p. 179–205.

par chaque étape de notre recherche. Nous avons employé quatre dispositifs techniques ou méthodologiques, mis au point en vue d'établir et d'exploiter notre corpus de manière cohérente et efficace :

1. Les outils numériques et statistiques pour l'exploitation du corpus ;
2. La théorie de la matière sémantique ;
3. La théorie des zones traductionnelles ;
4. La théorie des imaginaires de la traduction.

Les outils numériques et statistiques, fruits d'une collaboration avec le mathématicien Carlo Bellingeri (TU, Berlin), consistent dans la production, l'application et l'étude de données statistiques, à l'aide d'un logiciel spécifiquement adapté pour cet usage. Ces résultats ont permis de construire une base comparatiste très stable, à savoir un « sous-corpus » de poèmes traduits fréquemment au fil de l'histoire par la plupart des traducteurs·trices.

La théorie de la matière sémantique – « l'ensemble des formes sémantiques d'un texte » – sert à distinguer les traductions *stricto sensu* des autres formes de réécriture : c'est cette notion qui nous a permis de limiter notre corpus aux seuls textes relevant d'un véritable geste traductif. Cette méthodologie sert, grâce à l'application de la notion de *passage*, à identifier non seulement ces traductions qui conservent soigneusement la matière sémantique (ex. une transposition littérale), mais aussi celles qui, d'une façon ou d'une autre, entretiennent un dialogue étroit – aussi souple ou créatif soit-il – avec le texte d'origine, non forcément vers par vers, mais plutôt concept par concept, passage par passage. La théorie de la matière sémantique nous a de plus amenés à réfléchir à la nature même du texte traduit, à sa surface comme à sa profondeur.

La théorie des zones traductionnelles, convoquée par la suite, permet de développer ultérieurement la notion de passage et de la compléter avec celle de *zone*, qui a joué le rôle de dispositif à la fois textuel et herméneutique, en ce qu'elle nous donne des repères, voire une méthode, pour l'analyse des traductions. Il s'agit d'identifier, à l'intérieur du texte traduit, des zones fortement signifiantes qui nous permettent de mettre en lumière les techniques traductives et l'imaginaire des traducteurs·trices.

La dernière théorie illustrée dans ce contexte – celle des imaginaires de la traduction – boucle la boucle méthodologique de ce travail et donne le cadre conceptuel pour l'analyse des traductions : les poèmes choisis et les zones traductionnelles sélectionnées ont pour fonction de nous permettre, dans une perspective comparative, d'étudier les conceptions de la traduction et les imaginaires des traducteurs·trices au fil de l'histoire. On peut distinguer deux volets qui font l'objet de la théorie des imaginaires de la traduction. Le premier volet concerne les représentations du traduire au sens large, c'est-à-dire les récits de traductions, les métaphores et les mythes du traduire, aussi bien que les connotations appliquées à l'acte traductif dans les textes théoriques ou dans les paratextes. Le deuxième volet concerne les imaginaires propres aux traducteurs·trices et les manières dont ils s'incarnent dans la pratique traductive. La notion d'imaginaire des traducteurs·trices est donc étroitement liée à la psychologie des traducteurs·trices, aux sentiments et aux idées que le Canzoniere leur a inspirés, mais notamment à leur imagination créatrice qui influence les choix traductifs.

Dans la deuxième partie intitulée « Les origines », nous avons réalisé une histoire analytique des premiers traducteurs des *Fragmenta* aux XVIe et XVIIe siècles. Cela nous a permis de soutenir notre hypothèse de travail qu'on peut enfin modéliser autour de trois points :

1. Les imaginaires de la traduction des *Fragmenta* jaillissent et/ou se cristallisent à l'époque de ses premières traductions.
2. Ces imaginaires entretiennent un lien étroit avec les courants pétrarquistes et certains d'entre eux peuvent être considérés comme des « imaginaires pétrarquistes » au sens large.
3. Ces imaginaires parcourent l'histoire véhiculés – mais aussi métamorphosés – par diverses traditions traductionnelles.

Néanmoins, l'intérêt de cette deuxième partie n'est pas seulement théorique et son objectif n'a pas été seulement de confirmer notre hypothèse de travail. En effet, dans cette partie, nous avons offert au public des profils détaillés des premiers traducteurs des *Fragmenta* (XVIe et XVIIe siècles) à l'aide d'analyses linguistiques, littéraires et historiques. C'est la première fois que des poèmes traduits des *Fragmenta* ont été analysés en si grand nombre, les études précédentes se fondant davantage sur des analyses linguistiques très ponctuelles, voire éparses. Bien évidemment, une partie des chapitres ont été rédigés et approfondis considérablement à partir d'études précédentes, comme pour Marot, Philieul ou Baïf. D'autres auteurs ont été pourtant étudiés pour la première fois en tant que traducteurs des *Fragmenta*, comme Peletier, Du Tronchet ou Catanusi. Cette démarche nous a enfin permis de mettre en perspective, tout au long de deux siècles, non seulement la morphologie des gestes traductifs, mais aussi les diverses conceptions du macrotexte, de la métrique, de la prosodie et de la traduction.

La richesse des profils de traducteurs témoigne d'une tradition traductionnelle composite et procède de divers contextes socio-culturels. Non seulement des poètes renommés comme Marot traduisent les *Fragmenta*, mais aussi des amateurs ou des traducteurs passionnés qui voient dans cet ouvrage l'occasion d'un rayonnement littéraire pouvant arriver jusqu'à toucher à des enjeux politiques[20], comme pour Philieul ou Maldeghem.

À cette diversité de perspectives correspond aussi une hétérogénéité dans les approches du macrotexte et des formes poétiques, pour les sonnets comme pour les autres genres. L'incohérence des traditions anthologiques des traductions des

---

20 Rushworth a montré que ces enjeux politiques deviennent primordiaux vers la fin du XIXe siècle (voir Jennifer Rushworth, *Petrarch and the Literary Culture on Nineteenth-Century France*, *passim*).

Fragmenta témoigne d'une perpétuelle fluctuation et d'un remaniement toujours renouvelé affectant l'ordre des poèmes, ainsi que la conception, voire le statut du texte-source et du texte-cible.

La variété des choix stylistiques complète l'illustration d'une riche tradition qui semble se caractériser par la tendance de s'imposer de plus en plus des contraintes formelles pendant l'époque des Origines (XVIe–XVIIe s.). Si les deux premières traductions anonymes versifiées des *Fragmenta* (*Rvf* 134) sont en dizains, c'est grâce à Marot que s'impose l'usage de la forme du sonnet en décasyllabes avec son schéma propre. Peletier confirme cet usage tout en proposant un autre schéma de rimes. À partir de Baïf, on remarque un changement radical, puisque l'alexandrin s'impose comme choix privilégié de cette forme poétique, promise, grâce à l'influence de Ronsard et Du Bellay, à un succès prodigieux. Maldeghem représente enfin un cas extrême, en raison de l'usage du schéma marotique en alexandrins pour tous ses sonnets et de l'alternance des rimes masculines et féminines. Seul Catanusi fait exception et, avec sa première traduction en prose, abandonne toutes les contraintes formelles et toutes les préoccupations stylistiques au profit de la « pensée de l'auteur ».

L'éclatement des formes rimiques s'accompagne d'une multiplicité de projets traductionnels qui relèvent de visées très différentes. Si, par exemple, certains traducteurs, dans le choix des schémas, gardent un dialogue étroit mais non contraignant avec la tradition traductionnelle, comme c'est le cas de Philieul, d'autres choisissent de s'émanciper de ce dialogue en choisissant un geste bien plus expérimental, comme on peut le remarquer chez Du Tronchet.

La traduction des autres formes poétiques (*canzone*, *madrigale*, *sestina*) ne semble pas être la préoccupation majeure des traducteurs des XVI[e] et XVII[e] siècles. Si Marot nous offre la première version de *Rvf* 323[c], Philieul et Maldeghem sont les seuls, non seulement qui traduisent les *Fragmenta* dans leur intégralité, mais qui semblent se poser aussi des questions ponctuelles sur la traduction des autres genres poétiques. Le premier vise notamment à une acclimatation de la poésie pétrarquienne selon les formes les plus traditionnelles de la poésie *françoyse*, le deuxième semble plutôt valoriser un geste traductif bien plus personnel.

Les approches traductives et les conceptions de la traduction changent aussi au fil des époques. Bien qu'il n'ait jamais théorisé la traduction, Marot est peut-être l'un des premiers traducteurs du XVIe siècle qui, par un geste traductif novateur, semble se poser la question de la « fidélité » telle qu'elle pouvait être conçue à une époque où la distinction entre imitation et traduction n'avait pas été encore modélisée d'une manière précise. Les riches réflexions de Peletier relèvent d'un souci de professionnalisme qui semble appartenir aussi à Dolet : il développe l'idée d'une « traduction craintive » tout en rejoignant partiellement la conception bellayenne de l'*imitatio* qui se substituerait à la traduction comme moyen d'amplification de la langue *françoyse*. Si le « souci de fidélité » n'est pas un enjeu principal dans la traduction de Philieul, dont la matière sémantique est souvent instable, on remarque chez Baïf une conception de la traduction qui, bien qu'inavouée, semble être fondée sur une distinction très nette entre traduction et imitation. Au geste traductif très inventif de Du Tronchet on peut enfin opposer la posture pédagogique de d'Avost et de Catanusi ou celle « philologique » de Maldeghem.

En guise de digression, on remarquera que, malgré les projets de traduction très divers, on peut néanmoins constater qu'un certain nombre de poèmes jouissent d'un succès considérable par rapport à d'autres. Par exemple, *Rvf* 1 (qui est sûrement le poème le plus traduit, aux XVIe et XVIIe siècles comme dans les époques suivantes) mais aussi d'autres sonnets jouent le rôle de véritables protagonistes dans l'histoire des traductions des *Fragmenta*. On peut penser aussitôt à *Rvf* 134, le sonnet *de oppositis* qui, selon Françoise Charpentier, fait l'objet d'un « concours implicite »[21] tout au long de la Renaissance. On rappellera aussi *Rvf* 75, dont le motif des yeux s'impose comme l'un des plus importants mythèmes du pétrarquisme. Le *Rvf* 12 est aussi l'un des préférés par les traducteurs·trices, car il est perçu comme le poème qui fait débuter le véritable « récit » du Canzoniere, après un *initium narrationis* composé des onze premiers sonnets.

Loin de vouloir exprimer des jugements qualitatifs sur le travail des premiers traducteurs, on peut néanmoins reconnaître que certaines traductions ont eu plus de succès que d'autres. On rappellera le rôle de la traduction de Marot dans la consolidation du sonnet en décasyllabes, ou on pensera à l'importance de la première traduction complète de Philieul, qui sera une véritable référence tout au long de l'histoire. Le succès éditorial et bien souvent la notoriété des premiers traducteurs jouent un rôle crucial dans la fortune d'une édition pendant les époques suivantes. C'est pourquoi des projets remarquables – comme l'édition de Du Tronchet, la première traduction avec texte en regard de d'Avost ou la deuxième traduction complète de Maldeghem – sont presque tombés dans l'oubli.

Grâce à cette base historique, nous avons pu tracer les contours des principaux imaginaires qui se sont formés à partir des premières traductions françaises des *Fragmenta*. Comme on l'a déjà vu, trois parmi eux peuvent être considérés comme des véritables « imaginaires pétrarquistes » en ce qu'ils décrivent l'interprétation des traducteurs·trices, leur subjectivité de lecteurs·trices de Pétrarque : il s'agit des imaginaires « anti-érotique », « passionnel » et « narratif ». Les autres imaginaires relèvent plutôt des projets de traduction, du public attendu, mais notamment des approches de la traduction du Canzoniere : ce sont les imaginaires « ludique », « pédagogique », « philologique » et « de la transparence ». On a pu enfin constater que les principaux imaginaires culturels observés (politique, spirituel, mondain, galant, etc.) déterminent le *proscenium* de notre histoire de la traduction et influencent les imaginaires des traducteurs·trices ainsi que les conceptions et les représentations du traduire.

Les imaginaires ainsi définis montrent la richesse des approches traductives, des conceptions de la traduction, des orientations des premiers traducteurs durant

---

21 On rappelle les notes de Françoise Charpentier (p. 381) pour le sonnet « Je cherche Paix, et ne trouve que Guerre » (p. 68–69) dans Olivier de Magny, *Œuvres poétiques*, t. I.

presque deux siècles. À la fin de la première partie, on a émis l'hypothèse que ces imaginaires puissent être considérés comme des « universels de la traduction » et qu'on puisse les retrouver, bien que métamorphosés, tout au long de l'histoire en suivant les routes des traditions traductionnelles.

La troisième partie de cette étude, intitulée « Ouvertures », met ainsi à l'épreuve la fécondité de ces imaginaires dans les époques suivantes. Nous avons mis en perspective les origines des traditions traductionnelles (XVIᵉ–XVIIᵉ s.) avec l'œuvre des principaux et principales traducteurs·trices postérieur·e·s (XVIIᵉ–XXIᵉ s.) par le biais de rapprochements théoriques et thématiques. De même qu'un historien traditionnel de la littérature peut constituer une histoire littéraire par le biais des thèmes de recherche les plus récurrents dans son domaine d'études, nous avons organisé notre corpus autour des principales notions théoriques qui ont constellé l'histoire de la traductologie : traduire le sens ; traduire la forme ; traduire le génie ; traduire le corps ; traductions et paratextes ; traduction, mythocritique et métaphorologie. Cette dernière partie, grâce à une démarche thématique, offre ainsi un regard différent sur les manières de concevoir l'histoire des traductions et de la traduction.

Dans les premiers chapitres de la troisième partie, nous avons démontré que l'imaginaire de la transparence semble avoir eu beaucoup de succès non seulement dans les traductions en prose comme celle de Ginguené ou Gramont, mais plus généralement dans toutes ces traductions qui relèvent d'une transposition sémantique, comme la version versifiée de Genot qui partage avec Ginguené un imaginaire pédagogique.

Les questions sur la traduction de la forme ont été très utiles pour encadrer des projets de traduction très différents grâce à des notions théoriques plus ou moins stables oscillant entre une tentative de familiarisation et une pratique du contraste. L'imaginaire philologique et spirituel de Masson se situe dans le premier pôle et relève aussi d'un souci pédagogique en ce qu'il souhaite aider les lecteurs·trices à revenir au texte original. À l'autre pôle, on peut placer les traductions de Bonnefoy qui, imprégnées par un imaginaire passionnel, oscillent vertigineusement entre traduction et réécriture. On constate ainsi que, chez lui, la traduction assume le statut de production poétique personnelle, sans pour autant que son geste traductif investisse explicitement son œuvre auctoriale.

Ces traductions ainsi brièvement traitées feraient penser à une théorie de la traduction emprisonnée dans la célèbre dichotomie sens/forme. En revanche, nombre de discours sur la traduction et de pratiques traductives se sont développés dans une tout autre perspective. Le geste traductif d'Aragon, par exemple, qui se nourrit d'un imaginaire biographique et narratif, témoigne d'une pratique qui vise à traduire le *génie* du texte, par une conception heuristique dans laquelle la traduction est conçue comme un véritable acte de connaissance.

L'« urgence théorique », posée par la dimension du corps dans la recherche contemporaine, a fait l'objet de plusieurs réflexions et analyses. On a pu ainsi offrir aux lecteurs·trices des aperçus théoriques et pratiques qui montrent l'influence des imaginaires de la traduction sur les représentations du corps. Les imaginaires spirituels jouent par exemple un rôle important dans les versions de Masson et de Bonnefoy, de même que divers imaginaires culturels contaminent les projets des premières traductrices, Mahul et Glomeau.

Le chapitre consacré aux paratextes nous a donné l'opportunité de mettre en relation des traducteurs·trices très différent·e·s en raison de leur conception éditoriale ou de l'imagerie accompagnant leurs traductions. Le paratexte de la version en prose de Glomeau illustrée par Feltesse non seulement confirme la portée de l'imaginaire de la transparence et de l'imaginaire narratif, mais montre aussi grâce aux images un affadissement du pétrarquisme, sa réduction à une constellation d'anecdotes. L'imaginaire narratif et biographique, partagé par de nombreux traducteurs comme Philieul, Maldeghem, puis notamment Sade, peut nourrir pourtant des projets d'édition bien plus imaginatifs comme pour la version d'Aragon illustrée par Picasso qui nous offre une « Laure cubiste ». De même que Du Tronchet, Aragon est influencé par un imaginaire ludique : un paratexte divertissant est accompagné dans chaque édition par un proverbe manuscrit qui fait peut-être référence, semblablement aux devinettes du traducteur forézien, aux noms de ses ami·e·s ou à des épisodes de sa vie. La collaboration de longue date entre Bonnefoy et l'artiste Titus-Carmel nous dévoile enfin tout un réseau de connexions métaphysiques entre poésie et image qui s'incarne dans un imaginaire passionnel, dans une recherche de la Beauté et dans une esthétique de la « forme pure ».

Le dernier chapitre de cette étude explore un sujet encore peu traité en traductologie, à savoir la métaphorologie et, plus généralement, la mythocritique. Grâce à des rappels sur les projets de Philieul et de d'Avost, on a pu jeter les bases pour une brève analyse diachronique. On peut en déduire quatre manières de traduire la matière mythique qui oscillent entre transparence et démythologisation. Le mythe de Daphné, par exemple, réécrit et réinterprété par les premiers traducteurs, semble se stabiliser de plus en plus au fil des époques. Sade semble être le premier qui assume une conception du mythe comme une « forme stable » qu'on peut appliquer à des contextes différents. Un imaginaire pédagogique et philologique provoque, de plus en plus, cette stabilisation dans des traductions célèbres comme celles de Montesquiou, Poulenc, Lafond, Cochin, mais notamment dans la version de Blanc. Ce dernier fait du mythe un véritable dispositif allégorique sur lequel il fonde sa lecture psycho-poétique de l'œuvre. Il est ainsi le premier traducteur qui, à partir d'un imaginaire narratif et notamment biographique, développe des analyses psychologiques et lit la poésie pétrarquienne au prisme d'un imaginaire « mystique ».

Dépasser l'imaginaire logico-grammatical

Cette étude, ainsi composée, a l'ambition d'offrir aux chercheurs·ses un exemple d'histoire des traductions tout en gardant une approche comparatiste. Les outils développés par cette démarche expérimentale peuvent devenir un point de départ, non seulement pour l'évolution de la traductologie, mais aussi pour repenser l'enseignement des littératures et des langues étrangères.

En effet, il nous semble que l'apprentissage des langues et des littératures étrangères soit parfois affecté par des approches vétustes qui datent au moins d'un siècle. Quand on n'étudie pas les textes dans leur seule version traduite, l'étude des traductions se limite à une lecture grammaticale ou contrastive du texte-cible. Depuis la publication du texte de Berman, *Pour une critique des traductions* (1995), diverses perspectives ont pourtant été ouvertes pour cette nouvelle discipline. Mais si, d'un côté, de nombreuses études ont apporté des innovations cruciales pour l'histoire et la critique comparée des traductions, de l'autre, on assiste malheureusement à ce qu'on pourrait bien considérer comme une régression. Certains travaux continuent à se cristalliser dans une analyse affectée par un « imaginaire logico-grammatical »[22], ou à s'engager idéologiquement, à la faveur de telle ou telle question éthico-morale, dans le sillage bermanien – on parlera, à partir de Berman, d'un « virage éthique »[23] inspiré notamment de la philosophie d'Emmanuel Levinas[24]. Les commentateurs s'attachent ainsi à repérer dans les traductions les seuls indices de la « fidélité » du texte ou à nier sa « cohérence », et même par le biais de méthodes dépassées[25]. Michel Ballard dénonçait par exemple, en 2004, un débat sur la traduction « faussé par une conception irréaliste, idéaliste »[26], affectée encore par la dichotomie correct/incorrect selon laquelle la traduction ne devrait qu'aspirer à être une bonne réplique de l'original. Comme l'avait déjà fait remarquer Katharina Reiss en 1986[27], des jugements vagues ou des expressions comme « traduction infidèle », « traduction fautive », « mauvaise traduction » demeurent, voire se multiplient, dans le langage critique, scientifique et professionnel.

---

22 C'est une expression qu'on emprunte à Rastier qui propose de considérer le texte, non comme une « suite de mots » selon une approche phraséologique, mais comme une composition de formes sémantiques et expressives (voir : François RASTIER, *Arts et sciences du texte, passim* ; *Id.*, « La traduction. Interprétation et genèse du sens », p. 37–49).

23 Antoine BERMAN, *L'Épreuve de l'étranger…, passim* ; Barbara GODARD, « Antoine Berman et le "virage éthique" en traduction », *TTR (Traduction, Terminologie, Rédaction)*, vol. 14, n° 2, 2001, p. 49–82.

24 Emmanuel LEVINAS, *Éthique et infini*, Paris, Fayard, 1982.

25 Pour citer une sorte d'*archétype* de cette approche hyper-technique, signalons les études de Peter Michael Wetherill, qui portent au paroxysme l'analyse « grammaticalesque », et qui relèvent des grilles d'évaluation des concours plutôt que de la critique littéraire. Nous avons démontré ailleurs les fortes limites de son ouvrage *Charles Baudelaire et la poésie d'Edgar Allan Poe* (Paris, A. G. Nizet, 1962). Sur ce point, voir Riccardo RAIMONDO, « Le *démon fugitif* de l'imagination… », *passim*.

26 Michel BALLARD, « Le décalage de l'équivalence », dans Michel BALLARD et Lance HEWSON (dir.), *Correct/Incorrect*, Arras, Presses universitaires d'Artois, 2004, p. 17.

27 Katharina REISS, *Möglichkeiten und Grenzen der Übersetzungskritik : Kategorien und Kriterien für eine sachgerechte Beurteilung von Übersetzungen*, 1986 ; rééd. *Translation Criticism – The potentials & Limitations. Categories and Criteria for Translation Quality Assessment*, traduit de l'allemand par Erroll F. Rhodes, ch. A « Introduction », *passim*.

La permanence de ces formules montre que de nombreuses études sur la traduction littéraire, d'une part, n'ont pas totalement réussi à s'échapper du royaume de la morale et de l'éthique, d'autre part, ont été pliées aux usages de certaines catégories professionnelles. Un certain nombre de ces catégories sont très impliquées – pour des raisons politiques, idéologiques, économiques – dans la protection et la transmission des techniques traductives propres à leurs domaines, à leurs concours, à leurs procédures rédactionnelles. Bien évidemment, il ne s'agit pas de condamner toutes les approches scolaires et/ou professionnalisantes de la traduction, mais de suggérer un autre geste interprétatif qui puisse profitablement dialoguer, dans les cadres des études littéraires, avec un imaginaire logico-grammatical.

Par ailleurs, le rôle de la traduction dans l'enseignement des langues étrangères a récemment été discuté lors du congrès *The translation turn : current debates on the role of translation in language teaching and learning* (Université de Cambridge, 9 septembre 2019). On peut donc s'attendre à des développements cruciaux des méthodes d'enseignement dans un avenir proche. Comme l'ont récemment fait remarquer, entre autres, Burdett, Havely et Polezzi, « la traduction – en tant que pratique linguistique et culturelle – est à l'origine de l'insuffisance des approches analytiques qui reposent sur des catégories discrètes et autonomes telles que la nation [...] mais aussi la langue [...] ou le support »[28].

Nous avons montré qu'une autre approche de la traductologie est possible, qu'on peut – sans pour autant négliger un paradigme analytique – envisager une démarche traductionnelle plutôt qu'éthique, une approche herméneutique plutôt que logico-grammaticale, afin de sonder la complexité du texte traduit et de s'émanciper de la notion de fidélité comme seul prisme de lecture.

Dans un contexte pédagogique, les étudiants·es pourraient par exemple être amené·e·s à se familiariser, non seulement avec des simples processus linguistiques, mais aussi avec des procédés de retextualisation et remédiation dévoilant toute la profondeur du texte traduit comme la richesse de la langue-cible et de la langue-source, par une démarche qu'on pourrait donc qualifier de culturelle et traductionnelle (*translational*) s'opposant à un imaginaire strictement utilitariste ou éthique.

Premièrement, notre approche socioculturelle – notamment à travers les « théories de l'imaginaire » – pourrait aider les étudiants·es à modéliser et à synthétiser des sujets complexes – tels que les traditions littéraires, les thèmes, les *topoï*, les formes stylistiques, les influences idéologiques ou religieuses – dans un même « parcours d'apprentissage ». Deuxièmement, notre « théorie des zones traductionnelles » pourrait également servir de méthode d'enseignement. Elle pourrait permettre aux étudiants·es de sélectionner et d'isoler des passages signifiants qui expriment les

---

28 Notre traduction, cf. « [T]*ranslation – as a linguistic and cultural practice – foregrounds the insufficiency of analytical approaches which rely on discrete and self-contained categories such as nation [...] but also language [...] or medium* » (Charles Burdett, Nick Havely et Loredana Polezzi, « The Transnational/Translational in Italian Studies », p. 225).

principales caractéristiques des textes au croisement entre langue(s) et culture(s). Ainsi, les étudiants·es acquéraient à la fois le lexique et les outils conceptuels nécessaires pour comprendre et commenter une traduction comme un texte littéraire.

On peut imaginer d'appliquer facilement cette approche aux études littéraires, pour ainsi dire, « traditionnelles ». Par exemple, il pourrait être très utile d'enseigner et de commenter un poème ou un extrait en prose, en comparant un certain nombre de leurs traductions. Il ne s'agirait pas de « transcrire » le texte dans la langue-cible pour le rendre compréhensible aux étudiants·es. Le raisonnement et la conjecture autour de la traduction amènent les étudiants·es à descendre dans les structures profondes et complexes de la langue. Enseigner un texte à travers un choix de traductions signifie donc mener les étudiants·es à réfléchir sur la polysémie que le texte-source véhicule et transmet, non seulement dans la langue-source, mais aussi dans la langue-cible.

Déjà à la fin du XVIIIe siècle, Novalis incitait à ne pas limiter la traduction à son niveau grammatical : « pour arriver au cœur de l'œuvre originale, il faudra surpasser cette approche élémentaire »[29].

Vers le même port

Attardons-nous enfin sur quelques implications purement littéraires de cette étude. Des évolutions passionnantes attendent le domaine de la traductologie et les outils développés dans ce contexte fournissent les bases pour de futurs progrès de la discipline. Il serait de ce fait possible de mener l'étude comparée des traductions non seulement suivant un processus procédant d'une langue-source vers une seule langue-cible, mais aussi en l'étendant à différents domaines linguistiques à l'unisson. On pourrait, par exemple, concevoir une étude comparée des traductions des *Fragmenta* en plusieurs langues, dans le but de mettre en œuvre une méthode que nous pourrions nommer « traductologie comparée »[30], fondée donc sur une « nouvelle historiographie comparée », comme l'a envisagée par exemple Anne Coldiron (2001, 2015) en se basant notamment sur une approche traductologique de l'histoire littéraire.

De telles inspirations, bien que pionnières, s'incarnent déjà dans des projets remarquables qui feront sûrement l'objet de nombreuses études et débats

---

29 Voir la définition (déjà évoquée dans la troisième partie au ch. IV « Traduire le génie ») de la « traduction grammaticale » : Novalis, *Les disciples à Saïs et les Fragments*, Fragment 236.

30 Notre traduction, cf. « *Comparative Translation Studies* ». Sur ce sujet, voir : Sergey Tyulenev et Binghan Zheng, « Toward Comparative Translation and Interpreting Studies », dans Sergey Tyulenev et Binghan Zheng (dir.), *Toward Comparative Translation and Interpreting Studies*, Amsterdam, John Benjamins, 2017, p. 197–212 ; Luc Van Doorslaer, « The relative need for Comparative Translation Studies », dans Sergey Tyulenev et Binghan Zheng (dir.), *Toward Comparative Translation and Interpreting Studies*, p. 213–230.

dans le panorama de futures recherches pétrarquistes. On pense tout d'abord à la journée d'étude internationale *Traduire et adapter les sonnets de Pétrarque / Translating and adapting Petrarch's sonnets* (2016), organisée par Carole Birkan-Berz (Université Sorbonne-Nouvelle)[31], dans le cadre du projet *The Sonnet in Translation : Métamorphoses d'un genre migrateur*[32]. Cette journée a mis l'accent sur l'influence des sonnets de Pétrarque dans la poésie en langue française et anglaise, de la Renaissance à Edwin Morgan (1920–2010) et Jacques Roubaud (1932–). On peut aussi évoquer le projet embryonnaire *Europetrarca*[33], conçu par Guillaume Coatalen (Université de Cergy-Pontoise), qui vise à réaliser une base de données permettant de comparer, de manière synoptique et diachronique, toutes les traductions des *Fragmenta* dans les diverses langues européennes. Dans le cas du Canzoniere, un tel projet nous permettrait d'identifier les imaginaires de la traduction dans un environnement multilingue. Dans le même sillon, on peut également envisager des projets semblables qui nous aideraient à tracer les contours d'un « pétrarquisme mondialisé », avec la possibilité d'explorer d'autres macrocontextes historiques et culturels encore peu étudiés, comme l'Asie ou l'Afrique.

C'est peut-être le Canzoniere lui-même qui nous invite à quitter nos ports pour nous ouvrir à d'autres langues et d'autres cultures. Cet idéal humaniste de métissage et d'universalisme trouve d'ailleurs un écho dans la lecture du pétrarquisme que nous livre Bonnefoy à l'orée de ses traductions :

> Pétrarque tente de s'approcher de nous, dans ces sonnets qui, lus et recommencés, un peu partout en Europe, hâtèrent d'ailleurs si bien le renouveau qu'il fallait. Et comment ne pas croire que le vœu de toute poésie ne soit pas, vouée comme elle est pourtant à son parler d'origine, de s'ouvrir comme ce témoin de deux pays et de deux époques à d'autres langues, d'autres cultures ? On parle de la difficulté de la traduction des poèmes, on doit tout autant se dire que sous leurs guises les plus marquées ces grands vaisseaux ou minces pirogues n'en cherchent pas moins le même port[34].

Mais la lecture du Canzoniere n'est pas simplement une invitation à rejoindre d'autres rives, lieux d'asile ou d'errance. Ces *fragmenta* – recueillis par le poète, au croisement entre la jeunesse et l'âge adulte, entre la vie et la mort de Laure, entre

---

31 Voir les actes de cette journée d'étude, augmentés d'articles inédits et de textes originaux : Carole BIRKAN-BERZ, Guillaume COATALEN et Thomas VUONG (dir.), *Translating Petrarch's Poetry : L'Aura del Petrarca from the Quattrocento to the 21st Century*, 2020.

32 Voir *The Sonnet in Translation : Métamorphoses d'un genre migrateur* (projet jeunes chercheurs·ses et doctorants·es de l'Université Sorbonne Paris Cité, Écoles doctorales 514 et 122, Équipes de recherches PRISMES et TRACT), dirigé par Carole Birkan-Berz (Univ. Sorbonne Nouvelle) [*en ligne* : sonnetintranslation.wordpress.com].

33 Voir le projet en voie de développement *Europetrarca* [*en ligne* : scalar.usc.edu/works/europetrarca/index]. Nous sommes parmi les responsables scientifiques de la section consacrée aux traductions françaises. Sur ce projet, voir : Guillaume COATALEN, « Appendix : EUROPETRARCA : The Relevance of a Database of Translations of the *Canzoniere* », dans Carole BIRKAN-BERZ, Guillaume COATALEN et Thomas VUONG (dir.), *Translating Petrarch's Poetry : L'Aura del Petrarca from the Quattrocento to the 21st Century*, p. 263–270.

34 Voir l'ex-libris dans Yves BONNEFOY, *Je vois sans yeux et sans bouche je crie*, 2011.

l'amour et la repentance – nous montrent le chemin vers un autre voyage, intérieur cette fois ci, un « voyage bien long face à si courte vie [...] pour qui veut un jour être arrivé au port » (*Rvf* 80⁹)[35].

Riccardo Raimondo

Μόντρεαλ
Fors Fortuna, 2020

---

35 Traduction de *Rvf* 80ᶜ (v. 26–27) par Blanc dans son *Chansonnier* (2014).

ANNEXES

Annexe 1

Note de méthodologie statistique

Statistiques des traductions françaises des *Rerum Vulgarium Fragmenta* :
une application des Humanités numériques à l'étude d'une base de données littéraire.

par Carlo BELLINGERI, PhD (TU Berlin)

Introduction

L'usage de l'informatique peut entraîner des changements radicaux dans les méthodes et les usages des disciplines littéraires, créant des synergies inattendues entre chercheurs·ses de différents champs de recherche (pour une introduction à ce sujet, voir Gaffield, 2018).

Cette note méthodologique a pour objectif de présenter et d'expliquer le type d'informations statistiques qui ont raisonnablement pu être déduites à l'aide d'un logiciel (feuille de calcul) dans le cadre de notre analyse d'un corpus de traductions françaises des *Rerum vulgarium fragmenta* de Pétrarque. Il s'agit en effet d'un corpus très vaste : la présence de trois cent soixante-six compositions dans le texte-source ainsi que plus de six mille traductions réalisées à différentes époques rendent pertinent l'usage d'une étude informatique permettant d'exécuter des opérations complexes et de visualiser les données de manière performante et rapide.

Dans ce contexte, nous mettons l'accent sur le type de statistiques utilisées et leur mise en œuvre en *Excel*, en confiant l'interprétation et la comparaison des résultats à l'auteur de la monographie. Le choix de ce logiciel est dû à sa facilité d'utilisation dans divers domaines non scientifiques et à la présence d'une large palette de fonctions statistiques suffisamment riche pour nos besoins.

Structure de la base de données

L'ensemble de données analysées consiste en un corpus de traductions françaises des *Rerum vulgarium fragmenta* publiées entre le XVIe siècle et le XXIe siècle. Pour chaque œuvre, les poèmes du texte-source sont indiqués conformément à la numérotation contemporaine. De plus, selon la période historique, les données ont été regroupées en trois espaces chronologiques : Origines (XVIe–XVIIe s.), Modernités (XVIIIe–XIXe s.), Époque contemporaine (XXe–XXIe s.). La base de données a été produite grâce aux recherches bibliographiques de l'auteur de cette monographie.

Traitement des données et statistiques proposées

La première opération effectuée dans l'ensemble de données fut consacrée à la réorganisation des différentes traductions selon leurs fréquences absolues, ce qui s'est concrétisé par la production d'une table consultable à l'Annexe 2. L'échantillon statistique considéré est celui des 366 poèmes contenus dans les *Rerum vulgarium fragmenta*, où chaque composition poétique représente une unité statistique. Chaque unité statistique est associée à sa fréquence de traduction absolue : ce chiffre indique le nombre de fois où une poésie a été traduite dans la base de données. Cette fréquence absolue a été calculée à la fois par rapport à l'ensemble des traductions et par rapport à chaque empan chronologique au moyen de la fonction NB.SI en *Excel*.

Après avoir obtenu la table des fréquences absolues (cf. Annexe 2), nous avons examiné les données en suivant deux méthodes :

1. Une analyse des groupes de fréquences reposant sur le calcul des principaux indicateurs et leurs distributions statistiques. Cette analyse constitue la base des graphes 1, 2 et 3.
2. Une modélisation des deux indicateurs afin de mettre en comparaison les poèmes les plus traduits aux différentes époques : la fréquence relative de traduction et l'indice de popularité. Ces indicateurs nous ont permis de produire les graphes 4 et 5.

Pour finir, nous avons appliqué la notion d'« indice de concordance » entre deux échantillons statistiques pour quantifier les correspondances entre deux différentes sélections de poèmes.

Les indicateurs statistiques considérés sont les suivants : la moyenne arithmétique μ, le mode m, la médiane M et l'écart-type σ. Ces indicateurs sont les plus fréquemment utilisés dans les statistiques descriptives. Rappelons leur définition dans le contexte général d'un échantillon statistique de taille N où on associe à chaque unité statistique une valeur N_i. La moyenne et l'écart-type sont définis par les formules suivantes :

$$\mu = \frac{1}{N} \sum_{i=1}^{N} N_i \, , \qquad \sigma = \sqrt{\frac{1}{N} \sum_{i=1}^{N} (N_i - \mu)^2} \, .$$

Le mode m est la valeur qui apparaît le plus souvent dans la suite des N_i. La médiane M est calculée ainsi :

– on liste les N valeurs par ordre croissant ;

– si N est impair, M est calculé comme la valeur qui occupe la position *(N+1)/2* ;

– si N est pair, M est calculé comme la moyenne entre les valeurs qui occupent les positions $N/2$ et $N/2+1$.

L'objectif principal de ces indicateurs est de fournir une description synthétique d'une liste de données associée à un échantillon statistique. Plus particulièrement, les valeurs μ, m et M sont utilisées pour résumer l'ensemble des valeurs N_i en un nombre. De plus, l'analyse de la moyenne et de l'écart-type est souvent utilisée pour déduire que toutes les valeurs non comprises entre $\mu-\sigma$ et $\mu+\sigma$ sont statistiquement rares. Cela revient à dire que les éléments de l'échantillon statistique, dont les valeurs sont strictement majeures de $\mu+\sigma$ ou strictement mineures de $\mu-\sigma$, constituent un sous-ensemble de taille considérablement plus restreinte par rapport à la valeur N (Canning, 2014). Nous rappelons aussi qu'en multipliant la moyenne arithmétique μ par la taille de l'échantillon N on obtient la somme des valeurs N_i : cette valeur a été un indicateur important dans la réalisation du graphe 1. D'un point de vue informatique, ces indicateurs peuvent être facilement calculés dans *Excel* en utilisant les fonctions MOYENNE, MODE, MÉDIANE et ÉCART-TYPE.

En plus de ces indicateurs, nous avons également représenté dans les graphes 2 et 3 la distribution statistique des textes-sources par rapport aux différentes époques. D'un point de vue purement mathématique, la distribution statistique pour un échantillon de taille N – à l'intérieur duquel on associe à chaque unité statistique i une valeur N_i – est donnée par une suite de pourcentages qui sont calculés ainsi :

– on liste les différentes valeurs N_i par ordre croissant ;
– une fois listées ces valeurs, on calcule les pourcentages des unités statistiques associées aux valeurs N_i.

Par exemple, dans le cas du diagramme à bâtons relatif à l'époque des Origines (XVIe–XVIIe s.) contenu dans le graphe 3, nous savons que la fréquence maximale correspond à 6 et la fréquence minimale à 2. Nous avons donc considéré les entiers 2, 3, 4, 5, 6. Pour chacune de ces valeurs, nous avons calculé les pourcentages relatifs aux poèmes du recueil qui ont été traduits exactement 2, 3, 4, 5 et 6 fois. Plus généralement, à partir des valeurs maximales et minimales de la suite N_i, on peut calculer les pourcentages des unités statistiques par rapport à des tranches de valeurs de référence, comme dans les autres diagrammes du graphe 3. Les informations obtenues par les distributions statistiques permettent de quantifier la « rareté » des poèmes les plus traduits par rapport aux poèmes moins traduits. Le calcul de ces quantités a été effectué à l'aide de la fonction NB.SI.

Nous avons donc poursuivi l'analyse des données statistiques en proposant deux indicateurs pour comparer les poèmes les plus traduits dans notre corpus : la fréquence relative de traduction t_i et l'indice de popularité p_i. Ces deux valeurs sont définies pour chacun des poèmes de l'échantillon et sont calculées en fonction du groupe chronologique. Dans le premier cas, à partir de la fréquence absolue T_i du *i-ème* poème dans un groupe donné de fréquences absolues, l'indicateur t_i est défini par la formule suivante :

$$t_i = \frac{T_i}{\sum_{i=1}^{N} T_i},$$

L'indicateur t_i correspond donc à la fréquence relative des valeurs T_i. Le choix d'utiliser les fréquences relatives permet de comparer les fréquences de traduction absolues pour chaque groupe chronologique de manière non déformée, car chaque époque contient un nombre total de traductions très différent. La même démarche a été appliquée enfin pour obtenir le deuxième indicateur, à savoir l'indice de popularité p_i. Cet indicateur a été défini dans la formule ci-dessous désignant par A le nombre total de traducteurs du groupe chronologique de référence et par A_i le nombre total de traducteurs qui ont traduit le *i-ème* poème :

$$p_i = \frac{A_i}{A}.$$

Cela donne une autre indication sur la fréquence de chaque texte traduit au sein de la « communauté » des traducteurs·trices. On remarque aussi que par définition A_i est toujours inférieur ou égal à T_i, car il peut y avoir des traducteurs·trices ayant traduit le même poème plusieurs fois. Cependant, dans le cas de notre corpus, nous observons empiriquement que A_i est toujours égal à T_i pour chaque poème et chaque époque. Le calcul de ces indicateurs est obtenu, en *Excel*, à l'aide des fonctions NB.SI, SOMME et d'autres opérations algébriques élémentaires.

Nous avons enfin complété notre liste d'indicateurs avec l'indice de concordance c, afin de calculer la proportion de toutes ces unités statistiques qui sont en commun entre deux échantillons de taille différente. Pour définir l'indice de concordance, nous considérons deux échantillons statistiques qu'on dénote avec les ensembles suivants :

$$\{E_1, \cdots, E_N\}, \quad \{F_1, \cdots, F_M\}.$$

On définit ainsi l'indice de concordance c entre les deux échantillons à travers la formule suivante :

$$c = \frac{|\{E_1, \cdots, E_N\} \cap \{F_1, \cdots, F_M\}|}{\min\{N, M\}},$$

où le numérateur de la fraction correspond à la cardinalité de l'intersection des deux ensembles et le dénominateur correspond au minimum entre M et N, c'est-à-dire entre les tailles de deux échantillons. À partir de cette définition, on remarque que c est toujours un nombre compris entre 0 et 1. Ces deux valeurs extrêmes correspondent respectivement à la situation où il n'y a pas de concordance entre les deux échantillons statistiques et à la situation où un échantillon statistique est contenu dans l'autre. Dans une feuille de calcul *Excel*, on peut calculer l'indice de concordance en utilisant les fonctions NB.SI, SOMME et MIN.

Possibles développements de cette méthode

Tous les résultats statistiques présentés dans cette étude décrivent les fréquences absolues et relatives de chaque composition des *Rerum vulgarium fragmenta* en langue française au fil de l'histoire. En raison des statistiques effectuées et des résultats obtenus, il a été possible de repérer des liens profitables entre les choix des traducteurs à l'époque dite des Origines (XVIe–XVIe s.) et les traductions des époques subséquentes.

Une autre méthode pour formuler et étudier statistiquement cette hypothèse pourrait solliciter le recours à la théorie des tests statistiques. Cette sous-discipline de la statistique fournit des outils conceptuels permettant d'étudier l'évolution d'un même échantillon statistique à différentes époques. En plus, elle constitue un outil essentiel dans les sciences expérimentales (pour une description des principaux tests statistiques, voir Witte, 2017). Un grand nombre de ces tests peuvent également être effectués dans le programme *Excel*.

Toutefois, rappelons que la plupart des tests statistiques utilisés couramment sont basés sur la nature essentiellement aléatoire des données examinées. Cette hypothèse ne semble pas vérifiée dans le cas d'un corpus « statique » et prévisible comme le nôtre. En effet, le choix des poèmes traduits procède avant tout d'une approche poétique et éventuellement d'une stratégie éditoriale, relevant donc d'une faible présence de facteurs aléatoires et imprévisibles. En raison de ce haut degré de prévisibilité, ce corpus pourrait représenter un champ expérimental pour mettre à l'épreuve des nouvelles méthodologies statistiques. Le développement d'un nouveau test statistique pour l'étude de ce corpus, ainsi que sa mise en œuvre dans un logiciel, non seulement pourrait aider à comprendre les relations cachées entre différentes époques, mais pourrait aussi avoir des implications théoriques profitables.

Bibliographie

Canning John, *Statistics for the Humanities*, Brighton, John Canning (*Creative Commons* : pas d'utilisation commerciale), 2014 [*en ligne* : statisticsforhumanities.net].

Gaffield Chad, « Words, Words, Words : How the Digital Humanities Are Integrating Diverse Research Fields to Study People », *Annual Review of Statistics and Its Application*, vol. 5, 2018, p. 119–139.

Witte Robert et Witte John, *Statistics* [1989], Hoboken (New Jersey), Wiley, 2017.

Annexe 2

Table statistique

NOTE : Le premier chiffre indique le numéro du poème selon la numérotation contemporaine du texte pétrarquien, le deuxième chiffre indique le nombre de fois où le poème a été traduit dans la totalité de notre corpus, les autres chiffres indiquent le nombre de fois où le poème a été traduit en chaque époque, respectivement : Origines (XVIe–XVIIe s.), Modernités (XVIIIe–XIXe s.), Époque contemporaine (XXe–XXIe s.).

	NOMBRE DE TRADUCTIONS			
Rvf	TOTAL	XVI–XVII	XVIII–XIX	XX–XXI
1	31	6	14	11
2	22	6	11	5
3	26	4	14	8
4	18	3	9	6
5	17	3	8	6
6	17	3	8	6
7	19	3	10	6
8	17	3	9	5
9	20	4	11	5
10	21	4	12	5
11	16	3	7	6
12	26	5	12	9
13	23	4	12	7
14	14	3	6	5
15	22	3	10	9
16	24	3	12	9
17	18	3	7	8
18	16	3	6	7
19	19	4	9	6
20	15	3	8	4
21	19	4	9	6
22	16	2	7	7
23	11	2	5	4
24	14	3	7	4
25	15	3	7	5
26	14	3	7	4
27	15	2	8	5
28	15	2	7	6
29	11	2	5	4
30	13	3	5	5
31	15	2	7	6
32	20	3	10	7
33	21	3	11	7
34	18	4	8	6
35	26	4	13	9
36	19	4	10	5
37	11	2	5	4
38	15	3	7	5
39	18	4	9	5
40	15	2	7	6
41	13	2	7	4
42	13	2	7	4
43	13	2	7	4
44	16	4	8	4
45	19	4	9	6
46	16	3	8	5
47	16	2	8	6
48	15	2	8	5
49	17	3	10	4
50	15	2	7	6
51	13	2	7	4
52	14	2	6	6
53	16	2	9	5
54	17	2	9	6
55	13	2	7	4
56	19	3	10	6
57	16	2	8	6
58	14	2	8	4
59	14	2	7	5
60	15	3	7	5
61	20	3	9	8
62	17	2	9	6
63	14	2	7	5
64	18	3	11	4
65	16	4	8	4
66	14	2	6	6
67	15	3	8	4
68	17	2	10	5
69	15	3	8	4
70	11	2	5	4
71	13	2	5	5
72	12	2	5	5
73	14	2	7	5
74	17	4	8	7
75	20	6	8	8

76	13	2	7	4
77	16	2	9	5
78	17	2	10	5
79	14	2	6	6
80	13	2	6	5
81	18	2	9	7
82	19	4	10	5
83	14	2	8	4
84	19	2	9	8
85	19	4	11	4
86	14	2	6	6
87	15	2	8	5
88	13	2	7	4
89	14	2	8	4
90	24	5	11	8
91	15	2	8	5
92	15	2	8	5
93	15	3	7	5
94	13	2	6	5
95	15	3	7	5
96	15	2	9	4
97	14	3	7	4
98	16	2	8	6
99	16	2	9	5
100	18	3	9	6
101	18	3	9	6

102	19	4	10	5
103	15	2	8	5
104	15	3	7	5
105	12	2	6	4
106	16	2	7	7
107	17	4	8	5
108	22	3	13	6
109	16	3	9	4
110	15	2	9	4
111	17	3	9	5
112	20	4	11	5
113	16	3	9	4
114	17	2	10	5
115	16	2	10	4
116	18	2	10	6
117	15	2	8	5
118	16	2	8	6
119	13	2	5	6
120	16	2	9	5
121	15	3	7	5
122	13	2	7	4
123	20	3	11	6
124	16	4	7	5
125	12	2	6	4
126	20	2	10	8
127	14	2	8	4

128	17	2	8	7
129	17	2	8	7
130	16	3	8	5
131	13	3	6	4
132	24	4	13	7
133	19	4	8	7
134	25	6	10	9
135	12	2	6	4
136	14	2	7	5
137	15	2	8	5
138	14	2	7	5
139	15	2	9	4
140	19	3	9	7
141	19	3	9	7
142	13	2	6	5
143	15	2	8	5
144	18	3	11	4
145	20	3	12	5
146	15	2	8	5
147	16	3	9	4
148	13	2	6	5
149	12	2	6	4
150	14	2	8	4
151	15	3	7	5
152	17	4	7	6
153	20	3	12	5

154	20	5	11	4
155	15	2	8	5
156	18	3	9	6
157	15	2	9	4
158	14	2	7	5
159	24	4	13	7
160	23	3	12	8
161	16	4	8	4
162	19	3	11	5
163	19	5	10	4
164	25	6	12	7
165	18	2	10	6
166	13	2	7	4
167	20	3	10	7
168	18	4	9	5
169	17	2	10	5
170	20	3	12	5
171	13	2	7	4
172	13	2	7	4
173	13	3	6	4
174	17	3	10	4
175	15	2	8	5
176	25	4	11	10
177	15	3	8	4
178	13	3	6	4
179	15	2	9	4
180	19	3	11	5
181	16	2	9	5
182	12	2	6	4
183	18	3	10	5
184	18	3	9	6
185	15	2	7	6
186	14	3	7	4
187	17	4	8	5
188	16	2	8	6
189	19	2	8	9
190	15	2	8	5
191	14	2	8	4
192	24	4	13	7
193	14	3	7	4
194	17	2	9	6
195	15	3	7	5
196	19	2	9	8
197	12	2	6	4
198	14	2	7	5
199	24	3	12	9
200	16	2	8	6
201	17	2	10	5
202	15	2	9	4
203	18	3	10	5
204	13	2	7	4
205	18	3	11	4
206	12	2	6	4
207	11	2	5	4
208	21	3	12	6
209	18	3	10	5
210	12	2	6	4
211	18	3	8	7
212	20	3	11	6
213	20	4	11	5
214	12	2	5	5
215	16	3	9	4
216	18	4	9	5
217	14	2	8	4
218	21	4	10	7
219	20	4	11	5
220	20	5	11	4
221	17	2	8	7
222	17	2	11	4
223	22	4	11	7
224	18	4	10	4
225	19	2	10	7
226	20	3	10	7
227	19	3	9	7
228	14	2	8	4
229	17	3	9	5
230	15	3	8	4
231	14	2	8	4
232	14	2	8	4
233	14	2	8	4
234	18	2	9	7

235	12	2	6	4
236	13	2	7	4
237	13	2	5	6
238	15	2	9	4
239	12	2	5	5
240	17	3	10	4
241	13	2	7	4
242	15	2	7	6
243	16	3	8	5
244	13	2	7	4
245	17	2	9	6
246	16	2	7	7
247	16	3	9	4
248	19	3	9	7
249	17	2	10	5
250	16	2	8	6
251	15	2	8	5
252	13	2	7	4
253	18	3	10	5
254	15	2	7	6
255	14	3	7	4
256	14	2	7	5
257	16	2	9	5
258	14	2	7	5
259	16	2	10	4
260	16	3	7	6
261	17	2	10	5

262	14	2	8	4
263	15	2	8	5
264	11	2	5	4
265	18	3	10	5
266	15	2	8	5
267	22	3	11	8
268	19	3	10	6
269	19	3	11	5
270	13	2	7	4
271	14	2	8	4
272	17	2	10	5
273	19	3	11	5
274	18	4	8	6
275	17	2	10	5
276	16	3	6	7
277	13	2	7	4
278	18	2	10	6
279	20	2	10	8
280	14	2	8	4
281	18	3	8	7
282	17	2	10	5
283	21	4	9	8
284	14	2	8	4
285	18	2	10	6
286	15	2	8	5
287	16	2	9	5
288	17	2	9	6

289	16	2	10	4
290	14	2	8	4
291	19	4	10	5
292	18	3	9	6
293	14	2	8	4
294	16	2	8	6
295	14	2	7	5
296	14	2	8	4
297	16	2	8	6
298	16	2	8	6
299	19	3	11	5
300	20	3	11	6
301	21	2	10	9
302	20	2	11	7
303	19	3	11	5
304	15	2	8	5
305	19	3	11	5
306	17	2	9	6
307	16	2	8	6
308	17	2	10	5
309	17	2	10	5
310	25	3	14	8
311	23	4	9	10
312	20	3	12	5
313	15	2	9	4
314	16	3	8	5
315	17	2	9	6

316	14	2	8	4
317	17	2	9	6
318	15	2	8	5
319	16	2	8	6
320	21	2	11	8
321	15	2	8	5
322	13	2	7	4
323	13	3	5	5
324	14	2	8	4
325	12	2	6	4
326	16	2	8	6
327	16	2	8	6
328	16	2	8	6
329	16	3	8	5
330	16	2	8	6
331	13	2	6	5
332	14	2	6	6
333	17	2	10	5
334	14	2	7	5
335	14	2	8	4
336	18	2	9	7
337	14	3	7	4
338	18	4	8	6
339	14	2	8	4
340	16	2	10	4
341	16	2	9	5
342	15	2	8	5
343	16	2	8	6
344	16	2	8	6
345	13	2	7	4
346	19	3	9	7
347	15	2	8	5
348	14	2	7	5
349	15	2	8	5
350	15	2	9	4
351	18	3	10	5
352	17	2	9	6
353	18	2	9	7
354	16	2	9	5
355	16	2	9	5
356	15	2	9	4
357	15	2	8	5
358	16	2	9	5
359	13	2	5	6
360	11	2	5	4
361	16	2	9	5
362	17	2	10	5
363	15	2	7	6
364	20	2	8	10
365	18	2	9	7
366	13	2	5	6
SOMME	6011	949	3105	1957
		15,79 %	51,66 %	32,56 %

Bibliographie

1. Corpus
Corpus principal : les traductions des *Rerum vulgarium fragmenta* de Pétrarque au XVIe et au XVIIe siècle.

Par ordre chronologique

(1534–1539 c.) Clément MAROT :

> - *Le Chant des Visions de Pétrarque* (*Rvf* 323), dans *Suite de l'Adolescence Clémentine*, Paris, Pierre Roffet, 1534 ; *Six sonnetz de Pétrarque sur la mort de sa dame Laure*, traduictz d'italien en françois, Paris, G. Corrozet, [1541–1544 c.].

> ■ ÉD. MODERNE : *Œuvres poétiques*, 2 vol., éd. Gérard Defaux, Paris, Bordas, 1990–1993 ; rééd. Paris, Garnier, 2014.

> Poèmes traduits dans la *Suite de l'Adolescence Clémentine* : *Rvf* 323^c.

> Poèmes traduits dans l'éd. des *Six sonnets* (dans l'ordre) : *Rvf* 1, 161, 248, 338, 346, 348.

(1547) Jacques PELETIER :

> - « Douze sonnets de Pétrarque », dans *Œuvres poétiques*, Paris, imprimerie de Michel de Vascosan pour Luy & Gilles Corrozet, 1547.

> ■ ÉD. MODERNE : *Œuvres poétiques* (d'après l'édition originale publiée en 1547 par Léon Seché), éd. Paul Laumonier, Paris, Revue de la Renaissance, 1904 ; *Les Œuvres poétiques de Jacques Peletier du Mans*, reproduction photographique avec introduction et notes par Marcel Françon, Rochecorbon, C. Gay, 1958.

> Poèmes traduits (dans l'ordre) : *Rvf* 2, 74, 75, 312, 134, 163, 164, 267, 274, 276, 305, 314.

(1548–1555) Vasquin PHILIEUL :

> - *Laure d'Avignon, mis en françoys par Vasquin Philieul*, Paris, J. Gazeau, 1548 ;

> - Toutes les euvres vulgaires de François Pétrarque, contenans quatre livres de M. D. Laure d'Avignon, sa maistresse, jadis par luy composez en langage thuscan et mis en françoys par Vasquin Philieul, avecques briefz sommaires ou argumens requis pour plus facile intelligence du tout, Avignon, impr. de B. Bonhomme, 1555.

> NOTES : Philieul utilise cinq des six sonnets déjà traduits par Clément Marot et un sonnet (*Rvf* 134) traduit par Bussely de Lenoncourt.

> Traduction complète des *Rerum vulgarium fragmenta* et des *Triumphi*.

(1555–1587 c.) Jean-Antoine de Baïf :

> - *Quatre Livres de l'Amour de Francine* (Paris, André Wechel, 1555).
>
> ■ ÉD. MODERNE : *Œuvres complètes*, sous la dir. de Jean Vignes, Paris, Champion, t. II, 2012 ;
>
> - *Chansonnettes mesurées* (ms. 19.140 de la Bnf, XVIe) ;
>
> ■ ÉD. MODERNE : *Chansonnettes*, édition critique, texte inédit avec une introduction et un lexique par G. C. Bird, Vancouver, University of British Columbia, 1964.
>
> Poèmes traduits : *AmFr* I, 57 (*Rvf* 75) ; *AmFr* I, 80 (*Rvf* 12) ; *AmFr* II, 66 (*Rvf* 281) ; *ChMe* II, 59 (*Rvf* 189) ; *ChMe* III, 37 (*Rvf* 134) ; *ChMe* III, 43 (*Rvf* 161).

(1572) Étienne DU TRONCHET :

> - *Lettres Amoureuses*, Lucas Breyer, 1572 ; 2e éd.) *Lettres amoureuses en nombre 54. Avec septante sonnets traduicts du divin Petrarque et au pied de chascun sonnet un anagramme du nom des amis*, Paris, veuve Lucas Breyer, 1575 ; 3e éd.) *Lettres amoureuses d'Estienne du Tronchet, Secretaire de la Royne mere du Roy. Avec Septante Sonnets traduits du divin Petrarque…*, Paris, Abel L'Angelier, 1583 ; 4e éd.) *Lettres amoureuses…*, Lyon, s.n., 1593 ; 5e éd.) *Lettres amoureuses…*, Lyon, pour Paul Frellon et Abraham Cloquemin, 1595 ; 6e éd.) *Lettres amoureuses…*, Lyon, Antoine de Harsy, 1598.
>
> Poèmes traduits (dans l'ordre) : *Rvf* 1, 2, 3, 4, 5, 6, 7, 8, 9, 10, 11, 12, 13, 14, 15, 16, 17, 18, 19, 20, 21, 24, 25, 26, 32, 34, 35, 36, 38, 39, 44, 45, 56, 60, 61, 65, 67, 74, 75, 82, 85, 90, 100, 102, 104, 107, 109, 111, 112, 124, 131, 132, 133, 134, 140, 152, 154, 161, 163, 164, 167, 168, 173, 176, 177, 178, 186, 187, 220, 134[i].

(1584) Jérôme D'AVOST :

> - *Essais sur les sonnets du divin Petrarque*, Paris, Abel l'Angelier, 1584. Première édition avec texte en regard. Contient l'imitation d'un sonnet de Julle Camille. Contient aussi des sonnets traduits par Vasquin Philieul (*Rvf* 33, 283), Jacques Peletier (*Rvf* 164), Étienne du Tronchet (*Rvf* 164).
>
> ■ ÉD. MODERNE : *Essais sur les sonnets du divin Pétrarque* [1584], texte présenté et annoté par Keith Cameron et Madeleine Constable, University of Exeter, 1974.
>
> Poèmes traduits (dans l'ordre) : *Rvf* 1, 2, 33, 34, 45, 46, 90, 154, 156, 159, 164, 192, 213, 216, 218, 219, 220, 223, 224, 247, 248, 274, 283, 291, 299, 311, 329, 337, 338, 346.

(1606) Philippe de MALDEGHEM :

> - *Pétrarque en rime françoise avec ses commentaires, trad. par Philippe de Maldeghem, seigneur de Leyschot*, Bruxelles, Rutger Velpius 1600 ; rééd. Douai, François Fabry, 1606.
>
> Traduction complète des *Rerum vulgarium fragmenta* et des *Triumphi*.

(1669) Placide CATANUSI :

- *Œuvres amoureuses de Pétrarque, traduites en François avec l'Italien à costé. Par le Sieur Placide Catanusi, Docteur et Professeur en Droict, et Advocat en Parlement*, Paris, Estienne Loyson, 1669. Traduction en prose avec texte en regard.

Poèmes traduits (dans l'ordre) : *Rvf* 1, 3, 12, 21, 36, 208, 108, 85, 132, 134, 151, 199, 220, 168, 176, 141, 203, 255, 223, 265, 216, 170, 212, 163, 93, 82, 311, 10, 97, 123, 2, 153, 205, 95, 180, 253, 351, 215, 164, 193, 310, 159, 187, 226, 121^m, 49, 13, 35, 65, 90, 219, 224, 19, 39, 69, 101, 240, 192, 162, 152, 145, 243, 147, 64, 184, 154, 107, 44, 260, 112, 75, 102, 183, 130, 144, 9, 124, 230, 229, 113, 133, 160, 227, 211, 213, 218, 209, 195, 174, 283, 273, 300, 338, 303, 269, 291, 292.

CORPUS ANNEXE : les traductions des *Rerum vulgarium fragmenta* de Pétrarque du XVIIIe au XXIe siècle.

PAR ORDRE CHRONOLOGIQUE

(1764) Jacques de SADE :

- *Œuvres choisies de François Pétrarque, traduites de l'italien et du latin en français*, 3 vol., Amsterdam, Arskée & Mercus, 1764. Traduction avec texte en regard.

Poèmes traduits : *Rvf* 1, 211*, 54^m, 181, 144, 159, 2, 3, 47*, 10, 34, 148i, 12, 13, 8i, 9, 7, 15, 16, 176, 177, 103, 98, 35, 36, 32, 31, 33, 27, 28^c, 53^c, 39, 47, 48, 49, 59^b, 63^b, 56, 57, 64, 54^m, 55^b, 65, 68, 67, 82, 83, 89, 85, 84, 96, 96, 77, 78, 81, 4*, 109, 108, 110, 111, 112, 90, 213, 91, 115, 116, 199, 200, 201, 202, 114, 259, 118, 128^c, 194, 113, 126^c, 125^c, 123, 180, 209, 226, 129^c, 139, 208, 140, 141, 147, 240, 134, 132, 155, 156, 157, 158, 238, 143, 150, 153, 168, 169, 170, 183, 172, 174, 184, 218, 231, 233, 203, 206^c, 229, 230, 212, 216, 217, 221, 234, 245, 225, 257, 253, 160, 192, 263, 154, 262, 261, 167, 222, 45, 46, 100, 247.

(1774–1787) Pierre-Charles LEVESQUE :

- *Choix des poésies de Pétrarque traduites de l'italien*, Venice / Paris, Valade and Hardouin, 1774 ; *Choix des poésies de Pétrarque traduites de l'italien*, nouvelle édition corrigée et augmentée, Venice [avec mention « *et se trouve à Paris* »], Ardouin & Gattey, 1787.

Poèmes traduits : [t. I] *Rvf* 50^c, 53^c, 73^c, 126^c, 127^c, 135^c, 268^c, 270^c, 22^s, 1, 3, 7, 12, 16, 102, 108, 112, 132, 134, 144, 145, 153, 159, 162, 164, 170, 176, 180, 192, 205, 219, 223, 310, 106^b.

[t. II] *Triomphe de l'Amour, Triomphe du Temps, Triomphe de la Divinité*, choix de poèmes d'après les *Rerum vulgarium fragmenta* (*Rvf* 66*, 125c*, 129c*, 264c*, 237c*), *Triomphe de la Mort*.

(1811–1875) Pierre-Louis Ginguené :

- *Histoire littéraire d'Italie* (1811–1835). On utilisera ici l'édition revue et corrigée de 1824 : *Histoire littéraire d'Italie. Seconde édition, revue et corrigée sur les manuscrits de l'auteur, ornée de son portrait, et augmentée d'une notice historique par M. Daunoi*, 9 vol., Paris, Michaud frères, 1824.

Traductions en prose éparse intégrées dans le texte : *Rvf* 115 (t. II, ch. XIV, p. 512), *Rvf* 156 (p. 514), *Rvf* 158 (*ibidem*), *Rvf* 123 (p. 516), *Rvf* 126 (p. 519), *Rvf* 71 (p. 523–524), *Rvf* 72 (p. 527), *Rvf* 267 (p. 533), *Rvf* 268 (*ibidem*), *Rvf* 219 (p. 536), *Rvf* 301 (), *Rvf* 310 (p. 537), *Rvf* 302 (p. 538–539), *Rvf* 359 (p. 539), *Rvf* 360 (p. 542), *Rvf* 128 (p. 548), *Rvf* 136 (p. 551), *Rvf* 137 (p. 552), *Rvf* 138 (p. 552–553), *Rvf* 293 (p. 558).

- *Les Œuvres amoureuses de Pétrarque, sonnets, triomphes, traduites en français, avec le texte en regard et précédées d'une notice sur la vie de Pétrarque*, introduction par P.-L. Ginguené, Paris, Garnier Frères, 1875. Traduction en prose anonyme avec texte en regard. Il s'agit de la version de Catanusi avec orthographe modernisée probablement par P.-L. Ginguené.

Poèmes traduits en prose : *Rvf* 1, 3, 12, 21, 36, 208, 108, 85, 132, 134, 151, 199, 220, 168, 176, 141, 203, 255, 223, 265, 216, 170, 212, 163, 93, 82, 311, 10, 97, 123, 2, 153, 205, 95, 180, 253, 351, 215, 164, 193, 310, 159, 187, 226, 121, 49, 13, 35, 65, 90, 219, 224, 19, 39, 69, 101, 240, 192, 162, 152, 145, 243, 147, 64, 184, 154, 107, 44, 260, 112, 75, 102, 183, 130, 144, 9, 124, 230, 229, 113, 133, 160, 227, 211, 213, 218, 209, 195, 252, 174, 283, 273, 186, 338, 303, 269, 291, 292. Suit une traduction complète des *Triumphi*.

(1830–1848) Camille Ésmenard :

- *Choix de sonnets de Pétrarque*, Paris, Béchet, 1830 ; *Poésies de Pétrarque, traduites en vers par Camille Esmérard du Mazet*, Paris, Comptoir des Imprimeurs-Unis, 1848.

Dans l'édition de 1830, Esmérard traduit d'après les *Rerum vulgarium fragmenta*, les poèmes suivants (dans l'ordre, avec divisions en deux parties, *in vita* et *in morte*) : [1re *partie*] *Rvf* 1, 3, 12, 15, 16, 35, 61, 82, 85, 87, 90, 111, 112, 132, 134, 141, 156, 181, 187, 208, 213, 218, 220, 224, 226, 231, 240, 245, 261, 249 ; [2e *partie*] 267, 272, 273, 278, 279, 281, 285. Cette édition comprend aussi un choix de « Poésies diverses » qui sont des compositions du traducteur. Dans l'édition de 1848, il traduit d'après les *Fragmenta* et d'après les *Triumphi*. Les poèmes traduits d'après les *Fragmenta* sont les suivants (dans l'ordre, avec division en trois parties, *in vita*, *in morte* et « Poésies diverses ») : [1re *partie*] *Rvf* 1, 3, 4, 8, 9, 11^b, 12, 13, 14^b, 15, 16, 19–21, 22^c, 32–3, 35–6, 39, 41–2, 44–5, 48, 59, 50^c, 51, 52^m, 54^m, 55^b, 56–7, 59^b, 61, 61, 63^b, 64, 67–9, 73^c, 74, 78, 80^s, 82–5, 87–90, 99–102, 106^m, 107–8, 110–18, 121^m, 122–3, 126^c, 127^c, 129^c, 132, 134, 140–1, 144, 146–7, 149^b, 153–4, 156–7, 159–62, 164–5, 167, 169–70, 174, 176, 179–81, 183, 185, 187, 189–92, 196, 199^c, 201, 265, 203, 205, 208–9, 266, 211–13, 216, 218–20, 222–8, 231, 233–4, 240, 242, 245,

247–8, 253, 259, 261–3, 249–51 ; [*2ᵉ partie*] 267, 268ᶜ, 269, 270ᶜ, 271–73, 275, 278–81, 285, 287–93, 297–305, 307–12, 315, 317–18, 320–1, 324ᵇ, 325ᶜ, 328–9, 331ᶜ, 332ˢ, 333, 335–6, 350, 355, 338–43, 346–9, 356, 358, 361–2, 365, 351, 354, 353 ; [d'après les *Triumphi*] *Triumphus mortis*, *Triumphus eternitatis*, *Galatea* (Bucolicum carmen, Églogue 12) ; *Rvf* 364 (en guise d'« Épilogue ») ; [*3ᵉ partie*] *Rvf* 10, 24–7, 28ᶜ, 40, 53ᶜ, 58, 92, 98, 103–4, 119–20, 128ᶜ, 136–9, 166, 232, 322.

(1848) Ernest et Edmond LAFOND :

- *Dante, Pétrarque, Michel-Angel, Tasse, sonnets choisis, traduits en vers et précédés d'une étude sur chaque poète*, Paris, Comptoir des Imprimeurs-Unis, 1848.

Les sonnets traduits en vers par les frères Lafond sont les suivants (dans l'ordre, avec division en deux parties, *in vita* et *in morte*) : [*1ʳᵉ partie*] *Rvf* 1, 3, 4, 5, 8, 9, 10, 12, 13, 15, 16, 33, 32, 36, 35, 56, 61, 62, 64, 68, 74, 77, 78, 81, 82, 85, 91, 99, 100, 108, 109, 111, 114, 115, 116, 120, 123, 132, 133, 140, 143, 145, 146, 150, 153, 154, 155, 156, 157, 159, 160, 162, 163, 164, 165, 167, 169, 170, 171, 174, 175, 176, 179, 180, 181, 183, 188, 190, 191, 192, 194, 196, 199, 201, 203, 204, 213, 205, 208, 212, 215, 217, 218, 219, 220, 222, 223, 224, 225, 226, 227, 229, 234, 236, 238, 240, 244, 259, 245, 261, 248, 246, 265, 256, 267, 257, 258, 249, 254, 250 ; [*2ᵉ partie*] 267, 269, 271, 272, 273, 274, 275, 277, 278, 279, 280, 281, 282, 283, 284, 285, 286, 287, 288, 289, 290, 292, 294, 295, 296, 297, 298, 299, 300, 301, 302, 303, 304, 305, 306, 307, 308, 309, 354, 310, 353, 312, 313, 314, 315, 316, 317, 318, 319, 320, 326, 327, 328, 329, 330, 339, 333, 334, 335, 336, 350, 355, 337, 340, 342, 343, 341, 344, 345, 346, 347, 349, 356, 357, 358, 352, 361, 362, 363, 364, 365, 351.

(1842) Ferdinand de GRAMONT :

- *Poésies de Pétrarque, sonnets, canzones, triomphes*, Paris, Paul Masgnana Librairie-Éditeur, 1842.

- ÉD. MODERNE : *Canzoniere*, préface et notes de Jean-Michel Gardair, traduction du comte Ferdinand L. de Gramont, Paris, Gallimard, 2007.

Traduction complète en prose et sans texte en regard des *Rerum vulgarium fragmenta* et des *Triumphi*.

(1842) Anatole de MONTESQUIOU :

- *Sonnets, canzones, ballades et sextines de Pétrarque, traduits en vers par le comte Anatole de Montesquiou*, 2 vol., Paris, Leroy, 1842.

Traductions complètes en vers sans texte en regard.

(1847) Emma MAHUL :

- *Cent cinquante sonnets et huit morceaux complémentaires, traduction des Sonnets de Pétrarque par S. Emma Mahul, née Dejean*, texte en regard, Paris, impr. de Firmin-Didot frères, 1847 ;

- Choix de sonnets de Pétrarque : seconde édition revue, corrigée et augmentée de la traduction de différentes poésies de Pétrarque, Florence, Héritiers Botta, 1867 ;

- Choix de sonnets : troisième édition revue, corrigée et augmentée de la traduction de différentes poésies de Pétrarque, Paris, Firmin Didot, 1869 ;

- Choix de sonnets traduits de Pétrarque, revue, corrigée et augmentée de la traduction de différentes poésies de Pétrarque, Paris, Firmin Didot frères, fils et Cie, 1872 ;

- Sonnets inédits traduits de Pétrarque, cinquième publication complétant la totalité des sonnets et augmentée de la traduction également inédite de différentes poésies de Pétrarque, Rome, Héritiers Botta, 1877.

Dans ces cinq éditions, Mahul achève la traduction poétique de tous les sonnets des *Rerum vulgarium fragmenta*. On remarquera que la dernière édition comprend aussi un chapitre de « Poésies diverses traduites de Pétrarque » (p. 119–58), donc des poèmes autres que les sonnets : *Rvf* 28^c, 52^m, 59^b, 71^c, 80^c, 106^m, 126^c, 229–31, 233, 239^c, 332^c, 359^c.

Traductions sans texte en regard.

(1851) Jean-Paul-Louis d'Arrighi :

- Odes et sonnets choisis de Pétrarque, Paris, T. Mayer, 1851.

Poèmes traduits en vers avec texte en regard : *Rvf* 1, 2, 3, 4, 5, 6, 8, 9, 12, 13, 267, 269, 273, 274, 275, 278, 282, 284, 283, 285, 289, 291, 317, 353, 299, 311, 302, 303, 310, 300, 305, 306, 308, 309, 312, 313, 314, 320, 316, 268^c. Arrighi traduit aussi le *Triomphe du Temps*. Le volume comprend aussi une traduction de la poésie *La libertà di Nice* de Métastase ; texte italien en regard avec les *argomenti* de G. Biagioli (p. 100–107).

(1858) Alphonse de Lamartine :

- Cours familier de littérature : un entretien par mois, tome VI, Paris, chez l'auteur, 1858 [*en ligne* : Gallica.fr]. Une version numérique est disponible en ligne avec orthographe modernisée : éd. d'Amélie Boutet (stylage sémantique), Éric Thiébaud (stylage sémantique) et Stella Louis (numérisation et encodage TEI), Université Paris-Sorbonne, LABEX OBVIL, 2015, License cc. [*en ligne* : obvil. paris-sorbonne.fr].

- Le Cours familier sur Pétrarque a été repris dans *Trois poètes italiens : Dante, Pétrarque, Le Tasse*, Paris, A. Lemerre, 1893.

Traductions éparses, à l'intérieur d'une prose narrative, sans texte en regard : *Rvf* 1, 144, 3, 10, 35, 279, 303i, 282, 288, 310, 312, 319, 320, 333, 340, 362, 352. Contient traductions partielles de : *Rvf* 3*, 62*, 10*, 123*, 129*, 150*, 275*, 291*, 278*, 311*, 306*, 309*, 249*, 314*.

(1877) Joseph Poulenc :

- Rimes de Pétrarque, traduction en vers des sonnets, canzones… madrigaux… par Joseph Poulenc, Librairie internationale, Paris, 1865.

- *Rimes de Pétrarque, traduction en vers des sonnets, canzones... madrigaux... par Joseph Poulenc*, 2 vol., Paris, Librairie des Bibliophiles, 1877.

Traduction complète en vers avec texte en regard.

(1877–79) Philibert LE DUC :

- *Les sonnets de Pétrarque : Traduction complète en sonnets réguliers avec introduction et commentaire par Philibert Le Duc*, 2 vol., Paris, L. Willem, 1877–1879.

Poulenc traduit sans texte en regard les sonnets suivants, dans l'ordre : [*1re série*] *Rvf* 1–10, 11^{b}, 12, 13, 15–21, 24–7 ; [*2e série*] *Rvf* 31–6, 38–49, 51, 56–8, 60–2, 64–5, 67–9, 74–5 ; [*3e série*] *Rvf* 76–9, 81–104, 107–18 ; [*4e série*] *Rvf* 120, 122–4, 130–4, 136–41, 143–8, 150–8 ; [*5e série*] *Rvf* 159–90 ; [*6e série*] *Rvf* 191–205, 208–13, 215–25 ; [*7e série*] *Rvf* 226–36, 238, 240–63, 265–6 ; [*8e série*] *Rvf* 267, 269, 271–98 ; [*9e série*] *Rvf* 299–322, 326–30, 333 ; [*10e série*] *Rvf* 334–6, 350, 355, 337–49, 356–8, 361–5, 351–2, 354, 353.

(1883) Francisque REYNARD :

- *Les rimes de François Pétrarque, tr. nouvelle par Francisque Reynard*, Paris, Charpentier, 1883.

Traduction complète en prose sans texte en regard.

(1887) Junior CASALIS et Ernest de GINOUX :

- *Cinquante sonnets et cinq odes, traduits en vers français par J. Casalis et E. de Ginoux*, Paris, Librairie des Bibliophiles, 1887.

Traduction en vers avec texte en regard, dans l'ordre : 1, 2, 3, 12, 13, 15, 16, 21, 32, 33, 35, 49, 61, 62, 68, 85, 90, 102, 108, 109, 126^{c}, 129^{c}, 287, 132, 145, 159, 160, 161, 162, 163, 164, 165, 192, 196, 201, 202, 208, 220, 222, 248, 249, 268^{c}, 272, 299, 300, 301, 302, 305, 310, 312, 320, 339, 365, 128^{c}, 53^{c}.

(1899–1933) Fernand BRISSET :

- *Canzones, triomphes et poésies diverses, traduction nouvelle*, avec introduction et notes par Fernand Brisset, Paris, Perrin, 1899.

- *Pétrarque à Laure : Les Sonnets, traduction nouvelle rythmée par Fernand Brisset*, préface du prof. Augusto de Benedetti, Paris, J.-A. Quereuil, 1933.

Traduction complète en prose, sans texte en regard, des *Rerum vulgarium fragmenta* et des *Triumphi*.

(1900) Hippolyte GODEFROY :

- *Poésies complètes de Francesco Petrarca, traduction nouvelle par Hippolyte Godefroy : sonnets, canzones, sestines, triomphes*, Montluçon, A. Herbin, 1900.

Traduction en prose sans texte en regard : [*1re partie*] *Rvf* 1–6, 23, 22, 9–10, 8, 7, 12–13, 15–21, 24–7, 31–6, 38–44, 28, 30, 29, 45–7, 37, 50, 48–9, 51–2, 54, 11, 14, 58, 57, 60–1, 53, 70, 62, 64–5, 67–8, 71–3, 106, 121, 69, 74–5, 66, 308, 76–9, 83–4, 81–2, 85–8, 80, 89–98, 100–4, 107–9, 105, 119, 110–18, 120, 122–3, 125, 124, 130–2, 126, 133–4, 153, 127, 136–8, 128–9, 135, 139–41, 143–8, 150–2, 154–204, 206, 205, 208–13, 215–28, 142, 214, 229–35,

207, 238, 236, 240–3, 237, 239, 244–55, 264, 256–63, 265, 266 ; [*2ᵉ partie*]
Rvf 267, 269, 271, 268, 272, 82, 270, 283, 93, 323, 325, 294, 9, 331, 300, 301,
308–10, 304–7, 302–3, 255, 311–13, 315–21, 326, 322, 327–30, 333–4, 332,
335–6, 350, 355, 337–49, 356–8, 361–3, 359, 364–5, 351–2, 360, 354, 353,
366 ; [*3ᵉ partie*] Traductions complète des *Triumphi*.

(1920) Henry COCHIN :

- *François Pétrarque*, préface et traduction par Henry Cochin, Paris, La
Renaissance du livre, 1920.

Cochin traduit sans texte en regard les poèmes suivants : [*1ʳᵉ partie*] *Rvf* 1, 2,
106ᵐ, 13, 72, 159, 160, 165, 167, 199, 110, 52ᵐ, 34, 10, 176, 180, 15, 123, 225,
77, 245, 117, 126, 190, 162, 121ᵐ, 129ᶜ, 211, 212, 90, 132, 164, 189, 54, 91,
68, 99, 81, 62, 249, 254, 215, 261, 263, 264ᶜ ; [*2ᵉ partie*] *Rvf* 268ᶜ, 299, 279,
281, 301, 302, 333, 338, 346, 351, 359ᶜ, 364, 365, 366ᶜ ; [*3ᵉ partie* ; Poèmes sur
divers sujets, « Humanisme »] *Rvf* 7, 119ᶜ, 104 ; [*4ᵉ partie*, « Poèmes politiques »]
Rvf 53ᶜ, 128ᶜ. Enfin, il traduit intégralement le *Triumphus Cupidinis* (*Triomphes
de l'Amour*) et partiellement les autres *Triumphi* (*Triomphe de la Chasteté,
Triomphe de la Mort, Triomphe de la Gloire, Triomphe du Temps, Triomphe de
l'Éternité*).

(1920) Marie-Anne GLOMEAU :

- *De l'Amour et de la Mort (Sonnets choisis), traduction littérale conforme aux
commentaires de Léopardi par Marie-Anne Glomeau, eaux-fortes originales par
Emile Feltesse*, Paris, Maurice Glomeau, 1920.

Traduction en prose sans texte en regard, dans l'ordre : [*1ʳᵉ partie*] *Rvf* 1, 6, 15,
18, 32, 36, 47, 56, 79, 86, 101, 118, 124, 134, 140, 141, 152, 153, 167, 184, 189,
195, 196, 198, 212, 218, 221, 246, 248, 251, 254 ; [*2ᵉ partie*] *Rvf* 269, 274, 276,
278, 279, 283, 291, 292, 294, 297, 307, 311, 312, 315, 317, 326, 327, 338, 344,
358, 363, 364, 352, 354.

(1921) Pierre Edmond LADOUÉ :

- *Les rimes, les triomphes*, notes et traductions par Pierre Edmond Ladoué, Paris,
A. Hatier, 1921.

Traduction en prose sans texte en regard : [*1ʳᵉ partie*] *Rvf* 1, 3, 4, 11, 12, 13, 15,
16, 17, 19, 21, 31, 33, 35, 45, 47, 68, 75, 79, 84, 86, 87, 107, 108, 133, 134, 141,
145, 152, 155, 160, 167, 168, 175, 176, 183, 192, 199, 201, 209, 223, 227, 242,
246, 260, 263, 265 ; [*2ᵉ partie*] *Rvf* 267, 274, 275, 278, 279, 281, 283, 285, 286,
288, 294, 295, 297, 298, 299, 301, 302, 306, 307, 309, 310, 311, 314, 318, 319,
320, 321, 326, 330, 332ˢ, 334, 336, 338, 346, 347, 349, 357, 359ᶜ, 362, 364,
365 ; [*3ᵉ partie*] *Rvf* 27, 28ᶜ, 40, 50ᶜ, 53ᶜ, 91, 92, 98, 99, 103, 104, 119ᶜ, 120,
128ᶜ, 266, 332ˢ, 359ᶜ, 28ᶜ, 50ᶜ, 119ᶜ, 128ᶜ, 366ᶜ. Le volume contient à la fin la
traduction du *Triomphe de la Mort, Triomphe de la Renommée, Triomphe du
Temps* et *Triomphe de la Divinité*.

(1928) A. VALENTIN :

- (dans) *Pétrarque. Mélanges de littérature et d'histoire*, publiés par l'Union Intellectuelle franco-italienne, Paris, Librairie Ernest Leroux, 1928.

Traductions en vers sans texte en regard d'une série de poèmes : *Rvf* 16, 25, 54, 84, 100, 126^c, 129^c, 132, 159, 218, 245, 267, 268^c, 336.

(1932) Ferdinand BAILLY :

- *Sonnets, canzones, sestines, madrigaux et triomphes*, nouvelle traduction en vers et dans les formes originales par Ferdinand Bailly, Paris, Éditions de la Jeune Académie, 1932.

Traduction complète en vers des *Rerum vulgarium fragmenta* et des *Triumphi*, avec texte en regard.

(1947–2007) Louis ARAGON :

- *Cinq Sonnets de Pétrarque avec une eau-forte de Picasso et les explications du traducteur*, Paris, à la Fontaine de Vaucluse, 1947.

- *Cinq sonnets de Pétrarque* (1947), dans *Œuvres poétiques complètes*, préface de Jean Ristat, éd. d'Olivier Barbarant, Paris, Gallimard, coll. « Bibliothèque de la Pléiade », 2007.

Traduction en vers sans texte en regard : *Rvf* 1, 176, 187, 102, 283.

(1948) Hilaire ENJOUBERT :

- *Les Amours de François Pétrarque et de Laure de Sabran*, Paris, Boivin & Cie Éditeurs, 1948.

Traduction en prose (les textes italiens se trouvent en annexe à la fin du recueil) : *Rvf* 5, 13, 35, 199, 200, 112, 82, 61, 117, 288, 311.

(1955) Georges NICOLE :

- *Canzoniere*, choix et traduction en vers français de Georges Nicole, Lausanne, Mermod, 1955.

Traduction en vers sans texte en regard : *Rvf* 12, 15, 16, 17, 32, 33, 35, 45, 46, 56, 57, 61, 62, 81, 90, 100, 101, 106^m, 111, 116, 123, 126^c, 129^c, 140, 143, 146, 156, 159, 160, 164, 165, 167, 169, 176, 180, 184, 185, 188, 189, 192, 194, 196, 199, 208, 211, 216, 218, 219, 221, 223, 225, 227, 234, 242, 243, 246, 248, 250, 253, 256 // 267, 268^c, 273, 276, 279, 281, 283, 292, 300, 301, 302, 304, 305, 310, 311, 319, 320, 327, 328, 329, 333, 341, 342, 343, 344, 346, 351, 352, 353, 355, 363, 364.

(1969–2009) Gérard GENOT :

- *Chansonnier*, traduction, introduction et notes par Gérard Genot, Paris, Aubier-Flammarion, 1969.

Traduction partielle en vers avec texte en regard.

- Chansonnier, édition critique de Giuseppe Savoca, introduction, traduction et commentaire de Gérard Genot, avec la collaboration de François Livi, Paris, Les Belles Lettres, 2009.

Traduction complète en vers avec texte en regard.

(1981) René CHAR et Tina JOLAS :

- La Planche de vivre (poésies de Raimbaut de Vasqueiras, Pétrarque, Lope de Vega, Shakespeare, Blake, Shelley, Keats, Emily Brontë, Emily Dickinson, Tioutchev, Goumilev, Anna Akhmatova, Pasternak, Mandelstam, Maïakovski, Marina Tsvétaeva, Hernandez), trad. de René Char et Tina Jolas, Paris, Gallimard, 1981.

Traduction de deux poèmes sans texte en regard : *Rvf* 176, *Rvf* 22^c

(1982–1990) Christian GUILLEAU et André UGHETTO :

- 42 sonnets, 3 chansons, 3 sextines, traduction par André Ughetto et Christian Guilleau, L'Isle-sur-la-Sorgue, Le Lamparo, 1982.

Traduction en vers avec texte en regard : *Rvf* 1, 18, 22^s, 32, 35, 66^s, 71^c, 74, 90, 126^c, 134, 151, 156, 160, 164, 170, 176, 181, 185, 189, 190, 194, 196, 199, 211, 212, 223, 225, 226, 227, 234, 237^s, 279, 281, 298, 300, 301, 308, 310, 311, 315, 320, 331^c, 336, 353, 361, 364, 365.

- La vertu et la grâce, poésies de François Pétrarque, trad. de l'italien par André Ughetto et Christian Guilleau, présenté par Maria Brandon Albini, postf. d'Alphonse de Lamartine, Paris, La Différence, coll. « Orphée », 1990.

Traduction en vers avec texte en regard, publiée après la mort de Christian Guilleau, révisée par André Ughetto.

(1989) Pierre BLANC :

- Le Chansonnier, introduction, traduction, bibliographie, glossaire, index par Pierre Blanc, Paris, Garnier, 1989.

Traduction complète en vers avec texte en regard.

(1994) André ROCHON et Danielle BOILLET :

- (dans) Anthologie bilingue de la poésie italienne, Paris, Gallimard, coll. « Bibliothèque de la Pléiade » (n° 410), 1994.

Ronchon et Boillet traduisent les sonnets suivants en vers et sans texte en regard, dans l'ordre (on signale entre parenthèses les acronymes des traducteurs : *ar* et *db*) : 1, 7, 12, 15, 16, 35, 52, 61, 62, 81, 90, 106, 116, 126 (*ar*), 128 (*db*), 129 (*ar*), 132, 133, 134, 136, 137, 138 (*db*), 159, 162 (*ar*), 164, 176, 189 (*db*), 192 (*ar*), 196 (*db*), 208 (*ar*), 213, 229 (*db*), 248 (*ar*), 249, 254, 267, 272 (*db*), 282, 285 (*ar*), 287 (*db*), 301, 302 (*ar*), 310, 311 (*db*), 317 (*ar*), 320 (*db*), 323 (*ar*), 226 (*db*), 343 (*ar*), 346 (*db*), 353 (*ar*), 364, 365, 366 (*db*). On remarquera que Danielle Boillet traduit aussi, dans la même édition, le *Trionfo dell'Amore* (« Le Triomphe de Cupidon ») et le *Trionfo della Morte* (« Triomphe de la Mort »).

(1996) Philippe JACCOTTET :

- (dans) *D'une lyre à cinq cordes*, traductions de différentes langues par Philippe Jaccottet, Paris, Gallimard, 1996.

Traduction en vers de deux sonnets sans texte en regard : *Rvf* 188, 303.

(1999–2018) Jean-Yves MASSON :

- « Pétrarque, Triomphe de la mort, Triomphe du temps », traduit de l'italien par Jean-Yves Masson, dans *Po&sie*, n° 87, Paris, Éditions Belin, 1999, p. 33–47. Traduction en vers sans texte en regard.

- « Poèmes du *Canzoniere* » et « Triomphe de l'Amour », dans *Europe*, 82ᵉ année, n° 902–903, juin-juillet 2004, p. 74–95. Traduction en vers sans texte en regard : *Rvf* 1–10, 12, 13, 15–18, 21, 38, 40, 60, 77, 78, 84, 108, 114, 118, 130, 140, 148.

- « XXXVIII. Orso, e' non furon mai », « XLVIII. Se mai foco per foco » et « XCVIII. Orso, al vostro destrier », dans *Pétrarque (1304–2004) : septième centenaire*, textes choisis par Christophe Carraud, Grenoble, Jerome Millon, 2004. Traduction en vers sans texte en regard : *Rvf* 34, 48, 98.

- *Les Triomphes de Pétrarque illustrés par le vitrail de l'Aube au XVIᵉ siècle*, traduction de l'italien par Jean-Yves Masson, Paris, 2018. Traduction avec texte en regard.

(2005) Jacqueline MALHERBE-GALY et Jean-Luc NARDONE :

- *Amour : en regards : trente poèmes du Canzoniere de Pétrarque*, traduits de l'italien et présentés par Jacqueline Malherbe-Galy & Jean-Luc Nardone, Rezé, Séquences, 2005.

Traduction en vers avec texte en regard : *Rvf* 3, 11ᵇ, 14ᵇ, 17, 39, 59ᵇ, 63ᵇ, 71ᶜ, 72ᶜ, 73ᶜ, 75, 84, 93, 94, 95, 141, 158, 160, 203, 221, 250, 257, 258, 260, 261, 276, 301, 306, 328, 330, 348.

(2011) Yves BONNEFOY :

- « Le *Canzoniere* en sa traduction », *Conférence*, n° 20, 2005, p. 361–377

- *Je vois sans yeux et sans bouche je crie*, vingt-quatre sonnets traduits par Yves Bonnefoy, accompagnés de dessins originaux de Gérard Titus-Carmel, Paris, Galilée, 2011.

Traduction en vers sans texte en regard : *Rvf* 1, 3, 12, 19, 31, 33, 34, 57, 61, 81, 90, 123, 132, 133, 134, 165, 189, 199, 200, 225, 226, 234, 245, 364.

(2012) François TURNER :

- *Sextines suivies de Madrigaux*, traduit de l'italien par François Turner, préface de Jean-Charles Vegliante, Paris, Le Lavoir Saint Martin, 2012.

Traduction en vers sans texte en regard : [*1ʳᵉ partie*] *Rvf* 22ˢ, 30ˢ, 66ˢ, 80ˢ, 142ˢ, 214ˢ, 237ˢ, 239ˢ, 332ˢ ; [*2ᵉ partie*] 52ᵐ, 54ᵐ, 106ᵐ, 121ᵐ.

(2018) René de CECCATTY :

> « *Canzoniere*, traduction de l'italien et préface de René de Ceccatty, Paris, 2018.
> Traduction sans texte en regard.

2. Autres traductions de Pétrarque citées

Almanach du sonnet, Aix-en-Provence, Ve Remondet-Aubin, 1874–1876 :

> - *Almanach du sonnet (1874)* : Sonnets inédits, publiés avec le concours de 150 Sonnettistes, Aix-en-Provence, Ve Remondet-Aubin : comprend des traductions et des imitations de quelques sonnets des *Rerum vulgarium fragmenta* par le Comte Xavier de la Canorgue, le comte Siméon ;
>
> - *Almanach du sonnet (1875)* : Sonnets inédits, publiés avec la collaboration de deux cents Poètes français et des principaux Félibres, Aix-en-Provence, Ve Remondet-Aubin, comprend des traductions de quelques sonnets des *Rerum vulgarium fragmenta* par Ate Penquer, Charles Baret, A. Boursault, Louis Guibert, P. Jonain, A. Marc, Edmond Py, Joséphin Soulary ;
>
> - *Almanach du sonnet (1876)* : Sonnets inédits publiés avec la collaboration de deux cents Poètes français et des principaux Félibres, Aix-en-Provence, Ve Remondet-Aubin, comprend des traductions de quelques sonnets des *Rerum vulgarium fragmenta* par Ate Penquer, D'Audeville, Alphonse Baudouin, Charles Bessat, Pierre Feuillade, etc.

ANONYME, *Le petit œuvre d'amour et gaige d'amityé* (Paris, J. Longis, 1538 c.), éd. Fr. Lachève, Paris, 1941, p. 68 [contient une traduction de *Rvf* 134]. Une version numérique de cette traduction se trouve en ligne accompagnée d'une notice explicative et d'une liste d'autres traductions du même sonnet, voir : Pascal JOUBAUD et Claire SICARD, « *Pace non trovo, et non ho do far guerra* : une traduction anonyme d'un sonnet de Pétrarque », *Notules XVI* (25 janvier 2017), Carnet de recherche Hypothèses [*en ligne* : notules16.hypotheses.org/198].

ANONYME, Au f. 99 v° du ms. BN fr 12489, copié dans les années 1530, se trouve une « espitre balladée » qui constitue une traduction, a priori inédite, de *Rvf* 134 (*Pace non trovo, et non ho do far guerra*). Le dizain est disponible en ligne dans la notule suivante : Pascal JOUBAUD et Claire SICARD, « *Pace non trovo, et non ho do far guerra* : une traduction anonyme d'un sonnet de Pétrarque », *Notules XVI* (25 janvier 2017), Carnet de recherche Hypothèses [*en ligne* : notules16.hypotheses.org/198].

DAUDIN Jean, *Livre intitulé des remedes de l'une et l'autre fortune* (ms. Ars. 2671) ; *Second livre de l'une et l'autre fortune, qui traite des adversités que on se repute avoir en ce monde aussi comme fait le premier des prosperités* (ms. BnF, fr. 593) ; *Des remedes de l'une et l'autre fortune* (ms. BnF, fr. 1117, inc.) ; *Liber de Remedio utriusque fortune* (ms. BnF, fr. 1117, expl.).

Forge Géorge de la, *Les triomphes messire Françoys Petrarcque, translatez de langaige tuscan en francois*, Paris, Verard, 1514 [anonyme mais attribué à G. de La Forge].

Legrand Marc, Traduction de *Rvf* 292, (*Le Figaro*, 29 janvier 1900, p. 5).

Loise Ferdinand, *Histoire de la poésie mise en rapport avec la civilisation en Italie depuis les origines jusqu'à nos jours*, Bruxelles, Alfred Castaigne / Paris, Thorin & fils, A. Fontemoing, 1895. Le volume contient les traductions de *Rvf* 279, 302, 126, ainsi qu'une traduction de *Rvf* 301 faite par by Boulay-Paty (p. 136–142).

Saint-Génie Léonce de, *Poésies de Pétrarque traduites en vers français suivies de deux poèmes*, Paris, Delaunay, 1816, I, 17.

3. Imitations et réécritures de Pétrarque citées

Costaing Jean-Joseph-François, *La Muse de Pétrarque dans les collines de Vaucluse, ou Laure des Baux, sa solitude et son tombeau dans le vallon de Galas*, Paris (chez Rapet) et Avignon (chez Bonnet fils), 1819. Il s'agit d'un essai qui inclut, dans sa prose narrative, quelques traductions très libres d'après les *Rerum vulgarium fragmenta*, et quelques extraits d'après les *Triumphi* (*Triumphus Mortis* et *Triumphus Eternitatis*), et le *Bucolicum carmen* (Églogues 3, 10, 11). Quelques textes-sources sont indiqués dans les notes en bas de page. D'après le *Fragmenta*, Costaing traduit les sonnets suivants : *Rvf* 325, 190, 3, 209, 96, 113–14, 261–3, 148, 160–2, 197, 116, 192, 100, 10, 206, 249–50, 234, 323, 126, 303–6, 308–11, 280–3, 333, 313, 320, 312, 338, 334, 271, 77–8, 259, 1.

Jehan-Madelaine L., *Sonnets de Pétrarque, traduction libre par L. Jehan-Madelaine*, Paris, Librairie Fischbacher, 1884. Cette édition contient, outre plusieurs poèmes de l'auteur dédiés à sa bien-aimée, quatre versions très libres d'après les *Rerum vulgarium fragmenta* : *Rvf* 1, 213, 164, 75.

Lalaing Marie-Henriette de, *Stances de Poliziano et poésies extraites de Dante, Petrarque et Leopardi*, trad. par la comtesse de Lalaing, née de Maldeghem, Bruxelles, Stienon, 1853. On trouve deux imitations de Lalaing d'après les *Rerum vulgarium fragmenta* (*Rvf* 248, 302).

Simonde de Sismondi Jean Charles Léonard, *De la littérature du Midi de l'Europe*, 4 vol., Paris et Strasbourg, Treuttel et Würtz, 1813, t. IV. Cet essai inclut des traductions très libres d'après les *Rerum vulgarium fragmenta* : *Rvf* 1 (p. 404), 16, 19, 90, 292, 320 (p. 410–416), et une traduction partielle de *Rvf* 28 (p. 418–420). La traduction est en prose sauf *Rvf* 90. Les textes-sources sont indiqués dans les notes en bas de page.

4. Les plus importantes éditions des œuvres de Pétrarque

NB :   des variations et des traductions éventuelles ont été signalées en note.

Afr.   *Africa*, éd. N. Festa, Sansoni, Florence, 1926.

Arringhe Scritti inediti di F.P. éd. commentée par A. Hortis, Tip. du Lloyd Austro-Ungarico, 1874.

>   *Ar. Med. Arringa facta Mediolani 1354*, p. 335–340.

>   *Ar. Nov. Arenga facta in civitate Novarie*, p. 341–358.

>   *Ar. Ven. Arenga facta Venecijs 1353*, p. 329–334.

BC   *Il Bucolicum Carmen e i suoi commenti inediti*, éd. A. Avena, Padoue, Società Cooperativa Tipografica, 1906.

CLV   *Carmina latina varia* :

>   1–6:   F. Petrarchae *Poemata minora quae extant omnia*, vol. III, Mediolani, 1834.

>   7–24:   K. Burdach, *Von Mitteralter zur Reformation. IV. Aus Petrarcas Altestem Deutschen Schülerkreise*, Berlin, 1929.

>   25:   E.H. Wilkins, *The Making of the "Canzoniere" and other petrarchan Studies*, Rome, Edizioni di Storia e Letteratura, 1951.

>   26:   G. Billanovich, « Un carme ignoto del Petrarca », *Studi petrarcheschi*, V, 1989, p. 101–125.

Coll. Ioh.   *Collatio coram illustri domino Iohanne Francorum rege*, dans *Opere Latine*, vol. II, p. 1286–1309.

Coll. Laur. *Collatio laureationis*, dans *Opere latine*, vol. II, p. 1256–1282.

Coll. Scip. G. Martellotti, « La 'Collatio inter Scipionem Alexandrum Hanibalem et Pyrrum' », dans *Classical medieval and renaissance studies in honor of Berthold Louis Ullman*, dir. par C. Henderson jr., Rome, Edizioni di Storia e Letteratura, 1964, vol. II, p. 145–168.

Disp.   *Trionfi, Rime estravaganti, Codice degli abbozzi*, éd. V. Pacca e L. Paolino, Milan, Mondadori, 1996.

Epyst.   *Epistulae metricae. Briefe in Versen*, herausgegeben, übersetzt und erläutert von O. und E. Schönberger, Würzburg, Königshausen & Neumann, 2004.

Fam.   *Le familiari*, éd. V. Rossi, 4 vol., Florence, Sansoni, vol. I, 1933 ; vol. II, 1934 ; vol. III, 1937 ; vol. IV (éd. U. Bosco), 1942.

>   Traduction italienne : *Le Familiari*, éd. U. Dotti, 5 vol., Turin, Aragno, 2004–2009.

Gest. Ces. *De gestis Cesaris*, éd. G. Crevatin, Pise, Scuola Normale Superiore, 2003.

Ign.   *De ignorantia. Della mia ignoranza e di quella di molti altri*, éd. E. Fenzi, Milan, Mursia, 1999.

Inv. magn. *Invective contra medicum* ; *Invectiva contra quendam magni status hominem sed nullius scientie aut virtutis*, éd. F. Bausi, Florence, Le Lettere, 2005, éd fr. *Invectives*, texte traduit, présenté et annoté par Rebecca Lenoir, Grenoble, Jérôme Million, 2003.

Inv. mal. *Contra eum qui maledixit Italie*, éd. M. Berté, Florence, Le Lettere, 2005.

Inv. med. *Invective contra medicum* ; *Invectiva contra quendam magni status hominem sed nullius scientie aut virtutis*, éd. F. Bausi, Florence, Le Lettere, 2005.

It. *Itinerario in Terra Santa 1358*, éd. F. Lo Monaco, Bergame, Lubrina, 1990.

Misc. *Lettere disperse. Varie e miscellanee*, éd. A. Pancheri, Milan-Parme, Guanda, 1994.

Opere latine *Opere latine*, éd. A. Bufano, avec la collaboration de B. Aracri et C. Kraus Reggiani, intr. de M. Pastore Stocchi, 2 vol., Turin, UTET, 1975.

Ot. *De otio religioso*, éd. G. Goletti, Florence, Le Lettere, 2006.

Post. K. Enenkel, *A Critical Edition of Petrarch's 'Epistola Posteritati' with an English Translation*, dans *Modelling the Individual. Biography and Portrait in the Renaissance, with a Critical Edition of Petrarch's 'Letter to Posterity'*, éd. K. Enenkel, B. de Jong-Crane et P. Liebregts, Amsterdam-Atlanta, Rodopi, 1998.

Priv. D. Mertens, « Petrarcas 'Privilegium laureationis' », dans *Litterae Medii Aevi. Festschrift für Johanne Autenrieth zu ihrem 65. Geburtstag*, éd. M. Borgolte et H. Spilling, Sigmaringen, Thorbecke, 1988, p. 225–247.

Ps. pen. *Psalmi penitentiales. Orationes*, éd. D. Coppini, Florence, Le Lettere, 2010.

Rem. *Les remèdes aux deux fortunes. De remediis utriusque fortune, 1354–1366*, texte établi et traduit par Ch. Carraud, 2 vol., I. *Texte et traduction* ; II. *Commentaires, notes et index*, préface de G. Tognon, introduction, notes et index par Ch. Carraud, Grenoble, Jérôme Millon, 2002.

Rer. mem. *Rerum memorandarum libri*, éd. M. Petoletti, Florence, Le Lettere, 2014.

Rvf éd. Marco Santagata, Milan, Mondadori, 1996.

Secr. *Secretum. Il mio segreto*, éd. E. Fenzi, Milan, Mursia, 1992.

Sen. jusqu'au livre XI : *Res Seniles*, éd. S. Rizzo, avec la collaboration de M. Bertè, 3 vol., Florence, Le Lettere, 2006–2018.

jusqu'au livre XIII : *Le Senili*, testo critico di E. Nota, trad. e cura di U. Dotti, collaborazione di F. Audisio, 3 vol., Turin, Aragno, 2004–2010.

SN *Liber sine nomine. Libro senza titolo*, texte critique de P. Piur revisé par L. Casarsa, traduction et introduction de U. Dotti, Turin, Aragno, 2010.

Test. *Testamentum*, dans *Opere latine*, vol. II, p. 1342–1356.

Tr. *Triumphi*, éd. M. Ariani, Milan, Mursia, 1988.

Var.   *Lettere disperse. Varie e miscellanee*, éd. A. Pancheri, Milan-Parme, Guanda, 1994.

Vir. ill.   *De viris illustribus*, Florence, Le Lettere, vol. I, éd. S. Ferrone, 2006 ; vol. II, *Adam-Hercules*, éd. C. Malta, 2007 ; vol. IV, *Compendium*, éd. P. De Capua, 2007.

Vit. sol.   *De vita solitaria*, dans *Opere latine*, vol. I, p. 262–564.

Vit. Terr. I. Ruiz Arzálluz, *La Vita Terrentii de Petrarca*, Rome-Padoue, Antenore, 2010.

5. Éditions des *Rerum vulgarium fragmenta*, des *Triumphi* et des *Rime disperse* mentionnées

Par ordre chronologique

(1475)   Commentaire aux *Triomphes* que Bernardo Lapini (dit Illicino) rédigea en 1475. Cette « mise en français » englobe des citations de Pétrarque traduites. La traduction du commentaire d'Illicino est conservée dans les manuscrits suivants : Bnf, f. fr. 223 ; fr. 594 ; fr. 595–596 et fr. 22541. Le ms f. fr. 2502 renferme une traduction différente du commentaire au *Triomphe du Temps*.

(1501)   *Le cose volgari di messer Francesco Petrarcha* (Venice, Alde Manuce, 1501). En réalité, l'éd. Manuce reproduit le manuscrit de Pietro Bembo conservé dans le Codice Vaticano latino 3197 (pour cette raison elle est communément appelée « éd. Bembo »).

(1503)   *Petrarcha con doi commenti sopra li sonetti & canzone. El primo del ingeniosissimo misser Francesco Philelpho. Laltro del sapientissimo misser Antonio da Tempo, novamente addito. Ac etiam con lo commento del eximio misser Nicolo Peranzone, overo Riccio marchesiano sopra li Triumphi, con infinite nove acute et excellente expositione*, Venezia, per Albertino da Lessona, 1503.

(1513)   *Li sonetti canzone e triumphi con li soi commenti non senza grandissima evigilantia et summa diligentia correpti et in la loro primaria integrita et origine restituti noviter in littera cursiua studiossimamente impressi*, Venice, Bernardino I Stagnino, 1513.

(1514)   *Il Petrarcha*, Venise, Aldo Manuce, 1514.

(1515)   *Il Petrarcha*, Venise, Paganini, 1515.

(1519)   *Li sonetti canzone triumphi, con li soi commenti non senza grandissima e vigilantia et summa diligentia correpti et in la loro prima integrita et origine restituti noviter in littera cursiua studiosissimamente impressi*, Venice, Bernardino Stagnino per Gregorio De Gregori, 1519.

(1525, 1541) *Le volgari opere del Petrarca con la espositione di Alessandro Vellutello da Lucca*, Venice, Giovanni Antonio Nicolini da Sabbio, 1525–1541.

(1528, 1532) *Il Petrarcha con l'espositione d'Allessandro Vellutello e con molte altre utilissime cose*, Venice, Bernardino Vitali, 1528–1532.

(1531) *Il Petrarcha con la sua vita nuovamente aggiunta*, Venice, Bernardino Stagnino, 1531.

(1532) Sebastiano FAUSTO DA LONGIANO, *Il Petrarcha*, Venice, Francesco Bindoni, 1532.

(1533) *Il Petrarcha colla spositione di misser Giovanni Andrea Gesualdo*, Venezia, Giovanni Antonio Nicolini da Sabbio & fratres, 1533.

(1535) *Il Petrarcha, nuovamente conferito con essemplari antichi scritti al tempoch'egli era in vita, & con somma diligenza corretto con le figure a luoghi suoi accommodate. Aggiuntaui la spositione de' luoghi difficili del Petrarcha, & le regole degli accenti*, Venice, per Vittore Ravani & C., 1535.

(1538) *Il Petrarcha con l'espositione d'Alessandro Vellutello*, Venice, Bartolomeo Zanetti, 1538.

(1541, 1547) *Il Petrarca con l'espositione d'Alessandro Vellutello*, Venice, Comin da Trino, 1541–1547.

(1544, 1545, 1547) *Il Petrarcha con l'espositione d'Alessandro Vellutello*, Venice, Gabriele Giolito, 1544–1547.

(1545, 1547, 1550) *Il Petrarca*, Lyon, Jean de Tournes, 1545–1550.

(1547) *Il Petrarca corretto da m. Lodouico Dolce, et alla sua integrita ridotto*, Venise, Gabriele Giolito de Ferrari, 1547.

(1548) *Sonetti, canzoni, et triomphi di m. Francesco Petrarca con breue dichiaratione, & annotatione di Antonio Brucioli*, Venice, per Alessandro Brucioli & fratres, 1548.

(1550, 1551) *Il Petrarca con nuove et brevi dichiarationi, insieme una tavola di tutti I vocaboli, detti, et proverbi difficili diligentemente dichiarati*, Lyon, Guillaume Rouillé, 1550–1551.

(1563) *L'arte poetica del sig. Antonio Minturno, nella quale si contengono i precetti heroici, tragici, comici, satyrici, e d'ogni altra poesia : con la dottrina de' sonetti, canzoni, & ogni sorte di rime thoscane, dove s'insegna il modo, che tenne il Petrarca nelle sue opere Con le postille del dottor Valuassori*, Venezia, Giovanni Andrea Valvassori, 1563.

(1583) *Il Petrarcha colla spositione di misser Giovanni Andrea Gesualdo*, Venice, Alessandro Grifo, 1583.

(1610) *Il Petrarca nuouamente ristampato, e diligentemente corretto. Con brieui argomenti di Pietro Petracci*, Venice, Nicolo Misserini, 1610.

(1624) *Il Petrarca nuouamente ristampato, e diligentemente corretto. Con brieui argomenti di Pietro Petracci*, Venice, Nicolò Misserini, 1624.

(1638) *Il Petrarca nuouamente ristampato, e diligentemente corretto. Con brieui argomenti di Pietro Petracci*, Venice, Gio. Maria Misserini, 1638.

(1651) *Il Petrarca nuouamente ristampato, e diligentemente corretto. Con brieui argomenti di Pietro Petracci*, Venice, li Guerigli, 1651.

(1819, 1820) *Le Rime del Petrarca*, éd. Antonio Mansard, Padoue, Tipogradia del seminario, 1819–1820.

(1826) *Rime di Francesco Petrarca colla interpretazione composta dal conte Giacomo Leopardi*, 2 vol., Milan, Antonio Stella Fortunato & figli, 1826.

(1899) *Le rime di Francesco Petrarca di su gli originali*, éd. Giosué Carducci et Severino Ferrari, Florence, Sansoni, 1899.

(1901) *Die Triumphe*, édition critique de Carl Appel, Halle, Verlag Von Marx Niemeyer, 1901.

(1909) *Rime risperse di Francesco Petrarca o a lui attribuite. Per la prima volta raccolte a cura di Angelo Solerti. Edizione postuma con prefazione, introduzione e bibliografia*, éd. Angelo Solerti, Florence, Sansoni, 1909.

(1954) *Il Canzoniere*, éd. Dino Provenzal, Milan, Rizzoli, 1954.

(1988) *Trionfi*, éd. Marco Ariani, Milan, Mursia, 1988.

(1996) *Canzoniere*, éd. Marco Santagata, Milan, Mondadori, 1996.

(1996) *Canzoniere*, éd. commentée par Ugo Dotti, Rome, Donzelli, 1996.

(1996) *Trionfi, Rime estravaganti, codice degli abbozzi*, éd. Vinicio Pacca et Laura Paolino, intr. di Marco Santagata, Milan, Mondadori, 1996.

(2005) *Rerum vulgarium fragmenta*, éd. Rosanna Bettarini, Turin, Einaudi, 2005.

(2008) *Rerum vulgarium fragmenta*, éd. Giuseppe Savoca, Florence, Olschki, 2008.

(2011) *Canzoniere*, éd. Sabrina Stroppa, Turin, Einaudi, 2011.

6. Autres traductions et imitations citées

Par ordre alphabétique des noms des traducteurs·trices

ARNAULD Antoine, *Les Confessions de S. Augustin, traduites en françois par Monsieur Arnauld d'Andilly. Seconde édition*, Paris, J. Camusat et P. Le Petit, 1649.

BAÏF Jean-Antoine de, *Traitté de l'Imagination, tiré du latin de J. François Pic De la Mirandole par Jan Antoine de Baif*, Paris, Andé Wechel, demeurant à l'enseigne du Cheval volant, rue S. Jean de Beauvais, 1556 ; reproduction en fac-simile dans *Traité de l'Imagination*, *Po&sie*, n° 20, 1982, p. 100–127, d'après l'exemplaire de la Bayerische Staatsbibliothek de Munich. La page de titre a été omise ; brève introduction de J.-P. Amunategui et R.-J. Seckel (p. 100).

BOISSIERES Jean de, *L'Arioste francoes de Jean de Boessières, avec les argumans et allégories sur châcun chant*, Lyon, T. Ancelin, 1580.

FLORIO John, *Florio's Translation of Montaigne's Essays* (n.l., 1603).

Imitations de quelques chants de l'Arioste, par divers Poëtes François nommes en la quatrieme page suivante, Paris, chez Lucas Breyer, 1572. Ce livre comprend, entre autres poèmes, « Le commencement de l'histoire de Genèvre » par Melin de Saint-Gelais et la suite par Jean-Antoine de Baïf.

Le Maistre de Sacy Louis Isaac, *Comédies de Térence traduites en françois avec le latin à costé et rendues très honnestes en y changeant fort peu de chose*, Paris, chez la veuve Martin Durand, 1647,

–, *Poeme de S. Prosper contre les ingrats. Traduit en vers et prose*, Paris, Chez la veuve Martin Durand, 1650.

–, *Poème de S. Prosper contre les ingrats, Traduit en vers & prose. Troisiesme édition. En laqvelle on a adiovsté l'excellente Lettre du mesme S. à Ruffin. Avec vn abregé de tovte sa doctrine touchant la Grace & le libre arbitre, tiré de ses autres ouurages. Le tout en latin & en françois*, Paris, chez la Veuve Martin Durand, 1655.

Marandé Léonard de, *Il Pastor fido, ou le Berger fidelle, comédie du sieur Guarini, nouvellement traduit d'italien en françois*, Paris, Loyson, 1661.

Marot Clément, *Premier Livre de la Métamorphose d'Ovide*, Paris, Estienne Roffet, 1534,

Martin Jean, *Hypnerotomachie, ou Discours du songe de Poliphile, deduisant comme Amour le combat à l'occasion de Polia. Soubz la fiction de quoy l'aucteur monstrant que toutes choses terrestres ne sont que vanité, traicte de plusieurs matieres profitables, & dignes de memoire. Nouvellement traduict de langage Italien en François*, Paris, Louis Cyaneus pour Jacques Kerver, 1546 [trad. d'après l'*Hypnerotomachia Poliphili* de Francesco Colonna (Venise, Aldo Manuce, 1499)].

Peletier Jacques, *L'Art poëtique d'Horace*, Paris, Michel de Vascosan, 1545 ; rééd. dans Jacques Peletier, *L'Art poétique d'Horace traduit en Vers François*, éd. Jean Vignes, dans *Œuvres complètes*, sous la dir. d'Isabelle Pantin, Paris, Champion, 2011.

Philieul Vasquin, *Les Statuts de la Comté de Venaissin*, Avignon, Claude Bouquet, 1558.

–, *Le Jeu des Eschecz*, Paris, Philippe Danfrie et Robert Breton, 1559. [traduction d'après le poème *Scacchia Ludus* (1525) de Girolamo Vida].

–, *Traité de souvent recevoir le Saint Sacrement de l'Eucharistie*, Avignon, s.n., 1566, rééd. sous le titre de *Le Traité de la fréquente communion*, Paris, s.n., 1582. [traduction d'après *De frequenti usu sanctissimi Eucharistiæ sacramenti libellus* de Christophore de Madrid (1555)].

–, *Dialogue des devises d'armes et d'amours*, Lyon, Guillaume Roville, 1561. [traduction d'après le *Dialogo dell'imprese militari e amorose* (1555) de Paul Jove].

Romieu Marie de, « Imitation de Pétrarque », dans Marie de Romieu, *Les premières Œuvres poétiques*, Paris, Lucas Breyer, 1581, f. 41v° [il s'agit d'une véritable traduction de *Rvf* 134],

Sebillet Thomas, *L'Iphigène d'Euripide poète tragique, tourné de grec en français par l'auteur de l'Art Poétique, dédié à Monsieur Jean Brinon, Seigneur de Villaines et Conseiller du Roi notre Sire en sa cour de Parlement à Paris*, Paris, Gilles Corrozet, 1549. Ouvrage numérisé dans le cadre du projet IdT (*Les idées du théâtre*, Université Paris-Sorbonne) [*en ligne* : idt.paris-sorbonne.fr].

7. Autres éditions citées

Aragon Louis, *Les Yeux d'Elsa*, Paris, Pierre Seghers, 1942.

–, *Les Feuillets d'Hypnos*, Paris, Gallimard, 1946.

–, *Journal d'une poésie nationale*, Lyon, Les Écrivains réunis & Henneuse, 1954.

Baïf Jean-Antoine de, *Les Amours de Jan Antoine de Baif*, À Paris, Chez la veufve Maurice de la porte, 1552.

–, *Quatre Livres de l'Amour de Francine*, Paris, Jacques Cottier, 1555.

–, *Eglogue latine et françoise, avec autres vers, recitez devant le roy au festin de Messieurs de la ville de Paris le 6ᵉ de Février 1578. Ensemble l'Oracle de Pan présenté au roy pour Estrènes. Jean Daurat, Poëte de Roy, Clovis Hesteau de Nuisement, et J. Antoine de Bayf aucteurs*, Paris, Federic Morel, 1578.

–, *Œuvres complètes, Euvres en rime* (2 vol.), éd. sous la dir. de Jean Vignes, avec la coll. de Véronique Denizot, André Gendre et Pierre Bonniffet, Paris, 2010.

–, *Chansonnettes mesurées* (ms. 19.140 de la Bnf, XVIᵉ), édition numérique d'Olivier Bettens, 2006–2008 [*en ligne* : virga.org].

Bonnefoy Yves, *Poèmes*, Paris, Mercure de France, 1978.

Bonnefoy Yves et Titus-Carmel Gérard, *Tombeau de L. B. Alberti*, encre acrylique, craie et crayon gras sur papier, inédit, 2005.

–, *Chemins ouvrant*, préface de Marik Froidefond, Paris, L'Atelier Contemporain, 2014.

Binet Étienne, *La vie apostolique de saint Denis l'Aréopagite, patron et apôtre de la France*, Paris, S. Chappelet, 1624.

Bruno Giordano, *Sigillus sigillorum* (1583), dans *Opere mnemotecniche*, 2 vol., a cura di Marco Matteoli, Rita Sturlese, Nicoletta Tirinnanzi. Milan, Adelphi, 2009.

Catanusi Placide, *Instruction a la langue italienne pour l'apprendre sans les Regles de la Grammaire. Avec un Recueil de Chansons accommodées aux Airs François, et un Traité de la Poësie Italienne pour les plus Curieux*, Paris, Mettayer et chez l'Auteur, 1667.

–, *Instruction à la langue italienne : contenant deux parties : dans la première, il est traitté de tout ce qui regarde la parfaite connoissance de cette langue, et la seconde est un recueil de chansons italiennes accomodées aux airs françois de ce temps*, Estienne Loyson, Paris, 1668.

Char René, *Le soleil des eaux : spectacle pour une toile des pêcheurs*, Paris, Gallimard, 1949.

–, « Réponses interrogatives à une question de Martin Heidegger », *La Nouvelle Revue française*, n° 168 (1966), p. 962–966.

–, *Dans la pluie giboyeuse*, Paris, Gallimard, 1968.

–, *Œuvres complètes*, introd. de Jean Roudaut, Paris, Gallimard, Bibliothèque de la Pléiade, 1983.

–, *Éloge d'une Soupçonnée*, Paris, Gallimard, 1988.

Colletet Guillaume, *Discours de la Poésie Morale et sententieuse, imprimé avec son Discours du Poème Bucolique*, Paris, Chamd'houdri, 1657.

Colonna Francesco, *Hypnerotomachia Poliphili* de Francesco Colonna, Venise, Aldo Manuce, 1499.

Crenne Hélisenne de, *Angoisses douloureuses qui procèdent d'amours*, Paris, Denis Janot, 1538 c.

Dante, *Commedia*, éd. Anna Maria Chiavacci Leonardi, Milan, Mondadori, 1991.

–, *La Divine comédie*, trad., introd. et notes de Jacqueline Risset, Paris, Flammarion, 1985–1990.

Deschamps Eustache, *Œuvres complètes d'Eustache Deschamps : publiées d'après le manuscrit de la Bibliothèque nationale*, éd. Marquis de Queux de Saint-Hilaire, vol. 11, Paris, Librairie de Firmin Didot, 1889.

Desportes Philippe, *Les Amours de Diane*, dans *Les premieres oeuvres de Philippes Des Portes. Au Roy de France et de Polongne. Reveues, corrigees & augmentees outre les precedentes impressions*, Anvers, Herman Mersman, 1572.

Du Bartas Guillaume de, *La seconde semaine ou Enfance du monde*, Anvers, Jacques Henric, 1584 ; éd. Yvonne Bellenger, Paris, Société des Textes Français Modernes, 1992.

Du Bellay Joachim, *L'Olive*, s.l., 1550.

–, *Œuvres poétiques. Tome II. Les Antiquitez, Le Songe, Les Regrets, Le Poète courtisan, Divers jeux rustiques*, éd. Daniel Aris, Françoise Joukovsky et François Roudaut, Paris, Garnier, 1993.

–, *L'Olive*, éd. critique établie par Ernesta Caldarini, Genève, Droz, 2002.

–, *La Deffence et Illustration de la Langue Françoyse* [1549], éd. Henri Chamard, Paris, Fontemoing, 1904 ; rééd. avec introd. de Jean Vignes, Genève, Slatkine Reprints, 1969 ; Paris, Société des textes français modernes, 1997 ; éd. Jean-Charles Monferran, Genève, Droz, 2007.

Ferrand Jacques, *De la Maladie d'amour ou mélancolie érotique*, Paris, D. Moreau, 1612.

Grevin Jacques, *L'Olimpe*, Paris, impr. de R. Estienne, 1560.

–, *Théâtre complet et poésies choisies de Jacques Grévin*, avec notice et notes par Lucien Pinvert, Paris, Librairie Garnier frères, 1922.

Guarini Giovan Battista, *Il pastor fido. Tragicommedia pastorale*, Venise, Gio. Battista Ciotti, 1590.

Leopardi Giacomo, *Zibaldone*, éd. Rolando Damiani, Milan, Arnoldo Mondadori Editore, 1997 ; rééd. *Zibaldone*, trad. par Bertrand Schefer, Paris, Allia, 2003.

Lucain, *Bellum civile, Pharsalia*, éd. Paolo Esposito, Naple, Loffredo editore, 2009.

Magny Olivier de, *Les Amours*, Paris, par E. Groulleau, 1553.

–, *Les Soupirs*, Paris, Sertenas, 1557.

–, *Œuvres poétiques*, éd. F. Rouget, Paris, Champion, 1999.

MARNIX Philippe de, *Premier tome du tableau des differens de la religion traictant de l'Eglise, du nom, definition, marques, chefs, proprietez, conditions, foy et doctrines*, Leiden, Jan Paets, 1599.

MEZIERES Philippe de, *Letter to King Richard II : A Plea Made in 1395 for Peace Between England and France, Original Text and English Version of Epistre au Roi Richart Introduced and Translated by G. W. Coopland*, Liverpool, Liverpool University Press, 1975.

MONTAIGNE, *Les Essais*, éd. Villey, Paris, Société française d'éditions littéraires et techniques, 1932.

MONTREUIL Jean de, *Opera : I. Epistolario*, éd. dir. par E. Ornato, Turin, Giappichelli, 1963.

NOVALIS, *Les disciples à Saïs et les Fragments*, traduits de l'allemand et précédés d'une introduction par Maurice Maeterlinck, Bruxelles, P. Lacomblez, 1895 ; rééd. *Fragments, Les disciples à Saïs*, traduit de l'allemand par Maurice Maeterlinck, suivi de l'*Introduction à la poésie symboliste*, éd. Paul Gorceix, Paris, José Corti, 1992 (2003[2]).

–, *Poésie, réel, absolu*, éd. Frédéric Brun, fragments traduits par Laurent Margantin, Paris, Poesis, 2015.

OVIDE, *Le metamorfosi*, introd. de Gianpiero Rosati, trad. par Giovanna Faranda Villa, notes par Rossella Corti, Milan, Rcs MediaGroup, 2017.

–, *Carmina amatoria*, éd. Antonio Ramírez de Verger, Munich-Leipzig, Saur, 2003.

–, *Les métamorphoses*, traduit du latin par Marie Cosnay, texte latin établi par Georges Lafaye, Paris, Éditions de l'Ogre, impr. 2017.

PASQUIER Étienne, *Recueil des rymes et proses de E.P.*, Paris, Vincent Sertenas, 1555.

PELETIER Jacques, *Œuvres poétiques*, Paris, imprimerie de Michel de Vascosan pour Luy & Gilles Corrozet, 1547.

–, *Art poétique*, Lyon, Jean de Tournes et Guillaume Gazeau, 1555 ; éd. Michel Jourde, Jean-Charles Monferran et Jean Vignes, dans *Œuvres complètes*, sous la dir. d'Isabelle Pantin, Paris, Champion, 2011.

–, *Commentarii tres : De dimensione circuli, De contactu linearum commentarium, De constitutione horoscopi commentarium*, Bâle, Jean Oporinus, 1563.

–, *Louange de la science*, dans *Euvres poétiques de Jacques Peletier, intitulez Louanges aveq quelques autres ecriz*, Paris, R. Coulombel, 1581.

–, *L'Amour des Amours*, éd. Jean-Charles Monferran, Paris, Société des Textes Français Modernes, 1996.

–, *Œuvres complètes, Euvres poetiques intitulez louanges aveq quelques autres ecriz*, éd. S. Arnaud, S. Bamforth et J. Miernowski, Paris, Champion, 2005.

PIC DE LA MIRANDOLE Jean et BEMBO Pietro, *De l'imitation : le modèle stylistique à la Renaissance*, traduction, notes et présentation de Luc Hersant, introd. de Giorgio Santangelo, Paris, Aralia, 1995.

ROMIEU Marie de, *Les premières Œuvres poétiques*, Paris, Lucas Breyer, 1581.

RONSARD Pierre de, *Les Amours*, Paris, V.ve M. de la Porte, 1552.

–, *Œuvres complètes*, éd. P. Laumonier, Paris, Société des textes français modernes, 1982.

–, *Abrégé de l'Art poétique français (Scribendi recte sapere et principium et fons)*, dans *Traités de poétique et de rhétorique de la Renaissance (Sébillet, Aneau, Peletier, Fouquelin, Ronsard)*, introd. et notes de Francis Goyet, Paris, Librairie Générale Française, 1990.

SÉBILLET Thomas, *Art poétique français* [1548], éd. Felix Gaiffe, Paris, Société Nouvelle de Librairie et de l'Édition, 1910.

SAINTE-BEUVE, *Port-Royal* (1840–1859), 3 vol., éd. Maxime Leroy, Paris, Gallimard, 1953–1955.

SAINT-GELAIS Mellin de, *Sonnets*, éd. Luigia Zilli, Genève, Droz, 1990.

SÉBILLET Thomas, *Art poétique français* [1548], éd. Felix Gaiffe, Paris, Société Nouvelle de Librairie et de l'Édition, 1910.

SEVIGNÉ Mme de, *Lettres de Madame de Sévigné, de sa famille et de ses amis*, tome XIII, recueillies et annotées par Louis-Jean-Nicolas Monmerqué, Paris, Hachette, 1866 (nouvelle édition augmentée).

SCUDERY Madeleine de, *Clélie, histoire romaine*, 10 vol., Paris, A. Courbé, 1656–1660.

TAHUREAU Jacques, *Poésie de Jacques Tahureau* (1554, 1565, 1574), publiées par Prosper Blanchemain, 2 vol., Paris, Librairie des Bibliophiles, 1870.

TASSE Torquato, *Gerusalemme liberata*, éd. Lanfranco Caretti, Turin, Einaudi, 2014.

–, *Jérusalem libérée*, texte présenté, trad. et annoté par Michel Orcel, Paris, Gallimard, 2002.

VIRGILE, *L'Énéide*, texte établi par Jacques Perret, émendé, présenté et traduit par Olivier Sers, Paris, Les Belles Lettres, 2015.

VOLTAIRE, *Essai sur les mœurs et l'esprit des nations*, Genève, Cramer, 1756.

Guirlande de Julie, manuscrit conservé à la BNF (Département des manuscrits, NAF 19735).

8. Études et ouvrages critiques

ADAM Jean-Michel, *Linguistique textuelle*, Paris, Nathan, 1999.

–, *La linguistique textuelle. Introduction à l'analyse textuelle des discours*, Paris, Armand Colin, 2005.

AFRIBO Andrea, *Petrarca e il petrarchismo. Capitoli di lingua, stile e metrica*, Rome, Carocci, 2009.

–, *Petrarca e il petrarchismo. Capitoli di lingua, stile e metrica*, Rome, Carocci, 2009.

Adell Nicolas, « "Une lampe dans la lumière aride". Tina Jolas (1929-1999), l'ethnologie malgré la poésie », *Fabula LhT*, n° 21, « Anthropologie et Poésie », 2018 [*en ligne* : fabula.org].

Albonico Simone, « Osservazioni sul commento di Vellutello a Petrarca », dans Massimo Danzi et Roberto Leporatti (dir.), *Il poeta e il suo pubblico*, Genève, Droz, 2012, p. 63–100.

–, « Osservazioni sul commento di Vellutello a Petrarca », dans Massimo Danzi et Roberto Leporatti (dir.), *Il poeta e il suo pubblico*, Genève, Droz, 2012, p. 63–100.

Acciani Antonia (dir.), *Petrarca e Montaigne. L'arte imperfetta dell'io*, Bari, Pregedit, 2006.

Alduy Cécile, *Politique des « amours » : poétique et genèse d'un genre français nouveau (1544–1560)*, Genève, Librairie Droz, 2007.

Altman Janet Gurkin, « Espace public, espace privé : la politique de la publication de lettres sous l'ancien régime », *Revue belge de philologie et d'histoire*, vol. 70, n° 3, 1992, « Langues et littératures modernes – Moderne taal- en letterkunde », p. 607–623.

Alves Fabio et Hurtado Albir Amparo, « Cognitive approaches », dans Yves Gambier et Luc van Doorslaer (dir.), *Handbook of translation studies*, 4 vol., Amsterdam, John Benjamins, 2010, t. I, p. 191–197.

Anderson Benedict, *L'imaginaire national. Réflexions sur l'origine et l'essor du nationalisme*, Paris, La Découverte, 1996.

Annwyl Williams, *Clement Marot : figure, text, and intertext*, Lewiston-Queenston-Lampeter, E. Mellen Press, 1990.

Anonyme, *La vie de Monsieur le Duc de Montausier, Pair de France, Gouverneur de Monseigneur Louis Dauphin, ayeul du Roy à present regnant. Ecrite sur les Mémoires de Madame la Duchesse d'Uzès sa fille. Par N****, Paris, Rollin et Gennau, 1729.

Arber Solange, « Traduire "sous verre" ou "à la vitre" : l'imaginaire de la transparence en traduction », dans Christina Bezari, Thomas Vuong et Riccardo Raimondo (dir.), *Les imaginaires de la traduction – The imaginaries of translation*, numéro spécial de la revue *Itinéraires*, n°2–3, 2018 (2019) [*en ligne* : journals.openedition.org/itineraires].

Ariani Marco, « Immagine », dans Romana Brovia et Luca Marcozzi (dir.), *Lessico critico petrarchesco*, Rome, Carocci, 2016, p. 153–154.

–, *Petrarca*, Rome, Salerno Editrice, 1999.

Armstrong Guyda, « Translation Trajectories in Early Modern European Print Culture », dans José María Pérez-Fernández et Edward Wilson-Lee (dir.), *Translation and the Book Trade in Early Modern Europe*, Cambridge, Cambridge University Press, 2014, p. 126–44.

–, *The English Boccacio. A History in Books*, Toronto, University of Toronto Press, 2015.

ARNAUD Sophie, *La voix de la nature dans l'œuvre de Jacques Peletier (1517–1582)*, Paris, Champion, 2005.

AUGÉ-CHIQUET Mathieu, *La vie, les idées, l'œuvre de Jean-Antoine de Baïf*, Paris, Hachette, 1909.

AUGIERI Carlo Alberto (dir.), *Pensiero poetante e poetica della lontananza. Giornate di Studio per Antonio Prete*, Lecce, Milella, 2012.

AZIZ Jamaluddin, *Transgressing Women : Space and The Body in Contemporary Noir Thrillers*, Cambridge, Cambridge Scholars Publishing, 2012.

BACHELARD Gaston, *La poétique de la rêverie*, Paris, Presses universitaires de France, 1960.

BATCHELOR Kathryn, *Translation and Paratexts*, London, Routledge, 2018.

BADDELEY Susan, « Imprimeurs et libraires », dans Véronique DUCHÉ (dir.), *Histoire des traductions en langue française (XVe-XVIe siècles)*, Lagrasse, Verdier, 2015, p. 245–287.

BAKER Mona, « Corpus Linguistics and Translation Studies – Implications and Applications », dans Mona BAKER, Gill FRANCIS et Elena TOGNINI-BONELLI (dir.), *Text and Technology. In Honour of John Sinclair*, Amsterdam, John Benjamins, 1993, p. 233–250.

BALDUINO Armando, « La ballata XI », *Atti e memorie dell'Accademia Patavina di Scienze, Lettere ed Arti*, n° 107, 1994–1995, p. 301–316.

BALLARD Michel, *De Cicéron à Benjamin : Traducteurs, Traductions, Réflexions*, Lille, Presses universitaires de Lille, 1992.

—, « Le décalage de l'équivalence », dans Michel BALLARD et Lance HEWSON (dir.), *Correct/Incorrect*, Arras, Presses universitaires d'Artois, 2004, p. 17–31.

—, *Histoire de la traduction : repères historiques et culturels*, Bruxelles, De Boeck, 2013.

BALLESTRA-PUECH Sylvie, « Mythes et métaphores », dans Sylvie PARIZET (dir.), *Mythe et littérature*, Paris, éditée aux éditions Lucie par la SFLGC (*Société Française de Littérature Générale et Comparée*), p. 49–67.

BALMAS Enea, « Prime traduzioni del Canzoniere nel cinquecento francese », dans Gianfraco FOLENA (dir.), *Traduzione e tradizione europea del Petrarca, Atti del III convegno sui problemi della traduzione letteraria (Monselice, 9 giugno 1974)*, Padoue, Antenore, 1975, p. 37–54.

—, « Prime traduzioni dal Canzoniere nel Cinquecento francese », dans Enea BALMAS (dir.), *Saggi e studi sul Rinascimento francese*, Padoue, Liviana, 1982, p. 3–21.

BALSAMO Jean, *Les Rencontres des Muses. Italianisme et anti-italianisme dans les Lettres françaises de la fin du XVIe siècle*, Genève, Slaktine, 1992, p. 222–223.

—, « Traduire de l'italien : ambitions sociales et contraintes éditoriales à la fin du XVIe siècle », dans Dominique de COURCELLES (dir.), *Traduire et adapter à la Renaissance*, Actes de la journée d'étude (11 avril 1996), Paris, Éditions de l'École des Chartes, 1998, p. 89–98.

–, « Le "pétrarquisme" des Amours de Ronsard », *Revue d'histoire littéraire de la France*, n° 2, 1998, p. 179‑193.

–, « Philippe de Maldeghem ou Pétrarque en Flandre (1600) »[a], dans Mercedes Blanco-Morel et Marie-Françoise Piéjus (dir.), *Les Flandres et la culture espagnole et italienne aux XVI[e] et XVII[e] siècles*, actes du colloque (Lille, 1998), Lille, Éditions du Conseil Scientifique de l'Université Charles-de-Gaulle Lille 3, 1999, p. 55–68 ; rééd. « Philippe de Maldeghem ou Pétrarque en Flandre (1600) »[b], dans Jean Balsamo (dir.), *Les Poètes français de la Renaissance et Pétrarque*, Genève, Droz, 2004, p. 491–505.

– (dir.), *Les Poètes français de la Renaissance et Pétrarque*, Genève, Droz, 2004.

–, « François Ier, Clément Marot et les origines du pétrarquisme français (1533–1539) », dans Jean Balsamo (dir.), *Les Poètes français de la Renaissance et Pétrarque*, Genève, Droz, 2004, p. 36–51.

–, « "Nous l'avons tous admiré, et imité : non sans cause". Pétrarque en France à la Renaissance : un livre, un modèle, un mythe », dans Jean Balsamo (dir.), *Les Poètes français de la Renaissance et Pétrarque*, Genève, Droz, 2004, p. 13–32.

–, « Ritratto col Petrarca. Libri e lettori nel Cinquecento francese », dans Lea Ritter Santini, *Sorte e ragione : Petrarca in Europa* (« Lezione Sapegno » 2003), avec deux interventions de Jean Balsamo et de Lina Bolzoni, Turin, Nino Aragno Editore, 2008, p. 161–180 ; repris dans Antonia Acciani (dir.), *Petrarca e Montaigne. L'arte imperfetta dell'io*, Bari, Pregedit, 2006, p. 47–60.

Balsamo Jean et Simonin Michel, *Abel L'Angelier & Françoise de Louvain (1574–1620). Suivi du catalogue des ouvrages publiés par Abel L'Angelier (1574–1610) et La veuve L'Angelier (1610–1620)*, Genève, Droz, 2002.

Banderier Gilles, « Babel à l'œuvre : Du Monin et le plurilinguisme », dans James Dauphiné et Myriam Jacquemier (dir.), *Babel à la Renaissance, Actes du XIe Colloque international de la Société Française d'Étude du XVIe siècle*, Paris, Eurédit, 2007, p. 241–263.

Barbarant Olivier, *Louis Aragon. La mémoire et l'excès*, Seyssel, Champ Vallon, 1997.

Barbier-Mueller Jean Paul, « Étienne du Tronchet », dans *Dictionnaire des poètes français de la seconde moitié du XVIe siècle (1549–1615) [C-D]*, Genève, Droz, 2015, p. 849–861.

–, « Guillaume de Salluste du Bartas », dans Dictionnaire des poètes français de la seconde moitié *du XVIe siècle (1549–1615) [C-D]*, Genève, Droz, 2015, p. 593–606.

–, « Jean-Antoine de Baïf », dans *Dictionnaire des poètes français de la seconde moitié du XVIe siècle (1549–1615) [A-B]*, Genève, Droz, 2015, p. 267–296.

Barolini Teodolinda, « Petrarch at the Crossroads of Hermeneutic and Philology », dans Tedolinda Barolini et H. Wayne Storey (dir.), *Petrarch and the Textual Origins of Interpretation*, Leiden/Boston, Brill, 2007, p. 21–44.

Barthes Roland, « Proust et la photographie », dans *La Préparation du roman I et II. Cours et séminaires au Collège de France (1978–1979 et 1979–1980)*, éd. Nathalie Léger, Paris, Seuil/Imec, 2003.

Basil Muntéano, « Port-Royal et la stylistique de la traduction », *Cahiers de l'Association internationale des études françaises*, n° 8, 1956, p. 151–172.

Bassnett Susan et Lefevere André (dir.), *Translation, History and Culture*, London, Pinter, 1990.

– (dir.), *Constructing cultures : Essays on Literary Translation*, Clevedon, Multilingual Matters, 1998.

Basso Jeannine, « Les traductions en français de la littérature épistolaire italienne aux XVIᵉ et XVIIᵉ siècles », *RHLF*, vol. LXXVIII, n° 6, 1978, p. 906–918.

Bausi Francesco, *Petrarca antimoderno*, Florence, Franco Cesati Editore, 2008.

Bayle Ariane, Bombart Mathilde et Garnier Isabelle (dir.), *L'âge de la connivence : lire entre les mots à l'époque moderne*, avec la collaboration de Fabienne Boissiéras, Lyon (Centre d'études des dynamiques et des frontières littéraires, Université Jean Moulin-Lyon 3), Numéro spécial des *Cahiers du Gadges* (n° 13), Genève, Librairie Droz, 2015.

Belin, Olivier, « Breton, André », dans Danièle Leclair et Patrick Née (dir.), *Dictionnaire René Char*, Paris, Garnier, 2015, p. 108–110.

Bell Susan Groag, « Medieval Women Book Owners : Arbiters of Lay Piety and Ambassadors of Culture », *Signs*, n° 7, 1982, p. 742–768.

Bellati Giovanna, « Il primo traduttore del *Canzoniere* petrarchesco nel Rinascimento francese », *Aevum*, n° 59, 1985, p. 371–398.

–, « La traduction du *Canzoniere* de Vasquin Philieul », dans Jean Balsamo (dir.) *Les Poètes français de la Renaissance et Pétrarque*, Genève, Droz, 2004, p. 203–227.

–, « Un phénomène de "cristallisation" dans la traduction des *Rerum vulgarium fragmenta* de Vasquin Philieul », dans Maria Colombo Timelli et Claudio Galderisi (dir), *Pour acquerir honneur et pris*, Mélanges de moyen français offerts à Giuseppe Di Stefano, Montréal, CERES, 2004, p. 513–525.

Belle Marie-Alice et Hosington Brenda M. (dir.), *Thresholds of Translation : Paratexts, Print, and Cultural Exchange in Early Modern Britain (1473–1660)*, Basingstoke, Palgrave Macmillan, 2018.

Belle Marie-Alice and Hosington Brenda (dir.), *Translation as "Transformission" in Early Modern England and France)*, numéro spécial de la *Revue canadienne de littérature comparée / Canadian Review of Comparative Literature*, vol. 46, n° 2, 2019.

Bellenger Yvonne, « Notes sur la Laure d'Avignon de Vasquin Philieul », *Bibliothèque d'Humanisme et Renaissance*, vol. LX, n° 1, 1998, p. 69–76.

–, « L'amour "moins qu'honnête" et les impolitesses amoureuses », *Franco Italica*, n°15–15, 1999, p. 345–358.

Belloni Gino, « Un eretico nella Venezia del Bembo : Alessandro Vellutello », *Giornale Storico della Letteratura Italiana*, n° 97, 1980, p. 43–74.

–, « Alessandro Velluttello », dans Laura tra Petrarca e Bembo, Studi al commento umanistico *al Canzoniere*, Padoue, Antenore, 1992, p. 96–119.

–, « Commenti petrarcheschi », dans *Dizionario critico della letteratura italiana*, a cura di Vittore Branca, Turin, UTET, 1999, t. I, p. 22–38.

BENJAMIN Walter, *Expérience et pauvreté*, traduction inédite de l'allemand par Cédric Cohen Skalli, Paris, Éditions Payot & Rivages, 2011.

BERISSO Marco, « Già Roma, or Babilonia » (appunti su *Rerum vulgarium fragmenta* CXXXVI-CXXXVIII), *Per leggere. I generi della letteratura*, a. XI, n° 21 (2011), p. 7–24.

BERMAN Antoine, *L'Épreuve de l'étranger. Culture et traduction dans l'Allemagne romantique*, Paris, Gallimard, 1984.

–, « La traduction comme épreuve de l'étranger », *Texte*, n° 4, 1985, p. 67–81.

–, *Pour une critique des traductions : John Donne*, Paris, Gallimard, 1995.

BERMANN Mathieu, « Licence et connivence : les dispositifs textuels de complicité avec le lecteur dans les *Contes* de La Fontaine », dans Ariane BAYLE, Mathilde BOMBART et Isabelle GARNIER (dir.), *L'âge de la connivence : lire entre les mots à l'époque moderne*, Genève, Librairie Droz, 2015, p. 273–286.

BERTHON Guillaume, *L'intention du poète. Clément Marot « autheur »*, Paris, Garnier, 2014.

BERTONE Giorgio, *Lo sguardo escluso : l'idea di paesaggio nella letteratura occidentale*, Novara, Interlinea, 1999.

BEZARI Christina, VUONG Thomas et RAIMONDO Riccardo (dir.), *Les imaginaires de la traduction – The imaginaries of translation*, numéro spécial de la revue *Itinéraires*, n°2–3, 2018 (2019) [*en ligne* : journals.openedition.org/itineraires].

BHABHA Homi K., *The Location of Culture* [1994], London, Routledge, 2005.

BILLANOVICH Giuseppe, « Petrarch and the Textual Tradition of Livy », *Journal of the Warburg and Courtauld Institute*, n° 14, 1951, p. 137–208.

BINGEN Nicole, *Le Maître italien, 1510–1660 : bibliographie des ouvrages d'enseignement de la langue italienne au public de langue française*, Bruxelles, Van Balberghe, 1987.

–, *Philausone (1500–1600). Répertoire des ouvrages en langue italienne publiés dans les pays de langue française de 1500 à 1660*, Genève, Droz, 1987.

–, « Les éditions lyonnaises de Pétrarque dues à Jean de Tournes et à Guillaume Rouillé », dans Jean BALSAMO (dir.), *Les Poètes de la Renaissance et Pétrarque*, Genève, Droz, 2004, p. 139–155.

Biographie universelle ancienne et moderne. Supplément (LID-MAQ), ou Suite de l'histoire, par ordre alphabétique, de la vie publique et privée de tous les hommes qui se sont fait remarquer par leurs écrits, leurs actions, leurs talents, leurs vertus ou leurs crimes. Ouvrage entièrement neuf rédigé par une Société de gens de Lettres et de savants, Paris, L.-G. Michaud, 1843, t. 72.

BIRKAN-BERZ Carole, COATALEN Guillaume, VUONG Thomas (dir.), *Translating Petrarch's Poetry : L'Aura del Petrarca from the Quattrocento to the 21st Century*, Oxford, Legenda Books, 2020.

BLANC Pierre, « *Petrarca* ou la poétique de l'*Ego* », *Revue des études italiennes*, n° XXIX, 1983, p. 122–169.

–, « La tradition pétrarquiste », dans Pierre Blanc (dir.), *Pétrarque en Europe XIVe-XXe siècles : dynamique d'une expansion culturelle*, Actes du XXVIe congrès international du CEFI (Turin et Chambéry, 11–15 décembre 1995), Paris, Champion, 2001, p. 7–20.

BLOOMFIELD Camille, *Raconter l'Oulipo, 1960–2000 : histoire et sociologie d'un groupe*, Paris, Champion, 2017.

BLUMENBERG Hans, « Paradigmen zu einer Metaphorologie », *Archiv für Begriffsgeschichte*, vol. 6, 1960, p. 5–142.

BOILLET Élise, CONCONI Bruna, LASTRAIOLI Chiara et SCANDOLA Massimo (dir.), *Traduire et collectionner les livres en italien à la Renaissance*, Paris, Honoré Champion, 2020.

BONNEFOY Yves, *Le Nuage rouge*, Paris, Mercure de France, 1977.

–, *La Communauté des traducteurs*, Strasbourg, Presses universitaires de Strasbourg, 2000.

–, « La Parole et le regard », dans Odile BOMBARDE et Jean-Paul AVICE (dir.), *Cahier Bonnefoy*, Paris, Éditions de l'Herne, coll. « Cahiers de L'Herne », 2010, p. 159–160.

–, *L'autre langue à portée de voix*, Paris, Seuil, 2013.

BONNIER Xavier, « *Mes silentes clameurs* », *Métaphore et discours amoureux dans* Délie *de Maurice Scève*, Paris, Champion, 2011.

BOULLANT François, « Michel Foucault. Le réseau des corps », dans Dominique MEMMI, Dominique GUILLO et Olivier MARTIN (dir.), *La tentation du corps. Corporéité et sciences sociales*, Paris, Éditions de l'École des hautes études en sciences sociales, 2009, p. 47–69.

BOUTCHER Warren, « From Cultural Translation to Cultures of Translation », dans Tania DEMETRIOU, et Rowan TOMLINSON (dir.), *Cultures of Translation in Early Modern England and France, 1500–1660*, Basingstoke, Palgrave Macmillan, 2015, p. 22–40.

BRADETTE Marie-Ève (dir.), *La traduction dans la littérature. Que peut le littéraire pour (re)penser la traduction ?*, numéro spécial de la revue *Post-scriptum*, n° 21, 2016 [*en ligne* : post-scriptum.org].

BRAY Bernard, *L'art de la lettre amoureuse. Des manuels aux romans (1550–1700)*, La Haye, Mouton, 1967.

BRAY René, *La Préciosité et les précieux*, Paris, Albin Michel, 1948.

BRÉHIER Émile, *Les idées philosophiques et religieuses de Philon d'Alexandrie*, Paris, Vrin, 1950.

BRETON Stanislas, « Symbole, schème, imagination : essai sur l'œuvre de R. Giorgi », *Revue philosophique de Louvain*, n° 5, 1972, p. 63–92.

BRILLI Elisa, FENELLI Laura et WOLF Gerhard (dir.), *Images and words in exile. Avignon and Italy during the first half of the 14th century*, Florence, SISMEL, 2015.

BROADBENT John Barclay, *Poetic Love*, London, Chatto & Windus, 1964.

BROOKS Jeanice, « La comtesse de Retz et l'air de cour des années 1570 », dans Jean-Marc VACCARO (dir), *Le Concert des voix et des instruments à la Renaissance*, Actes du XXXIVᵉ Colloque international d'études humanistes (Tours, CESR, 1–11 juillet 1991), Paris, Éditions du CNRS, 1995, p. 299–313.

BROVIA Romana, « Clément Marot e "l'umanesimo critistiano" del Petrarca », dans Jean BALSAMO (dir.), *Les Poètes français de la Renaissance et Pétrarque*, Genève, Droz, 2004, p. 73–83.

  –, *Itinerari del petrarchismo latino. Tradizione e ricezione del « De remediis utriusque fortune » in Francia e in Borgogna (sec. XIV-XVI)*, Alessandria, Edizioni dell'Orso, 2013.

  –, « Città », dans Romana BROVIA et Luca MARCOZZI (dir.), *Lessica critico petrarchesco*, Rome, Carocci, 2016, p. 83–94.

BRUNET Philippe, « Traduire en hexamètres, redire Homère », dans Robert KAHN et Catriona SETH (dir.), *La Retraduction*, Rouen/Le Havre, Publications des Universités de Rouen et du Havre, 2010, p. 243–251.

BRUNETIERE Ferdinand, *Histoire du théâtre français* (15 vol.), Paris, s.n., 1891–1892.

BRUNORI Federica, « Il mito ovidiano di Orfeo e Euridice nel *Canzoniere* di Petrarca », *Romance Quarterly*, vol. 44 (4), Taylor & Francis Group, 1997, p. 233–244.

BURDETT Charles, HAVELY Nick et POLEZZI Loredana, « The Transnational/ Translational in Italian Studies », *Italian Studies*, vol. 75, n° 2, 2020, p. 223–236.

BURDETT Charles et POLEZZI Loredana (dir.), *Transnational Italian Studies*, Liverpool, Liverpool University Press, 2020.

BURGASSI Cosimo, « Gesualdo lettore di Petrarca e la "Prova degli artisti" (*Rvf* 77) », *Studi di filologia italiana*, vol. LXX, 2012, p. 169–181.

BURKE Peter, « Cultures of Translation in Early Modern Europe », dans Peter BURKE et R. Po-chia HSIA (dir.), *Cultural Translation in Early Modern Europe*, Cambridge, Cambridge University Press, 2007, p. 7–38.

BURY Emmanuel, « Galanterie », dans Alain MONTANDON (dir.), *Dictionnaire raisonné de la politesse*, Paris, Seuil, 1995, p. 417–424.

CACHEY Theodore J., « "Peregrinus (quasi) ubique". Petrarca e la storia del viaggio », *Intersezioni*, vol. XVII, n° 3, 1997, p. 369–384.

  –, « Between Petrarch and Dante. Prolegomenon to a Critical Discourse », dans Zygmunt G. BARANSKI et Theodore J. CACHEY (dir.), *Petrarch & Dante.*

Anti-Dantism, Metaphysics, Tradition, Notre Dame (Ind.), University of Notre Dame Press, 2009, p. 3–49.

CALDERONE Bartolo et SAVOCA Giuseppe, *Concordanza del Canzoniere di Francesco Petrarca*, 2 vol., Florence, Olschki, 2011.

CALITTI Floriana, « Valchiusa *locus locorum* », dans Siriana SGAVICCHIA (dir.), *Spazi, geografie, testi*, Roma, Bulzoni, 2003, p. 9–29–

CAMUS Carmen C., CASTRO Cristina G. et CAMUS Julia T. W. (dir.), *Translation, Ideology and Gender, Translation, Ideology and Gender*, Newcastle upon Tyne, Cambridge Scholars, 2017.

CAPRONI Giorgio, *La Scatola Nera*, Milan, Garzanti, 1996.

CARNEL Désiré, *Le dialecte flamand de France*, Paris, Bouillon, 1891.

CASSIRER Ernst, *Individu et cosmos dans la philosophie de la Renaissance*, traduit de l'allemand par Pierre Quillet, Paris, Éditions de Minuit, 1983.

CATTANEO Giacomo et MARSAND Antonio, *Biblioteca petrarchesca formata, posseduta, descritta ed illustrata dal professore Antonio Marsand*, Milan, Paolo Emilio Giusti, 1826.

CAVALLETTI Andrea, « Traduzione e mitologia », *Nuova corrente*, n° 143, 2009, p. 163–173.

CECCHETTI Dario, « Petrarca in Francia prima del Petrarchismo : un mito polemico », *Franco-Italica*, n° 11, 1997, p. 7–31.

CERTEAU Michel de, *La fable mystique*, I (XVIe-XVIIe), Paris, Gallimard, 1982.

–, *La fable mystique*, II (XVIe-XVIIe), éd. Luce Giard, Paris, Gallimard, 2013.

CHAMARD Henri, « L'invention de l'Ode et le différend entre Ronsard et Du Bellay, contribution à l'histoire de la Pléiade », *Revue d'histoire littéraire de la France*, n° VI, 1899, p. 21–54.

CHAPPUIS Pierre, « L'itinéraire poétique de René Char », *Liberté*, vol. 10, n° 4, 1968, p. 29–35.

CHATELAIN Jean-Marc, *La Bibliothèque de l'honnête homme. Livres, lecture et collections en France à l'âge classique*, Paris, Éditions de la Bibliothèque nationale de France, 2003.

CHESSA Silvia, *Il profumo del sacro nel Canzoniere di Petrarca*, Florence, Società editrice fiorentina, 2005.

CHESTERMAN Andrew, « Translation Universals », dans Yves GAMBIER et Luc VAN DOORSLAER (dir.), *Handbook of translation studies*, 4 vol., Amsterdam, John Benjamins, 2010, t. I, p. 175–179.

–, « Corps et causalité en traductologie », dans Sabine KRAENKER (dir.), *Actes de la rencontre internationale « Corps et Traductions » (Helsinki, 10 et 11 juin 2010)*, Helsinki, Publications romanes de l'Université de Helsinki, 2011, p. 13–18.

CHEVREL Yves et MASSON Jean-Yves (dir.), collection « Histoire des traductions en langue française », Lagrasse, Verdier, 2012–2017.

Ciccuto Marcello, *Figure di Petrarca (Giotto, Simone Martini, Franco bolognese)*, Naples, Federico & Ardia, 1991.

Cifarelli Paola, « Jean Maynier traduttore di Petrarca. Aspetti stilistici e linguistici di una traduzione francese cinquecentesca dei *Trionfi* », dans Pierre Blanc (dir.), *Pétrarque en Europe XIVᵉ-XXᵉ siècles : dynamique d'une expansion culturelle*, Actes du XXVIᵉ congrès international du CEFI (Turin et Chambéry, 11–15 décembre 1995), Paris, Champion, 2001, p. 363–381.

–, « Jean Maynier d'Oppède et Pétrarque », dans Jean Balsamo (dir.) *Les Poètes français de la Renaissance et Pétrarque*, Genève, Droz, 2004, p. 86–104.

Cioranescu Alexandre, *L'Arioste en France : des origines à la fin du XVIIIᵉ siècle (avec 16 illustrations hors texte)*, Paris, Les Éditions des Presses Modernes, 1939.

Clément Michèle, « Poésie et traduction : la naissance du sonnet français (1538–1548) », dans Marie Viallon (dir.), *La Traduction de la Renaissance à l'âge classique*, Saint-Étienne, Publications de l'Université de Saint-Étienne, 2001, p. 91–102.

Coatalen Guillaume, « Appendix. EUROPETRARCA : The Relevance of a Database of Translations of the *Canzoniere* », dans Carole Birkan-Berz, Guillaume Coatalen et Thomas Vuong (dir.), *Translating Petrarch's Poetry : L'Aura del Petrarca from the Quattrocento to the 21st Century*, Oxford, Legenda Books, p. 263–270.

Cocco Mia, *La tradizione cortese e il Petrarchismo nella poesia di Clément Marot*, Florence, Olschki, 1978.

Coelsch-Foisner Sabine, *Fantastic Body Transformations in English Literature*, Heidelberg, Winter, 2007.

Coelsch-Foisner Sabine et Morales Marta Fernández (dir.), *The human body in contemporary Literatures in English : Cultural and Political Implications*, Frankfurt am Main, Peter Lang, 2009.

Coldiron Anne, « Toward A Comparative New Historicism : Land Tenures and Some Fifteenth-Century Poems », *Comparative Literature*, vol. 53, n° 2, 2001, p. 97–116.

–, « Visibility Now : Historicizing Foreign Presences in Translation », Translation Studies, vol. 5, n° 2, 2012, p. 189–200.

–, *Printers Without Border : Translation and Textuality in the Renaissance*, Cambridge, Cambridge University Press, 2015.

Collarile Luigi et Maira Daniele (dir.), *Nel libro di Laura – La poésie amoureuse de Pétrarque à la Renaissance*, Basel, Schwabe Verlag, 2004.

Collinge Linda, *Beckett traduit Beckett : de « Malone meurt » à « Malone Dies », l'imaginaire en traduction*. Genève, Droz, 2000.

Copeland Rita (dir.), *Rhetoric, Hermeneutics, and Translation in the Middle Ages : Academic Traditions and Vernacular Texts*, Cambridge, Cambridge University Press, 1991.

CORBIN Henry, « Mundus Imaginalis, the Imaginary and the Imaginal », *Cahiers internationaux de symbolisme*, n° 6, 1964, p. 3–2 ; rééd. dans *En Islam iranien : aspects spirituels et philosophiques*, tome IV, livre 7, Paris, Gallimard, 1971.

COSGROVE Denis (dir.), *Mappings*, London, Reaktion, 1999.

COSTAING Jean Joseph François, *La Muse de Pétrarque dans les collines de Vaucluse*, Avignon, Rapet, 1819.

COURCELLES Dominique de (dir.), *Traduire et adapter à la Renaissance*, Paris, L'École des Chartes, 1998.

CRIVELLI Tatiana, « Leopardi commentatore di Petrarca », *Philologie im Netz*, numéro spécial (1/1998), « Giacomo Leopardi 1798–1998 », dir. par Sebastian Neumeister et Dietrich Scholler [*en ligne* : fu-berlin.de].

CUÉNIN Micheline, *Roman et société sous Louis XIV*, Paris, Champion, 1979.

D'ALESSANDRO Francesca, « Il Petrarca di Minturno e Gesualdo. Preistoria del pensiero poetico tassiano », *Aevum*, vol. 79, n° 3, 2005, p. 615–637.

D'AMICO Silvia, « Les *Essais* de Jérôme d'Avost », dans Jean BALSAMO (dir.), *Les poètes de la Renaissance et Pétrarque*, Genève, Droz, 2004, p. 395–411.

DANIELE Antonio, « La canzone *Mai non vo' più cantar com'io soleva* (CV) », *Lectura Petrarcae*, n° 13, 1993, p. 149–174.

DAUPHINÉ James, « Marot, traducteur de *La Canzone delle Visioni* de Pétrarque », dans James DAUPHINÉ (dir.), *Clément Marot. À propos de l'Adolescence clémentine*, Actes des quatrièmes journées du Centre Jacques de Laprade tenues au Musée national du château de Pau (29–30 nov. 1996), Biarritz, J&D Éditions, 1996, p. 67–72.

DAVIS Natalie Zemon, « Publisher Guillaume Rouillé, Businessman and Humanist », dans Richard J. SCHOECK (dir.), *Editing Sixteenth Century Text*, Toronto, University of Toronto Press, 1966, p. 72–112.

DE BOTTON Gilbert et POTTIEE-SPERRY Francis, « À la recherche de la "librairie" de Montaigne », *Bulletin du bibliophile*, n° 2, 1997, p. 254–296.

DE BUZON Christine, et GIROT Jean-Eudes (dir.), *Jean Dorat, poète humaniste de la Renaissance*, Actes du colloque international (Limoges, 6–8 juin 2001), Genève, Droz, 2007.

DE ROBERTIS Domenico, *Rerum vulgarium fragmentum CIX (A Adelia Noferi)*, Florence, Grafica Gioberti, 1992 ; rééd. dans *Memoriale petrarchesco*, Rome, Bulzoni, 1997, p. 89.

DEFAUX Gérard, « Marot, traducteur des *Psaumes* : de nouveau sur l'édition anonyme (et genevoise) de 1543 », *Bibliothèque d'Humanisme et Renaissance*, n° LVI, 1994, p. 59–82.

–, *Le poète et son jardin. Étude sur Clément Marot et l'Adolescence clémentine*, Paris, Champion, 1996.

Delabastita Dirk et Grutman Rainer (dir.), *Fictionalising Translation and Multilingualism*, numéro spécial de *Linguistica Antverpiensia*, n° 4, Hoger Instituut voor Vertalers & Tolken, Antwerpen, 2005.

Dell'anna Giuseppe, « Petrarca e la medicina », dans Luisa Rotondi Secchi Tarugi (dir.), *Petrarca e la cultura europea*, Milan, Nuovi Orizzonti, 1997, p. 203–222.

Demerson Guy, *La Mythologie classique dans l'œuvre lyrique de la Pléiade*, Genève, Droz, 1972.

Dolet Étienne, *La manière de bien traduire d'une langue en aultre d'Étienne Dolet*, Lyon, chez Dolet mesme, 1540.

Dotti Ugo, « Vaucluse : le primat de la conscience et le mythe de la vie solitaie », dans Ève Duperray, *La postérité répond à Pétrarque*, Actes du colloque tenu à l'Hôtel de Sade et à l'Université d'Avignon et des Pays de Vaucluse (22–24 janvier 2004), Paris, Beauchesne, 2006, p. 279–290.

–, « Valchiusa : il primato della coscienza e il mito della vita solitaria », dans Frank La Brasca et Christian Trottmann (dir.), *Vie solitaire, vie civile. L'Humanisme de Pétrarque à Alberti*, Actes du XLVIIe Colloque International d'Études Humanistes, Tours (28 juin-2 juillet 2004), Paris, Champion, 2011, p. 27–36.

Douglas Mary, *De la souillure*, traduit de l'anglais par Anne Guérin, Paris, Maspero, 1971.

Droz Eugénie, « Marguerite de Valois's *Album of Verse* », dans Archibald Ross Lewis (dir.), *Aspects of the Renaissance. International Conference on the Meaning of the Renaissance* (1964), Austin, University of Texas Press, 1967, p. 87–100.

Duchêne Roger, *Madame de Sévigné et la lettre d'amour*, Paris, Bordas, 1970.

Dulieu Louis, *La médecine à Montpellier*, Avignon, Les Presses universelles, 1988.

Dumont Charles-Philippe, *Fragmens généalogiques*, 6 vol., Gand, Duquesne, 1862.

Duperray Ève, *L'or des mots, Une lecture de Pétrarque et du mythe littéraire de Vaucluse des origines à l'orée du XXe siècle (Histoire du Pétrarquisme en France)*, Paris, Publications de la Sorbonne, 1997.

– (dir.), *La postérité répond à Pétrarque. Sept siècles de fortune pétrarquienne en France*, Actes du colloque tenu à l'Hôtel de Sade et à l'Université d'Avignon et des Pays de Vaucluse (22–24 janvier 2004), Paris, Beauchesne, 2006.

Dupouy Christine, « Les Transparents, du mythe au poème », *Revue d'histoire littéraire de la France*, vol. 91, n° 1, 1991, p. 3–18.

Durand Gilbert, *Les structures anthropologiques de l'imaginaire*, Paris, Bordas, 1969 ; 10e rééd. Paris, Dunot, 1984.

–, « À propos du vocabulaire de l'imaginaire. Mythe, Mythanalyse, Mythocritique », *Recherches et Travaux, L'Imaginaire*, bulletin n° 15, 1977, p. 4–19.

–, *Champs de l'imaginaire*, textes réunis par Danièle Chauvin, Grenoble, Ellug, 1996.

Eco Umberto, *Dire quasi la stessa cosa*, Milan, Bompiani, 2003.

Elias Norbert, *La civilisation des mœurs*, traduit de l'allemand par Pierre Kamnitzer, Paris, Calmann-Lévy, 1973.

–, *La société de cour*, traduit de l'allemand par Pierre Kamnitzer, Paris, Éditions de Minuit, 1974.

–, *La dynamique de l'Occident*, traduit de l'allemand par Pierre Kamnitzer, Paris, Calmann-Lévy, 1975.

Faguet Émile, *Histoire de la littérature française. Depuis les origines jusqu'à la fin du XVIe siècle. Illustrée d'après les manuscrits et les estampes conservés à la Bibliothèque nationale*, Paris, Librairie Plon, 1900.

Fastelli Federico, « Letteratura e cultura visuale. Stato dell'arte e qualche minima proposta », *LEA – Lingue e letterature d'Oriente e d'Occidente*, n° 7, 2018, p. 1–16 [*en ligne* : fupress.net].

Federici Eleonora et Leonardi Vanessa (dir.), *Bridging the Gap between Theory and Practice in Translation and Gender Studies*, Newcastle Upon Tyne, Cambridge Scholars, 2013.

Fenzi Enrico, *Petrarca*, Turin, Mulino, 2008 ; rééd. *Pétrarque*, traduction française par Gérard Marino, Paris, Les Belles Lettres, 2015.

Feo Michele, « Fili petrarcheschi », *Rinascimento*, n° XIX, 1989, p. 3–89.

–, « Petrarca », dans *Enciclopedia oraziana*, Roma, Istituto della Enciclopedia Italiana, 1998, t. III, p. 405–425.

Fera Vincenza, « La filologia del Petrarca e i fondamenti della filologia umanistica », dans *Il Petrarca latino e le origini dell'umanesimo. Atti del Convegno (Florence, 19–22 maggio 1991)*, dans *Quaderni petrarcheschi*, vol. IX-X, n° 1992–93 (1996), p. 367–391.

Finazzi Silvia, *Fusca claritatis, La metafora nei* Rerum vulgarium fragmenta *di Francesco Petrarca*, Rome, Aracne, 2011.

Flotow Luise von, « Feminist Translation : Contexts, Practices, Theories », *TTR (Traduction, Terminologie, Rédaction)*, n° 4, 1991, p. 69–84.

–, *Translation and Gender Translating in the 'Era of Feminism'*, Manchester/Ottawa, St. Jerome/University of Ottawa Press, 1997.

–, « Translation and Gender Paradigms : From Identities to Pluralities », dans Piotr Kuhiwczak et Karin Littau (dir.), *The Companion to Translation Studies*, Clevedon, Multilingual Matters, 2004, p. 92–107.

Foucault Michel, *La volonté de savoir*, Paris, Gallimard, 1976.

Françon Michel, « Une imitation de Pétrarque : *Pace non trovo* », *Italica*, vol. XX, 1943, p. 127–131.

–, « Vasquin Philieul, traducteur de Pétrarque », *French Studies*, vol. IV, n° 3, 1950, p. 216–226.

–, « Pétrarque et Clément Marot », *Italica*, vol. 40, n° 1, 1963, p. 18–21.

Frasso Giuseppe, « Appunti sul "Petrarca" aldino del 1501 », dans Rino Avesani (dir.), *Vestigia. Studi in onore di Giuseppe Billanovich*, Rome, Storia e letteratura, 1984, vol. I, p. 315–325.

Frawley William, « Prolegomenon to a Theory of Translation », dans William Frawley (dir.), *Translation : Literary, Linguistic and Philosophical Perspectives*, London, Associated University Press, 1985, p. 159–175.

Froidefond Marik, « "N'est-ce pas mon hôte ?" Yves Bonnefoy, Gérard Titus-Carmel : un dialogue côte à côte », dans Jeanne Bacharach et Elisa Sclaunick (dir.), *Le livre en mouvement : poésie et arts visuels aux XXe et XXIe siècles*, Les Colloques en ligne de Fabula [*en ligne* : fabula.org].

Fumaroli Marc, *L'Âge de l'éloquence. Rhétorique et « res literaria » de la Renaissance au seuil de l'époque classique*, Genève, Droz, 2002.

Gagliano Marina, « La polemica antiavignonese di Petrarca », dans Elisa Brilli, Laura Fenelli et Gerhard Wolf (dir.), *Images and words in exile. Avignon and Italy during the first half of the 14th century*, Florence, SISMEL, 2015, p. 209–221.

Gallagher John D., « Traduction littéraire et étude sur corpus », dans Michel Ballard et Carmen Pineira-Tresmontant (dir.), *Le corpus en linguistique et en traductologie*, Arras, Presses universitaires d'Artois, 2007, p. 199–229.

Gambier Yves et Van Doorslaer Luc (dir.), *Handbook of translation studies*, 4 vol., Amsterdam, John Benjamins, 2010–2013.

García Barrera Sebastián et Mounier Pascale, « La traduction vue par les traducteurs », dans Véronique Duché (dir.), *Histoire des traductions en langue française (XVe et XVIe siècles)*, Lagrasse, Verdier, 2015, p. 128–182.

Gardini Nicola, « Un esempio di imitazione virgiliana nel *Canzoniere* petrarchesco. Il mito di Orfeo », *MLN*, n° 1, 1995, p. 132–144.

Garin Eugenio, *L'umanesimo italiano. Filosofia e vita civile nel Rinascimento*, Bari, Laterza, 1993.

Garnier Isabelle, *L'épithète et la connivence. Écriture concertée chez les Évangélistes français (1523–1534)*, Genève, Droz, 2005.

Gauvin Lise, *La Fabrique de la langue*, Paris, Seuil, 2004.

Gefen Alexandre, « Les enjeux épistémologiques des humanités numériques », *Socio*, n° 4, 2015, p. 61–74 [*en ligne* : socio.revues.org].

Gendre André, « Vade-mecum sur le pétrarquisme français », *Versants*, n° 7, 1985, p. 37–63.

–, *Évolution du sonnet français*, Paris, Presses universitaires de France, 1996.

–, *Ronsard, poète de la conquête amoureuse*, Genève, Slatkine, 1998.

–, « Pierre de Ronsard », dans Jean Balsamo (dir.), *Les Poètes français de la Renaissance et Pétrarque*, études réunies par Jean Balsamo, Genève, Droz, 2004, p. 229–252.

Génetiot Alain, *Poétique du loisir mondain, de Voiture à La Fontaine*, Paris, Champion, 1997.

Genette Gérard, *Palimpsestes*, Paris, Seuil, 1982.

–, *Seuils*, Paris, Seuil, 1987.

Gil-Bardaji Anna, Orero Pilar et Rovira-Esteva Sara (dir.), *Translation Peripheries : Paratextual Elements in Translation*, Berne, Peter Lang, 2012.

Gile Daniel, *La traduction. La comprendre, l'apprendre*, Paris, Presses universitaires de France, 2015.

Ginguené Pierre-Louis, *Histoire de la littérature d'Italie*, Paris, Michaud frères, 1811–1819 ; rééd. *Histoire littéraire d'Italie. Seconde édition, revue et corrigée sur les manuscrits de l'auteur, ornée de son portrait, et augmentée d'une notice historique par M. Daunoi*, Paris, Michaud frères, 1824.

Girot Jean-Eudes, *Pindare avant Ronsard*, Genève, Droz, 2002.

Glissant Édouard, *Introduction à une poétique du divers*, Paris, Gallimard, 1996.

–, *L'imaginaire des langues*, entretiens avec Lise Gauvin, Paris, Gallimard, 2010.

Godard Barbara, « Antoine Berman et le "virage éthique" en traduction », *TTR*, vol. 14, n° 2, 2001, p. 49–82.

Goeury Julien, *Blasons anatomiques du corps féminin. Et contreblasons. Établissement du texte*, présentation, notes, dossier, répertoire, chronologie et bibliographie établie par Julien Goeury, Paris, GF-Flammarion, 2016.

Goffman Erving, *Asiles*, traduit de l'anglais par Liliane et Claude Lainé, Paris, Éditions de Minuit, 1968.

–, *La Mise en scène de la vie quotidienne*, traduit de l'anglais par Alain Kihm, Paris, Éditions de Minuit, 1973.

–, *Les Rites d'interaction*, traduit de l'anglais par Alain Kihm, Paris, Éditions de Minuit, 1974.

–, *Stigmates*, traduit de l'anglais par Alain Kihm, Paris, Éditions de Minuit, 1975.

Gordon Benjamin Lee, *Medieval and Renaissance Medicine*, London, Peter Owen, 1960.

Gorris Rosanna, « *"Un franzyse nominato Clemente"* : Marot à Ferrare », dans Gérard Defaux et Michel Simonin (dir.), *Clément Marot « prince des poëtes françois »*, Actes du Colloque international de Cahors en Quercy (21–25 mai 1996), Paris, Champion, p. 339–364.

Goujet Claude Pierre, *Bibliothèque françoise*, Paris, P.-J. Mariette et H.-L. Guérin, 1748.

Gourio Anne, « Pétrarque », dans Danièle Leclaire et Patrick Née (dir.), *Dictionnaire René Char*, Paris, Garnier, 2015, p. 423–425.

Greene Thomas M., « Petrarch and the Humanist Hermeneutic », dans Giose Rimanelli et Kenneth John Atchity (dir.), *Italian literature : roots and branches. Essays in honor of Thomas Goddard Bergin*, New Haven, Yale University Press, 1976, p. 201–224.

Grésillon Almuth, « Ralentir, travaux », *Genesis*, n° 1, 1992, p. 9–31

Grossi Paolo, *Pierre-Louis Ginguené, historien de la littérature italienne*, Berne, Peter Lang, 2006.

Grossman Évelyne, *Artaud/Joyce, le corps et le texte*, Paris, Nathan, 1996.

Guérin Joseph, *Description de la Fontaine de Vaucluse*, Avignon, chez Fr. Séguin ainé, Imprim.-Libraire, 1813.

Guillaud Hubert, « Le papier contre l'électronique », dans Marin Dacos (dir.), *Read/Write Book : Le livre inscriptible*, Marseille, OpenEdition Press, 2010 [*en ligne* : books.openedition.org/oep/139].

Guillaume Astrid, « La Traduction médiévale : de l'implicite vers l'explicite », dans Christian Berner et Tatiana Milliaressi (dir.), *La traduction : philosophie et tradition*, Lille, Presses universitaires du Septentrion, 2011, p. 265–281.

–, « Vers une sémiotique diachronique et contrastive des cultures », dans Driss Ablali, Sémir Badir et Dominique Ducard (dir.), *Documents, textes, œuvres. Perspectives sémiotiques*, Rennes, Presses universitaires de Rennes, 2014, p. 381–406.

Gürçaglar Şehnaz Tahir, « What Texts Don't Tell : The Use of Paratexts in Translation Research », dans Theo Hermans (dir.) *Crosscultural Transgressions. Research Models in Translation Studies II : Historical and Ideological Issues*, Manchester, St. Jerome, 2002, p. 44–60.

Gusdorf Georges, *Mythe et métaphysique. Introduction à la philosophie*, Paris, Flammarion, 1953.

Gutbub Christophe, « Penser la traduction : que veut dire traduire au XVIe siècle », dans Véronique Duché (dir.), *Histoire des traductions en langue française (XVe et XVIe siècles)*, Lagrasse, Verdier, 2015, p. 183–244.

Hagedorn Hans Christian, *La traducción narrada : el recurso narrativo de la traducción ficticia*, Ediciones de la Universidad de Castilla-La Mancha, Cuenca, 2006.

Halevy Olivier, *La Vie d'une forme : l'alexandrin renaissant (1452–1573)*, thèse de doctorat, Université de Grenoble, 2004.

Haureau Barthélemy, *Histoire littéraire du Maine*, Paris, 1748.

Hebert Louis et Guillemette Lucie (dir.), *Performances et objets culturels*, Québec, PU Laval, 2011.

Henrot Sostero Geneviève, « Fondements théoriques et méthodologiques pour une génétique de la traduction. Concepts, méthodes, visées », dans Geneviève Henrot Sostero (dir.), *Archéologie(s) de la traduction*, Paris, Garnier, 2020, p. 17–56.

Hermans Theo (dir.), *The Manipulation of Literature : Studies in Literary Tradition*, London, Crown Helm, 1985.

Hillman James, *Re-visioning Psychology*, New York/Evanston/San Francisco/London, Harper & Row, 1975.

Hoffmeister Gerhart, *European Romanticism : Literary Cross-Currents, Modes, and Models*, Detroit, Wayne State University Press, 1990.

HOUDEBINE Anne-Marie (dir.), *L'imaginaire linguistique, textes issus des communications du colloque international « Imaginaire linguistique » (Paris-Sorbonne, 30 nov.-1er déc. 2001)*, Paris/Budapest/Turin, L'Harmattan, 2002.

–, « De l'imaginaire linguistique à l'imaginaire culturel », *La linguistique*, vol. 51, 2015, p. 3–40.

ISRAËL Fortunato et LEDERER Marianne (dir.), *La théorie interprétative de la traduction*, 3 vol., Paris/Caen, Minard, 2005.

ITALIANO Federico, *Translation and geography*, London/New York, Routledge, 2016.

IVANOVIC Christine et SEIDL Barbara, « What Is Translational Literature and How to Classify It ? : Crowd-Sourcing as a Starting Point for Corpus Building and Type Distinction in Comparative Literature », dans Francisco José GARCIA-PEÑALVO (dir.), *TEEM'16 Proceedings of the Fourth International Conference on Technological Ecosystems for Enhancing Multiculturality*, New York, ACM, 2016, p. 957–963.

JÄÄSKELÄINEN Riitta, « Translation Psychology », dans Yves GAMBIER et Luc VAN DOORSLAER (dir.), *Handbook of Translation Studies*, 4 vol., Amsterdam, John Benjamins, 2012, t. III, p. 191–197.

JAKOBSON Roman, *Essais de linguistique générale*, traduit de l'anglais par Nicolas Ruwet, Paris, Éditions de Minuit, 1963.

JAMET Denis, « Traduire la métaphore, ébauche de méthode », dans Michel BALLARD et Ahmed EL KALADI (dir.), *Traductologie, linguistique et traduction*, Arras, Presses universitaires d'Artois, 2003, p. 127–143.

JESI Furio, *Esoterismo e linguaggio mitologico. Studi su Rainer Maria Rilke*, Messina-Florence, D'Anna, 1976.

–, « Traducibilità e scienza del mito. Note sulla 'Lutherbibel' », *Quaderni di lingue e letterature straniere* (Università degli Studi di Palermo), 1978–1979, p. 1–18.

JODOGNE Pierre, *Le « Libro de memoria » de la famille Cassina (1576–1650) : entre Italie et Pays-Bas méridionaux*, Bruxelles, Académie royale de Belgique, 2002.

JONES Frederic J., *The Structure of Petrarch's* Canzoniere. *A Chronological, Psychological and Stilistic Analysis*, Cambrige, D. S. Brewer, 1995.

JOST François, *Le sonnet de Pétrarque à Baudelaire*, Berne, Peter Lang, 1989.

JOUBAUD Pascal et SICARD Claire, « La dette d'Étienne Du Tronchet à l'égard de Mellin de Saint-Gelais », dans *Demêler Mellin de Saint-Gelais*, Carnet de recherche Hypothèses *Demelermellin*, 4 janvier 2017 [*en ligne* : demelermellin.hypotheses.org].

JUGÉ Clément, *Jacques Peletier du Mans. Essai sur sa vie, son œuvre, son influence*, Paris, Lemerre Éditeur, 1907.

JULLIEN DE POMMEROL Marie-Henriette, *Albert de Gondi, Maréchal de Retz*, Paris, Droz, 1953.

JUNG, Carl Gustav, *The Structure and Dynamics of the Psyche*, vol. 8, 2e éd., traduit de l'allemand par R. F. Hull, Princeton University Press, 1969.

–, *Mysterium conjunctionis*, 2 vol., traduction par Étienne Perrot, Paris, Albin Michel, 1982, t. II ; rééd. « Réflexions théoriques sur la nature du psychisme », dans *La réalité de l'âme*, 2 vol., éd. Michel Cazenave, Paris, Librairies Générale Française, 1998, t. I.

–, *Types psychologiques*, préface et traduction de l'allemand de Yves Le Lay, Genève, Georg, 1950 ; 8ᵉ éd., Genève, Georg, 1993.

–, *Énergétique psychique*, traduit de l'allemand par Yves Le Lay, Genève, Georg, 1956 ; rééd. « L'énergétique psychique », dans *La réalité de l'âme*, 2 vol., éd. Michel Cazenave, Paris, Librairies Générale Française, 1998, t. I.

Kany Charles E., *The Beginnings of the Epistolary Novel in France, Italy and Spain*, University of California Publications in Modern Philology, 1937.

Kaufmann Francine, « Walter Benjamin et la traduction comme œuvre messianique. Une lecture juive », dans Dov Schwarz et Ariel Gross (dir.), *On Repentance and Redemption (Mélanges Benjamin Gross)*, Ramat-Gan, Presses de l'Université Bar Ilan, 2008, p. 45–73.

Kearney Richard, « Vers une herméneutique de la traduction », dans Gaëlle Fiasse (dir.), *Paul Ricoeur. De l'homme faillible à l'homme capable*, Paris, Presses universitaires de France, 2008, p. 157–178.

Keating Louis Clark, *Studies on the Literary Salons in France 1550–1615*, Cambridge, Harvard University Press, 1941.

Kennedy William J., *The Site of Petrarchism : Early Modern National Sentiment in Italy, France, and England*, Baltimore, Johns Hopkins University Press, 2003.

Kenny Dorothy, « Corpora in Translation Studies », dans Mona Baker (dir.), *Routledge encyclopedia of translation studies*, London/New York, Routledge, 1998, p. 50–53.

Klein-Lataud Christine, *Précis des figures de style*, Toronto, Éditions du GREF, 1991.

Klemperer Victor, *Littérature universelle et littérature européenne* [1929], traduit de l'allemand par Julie Stroz, Belval, Éditions Circé, 2011.

Knecht Robert Jean, *Renaissance Warrior and Patron The Reign of Francis I*, Cambridge, Cambrige University Press, 1992, p. 461–469.

Korte Barbara, *Body Language in Literature*, Toronto, University of Toronto Press, 2016.

Kraenker Sabine (dir.), *Actes de la rencontre internationale « Corps et écriture » (Helsinki 25–26 septembre 2008)*, Helsinki, Publications romanes de l'Université de Helsinki, 2009.

L'Estoile Pierre de, *Journal pour le règne de Henri III*, Paris, Gallimard, 1943 ; rééd. Genève, Droz, 1996.

La Croix du Maine et Du Verdier, *Les bibliothéques françoises de La Croix du Maine et de Du Verdier*, éd. Rigoley de Juvigny, Paris, Saillant et Niont, 1772–1773.

La Monica Alessandro, *"Graziosissime donne". La figura femminile nel Decameron di Boccaccio*, Saarbrücken, Edizioni Accademiche Italiane, 2014.

Ladmiral Jean-René, « Viol et consentance », *La Traductière*, n° 4–5, 1987, p. 88–91.

–, *Traduire : théorèmes pour la traduction*, Paris, Gallimard, 1994.

–, « L'empire des sens », dans Marianne LEDERER (dir.), *Le sens en traduction*, Caen, Minard, 2006, p. 109–125.

–, *Sourcier ou cibliste*, Paris, Les Belles Lettres, 2015.

LAMARTINE Alphonse de, *Trois poètes italiens : Dante, Pétrarque, Le Tasse*, Paris, A. Lemerre, 1893.

LANDI Michela, « Yves Bonnefoy et la traduction : l'enseignement et l'exemple de l'Italie », *Littérature.* n° 150, 2008, p. 56–69.

LANG Birgit, PYM Antony et RIZZI Andrea, *What is Translation History. A Trust-Based Approach*, Cham, Palgrave, 2019.

LANNUTTI Maria Sofia, « Per l'interpretazione della canzone 105 di Petrarca », dans F. BENOZZO, G. BRUNETTI, P. CARAFFI, A. FASSO, L. FORMISANO, G. GIANNINI et M. MANCINI (dir.), *Culture, livelli di cultura e ambienti nel Medioevo occidentale. Atti del IX Convegno della Società Italiana di Filologia Romanza Bologna (5–8 ottobre 2009)*, Rome, Aracne, 2012, p. 603–653.

LANSON Gustave, *Histoire de la littérature française*, Paris, Hachette, 1920.

LAPLACE Colette, « Sens et intention : un débat dépassé », dans Marianne LEDERER (dir.), *Le sens en traduction*, Caen, Lettres Modernes Minard, 2006, p. 81–107.

LARBAUD Valery, *Sous l'invocation de saint Jérôme*, Paris, Daragnès, 1945.

LAUKKANEN Johanna, « Affective and Attitudinal Factors in Translation Processes », *Target*, vol. 8, n° 2, 1996, p. 257–274.

LAVAUD Jacques, *Philippe Desportes*, Paris, Droz, 1936.

LAVIERI Antonio, *Translatio in fabula. La letteratura come pratica teorica del tradurre*, Rome, Editori Riuniti, 2007.

–, « Gli sguardi, i fatti e l'immaginario del tradurre », dans Stefano ARDUINI et Ilide CARMIGNANI (dir.), *Le giornate della traduzione letteraria : nuovi contributi*, Rome, Iacobelli, 2010, p. 135–139.

–, « Homo translator. Notes pour une anthropologie comparative de la traduction », dans Sophie KLIMISI, Isabelle OST et Stéphanie VANASTEN (dir.), *Translatio in fabula. Enjeux d'une rencontre entre fictions et traductions*, Bruxelles, Publications des Facultés universitaires Saint-Louis, 2010, p. 117–127.

LAVIOSA-BRAITHWAITE Sara, « Universals of Translation », dans Mona BAKER et Kirsten MALMKJÆR (dir.), *Routledge Encyclopedia of Translation Studies*, London, Routledge, 1998, p. 288–291.

LAWSON Kate et SHAKINOVSKY Lynn, *Marked Body : Domestic Violence in Mid-Nineteenth-Century Literature*, Albany, State University of New York Press, 2002.

LE BLANC Charles, *Le complexe d'Hermès*, Ottawa, Presses universitaires d'Ottawa, 2009.

–, *Histoire naturelle de la traduction*, Paris, Les Belles Lettres, 2019.

LE BLANC Charles, MARGANTIN Laurent et SCHEFER Olivier (dir.), *La Forme poétique du monde, anthologie du Romantisme allemand*, Paris, José Corti, 2003.

LECLAIR Danièle, « Planche de vivre (La) », dans Danièle LECLAIR et Patrick NÉE (dir.), *Dictionnaire René Char*, Paris, Garnier, 2015, p. 434–436.

LECLAIR Danièle et NÉE Patrick (dir.), *Dictionnaire René Char*, Paris, Garnier, 2015.

LE PERSON Xavier, « Les "practiques" du secret au temps de Henri III », *Rives nord-méditerranéennes*, n° 17, 2004 [*en ligne* : rives.revues.org].

LE ROUX Jean, *Recueil de la noblesse de Bourgogne, Limbourg, Luxembourg, Gueldres, Flandres, Artois, Haynau, Hollande, Zeelande, Namur, Malines et autres provinces de Sa Majesté catholique*, Lille, s.n., 1715.

LECERCLE François, « Le texte comme langue : cicéronianisme et pétrarquisme », *Littérature*, n° 55, 1984, *La Farcissure. Intertextualités au XVI⁰ siècle*, p. 52–53.

–, « Un pétrarquisme épistolaire : les *Lettres amoureuses* d'Étienne du Tronchet », dans Jean BALSAMO (dir.), *Les Poètes français de la Renaissance et Pétrarque*, Genève, Droz, 2004, p. 353–362.

LEENHARDT Maurice, *Do kamo : la personne et le mythe dans le monde mélanésien*, Paris, Gallimard, 1947.

LENNON Kathleen, *Imagination and Imaginary*, London/New York, Routledge, 2015.

LENOTRE Georges, *Le Château de Rambouillet, six siècles d'Histoire*, Paris, Calmann-Lévy, 1930 ; réédition, Paris, Denoël, 1984.

LEONARDI Vanessa, *Gender and Ideology in Translation : Do Women and Men Translate Differently ? A Contrastive Analysis from Italian into English*, Berne, Peter Lang, 2007.

LESAULNIER Jean, *Images de Port-Royal*, Paris, Nolin, 2002.

LEVINAS Emmanuel, *Humanisme de l'autre homme*, Paris, Fata Morgana, 1972.

–, *Éthique et infini*, Paris, Fayard, 1982.

LITTAU Karin, « First Steps Towards a Media History of Translation », *Translation Studies*, vol. 4, n° 3, 2011, p. 261–281.

LOISE Ferdinand, *Histoire de la poésie mise en rapport avec la civilisation en Italie depuis les origines jusqu'à nos jours*, Bruxelles/Paris, Alfred Castaigne/Thorin & fils/A. Fontemoing, 1895.

LONGEON Claude, *Une province française à la Renaissance : la vie intellectuelle en Forez au XVI⁰ siècle*, Saint-Étienne, Centre d'études foréziennes, 1975.

LOPEZ Denis, *La Plume et l'Épée, Montausier (1610–1690), position sociale et littéraire jusqu'après la Fronde*, Paris/Seattle/Tubingue, Papers on French Seventeenth Century Literature, 1987.

LUZI Mario, *L'inferno e il limbo*, Florence, Il Marzocco, 1949.

–, *Studio su Mallarmé*, Florence, Sansoni, 1952.

MACLEAN Ian, *Le monde et les hommes selon les médecins de la Renaissance*, Paris, CNRS Éditions, 2006.

MAGRINI Diana, « Clément Marot e il petrarchismo », dans Arnaldo DELLA TORRE et Pier Liberale RAMBALDI (dir.), *Miscellanea di Studi critici pubblicati in onore di Guido Mazzoni*, Florence, Tipografia Galileiana, 1907, p. 485–502.

MAIRA Daniele, *Typosine, la dixième muse*, Genève, Droz, 2007.

MANGHAM Andrew et DEPLEDGE Greta (dir.), *The Female Body in Medicine and Literature*, Liverpool, Liverpool University Press, 2012.

Manifeste des Digital Humanities (2010) [*en ligne* : tcp.hypotheses.org/318].

MANN Nicolas, « La fortune de Pétrarque en France : recherches sur le "De remediis" », *Studi francesi*, n° 37, 1969, p. 1–15.

–, « Petrarch's Role as Moralist in Fifteenth-Century France », dans Anthony H. T. Levi (dir.), *Humanism in France at the end of the Middle Ages and in the early Renaissance*, Manchester/New York, Manchester U.P., Barnes & Noble Inc., 1970, p. 6–28.

–, « The MSS. Of Petrarch's "De remediis". A Checklist », *Italia medioevale e umanistica*, n° XVI, 1971, p. 51–90.

–, *Pétrarque : les voyages de l'esprit*, Grenoble, Jérôme Million, 2004.

MANNONI Pierre, *Les représentations sociales*, Paris, Presses universitaires de France, 2016.

MARCOZZI Luca, *Petrarca platonico. Studi sull'immaginario filosofico del Canzoniere*, Rome, Aracne, 2004.

–, « Petrarca e l'esilio nel tempo, dans Elisa BRILLI, Laura FENELLI et Gerhard WOLF (dir.), *Images and words in exile. Avignon and Italy during the first half of the 14th century*, Florence, SISMEL, 2015, p. 223–237.

MARCOZZI Luca et RIGO Paolo, *Laureato in Urbe I*, Actes du Congrès International « Laureatus in Urbe » (Rome, 22–23 mai 2017), Rome, Aracne, 2019.

MARINETTI Cristina, « Cultural approaches », dans Yves GAMBIER et Luc VAN DOORSLAER (dir.), *Handbook of translation studies*, 4 vol., Amsterdam, John Benjamins, 2010, t. II, p. 26–30.

MARTIN-JACQUEMIER Myriam, *L'Âge d'or du mythe de Babel (1480–1600). De la conscience de l'altérité à la naissance de la modernité*, Paris, Éditions InterUniversitaires, 1999.

MARTY Éric, *René Char*, Paris, Seuil, 1990.

MARX William, *Vie du lettré*, Paris, Les Éditions de Minuit, 2009.

MARY André, « Imaginaire/Imaginaires », dans Régine AZRIA et Danièle HERVIEU-LEGER (dir.), *Dictionnaire des faits religieux*, Paris, Presses universitaires de France, 2010, p. 524–529.

MASSON Jean-Yves, « Territoire de Babel (notes sur la théorie de la traduction) », *Corps Ecrit*, n°36 (1990), numéro spécial « Babel ou la diversité des langues », Presses universitaires de France, 1990, p. 157–160.

–, « La traductologie de Jean-René Ladmiral et l'héritage du classicisme », dans G. GARGIULO, F. LAUTEL-RIBSTEIN, C. FAURE, J.-Y. MASSON (dir.), *Jean-René*

Ladmiral, une œuvre en mouvement, Actes du colloque des 3–4 juin 2010 (Université Paris Sorbonne), *Revue Septet,* n° 3, 2012, p. 61–62.

Mattiussi Laurent, « Schème, type, archétype », dans Danièle Chauvin, André Siganos et Philippe Walter (dir.), *Questions de mythocritique. Dictionnaire,* Paris, Imago, 2005, p. 307–317.

Mayaffre Damon, « L'Herméneutique numérique », *L'Astrolabe. Recherche littéraire et Informatique,* 2002, p. 1–11 [*en ligne* : revue-texto.net].

Mayer Claude Albert, « Le premier sonnet français : Marot, Mellin de Saint-Gelais et Jean Bouchet », *Revue d'histoire littéraire de la France,* vol. 67, n° 3, 1967, p. 481–493.

Mazzocco Mariel, « "Suressentiel". Aux sources d'un langage mystique », *Revue de l'histoire des religions,* vol. 230, 2013, p. 609–627.

McDowell, John, *Mind and World,* Cambridge, Harvard University Press, 1996.

McLaughlin Martin L., *Literary Imitation in the Italian Renaissance,* Oxford, Oxford Universy Press, 1996.

Mélançon Robert, « La fin du pétrarquisme français », dans Jean Lafond et André Stegmann (dir.), *L'Automne de la Renaissance* (1580–1630), XXIIe Colloque international d'études humanistes (Tours, 2–13 juillet 1979), Paris, Vrin, 1981, p. 257–270.

Memmi Dominique, Guillo Dominique et Martin Olivier (dir.), *Tentation du corps. Corporéité et sciences sociales,* Paris, Éditions de l'École des hautes études en sciences sociales, 2009.

Merger Franck, « La réception de Pétrarque en France au XXe siècle : l'exemple d'Aragon », *Les annales de la société des amis de Louis Aragon et Elsa Triolet,* n° 10, 2008 [*en ligne* : louisaragon-elsatriolet.org].

Merleau-Ponty Maurice, *Eye and Mind,* dans *The Merleau- Ponty Aesthetics Reader,* éd. Galen A. Johnson, Evanston (Ill.), Northwestern University Press, 1993.

Meschonnic Henri, *Pour la Poétique,* 5 vol., Paris, Gallimard, 1970–1978.

Michel Laure, « Obscurité de René Char », *Études littéraires,* vol. 47, n° 3, 2016, p. 51–63.

Millet Olivier, « Du Bellay et Pétrarque, Autour de *L'Olive* », dans Jean Balsamo (dir.), *Les Poètes français de la Renaissance et Pétrarque,* Genève, Droz, 2004, p. 253–266.

Mitterand Henri, *L'imaginaire littéraire : des archétypes à la poétique du sujet,* Paris Nathan, 2000.

Mommsen Theodor E., « Petrarch's Conception of the Dark Ages », *Speculum,* vol. 17, n° 2, 1942, p. 226–242.

Montorsi Francesco, *L'Apport des traductions de l'italien dans la dynamique du récit de chevalerie (1490–1550),* Paris, Garnier, 2015.

Montserrat Dominic, *Sex and Society in Græco-Roman Egypt,* Oxon, Routledge, 2011.

Mora Édith, « René Char commente son "Retour amont" », *Le Monde*, 28 mai 1966 [*en ligne* : lemonde.fr/archives].

Moreau Marie-Louise, *Dictionnaire de sociolinguistique. Concepts de base*, Bruxelles, Mardaga, 1998.

Mounin Georges, *Les problèmes théoriques de la traduction*, Paris, Gallimard, 1963.

Muhlstein Anka, *Reines éphémères, mères perpétuelles*, Paris, Albin Michel, 2011.

Nardone Jean-Luc, *Pétrarque et le pétrarquisme*, Paris, Presses universitaires de France, 1998.

Naïs Hélène, « Le thème pétrarquiste du soleil dans la traduction de Vasquin Philieul », dans Jean Pommier (dir.), *Mélanges d'histoire littéraire (XVIᵉ-XVIIᵉ siècle) offerts à Raymond Lebègue*, Paris, Nizet, 1969, p. 59–67.

Neubert Fritz, « Zur französischen Epistolar Literatur der Renaissance », *Die Neueren Sprachen*, n° 14, 1965, p. 318–332 ;

–, « Die Briefe des Estienne du Tronchet », *Die Neuen Sprachen*, n° 65, 1966, p. 363–372.

–, « Die Entstehung der französischen Epistolarliteratur im Zeitalter der Renaissance », *Zeitschrift für romanische Philologie*, vol. 85, 1969, p. 56–92.

Neveu Franck, *Lexique des notions linguistiques*, Paris, Armand Colin, 2000.

Newman Karen et Tylus Jane (dir.), *Early Modern Cultures of Translation*, Philadelphia, UPenn, 2015.

Noferi Adelia, *Il gioco delle tracce*, Firenze, La Nuova Italia, 1979.

–, « Da un commento al *Canzoniere* petrarchesco : sonetto 74 », *L'Approdo letterario*, t. XX, n° 65, 1974, p. 8–16, repris dans Adelia Noferi, *Frammenti per i Fragmenta di Petrarca*, a cura di Luigi Tassoni, Rome, Bulzoni, 2001, p. 85–95.

Nolhac Pierre de, *Le Canzoniere autographe de Pétrarque*, Paris, Librairie C. Klincksieck, 1886.

Norton Glyn P., *The Ideology and Language of Translation in Renaissance France and Their Humanist Antecedents*, Genève, Droz, 1984.

Nuffel Robert van, « Un petrarchista belga : Philippe de Maldeghem », *Studi Petrarcheschi*, n° VII, 1961, p. 377–387.

Orth Myra et Cooper Richard, « Un manuscrit peint des visions de Pétrarque traduites par Marot », dans Jean Balsamo (dir.), *Les Poètes français de la Renaissance et Pétrarque*, Genève, Droz, 2004, p. 50–71.

Ossola Carlo, *Autunno del Rinascimento. Idea del "Tempio" dell'arte nell'ultimo Cinquecento*, Florence, Olschki, 1971.

–, (dir.) *Pétrarque et l'Europe*, Grenoble, Jérôme Millon, 2006.

Pacca Vinicio, *Petrarca*, Bari, Laterza, 2005.

Pannwitz Rudolf, *Die Krisis der europäischen Kultur* [1917], Nuremberg, Hans Carl, 1947.

Parussa Gabriella, « I *Trionfi* di Petrarca fra l'Italia e la Francia : metamorfosi di un testo », dans Enrico Garavelli et Elina Suomela-Härmä (dir.), *Atti del settimo congresso degli italianisti scandinavi (Helsinki, 3–9 giugno 2004)*, Helsinki, Société néophilologique, 2005, p. 71–87.

Pasquini Emilio, « Il mito polemico di Avignone nei poeti italiani del Trecento », dans *Aspetti culturali della società italiana nel periodo del papato avignonese. Atti del convegno del Centro di studi sulla spiritualità medievale (Todi, 15–18 ottobre 1978)*, Todi, Accademia Tudertina, 1981, p. 259–309.

Pekkanen Hilkka, *The Duet Between the Author and the Translator*, thèse de doctorat soutenue à l'Université de Helsinki, 2010.

Pellatt Valerie (dir.), *Text, Metatext and Paratext in Translation*, New York, Cambridge Scholars, 2013.

Pellegrin Elisabeth, *Manuscrits de Pétrarque dans les bibliothèques de France*, Pavie, Antenore, 1966.

Pelous Jean-Michel, *Amour précieux, amour galant (1654–1675)*, Paris, Klincksieck, 1980.

Pergnier Maurice, *Les fondements socio-linguistiques de la traduction*, Paris, Champion, 1978 ; rééd. Genève, Slaktine, 1980 ; rééd. Lille, Presses universitaires de Lille, p. 69–88.

–, « La traduction comme exégèse : le cas de la poésie », *TTR (Traduction, Terminologie, Rédaction)*, vol. 12, n° 2, 1999, p. 159–172.

Pestell Ben, Palazzolo Pietra et Burnett Leon (dir.), *Translating Myth*, Oxford, Routledge/Legenda, 2016.

Peyre Yves, « Considération de l'Image et Vérité de la Poésie », dans Murielle Gagnebin (dir.), *Yves Bonnefoy. Lumière et nuit des images suivi de Ut pictura poesis et autres remarques*, Seyssel, Champ Vallon, 2005, p. 180–190.

Pic De La Mirandole Jean François, *Traitté de l'Imagination, tiré du latin de J. François Pic De la Mirandole par Jan Antoine de Baif*, Paris, Andé Wechel, demeurant à l'enseigne du Cheval volant, rue S. Jean de Beauvais, 1556 ; reproduction en fac-simile dans *Traité de l'Imagination*, dans *Po&sie*, n° 20, 1982, p. 100–127, d'après l'exemplaire de la Bayerische Staatsbibliothek de Munich. La page de titre a été omise ; brève introduction de J.-P. Amunategui et R.-J. Seckel, p. 100.

Picone Michelangelo, *Il* Canzoniere *: lettura micro e macrotestuale*, Ravenna, Longo, 2007.

Picot Émile, *Les Français italianisants au XVIe siècle*, 2 vol., Paris, Champion, 1907.

–, *Les Italiens en France au XVIe siècle*, Bordeaux, Feret et Fils, 1901 ; rééd. avec intr. de Nuccio Ordine, Rome, Vecchiarelli, 1995.

Piégay-Gros Nathalie, *L'érudition imaginaire*, Genève, Droz, 2009.

–, *Le futur antérieur de l'archive*, Rimouski, Tangence Éditeur, 2012.

PIERI Marius, *Le Pétrarquisme au XVIe siècle, Pétrarque & Ronsard ou De l'influence de Pétrarque sur la Pléiade française*, Marseille, Laffitte, 1895 ; rééd. Genève, Slatkine, 1970.

PIGNÉ Christine, *De la fantaisie chez Ronsard*, Genève, Droz, 2009.

PINOTTI Andrea, « C'è proprio bisogno di dirlo ? Parola e immagine dal purovisibilismo ai Visual Culture Studies », dans Teresa SPIGNOLI (dir.), *Verba Picta. Interrelazione tra testo e immagine nel patrimonio artistico e letterario della seconda metà del Novecento*, Pise, ETS, p. 41–51.

PINOTTI Andrea, SOMAINI Antonio, *Cultura visuale. Immagini, sguardi, media, dispositivi*, Turin, Einaudi, 2016.

PINSON Jean-Claude, *Sentimentale et Naïve. Nouveaux essais sur la poésie contemporaine*, Seyssel, Champ Vallon, 2002.

–, « De l'athéisme poétique aujourd'hui », *Noesis*, n° 7, 2004 [*en ligne* : journals. openedition.org/noesis].

–, « Du spéculatif au dialogique : philosophie et poésie selon Yves Bonnefoy », *Dalhousie French Studies*, vol. 60, 2002, p. 11–16.

PLACIAL Claire, *Pour une histoire rapprochée des traductions. Étude bibliographique, historique et linguistique des traductions en langue française du Cantique des cantiques publiées depuis la Renaissance*, thèse soutenue à l'université Paris-Sorbonne sous la direction de Jean-Yves Masson, 2011.

PREISIG Florian, *Clément Marot et les métamorphoses de l'auteur à l'aube de la Renaissance*, Genève, Droz, 2004.

PRETE Antonio, « Traduzione come ospitalità », *Revista de Italianística*, n° XIV, 2006, p. 115–120.

–, *Il pensiero poetante. Saggi su Leopardi*, Milan, Feltrinelli, 2006.

–, *All'ombra dell'altra lingua. Per una poetica della traduzione*, Turin, Bollati Boringhieri, 2011.

PYM Anthony, *Pour une éthique du traducteur*, Arras, Artois Presses Université, 1997.

–, *Method in Translation History*, Manchester, St. Jerome, 1998.

QUONDAM Amedeo, *Petrarchismo mediato. Per una critica della forma « antologia »*, Bulzoni, Rome, 1974.

RAIMONDO Riccardo, « Territori di Babele. Aforismi sulla traduzione di Jean-Yves Masson », *Ticontre*, n° 3, 2015, p. 171–180 [*en ligne* : ticontre.org].

–, « Le *démon fugitif* de l'imagination : propositions pour une traductologie comparée, entre Nerval et Baudelaire », *Nouvelle Fribourg*, n° 2, 2016 [*en ligne* : nouvellefribourg.com].

–, « Orphée contre Hermès : herméneutique, imaginaire et traduction (esquisses) », *Meta*, n° 61, 2016, p. 650–674.

–, « La théorie des zones traductionnelles », dans M. ELLISON, M. PAZOZ ANIDO, P. N. MARTINEZ et S. VALENTE (dir.), *As línguas estrangeiras no ensino superior : propostas didáticas e casos em estudo*, Porto, FLUP e-dita, 2018, p. 331–357.

–, « La natura e il sacro : Valchiusa contro Babilonia nel Canzoniere di Petrarca », dans Luca MARCOZZI et Paolo RIGO (dir.), *Laureato in Urbe I*, Actes du Congrès International « Laureatus in Urbe » (Rome, 22–23 mai 2017), Rome, Aracne, 2019, p. 63–75.

–, « Corps mystique et corps sensuel : Jean-Yves Masson et Yves Bonnefoy traducteurs du Canzoniere de Pétrarque », dans Michel COLLET, Margaret GILLESPIE et Nanta NOVELLO PAGLIANTI (dir.), *Métamorphoses : corps, arts visuels et littérature. La traversée des genres*, Binges, Orbis Tertius, 2019, p. 77–92.

–, « Jacques Peletier traducteur du Canzoniere de Pétrarque », *Canadian Review of Comparative Literature / Revue Canadienne de Littérature Comparée*, vol. 46, n° 2, 2019, p. 235–251.

–, « Clément Marot, traducteur évangélique du Canzoniere de Pétrarque », *Renaissance and Reformation / Renaissance et Réforme*, vol. 43, n° 2, 2020, p. 119–145.

–, « Orpheus versus Hermes : on a few 20th Century French Translators of the *Canzoniere* », dans Carole BIRKAN-BERZ, Guillaume COATALEN et Thomas VUONG (dir.), *Translating Petrarch's Poetry : L'Aura del Petrarca from the Quattrocento to the 21st Century*, Oxford, Legenda Books, 2020, p. 152–170.

–, « Traduction et imaginaires du Canzoniere de Pétrarque, parcours comparés d'artistes et traducteurs : Glomeau et Feltesse, Aragon et Picasso, Bonnefoy et Titus-Carmel », *LEA – Lingue e Letterature d'Oriente e d'Occidente*, Firenze University Press, vol. 8–2019, 2020, p. 455–474 [*en ligne* : fupress.com]

RASTIER François, *Sémantique interprétative* [1987], Paris, Presses universitaires de France, 2009 (3ᵉ éd.).

–, « Communication ou transmission ? », *Césure*, n° 8, 1995, p. 151–95 ; repris dans « Communication ou transmission ? », *Texto !*, vol. XXI, n° 2, 2016 [*en ligne* : revue-texto.net].

–, *Arts et sciences du texte*, Paris, Presses universitaires de France, 2001.

–, « La traduction. Interprétation et genèse du sens », dans Marianne LEDERER (dir.), *Le sens en traduction*, Caen, Minard, 2006, p. 37–49.

–, « Formes sémantiques et textualité », *Langages*, n° 163, 2006, p. 99–114.

–, « Entretien sur les théories du signe et du sens – Réponses à Peer Bundgaard », *Texto !*, vol. XIII, n° 3, 2008, p. 3.

–, *La mesure et le grain. Sémantique de corpus.* Paris, Champion, 2011.

–, « Objets culturels et performances sémiotiques. L'objectivation critique dans Les sciences de la culture », dans Louis HEBERT et Lucie GUILLEMETTE (dir.), *Performances et objets culturels*, Québec, PU Laval, 2011, p. 15–58.

RAVIER Xavier, « René Char et la provençalité », *Littératures*, n° 35, 1996, p. 217–234.

–, « René Char : le poème et le lieu », *Nouvelle revue d'onomastique*, n° 54, 2012, p. 275–290.

RAYMOND Marcel, *L'Influence de Ronsard sur la poésie française (1550–1585)*, Paris, Champion, 1927.

REBOUL Marianne, *Étude comparative numérique des traductions françaises et anglaises du XIXe au XXe siècles de l'Odyssée d'Homère*, thèse soutenue à l'université Paris-Sorbonne sous la direction de Jean-Yves Masson, 2018.

REISS Katharina, *Möglichkeiten und Grenzen der Übersetzungskritik : Kategorien und Kriterien für eine sachgerechte Beurteilung von Übersetzungen*, Munich, Hueber, 1986.

–, *Translation Criticism – The potentials & Limitations. Categories and Criteria for Translation Quality Assessment*, traduit de l'allemand par Erroll F. Rhodes, Manchester, St. Jerome, 2000.

–, *La Critique des traductions, ses possibilités et ses limites*, traduit de l'allemand par Catherine Bocquet, Arras, Presses universitaires d'Artois, 2002.

RICŒUR Paul, *Du texte à l'action. Essais d'herméneutique II*, Paris, Seuil, 1968.

–, *Le conflit des interprétations*, Paris, Seuil, 1969.

–, « Le paradigme de la traduction », *Esprit*, n° 253, 1999, p. 8–19.

RIGO Paolo, « Peregrinatio », dans Romana BROVIA et Luca MARCOZZI (dir.), *Lessico critico petrarchesco*, Rome, Carocci, 2016, p. 231–243.

–, « Petrarca e il corpo : una ricognizione sul tema », *Arzanà*, n° 19, 2017, p. 55–77 [*en ligne* : arzana.revues.org].

RIMBAULT Olivier, *Imaginaire et pensée. Désiré Érasme, Martin Luther, Nicolas de Cues : trois imaginaires, trois modèles de pensée*, Perpignan, Presses universitaires de Perpignan, 2016.

RITTER SANTINI Lea, *Sorte e ragione : Petrarca in Europa* (« Lezione Sapegno » 2003), avec deux interventions de Jean Balsamo et de Lina Bolzoni, Turin, Nino Aragno Editore, 2008.

ROBERTS Harri Garrod, *Embodying Identity : Representations of the Body in Welsh Literature*, Cardiff, University of Wales Press, 2009.

ROBIN Régine, « Transculturalité », dans Claude DUCHET et Stéphane VACHON (dir.), *La Recherche littéraire. Objets et méthodes*, éd. révue, corr. et aug., Montréal/Paris, XYZ & Presses universitaires de Vincennes, 1998, p. 375.

ROCHAT Denis, « "Lettera amorosa" de René Char, ou la lecture en archipel », *Modern Language Studies*, vol. 22, n° 1, 1992, p. 47–56.

ROUBAUD Jacques, *Soleil du soleil, Anthologie du sonnet français de Marot à Malherbe*, Paris, Gallimard, 1990.

–, *Le grand incendie de Londres*, Paris, Seuil, 2009.

–, *Quasi-cristaux*, Paris, Yvon Lambert & Martine Aboucaya, 2013 [*en ligne* : blogs. oulipo.net/qc/]

RUSHWORTH Jennifer, *Petrarch and the Literary Culture on Nineteenth-Century France*, Cambridge, D. S. Brewer, 2017.

SAINT-MARTIN Jean, *La Fontaine de Vaucluse et ses souvenirs*, Paris, Librairie Générale de L. Sauvaitre, 1891.

SALADIN Jean-Christophe, *Bibliothèque humaniste idéale (De Pétrarque à Montaigne)*, Paris, Les Belles Lettres, 2008.

SAMACHER Jean-Yves, « Le corps et la lettre dans les "traductions-adaptations" d'Antonin Artaud », dans Sabine KRAENKER (dir.), *Actes de la rencontre internationale « Corps et Traductions » (Helsinki, 10 et 11 juin 2010)*, Helsinki, Publications romanes de l'Université de Helsinki, 2011, p. 139–151.

SAMOYAULT Tiphaine, « La reprise (note sur l'idée de roman-monde) », *Romantisme*, n° 136, 2007, p. 95–104.

SANTAEMILIA José (dir.), *Gender, Sex and Translation. The Manipulation of Identities*, London/New York, Routledge, 2005.

–, « Sex and translation : On women, men and identities », *Women's Studies International Forum*, vol. 42, 2014, p. 104–110.

SANTAGATA Marco, *I frammenti dell'anima : storia e racconto nel Canzoniere di Petrarca*, Bologne, Il Mulino, 2004.

–, *L'amoroso pensiero. Petrarca e il romanzo di Laura*, Milan, Mondadori, 2014.

SARTRE Jean-Paul, *L'Imaginaire. Psychologie phénoménologique de l'imagination*, Paris, Gallimard, 1940.

–, *The Imaginary, A Phenomenological Psychology of the Imagination* [1940], traduction anglaise par J. Webber, Routledge, London, 2004.

SAULNIER Verdun Louis, *Le Prince de la Renaissance lyonnaise, initiateur de la Pléiade*, Paris, Klincksieck, 1948.

SAVOCA Giuseppe, *Il Canzoniere di Petrarca tra codicologia ed ecdotica*, Florence, Leo S. Olschki Editore, 2008.

SEGUIN Marc, « René Char, poète héraclitéen », *Bulletin de l'Association Guillaume Budé*, n° 3, 1969, p. 327–341.

SCANDOLA Massimo, « Sur les traces de la lecture italianisante à l'Âge classique : les lecteurs français et leurs livres anciens en italien », dans Élise BOILLET, Bruna CONCONI, Chiara LASTRAIOLI et Massimo SCANDOLA (dir.), *Traduire et collectionner les livres en italien à la Renaissance*, Paris, Honoré Champion, 2020, p. 221–237.

SCHAEFFER Jean-Marie, « Du texte au genre », dans Gérard GENETTE et Tzvetan TODOROV (dir.), *Théorie des genres*, Paris, Seuil, 1986, p. 179–205.

SCHELLING Friedrich, *Filosofia dell'Arte*, éd. Alexander Klein, Napoli, Prismi, 1997.

SCHLEIERMACHER Friedrich, *Herméneutique*, traduit de l'allemand par Christian Berner, Paris/Lille, Cerf/Presses universitaires de Lille, 1987.

–, *Des différentes méthodes du traduire*, traduit par Antoine Berman et Christian Berner, sous la dir. de Alain Badiou et Barbara Cassin, Paris, Seuil, 1999.

SCOTTO Fabio, « Yves Bonnefoy traducteur de Leopardi et de Pétrarque », *Littérature*, n° 150, 2008, p. 70–82.

SELESKOVITCH Danica et LEDERER Marianne, *Intepréter pour traduire*, Paris, Didier, 1984.

SHLESINGER Miriam, « Features of translator gender : how much can they tell us ? », présentation au *MATS 2010 symposium on Methodological Advances in corpus-based Translation Studies*, Tübingen, Narr, 2010.

SIMMEL Georges, *Filosofia del denaro*, éd. Alessandro Cavalli et Lucio Perucchi, Turin, UTET, 1984.

SIMONIN Michel, « Peut-on parler de politique éditoriale au XVIe siècle », dans Pierre AQUILON et Henri-Jean MARTIN (dir.), *Le livre dans l'Europe de la Renaissance*, Actes du XXVIIIe Colloque international d'Études humanistes de Tours, Paris, Promodis, 1988, p. 264–281.

–, « Poétiques des éditions "à l'essai" à la Renaissance », dans Elio MOLESE (dir.), *Riflessioni teoriche e trattati di poetica tra Francia e Italia nel Cinquecento*, Actes du colloque international du *Gruppo di studio sul Cinquecento francese* (Château de Malcesine, 22–24 mai 1997), Fasano, Schena Editore, 1999, p. 17–33.

SIRAISI Nancy G., *History, Medicine, and the Tradition of Renaissance Learning*, Ann Arbor, The University of Michigan Press, 2010.

STEINER George, *After Babel. Aspects of Language and Translation* [1975], London, Oxford University Press, 1992.

STIERLE Karlheinz, *Petrarchas Landschaften. Zur Geschichte ästhetischer Landschaftserfahrung*, Krefeld, Scherpe, 1979 ; *La vita e i tempi di Petrarca alle origini della moderna coscienza europea*, traduction italienne par Pelloni, Venice, Marsilio, 2007.

STOYLE Rosemary E., « How to account for Belleforest's command of italian ? », *Bibliothèque d'Humanisme et Renaissance*, vol. 49, 1987, p. 383–388.

STROPPA Sabrina, « Amore », dans Romana BROVIA et Luca MARCOZZI (dir.), *Lessico critico petrarchesco*, Rome, Carocci, 2016, p. 44–55.

STURM Annegret, *Theory of Mind in Translation*, Berlin, Frank & Timme, 2020.

STURM-MADDOX Sara, *Petrarch's Metamorphoses*, Columbia, University of Missouri Press, 1985.

SUITNER Franco, « Petrarca prima del soggiorno lombardo : sul nome e la residenza avignonese », dans Giuseppe FRASSO, Giuseppe VELLI et Maurizio VITALE (dir.), *Petrarca e la Lombardia. Atti del Convegno (Milano 22–23 maggio 2003)*, Roma, Antenore, 2005, p. 165–177.

SULLIVAN Mary Saint Frances, *Étienne Du Tronchet, auteur forézien du XVIe siècle : étude biographique et littéraire*, Washington, Catholic University of America, 1931.

TERLIZZI Francesco Paolo, « Le incoronazioni poetiche », dans *Atlante della letteratura italiana*, vol. 1, *Dalle origini al Rinascimento*, éd. dir. par Sergio Luzzatto et Gabriele Padullà, Turin, Einaudi, 2010, p. 140–144.

THELOT Jérôme, *La poésie précaire*, Paris, Presses universitaires de France, 1997.

THOMAS Joël, *Introduction aux méthodologies de l'imaginaire*, Paris, Ellipses, 1998.

THOMSEN Mads Rosendahl, *New Human in Literature : Posthuman Visions of Changes in Body, Mind and Society after 1900*, London, Bloomsbury, 2015.

THOREL Mathilde, *« Langue translative » et fiction sentimentale, 1525–1540 : renouvellement générique et stylistique de la prose narrative*, thèse soutenue à l'Université Jean Moulin Lyon, sous la direction de Mireille Huchon et de Marie-Hélène Prat, 2006.

–, « Discours et silences du paratexte. Aspects de l'auctorialité dans les traductions de langue vulgaire avant 1540 », dans Martine FOURNO et Raphaële MOUREN (dir.), *Auteur, traducteur, collaborateur, imprimeur… qui écrit ?*, Paris, Garnier, 2013, p. 203–217.

TONELLI Natascia, *Fisiologia della passione*, Florence, Edizioni del Galluzzo, 2015.

TOPHOVEN Elmar, « La traduction transparente » [1985], traduction de Jean Malaplate, *Translittérature*, n° 10, 1995, p. 19-27.

TORRE Andrea, « Memoria », dans Romana BROVIA et Luca MARCOZZI (dir.), *Lessico critico petrarchesco*, Rome, Carocci, p. 182–194.

TORRE Angelo, « Un "tournant spatial" en histoire ? : Paysages, regards, ressources », *Annales Histoire Sciences sociales*, n° 5, 2008, p. 1127–1144.

TURBIL Alessandro, « Le fil rouge de la Doulce Mémoire : pour une analyse du langage amoureux des plus anciennes traductions françaises du Triumphus Cupidinis », *Petrarchesca*, n° 3, 2015, p. 89–108.

–, *« Pétrarquiser » : pour un corpus numérisé du lexique pétrarquiste des origines*, thèse soutenue à l'Université Sorbonne Paris Cité sous la direction de Gabriella Parussa et de Paola Cifarelli, 2018.

TRINCHERO Cristina, *Pierre-Louis Ginguené (1748–1816) e l'identità nazionale nel contesto culturale europeo*, Rome, Bulzoni, 2004.

–, « Pierre-Louis Ginguené (1750–1816) : une nouvelle histoire littéraire pour une ancienne identité nationale », dans Geneviève ESPAGNE (dir.), *Histoire des littératures en France et en Allemagne*, Paris, Kimé, 2009, p. 259–277.

TRINKAUS Charles, *Petrarch and the Formation of Renaissance Consciousness*, New Haven (Conn.), Yale University Press, 1979.

TYULENEV Sergey et ZHENG Binghan (dir.), *Toward Comparative Translation and Interpreting Studies*, Amsterdam, John Benjamins, 2017.

van Doorslaer Luc, « The relative need for Comparative Translation Studies », dans Sergey Tyulenev et Binghan Zheng (dir.), *Toward Comparative Translation and Interpreting Studies*, Amsterdam, John Benjamins, p. 213–230.

van Eynde Lauret, « Avant-propos », dans Éléonore Faivre D'Arcier, Jean-Pol Madou et Laurent van Eynde (dir.), *Mythe et création. Théorie et figures*, 2 vol., Bruxelles, Publications des Facultés Universitaires Saint-Louis, 2005, t. I, p. 2–13.

Vecchi Galli Paola, « Onomastica petrarchesca. Per Il *canzoniere* », *Italique*, n° VII, 2005, p. 27–44.

Vedrine Hélène, *Les Grandes conceptions de l'imaginaire : de Platon à Sartre et Lacan*, Paris, Librairie générale française, 1990.

Venuti Lawrence, « Translation, History, Narrative », *Meta*, vol. 50, n° 3, 2005, p. 800–816.

–, *The Translator's Invisibility : A History of Translation*, Londres, Routledge, 1995.

Verger Mathias. « Antonin Artaud et l'imaginaire de la traduction », *Carnets de Chaminadour*, n° 4 (2015), p. 61–85.

Versini Laurent, *Le roman épistolaire*, Paris, Presses universitaires de France, 1979.

Vezin François, « Philosophie et pédagogie de la traduction », *Revue philosophique de la France et de l'étranger*, vol. 130, 2005, p. 489–501.

Viala Alain, *L'Esthétique galante*, Toulouse, Société de littératures classiques, 1989.

Vianey Joseph, *Le pétrarquisme en France au XVIᵉ siècle*, Marseille, Laffitte, 1909.

Vico Giambattista, *Scienza nuova*, éd. Manuela Sanna et Vincenzo Vitiello, Milan, Bompiani, 2012.

Vignes Jean, « Traductions et imitations françaises de l'*Orlando furioso* (1544–1580). Étude comparative », dans *L'Arioste et le Tasse en France au XVIᵉ siècle*, Paris, Presses de l'École normale supérieure, 2003, p. 75–98.

–, « Appropriation et restitution du *Canzoniere* de Pétrarque dans la poésie de Jean-Antoine de Baïf », dans Jean Balsamo (dir.), *Les Poètes français de la Renaissance et Pétrarque*, Genève, Droz, 2004, p. 267–280.

–, « Les paraphrases de psaumes de Baïf, La Noue et d'Aubigné, mises en musique par Claude Le Jeune (1606) », dans Véronique Ferrer et Anne Mantero, *Les Paraphrases bibliques aux XVIᵉ et XVIIᵉ siècles (actes du Colloque de Bordeaux des 22, 23 et 24 septembre 2004)*, Genève, Droz, 2006, p. 377–414.

–, « Théorie et pratique de la traduction chez Étienne Dolet et Jacques Peletier du Mans », dans Laurence Bernard-Pradelle et Claire Lechevalier (dir.), *Traduire les Anciens en Europe du Quattrocento à la fin du XVIIIᵉ siècle*, Paris, PUPS, 2012, p. 123–135.

Villey Pierre, « Marot et le premier sonnet français », *Revue d'histoire littéraire de la France*, vol. 27, n° 4, 1920, p. 538–547.

–, *Tableau chronologique des publications de Marot*, Paris, Champion, 1921.

–, *Marot et Rabelais*, Paris, Honoré Champion, 1923.

Viollet-le-Duc Emmanuel Louis Nicolas, *Catalogue des livres composant la bibliothèque poétique de M. Viollet le Duc, avec des notes bibliographiques, biographiques et littéraires sur chacun des ouvrages catalogués*, Paris, Hachette, 1843.

Vuilhorgne Lucien, « Le poète Simon de Bullandre, sa famille, son œuvre, d'après des documents inédits », *Mémoire de la Société académique de l'Oise*, n° XVII, 1899, p. 521–543.

Vuong Thomas, « Albert-Marie Schmidt », dans « Répertoire des études dix-neuviémistes », *Centre Jacques-Seebacher*, 2016 [*en ligne* : test-seebacher.lac.univ-paris-diderot.fr/repertoire].

–, *Usages du sonnet européen (Allemagne, France, Grande-Bretagne, Italie) durant la Seconde Guerre mondiale (1939–1945)*, thèse soutenue à l'Université Paris-Nord (USPC), sous la direction de Anne Larue et Jean-Yves Masson, 2017.

Walters Lori, « 'Translating' Petrarch : *Cité des dames* II.7.1, Jean Daudin, and Vernacular Authority », dans John Campbell et Nadia Margolis (dir.), *Christine de Pizan 2000. Studies on Christine de Pizan in Honour of Angus J. Kennedy*, Amsterdam, Rodopi, 2000, p. 283–297.

Warf Barney et Arias Santa (dir.), *The Spatial Turn : Interdisciplinary Perspectives*, New York, Routledge, 2009.

Whitfield John Humphreys, *Petrarch and The Renascence*, Oxford, Basil Blackwell, 1943.

Wickersheimer Ernest, *La médecine et les médecins en France* [1905], Genève, Slatkine Reprints, 1970.

Wilhelm Jane Elisabeth, « L'intention de l'auteur ou "le monde de l'œuvre" », dans Marianne Lederer (dir.), *Le sens en traduction*, Caen, Lettres Modernes Minard, 2006, p. 347–354.

Witt Ronald G., « Un poeta laureato : Albertino Mussato », *Atlante della letteratura italiana*, vol. 1, *Dalle origini al Rinascimento*, éd. dir. par Sergio Luzzatto et Gabriele Padullà, Turin, Einaudi, 2010, p. 134–139.

Wursten Dick, *Clément Marot and Religion. A Reassessment in the Light of his Psalm Paraphrases*, Leiden/Boston, Brill, 2010.

Yacavone Kathrin, « Reading through photography : Roland Barthes's last seminar "Proust et la photographie" », *French Forum*, n° 34, 2009, p. 97–112.

Ziethen Antje, « La littérature et l'espace », *Arborescences*, 2013, p. 3–29.

Zimmermann Margarete, « L'œuvre de Christine de Pizan à la croisée des cultures », dans Liliane Dulac, Anne Paupert, Chritine Reno et Bernaud Ribemont (dir.), *Desireuse de plus avant enquerre. Actes du 6ᵉ colloque international sur Christine de Pizan (Paris, 20–24 juillet 2006), en hommage à James Laidlaw*, Paris, Champion 2008, p. 428–439.

Zink Gaston, *Phonétique historique du français*, Paris, Presses universitaires de France, 1986.

Zuber Roger, *Les « Belles infidèles » et la formation du goût classique : Perrot d'Ablancourt et Guez de Balzac*, Paris, Arman Colin, 1968.

9. Dictionnaires, grammaires et outils lexicographiques

Par ordre chronologique

(1502–1509) Ambrogio Calepini, *Ambrosii Calepini Bergomatis Dictionarium, impressum Regii Longobardiae : industria presbyteri Dionisii Bertochi impressoris*, s.l., Dionigi Bertocchi, 1502 ; rééd. Paris, Ascensius, 1509.

(1531–1545 c.) Anonyme, *Vocabulaire de trois langues cestassavoir latine italienne & francoyse*, Paris, à l'enseigne S. Nicolas, 1531–1545 c.

(1550) Louis Meigret, *Le tretté de grammere françoeze*, Paris, C. Wéchel, 1550.

(1569) Robert et Henri Estienne, *Traicté de la gramaire Francoise*, Dupuis, Paris, 1569.

(1572) Pierre de la Ramée, *Grammaire*, Paris, A. Wechel, 1572.

(1583) Anonyme, *Vocabulaire en langue françoise et italienne*, Lyon, Benoist Rigaud, 1583.

(1607) Charles Maupas, *Grammaire et syntaxe francoise*, Orléans, O. Boynard et J. Nyon, 1618 (1re éd. 1607).

(1584) Jean Antoine Fenice, *Dictionnaire françois et italien, profitable et necessaire à ceux qui prenent plaisir en ces deux langues. Recueilli par Jean Antoine Fenice*, Genève, François Forest & Jean Chiquelle, 1584 ; Morges, « se vendent à Paris chez Nicolas Nivelle aux deux Collomnes, rue Saint Jacques », 1584.

(1632) Antoine Oudin, *Grammaire Francoise Rapportee au Langage du Temps*, Paris, A. de Sommaville, 1640 (1re éd. 1632).

(1647) Claude Favre de Vaugelas, *Remarques sur la langue françoise, utiles à ceux qui veulent bien parler et bien escrire*, Paris, Vve J. Camusat et P. Le Petit, 1647.

(1659) Laurent Chifflet, *Essay d'une parfaite grammaire de la langue françoise*, Anvers, Iacques van Meurs, 1659.

(1660) Antoine Arnaud et Claude Lancelot, *Grammaire générale et raisonnée, contenant les fondemens de l'art de parler expliquez d'une manière claire et naturelle… et plusieurs remarques nouvelles sur la langue françoise*, Paris, P. Le Petit, 1660 (couramment appelée « Grammaire de Port-Royal »).

(1667) Placide Catanusi, *Instruction a la langue italienne pour l'apprendre sans les Regles de la Grammaire. Avec un Recueil de Chansons accommodées aux Airs François, et un Traité de la Poësie Italienne pour les plus Curieux*, Paris, Mettayer et chez l'Auteur, 1667.

(1668) Placide CATANUSI, *Instruction à la langue italienne : contenant deux parties : dans la première, il est traitté de tout ce qui regarde la parfaite connoissance de cette langue, et la seconde est un recueil de chansons italiennes accomodées aux airs françois de ce temps*, Estienne Loyson, Paris, 1668.

(1690) Antoine FURETIÈRE, *Dictionnaire universel*, La Haye, A. et R. Leers, 1690 [*en ligne* : furetière.eu].

(1828) Luigi CARRER et Fortunato FEDERICI (dir.), *Dizionario della lingua italiana*, Padoue, Tipografia della Minerva, 1828.

(1841) Casimir-François-Henri BARJAVEL, *Dictionnaire biographique du Département de Vaucluse*, 2 vol., Carpentras, Imprimerie de L. Devillario, 1841.

(1841) Charles WEISS, *Biographie universelle, ou Dictionnaire historique contenant la nécrologie des hommes célèbres de tous les pays*, Paris, Furne, 1841.

(1875–1882) Jean-Baptiste de LA CURNE, *Dictionnaire historique de l'ancien langage françois, ou Glossaire de la langue françoise depuis son origine jusqu'au siècle de Louis XIV (XIIe-XVIIe siècles)*, Paris, Champion, 1875–1882 [disponible dans « Classiques Garnier en ligne »].

(1881–1899) Frédéric GODEFROY, *Dictionnaire de l'ancienne langue française et de tous ses dialectes, du IXe au XVe siècle*, Paris, F. Vieweg, 1881–1899 [disponible dans « Classiques Garnier en ligne »].

(1907–1946) Ottorino PIANIGIANI (dir.), *Dizionario Etimologico della Lingua Italiana*, Rome, Società editrice Dante Alighieri, 1907 ; rééd. avec « Aggiunte, correzioni e variazioni » (Florence, Ariani, 1926) ; rééd. Milan, Sonzogno, 1927–1946 [*en ligne* : etimo.it].

(1925–1967) Edmond HUGUET, *Dictionnaire de la langue française du XVIe siècle*, Paris, Champion, rééd. Didier, 1925–1967 [disponible dans « Classiques Garnier en ligne »].

(1978) Claude AZIZA, Claude OLIVIERI et Robert SCTRICK (dir.) *Dictionnaire des symboles et des thèmes littéraires*, Paris, Nathan, 1978.

(1979) Claude AZIZA, Claude OLIVIERI, Robert SCTRICK (dir.), *Dictionnaire des types et caractères littéraires*, Paris, Nathan, 1979.

(1988) Pierre BRUNEL (dir), *Dictionnaire des mythes littéraires*, Monaco, Éditions du Rocher, 1988.

(1990) François BLUCHE (dir.), *Dictionnaire du Grand Siècle*, Paris, Fayard, 1990.

(1992–1999) *Dizionario etimologico della lingua italiana*, éd. Manlio Cortelazzo et Paolo Zolli, Bologne, Zanichelli, 1992–1999.

(1995) Alain MONTANDON (dir.), *Dictionnaire raisonné de la politesse*, Paris, Seuil, 1995.

(1997–2018) TLIO – *Tesoro della lingua italiana delle origini*, CNR [*en ligne* : tlio.ovi.cnr.it].

(1998) FranText, développée par ATILF – *Analyse et Traitement Informatique de la Langue Française* [*en ligne* : frantext.fr].

(2001) Georges Grente (dir.), *Dictionnaire des lettres françaises – Le XVIe siècle*, Paris, Fayard, coll. « Le Livre de poche », 2001.

(2002) Pierre Brunel (dir.), *Dictionnaire des mythes féminins*, Monaco, Éditions du Rocher, 2002.

(2002) Pascal Mougin et Karen Haddad-Wotling (dir.), *Dictionnaire mondial des littératures*, Paris, Larousse, 2002.

(2005–2018) *Centre National de Ressources Textuelles et Lexicales*, CNRS, 2005–2018 [*en ligne* : cnrtl.fr].

(2011) Giorgio Inglese et Raffaella Zanni, *Metrica e retrorica del Medioevo*, Rome, Carocci, 2011.

(2012–2015) Le DMF – *Dictionnaire du Moyen Français*, CNRS [*en ligne* : atilf.atilf.fr].

(2016) Sylvie Parizet (dir.), *La Bible dans les littératures du monde*, Paris, Cerf, 2016.

10. Études sur les dictionnaires, sur les grammaires et sur d'autres outils lexicographiques

Accarisi Alberto, *La grammatica volgare. La grammaire, tournée de tuscan en francois*, Bologne, Vincenzo Bonardo & Marcantonio Grossi, 1536 ; rééd. Louvain, Bartholomaus van Grave, 1555.

Beck-Busse Gabriele, *Grammaire des Dames. Grammatica per le Dame. Grammatik im Spannungsfeld von Sprache, Kultur und Gesellschaft*, Francfort, Peter Lang, 2014.

Colombo Timelli Maria, « Le Dictionnaire de Jean Antoine Fenice ou le charme discret des débuts en lexicographie bilingue », *Quaderni del CIRSIL*, n° 5, 2006 [*en ligne* : lingue.unibo.it/cirsil].

Gouws Rufus, Heid Ulrich, Schweickard Wolfgang et Wiegand Herbert Ernst (dir.), *Wörterbücher / Dictionaries / Dictionnaires : Ein internationales Handbuch zur Lexikographie / An International Encyclopedia of Lexicography / Encyclopédie internationale de lexicographie*, Berlin, De Gruyter Mouton, 2013.

Minerva Nadia, « La lexicographie franco-italienne est-elle née en 1584 ? », communication présentée au Colloque *Glossari, Dizionari, Corpora. Lessicologia e Lessicografia delle Lingue Europee*, Gargnano del Garda (BS), 25–27 maggio 2006.

–, « La lexicographie franco-italienne est-elle née en 1584 ? », dans Maria Colombo et Monica Barsi (dir.), *Lexicographie et lexicologie historiques. Bilan et perspectives*, Monza, Polimetrica International Scientific Publisher, 2008, p. 93–110.

–, « Apprendre les langues au XVIe siècle : *Le Vocabulaire de trois langues, cestassavoir latine, italienne et francoyse* », *Documents pour l'histoire du français langue étrangère ou seconde*, n° 42, 2009 [*en ligne* : dhfles.revues.org].

Mormile Mario, *L'italiano in Francia, il francese in Italia*, Turin, Albert Meynier, 1989.

Piron Sophie, « La grammaire du français au XVIIe siècle », *Correspondance*, vol. 14, n° 1, 2008. L'article fait partie d'une série consacrée aux grammaires françaises au fil des siècles, sous le nom d'« Histoire de la grammaire » [*en ligne* : correspo.ccdmd.qc.ca].

SANSON Helena, « "Simplicité, clarté et precision" : grammars of Italian "pour les Dames" and other learners in eighteenth- and early nineteeth-century France », *The Modern Language Review*, vol. 109, n° 3, 2014, p. 593–616.

11. Catalogues et bibliographies

BERNARD Auguste, *Biographie et bibliographie foréziennes*, recueillies pas l'auteur de l'histoire du Forez, Montbrison, 1836.

Bibliographie des ouvrages relatifs à l'Amour, aux Femmes, au Mariage et des livres facétieux, pantagruéliques, scatologiques, satyriques, etc., par M. le C. d'I***, tome VI (Perfection-Zwei), 3ᵉ éd., San Remo/Londres, J. Gay et Fils/Bernard Quaritch, 1873.

BRUNET Jacques-Charles, *Manuel du Libraire et de l'amateur de livres*, t. III, 4ᵉ éd., Paris, Silvestre, 1843.

Catalogue de la Libraire Maggs, London, 1955.

Catalogue de la Librairie Poitier, Paris, 1863.

Catalogue of the Petrarch Collection (Cornell University Libraries), Millwood/New York, Kraus-Thomson Organization, 1974.

LEY Klaus, *Die Drucke von Petrarcas "Rime", 1470–2000 : synoptische Bibliographie der Editionen und Kommentare, Bibliotheksnachweise*, Hildesheim/New York, Olms, 2002.

Universal Short Title Catalogue (USTC). A Digital Bibliography of Early Modern Print Culture, dir. par Andrew Pettegree, Université de St Andrews [en ligne : ustc.ac.uk].

Vente DE BACKER, 1926, t. I.

Vente E. MOURA, Bordeaux, 1923.

Remerciements

Mes remerciements vont d'abord à ma famille qui a intimement partagé avec moi chaque étape de la rédaction de cette monographie, ensuite aux ami·e·s et collègues qui ont consacré leur temps et leur attention à la lecture de ces pages : leurs conseils et suggestions ont été très précieux.

Un immense merci, d'abord, à Thomas Vuong de m'avoir soutenu tout au long de la rédaction et de mes années doctorales. Je le remercie de tout mon cœur de sa fidèle amitié et de m'avoir permis de profiter de son expertise extraordinaire sur l'histoire du sonnet européen.

J'exprime ici toute ma reconnaissance à Grégory Jouanneau-Damance. Je n'oublierai jamais son hospitalité parisienne, son amitié sincère et son soutien sans faille. Sa finesse d'historien de l'art et ses conseils méthodologiques m'ont été particulièrement profitables dans l'analyse des paratextes et dans la conception de l'ouvrage.

La deuxième partie de cette monographie n'aurait pas pu être conçue ni achevée sans le soutien et les conseils de Jean Vignes, qui a dirigé ma thèse de doctorat à l'Université de Paris (2015–2018) et qui m'a surtout transmis ses connaissances et son amour pour la poésie du XVIe siècle.

Un remerciement tout particulier va à Marie-Alice Belle qui a su me conseiller dans les questions traductologiques grâce à sa connaissance profonde de l'histoire de cette discipline, mais aussi grâce à son ouverture d'esprit, sa passion pour le dialogue, son amour pour le progrès de la recherche théorique, son goût pour le contradictoire. Ce livre, grâce à elle, a énormément gagné en précision, profondeur et liberté.

Je suis très reconnaissant à Charles Le Blanc pour son amitié, son soutien et pour nos promenades philosophiques dans les alentours de Gatineau, Paris, Zurich. Je le remercie de m'avoir appris que traduire est, avant tout, un déplacement dans l'espace géographique et dans l'espace de la lecture.

J'adresse mes remerciements spéciaux à Astrid Guillaume et François Rastier, pour leurs suggestions toujours très précises et éclairantes. Leurs théories ont constitué les fondements de toutes mes réflexions traductologiques.

Je dois beaucoup à Jennifer Rushworth pour son expertise unique, son amitié et sa générosité. Un grand merci de son hospitalité à l'Université d'Oxford et d'avoir partagé à pleines mains ses études (publiées comme inédites) sur les traductions de Pétrarque au XIXe siècle.

Je tiens à remercier affectueusement Martin McLaughlin pour ses conseils bibliographiques et son accueil à l'Université d'Oxford qui a été crucial pour le développement de mes projets de recherche.

Je salue avec gratitude et admiration Tatiana Crivelli Speciale pour son accueil à l'Université de Zurich et ses commentaires. Merci de m'avoir ouvert les yeux sur l'influence de la traduction dans l'histoire littéraire.

Je suis obligé envers Michel Aulas, Olivier Belin, Anne Gourio et Michèle Leclair pour leurs avis sur mes pages consacrées à René Char, un poète qui nous tient à cœur et que je voulais absolument traiter, quoique brièvement, dans cet ouvrage.

Je tiens à témoigner ma reconnaissance envers tous ceux et toutes celles qui ont permis la diffusion de mes recherches pendant mes années de thèse. Je pense notamment à Carole Birkan-Berz et Guillaume Coatalen qui m'ont accueilli avec amitié et passion dans leurs équipes de recherche.

Je remercie chaleureusement Paolo Rigo, qui a relu cette thèse du point de vue de l'italianiste raffiné qu'il est, en me faisant don de ses commentaires sincères, désintéressés et passionnés.

L'achèvement de cette publication n'aurait pu être mené à bien sans les équipes du Fonds national suisse et de l'éditeur Peter Lang qui m'ont généreusement offert les meilleures conditions imaginables.

Je suis très redevable aux revues, aux éditeurs et aux bibliothèques d'avoir généreusement cédé les droits de publication et de reproduction à titre gratuit.

Je dois enfin exprimer mes meilleurs sentiments et bénédictions à toutes et tous mes détracteurs·trices et, plus en général, à toutes celles et tous ceux qui ont rendu plus difficile, voire douloureux, mon parcours universitaire. C'est grâces à eux/elles que j'ai pu renfoncer ma motivation et ma passion pour la recherche.

Index

Destini Incrociati

A cura del Gruppo degli Italianisti delle Università francofone del Belgio

Nata dall'incontro di docenti e ricercatori di italianistica attivi nelle università francofone del Belgio, la collana «Destini incrociati» raccoglie, in più lingue, studi d'insieme e interventi specifici su argomenti che pertengono alla lingua, alla cultura e alla letteratura italiana.

Senza preclusioni metodologiche, aperta a voci e competenze diverse, «Destini incrociati/Destins croisés» si propone di coniugare rigore scientifico e piacere della lettura, alternando la pubblicazione di volumi miscellanei a monografie, di saggi critici e linguistici a edizioni di testi.

La collana si presenta dunque come una biblioteca di cultura, in cui varietà di temi e progetti e novità di prospettive e approcci trovino un punto ideale di convergenza. I volumi che vi sono accolti sono preventivamente sottoposti a una doppia revisione anonima (*double-blind peer review*).

Comitato scientifico

Comitato scientifico internazionale

Volumi pubblicati nella collana

N° 17 – Riccardo RAIMONDO, Le *Phenix Poëte* et les *Alouëtes*. Traduire les *Rerum vulgarium fragmenta* de Pétrarque en langue française (XVIᵉ-XXIᵉ siècle) : histoires, traditions et imaginaires, 2022.

N° 16 – Thea RIMINI (a cura di), *Tabucchi postumo. Da* Per Isabel *all'archivio Tabucchi della Bibliothèque nationale de France*, 2017.

N° 15 – Stefano NICOSIA, *La «funzione Morgante». Persistenze e variazioni nel genere comico in ottave tra Cinque e Settecento*, 2015.

N° 14 – Ilaria DE SETA (a cura di), *Armonia e conflitti. Dinamiche familiari nella narrative italiana moderna e contemporanea*, 2014.

N° 13 – Daniele COMBERIATI, *Nessuna città d'Italia è più crepuscolare di Roma. Le relazioni fra il cenacolo romano di Sergio Corazzini e i simbolisti belgi*, 2014.

N° 12 – Jean-Louis FOURNEL, Paola MORENO, Jean-Claude ZANCARINI e Hélène MIESSE (a cura di), *Catégories et mots de la politique à la Renaissance italienne*, 2014.

N° 11 – Judith LINDENBERG, *Giorgio Caproni, poète-traducteur. Le rôle de la traduction dans le processus créatif*, 2014.

N° 10 – Davide PAPOTTI e Franco TOMASI (a cura di), *La geografia del racconto. Sguardi interdisciplinari sul paesaggio urbano nella narrativa italiana contemporanea*, 2014.

N° 9 – Matteo PALUMBO, «Mutazione delle cose» e «pensieri nuovi». Saggi su Francesco Guicciardini, 2013

N° 8 – Costantino C. M. MAEDER, Gian Paolo GIUDICETTI e Amandine MÉLAN (a cura di), *Dalla tragedia al giallo. Comico fuori posto e comico volontario*, 2012

N° 7 – Giancarlo ALFANO, Teresa D'URSO e Alessandra PERRICCIOLI SAGGESE (a cura di), *Boccaccio angioino. Materiali per la storia di Napoli nel Trecento*, 2012

N° 6 – Barbara DELL'ABATE, *L'alieno dentro. Percorso semiotico alle origini del romanzo femminista italiano. Prefazione di Luciano Curreri*, 2011

N° 5 – Alessandra DEBANNE, *Lo Compasso de navegare. Edizione del codice Hamilton 396 con commento linguistico e glossario*, 2011

N° 4 – Marcello BARBATO e Claudio GIGANTE (a cura di), *Aspetti della cultura, della lingua e della letteratura italiana in Belgio. Studi in onore di Michel Bastiaensen*, 2011

N° 3 – Claudio GIGANTE e Giovanni PALUMBO (a cura di), *La tradizione epica e cavalleresca in Italia (XII–XVI sec.)*, 2010

N° 2 – Daniele COMBERIATI, *Scrivere nella lingua dell'altro. La letteratura degli immigrati in Italia (1989–2007)*, 2010

N° 1 – Luciano CURRERI (a cura di), *D'Annunzio come personaggio nell'immaginario italiano ed europeo (1938–2008). Una mappa*, 2008